C. H. Spurgeon

Männer und Frauen des Neuen Testaments

clv

Christliche
Literatur-Verbreitung e. V.
Postfach 11 01 35 · 33661 Bielefeld

1. Auflage 2010

Originaltitel: Men and Women of the Old Testament
Sermons by C.H. Spurgeon, Selected and Edited by Rev. Dr. Chas. T. Cook

CLV · Christliche Literatur-Verbreitung
Postfach 11 01 35 · 33661 Bielefeld
CLV im Internet: www.clv.de

Übersetzung: Ulrike Wilhelm, Joachim Köhler
Satz: CLV
Umschlag: OTTENDESIGN.de, Gummersbach
Druck und Bindung: GGP Media GmbH, Pößneck

ISBN 978-3-89397-675-4

Inhalt

Vorwort

Männer und Frauen des Neuen Testaments beinhaltet eine ausgezeichnete Sammlung von 38 Predigtklassikern eines »echten Spurgeon«. In seiner gewohnt fesselnden Art stellt Spurgeon hier geistliche und praktische Lektionen vor, die neutestamentliche Personen – Glaubenshelden und Werkzeuge des Bösen gleichermaßen – uns vermitteln. So oder so gebrauchte der Herr sie, um seinen göttlichen Heilsplan zu entfalten.

Es sei darauf hingewiesen, dass die Herausgeber der US-amerikanischen Originalausgabe (AMG Publishers) die frühere zweibändige Spurgeon-Ausgabe in dem vorliegenden Band zusammengefasst haben. Außerdem haben sie am ursprünglichen Text einige kleine Änderungen vorgenommen, damit der Inhalt den Lesern unserer Zeit verständlicher wird: Dabei haben sie die Rechtschreibung auf den neuesten Stand gebracht und einige veraltete Begriffe entsprechend der sprachlichen Entwicklung seit dem 19. Jahrhundert gegen zeitgemäßere ausgetauscht. In einigen Fällen haben sie die ungewöhnliche Interpunktion des Originals vereinfacht, damit keine Verwirrung entsteht. Die Leser sollten ebenso zur Kenntnis nehmen, dass Begebenheiten der Zeitgeschichte, die von Spurgeon angeführt werden, aus der zweiten Hälfte des 19. Jahrhunderts stammen.

Mögen diese überzeugenden, aufschlussreichen Predigten von C. H. Spurgeon, des »Fürsten unter den Predigern«, Lesern den Anstoß dazu geben, das Wort Gottes immer mehr zu lieben und zu schätzen!

Buch I

Predigten über Männer des Neuen Testaments

Johannes der Täufer

Den Riemen seiner Sandale lösen

»Es kommt … ein Stärkerer als ich; und ich bin nicht würdig, ihm den Riemen seiner Sandalen zu lösen« (Lukas 3,16).

Die Aufgabe des Johannes bestand nicht darin, Nachfolger um sich zu scharen, sondern darin, sie auf Jesus hinzuweisen. Diesen Auftrag hat er in aller Treue erfüllt. Den Meister, dessen Herold er war, hielt er in höchsten Ehren. Er verehrte ihn als den Gesalbten des Herrn, den König Israels, und stand folglich nicht in der Versuchung, sich zu einem Konkurrenten aufzuschwingen. Er verkündete voller Freude: »Er muss wachsen, ich aber abnehmen« (vgl. Johannes 3,30). Im Laufe seiner Selbsterniedrigung gebraucht er den Wortlaut des oben stehenden Verses, der – leicht abgeändert – von jedem der Evangelisten aufgezeichnet wird. Matthäus drückt es folgendermaßen aus: »… dessen Sandalen zu tragen ich nicht würdig bin« (vgl. Kap. 3,11). Er war nicht würdig, die Sandalen seines Herrn herbeizubringen. Markus schreibt: »Ich bin nicht würdig, ihm gebückt den Riemen seiner Sandalen zu lösen« (vgl. Kap. 1,7), während Johannes dies ganz ähnlich wie Lukas formuliert. Den niedrigsten Dienern fiel gewöhnlich die Aufgabe zu, ihren Herrn die Sandalen anzuziehen und auszuziehen bzw. diese wegzustellen. Dies war keine angesehene oder ehrenhafte Arbeit. Dennoch meinte der Täufer, dass es eine große Ehre sei, auch nur der geringste Diener des Herrn Jesus zu sein.

Denken wir daran, dass Johannes keinesfalls hinter anderen zurückstand. Unter allen, die vor seiner Zeit von Frauen geboren worden waren, hatte es keinen Größeren als ihn gegeben. Auf ihn zielten viele Prophetien ab, wobei er ein besonders erhabenes Amt innehatte. Er war der Freund des großen Bräutigams und stellte ihn seiner erwählten Braut vor. Von seiner Wesensart her war Johannes kein Mensch, der vor anderen liebedienerte oder zurückschreckte. Er war kein schwankendes Rohr im Wind – kein Mann mit höfischen Manieren, die einem königlichen Palast angemessen sind. Nein! Wir sehen in ihm einen Elia, einen eisenharten Mann, einen Sohn des Donners.

Er glich einem jungen Löwen, der brüllend über seine Beute herfällt, und kannte keine Menschenfurcht. Einige Menschen sind von Natur aus so sanftmütig – um nicht zu sagen, willenschwach –, dass sie sich von ganz allein anderen unterwerfen und sie zu ihren Führern bestimmen. Solche Menschen sind gewöhnlich im Irrtum, wenn sie sich selbst erniedrigen. Anders dagegen Johannes: Obwohl er vom Scheitel bis zur Sohle mannhaft war – ein Held für die Sache des Herrn –, setzte er sich in der Gegenwart Jesu nieder, wie ein kleines Kind in der Schulbank vor seinem Lehrer sitzt. Dabei rief er aus: »Ich bin nicht würdig, ihm gebückt den Riemen seiner Sandalen zu lösen!«

Erinnern wir uns überdies daran, dass Johannes ein Mann war, der große Fähigkeiten besaß – Fähigkeiten, aufgrund derer ein Mensch leicht stolz werden kann. Er war ein Prophet – ja, mehr als ein Prophet! Wenn er als Prediger in der Wüste dastand, zogen das Feuer in seiner Verkündigung und seine Wortgewalt bald die Menschen aus Jerusalem und aus all den Städten der Umgebung an. Das Ufer des Jordans wurde von einer riesigen Menge eifriger Zuhörer bevölkert, die sich um den Mann scharten, der ein Gewand aus Kamelhaaren trug. Tausende kamen zusammen, um die Lehre desjenigen zu hören, der nicht zu den Füßen der Rabbiner erzogen worden war. Auch war er nicht in der Beredsamkeit nach Art damaliger Ausbildungsstätten unterwiesen worden. Johannes war ein Mann, der unerschrocken, verständlich, wirkungsvoll und mit Vollmacht redete.

Beachten wir auch, dass er nicht nur ein großer Lehrer war. Er konnte nicht nur die Volksmenge anziehen, sondern veranlasste auch viele, sich taufen zu lassen. Die Angehörigen des ganzen Volkes spürten die Auswirkungen des Dienstes des Johannes und wussten, dass er ein Prophet war. Sie waren von seinen Worten als eindringlicher Mahner so hin und her gerissen, wie das Korn vom Hauch des Herbstwindes hin und her bewegt wird. Wenn ein Mensch spürt, dass er über unzählige Mitmenschen Macht hat, ist er sehr leicht geneigt, sich zu erheben und über die Maßen hochmütig zu werden. Ganz anders Johannes. Der Herr ging kein Risiko ein, als er Johannes großes Ansehen unter dem Volk gewinnen und großen Anklang bei den Massen finden ließ, denn obwohl dieser all jene Ehren besaß, legte er sie sanftmütig zu Jesu Füßen nieder und sagte: »Ich bin nicht würdig, auch nur der geringste Sklave im Haus des Messias zu sein.«

Denken wir ebenso darüber nach, dass Johannes ein Führer auf geistlichem Gebiet war. Hätte er es gewollt, wäre es ihm möglich gewesen, an der Spitze einer einflussreichen Sekte zu stehen. Das Volk war offensichtlich bereit, ihm zu folgen. Zweifellos gab es einige, die später nicht mit Christus selbst gegangen wären, wenn Johannes ihnen nicht die entsprechende Weisung gegeben und bezeugt hätte: »Siehe, das Lamm Gottes« (vgl. hier und im Folgenden Johannes 1,29.36). Außerdem bekannte er immer wieder: »Ich bin nicht der Christus« (vgl. 1,20). Wir lesen von einigen, die Jahre nach dem Tod des Täufers noch immer seine Jünger waren (vgl. Apostelgeschichte 19,1-4). Er besaß also die Möglichkeit, eine große Menge um sich zu scharen, deren Angehörige seine Nachfolger hätten werden können, sodass sein Name unter den Menschen berühmt geworden wäre. Er verschmähte jedoch diese Möglichkeit: Sein erhabener Blick auf seinen Meister ließ es nicht zu, dass er in irgendeiner Weise den Wunsch hegte, selbst Führer zu sein. Stattdessen sagte er: »Ich bin nicht würdig, ihm den Riemen seiner Sandalen zu lösen« (vgl. Lukas 3,16).

Worin war die Tatsache begründet, dass Johannes stets in der rechten Stellung blieb? Nicht darin, dass er seinen Meister in höchsten Ehren hielt und ihn aus tiefstem Herzen verehrte? Weil wir oft so wenig von Christus halten, ginge der Herr ein großes Risiko ein, wenn er uns Stellungen anvertrauen würde, die über die allerniedrigste Ebene hinausgehen. Meiner Meinung nach könnten viele von uns zehnmal so nützlich sein – gäbe es nicht das Risiko für Gott, wenn er uns in eine solche Stellung erheben würde. So mancher Mensch hat in den hinteren Reihen kämpfen müssen und seinem Meister nur wenig dienen bzw. nur wenig Durchbrüche in diesem Dienst erleben können, weil er Christus nicht entsprechend geehrt und ihn nicht genug geliebt hat. Folglich konnte sich das Ich einschleichen, das den Betreffenden zu Fall gebracht, die Gemeinde betrübt und seinen Herrn verunehrt hat. O dass wir doch Christus in höchsten Ehren halten und wenig von uns selbst halten würden! O dass wir doch sehen würden, wie Jesus alles in allem erfüllt, und wir selbst absolute Nichtse vor ihm sind!

Beachten wir erstens, dass *keine Form des heiligen Dienstes geringschätzig behandelt werden darf.* Die Riemen der Sandalen Christi zu lösen, mag als etwas völlig Unbedeutendes gelten. Es mag sogar den Anschein haben, als sei es für einen hochgestellten und einflussreichen Menschen mit dem Verlust der Selbstachtung verbunden, sich zu einer Arbeit herabzulassen, die ein Diener genauso gut erledigen könnte. Warum sollte ich mich derart erniedrigen? Ich möchte von

Christus lernen. Ich will für Christus inmitten der Menge Brot verteilen. Ich möchte mein Boot am Ufer für Christus bereithalten, damit er von dort aus predigen kann, oder möchte gehen und den Esel holen, worauf er triumphierend in Jerusalem einziehen kann. Doch inwiefern ist es notwendig, dass der Jünger ein bloßer Diener wird, der niederste Arbeiten verrichtet? Eine derartige Frage wird hier für immer zum Schweigen gebracht, wobei die Gesinnung, die sie aufwirft, ganz und gar zurückgewiesen wird. Nichts ist unehrenhaft, wodurch Jesus geehrt werden kann. Nichts erniedrigt einen Menschen, wenn er damit seinen Herrn ehrt.

Beachten wir nun, dass es viele kleine, für Christus vollbrachte Werke gibt – sei es das Herbeibringen der Sandalen oder das Lösen ihrer Riemen. In ihnen ist oft *mehr von der kindlichen Gesinnung verborgen als in größeren Werken*. Draußen in der Öffentlichkeit erweist ein Mensch seinem Gefährten eine Gefälligkeit; sie ist eine Tat, die Ausdruck der Freundlichkeit ist. Doch wenn man kindliche Taten sehen will, muss man ins Haus hineingehen und sich drinnen umschauen. Dort leiht das Kind seinem Vater kein Geld und klärt auch keine geschäftlichen Angelegenheiten. Doch gerade in seinen kleinen Taten zeigt sich deutlicher als anderswo seine Kindesstellung. Wer ist es, der dem Vater entgegenläuft, wenn das Tagewerk vollbracht ist? Welcher Handlung lässt häufig die kindliche Liebe erkennen? Sehen wir doch das kleine Kind, wie es – kaum dem Säuglingsalter entwachsen – mit den Pantoffeln des Vaters dahergetapst kommt und seine Stiefel zum Regal bringt, nachdem er sie ausgezogen hat. Dies macht dem lieben Kleinen große Freude und bringt seine Liebe zum Ausdruck. Dies gilt auch im Blick auf kleine, für Jesus vollbrachte Werke. Oft geben Nichtwiedergeborene Geld für die Sache Christi, indem sie viel für wohltätige Zwecke oder für Missionen spenden, aber sie weinen nicht im Verborgenen über die Sünden anderer Menschen oder sprechen einem bedrängten Heiligen kein Trostwort zu. Wer eine arme, kranke Frau besucht, ein kleines Kind unterweist, ein Straßenkind aus seiner Verkommenheit rettet, ein Gebet für Feinde emporschickt oder einem verzagenden Gläubigen eine Verheißung zuflüstert, lässt möglicherweise mehr gotteskindliche Liebe erkennen als derjenige, der einen Armenhauskomplex bauen lässt oder eine kirchliche Stiftung unterstützt.

Bei kleinen Taten für Christus muss man immer daran denken, dass *es genauso notwendig ist, die kleinen Dinge zu tun, wie die größeren*

Angelegenheiten zu erledigen. Werden Christi Füße nicht gewaschen und seine Sandalen nicht aufgebunden, bringt ihm das große Unannehmlichkeiten, sodass seine Füße wund werden können. Infolgedessen mag er eine Reise abbrechen und viele Dörfer nicht aufsuchen, die sich sonst seiner Gegenwart hätten erfreuen können. So ist es auch mit anderen kleinen Dingen. Die stille Fürbitte der Heiligen für die öffentliche Weitergabe der Wahrheit Gottes vor Tausenden Versammelten ist dringend nötig. Dass Kleinkindern altersgerechte Lieder gelehrt werden, ist genauso notwendig wie die Tatsache, dass Herrscher wegen ihrer Sünde zurechtgewiesen werden. Wir erinnern uns an die alte Geschichte, worin beschrieben wird, wie eine Schlacht verloren ging, weil ein einziger Nagel am Huf eines Pferdes fehlte. Vielleicht hat die Gemeinde im Kampf für Christus bis heute immer wieder Niederlagen erlitten, weil bestimmte kleine Werke, die für Jesus getan werden sollten, vernachlässigt worden sind. Wenn jemand einem Kind das Lied »Liebster Jesus« beibringt und sein junges Herz auf den Erlöser hinweist, mag das als unbedeutender Dienst gelten. Dennoch ist dies möglicherweise der wesentlichste Bestandteil in jenem gnadenreichen Prozess biblischer Unterweisung, wodurch das Kind später den Anstoß erhält, zum Glauben zu kommen, ein Mitarbeiter zu werden und Menschen für Jesus zu gewinnen. Lässt man die erste Lektion jedoch wegfallen, wendet sich der Betreffende vielleicht vom Glauben ab.

Nehmen wir ein anderes Beispiel. In einem unbedeutenden, weit abgelegenen Dorf wurde einst bekannt gegeben, dass ein Prediger kommen sollte. Er konnte den Termin zwar einhalten, fand aber, weil an besagtem Tag ein furchtbarer Sturm heulte, nur einen Mann am Ort der Zusammenkunft vor. Trotzdem predigte er vor diesem einen Zuhörer genauso ernsthaft, wie wenn das Haus voller Menschen gewesen wäre. Jahre später fand er in diesem Gebiet überall Gemeinden vor. Dabei stellte er fest, dass sich sein einziger damaliger Zuhörer an jenem Tag bekehrt hatte und zum Evangelisten der ganzen Gegend geworden war. Welch ein Segen wäre zurückgehalten worden, wenn er es abgelehnt hätte, vor einem Menschen zu predigen! Vernachlässigt nie euren Dienst, wenn ihr den Riemen der Sandalen Christi lösen sollt, weil ihr nicht wisst, was davon abhängt! Das menschliche Geschick wird oft entscheidend von Dingen beeinflusst, die so klein sind, dass man sie nicht sieht. Man sage sich nie: »Dies ist belanglos!« Für den Herrn ist nichts belanglos.

Wiederum lässt sich an kleinen Dingen, die wir für Christus tun, *oft am besten die Echtheit unseres Glaubens messen*. Gehorsam in kleinen Dingen hat viel mit der Wesensart eines Dieners zu tun. Wenn man eine Hausangestellte bei sich beschäftigt, wird man bald ganz genau wissen, ob man eine gute oder schlechte Angestellte hat: Werden die wichtigsten alltäglichen Pflichten ordentlich erledigt? Werden die Mahlzeiten zur eigenen Zufriedenheit zubereitet? Werden die Betten gemacht? Wird das Haus gefegt? Werden diejenigen hereingelassen, die Einlass suchen? Doch der Unterschied zwischen einer Angestellten, welche die Hausbewohner erfreut, und einer anderen, die eher eine Belastung ist, findet sich in einer Reihe kleiner Dinge. Obwohl man diese vielleicht nicht zu Papier bringen kann, tragen sie in erheblichem Maße dazu bei, ob man sich zu Hause wohlfühlt oder nicht. Daran entscheidet sich letztlich der Wert einer Hausangestellten. So ist es meiner Meinung nach auch im Leben von Christen. Ich denke nicht, dass die meisten von uns, die hier versammelt sind, je die wichtigeren Dinge des Gesetzes auslassen würden. Als Christen sind wir bestrebt, in unserem Verhalten stets rechtschaffen und aufrichtig zu sein. Wir versuchen hinsichtlich der großen Dinge, unseren Familien Ordnungen in der Furcht Gottes zu geben, doch erst darin, dass wir uns in unbedeutenden Einzelheiten an unseren Herrn wenden, wird die Gesinnung des Gehorsams am deutlichsten sichtbar. Er erweist sich darin, dass wir immer zum Herrn emporschauen. Der wahrhaft gehorsam Gesinnte will in allem den Willen des Herrn erkennen, und wenn es irgendeinen Punkt gibt, der dieser Welt belanglos erscheint, sagt der gehorsam Gesinnte aus ebendiesem Grund: »Ich werde darauf achten, um meinem Herrn gegenüber unter Beweis stellen zu können, dass ich selbst in den kleinsten Einzelheiten meine Seele seinem Wohlgefallen unterwerfen will.«

Jeder wird in kleinen Dingen auf Herz und Nieren geprüft. Dort befindet sich das entsprechende Kriterium. So mancher Heuchler besucht den sonntäglichen Gottesdienst, doch längst nicht alle Heuchler nehmen an Gebetsversammlungen teil, lesen die Bibel in ihrer Stillen Zeit oder reden im kleinen Kreis der Heiligen von den göttlichen Dingen. Da sie ihres Erachtens weniger bedeutsam sind, vernachlässigen sie diese und verurteilen sich damit selbst. Wo der Glaube tief gegründet ist, findet man Freudigkeit zum Gebet. Wo der Glaube dagegen oberflächlich ist, legt man nur auf öffentliche Gottesdienste Wert. Im Bereich der kleinen Dinge wird die Aufrichtigkeit eines Christen sichtbar gemacht. Obwohl der Stempel des Goldschmieds ziemlich klein ist, erkennt man daran, ob es sich um echtes Silber handelt. Es gibt einen ungeheuer großen Unterschied zwischen einem Menschen, der Christus freudig die Sandalen bringt, und einem anderen, der sich nicht dazu herablässt, irgendetwas zu tun, was seiner Meinung nach unter seiner Würde ist. Sogar ein Pharisäer bat Christus, in sein Haus zu kommen, um mit ihm zu essen. Er war bereit, einen bekannten Rabbi an seinem Tisch zu bewirten. Doch nicht jeder lässt sich dazu herab, die Sandalen des Gastes aufzubinden, denn genau jener Pharisäer, der das Festmahl zubereitet hatte, brachte ihm weder Wasser zum Füßewaschen, noch gab er ihm einen Willkommenskuss. Er stellte dadurch, dass er die kleinen Dinge vergaß, unter Beweis, wie unaufrichtig er als Gastgeber war. Hier muss ich sagen, dass Marta und Maria es nie vergaßen, die Riemen seiner Sandalen zu lösen, und Lazarus immer darauf achtete, dass seine Füße gewaschen wurden. Sehen wir daher doch als Gläubige auf den Dienst Christi in den unbekannten Dingen – in denjenigen, die von Menschen nicht wahrgenommen werden! Achten wir auf jene Angelegenheiten, die ihnen als unehrenhaft gelten, denn dadurch wird die eigene Liebe geprüft werden.

Beachten wir auch, dass es im Blick auf kleine Werke sehr oft *ein gewisses Maß an persönlicher Gemeinschaft mit Christus gibt, das in größeren Werken nicht zu erkennen ist.* Wer beispielsweise wie im vorliegenden Fall die Riemen seiner Sandalen löst, kommt unmittelbar mit ihm selbst zusammen, obwohl es nur seine Füße sind, die er berührt. Angenommen, ich könnte zwischen zwei Möglichkeiten wählen: Einerseits könnte ich aufbrechen, um Dämonen auszutreiben, das Evangelium zu verkündigen bzw. Kranke zu heilen, und andererseits könnte ich bei ihm bleiben und stets die Riemen seiner Sandalen lösen. Ich würde – so denke ich – die letztgenannte Möglichkeit wählen. Was ich zuerst beschrieb, tat Judas nämlich auch – er brach mit den übrigen Elf auf und sah Satan wie einen Blitz vom Himmel fallen. Er ging aber verloren, weil er bei denjenigen Tätigkeiten, die in der unmittelbaren Umgebung Christi verrichtet wurden, versagte. Als Verwalter der Jüngerkasse erwies er sich als Dieb, und als er Christus in Gethsemane den Kuss gab, handelte er als Verräter. Wer in denjenigen Dingen, die Christus persönlich betreffen, nicht versagt, ist geistlich fest gegründet. Bei ihm zeigt sich die Gerechtigkeit des Herzens. Nie hat es eine erhabenere Tat unter dem

Himmel gegeben als das Opfer einer Frau, die ihr Alabasterfläschchen mit kostbarem Salböl zerbrach und das Öl auf sein Haupt goss. Gewiss, kein Armer hatte etwas davon, keinem Kranken ging es dadurch besser. Doch diese Tat galt speziell ihm und war daher Ausdruck einer besonderen, innigen Liebe. Zwar geht es nur darum, die Sandalriemen zu lösen, doch die Tatsache, dass es *seine* Sandalen sind, adelt die Tat.

Beachten wir überdies auch, was hinsichtlich dieser gnadenreichen Taten, die von den meisten übrigen Menschen nur wenig geschätzt werden, gilt: Wir wissen, dass *Gott unsere Anbetung in kleinen Dingen annimmt*. Er ließ die Angehörigen seines Volkes ihre Jungstiere darbringen, während andere Israeliten ihre Widder brachten und sie ihm opferten. Dies waren Menschen, deren Reichtum so groß war, dass sie es ermöglichen konnten, ein Opfer von ihren Rinder- und Schafherden zu bringen. Gott gestattete den Armen aber auch, ein Paar Tauben oder zwei junge Tauben zu opfern. Dabei habe ich in Gottes Wort nie die Aussage gefunden, dass ihm das Opfer in Form der Turteltauben weniger bedeutete als das Jungstieropfer. Und ich weiß auch, was für unseren hochgepriesenen Herrn selbst gilt: Während seines Erdenlebens liebte er den Lobpreis kleiner Kinder. Sie brachten weder Gold noch Silber wie die Weisen aus dem Morgenland dar, aber sie riefen laut: »Hosanna!« Der Herr ärgerte sich nicht über diese Hosanna-Rufe, sondern nahm ihren kindlichen Lobpreis an. Und wir denken daran, dass eine Witwe in den Schatzkasten zwei Scherflein – d. h. nur einen Pfennig – einlegte. Weil aber darin alles, was sie zum Leben hatte, bestand, verwarf er ihre Gabe nicht. Vielmehr griff er sie zu ihrer Ehre auf. Obwohl wir heute diese Begebenheit ziemlich gut kennen, ist sie dennoch in vielerlei Hinsicht wunderbar. Zwei Scherflein im Wert von einem Pfennig, die dem unermesslich großen Gott gegeben werden! Ein Pfennig, der vom König der Könige angenommen wird! Ein Pfennigbetrag, welcher von demjenigen anerkannt wird, der die Himmel und die Erde gemacht hat! Obwohl dies kaum so viel war wie ein Tropfen im Meer, hatte es *bei ihm* einen hohen Stellenwert. Beurteilen wir kleine Taten daher nicht mit menschlichen Mitteln (dem Wägen und Messen), sondern aus Gottes Sicht, denn der Herr achtet auf die Herzen seiner Kinder. Er achtet nicht so sehr auf ihre Taten an sich als vielmehr auf die Motive, die ihnen zugrunde liegen.

Nun möchte ich euch zweitens einige wegweisende Gedanken

zu der Betrachtung *unserer eigenen Unwürdigkeit* weitergeben, die wir ganz bestimmt empfinden, wann immer wir in der Praxis mit irgendeinem wahren christlichen Dienst in Berührung kommen. Meiner Meinung nach hält sich ein Mensch, der überhaupt nichts tut, im Allgemeinen für einen guten Kerl. Man stellt gewöhnlich fest, dass die schärfsten Kritiker diejenigen sind, die nie zur Feder greifen. Diejenigen, welche die Schlacht am besten beurteilen können, sind jene, die mit Bedacht von den Waffen fernbleiben. Christen, die ständig mit Samthandschuhen angefasst werden wollen und nie versucht haben, Seelen zu retten, sind erstaunlich schnell dabei, uns zu sagen, dass wir in unseren Worten zu grob oder zu leichtfertig sind. Sie finden rasch heraus, wenn wir in unserem Handeln vermeintlich von Ordnungen abweichen oder zu überschwänglich sind. Sie haben ein sehr scharfes Gespür für alles, was nach Fanatismus oder Unordnung aussieht. Was mich betrifft, so fühle ich mich ziemlich sicher, wenn mich diese Herren tadeln. Wir können gar nicht so falschliegen, wenn sie uns verurteilen.

Wenn ein Mensch ernsthaft beginnt, für den Herrn Jesus zu arbeiten, wird er bald feststellen, dass er der niedrigsten Stellung im Dienst des so Herrlichen unwürdig ist. Denken wir über diese Tatsache einen Augenblick lang nach. Wenn wir uns daran *erinnern, was wir waren,* dann müssen wir meiner Überzeugung nach unsere Unwürdigkeit empfinden, das allergeringste Werk für Christus zu vollbringen. Ihr wisst, wie Paulus die Bosheit bestimmter Menschen beschreibt, die schuldig geworden waren. Dann fügt er hinzu: »Und das sind manche von euch gewesen« (vgl. 1. Korinther 6,11). Welch eine Herzenshärtigkeit lassen einige von uns Gott gegenüber erkennen! Was für eine Auflehnung! Welch eine Widerspenstigkeit! Wie sehr wird dadurch sein Geist gedämpft! Was für eine Liebe zur Sünde! Ach, wenn ich mich dazu herablassen könnte, den Sandalriemen jenes Fußes zu lösen, der für mich ans Kreuz genagelt wurde, müsste ich das Nägelmal mit meinen Tränen benetzen und sagen: »Mein Heiland, kann es überhaupt sein, dass ich deine Füße wirklich anrühren darf?« Engel im Himmel könnten denjenigen Menschen beneiden, der das Geringste für Christus tun darf, obwohl sie nie gesündigt haben. O welch eine Gnade, dass wir als die durch Sünde Verunreinigten berufen sind, dem sündlosen Heiland zu dienen!

Doch dann folgt eine andere Überlegung, nämlich die Kehrseite dessen: Wir *entsinnen uns, was wir sind,* bzw. was wir waren. Ja, was wir sind, denn obwohl wir in Jesu Blut gewaschen sind und uns ein neues Herz sowie ein rechter Geist geschenkt wurden, gehen wir aufgrund der uns innewohnenden Verdorbenheit oft in die Irre, wie der Pfeil eines trügerischen Bogens fehlgeht. Es ist manchmal schwer, am Glauben festzuhalten, und sei er auch noch so unscheinbar. Wir sind so wankelmütig, so unbeständig, so heiß, so kalt, so ernsthaft und dann so nachlässig. Wir sind in jeder Hinsicht ganz anders, als wir sein sollten – in einem Maße, dass wir uns durchaus fragen können, ob Christus uns das Allergeringste für ihn tun lässt. Wenn er uns in einen Kerker einschließen und dort gefangen halten würde, statt uns in der uns eigentlich zustehenden Weise zu richten, würde er gemäß der Gnade mit uns handeln und uns nicht umfassend nach Verdienst und Würdigkeit belohnen. Dennoch ruft er uns aus dem Gefängnis heraus und stellt uns in seinen Dienst. Daher empfinden wir, dass wir unwürdig sind, die geringste Tätigkeit in seinem Haus zu verrichten.

Überdies, meine Geliebten, *spüren wir* selbst *bei kleinen Diensten, dass sich unser häufig anzutreffender Herzenszustand dringend bessern muss.* Nach meiner Überzeugung wird mir oft, wenn ich hier das Evangelium predige, meine Unwürdigkeit weitaus mehr vor Augen geführt, als ich sie anderweitig erkennen sollte. Wenn es etwas Gnadenreiches ist, die eigene Sündhaftigkeit zu sehen, kann ich Gott für meinen Dienst der Evangeliumsverkündigung danken, denn dadurch erkenne ich sie. Obwohl wir manchmal darangehen, über Jesus Christus zu predigen und ihn zu verherrlichen, haben wir keine tiefe Herzensliebe ihm gegenüber, wobei wir ihn nicht in der rechten Weise wertschätzen. Obgleich die Bibelstelle, worüber wir predigen, ihn auf einen hohen Thron setzt, nimmt er in unseren Herzen nicht diese Stellung ein. O daher meinen wir, dass wir das Herz uns geradewegs aus dem Leib reißen könnten, wenn wir imstande wären, auch das letzte Quäntchen Verkommenheit loszuwerden, das uns daran hindert, in Einklang mit der vor uns liegenden herrlichen Wahrheit zu stehen. Bei einer anderen Gelegenheit müssen wir vielleicht Sünder einladen und versuchen, sie zu Christus zu führen. Das erfordert so viel Mitleid, dass Christus unsere Predigt, wenn er sie halten würde, mit seinen Tränen benetzte. Doch wir halten sie ohne Tränen in den Augen – fast gefühllos, um uns anschließend vergeblich um unser hartes Herz zu mühen, sodass es sich nicht rührt und nicht wieder empfindsam werden kann.

Dies gilt auch bei anderen Aufgaben. Hast du nie gemeint: »Ich bin heute Nachmittag mit der Sonntagsschule dran, doch ich bin gesundheitlich außerstande dazu. Die ganze Woche über habe ich mich mit Sorgen herumgeplagt, und geistig bin ich gerade nicht auf der Höhe. Ich liebe natürlich meinen Herrn, aber ich weiß kaum, ob ich es tun soll oder nicht. Obwohl ich im Blick auf diese Jungen und Mädchen gewissenhaft sein sollte, werde ich dem höchstwahrscheinlich nicht gerecht. Ich werde mich hinsetzen und meine Lektion wie einer durchgehen, der Vorgegebenes auswendig gelernt hat – ohne Leben, ohne Liebe.« Ja, dann stellst du schmerzlich fest, dass du nicht würdig bist, die Sandalriemen deines Herrn zu lösen. Möglicherweise besuchst du heute Nachmittag einen Sterbenden, wobei du bemüht bist, mit ihm darüber zu reden, wie man in den Himmel kommt. Er hat sich noch nicht bekehrt. Obwohl du dir nun wünschst, dass dir geisterfüllte Worte voller Mitgefühl über die Lippen kommen, spricht aus deinen Worten nur Teilnahmslosigkeit. Dabei geht dir ein Gedanke durch den Kopf: »O Herr, ich sitze an diesem Krankenbett und denke an diesen armen Mann, der den Flammen der Hölle entgegengeht, weil er vielleicht in einer Woche stirbt, ohne Christus angenommen zu haben. Doch wie kann es sein, dass ich auf seinen lebensbedrohlichen Zustand ohne innere Anteilnahme eingehe, als ob dies eine Angelegenheit von geringster Bedeutung wäre.« Ja, es stimmt: Wir haben es Hunderte Male verspürt, dass wir an und für sich zu keinerlei Dienst geeignet sind. Wir sind unwürdig, einem solchen Meister zu dienen.

Das gleiche Gefühl entsteht auch in anderer Hinsicht. Müssen wir nicht bekennen, liebe Brüder und Schwestern, dass wir beim Blick auf unser für Christus vollbrachtes Werk *viel zu sehr auf das Ich in unserem Verhalten achten*? Wir suchen uns unter all den Arbeiten die beste heraus, wobei unser wählerisches Vorgehen vom Selbstachtungstrieb bestimmt wird. Wenn man uns auffordert, dasjenige zu tun, was uns genehm ist, tun wir es. Wenn man uns fragt, ob wir eine Zusammenkunft besuchen, wo wir mit Beifall empfangen werden, verhalten wir uns wie der Fisch, der nach dem Angelhaken schnappt. Wenn man uns bittet, einen Dienst zu tun, der uns auf der sozialen Stufenleiter nach oben bringt oder uns unseren Mitgeschwistern gegenüber empfiehlt, greifen wir genauso zu. Doch angenommen, das Werk würde uns Beschämung bringen, angenommen, es würde vor allem anderen unser Versagen im Dienst statt unsere Fähigkeiten offenlegen. Dann würden wir Entschuldigungen vorbringen! Die Gesinnung, die Mose ein wenig prägte, als der Herr ihn berief, beherrscht auch viele von uns. Einer sagt vielleicht: »Wenn ich für Christus reden müsste, würde ich stottern und stammeln.« Als wenn Gott nicht den Mund der Stotterer genauso geschaffen hätte wie den Mund derjenigen, die fließend sprechen! Als wenn er bei der Erwählung des Mose nicht gewusst hätte, woran er war! Mose musste gehen und »für Gott stammeln« sowie ihn durch sein Reden verherrlichen, obwohl dies Mose anfangs nicht gefiel. Viele Menschen in ähnlichen Fällen nahmen die Gnade, um überhaupt ans Werk gehen zu können, nicht in Anspruch. Ach, sollte ich mich weigern, ihm mit einem Talent zu dienen, wenn ich den Herrn nicht mit zehn Talenten ehren kann? Welch eine Torheit und welch eine Auflehnung, wenn wir so uneinsichtig sind!

Und haben wir nach Beendigung eines heiligen Werkes nicht bemerkt, wie schnell der Hochmut Raum gewinnen will? Kaum hat uns Gott in irgendeinem Werk erfolgreich sein lassen, werden wir überheblich. »O wie gut wir das erledigt haben!« Wir wollen nicht, dass irgendeiner sagt: »Das ist aber mit viel Klugheit, sehr gut, sorgfältig und gewissenhaft getan worden!« Vielmehr bestätigen wir alle dieses Urteil uns selbst gegenüber, indem wir hinzufügen: »Ja, du warst bei dieser Arbeit eifrig dabei und hast getan, was so mancher nicht getan hätte, wobei du dich dessen auch nicht gerühmt hast. Du hast es nicht so getan, dass es dein Nächster sehen konnte, und hast es einfach aus Liebe zu Gott vollbracht. Daher bist du ein außergewöhnlich demütiger Mensch, wobei niemand sagen kann, dass du nutzlos bist.« Welch eine Schmeichelei, während doch weiterhin gilt: »Trügerisch ist das Herz, mehr als alles, und unheilbar ist es« (vgl. Jeremia 17,9). Wir sind nicht würdig, die Riemen der Sandalen Jesu zu lösen, weil wir – sobald wir dies tun – anfangen, uns zu sagen: »Was für großartige Leute sind wir doch! Wir durften die Riemen der Sandalen des Herrn lösen!«

Meine lieben Brüder, wir sollten das Empfinden dafür haben, dass wir nicht würdig sind, das Geringstmögliche für Christus zu tun, weil *sich immer dann, wenn wir die unterste Stellung wählen, Jesus noch tiefer erniedrigt hat*. Ist es eine Kleinigkeit, ihm die Sandalen herbeizubringen? Worin bestand demnach seine Herablassung, als er seinen Jüngern die Füße wusch? Vielleicht ertrage ich einen mürrischen Bruder, bin sanftmütig zu ihm und denke mir dabei:

»Ich werde ihm in allem den Vortritt lassen, weil ich ein Christ bin.« Obwohl ein solches Verhalten von großer Selbsterniedrigung zeugt, hat unser Herr für uns weitaus mehr getragen. Er hatte Nachsicht mit den Schwachheiten seines Volkes und vergab ihm siebzig Mal siebenmal. Und sollten wir bereit sein, den niedrigsten Platz in der Gemeinde einzunehmen, ist dieser in jedem Fall noch höher als die Stellung Jesu, denn er nahm die Fluchesstellung ein: Derjenige, der Sünde nicht kannte, wurde für uns zur Sünde gemacht, damit wir Gottes Gerechtigkeit würden in ihm (vgl. 2. Korinther 5,21). Ich habe manchmal eine Bereitschaft verspürt, an die Pforten der Hölle zu gehen, um eine Seele zu retten. Der Erlöser ging jedoch weiter, denn er ertrug für menschliche Seelen den Zorn Gottes. Angenommen, es gibt hier einen Christen, der so demütig ist, dass er bei seiner Selbstbeurteilung keine hochmütigen Gedanken hegt, sondern es vorzieht, der Geringste unter seinen Brüdern zu sein, und damit seine Güte unter Beweis stellt. Ihm sage ich: Mein lieber Bruder, du hast dich dennoch nicht so tief erniedrigt wie Christus, denn »er machte sich selbst zu nichts« (vgl. Philipper 2,7) und gab alles auf, während du noch ein gewisses Ansehen besitzt. Er nahm Knechtsgestalt an und wurde gehorsam bis zum Tod, was für dich ja noch nicht gilt. Ja, gehorsam bis zum Tod am Kreuz – dem Tod des Schwerverbrechers an der Hinrichtungsstätte, wohingegen du nie dahin gebracht werden wirst. O welch eine Herablassung der erstaunlichen Liebe des Erlösers!

Spricht jemand mit einem Menschen unter vier Augen über seine Seele, mag dies eine sehr kleine Aufgabe sein. Wenn ihr gebeten werdet, vor einhundert Menschen zu predigen, würdet ihr darauf eingehen. Ich bitte euch mit heiligem Ernst in Gottes Namen: Lasst die Sonne heute nicht untergehen, bevor ihr mit einem Menschen – ob Mann oder Frau – im Einzelgespräch über seine Seele geredet habt! Wollt ihr das nicht tun? Ist dies für euch zu wenig? Dann muss ich euch gegenüber ganz ehrlich sein und euch sagen, dass ihr nicht würdig seid, dies zu tun. Sprecht heute mit irgendeinem kleinen Kind über seine Seele! Sagt nicht: »O wir können nicht mit Kindern reden und sind außerstande, auf ihre Ebene herabzukommen!« Als der heilige Brainerd[1] im Sterben lag und nicht mehr vor den Indianern predigen konnte, stand ein kleiner Indianerjunge an

1 David Brainerd (1718-1747), Missionar unter den Indianern Nordamerikas.

seinem Bett, den er die englischen Buchstaben lehrte. Als jemand hereinkam, sagte Brainerd zu ihm: »Ich habe Gott gebeten, mich nur so lange am Leben zu lassen, wie ich von Nutzen sein könnte. Weil ich also nicht mehr predigen kann, bringe ich diesem armen kleinen Kind bei, die Bibel zu lesen.« Denken wir nie, dass wir uns herablassen müssten, wenn wir Kinder lehren!

Es gibt vielleicht einige unter euch, welche die Möglichkeit haben, gefallenen Frauen Gutes zu tun. Schrickst du vor einer solchen Aufgabe zurück? Viele sagen: Ja! Sie sind der Meinung, dass sie irgendetwas anderes tun könnten, als mit solchen Menschen zu reden. Hat die Aufgabe damit zu tun, den Sandalriemen deines Meisters zu lösen? Weil sie demnach eine ehrenvolle Angelegenheit umfasst, solltest du, lieber Bruder, sie in Angriff nehmen. Sie ist nicht unter deiner Würde, wenn du sie für Jesus tust. Sie übertrifft sogar das dir zugedachte Beste, wobei du nicht würdig bist, sie zu tun. Möglicherweise befindet sich ganz in deiner Nähe ein Viertel, wo sehr arme Menschen wohnen. Du findest keinen Gefallen daran, zu diesen Menschen zu gehen. Sie sind schmutzig und vielleicht mit Krankheiten infiziert. Nun ist es sicher bedauerlich, dass Arme so oft schmutzig sind, doch der Hochmütige ist genauso beschmutzt. Sagst du: »Ich kann nicht dorthin gehen«? Warum nicht? Bist du solch ein eingebildeter, feiner Herr, dass du Angst davor hast, dir die Hände schmutzig zu machen? Der Herr hat unter den Mittellosen gelebt und war sogar noch ärmer als sie, denn er hatte keinen Platz, wo er sein Haupt hinlegen konnte. O schäme dich, du böser und hochmütiger Knecht eines liebevollen Herrn, der sich so herabgelassen hat! Erledige deine Aufgaben und löse sofort die Riemen seiner Sandalen! Statt dir vorzustellen, wie du durch ein solches Werk für Jesus erniedrigt werden würdest, solltest du die Wahrheit hören: Es würde dich vielmehr ehren, ja, du bist dafür nicht geeignet! Weil du dich dieser Ehre verschließt, wird sie besseren Menschen zuteilwerden.

Es läuft auf Folgendes hinaus, meine Geliebten: Für alles, was man für Christus tun kann, kommen wir uns zu gut vor. Irgendjemand wollte den Einlassdienst übernehmen. Irgendjemand wollte die im Hintergrund bleibenden Hilfesuchenden ausfindig machen. Irgendjemand wollte Zerlumpte und Heruntergekommene unterweisen. Irgendjemand wollte Menschen bitten, in den Gottesdienst zu kommen und ihnen dort einen Platz anbieten, damit sie sitzen können, während er selbst im Gang steht. Nun, was es auch sei: Ich wäre lieber Türhüter im Haus des Herrn (oder auch der dort befindliche Fußabtreter), als dass ich zu den Vornehmsten in den Zelten der Gottlosen gezählt werden will. Alles für Jesus – je niedriger, desto besser; alles für Jesus – je demütiger, desto besser; alles für Jesus!

Und nun eine letzte Bemerkung. Das alles sollte uns anspornen und nicht entmutigen. Obwohl wir nicht würdig sind, das Werk zu tun, ist dies der Grund dafür, warum wir uns der herablassenden Gnade, die uns mit einem solchen Dienst ehrt, zur Verfügung stellen sollten. Sage nicht: »Weil ich nicht würdig bin, die Riemen seiner Sandalen zu lösen, werde ich mit dem Verkündigungsdienst aufhören.« O nein! Predige vielmehr mit umso größerem Eifer weiter! Johannes hat es getan, wobei er seiner Verkündigung eine Warnung hinzufügte. Du solltest es nicht unterlassen, Menschen zu warnen, wenn du predigst. Rede ihnen gegenüber vom kommenden Gericht und der Trennung zwischen den Gerechten und den Gottlosen. Wir sollten unser Werk in jeder Beziehung ausführen und dabei auch den beschwerlicheren Teil nicht auslassen. In allem sollten wir es aber mit der jeweiligen göttlichen Berufung verrichten. Johannes war berufen, von Christus zu zeugen. Obwohl er seine Unwürdigkeit verspürte, dies zu tun, wich er diesem Werk nicht aus. Seine lebenslange Aufgabe bestand darin, laut zu verkündigen: »›Siehe, das Lamm Gottes!‹ Seht immer wieder hin!« Dies hat er mit ganzem Ernst getan, nie hat er damit aufgehört. Außerdem war er damit beschäftigt, Menschen zu taufen. Dabei ging es um jene Zeremonie, womit die neue Haushaltung eingeführt wurde. Er stand dort da, um fortwährend diejenigen zu taufen, die zum Glauben gekommen waren. Es hat nie einen unermüdlicheren Mitarbeiter als Johannes den Täufer gegeben. Er war mit ganzem Herzen dabei, weil er spürte, dass er nicht würdig war, das Werk zu tun. Liebe Brüder und Schwestern, es ist leider möglich, dass das Empfinden für eure Unwürdigkeit euch hinderlich ist, wenn ihr untätig seid. Wenn aber die Liebe Gottes eure Seele erfüllt, werdet ihr spüren: »Weil mein Werk so misslingt, wenn ich mein Möglichstes tue, werde ich stets mein Äußerstes geben. Weil so wenig dabei herauskommt, wenn ich das meiste erledige, will ich es zumindest mit vollem Einsatz tun.« Könnte ich ihm mein ganzes Vermögen sowie mein Leben geben und würde ich dann den Tod im Feuer auf mich nehmen, wäre das nur ein kleines Zeichen der Dankbarkeit für eine Liebe, die so erstaunlich, so göttlich ist wie diejenige, die ich verspürt habe.

Johannes führte ein hartes Leben. Seine Nahrung bestand aus Heuschrecken und wildem Honig. Er kleidete sich nicht mit vornehmen Gewändern, wie sie Menschen in Palästen tragen. Nicht nur sein Leben, sondern auch sein Tod zeugen von seiner Leidensbereitschaft: Aufgrund seines Mutes kam er in einen Kerker. Seine unerschrockene Treue brachte ihm den Märtyrertod ein. Er war ein Mann, der in Selbstverleugnung lebte und als Zeuge für die Wahrheit sowie Gerechtigkeit starb – und dies alles aufgrund der Tatsache, dass er seinem Meister eine hohe Wertschätzung entgegenbrachte. Möge unsere Wertschätzung im Blick auf Christus so wachsen und zunehmen, dass wir bereit sind, alles im Leben für Christus zu ertragen und sogar unser Leben um seines Namens willen zu geben!

Bestimmte Missionare der Herrnhuter Brüder gingen damals, als die Sklaverei noch herrschte, als Verkündiger auf eine der Westindischen Inseln. Bald stellten sie fest, dass man ihnen das Lehren verbot, wenn sie nicht selbst Sklaven wurden. Sie gaben also ihre Freiheit auf und verkauften sich – ohne Aussicht auf Rückkehr in ein freies Leben – als Sklaven, um versklavte Menschen retten zu können. Wir haben von einem anderen Paar heiliger Männer gehört, die sich bereitwillig auf einer geschlossenen Leprastation unterbringen ließen, damit sie Leprakranke zum Heil führen könnten. Dabei wussten sie, dass sie nach diesem Schritt nie wieder herausgelassen werden würden. Als sie dorthin gingen, nahmen sie bewusst in Kauf, an Lepra zu erkranken und damit vorzeitig zu sterben. Dies taten sie, um Seelen zu retten. Ich habe von einem Mann namens Thomé de Jesus gelesen, der unter die Berber[2] ging, wo Christen gefangen gehalten wurden. Dort lebte und starb er in der Verbannung und Sklaverei, weil er seine Glaubensbrüder ermuntern und ihnen Jesus verkündigen wollte. Liebe Brüder, wir haben nie eine solche Hingabe erreicht, wir bleiben weit hinter dem zurück, was Jesus zusteht.

O dass doch ein Funke der Liebe Christi in der Seele zünden möge! O dass doch eine lebendige, vom Altar auf Golgatha emporschießende Flamme in unserem ganzen Wesen den göttlichen Eifer für Christus entflammen möge, der sich für uns gegeben hat, damit wir leben können!

2 Volk in Nordafrika.

Matthäus

»Ein Mensch mit Namen Matthäus«

»Und als Jesus von dort weiterging, sah er einen Menschen mit Namen Matthäus am Zollhaus sitzen, und er spricht zu ihm: Folge mir nach! Und er stand auf und folgte ihm nach« (Matthäus 9,9).

Hier finden wir ein kleines Stück aus einer Autobiografie. In diesem Vers schrieb Matthäus über sich. Ich kann ihn mir vorstellen, wie er – mit der Feder in seiner Hand – das gesamte, nach ihm benannte Evangelium schrieb. Ich kann mir aber auch denken, wie er dann zu dieser sehr persönlichen Stelle kam. Da wird er wohl die Feder einen Augenblick lang hingelegt und sich über die Augen gewischt haben. Er war zu einer überaus denkwürdigen und ergreifenden Begebenheit seines eigenen Lebens gekommen – einer Begebenheit, deren Niederschrift sein Innerstes erbeben ließ. »Und als Jesus von dort weiterging, sah er einen Menschen mit Namen Matthäus.« Der Evangelist sagte von sich nicht viel – nur das absolut Notwendige: »Er (sah) einen Menschen mit Namen Matthäus am Zollhaus sitzen, und er spricht zu ihm: Folge mir nach! Und er stand auf und folgte ihm nach.«

Mir fällt auf, dass Matthäus ganz anders über seine Berufung berichtet, als es Bekehrte heutzutage tun, die sehr allgemein von ihrer Bekehrungserfahrung erzählen. Wer sich hinsetzt und uns einen in diesem Stil gehaltenen Bericht hinterlässt (»Und als Jesus von dort weiterging, sah er einen Menschen mit Namen Matthäus«), teilt uns ungefähr so viel mit, wie wir ohnehin schon wissen. Erzähle uns so kurz wie möglich, wie der Herr dich berufen und dir ermöglicht hat, ihm nachzufolgen. Dieser kurze Bericht zeugt von Bescheidenheit, die keinesfalls eine gespielte Bescheidenheit umfasst, sondern Matthäus´ auffallende Zurückhaltung erkennen lässt. Er erwähnt, dass er Zöllner war. In der sogenannten Apostelliste seines Evangeliums bezeichnet er sich als »Matthäus, der Zöllner«. Bei den anderen Evangelisten findet man nirgendwo diesen Ausdruck; sie nennen ihn in der Regel nicht einmal »Matthäus«, sondern geben ihm den ehrenhafteren Namen »Levi«. Außerdem berichten sie mehr über ihn, als er von sich selbst sagt. Wenn es denn irgendetwas Lobenswertes über uns zu sagen gibt, ist es immer am besten, dies jemandem anders zu überlassen, statt selbst das Wort zu ergreifen.

»Und als Jesus von dort weiterging, sah er einen Menschen mit Namen Matthäus am Zollhaus sitzen, und er spricht zu ihm: Folge mir nach! Und er stand auf und folgte ihm nach.« Beachten wir bitte den Kontext, in den Matthäus diese Geschichte gestellt hat: Sie folgt unmittelbar nach einem Wunder. Es sind einige Fragen im Blick darauf gestellt worden, wo genau diese Begebenheit in einer Evangelienharmonie einzuordnen ist: Hat sie tatsächlich dort stattgefunden, wo Matthäus sie erzählt, oder geht es ihm mehr um die Wirkung des Erzählten als um chronologische Richtigkeit? Manchmal scheinen die Evangelienschreiber die chronologische Einordnung einer Darlegung zu vernachlässigen und sie stattdessen anderswo einzuschieben, damit sie an ihrer neuen Stelle irgendeinen anderen Zweck erfüllt. Nun kenne ich die korrekte chronologische Einordnung dieses Ereignisses natürlich nicht, doch mir scheint, als sei Matthäus´ Entscheidung, seine Berufung gerade hier aufzuzeichnen, genau richtig. Er könnte gesagt haben: »Ich werde meinen Lesern jetzt von einem Wunder im Umfeld des Heilands berichten, der den Gelähmten sein Bett aufnehmen und umhergehen ließ. Nun werde ich ihnen von einem anderen Wunder – einem noch größeren Wunder – berichten. Es gab einen Mann, der noch schlimmer dran und an seine Gewinne sowie an sein ungerechtes Geschäft gefesselt war. Dennoch verließ er auf den Befehl Christi hin seinen Beruf und all seine Einnahmen, um seinem Göttlichen Meister zu folgen.« Mein lieber Freund, wann immer du über deine eigene Bekehrung nachdenkst, solltest du sie als Wunder betrachten und dir stets sagen: »Es war ein Wunder der Gnade!«

Daher klingt in Matthäus´ Wiedergabe der eigenen Lebensgeschichte ein lieblicher Unterton an. Dennoch erzählt er sie in einer sehr beziehungsreichen Weise, indem er sie genau nach einem überaus bemerkenswerten Wunder folgen lässt. Da hatte sich ein Mann – wie bei den Zöllnern üblich – in Ausbeutung und Erpressung verstrickt. Sein Gewissen war gebrandmarkt, und er hatte als Erpresser wohl kaum ein Empfinden für das Rechte, das er höchst selten tun wollte. Trotzdem war dies ein Mann – obwohl ganz tief in einer unheilvollen Tätigkeit gefangen –, der in einem Augenblick, zum Zeitpunkt der göttlichen Berufung, veranlasst wurde, seine Hoffnungen auf Gewinn aufzugeben, damit er Christus nachfolgen konnte. Dies war ein Wunder, das der Heilung des Gelähmten, der sein Bett genommen hatte und umhergegangen war, ähnelte und ihr gleichkam. Vielleicht könnt auch ihr einen Vergleich zwischen eurer Bekehrung und irgendeinem Wunder des Meisters ziehen. Wie dem auch sei: Ich bitte euch als diejenigen, die den Herrn kennen, in der Stille in euch zu gehen. Ihr solltet euch einfach hinsetzen und nachdenken – nicht über Matthäus, sondern über uns. Dabei werde ich über »einen Mann namens Spurgeon« nachsinnen, während du vielleicht über »einen Mann namens Johannes Schmidt« oder »Thomas Müller« nachdenkst, oder wie immer du gerade heißen magst. Wenn der Herr dich liebevoll angesehen hat, kannst du einfach deinen eigenen Namen in den Text einsetzen und sagen: »Und als Jesus von dort weiterging, sah er einen Mann mit Namen Jens (oder ›Johannes‹, ›Thomas‹ usw.) sitzen.« Und die Frauen können ebenfalls ihren Namen einsetzen, ob sie nun Maria oder Johanna usw. heißen.[3] Setze dich einfach hin und denke darüber nach, wie Jesus zu dir persönlich sagte: »Folge mir nach!« Denke daran, wie du in jenem glückseligen Augenblick aufgestanden und ihm nachgefolgt bist. Sinne darüber nach, wie du seit dieser Stunde wahrhaft singen konntest, was du seither oft wiederholt hast:

Das war ein Tag, so groß und frei,
als Jesus macht mein Leben neu.
Die größte Freude, die ich hab,
ist, dass er mir die Schuld vergab.

Und er macht er diese Welt einst neu,
dann bin ich ganz gewiss dabei.
Dann werd ich stehn in seinem Schein
und noch viel mehr voll Freude sein.

Die Berufung des Mannes namens Matthäus schien zufällig und kaum vorstellbar gewesen zu sein.

»Und als Jesus von dort weiterging.« In diesem Augenblick mag er den einen oder anderen Dienst getan haben. Vielleicht verließ

3 Im Englischen kann *man* sowohl Mensch als auch Mann bedeuten.

er Kapernaum, möglicherweise ging er auch nur eine der Straßen dieses Ortes hinab. Als er so »weiterging«, geschah es: Indem er das Zollhaus erreichte, »sah er einen Menschen mit Namen Matthäus«. Dies meinen wir, wenn wir von Dingen reden, die – so unsere Worte – »zufällig passieren«. Wir sehen kaum einen Grund hinter all dem Geschehen. Wie war das also, als du dich bekehrt hast? Obwohl ich nicht genau weiß, wie lange das her ist, geschah es doch tatsächlich, nicht wahr? Dennoch dürftest du zuvor kaum damit gerechnet haben, dass dies je passieren würde.

Sehen wir uns wieder den Fall des Matthäus an. Es scheint in der Tat ziemlich unwahrscheinlich gewesen zu sein, dass er ein Nachfolger Jesu werden würde. *Von Kapernaum heißt es, dass es »seine eigene Stadt«* (vgl. Matthäus 9,1) *war. Obwohl Christus also oft dort gewesen ist, blieb Matthäus vorerst ungläubig.* Christus hatte den »Menschen mit Namen Matthäus« zuvor nicht in jener besonderen Weise gesehen, in der er ihn bei dieser speziellen Gelegenheit sah. Vielleicht bist du vor deiner Bekehrung sehr häufig in den Gottesdienst gegangen. Möglicherweise hast du ihn seit deiner Kindheit regelmäßig besucht. Dennoch dauerte es bis zu jenem besonderen Gnadentag, an dem irgendetwas Besonderes in deinem Leben geschah und du gläubig wurdest. So ist auch in unserem Text von einem Zeitpunkt die Rede, da dem Mann namens Matthäus etwas ganz Besonderes widerfuhr.

Außerdem *scheint Jesus* zu dieser Zeit *mit anderen Angelegenheiten beschäftigt gewesen zu sein,* denn wir lesen: »Und als Jesus von dort weiterging.« Und vielleicht kam es dir vor, als hätte der Prediger damals – in der Stunde deiner Bekehrung – auf etwas anderes abgezielt. Doch dann wurdest du durch sein Wort getroffen. Obwohl er vielleicht Gläubige tröstete, machte Gott dir – einem armen, unbekehrten Sünder – die Botschaft klar. Eigenartig, was sowohl bei Matthäus als auch bei dir geschah, nicht wahr?

Obwohl es zu diesem Zeitpunkt darüber hinaus *viele andere Menschen in Kapernaum gab, rief Christus sie nicht in seine Nachfolge.* Natürlich sah er sie, doch nicht in der besonderen Weise, wie er den Mann namens Matthäus sah. Und ebenso saßest du vielleicht an jenem Gnadentag, da du den Segen des Heils empfingst, in einem überfüllten Versammlungsraum. Doch soweit du weißt, wurde der Segen außer dir niemandem zuteil. Warum ist er demnach dir zuteilgeworden? Dies wirst du erst wissen, wenn du es gelernt hast, hinter den Vorhang ins Heilige zu schauen und im Licht der Lampe – im Inneren des Heiligen stehend – klar zu sehen. Wenn du dorthin geblickt hast, weißt du, dass Jesus Christus immer dann, wenn er vorübergeht, Menschen bewusst beruft, obwohl andere dies als Zufall bezeichnen. Er hat von Ewigkeit her genau gewusst, wen er anblickt. Wenn er also jemanden anschaut, tut er es gemäß dem ewigen Ratschluss und der Vorkenntnis Gottes. Weil der Herr Jesus Christus daher lange zuvor auf jenen Mann namens Matthäus gesehen hatte, musste er nun in der Fülle der Zeit diesen Weg nehmen, wobei er in Liebe und Gnade jenen Mann namens Matthäus anschauen musste. Er sah ihn demnach, weil er lange zuvor diese Begegnung vorausgesehen hatte.

Zweitens: *Diese Berufung des Mannes namens Matthäus erfolgte völlig unerwartet und unvermutet.*

Matthäus verbrachte die Zeit nicht im Gebet, als Christus ihn berief. *Vielmehr hatte er in einem erniedrigenden Geschäft zu tun*: Er saß »am Zollhaus«. Weit davon entfernt, einer Predigt des Heilands zuzuhören, trieb er von seinen Landsleuten gegen deren Willen die Steuern für die römischen Eroberer ein. Soweit ich das beurteilen kann, hatte er zuvor nicht einmal an Christus gedacht. Ich glaube nicht, dass er schon zuvor zum Jünger Christi berufen und bei dieser Gelegenheit als Apostel auserwählt worden war. Ich kann mir nämlich nicht vorstellen, wie ein von Christus Geretteter in seinen Beruf als Zöllner zurückkehrt. Immerhin handelte es sich dabei von Anfang bis Ende um Erpressung, wobei derjenige, der zum Nachfolger Christi berufen wird, es unterlässt, seine Mitmenschen zu erpressen. Wenn seine Beschäftigung vor seiner Bekehrung darin bestanden hatte, gab er sie in dem Augenblick auf, da er zu Christus kam.

Matthäus arbeitete ferner *in einem Beruf, in dem viele Fallstricke lauerten*. Nichts birgt größere Gefahren, einen Menschen an sich zu binden, als die Liebe zum Geld. Dasjenige Gold und Silber, das so viele Menschen begehren, lässt die Betreffenden letztendlich nicht mehr los, wobei so manche Seele dem großen Vogelfänger, dem Teufel, dadurch ins Netz gegangen ist. Viele sind dadurch zugrunde gerichtet worden. Die Zöllner erzielten gewöhnlich einen persönlichen Gewinn dadurch, dass sie mehr erpressten, als ihnen zustand. Demgegenüber schaffte Matthäus zu diesem Zeitpunkt kein Geld beiseite, sondern saß vielmehr »am Zollhaus«.

Ich weiß nicht, ob *Matthäus – selbst wenn er es gewollt hätte – mutig genug gewesen wäre, Christus nachzufolgen.* Er muss gedacht haben, dass er als Nachfolger Christi zu unwürdig sei. Hätte er es gewagt, einen entsprechenden Versuch zu unternehmen, *wäre er* nach meiner Vermutung *von den anderen Aposteln abgelehnt worden.* Sie wären ihm über den Mund gefahren und hätten ihn gefragt: »Wer bist du, dass du dich uns anschließt?« Doch nachdem Christus selbst zu Matthäus gesagt hatte »Folge mir nach!«, verstummten alle ablehnenden Worte. Allerdings gibt es gewiss keinen Hinweis darauf, dass dieser Mann namens Matthäus Christus suchte oder auch nur über ihn nachdachte.

Wenn du zum Glauben gekommen bist, kann es sein, dass etwas Derartiges auch in deinem Fall zutrifft! Eines jedenfalls ist ganz sicher wahr: Nicht du hast Christus zuerst gesucht, sondern Christus war es, der dich zuerst suchte. Du warst ein umherirrendes Schaf, das nicht gern bei der Herde war; doch seine kostbare Gnade ging dir nach. Aufgrund seiner Gnade wurdest du zum Nachdenken gebracht und ins Gebet geführt. Als du zu Christus kamst, hat dir der Heilige Geist den ersten Odem geistlichen Lebens eingehaucht. Ganz gewiss war es so.

Drittens: *Als der Herr Jesus Matthäus berief, kannte er ihn ganz genau.*

Es wird nicht gesagt, dass Matthäus den Herrn zuerst sah. Vielmehr heißt es: »Und als Jesus von dort weiterging, sah er einen Menschen mit Namen Matthäus.« Ich möchte gern näher auf diese Worte »(er) sah … einen Menschen mit Namen Matthäus« eingehen, weil sie meiner Meinung nach wichtige Belehrungen enthalten.

Christus hielt vermutlich am Zollhaus an, Matthäus unmittelbar gegenüber. Dann schaute er ihn an. *Er sah all die Sünde, die in seinem Leben vorgekommen war, und all das Böse, das ihm noch anhaftete.* »(Er) *sah* … einen Menschen mit Namen Matthäus.« Als Christus ihn ansah, war dies ein suchender, durchdringender, prüfender Blick. Er sah Matthäus von oben bis unten an, wobei ihm all sein Innenleben nicht verborgen war. Alles, was den Blicken anderer verborgen war, lag vor seinen durchdringenden Augen offen zutage. »(Er) sah … einen Menschen mit Namen Matthäus.« Dabei glaube ich, dass Jesus in Matthäus mehr sah, als sein bisheriges Innenleben ausmachte. Ich meine das so: Seine Liebe sah bereits die Güte und die Gnade in Matthäus, die in dessen Leben einmal Raum gewinnen sollte.

Möglicherweise war es so, dass Matthäus – soweit ich das beurteilen kann – zuvor stets »Levi« hieß. Es heißt nicht, dass der Herr Jesus Christus »einen Menschen mit Namen Levi« sah. Dies war sein alter Name, doch *er sah Matthäus als seinen künftigen Jünger*. O meine Geliebten, dasjenige, was der Herr aus euch machen will, hat er bereits in euch gesehen. Er hat dich als denjenigen geliebt, der künftig einer seiner erlösten Diener sein sollte. Ich bin ebenfalls der Meinung, dass der Herr Jesus Christus – als er Matthäus mit der Feder in der Hand sah – sich sagte: »Sieh doch, wie behände seine Feder über das Papier gleitet. *Er soll derjenige sein, der das erste der vier Evangelien schreibt.*«

In Menschen ist selbst in ihrem unbekehrten Zustand etwas vorhanden, das Gott im Blick auf ihren künftigen Dienst in sie hineingelegt hat. Lukas brachte die Voraussetzungen mit, sein Evangelium zu schreiben, weil er als Arzt ausgebildet worden war. Genauso war Matthäus aufgrund seines Zöllnerberufs geeignet, dasjenige spezielle Evangelium zu schreiben, das wir heute als »Matthäusevangelium« kennen. Es mag hinsichtlich deiner Lebensgewohnheiten, deiner Veranlagung und deiner Stellung irgendwelche Aspekte geben, die dich befähigen, in den kommenden Jahren auf einem besonderen Betätigungsfeld in der Gemeinde Gottes zu arbeiten. O welch ein glückseliger Tag, an dem Jesus dich anschaut und dich beruft, ihm nachzufolgen!

Indem wir einen kleinen Schritt weitergehen, will ich eure Aufmerksamkeit viertens darauf lenken, dass *die Berufung des Matthäus Ausdruck gnädiger Herablassung war*: »Und als Jesus von dort weiterging, sah er einen Menschen mit Namen Matthäus am Zollhaus sitzen, und er spricht zu ihm: Folge mir nach! Und er stand auf und folgte ihm nach.«

Natürlich gilt: Christus erwählt seine Nachfolger. Doch *wie kam er dazu, einen Zöllner zu erwählen?* Das römische Joch war einem freien Sohn Abrahams absolut widerwärtig. Er konnte nämlich die Tatsache nicht ausstehen, dass die Römer als Götterverehrer die Herren im Heiligen Land waren. Wenn daher die Römer Juden anstellen wollten, von ihren Landsleuten Steuern einzutreiben, konnten sie nur diejenigen nehmen, denen ihr Ansehen in der Öffentlichkeit völlig gleichgültig war. Obwohl sie unter Umständen nicht schlechter als die übrigen Menschen und moralisch möglicherweise anderen gleichwertig waren, wurden sie als der letzte Abschaum sowie als Ausgestoßene ihres Volkes angesehen. Doch der Herr Jesus Christus sieht diesen Zöllner und sagt zu ihm: »Folge mir nach!« Ein Mensch, dessen Ruf der Ehre seines Meisters nicht gerade zuträglich ist, so werden zumindest diejenigen sagen, die sich im Umfeld Jesu befinden. Ja, aber auf diese Weise geschieht es, dass sich der Herr Jesus Christus überhaupt nicht um derartige Maßstäbe für Ansehen kümmert. Sein Ansehen ist in ihm als demjenigen begründet, dem man die höchste Wertschätzung entgegenbringen muss. Seine Ehre ist so groß, dass all die Seinen daran Anteil haben können. Daher kann er sich bedenkenlos dazu herablassen, »einen Menschen mit Namen Matthäus« als einen seiner persönlichen Nachfolger in seine unmittelbare Gemeinschaft zu berufen, auch wenn dieser für die Römer Steuern eingetrieben hat.

»O«, sagt einer, »ich kann mir aber nicht vorstellen, dass er mich je berufen wird.« Doch ich bin da anderer Meinung! Ihr erinnert euch an John Newton, der Sklavenhändler gewesen war. Ja, noch mehr: Er war wahrhaftig selbst ein Sklave gewesen, ein Sklave der Sünde, versklavt an die schlimmsten Leidenschaften. Dennoch könnte die Kirche von St. Mary Woolnoth bezeugen, wie von ihrer Kanzel über Jahrzehnte das herrliche Evangelium des hochgepriesenen Gottes erklang. Es kam aus dem Munde desjenigen, der – während seines Aufenthalts in Afrika einst ein Gotteslästerer – einer der angesehensten und vornehmsten Diener Christi geworden war. Ja, wie gern hält der Herr Jesus Christus Ausschau nach den *Zöllnern*, den Allergeringsten der Geringen, und sagt zu jedem von ihnen: »Folge mir nach! Schließ dich mir an! Geh hinter mir her! Werde mein Diener! Ich werde dir mein Evangelium anvertrauen und dich nutzbringend einsetzen.« Er nimmt noch immer diejenigen an, die zu Verkündigern seines Wortes werden sollen. O dass er doch einige unter euch berufen möge!

Vielleicht sagst du: »Welch eine große Herablassung, als der Herr den Zöllner Matthäus berief!« Ja, aber war es nicht die gleiche Herablassung, als der Herr dich und mich berufen hat? O lieber Christ, liebe Christin, wie auch immer du heißen magst: Setze dich hin, staune und bete die herablassende Liebe an, die gerade dich erwählt hat, Christi Nachfolger zu sein!

Beachten wir, meine lieben Freunde, fünftens, dass *diese Berufung des Matthäus vollkommen einfach war*. Sie lässt sich mit zwei Worten zusammenfassen: »*Er* spricht.«

Es war nicht Johannes, der das Wort ergriff, oder Jakobus bzw. einer der anderen Apostel. Vielmehr heißt es: »*Er* (der Herr Jesus) spricht.« Und es ist nicht meine oder deine Verkündigung, nicht die Predigt eines Erzbischofs, die Seelen retten kann. Es ist der schlichte Satz: »*Er* spricht.« Wenn der Herr Jesus Christus durch den Geist Gottes zu einem Menschen sagt: »*Folge mir nach!*«, ist das entscheidende Werk vollbracht. Sagte er nicht in die Finsternis der Urzeit hinein: »Es werde Licht«? Sogleich war das Licht geschaffen. Ebenso muss Gott, der Allmächtige und Ewige, nur zu dem betreffenden Menschen reden, um das entsprechende Ergebnis zu bewirken. »Er spricht zu ihm: Folge mir nach!« Und unmittelbar danach heißt es im Bericht genauso einfach wie möglich: »*Er stand auf und folgte ihm nach.*« Es wurde weder viel Aufhebens gemacht noch priesterliche Vermittlung oder die vermeintliche Gnadenwirkung kirchlicher Sakramente in Anspruch genommen. So erfolgt die Rettung. Da Christus dir – noch ganz in Sünde – gebietet, dieser zu entsagen, lässt du sie hinter dir. Da er dich bittet, ihm zu vertrauen, tust du dies, und indem du ihm vertraust, wirst du gerettet, denn »wer an den Sohn glaubt, hat ewiges Leben« (vgl. Johannes 3,36).

Bist du auf diese Weise zum Glauben gekommen, mein lieber Freund? Ich weiß, dass es so gewesen ist. Dennoch hast du Einwände vorgebracht, dir Sorgen gemacht und dich geärgert. Dabei hast du dir gesagt: »Ich will etwas spüren, ich möchte etwas sehen, ich will etwas erfahren!« Nun hast du all jene Irrtümer hoffentlich hinter dir gelassen. Es gibt nichts Erhabeneres, aber zugleich auch nichts Einfacheres als deine Bekehrung. Und damit zu euch, die ihr Zeichen und Wunder sucht, weil ihr sonst nicht glaubt. Ich wünschte, ihr würdet jene törichte Annahme aufgeben, weil es kein Zeichen und Wunder gibt, dass diesem Geschehen gleichkommt. Es ist die Tatsache, dass euer geistlich totes Herz lebt, sobald Christus zu ihm sagt: »Lebe!« Und wenn er zu eurem ungläubigen Herzen sagt: »Glaube!«, dann glaubt es. Im Namen Jesu Christi von Nazareth sage ich dir, lieber Sünder: »Glaube an den Herrn Jesus Christus!« Und wenn er wirklich durch mich spricht, dann wirst du an ihn glauben, dich erheben und ihm nachfolgen.

Beachten wir sechstens auch die Tatsache, dass *die Berufung sofort wirksam wurde*. Der Herr Jesus Christus sagte zu ihm: »Folge mir nach!« Danach heißt es von Matthäus: »Er stand auf und folgte ihm nach.«

Matthäus folgte sogleich nach. Einige hätten vielleicht gewartet und erst noch die Münzen weggelegt, doch bei Matthäus ist davon offenbar nicht die Rede: »Er stand auf und folgte ihm nach.« Er sagte nicht zu Christus: »Ich muss die eingenommenen Beträge noch am unteren Seitenrand eintragen. Weil zahlreiche Menschen mit Fischkörben hier sind, muss ich darauf achten, dass ich ihnen möglichst viel abverlange, um dann meine Rechnung beenden zu können.« Nein, »er stand auf und folgte ihm nach.« Meiner Überzeugung nach erfolgt eine Bekehrung so, dass sich der Betreffende ganz und gar vom alten Leben abkehrt und sein wie auch immer geartetes Fehlverhalten sofort aufgibt. Ich habe von einem Gaststättenbesitzer gehört (also einem, der ebenso das Geld anderer einnimmt wie ein Zöllner). Er war ein sehr starker Trinker und hatte durch seinen Alkoholausschank mitgeholfen, viele ins Verderben zu stürzen. Doch noch an dem Tag, da er zum Glauben kam, zerschlug er das Aushängeschild seiner Kneipe und machte ein für alle Mal Schluss mit dem unheilvollen Gewerbe. Wenn es sonst noch irgendetwas Schriftwidriges gibt, sollte man meiner Meinung nach darauf am besten keinerlei Rücksicht nehmen und sich davon trennen – sei es, was es wolle. Ich glaube nicht, dass irgendjemand zu irgendeinem Zeitpunkt bereut, irgendetwas davon aufgegeben zu haben. Er beseitigt es ein für alle Mal, kehrt unverzüglich um und gehorcht dem Ruf des Herrn: »Folge mir nach!« Als Jesus zu Matthäus gesagt hatte: »Folge mir nach!«, heißt es: »Er stand auf und folgte ihm nach.«

Als Jesus Matthäus berief, wurde die Gnade wirksam. »Des Königs Wort ist mächtig« (vgl. Prediger 8,4). Beachten wir dabei, dass Jesus Christus als *der* König zu Matthäus sprach. Als er gesagt hatte: »Folge mir nach!«, folgte ihm Matthäus tatsächlich nach. Und wenn wir in Jesu Namen dir das Wort verkündigen, sagen wir nicht: »Mein lieber Freund, ob du dich bekehrst, ist in dein Belieben gestellt.« Vielmehr sagen wir: »So spricht der Herr: Glaube an den Herrn Jesus Christus, und du wirst gerettet werden.« Da mit dieser Aufforderung die Kraft eines königlichen Wortes einhergeht, werden auf diese Weise Sünder gerettet. Als Jesus zu Matthäus gesagt hatte: »Folge mir nach!«, »stand (er) auf und folgte ihm nach.«

Schließlich stellen wir fest, dass *Matthäus´ Berufung zu einer Tür der Hoffnung für andere Sünder wurde.*

Da ich zumeist über persönliche Bekehrung gesprochen habe, sagt vielleicht jemand: »Herr Spurgeon, es dürfte Ihnen aber bekannt sein, dass wir über andere Menschen genauso wie über uns selbst nachdenken sollen.« Völlig richtig, wobei es niemals einen geretteten Menschen gibt, der allein in den Himmel kommen will. Wenn der Herr Jesus Christus daher »einen Menschen mit Namen Matthäus« sah und diesem Zöllner gebot, ihm nachzufolgen, *ermutigte seine Rettung andere Zolleinnehmer, ebenfalls zu Jesus zu kommen.*

Als Nächstes sehen wir, *dass er sein Haus zur Verfügung stellte, damit seine Freunde Jesus hören konnten.* Kaum war Matthäus berufen und zum Nachfolger des Herrn Jesus gemacht worden, sagte er sich: »Was kann ich nun für meinen neuen Herrn tun? Ich habe ein geeignetes großes Zimmer, wo ich gewöhnlich die Güter derjenigen Menschen wohlgesichert aufbewahre, die ihre Zollgebühren noch nicht bezahlt haben.« Und an die anderen gewandt: »Hört mal, Johannes, Thomas und Maria, kommt bitte her und räumt dieses Zimmer mit aus! Stellt einen langen Tisch genau in die Mitte! Ich werde all meine alten Freunde zu Gast haben. Sie wissen, was für ein Mensch ich gewesen bin. Ich werde sie alle zu einem Festmahl einladen. Dies wird keine gewöhnliche Mahlzeit sein! Vielmehr soll es das beste Festessen sein, das sie je erlebt haben!« Levi bereitete ein großes Festmahl in seinem Haus zu und sagte dabei zu dem Herrn Jesus: »Weil du mich aufgefordert hast, dir nachzufolgen, bin ich nun dein Jünger. Ich versuche, diese Nachfolge unter anderem dadurch zum Ausdruck zu bringen, dass ich heute Abend ein großes Festmahl in meinem Haus ausrichten werde, zu dem ich all meine alten Freunde eingeladen habe. Wirst du kommen, um für sie – wenn sie in fröhlicher Runde an meinem Tisch sitzen – das zu tun, was du für mich getan hast? Sicher wirst du, Herr, erwähnen, dass Matthäus dein Nachfolger geworden ist. Vielleicht werden sie dann sagen: ›Was! Matthäus? Folgt er jetzt Christus nach? Wer muss dann dieser Christus sein, dass er einen solchen Jünger wie Matthäus hat? Sicherlich wird er auch uns berufen, denn wir gleichen Matthäus. Wenn er nur wie im Fall des Matthäus sein machterfülltes Wort an uns richtet, werden wir zu ihm kommen, wie es Matthäus getan hat.‹« Auf diese Weise benutzte Christus Matthäus' Berufung, um eine Vielzahl Verlorener zur Erkenntnis der Wahrheit und zum ewigen Heil zu führen.

Ist es aber auch mit dir so gewesen, mein lieber Freund? Hast *du* andere zu Jesus gebracht? Hast du deine Kinder zu Jesus geführt? Ist dein Ehepartner aufgrund deiner Gebete zu Jesus gekommen?

Haben sich deine Brüder infolge deiner inständigen Gebete zu Jesus bekehrt? Wenn nicht, dann hast du bislang noch nicht das vollbracht, was deine Lebensaufgabe sein sollte. Bitte den Herrn, dir jetzt bei einem solchen Gespräch zu helfen, damit du deinen ganzen Einfluss und dein ganzes Potenzial geltend machen kannst. Höchstwahrscheinlich wird es sich mit dem einen oder anderen, der deinem Bekanntenkreis und deiner Stellung angehört, ergeben. Versuche gleich nach deiner Bekehrung mit denen zu reden, die bislang deine Schulkameraden waren! Kamst du als Fabrikarbeiter zum Glauben? Zögere nicht, mit deinen Kollegen zu sprechen! Bist du ein Mensch in angesehener Stellung? Nimmst du in der vornehmen Gesellschaft eine hohe Position ein? Schäme dich deines Meisters nicht, sondern mache Christus in den Gästezimmern exklusiver Häuser bekannt, damit seine Botschaft in den höchsten Kreisen des Landes Fuß fassen kann. Jeder möge gemäß seiner Berufung folgende Überzeugung haben: »Derjenige, der mich aufgefordert hat, ihm nachzufolgen, hat mir geboten, dies zu tun. So sollen andere durch meine Mitwirkung dazu gebracht werden, ihm ebenfalls nachzufolgen.« Gott segne dich in diesem heiligen Dienst!

Simeon

Christus mit »den Augen des Herzens« betrachten

»Nun, Herr, entlässt du deinen Knecht nach deinem Wort in Frieden; denn meine Augen haben dein Heil gesehen« (Lukas 2,29.30).

»Glückselig bist du, Simon, Bar Jona; denn Fleisch und Blut haben es dir nicht geoffenbart« (vgl. Matthäus 16,17). Sie haben ebenso wenig Anteil daran, dass du nun mit Freuden aus der Welt scheiden kannst. Das Fleisch klammert sich an die Erde – es ist Staub und ähnelt dem Erdboden, von dem es genommen wurde. Es will unter keinen Umständen von dieser alten Erde Abschied nehmen. Selbst im Alter mit seinen Gebrechen ist der Mensch nicht wirklich bereit, aus dieser Welt zu scheiden. Von Natur aus halten wir das Leben mit ungeheuer großer Hartnäckigkeit fest. Selbst wenn wir angesichts der schlimmen Zustände des Daseins seufzen sowie seine Übel beklagen und uns gern wünschten, an einem anderen Ort zu sein, liegt unsere Bereitschaft zum Abscheiden lediglich an der Oberfläche, während wir tief im Inneren unseres Herzens nicht gehen wollen.

Fleisch und Blut haben es Simeon nicht geoffenbart, dass er Gottes Heil in jenem Jesuskind sah, das er aus Marias Armen nahm und mit großer Freude in seine Arme schloss. Gottes Gnade hatte ihn unterwiesen, dass dies der Retter sei, wobei es ebenso die göttliche Gnade war, die gleichzeitig seine Bindungen zur irdischen Welt löste und ihn spüren ließ, wie sehr ihn das bessere Land fortzog. Glückselig ist derjenige, der aus Gnaden für den Himmel passend und bereit gemacht worden ist, in jenes bessere Land abzuscheiden. Möge er den Herrn groß machen, der ein solch großes Werk in ihm vollbracht hat!

Beginnen wir zunächst mit dem wichtigen allgemeinen Grundsatz, der überaus trostreich ist. Er besagt, dass *jedem Gläubigen die Zusicherung gilt, letztendlich in Frieden abscheiden zu können*. Dies ist kein Vorrecht, das ausschließlich Simeon vorbehalten war. Vielmehr ist es allen Heiligen zugänglich, da die Grundlagen, worauf dieses Vorrecht ruht, kein alleiniges Gut Simeons ist, sondern uns allen gehört.

Beachten wir, dass *alle Heiligen Gottes Rettung erfahren haben* und es ihnen daher möglich ist, in Frieden abzuscheiden. Obwohl es stimmt, dass wir das Jesuskind nicht auf unsere Arme nehmen können, nimmt er, »die Hoffnung der Herrlichkeit, in unserem Leben Gestalt an«. Wer Christus nur mit den natürlichen Augen sieht, wird nicht errettet, denn Tausende sahen ihn und schrien dann: »Kreuzige, kreuzige ihn!« (vgl. z.B. Lukas 23,21). Letztendlich war es in Simeons Fall das geistliche Auge, das die göttlichen Realitäten wahrnahm – das Auge des Glaubens, das den Christus Gottes wahrhaftig schaute. Es befanden sich nämlich auch andere im Tempel, die das Kind sahen, so z. B. der Priester, der den Akt der Beschneidung vollzog, und die anderen Amtsträger, die sich um die Gruppe mit dem Jesuskind scharten. Ich weiß aber nicht, ob irgendeiner von ihnen Gottes Heil gesehen hat. Obwohl sie das kleine unschuldige Kind sahen, das von seinen Eltern dorthin gebracht wurde, nahmen sie nichts Außergewöhnliches an ihm wahr. Vielleicht sahen nur Simeon und Hanna von all jenen, die sich im Tempel aufhielten, mit dem Auge des Glaubens den wahren Gesalbten Gottes, der als schwaches Kind geoffenbart wurde. Daher brauchen wir – du und ich – die Tatsache, dass wir außerstande sind, Christus mit den äußeren Augen zu sehen, nicht bedauern, weil sie als Vorrecht von untergeordneter Bedeutung ist. Wenn wir den Menschgewordenen Gott mit den Augen des Glaubens gesehen und ihn als unser Heil angenommen haben, sind wir zusammen mit dem heiligen Simeon gesegnet. Abraham sah Christi Tag, noch bevor dieser anbrach. Und jetzt, da er für glaubende Menschen Wirklichkeit geworden ist, können wir ihn sehen. Daher sind wir in unserer Freude mit dem gläubigen Abraham vereint. Wir haben auf Christus geschaut und neuen Mut gewonnen. Wir haben das Lamm Gottes gesehen, »das die Sünde der Welt wegnimmt« (vgl. Johannes 1,29). In dem Verachten und von den Menschen Verlassenen (vgl. Jesaja 53,3) haben wir den gesalbten Retter gesehen, während wir in dem Gekreuzigten und Begrabenen, der anschließend wiederauferstand und in die Herrlichkeit auffuhr, denjenigen erblickt haben, der das umfassende, freie und vollendete Heil gebracht hat. Warum sollten wir uns daher gegenüber Simeon als benachteiligt ansehen?

Außerdem *genießen Gläubige bereits in vollem Umfang den Frieden, der Simeon zugeeignet wurde.* Keiner kann in Frieden abscheiden, wenn er nicht in Frieden gelebt hat. Derjenige jedoch, der zu Lebzeiten den Frieden erlangt hat, wird diesen auch im Tod erfahren und die Ewigkeit jenseits des Grabes in Frieden zubringen. »Da wir nun gerechtfertigt worden sind aus Glauben, so haben wir Frieden mit Gott durch unseren Herrn Jesus Christus« (vgl. Römer 5,1). Jesus hat uns Frieden hinterlassen, indem er sagte: »Frieden lasse ich euch, *meinen* Frieden gebe ich euch« (vgl. Johannes 14,27). »Denn *er* ist unser Friede« (vgl. Epheser 2,14), und: »Die Frucht des Geistes … ist … Friede« (vgl. Galater 5,22). Wir werden mit Gott durch den Tod seines Sohnes versöhnt. Welcher Frieden auch immer das Herz Simeons erfüllte – ich bin überzeugt, dass der Frieden im Herzen jedes wahren Gläubigen genauso göttlicher Natur ist wie derjenige dieses Glaubenshelden. Wenn Sünde vergeben wird, ist der Unfrieden beendet, und wenn Sühnung erwirkt worden ist, wird der Frieden geschaffen, dessen ewiger Bestand uns verheißen ist. Weil das kostbare Blut auf den Sühnedeckel gesprengt wurde, ist er zu einer sicheren Stätte geworden, zu der wir jederzeit Zuflucht nehmen können. Wo wir zuvor zitterten, dürfen wir nun Freimütigkeit haben. Am Thron Gottes, wo wir uns einst ängstigten, brechen wir jetzt in Jubel aus. Wenn wir daher Frieden mit Gott haben, können wir sicher sein, dass wir »in Frieden« abscheiden werden. Der Gott allen Trostes hat uns bereits durch die Gemeinschaft mit ihm und durch Frieden in Christus Jesus reich beschenkt. Deshalb brauchen wir nicht zu befürchten, dass er uns am Ende verlassen könnte.

Überdies können wir versichert sein, dass wir den gleichen Frieden haben, den Simeon besaß. Wir sind nämlich – wenn wir wahre Gläubige sind – gleichermaßen *Gottes Knechte.* Im Text heißt es: »Nun, Herr, entlässt du *deinen Knecht* … in Frieden.« Doch in diesem Fall kann ein Knecht gegenüber den anderen Hausangestellten kein Vorrecht beanspruchen. Es geht um die gleiche Stellung gegenüber Gott, den gleichen Lohn von Gott. So wie Simeon Knecht war, stehst auch du, mein lieber Bruder, als solcher vor Gott. Derjenige, der Simeon »in Frieden fahren« ließ (vgl. z. B. Luther ′84), wird dir dasselbe Abscheiden ermöglichen. Der Herr nimmt stets große Rücksicht auf seine alten Knechte und kümmert sich um sie, wenn ihre Kraft nachlässt. »Auch bis in euer Greisenalter bin ich derselbe, und bis zu eurem grauen Haar werde ich selbst euch tragen. Ich, ich habe es getan, und ich selbst werde heben, und ich selbst werde tragen und werde erretten« (vgl. Jesaja 46,4). David hat dies gespürt, denn er betete zu Gott und sagte: »Und auch bis zum Alter und bis zum Greisentum verlass mich nicht, o Gott!« (vgl. Psalm 71,18). Ein wahrer Meister sieht es als eine seiner Pflichten an, für die Sicherheit seiner Knechte zu sorgen, wobei sich unser großer Herr und Fürst als der Starke erweist, der die allergeringsten seiner Jünger ausnahmslos schützt. Er wird jeden Einzelnen von ihnen in die Ruhe führen, die seinem Volk noch vorbehalten ist. Dienst du wirklich Gott? Wenn ja, dann solltest du den Tod nicht fürchten, weil er für dich den Schrecken verloren hat.

Es gibt ebenso einen anderen Gesichtspunkt, der unsere Überzeugung, wonach alle Gläubigen in Frieden abscheiden werden, noch weiter bestärkt. Es ist die Tatsache, dass *alles, was sie bisher erfahren haben, nach Gottes Wort geschehen ist.* Simeon gründete seine Hoffnung, in Frieden abzuscheiden, auf Gottes Wort (»nach deinem Wort«), wobei Schriftstellen sicherlich nicht von jedem beliebig oder so ausgelegt werden dürfen, dass sie nur einem Gläubigen vorbehalten und andere ausgeschlossen sind. Die Verheißungen Gottes, die in Christus Jesus Ja und Amen sind (vgl. 2. Korinther 1,20), dürfen all die Angehörigen seines Volkes in Anspruch nehmen. Somit gilt auch die vorliegende Verheißung nicht nur einigen Gotteskindern, sondern allen, die aus Gnaden geboren worden sind. Simeon als derjenige, der an den Herrn glaubte, hatte die Verheißung, dass er in Frieden abscheiden sollte. Daher darf auch ich, wenn ich in Christus bin, eine entsprechende Zusage in Anspruch nehmen.

Jeder Gläubige wird in diesem Sinn wie Simeon in Frieden *entlassen*. Das hier gebrauchte Wort enthält mehrere Aspekte und lädt zu weiterem Nachsinnen ein. Man kann es entweder auf das Ausbrechen aus der Gefangenschaft oder auf die Befreiung von der Mühsal anwenden. Der Christ im gegenwärtigen Zustand gleicht einem Vogel im Käfig: Sein Körper ist ein Kerker seiner Seele.[4] Doch der Tag kommt, da der große Schöpfer die Tür des Käfigs öffnen

4 Damit will C. H. Spurgeon nicht dem griechischen Denken mit seiner Leibfeindlichkeit das Wort reden, das ebenfalls dieses Bild gebraucht. Vielmehr stellt er in Übereinstimmung mit dem biblischen Befund lediglich fest, dass der erlöste Mensch das neue, ewige Leben schon in sich hat, während er noch im alten, vergänglichen Körper lebt. Dieses Spannungsfeld empfindet er als »Kerker«. Er erwartet aber im Gegensatz zu den griechischen Denkern einen neuen Leib – den »Geistleib«, den alle Gläubigen in Gottes neuer Welt bekommen werden.

und seine Gefangenen freilassen wird. Sie werden dann bis in Ewigkeit mit unvorstellbarer Wonne singen. Für Simeon war das Sterben ein Vorgang, bei dem die Ketten von dem Betreffenden abfallen, indem er vom Ausharren in der Nichtigkeit befreit wird, der Gefangenschaft entrinnt und aus der Knechtschaft freigelassen wird. Die entsprechende Erlösung wird auch uns zuteilwerden. Gott, der uns den Anstoß gab, nach Heiligkeit, geistlicher Gesinnung und Gottesebenbildlichkeit zu streben, hat uns diese Ziele nie nur zum Schein ins Herz gegeben. Er wollte vielmehr diese heiligen Sehnsüchte stillen, die er sonst nie geweckt hätte.

Ich habe gesagt, dass das Wort *entlassen* auch Befreiung von der Mühsal meint. Es ist, als ob Simeon wie ein Hausknecht, der seinen Herrn bedient, am Tisch seines Meisters gestanden hätte. Sicher kennt ihr das Gleichnis, worin Christus sagt, dass der Herr seinen Knecht zunächst nicht bittet, sich hinzusetzen und zu essen. Vielmehr befiehlt er ihm Folgendes: »Gürte dich und diene mir« (vgl. Lukas 17,8). Sehen wir demnach, wie Simeon dasteht, sich gegürtet hat und seinem Meister dient. Doch dann kommt der Zeitpunkt, den der Meister für richtig hält. Da dreht er sich um und sagt zu Simeon: »Nun magst du abscheiden, dich zu Tisch setzen und essen, denn dein Werk ist vollbracht.« Wir können auch einen anderen Vergleich heranziehen und Simeon als denjenigen darstellen, der wie Mordechai im Tor des Königs sitzt. Er ist zu jedem Auftrag bereit, der ihm möglicherweise übertragen wird. Doch schließlich geht seine Dienstzeit zu Ende, sodass der große Herrscher ihn auffordert, in Frieden abzuscheiden. Oder noch ein anderes Bild: Wir können ihn als Schnitter betrachten, der sich mitten in der Ernte in der prallen Sonne abmüht – vor Durst ganz ausgedörrt und von der Arbeit ermüdet. Da kommt plötzlich der große Boas aufs Feld, der seinen Knecht zuerst grüßt und dann zu ihm sagt: »Du hast dein Tagewerk als treuer Knecht vollbracht. Du sollst deinen Lohn erhalten und in Frieden abscheiden.« Das Gleiche wird mit allen wahren Knechten Christi geschehen: Dann, wenn sie von ihren Mühen ruhen werden, wird keine Müdigkeit ihnen mehr zu schaffen machen. Auch »die Sonne (wird nicht mehr) auf sie fallen noch irgendeine Glut« (vgl. Offenbarung 7,16). Sie werden in die Freude ihres Herrn eingehen und Anteil an der Ruhe haben, die ihnen verheißen ist.

Doch achten wir nochmals auf die Worte. Wir stellen fest, dass das Abscheiden des Gotteskindes vom Herrn *bestimmt* worden ist:

»Nun, *Herr*, entlässt du deinen Knecht.«[5] Der Knecht darf nicht ohne Erlaubnis seines Meisters sein Arbeitsfeld verlassen, denn sonst würde er seinem Auftrag davonlaufen und seiner Stellung untreu werden. Der gute Knecht wagt nicht, sich ohne Befehl seines Meisters zu rühren, sondern wartet, bis dieser sagt: »Scheide ab in Frieden.« Simeon war bereit, zu warten, bis er die Erlaubnis zum Abscheiden bekam. Wir alle tun gut daran, uns alle mit Freuden der Berufung des Herrn zu fügen, ob er uns noch hier lässt oder bereits abberuft. Es steht fest, dass uns ohne den Willen des Herrn keine Macht etwas anhaben kann. Alle Winde der Wüste sind außerstande, unsere Seelen in das Land der Finsternis zu treiben. Alle Feinde mit ihrem fürchterlichen Toben können uns nicht in den Abgrund der Tiefe hinabziehen. Keine Seuche, die am Mittag verwüstet, und keine Pest, die in der Finsternis einhergeht, kann unsere Lebensbahn als Sterbliche vorzeitig beenden. Wir werden nicht sterben, bevor Gott zu jedem von uns sagen wird: »Mein liebes Kind, du darfst das Arbeitsfeld und die Enge dieser deiner Leibeshütte verlassen und in die Ruhe eingehen.« Erst dann, wenn Gott uns den Befehl zum Abscheiden gibt, können wir sterben. Erst wenn er uns gebietet, zu gehen, werden wir freudig diese Welt verlassen können.

Beachten wir außerdem: Die Worte in unserem Text lassen eindeutig erkennen, dass das Abscheiden des Gläubigen mit *einer Erneuerung des göttlichen Segens* einhergeht. »Scheide ab in Frieden«, sagt Gott. Es ist ein Abschied wie derjenige, den wir von einem Freund nehmen. Darin ist ein Segen inbegriffen wie derjenige, den vielleicht Aaron, der Priester Gottes, über einem Israeliten aussprach, der vor Gott getreten und dessen Opfer angenommen worden war. Eli sagte zu Hanna: »Geh hin in Frieden! Der Gott Israels wird dir deine Bitte erfüllen, die du von ihm erbeten hast« (vgl. 1. Samuel 1,17). Um das Sterbebett des Sünders zieht sich ein Sturmwind zusammen, wobei er bereits das Getöse des in der Ewigkeit tobenden Sturms hört. Seine Seele wird dahingetrieben – entweder inmitten der lauten und mächtigen Donnerschläge von Flüchen oder aber in der tödlichen Ruhe, die stets den bevorstehenden Orkan ankündigt. Die furchtbaren Worte: »Geht hin, ihr Verfluchten!« (vgl. eine ähnliche Formulierung in Matthäus 25,41), hal-

5 Hervorhebung hinzugefügt.

len ihm in den Ohren. Nicht so jedoch der Gerechte. Er spürt, wie der Vater seine segnende Hand auf seinen Kopf gelegt hat und unter ihm ewige Arme sind. Bei ihm wird der beste Wein bis zuletzt aufgehoben. Zur Abendzeit wird es Licht sein, und während seine Sonne untergeht, wird sie immer prächtiger, indem sie die ganze Umgebung in die Glut des Abendrots taucht. Dabei können Beobachter nur staunend ausrufen: »Meine Seele sterbe den Tod der Aufrichtigen, und mein Ende sei gleich dem ihren« (vgl. 4. Mose 23,10). Ein liebevoller Vater legt seinen Finger sanft auf das sich schließende Augenlid des Sterbenden und gibt somit die Zusicherung, dass er in der Ewigkeit, wo seine Augen nie wieder tränennass sind, glückselig erwachen wird.

Doch zweitens erinnern wir euch jetzt daran, dass sich einige Gläubige innerlich besonders vorbereitet haben, in Frieden abzuscheiden.

Wann verspüren sie dies? Darauf antworten wir: zunächst dann, *wenn die Gnaden in ihrem Leben besonders wirksam sind.* Obwohl es in allen Christen alle Arten der Gnade gibt, sind in ihnen nicht alle im gleichen Verhältnis vorhanden. Auch sind sie nicht zu jeder Zeit im gleichen Maße wirksam. Bestimmte Gläubige besitzen einen starken und tätigen *Glauben.* Wenn nun der Glaube »ein Überführtsein von Dingen (ist), die man nicht sieht«, bzw. »eine Verwirklichung dessen, was man hofft« (vgl. jeweils Hebräer 11,1), dann kann die Seele ganz gewiss sagen: »Nun, Herr, entlässt du deinen Knecht … in Frieden.« Der Glauben bringt die Trauben von Eschkol in die Wüste und weckt in den Angehörigen der Stämme die Sehnsucht nach dem Land, das von Milch und Honig überfließt. Als die alten Gallier die italienischen Weine getrunken hatten, sagten sie: »Überqueren wir die Alpen, um die Weinberge in Besitz zu nehmen, deren Erträge stets unsere Becher füllen!« Wenn wir daher aufgrund des Glaubens die Freuden des Himmels erkennen können, dann möchte sich unsere Seele am liebsten emporschwingen, indem sie auf das Zeichen aus dem Land der Herrlichkeit wartet.

Das Gleiche gilt für die Gnade der *Hoffnung*, denn die Hoffnung schaut die unsichtbaren Dinge an. Sie bringt uns den goldenen Toren der Ewigen Stadt nahe. Wie Mose ersteigt unsere Hoffnung den Gipfel des Pisga und sieht das Kanaan des wahren Israel. Mose hatte einen wunderbaren Blick auf das Gelobte Land, als er auf der Bergspitze des Nebo stand. So wie er es von Dan bis Beerscheba sah, genießt die Hoffnung den entzückenden Ausblick auf das Land der Zierde (d. h. Israel) und auf den Libanon, um danach voller Jubel auszurufen: »Nun, Herr, entlässt du deinen Knecht … in Frieden.« Weil der Himmel durch die Hoffnung vergegenwärtigt und vorweggenommen wird, ist der Gedanke des Abscheidens dem Herzen überaus kostbar.

Und Entsprechendes gilt auch für die Wirkung, welche die Gnade der *Liebe* in uns entfaltet. Die Liebe legt das Herz wie ein Opfer auf den Altar, um es dann mithilfe des himmlischen Feuers in Brand zu setzen. Und worin besteht die Konsequenz, sobald das Herz wie ein Opfer in Brand geraten ist und für den Herrn brennt? Nun, das Feuer des Herzens steigt einer Rauchsäule gleich zum Thron Gottes empor. Es verkörpert den ureigensten Trieb der Liebe, der uns näher zu Demjenigen zieht, den wir lieben. Und wenn die Liebe zu Gott unsere Seele durchdringt, dann ruft der Geist aus: »Enteile, mein Geliebter, und tu es der Gazelle gleich oder dem jungen Hirsch auf den Balsambergen!« (vgl. Hoheslied 8,14). Vollkommene Liebe vertreibt alle Furcht und ruft aus: »Auf und enteile!«

Ich könnte somit all die Gnaden erwähnen, will es aber bei der Erwähnung einer weiteren belassen – bei einer, die oft übersehen wird, aber wie das Gold von Ofir von unschätzbarem Wert ist. Es ist die Gnade der *Demut*. Ist es nicht eigenartig, dass ein Mensch in den Augen seines Gottes immer höher steigt, je weniger er von sich selbst hält? Steht nicht geschrieben: »Glückselig (sind) die Armen im Geist, denn *ihrer* ist das Reich der Himmel« (vgl. Matthäus 5,3)? Simeon war im Blick auf seine eigene Bedeutung in der Welt überhaupt nicht eingebildet. Sonst hätte er wohl gesagt: »Herr, lass noch hier bleiben und ein Apostel sein. Sicherlich werde ich in diesem entscheidenden Augenblick gebraucht, um in dieser verheißungsvollen, gerade angebrochenen Zeit von Nutzen zu sein.« Aber nein, er kam sich ganz gering, ganz unbedeutend vor. Und dies in einem Maße, dass er nun, da er die Erfüllung seines Herzenswunsches erlebt und Gottes Heil gesehen hatte, bereit war, in Frieden abzuscheiden. Demut, aufgrund derer wir im Hintergrund bleiben, hilft uns, Gott in höchsten Ehren zu halten und folglich ein starkes Verlangen zu haben, bei Gott zu sein. O dass doch die Gnaden in uns immer mehr Raum gewinnen mögen, denn dann werden wir stets zum Abscheiden bereit und gewillt sein, uns darzubringen!

Zweitens ist der Zeitpunkt, da Gläubige zum Abscheiden bereit sind, somit dann gekommen, *wenn ihre Gewissheit eindeutig ist*. Dies ist nicht einmal bei den mündigsten Christen immer der Fall, wobei einige wahre Heilige noch nicht die Gewissheit erlangt haben. Sie sind tatsächlich errettet und besitzen den wahren Glauben. Da die Gewissheit jedoch das Sahnehäubchen des Glaubens ist, hat in ihrem Fall die Milch nicht lange genug gestanden, sodass man noch keine Sahne schlagen konnte. Sie haben noch nicht die Blüte der Gewissheit ausgebildet, weil ihr Glaube noch eine zarte Pflanze ist. Erst wenn ein Mensch die Gewissheit hat, den Himmel zu besitzen, wird er sich zutiefst danach sehnen. Solange er aber seine eigene Gewissheit in Zweifel zieht, möchte er noch hier bleiben. Er gleicht dem Psalmisten, der Gott darum bat, ihn noch einmal fröhlich werden zu lassen, bevor er dahingeht und nicht mehr ist. Da im Leben Davids einiges noch nicht in Ordnung gebracht worden war, wollte er so lange hier bleiben, bis dies geschehen war. Doch wenn das Schiff voll beladen, die Besatzung an Bord gegangen und der Anker gelichtet ist, wünscht man sich günstigen Wind, damit der Dreimaster auf seiner Fahrt schneller vorankommt. Möge ein Mensch wissen, dass er sich auf das kostbare Blut Christi gründen kann! Möge er durch eifrige Selbstprüfung in seinem Inneren die Zeichen der Wiedergeburt erkennen! Möge ihm bestätigt werden, dass er aus Gott geboren ist, indem sein eigener Geist und der Heilige Geist mit seinem unfehlbaren Zeugnis ihm gegenüber diese Tatsache bezeugen! Wenn dies der Fall ist, wird er zwangsläufig sagen: »Mache mich nun frei von allen Dingen hier auf Erden und lass mich in diejenige Ruhe eingehen, die ganz gewiss auf mich wartet.«

O du, der du deine Gewissheit durch einen nachlässigen Lebensstil und dadurch verloren hast, dass du in Sünde gefallen oder anderweitig abtrünnig geworden bist! Ich wundere mich nicht, dass du dich an die Welt klammerst, denn du befürchtest, kein anderes Teil zu haben. Doch welch ein Unterschied zu denen, die klar erfassen, worin ihr Anspruch auf die himmlischen Wohnungen besteht! Sie werden nicht darum beten, an diesem Ort der Verbannung verweilen zu können, sondern in ihrem Herzen singen:

Ich sing von meinem Jesus
und strecke mich nach dem,
was droben ist im Himmel,

im Neu-Jerusalem.
Und wenn einst meine Seele
aus Gnaden dort einzieht,
so sing ich meinem Jesus
ein neues ewges Lied.

Außerdem spüren Heilige ihre Bereitschaft zum Abscheiden dann am stärksten, wenn *sie in inniger und kostbarer Gemeinschaft mit Christus leben.* Wenn Christus sich verbirgt, reden wir nur ungern vom Sterben oder vom Himmel. Doch schon dann, wenn er sich durch die Gitter zeigt, können wir jene Augen sehen, »Augen wie Tauben an Wasserbächen, in Milch gebadet seine Zähne, festsitzend in der Fassung« (vgl. Hoheslied 5,12). Dann wird unsere Seele innerlich bewegt, auch wenn wir ihn wie in einem undeutlich reflektierenden Spiegel nur verschwommen sehen. O dann werden wir danach verlangen, zu Hause zu sein! Dann sehnt sich unsere Seele zutiefst nach dem Tag, da wir den König in seiner Schönheit sehen werden, in einem weithin offenen Land.

Hast du nie das himmlische Heimweh verspürt? Hast du dich nie danach gesehnt, nach Hause gebracht zu werden? Wenn dein Herz ganz von der Schönheit des Bräutigams erfüllt und deine Seele von seiner teuren und stets kostbaren Liebe ganz hingenommen ist, hast du gewiss gesagt: Wo bleibt er, »wenn der Tag verhaucht und die Schatten fliehen« (vgl. Hoheslied 2,17 und 4,6)? »Warum zögert sein Wagen, zu kommen« (vgl. Richter 5,28)? Wenn Christus in seiner Kostbarkeit unserem Geist geoffenbart wird, wollen wir es Simeon am liebsten gleichtun: Wir möchten Jesus sehen und sterben.

Rutherford[6] schrieb: »Sonne, Mond und Sterne verblassen vor dem unvorstellbaren Glanz und der Herrlichkeit des Herrn Jesus.« Wie oft hat dieser Gläubige Worte wie die folgenden niedergeschrieben: »O wenn ich sieben Höllen durchqueren müsste, um zu ihm zu gelangen, und er zu mir wie zu Petrus nur sagen würde: ›Komm!‹, dann würde ich zu ihm gehen. Ich würde nicht nur auf dem Wasser, sondern auch auf den kochenden Höllenfluten gehen, nur um ihn zu erreichen und zu ihm zu kommen.« Ich will hier innehalten und euch seine Worte als Zitat wiedergeben: »Ich bekenne euch, dass

6 Samuel Rutherford (ca. 1600 bis 1661), schottischer Theologe, Prediger und Verfasser streitbarer Schriften zur Verteidigung des biblischen Glaubens.

ich keine Ruhe und keine Erleichterung finde, bis ich ganz in das Meer der Liebe eintauche. Würde sich Christi Liebe (jene Quelle der Wonne) mir erschließen, würde ich – o wie gern! – davon in überreichem Maße trinken! Fast würde ich seine Abwesenheit als unbarmherzig bezeichnen. Wenn Christi Angesicht verborgen und verhüllt ist, würde ich das eine garstige Decke nennen, die ein solch anmutiges, holdes Angesicht vor einer kranken Seele verbirgt. Obwohl ich nicht wage, mit ihm zu rechten, ist seine Abwesenheit eine übermächtige, eiserne Last auf meinem beschwerten Herzen. O wann werden wir uns begegnen? O wie lange ist es noch bis zum Anbruch des Tages, da die Hochzeit sein wird? O liebster Herr Jesus, schreite rascher einher! O mein Herr, komm und überquere schnellen Schrittes die Berge! O mein Geliebter, tu es der Gazelle gleich oder dem jungen Hirsch auf den Balsambergen! O wenn er doch nur die Himmel wie einen alten Mantel zusammenrollen sowie Zeit und Stunde ein Ende bereiten und das Weib des Lammes für ihren Mann geschwind bereit machen würde! Seit er mich angeschaut hat, ist es um mein Herz geschehen. Er ist damit in den Himmel enteilt.«

Somit haben Heilige wiederum ihren Anker hochgezogen und ihre Segel ausgebreitet, wenn sie *den Anstoß erhalten haben, all das loszulassen, was es in dieser Welt gibt.* Das geschieht im Allgemeinen dann, wenn die kommende Welt sie stärker denn je anzieht. Obwohl diese Welt für viele ein sehr angenehmer, sehr attraktiver Ort ist, mischt Gott Wermutstropfen in den Becher seiner Kinder. Und wenn ihr Nest weich ist, legt er es gelegentlich mit Dornen aus, damit sie sich danach sehnen, sich emporzuschwingen. Ach, so sollte es sein, doch einige unter den Knechten Gottes erwecken den Eindruck, als hätten sie beschlossen, die Ruhe in irdischen Gefilden zu finden.

Es geschieht oft, dass der Verlust lieber Freunde, die Treulosigkeit von Menschen, denen wir vertraut haben, oder körperliche Krankheit bzw. Niedergeschlagenheit dazu beitragen können, uns von Dingen zu lösen, die wir so festhalten und die uns an dieses Leben ketten. Dann sind wir imstande, mit David in einem der kostbarsten Psalmen des gesamten Psalters – dem kurzen Psalm 131 – zu sagen: »Habe ich meine Seele nicht beschwichtigt und beruhigt? Wie ein entwöhntes Kind bei seiner Mutter, wie ein entwöhntes Kind ist meine Seele in mir« (vgl. V. 2). Ich habe oft daran gedacht, dass Davids Formulierung hinsichtlich der meisten heutigen Gotteskinder viel treffender gewesen wäre, wenn er gesagt hätte: »... wie ein Kind, *das noch entwöhnt werden muss,* ist meine Seele in mir.« Doch wer entwöhnt – von der Welt ganz entwöhnt – ist und sich von ihren Tröstungen völlig abgekehrt hat, ruft mit tiefer Sehnsucht aus: »Nun, Herr, entlässt du deinen Knecht ... in Frieden.«

Wiederum sind Heilige zum Abscheiden bereit, *wenn ihr Werk fast vollbracht ist.* Dies ist möglicherweise bei vielen hier Versammelten nicht der Fall, doch auf Simeon traf es zu. O dieser redliche, alte Mann! Obwohl er seine Gebetszeiten in großer Treue eingehalten hatte, kam er bei dieser Gelegenheit in den Tempel, um dort – wie es heißt – das Kind in seine Arme zu nehmen und Gott zu loben. Erneut war die Anbetung Ausdruck seiner innersten Herzenshaltung, wiederum mischte er seinen Lobpreis in den Gesang der Engel. Als er das getan hatte, bekannte er vor allen seinen Glauben – ein weiteres bedeutsames Werk, das jeden Gläubigen auszeichnen sollte. Er sagte nämlich: »Meine Augen haben dein Heil gesehen« (vgl. V. 30). Er legte öffentlich von dem Jesuskind Zeugnis ab und verkündete, dass es dereinst »ein Licht zur Offenbarung für die Nationen« (vgl. V. 32) sein sollte. Nach alledem segnete dieser alt gewordene Gläubige die Eltern des Kindes, Josef und seine Mutter. Während er dies tat, sprach er zu Maria: »Siehe, dieser ist gesetzt zum Fall und Aufstehen vieler in Israel« (vgl. V. 34). Auch im Alten Testament lesen wir, dass sich David, nachdem er seiner Generation gedient hatte, zu seinen Vätern legte. Für einen Menschen ist die Zeit des Abscheidens gekommen, wenn er sein Lebenswerk vollbracht hat. Simeon spürte, dass er alles getan hatte: Er hatte Gott gelobt, seinen Glauben bekundet, Christus bezeugt und diese frommen Leute gesegnet. Daher konnte er nun sagen: »Nun, Herr, entlässt du deinen Knecht ... in Frieden.«

Ihr Christen, ihr werdet niemals zum Abscheiden bereit sein, wenn ihr untätig herumsteht! Ihr trägen Langschläfer, die ihr wenig oder gar nichts für Christus tut! Ihr faulen Knechte, deren Garten vom Unkraut überwuchert ist, es verwundert nicht, dass ihr kein Verlangen habt, euren Meister zu sehen! Eure Faulheit klagt euch an und lässt euch zu Feiglingen werden. Nur derjenige, der seine Talente zu guten Zinssätzen verliehen hat, wird bereit sein, über seinen Verwalterdienst Rechenschaft abzulegen. Doch wenn ein Mensch spürt, dass er – ohne irgendeinen Verdienst für sich in Anspruch zu nehmen – den guten Kampf gekämpft, den Lauf vollendet und den Glauben bewahrt hat, dann freut er sich über den Siegeskranz, der für ihn im Himmel bereitliegt. Er sehnt sich danach, ihn tragen zu können. Meine lieben Brüder, widmet eure Kraft dem Werk des Herrn – eure ganze Kraft! Haltet nichts von euren Kräften zurück: Möge Leib, Seele und Geist ganz Gott geweiht sein und ihm im bestmöglichen Einsatz zur Verfügung stehen! Erledigt eure tägliche Arbeit, denn je schneller ihr sie beendet und je rascher ihr wie treue Knechte euer Tagewerk vollbringt, desto näher und kostbarer wird euch die Zeit sein, da die Schatten länger werden und Gott zu einem jedem von euch wie zu dem treuen Knecht sagen wird: »Scheide ab in Frieden!«

Ein weiterer Aspekt trägt meiner Ansicht nach dazu bei, Heilige abschiedsbereit zu machen, nämlich die Tatsache, *dass sie das Wohlergehen der Gemeinde Gottes im Blick haben oder voraussehen.* Der redliche alte Simeon sah, dass Christus ein Licht zur Offenbarung für die Nationen und zur Herrlichkeit seines Volkes Israel sein sollte. Daher sagte er: »Nun, Herr, entlässt du deinen Knecht … in Frieden.« Ich habe so manchen gottgemäß lebenden Mitarbeiter gekannt, der eine Gemeinde sterben und verfallen sah, deren Dienst unwirksam geworden war und deren Glieder sich voneinander trennten. In einem Fall schüttete der Betreffende in seiner ganzen Not sein Herz Gott aus. Daraufhin sandte der Herr schließlich einen Mann, der das Wohl Israels suchte[7], sodass die Gemeinde geistlich wieder auferbaut wurde. Danach sagte der Mann außer sich vor Freude: »Nun, Herr, entlässt du deinen Knecht … in Frieden.« In welchem inneren Frieden muss John Knox gestorben sein, nachdem er erlebt hatte, wie die Reformation überall in Schottland fest verankert worden war. Es erfüllte den frommen Latimer[8] mit Glück, als er – auf einem Scheiterhaufen stehend – sagen konnte: »Seid guten Mutes, Master Ridley[9], und zeigt euch als Mann. Wir werden heute durch Gottes Gnade ein solches Licht in England anzünden, das … nie ausgelöscht werden wird!«[10] »Betet für den Frieden Jerusalems«

7 Gebrauch dieser Wendung im übertragenen Sinne; vgl. Nehemia 2,10.

8 Damit ist hier und im Folgenden Hugh Latimer (ca. 1490 bis 1555) gemeint. Er war anglikanischer Bischof sowie Theologe und wurde zum Märtyrer.

9 Nicholas Ridley (um 1500 bis 1555), Bischof von Rochester, wurde zusammen mit Latimer hingerichtet.

10 Offenbar gibt Spurgeon diese Worte aus dem Gedächtnis wieder. Die hier vorliegende Version ist entnommen aus: J. C. Ryle, *Fünf Märtyrer*, Bielefeld: CLV, 1995, hintere Umschlagseite.

(vgl. Psalm 122,6). Genau das tun wir, wobei wir mit ganzem Einsatz sein Wohlergehen suchen. Und wenn wir sehen können, wie Christus verherrlicht, der Irrtum besiegt und die Wahrheit fest gegründet ist, Sünder errettet und Gläubige geheiligt sind, spürt unser Geist, dass all seine Sehnsüchte erfüllt worden sind. Bitten wir um diesen Frieden und dieses Wohlergehen, damit – wenn das Erbetene vor unseren Augen Wirklichkeit wird – unser Geist von jener Gelassenheit und Ruhe erfüllt wird, die uns bereit macht, in Frieden abzuscheiden.

Ich werde eure Aufmerksamkeit jetzt auf den dritten Punkt lenken, nämlich darauf, dass *es Worte gibt, die uns ermutigen, in gleicher Weise zum Abscheiden bereit zu sein. »Nach deinem Wort.«* Wenden wir uns nun der Bibel zu, um ihr sieben besonders kostbare Worte zu entnehmen, die alle darauf abzielen, unsere Herzen angesichts des bevorstehenden Abscheidens zu ermuntern. Das erste Wort findet sich in Psalm 23,4: »Auch wenn ich wandere im Tal des Todesschattens, fürchte ich kein Unheil, denn du bist bei mir; dein Stecken und dein Stab, *sie* trösten mich.« Wir »wandern« – der Christ beschleunigt seinen Schritt nicht, wenn der Tod naht. Da er bereits zuvor gewandert ist und den Tod nicht fürchtet, wandert er ruhig weiter. Dabei wandert er durch einen »Schatten«. Der Tod ist nicht das Eigentliche, sondern nur ein Schatten. Wer muss schon vor einem Schatten Angst haben? Außerdem ist es kein einsames Wandern: »Du bist bei mir.« Auch ist es kein Wandern, das uns in Schrecken versetzen muss: »Ich … fürchte … kein Unheil.« Nicht nur das Unheil fehlt, sondern auch jede Furcht, welche die Stunde meines Sterbens verdunkeln könnte. Es wird vielmehr ein trostreiches Abscheiden sein: »Dein Stecken und dein Stab …« Uns wird somit in zweifacher Hinsicht die Fülle des Trostes gegeben. »Dein Stecken und dein Stab, *sie* trösten mich.«

Nehmen wir eine andere Bibelstelle, um diesem Gedankengang (»nach deinem Wort«) weiter zu folgen. Psalm 37,37: »Achte auf den Rechtschaffenen und sieh auf den Redlichen; denn die Zukunft für einen solchen ist Frieden.« Wenn unser Charakter überaus vortrefflich ist, sind wir aufrichtig, und wenn wir uns als rechtschaffen erweisen, sind wir von Herzen redlich. Dann wird uns ganz gewiss ein Ende in Frieden beschieden sein.

Nehmen wir ein anderes Wort, und zwar Psalm 116,15: »Kostbar ist in den Augen des HERRN der Tod seiner Frommen.« Wenn ein Heiliger stirbt, ist das nichts Gewöhnliches. Es ist vielmehr für die Augen Gottes ein Anblick, der ihm besonders wertvoll ist. So wie Könige sich an ihren Perlen und Diamanten freuen und sie als kostbar ansehen, gehört das Sterbebett der Heiligen zu den Kostbarkeiten Gottes.

Oder nehmen wir eine weitere Stelle, Jesaja 57,2: »Er geht ein zum Frieden. Sie ruhen auf ihren Lagerstätten, jeder, der seinen geraden Weg geht.« Hier geht der Heilige in den Frieden ein. Er findet Ruhe auf seinem Sterbelager, Ruhe für seinen Leib im Grab sowie Ruhe für seinen Geist in der innigsten Gemeinschaft mit seinem Herrn und kann in seiner Rechtschaffenheit in der himmlischen Unsterblichkeit leben. »Nach deinem Wort.« O welch eine Kraft ist in diesen wenigen Silben verborgen! Wenn ihr euch auf das Wort Gottes berufen könnt, werdet ihr stets überwinden. Nichts ist für sich gesehen so gehaltvoll wie eine Bibelstelle. Sie vermag von sich aus zu trösten. Betrachten wir auch 1. Korinther 3,22: »Es sei Paulus oder Apollos oder Kephas, es sei Welt oder Leben oder Tod, es sei Gegenwärtiges oder Zukünftiges: Alles ist euer.« Wenn aber der Tod euch gehört, so kann es keinerlei Grund mehr dafür geben, warum ihr euch vor etwas fürchten solltet, das euch als Teil eures Erbes zugeeignet worden ist.

Nehmen wir Kap. 15,54-57 aus dem gleichen Brief: »Wenn aber dieses Vergängliche Unvergänglichkeit anziehen und dieses Sterbliche Unsterblichkeit anziehen wird, dann wird das Wort erfüllt werden, das geschrieben steht: ›Verschlungen ist der Tod in Sieg.‹ ›Wo ist, o Tod, dein Sieg? Wo ist, o Tod, dein Stachel?‹ Der Stachel des Todes aber ist die Sünde, die Kraft der Sünde aber das Gesetz. Gott aber sei Dank, der uns den Sieg gibt durch unseren Herrn Jesus Christus!« Angesichts einer solchen Bibelstelle brauchen wir uns vor dem Abscheiden nicht zu fürchten.

Und damit zu einem anderen Wort, dem siebten, das wir zitieren (wobei die Zahl Sieben Ausdruck des vollkommenen Zeugnisses ist). In Offenbarung 14,13 heißt es: »Und ich hörte eine Stimme aus dem Himmel sagen: Schreibe: Glückselig (sind) die Toten, die von jetzt an im Herrn sterben! Ja, spricht der Geist, damit sie ruhen von ihren Mühen, denn ihre Werke folgen ihnen nach.«

Viele unter euch werden jetzt wahrscheinlich sagen: »Ich wünschte, dass ich genau wie Simeon ein Wort von Gott hätte, das mich in meiner Sterbestunde ermuntern könnte.« Doch schaut, ihr habt es vor euch. Wir haben gerade sieben überaus zuverlässige Worte des Zeugnisses gehört, und ihr tut gut daran, darauf zu achten, weil sie einer Lampe gleichen, die an einem dunklen Ort leuchtet. Diese Verheißungen gehören allen, die an unseren teuren Herrn und Heiland, Jesus Christus, glauben. Fürchten wir uns daher nicht, sondern sagen wir vielmehr: »Nun, Herr, entlässt du deinen Knecht … in Frieden.«

Noch ein oder zwei Worte an euch, die ihr nicht in Frieden sterben könnt, weil ihr bisher nicht an Christus geglaubt habt: Ihr habt bislang weder Gottes Heil gesehen, noch seid ihr Gottes Knechte gewesen. Ich muss mir für euch Zeit nehmen, wie ich es für die Heiligen getan habe. Den Letztgenannten habe ich Bibelstellen mitgegeben, denn im Text heißt es: »Nach deinem Wort.« Ich werde euch ebenfalls zwei Schriftstellen mitgeben, worin ihr diejenigen erkennen könnt, denen die Hoffnung auf ein Abscheiden in Frieden fehlt.

Die erste Stelle drückt aus, was ihr nicht könnt. Sie zeigt, wer nicht in den Himmel kommen und folglich nicht in Frieden abscheiden kann. In 1. Korinther 6,9 heißt es: »Oder wisst ihr nicht, dass Ungerechte das Reich Gottes nicht erben werden?« Die Ungerechten, die Tyrannen, Betrüger, Schurken, die »Ungerechten (werden) das Reich Gottes nicht erben.« Ich will diese Worte nur vorlesen und brauche sie nicht zu erklären, doch möge sich jeder, der von ihrer Schärfe getroffen ist, Gottes Wort unterwerfen. »Irrt euch nicht! Weder Unzüchtige« – von denen es eine Vielzahl in London gibt –, »noch Götzendiener …« Man braucht kein Götzenbild aus Holz und Stein zu verehren, um ein Götzendiener zu sein. Jeder, der etwas anderes als Gott anbetet, ist der Abgötterei verfallen. »… noch Ehebrecher, noch Lustknaben, noch Knabenschänder, noch Diebe, noch Habsüchtige, noch Trunkenbolde.« Einige derartige Leute kommen regelmäßig in dieses Gemeindehaus. »… noch Lästerer«, d. h. Verleumder, spitzfindige Kritiker, Zuträger, fluchende Menschen und dergleichen. »… noch Räuber«. Ihr feinen Herren, die ihr zwanzig Prozent Zinsen verlangt! Ihr schindet bemitleidenswerte Schuldner mit überzogenen Zinssätzen. Keiner von euch wird das Reich Gottes erben – nicht einer von euch! Wenn du bei dieser Aufzählung vorkommst, werden die heiligen Tore des Himmels geradewegs vor dir geschlossen, es sei denn, dass Gott dein Herz noch erneuert und dich verändert.

Nehmen wir nun eine andere Bibelstelle – einen Vers, der sagt, was ihr tun könnt. Er findet sich in Offenbarung 21,7: »Wer überwindet, wird dies erben, und ich werde ihm Gott sein, und er wird mir Sohn sein.« Dann geht es in V. 8 um die Feigen, d. h. die Furchtsamen, die sich schämen, sich zu Christus zu bekennen und es nicht wagen, um Christi willen zu leiden. Sie glauben alles und nichts und verleugnen damit die Wahrheit, weil sie in Verfolgung nicht ausharren können. »… den Feigen und Ungläubigen«, d. h. diejenigen, die dem Heiland nicht vertrauen. »… und mit Gräueln Befleckten«, die gar nicht so selten zu finden sind. Einige unter den Armen sind mit Gräueln befleckt. Daneben gibt es jene, die sich mit »Sehr ehrenwerter Herr« anreden lassen, während sie als »Sehr verabscheuenswerter Herr« bezeichnet werden und noch schlimmere Titel tragen müssten. Ihre Laster stellen ihre Widerwärtigkeiten dem Volk gegenüber heraus. »… und Mördern«: »Jeder, der seinen Bruder hasst, ist ein Menschenmörder« (vgl. 1. Johannes 3,15). »… Unzüchtigen und Zauberern« – das sind diejenigen, die sich tatsächlich oder angeblich mit Dämonen und Geistern einlassen, all die Spiritisten und die anderen, die sich auf okkulte Praktiken einlassen. »… Götzendienern und allen Lügnern« – diese sind überall in großer Zahl zu finden. Sie lügen in gedruckten Werken und in dem, was sie sagen. »… allen Lügnern ist ihr Teil ist in dem See, der mit Feuer und Schwefel brennt, das ist der zweite Tod.«

Dies also sind nicht meine Worte, sondern die Worte Gottes. Wenn sie dich verurteilen, dann bist du verurteilt. Doch wenn du die Last des Verdammungsurteils spürst, solltest du zu Jesus fliehen. Tue Buße und bekehre dich, wie das Evangelium sagt! Dann darfst du die Vergebung durch Jesus Christus in Anspruch nehmen.

Johannes

»Der Jünger, den Jesus liebte«

»... der Jünger ... den Jesus liebte, der sich auch bei dem Abendessen an seine Brust gelehnt ... hatte« (Johannes 21,20).

Unser Herr liebte alle Jünger, »da er die Seinen, die in der Welt waren, geliebt hatte, liebte er sie bis ans Ende« (vgl. Johannes 13,1). Er sagte zu allen Aposteln: »Ich nenne euch nicht mehr Sklaven, denn der Sklave weiß nicht, was sein Herr tut; euch aber habe ich euch Freunde genannt, weil ich alles, was ich von meinem Vater gehört, euch kundgetan habe« (vgl. Johannes 15,15). Und doch gab es innerhalb dieser Liebesgemeinschaft eine Stellung der innigsten Beziehung, die der geliebte Johannes als Bevorrechteter einnehmen durfte. Wir sollten nie – auch nicht andeutungsweise – davon ausgehen, dass Jesus Christus den übrigen seiner Auserwählten in geringerem Maße Liebe entgegenbrachte, weil er Johannes in besonderer Weise liebte. Ich verstehe es so: Diejenigen, die eine außergewöhnliche Liebe dem Einzelnen gegenüber zeigen, sind umso mehr fähig, eine tiefe Liebe zu vielen erkennen zu lassen. Weil daher Jesus Johannes am meisten liebte, kann ich seine Liebe zu den anderen Jüngern besser beurteilen. Nehmen wir nicht einen Augenblick lang an, irgendjemandem seien dadurch, dass er Johannes besonders innig liebte, Nachteile erwachsen! Als Johannes erhöht wurde, war dies nicht gleichbedeutend mit einer Erniedrigung der anderen. Vielmehr wurden sie mit ihm erhöht.

Alle Gläubigen sind diejenigen, die der Heiland als Geliebte auserwählt und mit seinem Blut erkauft hat. Er hat sie zu seinem Anteil und Erbe sowie zu Edelsteinen in seiner Krone gemacht. Obwohl er wie im Falle des Johannes einen mehr liebt als einen anderen, sind ihm alle in besonderer Weise wichtig. Wenn es daher geschehen sollte, dass du sagst: »Nie werde ich die von Johannes eingenommene Vorzugsstellung erreichen und gegenüber anderen als derjenige ›Jünger (gelten), den Jesus liebte‹«, solltest du doch sehr dankbar dafür sein, dass du unter Brüdern bist, von denen jeder sagen kann: Er hat »mich geliebt und sich selbst für mich hingegeben« (vgl. Galater 2,20).

Wer wie Johannes mit einer besonderen Liebe geliebt wird, erfreut sich der innigsten Form der gleichen Gnade, womit alle Gläubigen beschenkt worden sind. Im Folgenden versuche ich, einige der liebenswerten Züge des Charakters des Johannes darzustellen. Dabei dürft ihr nicht denken, dass ihr aufgrund meiner Ausführungen schlussfolgern könntet, die Liebe Christi gegenüber Johannes sei von irgendetwas anderem als dem Gesetz der Gnade bestimmt gewesen. Alles, was im Wesen des Johannes liebenswert war, hatte nämlich die Gnade Gottes in ihm gewirkt. Sicher kann man einräumen, dass es gewisse natürliche Merkmale gab, die zu seinem gewinnenden Wesen beitrugen. Dennoch hat Gott alles erschaffen, was hinsichtlich eines Menschen schätzenswert ist. Erst dann, als die Gnade das Natürliche in das Geistliche umformte und verklärte, wurde es zu dem, woran Christus Jesus Gefallen fand.

Wenn wir heute von Johannes sprechen, dann nicht so, als sei er infolge seiner Werke geliebt worden. Auch hat ihn Christus nicht aufgrund persönlicher Verdienste, worauf er sich etwas hätte einbilden können, mehr als andere in sein Herz geschlossen. Er wurde vielmehr wie all die übrigen seiner Brüder von Jesus geliebt, weil Jesus die Liebe in Person ist und ihm bewusst seine ganze Zuneigung entgegenbringen wollte. Dies war ausnahmslos Ausdruck der Gnade: Es ist unangebracht, an irgendetwas anderes zu denken. Ich betrachte diese besondere Form der Liebe unseres Herrn als eine jener »größeren Gnadengaben«, worum wir gemäß den Belehrungen eifern sollen (vgl. 1. Korinther 12,31). Sie ist – dies sei nachdrücklich gesagt – ein Geschenk und kein Verdienst oder etwas, das man kaufen kann. Liebe ist nicht käuflich. Bei ihr geht es nie um Kosten oder Ansprüche. Sie gedeiht in der Atmosphäre der freien Gnade. »Wenn einer den ganzen Besitz seines Hauses für die Liebe geben wollte, man würde ihn nur verachten« (vgl. Hoheslied 8,7).

Nun wollen wir uns dem Text noch weiter nähern. *Sehen wir uns dazu* zunächst, meine lieben Freunde, *den Namen selbst an*: »… der Jünger, den Jesus liebte.«

Unsere erste diesbezügliche Beobachtung besteht in Folgendem: *Es ist ein Name, den sich Johannes selbst beilegt.* Soweit ich weiß, wiederholt er ihn fünfmal. Kein anderer Schreiber bezeichnet Johannes als »den Jünger, den Jesus liebte«. Verdächtigen wir ihn jedoch nicht, egoistische Motive zu haben! Dies ist eines der Beispiele dafür, dass Ichbezogenheit gar nicht infrage kommt. Natürlich würden wir – du und ich – sehr zögern, einen solchen Titel anzunehmen, selbst wenn wir spürten, dass er uns zusteht. Wir sollten nämlich auf unseren Ruf bedacht sein und uns davor fürchten, als vermessen zu gelten. Doch in einer liebenswürdigen *Einfalt*, die ihn ganz vom eigenen Wesen loskommen ließ, nahm Johannes denjenigen Namen an, der ihn nach seiner Überzeugung am genauesten beschrieb – ungeachtet dessen, ob andere dies kritisierten oder nicht. Daher lässt dieser Ausdruck keinerlei Anzeichen von Hochmut erkennen. Er zeigt vielmehr die Einfalt seines Geistes, die Aufrichtigkeit sowie Offenheit seines Wesens und die Tatsache, dass er sich völlig vom eigenen Ich lösen konnte.

Wenn wir nicht bezeugen, was Gott für uns getan hat, ist der Hochmut oft noch größer als in Situationen, in denen wir darüber reden. Ich habe von einem Bruder gehört, der mit tiefster Demut von der vollen Gewissheit göttlicher Liebe sprach. Während einige dies als Überheblichkeit ansahen, habe ich in meinem Inneren gespürt, dass sein entschiedenes Zeugnis der tiefsten Demut vollkommen entsprach. Es war seine einfache Bescheidenheit, die dazu führte, dass dieser Mann immer stärker von sich loskam. Dies geschah in einem Maße, dass er Gefahr lief, als dreist und egoistisch zu gelten. Er dachte daran, wie er Gott verherrlichen sollte. Dass er äußerlich den Eindruck erweckte, sich selbst zu beweihräuchern, machte ihm keine Not, weil er in seinem Meister von sich losgekommen war.

»Der Jünger, den Jesus liebte«, *war auch der Name, hinter dem sich Johannes verbarg.* Er hütete sich davor, den Namen »Johannes« zu erwähnen. Vielmehr spricht er von »einem anderen Jünger« sowie »dem anderen Jünger« und dann von »dem Jünger, den Jesus liebte«. Dies sind die Namen, unter denen er in seinem Evangelium sozusagen »ohne Namensnennung« immer wieder auftaucht. Wir können ihn jedoch ausfindig machen, weil der Schleier der Anonymität nicht undurchdringlich ist. Trotzdem beabsichtigt er noch immer, sich hinter seinem Heiland zu verbergen: Die Liebe seines Meisters dient ihm als Schleier, obwohl sich dieser als Schleier des Lichts erweist. Hätte er es gewollt, hätte er sich bezeichnen können als »der Jünger, der göttliche Visionen sah«. Er zog es aber vor, in der Namensangabe von Liebe und nicht von Prophetie zu künden.

In der Gemeinde der Frühzeit finden wir ihn betreffende Schriften, worin er »der Jünger, der sich an Jesu Brust gelehnt hatte«, genannt wird – ein Tatbestand, den er auch in der vorliegenden Stelle erwähnt. Er hätte sich bezeichnen können als »der Jünger, der eines der Evangelien schrieb«, oder als »der Jünger, der das Heilandsherz Christi besser kannte als jeder andere«. Er gibt jedoch der Liebe den Vorzug. Er ist nicht vorrangig derjenige Jünger, der irgendetwas tat, sondern jener, der von Jesus geliebt wurde. Auch ist er nicht jener Jünger, der Jesus liebte. Vielmehr heißt es: »… der Jünger, den Jesus liebte.« Wir kennen diesen Mann und das, was er uns mitzuteilen hat. Dabei hören wir ihn sagen: »Wir haben erkannt und geglaubt die Liebe, die Gott zu uns hat. Gott ist Liebe, und wer in der Liebe bleibt, bleibt in Gott und Gott bleibt in ihm« (vgl. 1. Johannes 4,16).

Der Name, um den es geht, entspricht *jenem Namen, womit Johannes am vertrautesten war*. Kein anderer Titel beschreibt ihn so treffend. »Johannes«, sein eigentlicher Name, bedeutet »Gnadengeschenk Gottes«. Tatsächlich war er ein kostbares Geschenk, das Gott als der Vater seinem leidenden Sohn bereitete. Außerdem war die Gemeinschaft mit Johannes für den Heiland in denjenigen Jahren, da er sich unter den Menschen aufhielt, überaus tröstlich. Johannes bezeichnet sich als »Jünger, den Jesus liebte«, weil er die wunderbare Verpflichtung erkannte, die jener großen Liebe entspringt. Ihrem königlichen Einfluss wollte er sich stets aussetzen. Er betrachtete Jesu Liebe als Ursprung und Quelle von allem, was hinsichtlich seines eigenen Wesens gnadenreich und lobenswert war. Wann immer er Mut erkennen ließ, Treue bewies oder tiefe Erkenntnis hatte, war dies darauf zurückzuführen, dass Jesu Liebe diese Dinge in ihn hineingelegt hatte. All die lieblichen Blumen, die im Garten seines Herzens blühten, hatte Christus in seiner Liebe mit eigener Hand eingepflanzt. Als er sich daher »der Jünger, den Jesus liebte«, nannte, hatte er das Empfinden, dass er bis zum Kern der Sache vorgedrungen und ihr auf den Grund gegangen war. Damit wurde außerdem die wichtigste Erklärung für seine tatsächliche Stellung gegeben.

Dieser von inniger Gemeinschaft zeugende Name war ihm sehr kostbar, weil er die wunderbarsten Erinnerungen seines ganzen Lebens wachrief. Jene wenigen Jahre, die er mit Jesus verbracht hatte, muss er im Alter mit großer freudiger Erregung als Krönung und herrlichen Gipfelpunkt seiner irdischen Existenz betrachtet haben.

Ich wundere mich nicht darüber, dass er Christus auf Patmos erneut sah, nachdem er ihn einst in Palästina gesehen hatte, als ihm der Auferstandene wahrhaftig erschienen war. Solche Erscheinungen treten nämlich fast immer mehrmals auf. Als Johannes seinen Herrn sah, war dies kein gewöhnlicher Anblick. Es gibt Zeiten, in denen geoffenbarte Bilder nachwirken und gehörte Klänge nachhallen. Als Johannes den Herrn anschaute, sah er ihn in allen Einzelheiten, sah er mit den Augen des Herzens tief ins Innere seines Wesens. Wer auf der ganzen Welt, wenn nicht er, sollte ihn in einer Vision ein zweites Mal sehen, die ihm inmitten der Felsen des Ägäischen Meeres geschenkt wurde? All die Erinnerungen an den besten Teil seines Lebens wurden durch den Namen, den er trug, wachgerufen. Auf der Grundlage der ihm innewohnenden Kraft erneuerte er oft die innige Gemeinschaft mit dem lebendigen Christus, welche die Schrecken der Kreuzigung überdauert und bis zum Ende seines Lebens fortbestanden hatte. Dieser liebliche Name stimmte in seiner Seele einen glockenklaren Ton an. Klang er nicht geradezu wie Musik in seinen Ohren? »… der Jünger, den Jesus liebte.«

Dieser Name beinhaltete für ihn eine gewaltige Triebkraft zum Handeln, solange er lebte. Wie konnte derjenige, der ihn so geliebt hatte, ihm gegenüber unaufrichtig sein? Welche unterwegs verbrachten Stunden konnten zu lang für die Füße desjenigen Jüngers sein, den Jesus liebte? Welche Zusammenrottung grausamer Menschen konnte den Jünger, den Jesus liebte, innerlich einschüchtern? Welche Form der Verbannung oder Hinrichtung konnte denjenigen in Schrecken versetzen, den Jesus liebte? Es stand fest: Fortan wurde Johannes in der Kraft dieses Namens zu einem unerschrockenen und treuen Jünger, der Demjenigen, der ihm liebevoll zur Seite stand, von ganzem Herzen diente.

Dies war ein Name, der nie umstritten war. Man kann wirklich keinen finden, der sich darüber beschwerte, dass sich Johannes so bezeichnet hat. Man erkannte ihm diesen Titel allgemein zu. Es stimmt, dass seine Brüder mit ihm kurzzeitig in Streit gerieten. Dies geschah, als seine Mutter Salome, die für ihre beiden Söhne das Beste im Sinn hatte, wollte, dass sie zur Rechten und Linken des Messias sitzen. Dennoch sorgte die Liebe Jesu zu Johannes dafür, dass unter den Brüdern kein Groll entstand. Auch nutzte Johannes dies nicht in unangemessener Weise aus. Meiner Ansicht nach haben die Apostel stillschweigend anerkannt, dass ihr Herr bei seiner Auserwählung eine völlig richtige Entscheidung getroffen hatte. Im Blick auf Johannes gab es etwas, das ihn in den Augen seiner Brüder liebenswert machte. Daher wunderten sie sich nicht darüber, dass ihr Herr mit ihm innigste Gemeinschaft pflegte. Der wahrhaft von Gott Geliebte wird im Allgemeinen von seinen Glaubensbrüdern gleichermaßen geliebt, ja, in gewisser Weise sogar von seinen Feinden, denn wenn der HERR an den Wegen eines Menschen Wohlgefallen hat, lässt er selbst seine Feinde mit ihm Frieden schließen (vgl. Sprüche 16,7). Als David mit Gott wandelte, liebte ihn ganz Israel, und sogar Saul war gezwungen, auszurufen: »Du bist gerechter als ich!« (vgl. 1. Samuel 24,18). Johannes war so von Liebe geprägt, dass er allerorts Liebe erlangte. Da Heilige selbst mit inniger Liebe geliebt werden wollen, sind sie froh, wenn sie denjenigen begegnen, die den Segen, recht lieben zu können, empfangen haben. Wenn wir selbst nach Myrrhe, Aloe und Kassia (vgl. Psalm 45,9) duften, freuen wir uns darüber, mit denen zusammenzukommen, deren Gewänder bereits den Wohlgeruch angenommen haben.

So viel also zu dem, was den Namen angeht. *Sehen wir uns* zweitens *den Charakter an, der diesem Namen zugrunde liegt.* Ich kann die Charakterzüge des Johannes nur andeuten, weil es einfach nicht möglich ist, in den wenigen Augenblicken einer Predigt ihn in allen Einzelheiten darzustellen. Ja, sollte ich diese Aufgabe in Angriff nehmen, würde ich mich nicht darauf verstehen, etwas Derartiges zustande zu bringen. Dennoch gilt: In der Wesensart des Johannes erkennen wir vieles, das anerkennenswert ist.

Betrachten wir erstens *die individuellen Züge seiner Persönlichkeit.* Er war großmütig und voller Herzenswärme. Vielleicht lag seine größte Stärke in der Tiefe seines Wesens. Er war nicht ungestüm, sondern tiefgründig und charakterstark. Was immer er tat, kam ganz von Herzen. Er war einfältig – ein Mann, in dessen Wesen sich kein Trug fand. Bei ihm gab es keine Spaltung der Persönlichkeit. Empfinden und Tun bildeten bei ihm eine Einheit und ließen sich nicht voneinander trennen. Er hegte weder Zweifel, noch war er spitzfindig oder dazu geneigt, Fehler bei anderen herauszufinden. Von Schwierigkeiten – ob geistiger oder anderweitiger Art – scheint er glücklicherweise verschont geblieben zu sein. Wenn er nach gründlicher Überlegung zu einer Schlussfolgerung gekommen war, ging er mit ganzem Herzen an die Durchführung. Welcher Weg es auch sein mochte, er ging ihn ganz und mit völliger

Entschlossenheit. Manche Menschen beschreiten zwei Wege, winden sich hindurch oder nähern sich auf Umwegen ihrem Ziel. Doch das Lebensschiff des Johannes hielt geradewegs auf das Ziel zu – mit loderndem Feuer unter den Kesseln und unter Volldampf fahrend. Mit seinem ganzen Wesen setzte er sich für die Sache seines Herrn ein, denn er war derjenige, der scharfsinnig dachte, still zuhörte und konsequent handelte. Obwohl er nicht so ungestüm wie der impulsive Petrus war, zeichnete er sich durch Entschlossenheit und Gründlichkeit aus, wobei er stets mit Feuereifer handelte.

Er hatte einen lebendigen Glauben und vertraute bis aufs i-Tüpfelchen allem, was er von seinem Herrn gelernt hatte. Lest euch seine Briefe durch, um festzustellen, wie oft er die Wendung »wir wissen« gebraucht. Diese findet man immer wieder. Bei ihm gab es nur ein »Entweder-oder«. Sein Glaube war tiefgründig und unerschütterlich. Seine Zustimmung und seine Einwilligung kamen aus einem aufrichtigen Herzen.

Überdies strahlte Johannes eine große Herzlichkeit aus. Er liebte seinen Herrn ebenso wie seine Brüder: Bei alledem zeichnete ihn Großmütigkeit aus, weil sein Wesen edle Züge trug. Er liebte beständig, und zwar so, dass er in der Praxis für seinen Meister wagemutig ans Werk ging. Er war nämlich ein unerschrockener Mann, ein wahrer Donnersohn. Er war bereit, vorauszugehen, wenn dies erforderlich war. Doch wenn er dies tat, handelte er still und nicht als hastiger oder lärmender Mensch. Sein Gemüt glich nicht den herabstürzenden Fluten eines Wasserfalls, sondern einem still dahinfließenden, tiefen Strom.

Wenn wir unser gesamtes Wissen über seine Person zusammentragen, betrachten wir ihn als Mann, der genau das Gegenteil von unseren distanzierten, berechnenden, behäbigen Zeitgenossen war, die viel zu zaghaft sind. Ihr kennt doch derartige Leute, die sehr viel von sich halten, aber keineswegs interessant oder in großem Maße nachahmenswert sind. Johannes verkörperte genau das Gegenteil von Brüdern, deren geistliches Leben verkümmert ist und die sich nicht von der Stelle rühren bzw. keine menschlichen Züge an sich tragen – Menschen, die fast vollkommen sind, weil sie nicht wirklich leben. Sie machen nichts verkehrt, denn sie tun überhaupt nichts. Ich kenne einige von diesen reizenden Leuten, die andere scharf kritisieren und sich selbst für fehlerlos halten. Aber natürlich haben sie einen Fehler: Sie sind herzlos. Johannes war dagegen ein Mann voller Herzenswärme: ein Mann mit Sinn und Verstand, aber ebenso mit Empfindungen, die man bei ihm auch in den Taten spürte. Da dieser Mann ein Leben mit Tiefgang – wenn auch in der Stille – führte, war er liebenswert. Sein Gesicht verriet ein sonniges Gemüt, während seine Umgangsformen auf Tatkraft und sein ganzes Verhalten auf Ausgewogenheit schließen ließen. Er glich seinem Namensvetter Johannes dem Täufer, dessen Jünger er einst war, »eine brennende und scheinende Lampe« (vgl. Johannes 5,35). Herzenswärme sowie Licht erfüllte ihn. Von Natur aus war er ernsthaft, aufrichtig und selbstlos, wobei ihm die Fülle der Gnade zugeeignet wurde, sodass diese Tugenden geheiligt wurden.

Sehen wir uns ihn nun *in seiner Beziehung zu seinem Herrn* an. Der Name, den er sich beilegt, ist *»der Jünger,* den Jesus liebte«. Jesus liebte ihn als Jünger. Welche Jünger haben Meister gern? Ihr, die ihr die Jugend stets unterwiesen habt, wisst, dass Lehrer bestimmten Personen gegenüber anderen den Vorzug geben würden, wenn sie wählen könnten. Wenn wir lehren, haben wir am liebsten gelehrige Schüler. Johannes gehörte dazu. Er war ein Mensch, der eine rasche Auffassungsgabe besaß. Diesbezüglich glich er nicht Thomas, der sich Gelehrtes nur langsam aneignete, gern den Wortstreit suchte und vorsichtig war. Nachdem sich Johannes jedoch vergewissert hatte, dass Jesus ein wahrhaftiger Lehrer war, übergab er sich ihm in jeder Beziehung und war bereit, dasjenige zu empfangen, was dieser ihm offenbaren musste.

Er war ein Jünger, der scharf beobachten konnte, indem er den Kern der Lehre dessen erkannte, der ihn unterwies. Sein Zeichen in der Gemeinde der Frühzeit war der Adler – der Adler, der sich in die Lüfte erhebt, aber auch derjenige, der etwas aus der Ferne sieht. Johannes erkannte die geistliche Bedeutung von Typen und Sinnbildern. Er blieb nicht wie einige andere Jünger bei den äußeren Symbolen stehen. Vielmehr drang seine Seele bis in die Tiefen der Wahrheit vor. Das kann man sowohl in seinem Evangelium als auch in seinen Briefen erkennen. Er war ein geistlich gesinnter Mann, der nicht beim Buchstaben stehen blieb, sondern in die Tiefen hinabtauchte. Er durchdrang die Schale und stieß bis zum Kern der Lehre vor. Sein erster Lehrer war Johannes der Täufer, unter dessen Verkündigung er sich als so guter Jünger erwies, dass er der Erste war, der diesem Jüngerschaftsstadium entwachsen war. Vielleicht meint ihr, dies lasse nicht erkennen, dass er ein guter Jünger gewesen sei.

In Wirklichkeit trifft das Gegenteil zu, denn der Täufer beabsichtigte, seine Jünger auf die Nachfolge Jesu vorzubereiten. Der Täufer sagte: »Siehe, das Lamm Gottes, das die Sünde der Welt wegnimmt« (vgl. Johannes 1,29). Dass Johannes ein guter Jünger des Vorläufers Jesu in Gestalt des Täufers war, zeigt sich darin, dass er unmittelbar nach dem Zeitpunkt, da der Täufer ihn mit Jesus selbst bekannt gemacht hatte, seinem neuen Herrn nachfolgte. Als er dies tat, gab es keinen gewaltigen Ruck. Sein geistliches Voranschreiten umfasste vielmehr eine natürliche und stetige Entwicklung. Voller Glauben nahm er an, was ihm gelehrt wurde. Er glaubte es, wobei sich sein Glaube als wahrhaftig und umfassend erwies. Er glaubte nicht wie manche Menschen, die das Betreffende nur ansatzweise erfassen, sondern eignete sich die Wahrheit völlig an. Er bewahrte sie in seinem Herzen und ließ sie von diesem Zentrum seiner Persönlichkeit aus sein ganzes Wesen bestimmen. Er war ein Gläubiger im Innersten seiner Seele. Als er das Blut und Wasser bei der Kreuzigung sah, glaubte er. Aber auch, als er die zusammengewickelten Leinentücher im Grab sah, glaubte er.

Johannes besaß eine große Empfänglichkeit. Er nahm in sich auf, was ihm gelehrt wurde. Diesbezüglich glich er Gideons Wollvlies, das dieser auslegte, damit der Tau des Himmels es durchnässte. Sein ganzes Wesen nahm die Wahrheit auf, die sich in Jesus findet. Er war kein großer Redner. Meiner Ansicht nach sollte man ihn fast als stillen Jünger bezeichnen. Von seinen Worten ist so wenig aufgezeichnet, dass wir nur eine seiner Aussagen in den Evangelien finden. »Wieso«, wendet jemand ein, »ich denke an zwei oder drei Aussagen.« Erinnerst du mich daran, dass er darum bat, zur Rechten Christi sitzen zu dürfen? Ich habe diese Bitte nicht vergessen. Darauf entgegne ich aber, dass seine Mutter Salome bei dieser Gelegenheit sprach. Wiederum sagt ihr, dass er beim letzten Mahl fragte: »Herr, wer ist es?« (vgl. Johannes 13,25). Das stimmt, doch da hatte Johannes im Auftrag des Petrus gefragt. Die einzige, direkt auf Johannes zurückzuführende Äußerung, woran ich mich in seinem Evangelium erinnere, steht in Johannes 21,7. Dort auf dem See Genezareth sagte er zu Petrus: »Es ist der Herr!« Dies war ein kurzer, aber sehr bedeutsamer Ausspruch – ein Ausdruck dessen, dass er seinen Herrn einfach als Erster erkennen musste, weil er mit den Augen der Liebe sah. Er, der ganz nah bei Jesus lebte, konnte ihn als denjenigen, der am Ufer stand, am besten erkennen. »Es ist der

Herr!« Dies ist der beglückende Ausruf der Liebe – außer sich vor Freude beim Anblick des Geliebten.

Ein bedeutender Charakterzug des Johannes als Jünger umfasste seine große Liebe zu seinem Lehrer. Er nahm nicht nur die Wahrheit, sondern vor allem den Meister selbst an. Ich verstehe es so: Die moralische Tendenz der Fehler eines Menschen verrät oft mehr über seinen Herzenszustand als seine Tugenden. Obwohl dies offenbar eine eigenartige Beobachtung ist, trifft sie zu. Ein aufrichtiges Herz erscheint in seinen Schwächen genauso glaubwürdig wie in seiner Vortrefflichkeit. Worin bestanden – wie manche sagen würden – die schwachen Seiten des Johannes? Bei einer Gelegenheit war er unduldsam. Weil ein gewisser Mann Dämonen austrieb, wehrte ihm Johannes, da dieser als Jünger nicht Jesus nachfolgte. Nun entsprang diese Unduldsamkeit, so falsch sie auch war, aber der Liebe zu seinem Herrn. Er befürchtete, dass sich dieser Einzelgänger zum Konkurrenten seines Herrn aufschwingen könnte. Daher wollte er, dass sich dieser der Herrschaft seines geliebten Jesus unterstellte. Bei einer anderen Gelegenheit wollten die Samariter die Durchreisenden nicht aufnehmen. Da bat er seinen Meister, Feuer vom Himmel auf sie herabfallen zu lassen. Obwohl man ihn für eine solche Reaktion sicher nicht loben sollte, war es wiederum die Liebe zu Jesus, die ihn angesichts des ungastlichen Verhaltens der Samariter gegenüber seinem verehrten Meister so unwillig reagieren ließ. Ihn entrüstete die Tatsache, dass Menschen den Heiland nicht beherbergen wollten, der in die Welt gekommen war, um die Menschen zu segnen. Dies ging so weit, dass er Feuer vom Himmel herabfallen lassen wollte. Dies lässt seine glühende Liebe zu Jesus erkennen. Selbst als seine Mutter darum bat, dass er und sein Bruder auf den Thron zur Rechten und Linken Christi sitzen mögen, war es ein tiefer und bedachter Glaube an Jesus, dem diese Bitte entsprang. Wenn Johannes an Ehre und Herrlichkeit dachte, war dies untrennbar mit Jesus verbunden. Wenn er hochgesteckte Ziele verfolgte, dann bestanden sie darin, mit dem verachteten Galiläer zu herrschen. Er wollte keinen Thron, der nicht neben dem Herrschersitz seines Meisters stand. Welch ein Glaube war außerdem in dieser Bitte verborgen! Obwohl ich sie nicht rechtfertige, will ich etwas sagen, das eure Verurteilung maßvoller ausfallen lässt: Unser Herr ging hinauf nach Jerusalem, wo er angespien und getötet werden sollte. Dennoch verschrieb sich Johannes ganz und gar dem Weg seines Herrn in einem solchen Maße, dass er danach verlangte, an der Bestimmung seines großen Königs Anteil zu haben – in der festen Gewissheit, dass sie letztendlich zu dessen Inthronisation führen würde. Nach seinen Worten ist er bereit, mit der Taufe Jesu getauft zu werden und den Leidenskelch Jesu zu trinken. Er erbat lediglich, alle Dinge mit Jesus gemeinsam durchleben zu können. Ein in Ehren gehaltener Schriftsteller sagte einmal, dass dies an den Mut desjenigen Römers erinnere, der ein Haus innerhalb der Mauern Roms kaufte, als sich die Stadt in den Händen des Feindes befand. Johannes bat in heldenmütiger Art und Weise um einen Thron neben demjenigen, der im Begriff stand, am Kreuz zu sterben, denn er war davon überzeugt, dass sein Herr den Sieg erringen wird. Als die Sache und das Reich Christi schon vor dem Ende zu stehen schienen, war der Glaube des Johannes an Gott und seine Liebe zu seinem geliebten Herrn so rückhaltlos, dass er nichts beabsichtigte, als selbst dann noch bei Jesus zu sein und mit ihm all seine Leiden und seine Stellung zu teilen. Ihr seht also, dass er seinen Herrn mit ganzem Herzen von Anfang bis Ende liebte und daher von Jesus Christus geliebt wurde. Oder sagen wir es andersherum: Der Herr liebte Johannes, und darum liebte dieser den Herrn Jesus. Er erklärt damit seine eigene Aussage: »Wir lieben (ihn), weil er uns zuerst geliebt hat« (vgl. 1. Johannes 4,19).

Ich muss euch bitten, nochmals Johannes anzusehen, und zwar diesmal *als Belehrten.* Obwohl er ein geliebter Jünger war und dies weiterhin blieb, lernte er allmählich immer mehr. Und in dieser Eigenschaft würde ich im Blick auf ihn sagen, dass unser Herr Jesus ihn zweifellos aufgrund der Zartheit liebte, die durch Gnade aus seiner natürlichen Herzenswärme heraus entstand. Wie mitfühlend war er Petrus gegenüber, nachdem dieser Apostel so schwer gefallen war! Frühmorgens begleitete Johannes ihn ans Grab. Er war derjenige, der dem Abtrünnigen half, zurückzufinden. Johannes war so voller Mitgefühl, dass unser Herrn zu ihm nicht sagte: »Weide meine Lämmer!« (vgl. Johannes 21,15). Er wusste nämlich, dass er dies gewiss tun würde. Unser Herr sagte zu ihm nicht einmal: »Weide meine Schafe!« (vgl. Johannes 21,17), wie er dies zu Petrus sagte. Der Herr wusste, dass Johannes von seinem liebevollen Wesen dazu getrieben werden würde. Er war außerdem derjenige, der sich unter der Anleitung Christi allmählich zu einem tiefgründigen Menschen mit einer vorbildlichen geistlichen Gesinnung entwickelte. Obwohl er sich in seinen Briefen zumeist auf wenige Worte beschränkt, sind darin gewaltige Bedeutungen enthalten. Wenn wir die inspirierten Schreiber miteinander vergleichen, fällt mir auf, dass kein anderer Evangelist an die Tiefe johanneischer Gedanken je heranreicht. Die anderen Evangelisten berichten uns über Christi Wunder und bestimmte Predigten, die er gehalten hat. Die Aufzeichnung seiner tiefschürfenden Reden und seines beispiellosen Gebets (vgl. Johannes 17) sind jedoch demjenigen Jünger vorbehalten, den Jesus liebte. Wenn es um die tiefen Gedanken Gottes geht, steht Johannes vor uns, der mit erhabener Einfachheit in der Ausdrucksweise uns diejenigen Dinge verkündet, die er geschmeckt und angerührt hat.

Von allen Jüngern zeichnete sich Johannes durch die größte Christusähnlichkeit aus. Gleiches bringt Gleiches hervor. Jesus liebte Johannes aufgrund dessen, was er selbst durch seine Gnade in ihm wirken konnte. Ohne anzunehmen, dass Johannes irgendeinen Verdienst aufzuweisen hatte, werdet ihr daher meiner Ansicht nach erkennen, dass er in seinem persönlichen Charakter, in seiner Rolle als Jünger und in seiner Stellung als unterwiesener, geistlich gesinnter Mann bestimmte wertvolle Eigenschaften besaß. Sie rechtfertigten die Entscheidung unseres Heilands, ihn besonders innig zu lieben.

Denken wir drittens *über das Leben nach, dass dieser außergewöhnlichen Liebe Christi entsprang.*

Worin bestand das Leben des Johannes? Erstens war es ein Leben *inniger Gemeinschaft.* Johannes war überall dort, wo auch Christus war. Wo andere Jünger nicht dabei sein durften, waren Petrus, Jakobus und Johannes zugegen. Als alle Jünger zu Tisch lagen, war nicht einmal Petrus dem Herrn Jesus am nächsten, sondern Johannes: Er lehnte sich an seine Brust. Die Gemeinschaft zwischen Jesus und Johannes war sehr innig und kostbar. Sie war bereits in der Freundschaft zwischen David und Jonatan vorgebildet. Wenn du ein viel Geliebter Jesu bist, lebst du in ihm, hast du tagtäglich Gemeinschaft mit ihm.

Johannes führte ein Leben als *besonders Unterwiesener.* Ihm wurden Dinge gelehrt, die niemand anders kannte, weil keiner sonst sie erfassen konnte. Gegen Ende seines Lebens wurde ihm das Vorrecht gewährt, Visionen zu schauen, die nicht einmal Paulus gesehen hatte, obwohl er keinen Deut hinter den führenden Aposteln zurückstand. Weil sein Herr Johannes so außerordentlich liebte, zeigte er ihm künftige Dinge und lüftete den Schleier, sodass er das Reich und die Herrlichkeit sehen konnte. Diejenigen, die am meisten lieben, dürfen das meiste sehen. Diejenigen, die ihr Herz ganz der Lehre hingeben, werden am umfassendsten belehrt.

Johannes wurde daher ein Mann, in dessen Leben es *eine erstaunliche Tiefgründigkeit* gab. Wenn er während des Erdenlebens seines Herrn im Allgemeinen nicht viel sagte, nahm er all das Gehörte in sich auf, um es künftig anwenden zu können. Er führte ein geistlich ausgerichtetes Leben. Er war ein Donnersohn und konnte unerschrocken Donnerworte der Wahrheit weitergeben, weil er – der elektrischen Ladung einer Gewitterwolke gleich – die geheimnisvolle Kraft des Lebens, der Liebe und der Wahrheit seines Herrn in sich vereinigte. Als er seine Donnerworte weitergab, erklang seine Stimme als Werkzeug Gottes in heiliger Vollmacht. Eine unergründliche, geheimnisvolle, überwältigende Macht Gottes umgab ihn. Welch eine Kraft – gleich der eines zuckenden Blitzes – ist in der Offenbarung verborgen! Welch gewaltige Donnerschläge schlummern in den Zornschalen und Posaunen! Johannes führte ein Leben der göttlichen Kraft, weil das große Feuer in ihm brannte. Dies war nicht der Widerschein eines knisternden Feuers, das die unter einen Topf geschichteten Dornen verzehrt, sondern die Glut von Kohlen in einem Schmelzofen, wenn die ganze geschmolzene Masse weißglühend gemacht wird.

Daher zeichnete sich sein Leben durch einen *besonders fruchtbaren Dienst* aus. Ihm wurden erlesene Aufträge anvertraut, die mit großer Ehre verbunden waren. Der Herr vertraute ihm ein Werk an, das die größte Feinfühligkeit und Zartheit erforderte, wobei ich befürchte, dass er es einigen von uns nicht übertragen könnte. Als der Erlöser am Kreuz hing, sah er sterbend in der Menge seine Mutter, die er nicht Petrus, sondern Johannes anvertraute. Ich bin sicher, dass sich Petrus gefreut hätte, den entsprechenden Auftrag ausführen zu können – genauso wie Thomas und Jakobus. Es war jedoch Johannes, zu dem der Herr sagte: »Siehe, deine Mutter!« (vgl. Johannes 19,27), während er zu seiner Mutter sprach: »Frau, siehe, dein Sohn!« (vgl. Johannes 19,26). Und von jener Stunde an nahm der Jünger sie zu sich. Johannes war so bescheiden, so zurückhaltend – ich würde sogar sagen, so eines Gentleman würdig –, dass er dazu ausersehen war, für eine Mutter zu sorgen, deren Herz gebrochen war. Ist meine Aussage, dass er ein wahrer Gentleman war, etwa falsch? Wenn wir beide Teile dieses Wortes gesondert betrachten, erkennen wir, wer er gewiss war – der edelste (*gentle*) unter den Menschen (*man* bzw. *men*). Johannes zeichnete sich durch eine feine Art und einen rücksichtsvollen Umgang aus – Merkmale, die man braucht, um eine in Ehren gehaltene Frau zu umsorgen. Im Wesen des Petrus fanden sich Redlichkeit, aber auch raue Züge, während Thomas freundlich, aber distanziert war. Johannes jedoch war liebevoll und mitfühlend. Wenn du Jesus über alles liebst, wird er dir viele Aufgaben übertragen, wofür Einfühlsamkeit vonnöten ist. Diese werden dir gegenüber beweisen, dass dein Herr dir vertraut und dass er seine Liebe ständig neu bekundet.

Das Leben, das Johannes führte, war außerdem *stark auf den Himmel ausgerichtet*. Er war zu Recht als derjenige bekannt, der auf das sann, was droben ist. Seine Adlerschwingen trugen ihn in die Himmelswelt empor – zu Stätten, wo er die Herrlichkeit des Herrn sah. Ob in Jerusalem oder in Antiochien, in Ephesus oder auf Patmos – sein Bürgerrecht befand sich im Himmel. Am Tag des Herrn war er im Geist, indem er denjenigen erwartete, der mit den Wolken kommt. Er wartete in einer Haltung, die denjenigen, der das Alpha und Omega ist, zur Eile veranlasste, sich ihm gegenüber zu offenbaren. Es war die Liebe seines Herrn, die ihn somit für Visionen der Herrlichkeit zubereitete. Hätte nicht diese Liebe seine eigene Liebe derart stark entfacht, dass er während der ganzen Todesqual seines Herrn treu unter dem Kreuz stehen blieb, wäre er vielleicht nie imstande gewesen, den Thron anzublicken. Er war aus Liebe demjenigen nachgefolgt, der ihm als »Lamm Gottes« vorgestellt worden war. Daher wurde er passend gemacht, ihn als Lamm inmitten des Throns als denjenigen zu sehen, der von Engeln und erlösten Heiligen angebetet wird, deren Harfen und Geigen nur auf sein Lob hin gestimmt sind. O dass auch wir von der irdischen Unansehnlichkeit befreit und in die reinere Sphäre geistlicher und himmlischer Dinge emporgetragen werden könnten!

Abschließend wollen wir Folgendes sagen: *Lernen wir für das eigene Leben die entsprechenden Lektionen* vom Jünger, den Jesus liebte! Mögen wir sie durch das Wort des Heiligen Geistes tief in unserem Herzen verinnerlichen!

Zunächst spreche ich zu denen unter euch, die noch jung sind: Vielleicht möchtest du ein »Jünger (werden), den Jesus liebte«. *Dann fange umgehend damit an!* Ich nehme an, dass Johannes zwischen

20 und 25 Jahren alt war, als er zum Glauben kam. Er war jedenfalls noch ein ziemlich junger Mann. Obwohl ich all den künstlerischen Johannesdarstellungen, die uns überliefert worden sind, keinen großen Wert beimesse, bestätigen sie allesamt die Tatsache, dass er ein junger Mann war. Wer als junger Mensch fromm ist, hat die besten Chancen, ein herausragender Gläubiger zu werden. Wenn du bald anfängst, mit Christus zu wandeln, wirst du deinen Schritt beschleunigen und daran immer mehr Gefallen finden. Derjenige, der erst in den letzten Lebensjahren Christ wird, erreicht kaum die erste und höchste Stufe, weil ihm die Zeit fehlt und weil alte Gewohnheiten ihn daran hindern. Du aber, der du sogleich beginnst, wirst in die gute Erde gepflanzt und von der Sonne beschienen, sodass du beste Voraussetzungen hast, zur Reife zu kommen.

Wenn wir wie Johannes ein viel Geliebter Christi sein wollen, müssen wir als Nächstes *in unserem Herzen vor allem über geistliche Dinge nachsinnen*. Liebe Brüder und Schwestern, bleibt nicht bei der äußeren Ordnung stehen, sondern dringt in die eigentliche Bedeutung ein! Lasst nie zu, dass eure Seele beispielsweise am Sonntag nur deswegen dankbar und glücklich ist, weil ihr einfach im Gottesdienst anwesend seid! Fragt euch: »Habe ich wirklich angebetet? Hat meine Seele Zwiesprache mit Gott gehalten?« Im Gebrauch der beiden Ordnungen des neuen Bundes – der Taufe und des Herrenmahls – solltet ihr euch nicht mit der äußeren Hülle zufriedengeben, sondern versuchen, bis zum Kern ihrer verborgenen Bedeutung vorzudringen. Ruht nicht, bis der Geist Gottes selbst in euch wohnt! Denkt daran, dass der Buchstabe tötet, der Geist aber lebendig macht. »Der Vater sucht solche als seine Anbeter … die ihn anbeten, müssen in Geist und Wahrheit anbeten« (vgl. Johannes 4,23-24). Wenn ihr geistlich gesinnt seid, werdet ihr am ehesten zu denjenigen gehören, die viel geliebt sind.

Damit zum nächsten Punkt: *Strahlt Herzenswärme in heiliger Gesinnung aus!* Unterdrückt nicht eure Gefühle, sodass eure Seele erstarrt! Ihr kennt doch jene Sorte von Brüdern, die eine geradezu eisige Kälte verbreiten können. Wenn man ihnen die Hand schüttelt, könnte man denken, dass man einen kalten, glitschigen Fisch in den Händen hält: Die einem entgegengebrachte Kälte geht durch Mark und Bein. Oder beim Singen: Was, ihr könnt sie nicht hören? Auch wenn ihr euch in die nächste Bankreihe setzt, könnt ihr niemals das sogenannte »Lied« hören, das sie dahinhauchen oder vor sich hin murmeln. Draußen in ihren Firmen könnte man sie Hunderte Meter weit hören, doch wenn sie in einer gemeindlichen Zusammenkunft beten, müsst ihr die Ohren spitzen. Sie erledigen den gesamten Gemeindedienst, als würden sie den ganzen Tag lang für einen schlechten Dienstherrn auf einer unterbezahlten Stelle arbeiten. Haben sie jedoch im weltlichen Bereich zu tun, arbeiten sie mit einer Schnelligkeit, als ob es um ihr Leben ginge. Solche Brüder können nicht liebevoll sein. Sie haben nie einen jungen Bruder ermuntert, denn sie befürchten, dass ihre gewichtige Empfehlung ihn über die Maßen herausheben könnte. Obwohl dem sich abmühenden jungen Bruder eine kleine Ermutigung sehr helfen würde, haben sie nichts dergleichen zu bieten. Sie rechnen, überlegen und gehen umsichtig vor, doch sobald jemand unerschrocken auf Gott vertraut, ordnen sie dies als Verwegenheit und Torheit ein. Dazu kann ich nur sagen: Gott gebe uns eine gehörige Portion Verwegenheit, denn was Menschen für Verwegenheit halten, hat mit der großartigsten Angelegenheit auf Erden zu tun! Das Gefühl der Begeisterung ist ihnen als denjenigen, die gleichsam Eisschränke sind, völlig unbekannt. Beachtet dabei: Wenn ihr hinter die Fassade solcher Brüder schaut, stellt ihr fest, dass sie selbst wenig Freude haben und anderen sehr wenig Freude bereiten. Sie sind sich nie ganz gewiss, ob sie errettet sind. Und da dies zutrifft, verstehen wir ohne Weiteres, dass auch andere Menschen Zweifel haben. Sie machen sich besorgt Gedanken und verschwenden damit das Potenzial, womit sie von Herzen lieben sollten. Jesus Christus liebt warmherzige Menschen. Sie dürfen sich der Strahlen seiner Liebessonne erfreuen, die andererseits menschliche Herzen – Eisbergen gleich – zum Schmelzen bringt. Das Leben Jesu ist so von Liebe erfüllt, dass sein heiliges Feuer die Liebesflamme auch in anderen entzündet. Er hat somit Gemeinschaft mit denjenigen, deren Herz in ihrem Inneren brennt. Der Liebe ist Liebe angemessen. Wer sich der Liebe Jesu erfreuen will, muss von Liebe überfließen. Bittet um aufrichtige, innige, große Liebe!

Wenn du ein von Jesus geliebter Mensch sein willst, solltest du eine tiefe Zuneigung entwickeln und *in deinem Wesen liebevoll sowie freundlich sein*. Derjenige, der ständig ärgerlich und häufig zornig ist, kann nicht mit Gott wandeln. Es gibt Menschen, die aufbrausend sowie hitzköpfig sind und nie versuchen, ihren Jähzorn zu unterdrücken, oder Menschen, die aus böswilligen Motiven Verletzungen durch andere nie vergessen wollen. Sie schüren gleichsam ein Feuer, dessen Glut weiterschwelt. Sie können keine Gefährten und Freunde Jesu sein, weil dessen Gesinnung genau entgegengesetzt ist. Unser Herr schätzt ein mitleidsvolles, mitfühlendes, selbstloses, freigebiges Herz. Vergebt euren Freunden, als wäre es stets das erste Mal! Wenn Brüder euch verletzen, solltet ihr zunächst von einem Versehen ausgehen. Ist dies nicht der Fall, solltet ihr euch denken, dass sie euch schlimmer behandeln würden, wenn ihr ihnen besser bekannt wäret. Seid ihnen gegenüber so gesinnt, dass ihr nie andere kränkt oder Anlass gebt, selbst gekränkt zu werden! Seid bereit, nicht nur eure Bequemlichkeit, sondern auch euer Leben für die Brüder zu opfern! Nehmt teil an der Freude anderer, so wie es die Heiligen im Himmel tun! So werdet ihr zu viel Geliebten werden.

Zuallerletzt: Möge der Geist Gottes euch helfen, *euch zum himmlischen Wesen emporzuschwingen*! Gehört nicht zu jenen Bemitleidenswerten, die geldgierig und in unangemessener Weise dieser Erde verhaftet sind bzw. Vergnügungen nachjagen oder stets auf Neuigkeiten aus sind! Hängt euer Herz nicht an derartiges Kinderspielzeug, das bald kaputtgehen wird. Handelt nicht mehr kindisch, sondern als Menschen Gottes! O wenn ihr eure Freude, euren Reichtum, eure Ehre und euer Alles in Christus findet, dann besitzt ihr Frieden! Wir sollen in der Welt, aber nicht von der Welt sein. Wir sollen uns hier aufhalten, als wären wir Engel, die vom Himmel gesandt sind, damit sie eine Zeit lang unter den Menschenkindern wohnen, ihnen vom Himmel erzählen und den Weg weisen. Wenn ihr dies tut, bleibt ihr in Christi Liebe. Ihr solltet stets bereit sein, euch emporzuschwingen, und erwartungsvoll sein, indem ihr dem Ruf zur Entrückung in den Himmel entgegenseht und den Schall der Posaune ersehnt, die einer Fanfare gleich erklingt – jene Posaune, die das Kommen eures Herrn verkündet. In einer solchen Haltung habt ihr Gemeinschaft mit Christus.

Andreas

Verfügungsbereitschaft im Alltag

»Und er führte ihn zu Jesus« (Johannes 1,42).

Es ist durchaus möglich, dass wir den leidenschaftlichen Wunsch hegen, es möge eine geistliche Erweckung kommen. Daneben haben wir uns vielleicht gedanklich eine Vorstellung davon gemacht, welche Form diese göttliche Heimsuchung annehmen wird. Indem wir uns daran erinnern, was wir über frühere Erweckungszeiten gehört haben, warten wir darauf, dass sich jene äußeren Zeichen wiederholen, die mit dem damaligen Wirken des Herrn einhergingen, als er Livingstone in der Kirk of Shotts[11], Jonathan Edwards[12] in den damaligen Neuenglandstaaten[13] oder Whitefield in England[14] gebrauchte. Möglicherweise schwebt dir in deinen Gedanken vor, dass Gott einen außergewöhnlichen Verkündiger erwecken wird, dessen Dienst die Massen anzieht, wobei während seiner Predigten der Heilige Geist Gottes neben dem Wort mitwirkt, sodass bei jeder Predigt Hunderte zum Glauben kommen werden. Vielleicht werden andere Evangelisten mit der gleichen Gesinnung erweckt, sodass England von einem Ende bis zum anderen die Wahrheit hört und ihre Macht verspürt.

Nun kann es durchaus sein, dass Gott uns auf diese Weise heimsuchen wird. Es ist möglich, dass wir erneut solche Zeichen und Wunder bezeugen können, wie es sie im Gefolge von Erweckungen oft gegeben hat. Vielleicht offenbart sich Gottes Heiliger Geist wie ein gewaltiger, angeschwollener Strom, der alles mit sich reißt,

---

11 Hier ist nicht der Afrikamissionar David Livingstone, ein Zeitgenosse C. H. Spurgeons, sondern der außerhalb der angloamerikanischen Welt unbekanntere John Livingstone (1603-1672) gemeint. Dieser hielt im Juni 1630 in der Kirk of Shotts eine Predigt, die zur Bekehrung von ca. 500 Menschen führte.

12 (1703-1758), Prediger und einer der Führer der sogenannten »Großen Erweckung« an der Ostküste Nordamerikas.

13 D. h. im Kerngebiet der späteren USA.

14 Hier und im Folgenden George Whitefield (1714-1770), einer der bekanntesten englisch-amerikanischen Erweckungsprediger seiner Zeit.

während er majestätisch dahinfließt. Doch wenn er es will, kann er seine Macht stattdessen dem milden Tau gleich offenbaren, der unbemerkt die ganze Erde benetzt. Es kann uns wie Elia ergehen, als Feuer und Wind an ihm vorüberzogen, aber der Herr in keiner dieser gewaltigen Kräfte war. Als er mit seinem Knecht sprach, zog er es vielmehr vor, mit leiser Stimme – einem sanften Wehen gleich – zu ihm zu reden. Vielleicht soll jene leise, sanfte Stimme die Stimme der Gnade in seiner Gemeinde sein. Es ist demnach unnütz, dass wir uns Gedanken darüber machen, wie sich der ewige Gott offenbaren muss. Was nützt es, dass wir all das Gute verwerfen, was er uns nach seinem Willen möglicherweise geben will, weil es uns gerade nicht in jener Form zugeeignet wird, die wir in unseren Gedanken als die angemessene festgelegt haben?

Ich habe daher diese Bibelstelle ausgewählt, damit ich über Fragen mit praktischer Bedeutung und über Bemühungen reden kann, die uns allen eigen sein können. Wir werden nicht über den allumfassenden Triumph des Evangeliums, sondern über seinen Sieg in den Herzen Einzelner reden. Auch werden wir uns nicht mit den Anstrengungen einer gesamten Gemeinde, sondern mit dem gottergebenen Eifer einzelner Jünger befassen.

Zunächst werde ich eure Aufmerksamkeit auf *den missionarischen Jünger* lenken. Andreas verkörpert jenen Typ des Jüngers, der alle Nachfolger Christi auszeichnen sollte. Dieser erste erfolgreiche christliche Missionar war selbst ein aufrichtiger Jünger Jesu. Jener Verkündiger, der Christus selbst nicht kennt, befindet sich in tiefster Gottesferne. Obwohl Gott ihn in seiner unendlich großen Souveränität als Segenskanal für andere gebrauchen kann, ist er in jedem Augenblick, da er auf der Kanzel bleibt, ein Betrüger. Jedes Mal, wenn er predigt, tritt er Gott gegenüber als Spötter auf. Wehe ihm, wenn sein Meister ihn zu seiner gefürchteten Rechenschaftslegung ruft! Ihr unbekehrten jungen Leute, die ihr mit der Arbeit in der Sonntagsschulunterweisung beginnt und es damit übernehmt, anderen das zu lehren, was ihr selbst nicht kennt: Ihr bringt euch in eine ungewöhnlich ernste und außerordentlich gefährliche Stellung. Ich sage »außerordentlich gefährlich«, weil ihr aufgrund der Tatsache, dass ihr andere unterweist, eigentlich bekennt, das Gelehrte zu kennen. Daher werdet ihr aufgrund eures Bekenntnisses beurteilt und – wie ich fürchte – infolge eurer eigenen Worte gerichtet werden. Ihr kennt lediglich die Theorie des christlichen Glaubens! Welchen Nutzen habt ihr davon, während euch seine Kraft fremd ist? Wie könnt ihr andere auf einem Weg führen, den ihr selbst nicht gehen wollt?

Es geht also um Menschen, die anfangen, in der Gemeindearbeit aktiv zu werden, bevor sie überhaupt zum Glauben an Christus gekommen sind. Diesbezüglich habe ich außerdem festgestellt, dass sie sehr häufig nie zum Glauben finden, indem sie sich mit dem allgemeinen Ruf, den sie erlangt haben, zufriedengeben. O meine lieben Freunde, hütet euch davor! In dieser Zeit ist Heuchelei so weitverbreitet und Selbstbetrug so leicht möglich, dass ich euch dringend bitte, euch nicht dorthin zu begeben, wo jene Laster fast unvermeidlich sind. Wenn sich jemand freiwillig in eine Stellung begibt, wo es für selbstverständlich genommen wird, dass er gottgemäß lebt, wird er in einem nächsten Schritt versuchen, gottgemäßes Leben nachzuahmen. Danach wird er sich immer mehr einreden, dass er wirklich das besitzt, was er so erfolgreich nachahmt. Dieses Zeitalter der Täuschungen bietet nur wenige Hilfen zur Selbstprüfung. Wenn du daher versuchst, andere zu Christus zu führen, ist es mir ein umso ernsteres Anliegen, dass du dich bewusst persönlich fragen solltest: »Folge ich selbst Christus nach? Bin ich in seinem Blut abgewaschen? Bin ich durch seinen Geist erneuert worden?« Wenn nicht, dann geht es zuallererst nicht darum, auf die Kanzel zu steigen, sondern darum, im Gebet auf die Knie zu gehen. Dann sollte meine erste Aufgabe nicht darin bestehen, in der Sonntagsschulklasse mitzuarbeiten, sondern darin, ins Kämmerlein zu gehen, um meine Sünde zu bekennen und Vergebung aufgrund des Sühneopfers Jesu zu erbitten.

Andreas waren die Seelen anderer ein ernstes Anliegen, obwohl er gerade erst zum Glauben gekommen war. So wie ich es sehe, hat er scheinbar zunächst Jesus gesehen, als Johannes auf ihn als Lamm Gottes hinwies. Dann scheint er am nächsten Tag seinen Bruder Petrus ausfindig gemacht zu haben. Es liegt uns fern, euch, die ihr erst vor Kurzem Freude und Frieden gefunden habt, daran zu hindern, euren gerade gewonnenen Eifer und euren Überschwang als Neubekehrte unter Beweis zu stellen. Nein, meine lieben Brüder und Schwestern, zögert nicht, sondern eilt, die gute Nachricht, die für euch so lebendig und so voller Freude ist, zu verbreiten! Es ist angemessen, dass der Umgang mit den notorischen Kritikern und den Skeptikern den fortgeschrittenen und erfahrenen Christen überlassen werden sollte. Ihr, gerade ihr, findet vielleicht – so jung ihr auch seid – irgendeinen Menschen, mit dem ihr es aufnehmen könnt. Möglicherweise ist es irgendein Bruder wie Simon Petrus oder irgendeine Schwester, die ihr lieb gewonnen habt und die eure ungeschminkte Geschichte hört bzw. eurem schlichten Zeugnis glaubt. Obwohl ihr noch jung in der Gnade und bisher wenig belehrt worden seid, solltet ihr das Werk eines Seelengewinners in Angriff nehmen:

> Macht es überall kund,
> was für Sünder geschah,
> rufet laut allen zu:
> »Die Erlösung ist da!«

Wenn der Glaube an Jesus Christus abstruse, schwer verständliche Lehren beinhalten würde und wenn die rettenden Wahrheiten des Christentums metaphysischer Natur und damit schwierig zu begreifen wären, müsste jeder erfahrene Reichsgottesmitarbeiter ein gut durchdachtes Urteil abgeben können. Dann wäre es klug, den Neubekehrten zu sagen: »Haltet euch zurück, bis ihr belehrt worden seid!« Doch da die seelenrettende Wahrheit von jedem mühelos zu verstehen ist und nichts als eine Aussage (»Wer gläubig geworden und getauft worden ist, wird errettet werden«; vgl. Markus 16,16) umfasst, wird derjenige, der auf das gesamte Werk Christi vertraut, errettet werden.

Andreas war ein Jünger, ein Neubekehrter und – wie ich hinzufügen darf – ein einfacher Jünger, ein Mann mit durchschnittlichen Fähigkeiten. Er war von seinem Wesen her keineswegs so begabt, wie sich dies bei seinem Bruder Simon Petrus erweisen sollte. Obwohl Andreas' Name während des gesamten Berichts über das Erdenleben Jesu Christi auftaucht, ist damit kein bedeutendes Ereignis verbunden. Auch wenn er in seinem späteren Leben zweifellos ein überaus wertvoller Apostel wurde und nach der Tradition den Dienst seines Lebens mit dem Tod am Kreuz besiegelte, war Andreas hinsichtlich der Begabung zunächst einmal ein gewöhnlicher Gläubiger. Ihn würde man als normal einschätzen, ohne ihm außergewöhnliche Fähigkeiten zuzubilligen. Weil Andreas dennoch ein brauchbarer Diener wurde, liegt es auf der Hand, dass eine entsprechende Ausrede von Knechten Jesu Christi nicht zählt. Sie bemühen sich nicht, die Grenzen seines Reiches zu erweitern, indem sie sagen: »Ich besitze keine außergewöhnlichen Begabungen oder keine einzigartigen Fähigkeiten.« Ich widerspreche entschieden denen, die »geringfügig begabte Diener« verächtlich machen, indem sie diese dahin gehend verspotten, dass sie überhaupt nicht auf die Kanzel steigen sollten. Sollen wir denn, liebe Brüder, als Knechte Gottes nur nach rednerischen Fähigkeiten beurteilt werden? Entspricht dies der Art des Paulus, als er die aus Worten bestehende Weisheit aufgab, damit der Glaube der Jünger nicht auf menschlicher Weisheit, sondern auf der Kraft Gottes beruhte?

Wie oft werden die angesehenen Verkündiger, an deren Predigten Glaubensgeschwister Gefallen finden, durch niedriger Gestellte in die Gemeinde eingeführt! So kam auch Simon Petrus durch Andreas zum Glauben. Wer will sagen, was aus Simon Petrus möglicherweise geworden wäre, wenn es keinen Andreas gegeben hätte? Wer will behaupten, dass die Gemeinde je einen Petrus besessen hätte, wenn Andreas nicht hätte zu Wort kommen dürfen? Und wer will mit Fingern auf den »geringer begabten« Bruder oder die »weniger talentierte« Schwester zeigen und sagen: »Diese müssen schweigen«? Nein, lieber Bruder, wenn du nur ein Talent besitzt, dann solltest du es umso eifriger einsetzen. Da es Gott von dir fordern wird, solltest du nicht zulassen, dass deine Brüder dich daran hindern, es so anzulegen, dass es Zinsen bringt.

Ich formuliere es auf diese Weise, damit ich eine Schlussfolgerung ziehen kann. Sie lautet, dass jeder, der sich zum Glauben an Christus bekennt, etwas tun muss, damit das Reich des Erlösers größer wird. Ich wünschte, dass alle Angehörigen dieser Gemeinde – wie auch immer sie begabt sein mögen – Andreas als geschwind handelndem Jünger gleichen würden. Kaum ist er zum Glauben gekommen, wird er missionarisch aktiv. Kaum ist er unterwiesen worden, fängt er an, Lehre weiterzugeben. Ich wünschte, dass ihr alle wie Andreas wäret – beharrlich sowie rasch handelnd. Er findet zunächst Petrus und gewinnt damit den Ersten für Christus. Doch wer weiß, wie viele er danach gefunden hat? »Dieser findet zuerst … Simon« (vgl. Johannes 1,41). Obwohl er der geistliche Geburtshelfer vieler Menschen war, freute er sich am meisten darüber, dass er seinen eigenen Bruder Petrus zu Christus führen durfte – dem Fleisch nach sein Bruder, aber geistlich gesehen von ihm gezeugt.

Wäre es mir möglich, zu jedem von euch persönlich zu kommen und euch bei der Hand zu nehmen, würde ich euch mit der liebevollsten Ernsthaftigkeit – ja, sogar unter Tränen – bitten: Wacht auf und dient Demjenigen, in dessen Namen ich euch bitte, dem Freund eurer Seelen, dem ihr eure Seele schuldig seid! Bringt keine Entschuldung vor, denn im Falle derjenigen, die mit einem solch großen Preis erkauft worden sind, gibt es keine Entschuldigung. Du sagst mir, dass du dich so sehr mit deinem Geschäft befassen musst. Weil ich weiß, dass dies so ist, solltest du dein Geschäft in einer Weise nutzen, dass du Gott damit dienst. Dennoch hast du ganz bestimmt ein wenig Zeit, die du dem heiligen Dienst widmen könntest. Es ergeben sich zwangsläufig Gelegenheiten, wo du unmittelbar auf die Bekehrung anderer hinwirken kannst. Für einige unter euch gilt die »geschäftliche Ausrede« nicht, weil ihr Mußestunden habt. O ich bitte euch flehentlich: Vergeudet eure Freizeit nicht mit Banalitäten, mit bloßem Gerede, mit allzu viel Schlaf und damit, dass ihr zügellos lebt! Lasst die Zeit nicht in der törichten Überzeugung dahinschwinden, dass ihr nichts tun könntet! Haltet euch nicht bei bloßen Vorbereitungen für hochfliegende Experimente auf! Eilt jetzt vielmehr wie Andreas, um Jesus unverzüglich zu dienen! Auch wenn ihr nur einen Menschen erreichen könnt: Seid für ihn da! Die Zeit eilt dahin, während Menschen zugrunde gehen. Angesichts solcher gewaltigen, uns gestellten Forderungen können wir es uns nicht leisten, uns mit Bagatellen abzugeben. O dass ich die Macht hätte, Herz und Seele all meiner Mitchristen aufzurütteln, indem ich ihnen gegenüber beschreibe, wie diese riesige Stadt (d. h. London) im Laster schwelgt! Sicher sind Sünde, Tod und Hölle Themen, von denen selbst die tauben, abgestumpften Ohren geistlich Toter widerhallen könnten! O dass ich euch den Erlöser am Kreuz vor Augen stellen könnte, der starb, um Seelen freizukaufen! O dass ich den Himmel beschreiben könnte, der Sündern verlorengeht, und ihre bittere Reue, wenn sie feststellen, dass sie sich ihm verschlossen haben!

Nachdem wir den missionarischen Jünger dargestellt haben, werden wir jetzt zweitens über *sein großes Ziel* sprechen.

Das große Ziel des Andreas scheint darin bestanden zu haben, Petrus zu Jesus zu führen. Auch dies sollte dem Ziel jedes erneuerten Herzens entsprechen: Es geht darum, unsere Freunde zu Jesus zu bringen, und nicht darum, sie zum Übertritt in eine Glaubensgemeinschaft zu bewegen. Es gibt bestimmte unbrüderliche Sektierer, die Land und Meer durchziehen, um Menschen aus anderen Gemeinden abzuwerben. Es handelt sich nicht um Kaufleute, die in zulässiger Weise schöne Perlen suchen, sondern um Piraten, die von Plündereien leben. Dies muss unser Mitleid genauso erregen wie unseren Zorn, obwohl es schwer ist, den ebenfalls aufkommenden Abscheu zu unterdrücken. Ich würde brennende Scham empfinden, wenn man von dieser Gemeinde sagen könnte: »Diese große Gemeinde unter der seelsorgerlichen Obhut dieses Mannes besteht aus Mitgliedern, die er sich aus anderen christlichen Gemeinden zusammengestohlen hat.« Am kostbarsten sind für mich die Gottlosen, die Gedankenlosen, die aus der Welt kommen und in die Gemeinschaft mit Christus gebracht werden. Diese sind wahre Kostbarkeiten – Schafe, die nicht heimlich aus Ställen des gleichen Herrn gestohlen, sondern im feindlichen Herrschaftsgebiet vor der Schärfe des Schwertes gerettet werden. Wir wollen uns viel lieber um verlorengehende Seelen kümmern, als durch Überredungskünste Ungefestigte aus ihren gegenwärtigen Gemeinden abzuziehen.

Außerdem besteht das Ziel eines Seelengewinners nicht darin, Menschen zu veranlassen, sich lediglich eine äußerliche Frömmigkeit anzueignen. Es nützt einem Menschen wenig, wenn man aus demjenigen, der einst das Sabbatgebot übertrat, einen Menschen macht, der den Sabbat hält, aber ein selbstgerechter Pharisäer bleibt. Es nützt ihm wenig, wenn man ihn nach seiner früheren gebetslosen Zeit überredet, sich an eine bloße Form des Gebets zu halten, während er mit seinem Herzen nicht dabei ist. Damit ändert man lediglich die Art der Sünde, worin der Betreffende lebt: Obwohl man ihn daran hindert, im Salzwasser zu ertrinken, wirft man ihn gleichzeitig ins Süßwasser. Man nimmt ihm ein Gift weg, um ihm ein anderes zu verabreichen. Es ist eine Tatsache, dass deine Gebete und dein Eifer jenen Menschen, auf den du aufmerksam geworden bist, begleiten müssen, wenn du wirklich Christus dienen willst. Du musst ihn dahin bringen, dass er schließlich die Gnade in Anspruch nimmt und Jesus Christus ergreift bzw. das ewige Leben annimmt, das in seinem Sühneopfer zu finden ist. Menschen zu Jesus zu führen – o möge dies dein und mein Ziel sein! Mögen wir sie nicht nur zur Taufe führen oder sie veranlassen, unsere Gemeindehäuser aufzusuchen bzw. unsere Gottesdienstform zu übernehmen! Bringen wir sie vielmehr zu den geliebten Füßen dessen, der allein sagen kann: »Geh hin in Frieden! Deine Sünden, obwohl so zahlreich, sind dir alle vergeben!«

Liebe Brüder, wenn wir glauben, dass Jesus genau im Mittelpunkt des christlichen Glaubens steht, gelangt derjenige, der nicht zu Christus kommt, überhaupt nicht zu einem wahren, gottgemäßen Leben! Einige sind schon damit zufrieden, wenn sie zum Priester kommen und von ihm die Absolution erhalten, wenn sie am Abendmahl teilnehmen und in der Kirche die Hostie empfangen, wenn sie an der Gebetsliturgie beteiligt sind und stereotyp religiösen Pflichten nachkommen. Wir wissen aber, dass all dies wertlos, ja, absolut nichtig ist, wenn das Herz dadurch nicht Jesus nahe kommt. Wenn die Seele nicht Jesus als von Gott bestimmtes Sündopfer annimmt und sich allein auf ihn verlässt, gefällt sie sich in nichtigen Äußerlichkeiten und beunruhigt sich vergeblich. Kommt daher, liebe Brüder, und bereitet euch innerlich darauf vor – bis dahin, dass ihr von diesem Tag an nur das eine Ziel habt, euch um eure Mitmenschen zu kümmern, um sie zu Jesus Christus selbst zu führen!

Tritt in der Fürbitte für deine Freunde ein! Komm um ihretwillen mit deinem Anliegen vor Christus! Erwähne sie namentlich in deinen beständigen Gebeten! Plane speziell Zeit für sie ein, in der du Gott eindringlich für sie bittest! Liege dem Mittler mit dem Anliegen deiner lieben Schwester in den Ohren! Wiederhole den Namen deines lieben Kindes stets aufs Neue in deiner Fürbitte! Wie Abraham für Ismael flehte, so möge dein inständiges Bitten für die Menschen um dich her aufsteigen, damit es dem Herrn gefällt, sie in seiner Gnade heimzusuchen. Wer Fürbitte einlegt, bringt Seelen wahrhaft zu Christus, wobei dieses Mittel selbst dann von Nutzen ist, wenn du daran gehindert wirst, irgendwelche anderen Mittel anzuwenden. Wenn sich deine Lieben im australischen Hinterland befinden – irgendwo draußen in der Unterkunft eines Farmers, den selten ein Brief erreicht –, kann das Gebet sie ausfindig machen. Kein Ozean ist so weit, als dass Gebet ihn nicht überspannen könnte. Keine Entfernung ist so groß, als dass Gebet nicht imstande wäre, sie zu überbrücken. So weit weg sie auch sind, du kannst sie im gläubigen Gebet auf die Arme nehmen, sie zu Jesus tragen und sagen: »Herr, erbarme dich ihrer!« Diesbezüglich gibt es eine wertvolle Waffe für diejenigen, die nicht predigen oder lehren können. Sie sind imstande, das Schwert allen Gebets zu führen. Wenn Predigten nicht zu harten Herzen durchdringen können und guter Rat verworfen wird, bleibt der Liebe noch immer das Recht vorbehalten, Gott eindringlich für den Widerspenstigen zu bitten. Wer zum

Gnadenthron kommt, wird in den meisten Fällen Tränen vergießen und weinen. Wenn wir uns immer wieder dort aufhalten, wird der Herr gewiss seine alles überwindende Gnade in halsstarrigen Seelen offenbaren.

Wer Menschen zu Jesus führt, kann bei den meisten von ihnen auch das nächste Mittel anwenden, nämlich dasjenige der Unterweisung. Es geht darum, dass ihnen die Möglichkeit gegeben wird, sich hinsichtlich des Evangeliums zu informieren. Es verwundert sehr, dass uns zwar das Licht des Evangeliums in so überreichem Maße scheint, es aber sonst in England nur sehr lückenhaft verbreitet ist. Als ich einmal zwei oder drei Mitreisenden in einem Eisenbahnwaggon meine Christushoffnung erklärte, stellte ich fest, dass mein Thema für meine Gesprächspartner völlig neu war. Ich habe den erstaunten Gesichtsausdruck so manches intelligenten Engländers gesehen, wenn ich die Lehre vom stellvertretenden Opfer Christi erläuterte. Ich bin Menschen begegnet, die sogar seit ihrer Jugend in die Kirche gegangen sind und bezüglich der schlichten Wahrheit von der Rechtfertigung aus Glauben völlig unwissend waren. Selbst einige unter denen, die Gottesdienste freikirchlicher Gemeinden besuchen, scheinen sich die grundlegende Wahrheit, dass kein Mensch aufgrund seiner eigenen Taten gerettet wird, nicht angeeignet zu haben. Vielmehr erlangt man das Heil aufgrund des Glaubens an das von Jesus Christus vergossene Blut und die von ihm erwirkte Rechtfertigung.

Das englische Volk ist weitgehend von der Lehre der Selbstgerechtigkeit durchdrungen, wobei der Protestantismus Martin Luthers zumeist unbekannt ist. Die Wahrheit wird von all denjenigen vertreten, die Gottes Gnade berufen hat. Die gesamte restliche Welt redet jedoch noch immer davon, dass man sein Bestes gibt und dann auf Gottes Gnade hofft, von gesetzlicher Selbstsicherheit sowie von allen möglichen anderen Dingen. Im Gegensatz dazu steht die entscheidende Lehre, wonach derjenige, der an Jesus glaubt, aufgrund des vollbrachten Werkes Jesu gerettet wird. Sie wird als Schwärmerei verspottet oder als Anschauung angegriffen, die zu Zügellosigkeit führe. Daher sagt es, verkündet es überall: Passt auf, dass keiner, auf den ihr Einfluss habt, in seiner Unwissenheit darüber belassen wird! Ich kann persönlich bezeugen, dass sich die Darlegung des Evangeliums in Gottes Hand oft als hinreichendes Werkzeug erwiesen hat, das eine Seele zum unmittelbaren Frieden führt.

Vor einigen Monaten begegnete ich einer Frau, deren Ansichten fast dem Katholizismus in Reinkultur entsprachen. Indem ich mit ihr sprach, erkannte ich erfreut, wie sehr sie am Evangelium interessiert war und von ihm angezogen wurde. Sie beklagte, dass sie keinen inneren Frieden besitze und scheinbar nie genug getan habe, obwohl sie ihre Religion ernst nehme. Sie hielt viel von der priesterlichen Absolution, obwohl diese offensichtlich völlig außerstande war, ihrem Geist Ruhe zu geben. Sie fürchtete den Tod, stellte sich Gott als furchtbares Wesen vor und wollte sogar Christus mehr mit Furcht als in Liebe gegenübertreten. Daraufhin sagte ich ihr, dass jeder, der an Jesus glaubt, vollkommene Vergebung erfährt. Ich hatte ja die Gewissheit der Vergebung und war mir ihrer so sicher wie der Tatsache, dass ich vor ihr stand. Ich hätte weder vor dem Leben noch vor dem Tod Angst, denn ob ich weiterlebe oder sterbe, sei letztlich einerlei. »Gott hat mit nämlich in seinem Sohn ewiges Leben gegeben«, schloss ich. Ich sah, dass ein ganz neuer Gedankengang ihren Geist in Erstaunen versetzte. Sie sagte: »Wenn ich das glauben könnte, wäre ich der glücklichste Mensch auf der Welt.« Ich ließ diese Schlussfolgerung stehen und behauptete lediglich, deren Wahrheit unter Beweis gestellt zu haben, wobei ich davon ausgehen kann, dass das kleine, schlichte Gespräch, das wir miteinander führten, bei ihr nicht in Vergessenheit geraten ist.

Viele werden auch durch euer Vorbild zu Christus geführt. Glaubt mir, dass ein heiliges Leben eine Predigt umfasst, die in dieser Welt über alles geht. Es beschämt mich mitunter und schwächt mich in meinem Zeugnis für meinen Herrn, wenn ich hier stehe und daran denke, dass einige Namenschristen nicht nur dem christlichen Glauben, sondern auch der allgemein anerkannten Moral Schande machen. Es kommt mir vor, als müsste ich mit verhaltenem Atem und zitternden Knien reden, wenn ich an die verwerfliche Heuchelei derjenigen denke, die sich der Gemeinde Gottes anschließen. Durch ihre abscheulichen Sünden verunehren sie die Sache Gottes und bringen ewiges Verderben über sich. In dem Maße, wie eine Gemeinde heilig ist, wird ihr Zeugnis für Christus machtvoll sein. O wenn die Heiligen doch untadelig wären! Dann würde unser Zeugnis einem Feuer unter den Stoppeln, einer lodernden Flamme inmitten der Getreidegarben gleichen! Wenn die Heiligen Gottes weniger weltlich gesinnt und selbstloser sowie mehr dem Gebet ergeben und dem Wesen Gottes ähnlicher wären, würde das Voranschreiten der Streiter Zions die Völker erschüttern und der Tag des Sieges Christi bald anbrechen. O so lebt doch in der Furcht Gottes und durch die Kraft des Geistes, damit jene, die euch sehen, fragen mögen: »Woher kommt es, dass der oder die Betreffende so heilig ist?« Vielleicht schließen sie sich dann dir an, bis sie von dir zu Jesus Christus geführt werden und das Geheimnis kennenlernen, in dessen Kraft Menschen für Gott leben.

Ihr habt möglicherweise die diesbezügliche Geschichte von George Whitefield gehört, der es sich zur Gewohnheit machte, an jedem seiner Aufenthaltsorte mit den Angehörigen der betreffenden Familie über deren Seelen zu reden, und zwar mit jedem Einzelnen persönlich. Einmal kehrte er jedoch im Haus eines Obersts ein, der auf keinen Fall Christ werden wollte. Whitefield war so erfreut über die genossene Gastfreundschaft und so entzückt von der allgemein angenehmen Art des in Ehren gehaltenen Obersts, seiner Frau und seiner Töchter, dass er den Gedanken, mit ihnen über ihr Seelenheil zu sprechen, von sich schob. Wären sie weniger liebenswürdig gewesen, hätte er es freilich getan. Er hielt sich eine Woche lang bei ihnen auf, und in der letzten Nacht beunruhigte der Geist Gottes ihn in einem Maße, dass er nicht schlafen konnte. »Diese Leute«, sagte er sich, »sind sehr freundlich zu mir gewesen, während ich ihnen gegenüber untreu gewesen bin. Ich muss etwas für sie tun, bevor ich abreise. Ich muss ihnen sagen, dass all das Gute, das sie an sich haben, unnütz ist, weil sie verloren sind, wenn sie nicht an Jesus glauben.« Er erhob sich und betete. Nachdem er gebetet hatte, spürte er, wie sein Geist noch immer nicht zur Ruhe gekommen war. Seine alte Natur sagte: »Ich kann das nicht tun!«, aber der Heilige Geist schien zu sagen: »Verlasse sie nicht, ohne sie zu warnen!« Schließlich dachte er an ein Hilfsmittel und betete darum, dass Gott es annehmen möge: Er schrieb mit seinem Ring auf eine rautenförmige Glasscheibe im Fenster seines Zimmers folgende Worte: »Eins fehlt dir« (vgl. hier und im Folgenden Markus 10,21 und Lukas 18,22). Er konnte sich nicht dazu durchringen, direkt zu ihnen zu reden, sondern reiste ab, indem er so manches Mal fürbittend um ihre Bekehrung rang. Kaum war er abgereist, sagte die redliche Frau des Hauses, die ihn sehr verehrte: »Ich gehe nach oben in sein Zimmer. Ich will mir die Stätte ansehen, wo sich der Mann Gottes aufgehalten hat.« Sie ging also nach oben und bemerkte an der Fensterscheibe jene Worte: »Eins fehlt dir.« Sogleich traf dieses Wort ihr Innerstes. »Ach«, sagte sie, »ich dachte, dass er sich kaum um uns kümmern würde, denn ich wusste, dass ihm das Seelenheil derer, bei denen er jeweils einkehrte, ein ernstes Anliegen war. Als ich feststellte, dass er dies bei uns unterließ, dachte ich, wir hätten ihn geärgert. Doch jetzt verstehe ich: Weil er so sanftmütig ist, hat er davon abgesehen, mit uns zu reden.« Daraufhin rief sie ihre Töchter nach oben. »Schaut dort, liebe Mädchen«, sagte sie, »seht, was Mister Whitefield an das Fenster geschrieben hat: ›Eins fehlt dir.‹ Ruft euren Vater nach oben.« Somit kam auch der Vater nach oben, um jene Aufschrift (»Eins fehlt dir«) zu lesen. Dann knieten alle um das Bett nieder, worin der Mann Gottes geschlafen hatte, und baten darum, dass ihnen Gott das Eine geben möge, das ihnen fehlte. Noch ehe sie die Kammer verließen, hatten sie dieses Eine gefunden, sodass sich alle Familienangehörigen in Jesus freuen durften. Es ist noch nicht lange her, da begegnete ich einem Freund, dessen Gemeinde eine Gläubige angehört, die genau jene Glasscheibe als familiäres Erbstück aufbewahrt.

Wenn du also nicht auf die eine Art eindringlich ermahnen und warnen kannst, solltest du es auf die andere tun. Pass aber auf, dass das Blut deiner Verwandten und Bekannten nicht über deine Seele kommt, damit es nie dein Gewand purpurrot färbt und dich vor Gottes Gericht anklagt! Lebe, rede und lehre daher auf die eine oder andere Weise, damit du Gott treu bist und den Dienst an den Seelen deiner Mitmenschen gewissenhaft erfüllst.

Ich muss euch jetzt zu einem dritten Punkt führen. Nachdem wir uns den missionarischen Jünger und sein großes Ziel angeschaut haben, wollen wir jetzt drittens *seine weisen Methoden* betrachten.

Ich habe dieses Thema bereits gestreift, weil es nicht anders ging. Andreas ließ in seinem Eifer auch Weisheit erkennen. Ernsthaftigkeit verleiht oft Klugheit und ermöglicht es einem Menschen, Feingefühl – ja, sogar Talent – zu besitzen. Andreas setzte die Fähigkeit, die er hatte, ein. Wenn er einem der jungen Männer aus meinem Bekanntenkreis ähnlich gewesen wäre, hätte er gesagt: »Eigentlich würde ich Gott ja ganz gern dienen. Und eigentlich würde ich ganz gern predigen. Doch dazu brauche ich eine große Versammlung.« Nun, es gibt auf jeder Straße in London eine Kanzel. In dieser unserer großen Stadt gibt es unter freiem Himmel eine große und wirksame Tür (vgl. 1. Korinther 16,9) zur Verkündigung. Doch dieser junge Eiferer würde viel lieber an ruhigeren Wirkungsstätten verweilen, als unter freiem Himmel zu sein. Weil er daher nicht eingeladen wird, auf den größten Kanzeln zu predigen, tut er nichts. Wie viel besser wäre es, wenn er wie Andreas beginnen würde, die ihm gegebene Fähigkeit unter denen zu nutzen, zu denen er Zugang hat! Von da aus sollte er zum Nächsten und dann zum Übernächsten weitergehen und somit Jahr um Jahr voranschreiten! Meine Lieben, wenn Andreas nicht das Werkzeug zur Bekehrung seines Bruders gewesen wäre, hätte die Wahrscheinlichkeit bestanden, dass dieser nie zum Apostel geworden wäre! Christus muss einen bestimmten Grund gehabt haben, als er seine Apostel gerade in dieser Zusammensetzung in ihren Dienst berief. Als er Andreas erwählte, lag vielleicht folgendes Motiv zugrunde: »Er ist ein aufrichtiger Mann«, sagte er sich, »er hat Simon Petrus zu mir geführt. Stets spricht er unter vier Augen zu Einzelnen. Ich werde ihn zum Apostel machen.«

Nun zu euch, ihr jungen Männer. Wenn ihr eifrig dabei seid, Traktate zu verteilen und in der Sonntagsschule mitzuarbeiten, gehört ihr am ehesten zu denen, die zu Dienern berufen werden. Wenn ihr aber aufhört und nichts tut, weil ihr auf »große Aufträge« wartet, werdet ihr weiterhin zu nichts nütze sein. Ihr seid dann ein Hindernis für die Gemeinde, statt ihr eine Hilfe zu sein. Ihr lieben Schwestern in Jesus Christus, keine von euch darf sich einbilden, dass ihr euch in einer Stellung befindet, worin ihr überhaupt nichts tun könnt! Ein solcher Fehler hinsichtlich seines vorausschauenden Handelns kann Gott nie unterlaufen. Euch muss irgendeine Begabung anvertraut und etwas gegeben worden sein, das niemand sonst tun kann. Sieht man sich den ganzen Bau des menschlichen Körpers an, erkennt man, dass in jedem kleinen Muskel und in jeder einzelnen Zelle Stoffwechselprozesse und bestimmte andere Funktionen ablaufen. Obwohl einige Physiologen gesagt haben, dass dieses oder jenes Organ entbehrlich sei, glaube ich, dass es nicht einen einzigen Faden in der ganzen Bildwirkerarbeit der menschlichen Natur gibt, der wirklich entbehrlich ist – für das gesamte Werk wird alles gebraucht. So ist auch in dem geheimnisvollen Leib, der Gemeinde, das geringste Glied notwendig. Selbst das unauffälligste Glied der christlichen Gemeinde ist für deren Wachstum unentbehrlich. Bittet Gott darum, euch zu sagen, was euer Betätigungsfeld ist! Bringt euch dort ein, indem ihr euren Platz ausfüllt, bis Jesus Christus kommen und euch eure Belohnung geben wird!

Andreas stellte seine Weisheit dahin gehend unter Beweis, dass er auf eine einzelne Seele großen Wert legte. Er konzentrierte all seine Bemühungen zunächst auf einen Mann. Obwohl Andreas später durch den Heiligen Geist zahlreichen Menschen Hilfestellung gab, fing er mit einem an. Eine Seele – hier ist nicht Rechenkunst, sondern Wertschätzung gefragt! Im Himmel läuten alle Freudenglocken, wenn eine Seele bußfertig ist. Wenn ein Sünder Buße tut, freuen sich die Engel. Was geschieht, wenn du dein ganzes Leben damit zugebracht hast, für die Bekehrung dieses einen Kindes inständig zu bitten und zu wirken? Wenn du diese Perle gewinnst, die dein ganzes Leben aufwiegen wird? Sei daher nicht träge und entmutigt, weil immer weniger in deine Sonntagsschule kommen oder weil die Masse derjenigen, mit denen du arbeitest, dein Zeugnis ablehnt. Wäre es einem Menschen möglich, nur Einen pro Tag zu gewinnen, kann er zufrieden sein. »Was meinst du damit?«, fragt jemand. Ich meinte nicht einen Euro, sondern 400 000 Euro. »Ach«, sagst du, »das wäre eine ungeheuer große Belohnung!« Wenn du also nur eine Seele gewinnst, musst du eine Vorstellung davon haben, was dieser eine Mensch bedeutet – einer im Sinne einer Aufzählung, aber im Blick auf den Wert übersteigt er alles, was die Erde vorweisen kann. Was wird es einem Menschen nützen, wenn er die ganze Welt gewinnen, aber seine Seele einbüßen würde (vgl. Matthäus 16,26)? Und welcher Verlust wäre es für dich, lieber Bruder, wenn du tatsächlich die ganze Welt verlieren, aber zugleich deine Seele gewinnen würdest und Gott dich dort einsetzen könnte, wo es darum geht, die Seelen anderer zu gewinnen?

Vielleicht ahmst du Andreas dahin gehend nach, dass du nicht weit hinausgehst, um Gutes zu tun. Viele Christen fangen erst dann an, Gutes zu tun, wenn sie 10 km vom eigenen Haus entfernt sind. Dabei könnten sie die Zeit, die sie bis dahin und zurück brauchen, durchaus in der Reichsgottesarbeit zu Hause nutzen. Unsere Pflicht als Gläubige besteht darin, all das in unserer Macht stehende Gute an dem Ort zu tun, wo wir nach Gottes Willen hingestellt sind, und zwar besonders in unseren Familien. Wenn jeder Mann mich in Anspruch nehmen kann, wie viel mehr meine eigenen Kinder! Wenn jede Frau hinsichtlich ihres Seelenheils etwas von mir erwarten kann, wie viel mehr – soweit es meinen Fähigkeiten entspricht – mein eigenes Fleisch und Blut! Wir müssen zuerst an die eigene Familie denken und uns um sie kümmern. Unsere Bekehrungsbemühungen sollten bei denen ansetzen, die uns hinsichtlich der verwandtschaftlichen Beziehungen am nächsten stehen. Liebe Brüder und Schwestern, in diesem Monat appelliere ich nicht an euch, missionarische Projekte in Indien zu unterstützen, Blicke voller Mitgefühl hinüber nach Afrika zu richten oder euch mit tränennassen Augen intensiv katholischen und heidnischen Ländern zu widmen. Mir geht es vor allem darum, die eigenen Kinder, euer eigenes Fleisch und Blut, eure Nachbarn und Bekannten ins Blickfeld zu rücken. Erhebt für sie laut eure Stimme, schreit himmelwärts! Danach könnt ihr auch unter fremden Völkern predigen.

Vielleicht sagt jetzt jemand: »Wie hat Andreas Simon Petrus bewogen, zu Christus zu kommen?« Er hat dies getan, indem er ihm erstens von seiner persönlichen Erfahrung berichtete, als er sagte: »Wir haben den Messias gefunden« (vgl. hier und im Folgenden Johannes 1,41). Was ihr mit Christus erlebt habt, solltet ihr anderen weitersagen! Andreas tat dies zweitens mit großer Einsicht, indem er seinem Bruder erklärte, wen er gefunden hatte. Er sagte nicht, dass er jemanden gefunden habe, der ihn beeindruckt hatte, dessen wahre Identität er aber nicht kenne. Er sagte ihm vielmehr, dass er den Messias, d. h. den Christus, gefunden habe. Stellt deutlich heraus, dass ihr das Evangelium kennt und seine Wirkkraft erfahren habt! Sagt die gute Nachricht dann jenen, um deren Seelen ihr euch bemüht! Andreas konnte Petrus überzeugen, weil er selbst eine feste Überzeugung hatte. Er sagte nicht: »Ich hoffe, dass ich Christus gefunden habe«, sondern: »Ich habe ihn gefunden.« Er war sich dessen sicher. Vergewissert euch in vollem Umfang eures eigenen Heils! Es gibt keine Waffe, die der Heilsgewissheit entspricht. Wer von den eigenen Worten nicht überzeugt ist, aber andere überzeugen will, veranlasst diese eher dazu, sein Zeugnis infrage zu stellen.

Andreas konnte Petrus überzeugen, weil er ihm die gute Nachricht in eindringlicher Weise darlegte. Er sagte nicht zu ihm: »Der Messias ist gekommen«, als würde es sich um eine banale Tatsache handeln. Ich habe keinen Zweifel daran, dass er ihm vielmehr in angemessenem Tonfall und mit entsprechenden Gesten mitteilte, die allerwichtigste Botschaft gefunden zu haben: »Wir haben den Messias gefunden – was übersetzt ist: Christus.« Bezeugt daher, liebe Brüder und Schwestern, euren eigenen Verwandten euren Glauben, eure Freuden und eure Gewissheit! Redet davon als Verständige und diejenigen, die von der Wahrheit dessen überzeugt sind! Wer wagt zu behaupten, dass Gott euer Werk nicht segnen kann?

Beachten wir schließlich *den kostbaren Lohn*, den Andreas empfing. Seine Belohnung bestand darin, dass er eine Seele – die Seele seines Bruders, einen derartigen Schatz – gewonnen hatte. Er gewann keinen anderen als jenen Simon, den Christus zum Menschenfischer machte und der dreitausend Seelen auf einmal fing, als das Netz des Evangeliums erstmalig[15] ausgeworfen wurde! Petrus, ein Felsenmann in der christlichen Gemeinde, einer der außergewöhnlichsten Knechte des Herrn im gesamten fruchtbaren Dienst seines späteren Lebens, würde eine Ermunterung für Andreas sein. Ich bin mir ziemlich im Klaren darüber, was Andreas in Tagen des Zweifels und der Angst gesagt hat: »Gepriesen sei Gott, dass er Petrus zu solch einem brauchbaren Werkzeug gemacht hat! Gepriesen sei Gott, dass er mich überhaupt veranlasst hat, mit Petrus zu reden! Was ich nicht kann, dazu ist Petrus imstande. Während ich mich in meiner Hilflosigkeit niedersetze, kann ich dankbar dafür sein, dass meinem lieben Bruder Petrus die Ehre zuteilwird, Seelen zu Christus zu führen.«

In diesem Haus sitzt heute vielleicht ein noch nicht bekehrter Whitefield. In deiner Sonntagsschulklasse gibt es an diesem Nachmittag möglicherweise einen gottfernen John Wesley, einen Calvin und einen Luther, der noch immer stumm ist und ein unehrenhaftes Leben führt und dennoch durch dich aus Gnaden berufen werden soll. Deine Finger sollen der lebendigen Harfe eines Herzens, die bis zum heutigen Tag nicht auf den Lobpreis Christi gestimmt worden ist, noch Freudenklänge entlocken. Du sollst das Feuer entfachen, welches das heilige Opfer eines Christus geweihten Lebens anzünden wird. Nur sei motiviert und für den Herrn Jesus tätig, sei beharrlich, anhaltend im Gebet, eifrig und opferbereit! Das schenke der Herr um seines Namens willen! Amen.

15 D. h. zu Pfingsten.

Nathanael

Unter dem Feigenbaum

»Philippus findet den Nathanael und spricht zu ihm: Wir haben den gefunden, von welchem Mose in dem Gesetz und die Propheten geschrieben haben, Jesus, den Sohn Josefs, von Nazareth.
Und Nathanael sprach zu ihm: Kann aus Nazareth etwas Gutes kommen?
Philippus spricht zu ihm: Komm und sieh!
Jesus sah den Nathanael auf sich zukommen und spricht von ihm: Siehe, wahrhaftig ein Israelit, in dem keine Falschheit ist!
Nathanael spricht zu ihm: Woher kennst du mich?
Jesus antwortete und sprach zu ihm: Ehe Philippus dich rief, als du unter dem Feigenbaum warst, sah ich dich!
Nathanael antwortete und sprach zu ihm: Rabbi, du bist der Sohn Gottes, du bist der König von Israel!
Jesus antwortete und sprach zu ihm: Du glaubst, weil ich dir sagte: Ich sah dich unter dem Feigenbaum? Du wirst Größeres sehen als das!
Und er spricht zu ihm: Wahrlich, wahrlich, ich sage euch: Künftig werdet ihr den Himmel offen sehen und die Engel Gottes auf- und niedersteigen auf den Sohn des Menschen!«
(Johannes 1,45-51; Schlachter 2000).

Sehr oft wenden wir uns mit dem Evangelium an die allergrößten Sünder. Unserer Meinung nach ist es unsere Pflicht, dies so oft wie möglich zu tun. Gebrauchte unser Herr, als er seinen Jüngern gebot, die gute Nachricht allerorts zu verkündigen, denn nicht jene Worte: »… anfangend von Jerusalem« (vgl. Lukas 24,47)? Dort, wo die größten Sünder lebten, sollte das Evangelium zuerst gepredigt werden. Doch gleichzeitig würde es von großer Oberflächlichkeit zeugen, wenn wir alle Menschen als gleichermaßen abstoßend und als diejenigen betrachteten, die sich ausnahmslos in derselben Weise Gott gegenüber schuldig gemacht haben. Dies würde nicht nur einen Mangel an Weisheit erkennen, sondern auch auf einen fehlenden Realitätsbezug schließen lassen. Obwohl nämlich alle gesündigt haben und den Zorn Gottes verdienen, befinden sich nicht alle unbekehrten Menschen in genau der gleichen Geistesverfassung, wenn es um das Evangelium geht.

Im Gleichnis vom Sämann werden wir darüber belehrt, dass es unterschiedliche Arten des Bodens gibt, noch bevor der gute Same überhaupt in die Erde fällt. Ein Teil des Ackers war steinig, ein anderer von Dornen überwuchert, ein dritter war festgetreten und glich einem Weg, während ein viertes Stück Land von unserem Herrn als »gute Erde« bezeichnet wurde, die in einem redlichen und guten Herzen zu finden ist (vgl. Lukas 8,15). Obwohl in jedem Fall die fleischliche Gesinnung Feindschaft gegen Gott ist, sind dennoch gewisse Einflüsse daran beteiligt, diese Feindschaft vielfach abzumildern und sogar zu überwinden. Während viele Steine aufhoben, um unseren Herrn zu töten, gab es andere, die ihm gern zuhörten. Obwohl bis heute Tausende das Evangelium ablehnen, gibt es auch solche, die das Wort mit Freuden aufnehmen. Diese Unterschiede führen wir auf Gottes voreilende Gnade zurück.[16] Unserer Meinung nach ist sich jedoch derjenige, an dem diese Gnade stärker als an anderen wirkt, des entsprechenden Werkes nicht bewusst. Auch entspricht diese Form der Gnade nicht genau der rettenden Gnade, weil die von ihr beeinflusste Seele noch nicht gelernt hat, dass sie allein Christus braucht und sein Heil so vortrefflich ist. Es gibt so etwas wie ein vorbereitendes Werk der Gnade im Blick auf die Seele. Es bereitet sie für das noch größere Gnadenwerk der Rettung zu, so wie das Pflügen vor dem Säen kommt.

Ich glaube, dass es in unseren Zusammenkünften viele Menschen gibt, die aus Gnaden von den abstoßenderen Lastern zurückgehalten worden sind und all das erkennen lassen, was in moralischer Hinsicht rein und vortrefflich ist. Sie widerstehen nicht in böswilliger Absicht dem Evangelium und sind in jeder Beziehung bereit, es anzunehmen, wenn sie es nur verstehen würden. Sie sind sogar bestrebt, sich von Jesus Christus retten zu lassen, und haben Ehrfurcht vor seinem Namen, obwohl dieser Haltung noch Unwissenheit zugrunde liegt. Sie wissen von dem Erlöser so wenig, dass sie nicht imstande sind, in ihm Ruhe zu finden. Die Tatsache, dass ihre Erkenntnis so begrenzt ist, beinhaltet jedoch das Einzige,

16 Hier redet C. H. Spurgeon nicht einer vorlaufenden Gnade in Verbindung mit der Rechtfertigung der Kindertaufe das Wort. Vielmehr will er verdeutlichen, dass die Gnade bereits im Vorfeld der Bekehrung an dem Betreffenden wirkt.

das sie noch davon abhält, an ihn glauben. Sie sind durchaus gewillt, den Gehorsamsschritt zu tun, wenn sie nur die entsprechende Weisung verstehen würden. Wenn sie nur klar erfassen würden, wer unser Herr ist und was er getan hat, würden sie ihn mit Freuden als ihren Herrn und Gott annehmen.

Indem ich bei diesem Abschnitt verweile, werde ich zunächst einige Worte zu *Nathanael selbst* sagen.

Uns wir mitgeteilt, dass er *ein argloser Mann* war, »ein Israelit, in dem kein Trug ist«. In dieser Beziehung glich er Jakob, der als »ein gesitteter Mann« bezeichnet wird, während Esau »ein jagdkundiger Mann« war.[17] Manche Menschen sind von Natur aus raffiniert, verschlagen und aalglatt. Sie können nicht geradlinig denken. Ihre Motive sind verworren und verschlungen. Sie sind doppelherzig. Diese Menschen blicken in die eine Richtung und gehen in die andere. Sie sind Menschen mit zwei Gesichtern und gleichen damit dem Gott Janus. Von ihrer praktischen Vorgehensweise – vielleicht sogar von ihrer Überzeugung – her ähneln sie den Jesuiten. Sie können etwas nicht offen aussprechen oder einem direkt ins Gesicht sehen, während sie reden, weil sie voller Vorbehalte und kluger Warnungen sind.

Nathanael verkörperte genau das Gegenteil all dessen. Er war kein Heuchler und kein hinterhältiger Betrüger. Er sprach offen aus, was er dachte und empfand. Wenn er redete, konnte man wissen, dass er sagte, was er meinte, und meinte, was er sagte. Er war ein kindlich einfältiger, argloser Mensch, ein Musterbeispiel an Offenheit. Er gehörte nicht zu jenen Narren, die alles glauben. Gleichzeitig konnte er nicht zu jener anderen, heutzutage viel bewunderten Art von Narren gerechnet werden, die nichts glauben, sondern es für notwendig halten, die selbstverständlichsten Wahrheiten in Zweifel zu ziehen, um ihren Ruf als tiefsinnige Philosophen zu bewahren. Solche »Denker« dieser aufgeklärten Zeit verstehen sich bestens auf Spitzfindigkeiten. Sie bekennen, die Tatsache der Existenz Gottes infrage zu stellen, obwohl diese so eindeutig ist wie der Tatbestand, dass die Sonne am Mittag scheint. Nein, Nathanael war weder leichtgläubig noch misstrauisch. Er war ehrlichen Her-

17 Vgl. jeweils 1. Mose 25,27. Obwohl Jakob als »gesitteter Mann« bezeichnet wird – eine auf seine äußeren Umgangsformen zweifellos zutreffende Bezeichnung –, schließt dies natürlich nicht aus, dass er zumindest in jüngeren Jahren auch zum Mittel der List griff, um sich Erstgeburtsrecht und väterlichen Segen zu erschleichen.

zens bereit, sich der Macht der Wahrheit zu beugen. Er war gewillt, das Zeugnis anzunehmen und sich von Beweisen umstimmen zu lassen. In ganz Kana[18] gab es keinen Menschen, der das Prädikat »grundehrlich« mehr verdiente.

Neben seiner Einfalt zeichnete sich Nathanael somit dadurch aus, dass er *ein aufrichtiger Sucher* war. Philippus machte ihn ausfindig, weil er meinte, dass die gute Nachricht ihn interessieren würde. Dessen Mitteilung (»Wir haben den Messias gefunden«[19]) wäre keine beglückende Nachricht für jemanden gewesen, der nicht auf den Messias gewartet hätte. Anders dagegen Nathanael: Er erwartete den Christus und hatte vielleicht Mose und die Propheten so gut verstanden, dass er veranlasst worden war, nach seinem baldigen Kommen Ausschau zu halten. Die Zeit, da der Messias plötzlich zu seinem Tempel kommen würde (vgl. Maleachi 3,1), war gewiss herangerückt. Daher verbrachte er zusammen mit allen Treuen aus den zehn Stämmen Tag und Nacht im Gebet. Sie wachten und warteten darauf, dass ihr Heil erscheinen sollte. Er hatte noch nicht davon gehört, dass die Herrlichkeit Israels tatsächlich gekommen war, sondern befand sich vielmehr in erwartungsvoller Bereitschaft. In welch einem hoffnungsvollen Zustand ist dein Herz, wenn du heute in aller Ehrlichkeit die Wahrheit erkennen willst und intensiv bestrebt bist, dich retten zu lassen! Dies entsprach dem Herzenszustand des Nathanael – eines Menschen, der die schlichte Wahrheit aufrichtig liebte, indem er versuchte, den Christus zu finden.

Es stimmt ebenso, dass er bis zu einem gewissen Punkt *unwissend* war. Natürlich kannte er Mose und die Propheten – Bücher, womit er sich gründlich befasst hatte. Allerdings wusste er nicht, dass Christus bereits gekommen war. Obwohl Nazareth und Kana nicht weit voneinander entfernt sind, war die Nachricht vom Kommen des Messias noch nicht bis Kana gedrungen. Wäre es eine schlechte Nachricht gewesen, wäre sie gleichsam auf Adlerschwingen weitergetragen worden. Da es aber eine gute Nachricht war, verbreitete sie sich langsamer. Es gibt nämlich nur wenige Menschen, die bestrebt sind, das Gute genauso wie das Schlechte weiterzugeben. Nathanael hatte daher noch nichts von Jesus, dem Nazoräer, gehört, bis Philippus zu ihm kam. Und wie viele gibt es sogar in England, die

18 Dass Nathanael aus diesem galiläischen Ort kam, geht aus Johannes 21,2 hervor.
19 Das sagte in dieser Form allerdings Andreas zu Simon Petrus, vgl. Johannes 1,41.

noch immer nicht wissen, was das Evangelium bedeutet, aber bestrebt sind, es kennenzulernen. Sie würden es annehmen, würden sie es nur wirklich kennenlernen! Und mitten in unseren Versammlungen und inmitten unserer tiefgläubigen Familien gibt es Hochburgen der Unwissenheit. Es sind Menschen, die nicht belehrt wurden, obwohl sie vielleicht die Bibel lesen und das Evangelium hören. Aber bisher sind sie möglicherweise noch nicht imstande gewesen, die große Wahrheit zu erfassen, dass Gott in Christus war und die Welt mit sich selbst versöhnte. Sie haben vielleicht nie erkannt, was es für Christus mit sich brachte, den Platz des Sünders einzunehmen, oder was es für den Sünder bedeutet, in einem Akt des Vertrauens die Segnungen zu empfangen, die einem stellvertretenden Opfer entspringen. Möglicherweise sagen einige noch immer: »Worum geht es bei alledem? Ich höre viel vom Glauben, doch was ist hier gemeint? Wer ist dieser Christus, der Sohn Gottes, und worin besteht die Bedeutung dessen, dass man von Sünde gerettet, wiedergeboren und geheiligt wird? Was ist mit all diesen Dingen gemeint?« Ja, liebe Freunde, es tut mir leid, dass ihr euch in der Finsternis befindet. Dennoch bin ich von Herzen froh: Ihr wisst zwar noch nicht, was ich euch vermitteln will, doch ihr seid einfältig, liebt die Wahrheit und seid bei eurer Suche aufrichtig. Ich bin davon überzeugt, dass das Licht euch nicht vorenthalten wird: Ihr werdet Jesus dennoch kennenlernen und von ihm erkannt werden.

Außerdem war Nathanael jedoch in gewisser Weise auch *voreingenommen*. Philippus hatte ihm gesagt, dass er Jesus von Nazareth, den Sohn des Josef, gefunden hatte. Kaum hatte er dies getan, erwiderte Nathanael: »Kann aus Nazareth etwas Gutes kommen?« An dieser Stelle wollen wir anmerken, dass seine Voreingenommenheit in hohem Maße zu entschuldigen war, weil sie auf das fehlerhafte Zeugnis des Philippus zurückging. Philippus war ein Neubekehrter, der Jesus erst einen Tag zuvor gefunden hatte, wobei es jede wahrhaft in der Gnade gegründete Seele naheliegenderweise dazu treibt, bestrebt zu sein, die Glückseligkeiten in Christus weiterzugeben. Daher ging Philippus also los, um seinem Freund Nathanael zu unterrichten. Wie viele Fehler machte er jedoch, als er das Evangelium weitersagte! So sehr sein Zeugnis auch von Fehlern – ja, von vielen Fehlern – behaftet war, es konnte Nathanael zu Christus führen. Wenn ihr nur wenig von Christus wisst und wenn ihr sehr viele Fehler begehen würdet, während ihr dieses Wenige weitergebt, haltet es nicht zurück! Gott wird über die Fehler hinwegsehen und die Wahrheit segnen. Achten wir nun auf die Worte des Philippus. Er sagte: »Wir haben ... Jesus, den Sohn des Josef, von Nazareth (gefunden)«, ein Name, unter dem unser Herr allgemein bekannt, der aber keineswegs richtig war. Jesus war nämlich gar kein *Nazarener*, denn unser Herr stammte nicht aus Nazareth, da er in Bethlehem geboren worden war. Gewiss, er hatte in Nazareth gewohnt, doch man hätte den Nazarener[20] genauso als »Jesus von Jerusalem« bezeichnen können. Dann sagte Philippus: »... der Sohn des Josef«. Er war jedoch nur der vermutliche Sohn Josefs, während er in Wahrheit der Sohn des Höchsten war. Philippus gebrauchte hinsichtlich unseres Herrn die weitverbreiteten und fehlerhaften Titel, die von der meinungslosen Masse weitergegeben wurden. Er sagte nicht: »Wir haben den Sohn Gottes gefunden«, oder: »Wir haben den Sohn Davids gefunden«, sondern gab all das weiter, was er kannte. Mehr erwartet Gott auch nicht von dir oder mir.

O welch eine Gnade liegt darin begründet, dass die Unvollkommenheiten unseres Dienstes Gott nicht daran hindern, mit unserer Hilfe Seelen zu erretten! Wenn dem nicht so wäre, müsste man sagen: Wie selten wird Gutes in der Welt gewirkt! John Wesley verkündigte mit ganzem Ernst eine bestimmte Sicht des Evangeliums, während William Huntington[21] in seinen Predigten eine ganz andere Sicht vertrat. Beide Männer packte heiliges Entsetzen, wenn sie an den jeweils anderen dachten. Obwohl sie einander ungemein spitzfindig kritisierten, würde kein vernünftiger Mensch zu behaupten wagen, dass unter der Verkündigung John Wesleys oder William Huntingtons keine Menschen zum Glauben kamen. Gott hat sie nämlich beide gesegnet. Beide Diener waren mit Fehlern behaftet, doch beide waren gleichzeitig aufrichtig und ließen sich gebrauchen. So ist es bei all unseren Zeugnissen. Sie sind allesamt unvollkommen, weil sie eine Wahrheit immer wieder übermäßig herausstellen und eine andere verkennen. Doch solange wir Christus wahrhaftig bezeugen, wie er von Mose und den Propheten vorausgesagt

20 Beide Namensformen, »Nazarener« und »Nazoräer«, sind berechtigt. In der letztgenannten Form klingt in Anlehnung an Jesaja 11,1 das hebräische Wort für »Spross« an.

21 W. Huntington (1745-1813) war ein bekannter exzentrischer Methodistenprediger calvinistischer Prägung. Als Vertreter einer strikten Prädestinationslehre unterschied er sich in theologischen Fragen vielfach von seinem Zeitgenossen John Wesley.

wurde, wird uns für unsere Fehler Vergebung zuteilwerden. Dann wird Gott unseren Dienst trotz aller Unzulänglichkeiten segnen.

Dies tat er auch im Falle von Nathanael, obwohl dessen Vorurteil der Tatsache entsprang, dass Philippus′ Worte Fehler enthielten. Wir müssen daher zu vermeiden suchen, Fehler zu machen, wenn wir nicht unnötige Voreingenommenheit auslösen wollen. Wir sollten das Evangelium so darlegen, dass sich Menschen, wenn sie daran Anstoß nehmen, durch die Heilsbotschaft selbst angegriffen fühlen und nicht durch die Art und Weise, wie wir sie weitergeben.

Es kann sein, dass du gegenüber dem heiligen Evangelium Christi ein wenig voreingenommen bist, weil ein frommer Bekannter charakterlich so mangelhaft ist oder ein bestimmter Pastor solch raue Umgangsformen hat. Hoffentlich verleiten dich derartige Dinge aber nicht zu Vorurteilen. Ich hoffe, dass du offen und ehrlich herzukommst und Jesus selbst siehst. Überprüfe das, was einer seiner Jünger gesagt hat, wenn du den Meister persönlich in Augenschein nimmst! Philippus glich seine Fehler wieder aus, als er hinzufügte: »Komm und sieh!« »Komm und mach dir persönlich ein Bild von Jesus sowie seinem Evangelium!«

Ein anderes Merkmal Nathanaels, das ich erwähnen möchte, bestand darin, dass er in jeder Beziehung ein frommer, aufrichtiger Mann war. Dies hing natürlich davon ab, inwieweit er schon erleuchtet war. Er glaubte noch nicht an Jesus, war aber bereits »wahrhaftig ein Israelit«. Er war ein Mann, der im Verborgenen betete und Gott gegenüber nicht als Spötter auftrat wie die Pharisäer, die einen rein äußerlichen Gottesdienst praktizierten. Vielmehr betete er Gott in seinem Herzen an und pflegte in der Stille einen persönlichen Umgang mit dem Gott des Himmels, wenn er von niemandem gesehen wurde. So ist es hoffentlich auch bei dir. Vielleicht hast du noch keinen Frieden gefunden, doch du betest und willst gerettet werden. Du möchtest kein Heuchler sein und fürchtest dich vor allem davor, in bloßen Formalismus zu verfallen. Du betest darum, dass du ein wahrhaftiger Christ werden mögest, wenn du dereinst zum lebendigen Glauben kommst. Darin besteht die Wesensart, die ich hier darzustellen bemüht bin. Wenn sie deinem Charakter entspricht, wünsche ich dir, dass du jenen Segen erlangst, den Nathanael empfing.

Nachdem wir Nathanael als Person gesehen haben, wollen wir nun zweitens kurz betrachten, *wie Nathanael Jesus sah.*

»Philippus spricht zu ihm: Komm und sieh!« Nathanael machte sich also auf, um den Heiland zu sehen. Darin ist trotz seiner teilweisen Voreingenommenheit gegenüber diesem neuen Messias inbegriffen, dass er immerhin so ehrlich war, dessen Ansprüche zu überprüfen.[22] Lieber Freund, wenn du gegenüber dem wahren Evangelium Jesu Christi voreingenommen bist, solltest du so ehrlich sein und dir diese Heilsbotschaft Jesu Christi erst einmal richtig anhören – ganz egal, was deine Voreingenommenheit bewirkt hat: ob deine Herkunft, deine Bildung oder das vorherige Bekenntnis zu irgendeinem anderen Glauben. Tue diese Botschaft nicht ab, bis du sie von Grund auf geprüft hast! Wir bitten dich nur um eines: Da wir dich als Aufrichtigen kennen, solltest du dich mit dem gebotenen Ernst hinsetzen und die in der Schrift zu findenden Lehren der Gnade abwägen. Du solltest insbesondere über das Leben Christi und die Segnungen nachdenken, die er denjenigen zueignet, die an ihn glauben. Sieh dir diese Dinge sorgfältig an! Sie sind deinem Gewissen genehm, denn Gott hat dein Gewissen bereits zubereitet, damit es ein – gerechtes – Urteil fällen kann. Und während du dein Urteil abgibst, wirst du eine besondere Anmut und Anziehungskraft hinsichtlich der Evangeliumswahrheiten wahrnehmen, die dein Herz gewiss gewinnen werden.

Als Latimer einmal in einer Verkündigung gegen die Lehren des Evangeliums gepredigt hatte, befand sich unter seinen Zuhörern ein heiliger Mann, der später zum Märtyrer wurde.[23] Dieser war angesichts des Gehörten der Meinung, dass Latimers Worte einen Unterton erkennen ließen, der ihn als ehrlichen Gegner auswies. Daher hoffte er als Zuhörer, dass Latimer bereit wäre, mithilfe des Lichts zu sehen, wenn er erleuchtet werden würde. Als er ihn aufgesucht hatte, gab ihm dieser die Möglichkeit, mit ihm zu reden. Die Erklärungen seines Gesprächspartners gewannen den aufrichtigen Latimer für die reformatorischen Ansichten. Ihr wisst ja, welch ein tapferer und weithin bekannter Diener des neuen Bundes er geworden

22 In der Online-Version dieser Spurgeon-Predigt wird *his claims*, die Wendung der Originalfassung, im Gegensatz zur Buchausgabe mit *His claims* wiedergegeben. Dies erleichtert die Entscheidung im Blick darauf, *His* mit dem Messias und nicht mit Philippus in Verbindung zu bringen.

23 Es handelte sich um Thomas Bilney (1495-1531), der ursprünglich ein römisch-katholischer Priester war. Er wurde ein Anhänger der Reformation und Volksprediger, bevor er als »Ketzer« verbrannt wurde.

ist. Daher, mein ehrlicher Freund, höre dir das Evangelium der Rettung durch Glauben an das kostbares Blut Jesu erst einmal richtig an. Dann haben wir keine Bedenken, was das Ergebnis betrifft.

Nathanael wiederum kam mit *großer innerer Anteilnahme* zu Christus. Kaum war er aufgefordert worden, zu kommen und zu sehen, kam und sah er tatsächlich. Er saß nicht still da mit den Worten: »Na schön, wenn diese neue Lehre mich irgendwie erleuchten kann, dann wird sie mich auch erreichen.« Vielmehr ging er hin. Glaubt nicht an irgendeine Lehre, die Menschen gebietet, sich hinzusetzen und im Nichtstun Frieden zu finden. Ihr zufolge müssten sie nicht darum ringen, durch die enge Pforte der Wahrheit einzugehen. Nein, wenn die Gnade je zu euch gekommen ist, reißt sie euch aus der Lethargie und veranlasst euch, zu Christus zu gehen. Euch wird es dann ein sehr ernstes Anliegen sein, ihn wie einen verborgenen Schatz zu suchen, wobei euer Geist ganz daran beteiligt ist.

Es ist etwas Wunderbares, wenn man sieht, wie sich eine Seele emporschwingt. »Komm und sieh!«, sagte Philippus – eine Aufforderung, die Nathanael wirklich befolgte. Aufgrund dessen, was er mit seinen natürlichen Augen sah, hat er scheinbar nicht damit gerechnet, eine Bekehrung zu Christus zu erleben. Er bildete sich sein Urteil vielmehr, als er ihn mit seinen geistigen Augen erblickte. Obwohl es stimmt, dass er den Messias als Person vor sich sah, erwartete er nicht, in dessen menschlicher Gestalt irgendwelche Züge zu erkennen, die sein Urteil hätten beeinflussen können. Zunächst wartete er ab, was der Messias sagte. Erst danach, als er die Allwissenheit dieses geheimnisvollen Menschen erkannt und erlebt hatte, dass dieser Mensch seine geheimsten Gedanken und seine verborgenen Taten genauestens kannte, glaubte er.

Ich fürchte, dass einige von euch in der Finsternis leben, weil ihr mit einer irgendwie gearteten Erscheinung im natürlichen Bereich gerechnet habt. Ihr habt vielleicht auf einen lebhaften Traum, auf irgendein seltsames Gefühl in eurem Körper oder auf ein außergewöhnliches Ereignis in eurer Familie gehofft. »Wenn ihr nicht Zeichen und Wunder seht, so werdet ihr nicht glauben« (vgl. Johannes 4,48). Nein, wenn jemand bei seinem Blick auf Christus gerettet wird, ist das etwas anderes. Die Wahrheit muss eure Geisteskräfte durchdringen, euren Verstand erleuchten und eure Zuneigung gewinnen. Die Gegenwart Christi auf Erden ist geistlicher Natur. Wenn ihr jetzt kommt, um ihn zu sehen, könnt ihr ihn nicht mit euren sterblichen Augen, sondern nur mit den Augen eurer Seele erblicken. Ihr werdet die Schönheit seines Wesens, die Hoheit seiner Person und die Allgenügsamkeit seiner Sühnung wahrnehmen, und wenn ihr diese Dinge seht, wird der Heilige Geist euch dahin bringen, an ihn zu glauben und das Leben zu ergreifen.

Ein weitaus wichtigeres Thema erfordert jetzt unsere Aufmerksamkeit. Es geht darum, *wie Christus Nathanael sah.*

Kaum hatte Jesus diesen Mann gesehen, sagte er: »Siehe, wahrhaftig ein Israelit.« Dies zeigt uns, dass Christus Jesus Nathanaels Herzensregungen erkannte. Ich nehme nicht an, dass unser Herr Nathanael zuvor jemals mit seinen menschlichen Augen gesehen hat. Dennoch erfasste er Nathanaels Wesensart – und zwar nicht, weil er ein Experte der Physiognomie war und sofort erkennen konnte, dass ein einfältiger Mensch vor ihm stand. Vielmehr war er derjenige, der auch Nathanael erschaffen hatte, und derjenige, der die Herzen erforscht und die Nieren prüft (vgl. Jeremia 17,10). Als solcher konnte er Nathanaels geheimste Gedanken lesen, wie ein Mensch ein Buch liest, das vor ihm aufgeschlagen daliegt. Er sah sogleich alles, was in diesem fragenden Menschen war, und fällte im Blick auf ihn das Urteil, dass kein Trug in ihm zu finden sei. Und dann tat er etwas, um Nathanael einen weiteren Beweis dafür zu liefern, wie genau er über ihn Bescheid wusste. Er erwähnte ein kleines Vorkommnis, das weder du noch ich erklären können. Auch denke ich, dass jeder andere außer Nathanael und Jesus dazu außerstande wäre. Es ging um ein besonderes Geheimnis, das nur den beiden bekannt war. Er sagte zu ihm: »Ehe Philippus dich rief, als du unter dem Feigenbaum warst, sah ich dich.« Was er unter dem Feigenbaum tat, können wir nur vermuten, aber nicht mit Sicherheit wissen. Vielleicht kommen wir der Wahrheit am allernächsten, wenn wir annehmen, dass der Feigenbaum für Nathanael dasjenige war, was der Hermon und der Berg Misar für David gewesen waren. David sagt: »... darum denke ich an dich aus dem Land des Jordan und des Hermon, vom Berg Misar« (vgl. Psalm 42,7). Worin jene heiligen Erinnerungen bestanden, teilt er uns nicht mit, und obwohl wir scharfsinnige Vermutungen anstellen können, kannten allein David und sein Gott das ganze Geheimnis. So wussten auch Christus und Nathanael gemeinsam um eine Sache, die mit jenem Feigenbaum verbunden war und die wir wohl nie erfahren werden. Dabei waren die Erinnerungen daran in dem Augenblick, da unser Herr jenen geheiligten Ort erwähnte, Nathanael so verborgen und so heilig, dass er spürte, wie der Allwissende vor ihm stand. Hier fand sich der Beweis, den er nicht einen Augenblick lang in Zweifel ziehen konnte. Eines seiner größten und intimsten Lebensgeheimnisse, das er niemandem je ins Ohr geflüstert hatte, war nämlich durch ein außergewöhnliches Zeichen ans Licht gebracht worden. Ein denkwürdiger Tag in seinem privaten Tagebuch war durch die Erwähnung des Feigenbaums wieder lebendig geworden. Dabei musste derjenige, der eine so verborgene Quelle in seiner Seele angerührt hatte, der Sohn Gottes sein.

Aber was tat Nathanael nach allem, was wir mutmaßen können, unter dem Feigenbaum? Nun, fromme Orientalen waren es gewohnt, einen besonderen Gebetsort zu haben. Daher mag es ein schattiger Feigenbaum gewesen sein, unter dem Nathanael seine Gebetszeiten zu halten pflegte. Und vielleicht geschah dies gerade vor jenem Augenblick, da Philippus zu ihm kam. Möglicherweise verbrachte er die Zeit im persönlichen Gebet und damit, dass er ganz für sich *seine Sünden bekannte*. Vielleicht hatte er sich in einem Garten befunden, umhergeschaut und das Tor verschlossen, damit niemand hineinkommen konnte. Dort mag er im Schatten des Feigenbaums in einem sehr innigen Bekenntnis Gott sein Herz ausgeschüttet haben. Als Christus zu ihm sagte: »… als du unter dem Feigenbaum warst«, wurde ihm in Erinnerung gerufen, wie er sein zerbrochenes und zerschlagenes Herz ausgeschüttet und seine Sünden – die außer Gott sonst keinem offenbar waren – bekannt hatte. Möglicherweise war es gerade der Blick Christi, der ihm dieses Bekenntnis wieder ins Gedächtnis rief. Sowohl seine Worte als auch sein Blick schienen zu sagen: »Ich kenne deine verborgene Last und den Frieden, den du darin gefunden hast, sie auf den Herrn zu werfen.« Er spürte daher, dass Jesus der Gott Israels sein musste.

Es ist durchaus möglich, dass er neben seinem Bekenntnis unter dem Feigenbaum auch *bewusst sein eigenes Herz durchforschte*. Redliche Menschen verbinden im Allgemeinen ihre Bekenntnisse mit einer Selbstprüfung. Dabei ist es vielleicht dazu gekommen, dass dieser Mann, in dem kein Trug zu finden war, die treibenden Kräfte seiner alten Natur geprüft hatte. Außerdem ist er möglicherweise imstande gewesen, mit heiligem Erstaunen die Quellen der großen Tiefe seiner natürlichen Verderbtheit zu sehen. Er mag wie Hesekiel von einer Kammer zur anderen geführt worden sein, damit er die Götzen in seinem Herzen sehen konnte. Dabei erblickte er größere Gräuel, als er da vermutete. Dort demütigte er sich vor dem Herrn. Vielleicht hat er unter jenem Feigenbaum wie Hiob ausgerufen: »Darum verwerfe ich mein Geschwätz und bereue in Staub und Asche« (vgl. Hiob 42,6). Auch dies hatte Jesus gesehen.

Es kann auch sein, dass er die Zeit unter dem Feigenbaum in *sehr ernstlichem Gebet* verbrachte. Bedeutete jener Feigenbaum für Nathanael dasjenige, was Pnuel für Jakob war – ein Ort, wo er gerungen hatte, bis die Morgenröte anbrach? Vielleicht hatte Nathanael Gott inständig gebeten, seine alte Zusage zu erfüllen und den Verheißenen zu senden, der ein Licht zur Offenbarung für die Nationen und zur Herrlichkeit seines Volkes Israel sein sollte (vgl. Lukas 2,32). War es so? Wir halten dies für möglich. Jener Feigenbaum ist für ihn ein Bethel gewesen – nichts anderes als das Haus Gottes und die Pforte des Himmels.

Und nehmen wir einmal an, dass Nathanael neben seinem Gebet vielleicht *irgendein feierliches Gelübde* unter dem Feigenbaum *abgelegt* hat – möglicherweise folgenden Inhalts: Würde der Herr nur erscheinen und ihm irgendeinen Fingerzeig bzw. irgendein Zeichen geben, das zum Guten dienen würde, dann wollte er dem Herrn gehören. Er würde sich ihm dann hingeben und für ihn aufopfern. Wenn der Herr nur den Messias senden würde, wollte er unter dessen ersten Nachfolgern sein. Wenn der Herr nur durch einen Engel oder anderweitig zu ihm reden würde, wollte er dieser Stimme gehorsam sein. Jesus sagt ihm jetzt, dass er sehen wird, wie die Engel auf- und niedersteigen. Außerdem offenbart er sich ihm als der Messias, dem er sich mit heiligem Ernst verschrieben hatte. Vielleicht ist es so gewesen.

Möglicherweise hat er auch unter dem Feigenbaum die kostbarste *Gemeinschaft* mit seinem Gott genossen. Liebe Freunde, ist es nicht so, dass ihr euch an bestimmte geheiligte Orte gut erinnern könnt? In meinem Leben habe ich eine oder zwei derartige Stätten kennengelernt, die ich nicht erwähnen will, weil sie mir heilig sind. Wenn auch mein Gedächtnis alles andere in der Welt nicht behalten sollte, werden mir jene Orte stets in lebendiger Erinnerung bleiben – wahrhaft heilige Stätten, wo Jesus als mein Herr mir begegnet ist und mir seine Liebe gezeigt hat. Haben wir nicht mitunter festliche Anlässe, bei denen er den Würzwein seiner Granatäpfel ausgeschenkt hat? Dann ist unsere Freude so groß, dass sie unser hinfälliger Körper kaum ertragen kann, weil unser freudiger

Geist einem scharfen Schwert gleicht, das seine Scheide fast durchtrennt hat. Ach, welche kostbare Wahrheit: Er hat uns im Feuer seiner Liebe getauft, wobei wir für immer dieser verborgenen Stätten – jener geliebten Gelegenheiten – gedenken werden! Darin bestand demnach das Zeichen, das nur Christus und Nathanael bekannt war. Anhand dessen erkannte der Jünger Denjenigen, der ihm als Gottes Sohn zur Seite stand und der sein künftiger Herr sowie Meister war. Nachdem er dem Messias zuvor im Geist begegnet ist, steht dieser jetzt leibhaftig als Mensch von Fleisch und Blut vor ihm, wobei er ihn aufgrund dieses Zeichens erkannt hat.

Somit sehen wir, dass der Herr Nathanael bereits bei seinen früheren Beschäftigungen im Blick hatte, bevor dieser ein Gläubiger im eigentlichen Sinne wurde. Diese Tatsache deutet darauf hin, dass jeder von euch, der aufrichtig Wiederherstellung zu erlangen und die Wahrheit zu erkennen sucht, in all seinem Suchen und Wollen vom Gott der Gnade umfassend wahrgenommen wird. Wenn du nur eine Träne weinst, weil du das Wort nicht verstehen konntest, hat Jesus sie gesehen. Wenn du geseufzt hast, weil du keine innere Zufriedenheit finden konntest, hat er dieses Seufzen gehört. Nie sucht ein aufrichtiges Herz Christus, ohne dass dies Christus selbst wohlbekannt ist. Er kennt alles ganz genau, denn jede Regung eines zitternden Herzens ihm gegenüber wird von seiner Liebe selbst hervorgerufen. Er zieht dich, obwohl du die Liebesseile desjenigen, der dich umgibt, nicht wahrnimmst. Er verkörpert den verborgenen Magneten, wovon dein Herz angezogen wird. Diese Wahrheit beinhaltet eine Fülle des Trostes für alle, die aufrichtig suchen, obwohl sie sich bisher in der Finsternis befanden. Noch bevor dich die Stimme des Predigers erreichte, hat Jesus dich gesehen. Du magst unter dem Feigenbaum gewesen sein oder an einem Bett gesessen haben. Vielleicht warst du in deinem Kämmerlein oder in jener Sägegrube[24], warst auf dem Heuboden oder bist hinter der Hecke übers Feld gelaufen: Jesus hatte dich im Blick. Er kannte deine Sehnsüchte, er hat dein Verlangen längst erkannt, er sah dich durch und durch.

---

24 Solche Gruben wurden früher benötigt, um die riesigen Eichenstämme, die man zum Bau von Fachwerkhäusern brauchte, auf die richtigen Längen sägen zu können. Dabei legte man die Eichenstämme über die Grubenränder. Eine Person stand unten in der Grube, die andere oben auf dem Stamm. Nun kam eine mächtige Handsäge zum Einsatz, womit beide zusammen die dicken Stämme zersägten.

Somit haben wir zunächst betrachtet, wie Nathanael Christus sah, und dann, wie Christus Nathanael sah. Als Nächstes geht es jetzt um *Nathanaels Glauben.*

Zum großen Teil muss ich das schon behandelte Thema unter dieser Überschrift nochmals durchgehen: Nathanaels Glaube. Beachten wir, *worauf seine Glaube gegründet war.* Er nahm Jesus als Messias freudig an, wobei die Annahme darin begründet war, dass Jesus ihm gegenüber ein besonderes, geheimnisvolles Ereignis in seinem Leben erwähnt hatte, das nach seiner Überzeugung außer dem allwissenden Gott niemandem bekannt sein konnte. Daraufhin schlussfolgerte er, dass Jesus dieser allwissende Gott sein müsse, sodass er ihn sogleich als seinen König annahm. Dies lief bei Menschen, die zum Glauben an Christus kamen, häufig so ab. Das Gleiche wird in ebendiesem Evangelium einige Kapitel später berichtet. Als sich der Herr an einem Brunnen niedergesetzt und mit einer samaritischen Frau gesprochen hatte, schien das Gespräch auf die Betreffende zunächst keinerlei Eindruck zu machen, bis er sagte: »Fünf Männer hast du gehabt, und der, den du jetzt hast, ist nicht dein Mann« (vgl. Johannes 4,18). Dann wurde es ihr schlagartig klar: »Dieser Fremde kennt meine persönliche Vorgeschichte! Daher muss er mehr sein, als es äußerlich den Anschein erweckt. Er ist der Große Prophet.« Daraufhin lief sie mit einer Botschaft los, die sie weitergeben musste, weil sie ihr Herz erfüllte: »Kommt, seht einen Menschen, der mir alles gesagt hat, was ich getan habe! Dieser ist doch nicht etwa der Christus?« (vgl. Johannes 4,29).

Dasselbe war bei Zachäus der Fall. Aber ihr mögt vielleicht denken, dass diese Art der Bekehrung auf die Erdentage unseres Herrn und auf das Zeitalter der Wunder beschränkt war. Dem ist jedoch nicht so. Tatsache ist, dass sich bis zum heutigen Tag das Evangelium durch das Wirken des Heiligen Geistes noch immer als überaus mächtiges Mittel erweist, wenn es die Gedanken menschlicher Herzen offenlegt und es darum geht, sie von der Wahrheit des Evangeliums zu überzeugen. Wie oft habe ich suchende Menschen mit folgenden Worten gehört: »Herr Spurgeon, ich hatte den Eindruck, als würde diese Predigt mir gelten. Es gab nämlich darin mich haargenau betreffende Punkte, die jemand nach meiner festen Überzeugung dem Verkündiger mitgeteilt hatte. Es gab auch Worte und Sätze, die auf so eigenartige Weise eine treffende Beschreibung meiner persönlicher Gedanken beinhalteten und hinsichtlich derer ich mir sicher war: Niemand außer Gott konnte sie kennen! Ich erkannte, dass Gott in dem Evangelium zu meiner Seele redete.« Ja, und so wird es stets sein. Das Evangelium ist ein mächtiges Werkzeug, indem es Geheimnisse offenbart sowie die Gedanken und Gesinnungen des Herzens richtet. Jesus Christus – der euch im Evangelium Vorgestellte – weiß über eure Sünde bestens Bescheid. Er kennt all euer Suchen, all eure Schwierigkeiten, denen ihr begegnet. Dies sollte euch davon überzeugen, dass das Evangelium göttlichen Ursprungs ist, da seine Lehre die Regungen des Herzens bloßlegen und seine Heilmittel für jede geistliche Krankheit geeignet sind. Was das Evangelium mit seiner schlichtesten Aussage über die menschliche Natur weiß, ist tiefgründiger als diesbezügliche Ausführungen in den Werken von Plato oder Sokrates. Das Evangelium durchzieht wie ein seidener Faden alle Irrungen und Wirrungen der menschlichen Natur in ihrem gefallenen Zustand. O dass seine Stimme es euch daher persönlich klarmachen möchte! Möge sie durch den Geist euch von Sünde, Gerechtigkeit und Gericht überführen und euch veranlassen, das ewige Leben zu ergreifen!

Wir müssen noch erwähnen, dass Nathanaels Glaube nicht nur bezüglich seines Fundaments, sondern auch *hinsichtlich seiner Eindeutigkeit und Weite* von besonderer Art war. Er nahm Jesus sogleich als Sohn Gottes an. Er sah in ihm Gott in Menschengestalt und betete ihn an. Er nahm ihn auch als König Israels an: Da er für ihn eine königliche Stellung einnahm, brachte er ihm Ehrerbietung dar. Mögen wir – du und ich – Jesus Christus so annehmen, als Menschen von Fleisch und Blut und dennoch mit fester Gewissheit als Gott selbst, als Menschen, der verachtet und verworfen wurde und trotzdem der über seinen Brüdern stehende Gesalbte ist – der König der Könige und der Herr der Herren.

Erneut bewundere ich Nathanaels Glauben, weil er so *schnell*, so *vorbehaltlos und entschieden* handelte. »Du *bist* der Sohn Gottes, du *bist* der König Israels.« Christus wurde durch die Entscheidungsfreudigkeit und die Tatsache verherrlicht, dass er sofort glaubte. Wer damit zögert, an ihn zu glauben, verunehrt ihn. O du Mensch mit einem ehrlichen Herzen und einer aufrichtigen Gesinnung, bitte darum, dass du ganz geschwind in das Licht und die Freiheit wahren Glaubens kommst! Möge es der Heilige Geist in dir wirken, dass du Frieden und volle Genüge in dem Sühneopfer und in der göttlichen Person des hochgelobten Immanuel findest!

Dies führt uns zum letzten Punkt der Betrachtung: Beachten wir, *was Nathanael danach sah.*

Einige Menschen wollen alle Inhalte des christlichen Glaubens sehen, bevor sie an Jesus glauben können. Das würde bedeuten, dass sie lautstarke Forderungen nach einem Universitätsabschluss erheben, bevor sie überhaupt zur Grundschule gehen. Viele wollen Kapitel 9 im Römerbrief kennenlernen, bevor sie Kapitel 3 im Johannesevangelium gelesen haben. Sie wollen große Geheimnisse verstehen, bevor sie die grundlegendsten, einfachsten Dinge erfassen. Es heißt: »Glaube und lebe.« Doch da gibt es diejenigen, die weiser sind und sich wie Nathanael damit begnügen, zunächst das zu glauben, was sie erkennen können. Es ist die Tatsache, dass Christus der Sohn Gottes und der König Israels ist. Sie werden auch weiterhin dazulernen. Lesen wir die Worte unseres Herrn: »Du wirst Größeres als dies sehen … Wahrlich, wahrlich, ich sage euch: Ihr werdet den Himmel geöffnet sehen und die Engel Gottes auf- und niedersteigen auf den Sohn des Menschen.« Den geistlich reifen Jüngern verheißt Jesus: »Ihr werdet Größeres als dies tun«[25], während er den Neubekehrten sagt: »Ihr werdet Größeres als dies sehen!« Er gibt Verheißungen nach Maßgabe unserer Fähigkeit, sie aufzunehmen. Die Nathanael gegebene Verheißung umfasste eine überaus angemessene Zusage. Er, der wahrhaftig ein Israelit war, sollte auch an Israels Visionen Anteil haben. Worin bestand die große Schau, die Israel bzw. Jakob zuteilwurde? Er sah die Leiter, worauf Engel auf- und niederstiegen. Genau dies wird Nathanael sehen. Er wird Jesus Christus als den Verbindungsmann zwischen einem geöffneten Himmel und einer gesegneten Erde sehen und dabei die Engel wahrnehmen, wie sie auf den Sohn des Menschen auf- und niedersteigen. Wer die Wesensart Israels angenommen hat, wird sich über die Vorrechte Israels freuen. Wer wahrhaftig ein Israelit ist, wird auch an dem Segen Anteil haben, der Israel glücklich gemacht hat.

Nathanael hatte Jesus als den Sohn Gottes anerkannt. Hier wird ihm gesagt, dass er ihn in seiner Herrlichkeit als den Sohn des Menschen sehen wird. Beachten wir das letzte Wort des Kapitels. Es geht nicht so sehr darum, dass sich Christus in seiner Demut als Sohn des Menschen bezeichnete, obwohl das ebenso stimmt. Vielmehr geht

25 Diese Aussage kommt in dieser Form nicht im Neuen Testament vor; im Blick auf eine ähnliche Aussage vgl. Johannes 14,12.

es darum, dass es etwas Naheliegendes ist, die Herrlichkeit Christi als Gott zu sehen. Der Blick und das Verständnis für die Herrlichkeit Christi als Mensch erfordern dagegen Augen des Glaubens – Augen, die uns, soweit es unsere Sinne betrifft, vermutlich erst am Tag seines Kommens geschenkt werden. Wenn er erscheinen wird, ist er kein anderer als derjenige, der auf Golgatha litt. Dann wird er auf dem großen weißen Thron sitzen, um die Lebenden und die Toten zu richten. Wenn ihr an Jesus als Sohn Gottes glaubt, werdet ihr ihn als verherrlichten Sohn des Menschen sehen, der als allumfassender Herrscher das Zepter führt und als König der ganzen Erde auf den Thron erhoben wurde. Nathanael hatte – wie ihr euch erinnert – Jesus als König Israels bezeichnet. Nun soll er seinen Herrn als König über die Engel erblicken und sehen, wie die Engel Gottes auf ihn auf- und niedersteigen.

Mein lieber Bruder in Christus, glaube gemäß dem, was du im Blick auf ihn erkannt hast! Du wirst noch mehr von ihm erkennen. Wenn du deine Augen nur einmal dem Kerzenlicht des Gesetzes öffnest, wirst du bald das Sonnenlicht des Evangeliums sehen. Der Herr wird in seiner großen Gnade die Herrschaft des Evangeliums verwirklichen. »Jedem, der hat, wird gegeben und überreichlich gewährt werden« (vgl. Matthäus 25,29). Wenn du den König Israels anerkennst, wirst du ihn als den Herrn der Heerscharen sehen, vor dem die Erzengel ihr Angesicht verhüllen und dem die Seraphim dienen. Nach meiner Annahme wurde diese großartige Schau Nathanael infolge seines Glaubens nicht bei der Verklärung oder bei der Himmelfahrt geschenkt, wie einige vermuten. Vielmehr wurde sie ihm in geistlicher Weise dahin gehend geschenkt, dass er Christus in seiner Mittlereigenschaft als das große Bindeglied zwischen Erde und Himmel sah. Dies beinhaltet tatsächlich einen Anblick, der alle anderen übersteigt. Kannst du dies sehen, o liebe Seele? Wenn ja, so macht dich dieser Anblick glücklich. Du befindest dich nicht mehr in der Verbannung, sondern stehst ja erst am Fuß der Leiter, die in die obere Kammer im Haus deines Vaters führt. Dein Gott befindet sich droben, während Wesen voller Glanz fortwährend jenen Weg betreten, der durch die Person des Mittlers gebahnt wurde.

Was Nathanaels Blick anging, so ging diese Verheißung zweifellos in Erfüllung, als er das vorausschauende Handeln Gottes in der Herrschaft Christi Jesu erkannte, der alles so ordnet, dass es zum Guten der Gemeinde dient. Sollte nicht dies mit dem Bild von den

Engeln, die auf den Sohn des Menschen auf- und niedersteigen, zum Ausdruck gebracht werden? Damit ist gemeint, dass alle Werkzeuge – ob als geschaffene Wesen oder Naturkräfte – dem Gesetz und der Herrschaft Christi unterworfen sind, damit »denen, die Gott lieben, alle Dinge zum Guten mitwirken« (vgl. Römer 8,28). Geht nicht besorgt nach Hause, indem ihr sagt: »Bei uns tauchen plötzlich neue Lehren und neue Gottesvorstellungen auf, die unseren Vätern unbekannt waren. Pastoren fallen vom Glauben ab, und schlimme Zeiten brechen über die Kirche herein. Der Katholizismus gewinnt an Einfluss, und damit geht der Unglaube einher.« Obwohl all dies stimmen mag, ändert dies keinen Deut an dem großen Ziel, das Gott im Blick hat. Er hat legt dem Leviatan[26] den Zaum an, wobei er mit seinen mächtigsten Feinden nach seinem Belieben verfahren kann. Er fährt auf den Schwingen der Cherubim einher und gebietet dem Sturm. Die Wolken sind nichts als der Staub seiner Füße. Glaubt niemals, dass Gottes vorausschauendes Handeln durcheinandergerät! Wenn sich auch die Räder dieses großen Weltenmechanismus auf die eine oder andere Art drehen mögen, wird das feststehende Ergebnis zustande kommen, denn für den großen Werkmeister ist das Endergebnis das unverrückbare Ziel. Aus alledem wird Gottes Herrlichkeit hervorgehen. Engel steigen nieder und erfüllen dabei genauso den Willen Gottes wie diejenigen, die aufsteigen. Obwohl einige Ereignisse vielleicht unheilvoll – ja, verheerend – sind, werden sie sich schließlich alle als Bausteine seines guten Plans erweisen, denn noch immer gilt:

> Aus dem scheinbar Bösen lässt er Gutes entstehen
> und dann in unendlicher Verbesserung
> zur Vollendung gelangen.

Bald wird der Siegeskranz demjenigen aufs Haupt gesetzt, der von seinen Brüdern getrennt war[27], und all die Herrlichkeit – Wogen eines mächtigen Lobgesangs gleich – wird seinen Thron umbranden. Bis dahin mögen wir, du und ich, damit fortfahren, diese große Schau immer deutlicher wahrzunehmen. Bis der Herr mit einem Be-

26 Urzeitliches Riesentier, das vermutlich ein Saurier war; hier Meeresungeheuer als Verkörperung gottfeindlicher Mächte.

27 D. h. eine Zeit lang von seinen Brüdern getrennt war.

fehlsruf, mit der Stimme des Erzengels und mit dem Schall der Posaune Gottes (vgl. jeweils 1. Thessalonicher 4,16) vom Himmel herabkommen wird und wir ein für alle Mal Himmel und Erde in ihrer Einheit sehen werden, mögen wir weiterhin Engel sehen, die auf den Sohn des Menschen auf- und niedersteigen. All diese beispiellose Herrlichkeit wird uns zugeeignet werden, wenn sich unser Leben aufhellt und wir den Heiland erstmals sehen. Wenn wir ihn nicht als unseren Herrn sehen, um später einen Blick für die gesamte Zukunft zu bekommen, werden wir in der Finsternis umkommen. Wenn ihr nicht glaubt, werdet ihr auch nicht fest gegründet werden. Wenn ihr aber mit einem einfältigen und wahrhaftigen Herzen Jesus gesucht habt und jetzt kommt, um ihn als Herrn und König Israels anzunehmen, dann wird euch Größeres als das gegenwärtig Geschaute erwarten. Eure Augen werden den König in seiner Schönheit und ein weithin offenes Land sowie den Tag seiner Erscheinung sehen. Dann werden sich Himmel und Erde vor überströmender Freude schmücken und bekränzen, weil der König in sein Eigentum gekommen und dem Sohn Davids der Siegeskranz aufs Haupt gesetzt worden ist. Dann werdet ihr es sehen, und zwar in seiner Gesamtheit. Ihr werdet dann nämlich bei ihm sein – dort, wo er sich befindet. So werdet ihr seine Herrlichkeit schauen können, diejenige Herrlichkeit, die der Vater ihm vor Grundlegung der Welt gegeben hat.

Thomas

»Mein Herr und mein Gott«

»Thomas antwortete und sprach zu ihm: Mein Herr und mein Gott« (Johannes 20,28).

Als die Apostel am Auferstehungstag Jesu – am ersten Tag des Herrn, einem Sonntag – zusammenkamen, war Thomas der einzige Jünger, der unter den Elfen fehlte. Am nächsten Sonntag war Thomas dabei, wobei er der Einzige war, der als Angehöriger des Jüngerkreises zweifelte. Inwieweit die Tatsache seiner Abwesenheit beim ersten Mal seine Zweifel auslöste und begünstigte, kann ich nicht sagen. Mit hoher Wahrscheinlichkeit wird es aber so gewesen sein, dass er sich wie die anderen Zehn über das gleiche Erlebnis gefreut hätte und wie sie imstande gewesen wäre, Zeuge seiner Auferstehung zu sein (»Wir haben den Herrn gesehen«; vgl. Johannes 20,25), wenn er bei der ersten Gelegenheit zugegen gewesen wäre. Versäumen wir nicht unser Zusammenkommen, wie es bei einigen Sitte ist, denn wir können nicht ermessen, welchen Verlust wir durch eine solche Handlungsweise erleiden. Obwohl sich unser Herr wie im Falle der Maria Magdalena zweifellos Einzelnen in der Abgeschiedenheit geoffenbart hat, zeigt er sich dennoch häufiger zweien oder dreien. Dabei findet er die allergrößte Freude daran, in die Gemeinschaft seiner versammelten Knechte zu kommen. Der Herr ist offenbar dort am meisten zu Hause, wo er inmitten der Angehörigen seines Volkes sagen kann: »Friede euch« (vgl. z. B. Johannes 20,19). Unterlassen wir es nicht, mit unseren Glaubensgeschwistern zusammenzukommen! Was mich betrifft, werden mir die Versammlungen des Volkes Gottes immer kostbar sein. Dort, wo Jesus häufig weilt, will auch ich zu finden sein.

Herrliches, liebliches Zion,
Stätte der selgen Ruh,
flößest verwundeten Herzen
heilenden Balsam zu!

Da ist der Thron meines Heilands,
wo jedes Herz erglüht,
wenn durch die Ewigkeit rauschet
herrlich das neue Lied!

Ich weiß, dass die meisten von euch dies aus ganzem Herzen bestätigen können.

Bei der zweiten Gelegenheit ist Thomas dabei, wobei er der Einzige unter den Elfen ist, der von Zweifeln geplagt wird. Er kann sich nicht vorstellen, dass der Herr Jesus, der an das Kreuz genagelt und dessen Seite durchbohrt worden war, wirklich imstande war, aus den Toten zu erstehen. Stellen wir freudig fest, dass der Herr Geduld mit ihm hatte. Auch all die anderen waren voller Zweifel gewesen, sodass der Herr sie wegen ihres Unglaubens und ihrer Herzenshärtigkeit hatte behutsam schelten müssen. Thomas lässt sich aber von dem Zeugnis seiner zehn Mitbrüder nicht überzeugen, während doch schon eines dieser Zeugnisse durchaus sein vorbehaltloses Vertrauen verdient hätte. Nachdem der Herr seinen Jüngern auf einfache Weise gesagt hatte, dass er gekreuzigt werden sollte und aus den Toten wiederauferstehen würde, hätten sie eigentlich mit seiner Auferstehung rechnen müssen. Da sie dies nicht taten, lag die Schuld bei ihnen. Was sollen wir aber von demjenigen sagen, der zusätzlich zu alledem das Zeugnis seiner zehn Gefährten gehört hatte, die den Herrn tatsächlich gesehen hatten? Dennoch gibt es ihn, den einen Zweifler, den einen hartnäckigen Fragesteller, der nur unter genau festgelegten Voraussetzungen glauben will. Anders möchte er sich nicht überzeugen lassen. Wird sich sein Herr durch seinen Starrsinn provozieren lassen? Sehen wir uns an, wie geduldig Jesus ist! Wenn wir an seiner Stelle gewesen und für diese Menschen gestorben wären, wenn wir für sie ins Grab gegangen und wiederauferstanden wären, hätten uns gewiss sehr große Betrübnis und etwas Zorn erfüllt angesichts ihrer Weigerung, an das zu glauben, was wir getan hätten. Bei unserem Herrn sind solche Anzeichen aber nicht zu erkennen. Vielmehr verhält er sich ihnen gegenüber liebevoll wie ein nährender Vater. Zwar tadelt er ihren Unglauben – eine um ihrer selbst willen notwendige Handlungsweise –, aber er lässt keinerlei Verdrossenheit erkennen. Insbesondere bei dieser Gelegenheit stellt er Thomas gegenüber seine liebevolle Zuwendung unter Beweis, wobei er zuerst ihn anredet. Wenn sich Thomas durch nichts überzeugen lässt außer durch einen – sagen wir mal – unerhörten und in seiner Handfestigkeit unüberbietbaren Beweis, dann wird er ihm diesen liefern. Wenn er seine Finger unbedingt in das Nägelmal legen will, soll er es tun. Wenn er mit seiner Hand Jesu Seitenwunde berühren will, wird ihm diese Freiheit gelassen. Wenn wir ungläubig sind, liegt das nicht an ihm, denn er unternimmt große Anstrengungen, um uns Glauben zu lehren. Manchmal gibt er uns auf unsere Bitten hin sogar das, was uns nicht zusteht, was wir berechtigterweise nicht erwarten können und was sogar schon Sünde war, als wir es begehrt haben. Er lässt sich zu niedrig gestellten Menschen herab. Weil er nicht will, dass eines dieser Kleinen verlorengehe, verjagt er den Unglauben, der ihr schlimmster Feind ist.

Unser Herr hatte besondere Gründe dafür, sich an diesem Tag Thomas in der dargestellten Weise zuzuwenden und sich so viel Mühe zu machen, ihn aus seinem Zustand des Unglaubens herauszuführen. Der Grund muss zunächst sicher darin bestanden haben, dass er Thomas zu einem höchst glaubwürdigen Zeugen seiner Auferstehungswirklichkeit machen wollte. Hier befindet sich derjenige, der sich auf keinen Fall täuschen lassen will: Soll er kommen und mit den von ihm selbst gewählten Mitteln prüfen! Wenn man mir sagt, dass die Auferstehung unseres Herrn aus den Toten von Menschen bezeugt wurde, die sie ohne Weiteres glaubten, erwidere ich, dass diese Aussage völlig falsch ist. Nicht einer innerhalb dieser Gemeinschaft erkannte zumindest die Bedeutung der prophetischen Worte des Herrn, wonach er aus den Toten wiederauferstehen würde. Nur mühsam konnte jeder von ihnen diesen Gedanken erfassen. In Thomas haben wir einen Mann vor uns, der sich besonders schwer überzeugen ließ – einen Menschen, der so starrsinnig war, dass er zehn seiner Freunde, mit denen er jahrelang verbunden gewesen war, der Lüge bezichtigte. Wenn ich also eine Aussage – und zwar eine gut beglaubigte – machen will, sollte ich in den Zeugenstand vorzugsweise eine Person treten lassen, die dafür bekannt ist, außerordentlich vorsichtig und misstrauisch zu sein. Ich sollte froh darüber sein, wenn der Betreffende zunächst als einer galt, der argwöhnisch und kritisch gewesen war, aber schließlich unter der Last der Beweise zusammenbrach, sodass er gezwungenermaßen glaubte. Ich bin sicher, dass ein solcher Mensch während seiner Zeugenaussage besonders betonen würde, dass er überzeugt worden ist – geradeso wie Thomas, der ausrief: »Mein Herr und mein Gott!« Wenn es um die Tatsache geht, dass der Herr tatsächlich auferstanden ist, können wir keine bessere Zeugenaussage haben als diejenige des distanzierten, prüfenden, vorsichtigen und kritischen Thomas, der zu absoluter Gewissheit gelangt ist.

Außerdem denke ich mir, dass unser Herr sich auf diese Weise persönlich mit Thomas befasste, weil er uns zeigen wollte, dass er nicht einen Einzigen von denen verlieren wird, die der Vater ihm gegeben hat. Der gute Hirte lässt die Neunundneunzig allein zurück, um das abgeirrte Schaf zu suchen. Wenn Thomas am tiefsten im Unglauben steckt, muss sich der Herr am meisten um ihn kümmern. Wir – du und ich – hätten vielleicht gesagt: »Also, wenn er sich nicht überzeugen lässt, müssen wir ihn in Ruhe lassen. Es geht ja nur um einen! Wir schaffen es auch ohne sein Zeugnis und können nicht ständig einem Einzelgänger nachgehen – lasst ihm seinen Willen.« So hätten wir uns vielleicht verhalten, nicht aber Jesus. Unser guter Hirte kümmert sich um die Einzelnen – eine Tatsache, die für uns alle ungemein trostreich ist. Wenn ein Schaf verloren geht, erhebt sich die Frage: Was ist dann mit der ganzen Herde? Wenn eines umsorgt wird, ist für alle gesorgt. Unser Herr lässt uns hier erkennen, dass er sich in seiner Herablassung um diejenigen kümmert, die zurückbleiben.

Betrachten wir nun *den Ausruf des Thomas*: »Mein Herr und mein Gott!« Dies beinhaltet ein überaus schlichtes und von Herzen kommendes Bekenntnis, dass unser Herr Jesus Christus wahrhaftig Gott ist und völlig zu Recht als solcher bezeichnet wird.

Dies entspricht der Aussage eines Menschen, der die unbestreitbare und lehrmäßig unanfechtbare Tatsache herausstellen will, dass Jesus tatsächlich Gott und Herr ist. In den Psalmen finden wir folgende Worte: »HERR der Heerscharen, mein König und mein Gott« (vgl. Psalm 84,4), während David an anderer Stelle sagt: »… mein Gott und Herr« (Psalm 35,23), Begriffe, die sich nur auf Jahwe anwenden lassen. Solche Ausdrücke waren Thomas bekannt, wobei er sie als Israelit nie auf eine Person angewandt hätte, die seiner Überzeugung nach nicht Gott war. Wir wissen daher ganz genau, dass Thomas glaubte: Der auferstandene Heiland ist Herr und Gott. Wenn dies falsch gewesen wäre, hätte der Herr Jesus ihn zurechtgewiesen, denn er hätte es nicht zugelassen, dass sich Thomas schuldig macht, indem er einen gewöhnlichen Sterblichen anbetet. Wir sollten das gleiche Empfinden wie Paulus und Barnabas haben, als sie ihre Kleider zerrissen, weil die Männer von Lystra im Begriff standen, ihnen zu opfern. Wie viel mehr hätte Jesus als der Heilige innerlich gegen den Gedanken aufbegehrt, angebetet und als »mein Herr und mein Gott« bezeichnet zu werden, wenn von ihm unberechtigterweise gesagt worden wäre, dass er »es nicht für einen Raub hielt, Gott gleich zu sein« (vgl. Philipper 2,6)! Weil Jesus als der Vollkommene die ihm entgegengebrachte göttliche Huldigung annahm, können wir mit Sicherheit davon ausgehen, dass sie berechtigt und angemessen war. An dieser Stelle bringen wir ihm die gleiche Anbetung dar.

Ich betrachte diesen Ausruf des Thomas zunächst als einen ehrfurchtsvollen Ausdruck jenes heiligen Staunens, das ihn erfüllte, als sein Herz die große Entdeckung machte, dass Jesus ganz gewiss sein Herr und Gott war. Es wurde Thomas schlagartig klar, dass dieser Erhabene, den er als Messias angesehen hatte, auch Gott war. Er erkannte, dass der Mann, zu dessen Füßen er gesessen hatte, mehr als ein Mensch und unzweifelhaft Gott war. Dies versetzte ihn derart in Erstaunen, dass er seine Worte nur gebrochen hervorbrachte. Er sagt nicht: »Du bist mein Herr und mein Gott«, so wie es jemand tun würde, der eine lehrmäßige Aussage weitergibt. Vielmehr bringt er sein Bekenntnis bruchstückhaft heraus, macht es zum Gegenstand seiner Anbetung und ruft im Überschwang seiner Freude aus: »Mein Herr und mein Gott!« Ach, er hätte es schon Jahre zuvor wissen können und hätte es bereits damals erkennen sollen! War er nicht dabei gewesen, als Jesus auf dem See ging, als er die Winde zum Schweigen brachte und den Wassern Einhalt gebot? Hatte er nicht gesehen, wie Jesus die Augen der Blinden auftat und die Ohren der Tauben öffnete? Warum hat er damals nicht ausgerufen: »Mein Herr und mein Gott«? Weil sich Thomas Gelehrtes nur zögerlich angeeignet hatte, hätte der Herr zu ihm wie einst zu Philippus sagen können: »So lange Zeit bin ich bei euch, und du hast mich nicht erkannt?« (vgl. Johannes 14,9). Nun erkennt er plötzlich seinen Herrn. Er erkennt ihn in einem solch erstaunlichen Maße, dass seine Erkenntnis zu wunderbar für ihn ist. Er war zu dieser Zusammenkunft gekommen, um sich zu vergewissern, ob es sich bei demjenigen, der seinen Brüdern erschienen war, um jenen Mann handelte, der auf Golgatha gestorben war. Doch jetzt scheint er jene anfängliche Frage vergessen zu haben. Sie ist mehr als beantwortet und hat aufgehört, überhaupt eine Frage zu sein. Nachdem er von der Flut der Beweise ungemein weit getragen worden ist, landet er jetzt im Hafen der völligen Gewissheit, dass Jesus Gott ist. Er findet heraus, dass dieser Mann der Schmerzen Gott in Menschengestalt ist. Mit einem Mal ist er nicht nur davon überzeugt, dass es der Gleiche ist, der am Kreuz starb. Vielmehr hat er auch die darüber hinausgehende, feste Gewissheit gewonnen, dass Jesus Gott ist, sodass er – noch um Worte ringend, aber mit doppelter Gewissheit – ausruft: »Mein Herr und mein Gott!« Wie sehr wünsche ich euch, dass ihr alle Thomas nachahmt! Fangen wir an, ins Staunen und in Bewunderung zu geraten! Obwohl Jesus keinen Platz hatte, wo er sein Haupt hinlegen konnte, obgleich er es erduldete, gegeißelt und angespien zu werden, obwohl er auf Golgatha starb, ist er Gott über allem, gepriesen in Ewigkeit! Derjenige, der ins Grab gelegt wurde, lebt und herrscht, ist König der Könige und Herr der Herren. Halleluja! Siehe, er kommt in der Herrlichkeit des Vaters, um die Lebenden und die Toten zu richten. Möge euer Geist diese Wahrheit in sich aufnehmen und darüber ins Staunen geraten! Wenn ihr aufgrund der Tatsache, dass Jesus als Sohn Gottes für euch litt, blutete und starb, nie ins Erstaunen geratet, fürchte ich, dass ihr sie nie glaubt oder nie als Verständige deren volle Bedeutung erfasst. Solltet nicht auch ihr ins Staunen geraten, wenn Engel voller Staunen sind? O dass wir doch heute ein heiliges Erstaunen verspüren würden, indem wir die Wahrheit dahin gehend erkennen, dass derjenige, der uns durch sein Blut von unseren Sünden erlöst hast, der Sohn des Höchsten ist!

Als Nächstes war dieser Ausruf meiner Ansicht nach Ausdruck einer unermesslich großen Freude, denn man kann feststellen, dass er nicht sagt: »Herr und Gott«, sondern: »Mein Herr und mein Gott!« Der Herr Jesus scheint sein Ein und Alles geworden zu sein, was durch die zweifache Erwähnung des glückseligen Wortes »mein« angedeutet wird: »Mein Herr und mein Gott!« O welch eine Freude blitzte in Thomas´ Augen in diesem Moment auf! Wie schnell schlug sein Herz! Er hatte nie eine solche Freude wie in diesem Augenblick verspürt. Obwohl er das Gefühl tiefer Demütigung gespürt haben muss, erfüllte ihn in dieser Demütigung gleichzeitig die Wonne großen inneren Glücks, als er seinen Gott und Herrn erblickte und ihn anschaute – von den durchgrabenen Füßen bis zur Stirn, die durch die Dornenkrone so entstellt worden war. Dann sagte er: »Mein Herr und mein Gott!« In diesen wenigen Worten schwingt ein Klang mit, der einem Bekenntnis der Braut im Hohenlied ähnelt.

Dort sagt sie: »Mein Geliebter ist mein, und ich bin sein« (vgl. Hoheslied 2,16). Der überwältigte Jünger sah den viel geliebten Freund vor sich stehen, dessen Angesicht liebevoll über ihm leuchtete und der sein Herz mit ihm verband. Ich bitte euch, dass ihr euch Thomas anschließt und euch ebenfalls in Christus freut. Vor euch steht jetzt Jesus, eurem Glauben sichtbar. Erfreut euch seiner! Lasst euch stets von seiner Liebe überwältigen! Alles an ihm ist begehrenswert, während er ganz und gar euch gehört. Er liebt euch mit der ganzen Unermesslichkeit seines Wesens. Das liebevolle Wesen seines Menschseins und das majestätische Wesen seiner Göttlichkeit verschmelzen in seiner Liebe zu euch. O liebt den Herrn, ihr, seine Heiligen, denn ihm gebührt eure Herzenshingabe! Möge daher jeder von euch in diesem Augenblick sagen: »Mein Herr und mein Gott!«

Darüber hinaus glaube ich, dass die Worte des Thomas eine völlige Sinnesänderung – mit anderen Worten, eine überaus tiefe Buße – erkennen lassen. Er hat den Herrn Jesus nicht darum gebeten, seine Finger in das Nägelmal legen zu dürfen. Nein, all das hatte sich ohne Diskussion erledigt. Wenn man sich das Kapitel ansieht, findet man keinerlei Aussage darüber, dass er dies bei seiner Begegnung mit dem Herrn tat, obwohl er dies zunächst beabsichtigt hatte. Ob er die Finger wirklich in das Nägelmal und die Hand in die Seite Jesu legte, wird für uns so lange unbeantwortet bleiben, bis wir Thomas im Himmel begegnen und ihm die Frage stellen können. Wenn man die Worte des Heilands als Aufforderung zu einer diesbezüglichen Verhaltensweise an Thomas liest, können wir die Schlussfolgerung ziehen, dass er es tatsächlich getan hat. Wenn man sie jedoch nur als Einladung zu einem entsprechenden Handeln liest, hat er es meiner Meinung nach nicht getan. Ich habe die Frage einem lieben Freund gestellt. Nachdem ich diese Stelle vorgelesen hatte, fragte ich: »Was denkst du: Hat Thomas seine Hand in die Seite Christi gelegt?« Die Antwort, die er gab, war durchdacht und kam aus einem sanftmütigen Herzen. Sie lautete: »Meines Erachtens hätte er gar nicht so handeln können. Nachdem der Meister so zu Thomas geredet hatte, wäre dieser davor zurückgeschreckt. Er hätte es nämlich für bewussten Unglauben gehalten, es auch nur zu versuchen.« Diese Erwiderung stimmte genau mit meiner eigenen Überzeugung überein. Ich bin überzeugt davon, dass ich mich – wäre ich an der Stelle des Thomas gewesen – geschämt hätte, weil der Herr so weit gegangen war. Er war derart weit gegangen, dass ich auf meinem Weg als einer, der Zeichen und Beweise suchte, nicht einen Zentimeter weiter hätte gehen können, wenn es mir nicht unbedingt geboten worden wäre. Thomas mag uns gleich sein, ja, uns alle noch weit übertreffen. Daher urteile ich, dass ich trotz seiner Unvollkommenheit die Schlussfolgerung ziehen kann: Thomas änderte völlig seinen Sinn: Statt die Finger in das Nägelmal zu legen, rief er aus: »Mein Herr und mein Gott!« Der Heiland antwortete ihm: »Weil du mich gesehen hast, hast du geglaubt« (vgl. Johannes 20,29). Obwohl ich dieser Sache kein großes Gewicht beimesse, hat es also den Anschein, als hätte der Heiland vielleicht sagen müssen: »Weil du mich angerührt hast, hast du geglaubt«, wenn Thomas dies tatsächlich getan hätte. Doch da er nur vom Sehen spricht, kann es sein, dass Thomas der bloße Anblick genügte. Obgleich ich nicht darauf bestehe, ist aus meiner Sicht diese Anregung angemessen. Meiner Meinung nach ist es durchaus vernünftig, die Schlussfolgerung zu ziehen, dass Thomas lediglich seinen Herrn ansah. Was sollte er auch sonst noch tun? Er sah und glaubte. In ihm erkennen wir eine völlige Sinnesänderung: Aus demjenigen, der unter den Elfen am tiefsten im Unglauben steckte, wurde schließlich derjenige, der die eindeutigste Glaubensaussage in ihrer Mitte formulierte und bekannte, dass Jesus Gott ist.

Dieser Ausruf umfasst ebenso ein kurzes Glaubensbekenntnis: »Mein Herr und mein Gott!« Wer errettet werden will, muss sich vor allen Dingen mit Thomas in diesem Bekenntnis von Herzen vereinen können: »Mein Herr und mein Gott!« Dabei widme ich mich nicht all den Feinheiten des Athanasischen Glaubensbekenntnisses[28], obwohl ich nicht daran zweifle, dass es zur Zeit seiner Abfassung absolut notwendig war und wesentlich dazu beitrug, den Winkelzügen und Kunstgriffen der Arianer Einhalt zu gebieten. Dieses kurze Glaubensbekenntnis des Thomas gefällt mir viel besser, denn es ist von geringer Länge, prägnant, vollständig und treffend formuliert, wobei es diejenigen Detailfragen vermeidet, die den Treibsand des Glaubens bilden. Obwohl solch ein Glaube nötig ist, kann

28 Dies ist ein altkirchliches Glaubensbekenntnis, das zusammen mit dem Apostolischen Glaubensbekenntnis und dem Nicäno-Konstantinopolitanum zu den drei weitverbreiteten Glaubensbekenntnissen der abendländischen Christenheit gehört. Es ist nach Athanasius von Alexandria benannt, der im 4. Jahrhundert in der Auseinandersetzung mit Arius die entscheidenden Aussagen zur Dreieinheit formulierte. In seiner heute vorliegenden Form geht es jedoch auf das 7. Jahrhundert zurück. Es wird in der Liturgie der anglikanischen Kirche verwendet.

kein Mensch ihn zu seiner innersten Überzeugung machen, wenn er nicht vom Heiligen Geist gelehrt wird. Natürlich kann er die Worte aufsagen, aber nicht die entsprechende geistliche Wahrheit empfangen. Keiner kann Jesus »Herr« nennen, es sei denn, er hat den Heiligen Geist. Ein überaus notwendiges und rettendes Glaubensbekenntnis besteht daher darin, dass der Betreffende ausruft: »Mein Herr und mein Gott!«, wenn er sich an den Herrn Jesus wendet. Ich bitte euch deshalb, dies jetzt in eurem Herzen zu tun: Stellt euren Glauben auf eine neue Grundlage und bekennt, dass derjenige, der für euch starb, euer Herr und Gott ist.

Seid ihr darüber hinaus nicht der Meinung, dass diese Worte des Thomas ein leidenschaftliches Bekenntnis seiner Treue gegenüber Christus waren? »Mein Herr und mein Gott!« Es ist, als ob er ihm in größter Demut seine Ehrerbietung entgegenbringen und sich sogleich mit seinem ganzen Wesen dem Dienst Jesu widmen würde. Demjenigen, dessen Auferstehung er einst bezweifelt hatte, unterwirft er sich jetzt, denn er glaubt jetzt vollends an ihn. Er bringt sozusagen zum Ausdruck: »Von nun an, o Christus, bist du mein Herr, dem ich dienen werde. Du bist mein Gott, den ich anbeten werde.«

Schließlich sehe ich diesen Satz als eindeutigen und unmittelbaren Akt der Anbetung an. Zu den Füßen des geoffenbarten Heilands ruft Thomas aus: »Mein Herr und mein Gott!« Dies klingt so, als würde das ewige Lied eingeübt, das vor dem Thron aufsteigt, wo die Cherubim und Seraphim fortwährend rufen: »Heilig, heilig, heilig ist Gott, der HERR der Heerscharen« (vgl. ähnliche Aussagen in Jesaja 6,3 und Offenbarung 4,8). Es ist, als würde ein einzelner Akkord jenes gewaltigen Lobpreises der Engelschöre erklingen, der an einem nie endenden Tag den Thron des Ewigen umgibt. Lasst uns jetzt in heiliger Stille im Geist vor dem Thron erscheinen, indem wir uns in ehrfurchtsvoller Anbetung vor dem beugen, der war, der ist und der kommt – vor dem Lamm, das geschlachtet wurde, auferstanden ist und in Ewigkeit lebt. »Mein Herr und mein Gott!«

Unser nächster Abschnitt soll mit einer Frage überschrieben sein: *Welche Umstände veranlassten ihn zu diesem Ausruf?* Habt ihr je darüber nachgedacht, was Thomas empfand, als er an diesem Abend zu jener Zusammenkunft ging? Es ist gar nicht so einfach, die Gründe dafür zu erklären. Warum schloss er sich denjenigen Männern an, deren feierliche Zusicherung er infrage stellte? Konnte er Gemeinschaft mit ihnen haben und sie gleichzeitig der Lüge bezichtigen?

Wieso geht Thomas trotzdem hin, wenn es zutreffen sollte, dass Jesus Christus tot ist und keine Auferstehung stattgefunden hat? Wird er einen Toten anbeten? Steht er im Begriff, dem Glauben der letzten beiden Jahre[29] zu entsagen? Wie kann er daran festhalten, wenn Jesus nicht lebendig ist? Wie kann er ihn andererseits aufgeben? War Jesus Christus für Thomas Herr und Gott, als er zu den Versammelten stieß? Ich glaube nicht. Als er den Raum betrat, war der von den anderen Jüngern Gesehene für ihn nicht derjenige, der gestorben war. Während diese nun tatsächlich glaubten, war Thomas der Einzige, der zweifelte – allein, eigensinnig, trotzig. War es den anderen Jüngern nie passiert, dass sie in einen ganz ähnlichen Zustand verfallen waren? Thomas hob sich an diesem Abend so sehr von ihnen ab. Er war in dieser kleinen Zusammenkunft der Abseitsstehende. Dennoch hatte ihn der Herr, bevor sie wieder auseinandergingen, völlig verändert: »Siehe, es sind Letzte, die Erste sein werden, und es sind Erste, die Letzte sein werden« (vgl. Lukas 13,30).

Das Erste, das Thomas zu dem Bekenntnis veranlasste, an die Göttlichkeit Christi zu glauben, bestand meiner Ansicht nach darin, dass seine Gedanken offenbar wurden. Der Heiland betrat den Raum, während die Türen verschlossen waren. Ohne dass ihn jemand eingelassen hatte, erschien er ihnen plötzlich aufgrund seiner göttlichen Macht. Indem er danach sogleich auf Thomas deutete, wiederholte er ihm gegenüber genau diejenigen Worte, die dieser zuvor im Gespräch mit seinen Brüdern geäußert hatte. Sie hatten dem Heiland nichts davon berichtet. Weil der Heiland vielmehr Thomas' geheimste Gedanken von ferne kannte, war er imstande, ihm die eigenen Worte genau vorzulegen. Beachten wir, dass der Heiland nicht sagte: »Bücke dich und lege deine Finger in das Nägelmal meiner Füße!« Warum nicht? Doch wohl deshalb, weil Thomas nichts über seine Füße gesagt hatte. Daher erwähnte der Heiland diese auch nicht. Alles stimmte genau. Wir als diejenigen, die zuschauen, können die entsprechende Genauigkeit erkennen, doch Thomas muss noch viel mehr empfunden haben. Er war überwältigt: Da stand derjenige vor ihm, über den er gesprochen hatte und der Thomas' Gedanken in schlichte Worte kleidete. Thomas hörte, wie er sie exakt wiederholte. Dies war wirklich erstaunlich!

29 Damit ist etwa die Zeit der öffentlichen Wirksamkeit Jesu seit der Berufung der Jünger gemeint.

Er sagte sich: »O derjenige, der jetzt mit mir redet, ist kein anderer als Gott selbst. Er soll mein Herr und mein Gott sein.« Dies verhalf ihm zu der festen Überzeugung, dass derjenige, der seine innersten Gedanken kannte, Gott sein muss.

Er bekam noch weitere Hilfestellungen. Sobald er nämlich erkannt hatte, dass jener Jesus vor ihm stand, mit dem er seinerzeit gesprochen hatte, muss die ganze Vergangenheit wieder vor seinem inneren Auge erstanden sein. Er muss sich an die vielen Gelegenheiten erinnert haben, bei denen der Herr Jesus die Eigenschaften seiner Göttlichkeit eingesetzt hat. Jene Gespräche der Vergangenheit, die auf diese Weise in ihm wieder lebendig wurden, müssen alle zu der Überzeugung beigetragen haben, dass Jesus kein anderer als der Herr und Gott ist.

Und dann hat meiner Meinung nach allein schon die Art, das würdevolle Verhalten und die Gegenwart des Heilands den bebenden Jünger überzeugt. Man sagt, dass einen König eine solche Göttlichkeit schirme[30] – eine Redensart, die ich nicht ohne Weiteres glaube. Ich bin aber davon überzeugt, dass im Blick unseres Herrn ein majestätisches Wesen lag und in seinem Verhalten, seinem Tonfall, seiner Rede und seinem Gebaren mehr als nur menschliche Würde zu finden war. Die Tatsache, dass unser Herr leibhaftig gegenwärtig war, überzeugte Thomas: Infolgedessen sah und glaubte er.

Diejenigen Beweise, die ihn gewiss am meisten überzeugten, waren jedoch die Wunden unseres Herrn. Wenn man die Göttlichkeit Christi anhand seiner Wunden erkennen will, muss man scheinbar einen großen Umweg machen. Dennoch umfasst dies eine gute und eindeutige Argumentation. Ich werde sie euch nicht der Reihe nach darlegen, sondern es euch überlassen, sie selbst zu durchdenken. Trotzdem will ich euch einen kleinen Hinweis geben: In seiner Seite befand sich eine Wunde, die auf jeden Fall ausreichte, den Tod herbeizuführen. Die Wunde reichte bis mitten in das Herz hinein. Der Soldat hatte mit einem Speer seine Seite durchbohrt, sodass sogleich Blut und Wasser herausflossen – ein Zeichen dafür, dass das Herz durchbohrt war. Die offene Stelle war noch vorhanden, denn der Herr forderte Thomas auf, seine Hand in seine Seitenwunde zu legen. Trotzdem war Jesus lebendig. Habt ihr je einen derartigen Bericht gehört? Angenommen, das Leben unseres Herrn hätte dem-

30 Diese Aussage geht auf ein Zitat aus *Hamlet* von William Shakespeare zurück.

jenigen geglichen, das wir als diejenigen führen, deren Körper vom Blut Sterblicher durchströmt wird. Dann hätte man kaum erkennen können, wie dies möglich gewesen wäre. Fleisch und Blut, der Verwesung unterworfen, können das Reich Gottes nicht erben. Doch der Auferstehungsleib des Heilands ließ sich hier nicht einordnen, da dies für seinen ins Grab gelegten Leib überhaupt nicht galt, denn er sah keine Verwesung. Ich bitte euch, das besondere Merkmal seines Leibes gut zu beachten, das man im diesbezüglichen Selbstzeugnis unseres Herrn erkennen kann. Er spricht dort nicht von seinem Leib als einem Körper aus Fleisch und Blut, sondern sagt: »Betastet mich und seht! Denn ein Geist hat nicht Fleisch und Bein, wie ihr seht, dass ich habe.«[31] Es war ein wirklicher Körper, ein stofflicher Leib, denn er nahm ein Stück gebratenen Fisch und etwas Wabenhonig (vgl. Luther ´12 und Schlachter 2000), um vor ihnen zu essen. Aber dennoch unterschied sich sein Auferstehungsleib, der eine offene, bis zum Herzen reichende Wunde in seiner Seite aufwies, von einem normalen menschlichen Körper. So erkennen wir sogar anhand der Wunden Christi, dass er ein Mensch – aber eben auch mehr als das – ist. Seine Wunden bewiesen Thomas gegenüber in verschiedener Hinsicht seine Göttlichkeit. Wie dem auch sei, diese herrliche Tatsache schoss dem erstaunten Thomas augenblicklich durch den Kopf, sodass er ausrief: »Mein Herr und mein Gott!«

Schließlich wollen wir sehen, *wie wir zu einer solchen Aussage kommen können*. Dies ist unser letzter Punkt und zugleich derjenige, der den größten Praxisbezug hat. Ich zweifle nicht daran, dass der Geist Gottes zu jenem Zeitpunkt an Thomas überaus mächtig gewirkt hat und er in Wirklichkeit deshalb erleuchtet wurde, weil der Himmel ihm Aufschluss gab. Immer dann, wenn irgendjemand von uns in Geist und Wahrheit ausruft: »Mein Herr und mein Gott!«, muss er vom Heiligen Geist belehrt worden sein. Glückselig seid ihr, die ihr Jesus »Herr und Gott« nennen könnt, denn Fleisch und Blut haben es euch nicht geoffenbart, sondern der Vater, der in den Himmeln ist.

Aber ich muss euch noch etwas sagen: Wenn Gläubige ausrufen: »Mein Herr und mein Gott!«, erinnere ich mich an das erste Mal, da diese Aussage mein Herz erfüllte. Schuldbeladen und voller Angst,

---

31 Vgl. Lukas 24,39. Hier ist zu beachten, dass der Ausdruck »Fleisch und Blut« für den sterblichen Leib steht, während »Fleisch und Bein« auch den Auferstehungsleib, gewissermaßen den »Geistleib«, meinen kann. »Fleisch und Blut« hebt das Vergängliche hervor, während »Fleisch und Bein« betont, dass es sich um einen wirklichen Leib handelt.

war mir so erbärmlich zumute wie dem elendesten Menschen vor dem Höllentor. Dann hörte ich die Stimme des Herrn, der Folgendes sagte: »Wendet euch zu mir und lasst euch retten, alle ihr Enden der Erde! Denn ich bin Gott und keiner sonst« (vgl. Jesaja 45,22). Ich wandte mich sogleich ihm zu, indem ich es wagte, im Glauben denjenigen anzuschauen, der an meiner Stelle gelitten hatte. Augenblicklich durchströmte Friede wie ein wunderbarer Strom mein Herz. Der Zustand meines Herzens wandelte sich schlagartig: Die Traurigkeit wich der Freude, und ich erkannte meinen Herrn in seinem göttlichen Wesen. Wenn irgendjemand mir damals gesagt hätte: »Jesus Christus ist nicht Gott«, hätte ich ihn verächtlich ausgelacht. Er war ohne jeden Zweifel mein Herr und mein Gott, denn er hatte ein göttliches Werk in mir vollbracht.

Vielleicht ist dieses Argument für jemanden anders nicht beweiskräftig. Dennoch gilt: Bewusst im Herzen erfahrene Vergebung ist ein schlüssiges Argument für denjenigen, der sie je erlebt hat. Wenn der Herr Jesus deine Wehklage in Reigen verwandelt, dich aus der Grube des Verderbens sowie aus Schlick und Schlamm heraufholt, wenn er deine Füße auf Felsen stellt und deine Schritte fest macht, dann ist er ganz gewiss dein Herr und Gott – von nun an bis in Ewigkeit. Ungeachtet all derer, die dies leugnen, trotz all der Dämonen der Hölle, wird das Herz des Erlösten die Göttlichkeit seines Heilands geltend machen. Derjenige, der mich errettet hat, ist tatsächlich Gott, wobei es außer ihm keinen anderen gibt.

Wer dies zunächst bekundet, hat lediglich den ersten Schritt gemacht, wenn es um Christusbekenntnisse geht. Wir denken an viele andere Stellen, in denen diese Tatsache ebenso anerkannt wird. Wir sind in große Versuchungen geraten, aber nicht ausgeglitten. Auch haben wir nicht unsere Kleider besudelt. Welch ein Wunder, dass wir entkommen sind! Derjenige, der uns vor dem Fallen bewahrte, muss Gott sein. Ich kenne einige Augenblicke in meinem Leben, in denen ich dastand und im Licht des Morgens auf das Tal zurückblicken konnte, durch das ich in der Finsternis gegangen war. Dann sah ich, wie schmal der Weg war und wie schon ein kleiner Schritt zur Linken oder zur Rechten mir völliges Verderben hätte bringen müssen. Dennoch war ich nie gestrauchelt, sondern vollkommen sicher geradewegs hindurchgekommen. Angesichts dessen war ich erstaunt, sodass ich mein Haupt neigte und anbetend sagte: »Der Herr ist meine Zuflucht und mein Schutz gewesen. Solange ich lebe, hat er meine Seele behütet und mich vor dem Verderber bewahrt. Daher will ich ihm mein Leben lang Lieder singen.« O ja, liebe Gotteskinder, wenn eure Häupter am Tag der Schlacht bedeckt gewesen sind[32], habt ihr den Hüter Israels groß gemacht, indem jeder von euch sagte: »Mein Herr und mein Gott!« Wir haben gespürt, dass der Zweifel keine Macht mehr über uns hat, wobei wir uns freudig der Obhut des Hüters – dem Schutz und der Fürsorge eines treuen Schöpfers – anbefohlen haben.

Dies ist auch in der Zeit der Bedrängnis der Fall gewesen, in denen du getröstet und aufgerichtet worden bist. Obwohl eine sehr große Not über dich hereingebrochen ist, hat sie dich zu deinem Erstaunen nicht zermalmt, wie du zunächst befürchtet hattest. Vor Jahren hast du einem Schlaganfall mit quälenden Befürchtungen entgegengesehen und gesagt: »Das werde ich nie aushalten!« Doch du hast es ausgehalten, wobei du in diesem Augenblick für die damit verbundene Erfahrung dankbar bist. Das von dir Befürchtete hat dich getroffen, aber als es dir begegnete, kam es dir im Vergleich zu der erwarteten Last federleicht vor. Du warst imstande, dich hinzusetzen und zu sagen: »Der HERR hat gegeben, und der HERR hat genommen, der Name des HERRN sei gepriesen!« (vgl. Hiob 1,21). Deine Freunde staunten über dich: Du warst zuvor ein bemitleidenswerter, furchtbar ängstlicher Mensch gewesen, doch in der Zeit der Prüfung hast du eine einzigartige Kraft erkennen lassen, die jedermann erstaunt hat. Am allermeisten warst du selbst überrascht, denn du warst völlig verwundert darüber, dass du in der Schwachheit so stark gemacht worden bist. Du sagtest: »Als ich gebeugt wurde, half er mir.« Du konntest seine Göttlichkeit damals nicht infrage stellen: Alles, was ihn seiner Herrlichkeit berauben würde, verabscheutest du, denn du sagtest in deinem Herzen: »Herr, es gibt keinen, der meine Seele so hätte trösten können wie nur du, Herr, Gott, Allmächtiger.« Ich selbst habe ausrufen müssen: »Es ist der Herr!« (vgl. Johannes 21,7), als ich seine Wunder in der Tiefe (vgl. Psalm 107,24) erkannt hatte. »Tritt auf, meine Seele, mit Kraft!« (vgl. Richter 5,21). Meine Seele soll meinen Herrn und meinen Gott groß machen, denn »er griff aus der Höhe, erfasste mich, zog mich heraus aus großen Wassern … Und er führte mich heraus ins Weite, er befreite mich, weil er Gefallen an mir hatte« (vgl. 2. Samuel 22,17.20 und Psalm 18,17.20).

32 D. h. als Zeichen der Ehrerbietung gegenüber Gott.

Jesus erkennen wir oft am Brechen des Brotes (vgl. Lukas 24,35). Am Tisch des Herrenmahls haben wir so manches Mal sein Wesen erkannt und angebetet. Es waren sehr kostbare Augenblicke, wobei wir vor Freude am liebsten geweint und gejubelt hätten. Dieser Klang in unserem Herzen (»Mein Herr und mein Gott«) war da noch nicht verhallt. Vielleicht war es nicht irgendeine äußere Zeremonie, die deine Seele so zur Anbetung führte. Möglicherweise warst du irgendwo in einer weit entfernten Gegend oder an der Küste, als du dahingingst und mit deinem Herzen Zwiesprache hieltest. Da überwältigte dich plötzlich das Gespür für die herrliche Majestät Jesu, sodass du nur noch mit leiser Stimme vor dich hin flüstern konntest: »Mein Herr und mein Gott!« Oder vielleicht war es damals, als du krank daniederlagst. Als er dir unaussprechliche Ruhe gab, erkanntest du seine göttliche Macht. Es war eine lange und zermürbende Nacht für diejenigen, die auf dich achtgaben, doch dir, dem sie äußerst kurz vorkam, war sie die reinste Freude, denn der Herr war da und schenkte dir Loblieder in der Dunkelheit. Als du aufwachtest, warst du noch immer in seiner Gegenwart und nahe daran, aufgrund des strahlenden Glanzes seiner Erscheinung vor überwältigender Freude zu vergehen. Zu einem solchen Zeitpunkt hast du vielleicht gesungen:

Christus ist der Herr der Herren,
Sonne der Gerechtigkeit.
Weltenschöpfer, Weltvollender,
König einer neuen Zeit.

Christus ist mein Ein und Alles
und bleibt stets mein höchstes Gut,
er, der Erste und der Letzte,
ist´s, der Großes tat und tut.

Wenn Jesus sowohl für dich als auch für mich Herr und Gott geworden ist, will ich es dir nochmals sagen: Dies geschieht in Zeiten, da er unsere Bemühungen gesegnet und mit seinen Werk zur Rettung von Menschen begonnen hat.[33] Wenn unserem Zeugnis diejenigen glauben, die es zuvor ablehnten, und der Herr uns eine glückselige

33 Hier wurde ein alttestamentliches Bild (Gott entblößt seinen Arm) sinngemäß wiedergegeben; vgl. Anmerkung 132.

Erweckungszeit gesandt hat, haben wir ihm die Ehre gegeben und uns über seine allmächtige Liebe gefreut. Vielleicht beten wir für unsere Kinder, und der Herr hat unser Gebet erhört. Dann sind wir erstaunt, obwohl es völlig unangebracht ist, darüber erstaunt zu sein, denn dies sollte uns keineswegs in Erstaunen versetzen. Möglicherweise kam erst ein Kind und dann ein anderes zu uns, indem es sagte: »Vater, ich habe den Herrn gefunden!« Dann wussten wir, dass der Herr Gott – und eben auch unser Gott – ist. Wir haben dann mit tränennassen Augen von unseren armseligen Gebeten aufgeschaut, um darüber nachzudenken, ob der Herr Jesus solche schwachen Bitten überhaupt erhört haben könnte. Darauf bekannten wir aus tiefstem Herzen heraus: »Mein Herr und mein Gott!«

Die Zeit, da einige von uns ihre letzte Gelegenheit in diesem Leben haben, dies bestätigt zu finden, rückt sehr schnell näher. Wie sehr bin ich oft getröstet und erquickt worden, wenn ich sterbende Heilige besucht habe! Ja, wirklich: Der Herr hat für sie einen Tisch angesichts des letzten Feindes bereitet. Ich habe einige der Betreffenden zu Lebzeiten als furchtsame, fortwährend erbebende, kleinmütige Gläubige gekannt. Als sie aber in das Tal des Todesschattens kamen, ließen sie keine Furcht und keinen Zweifel, sondern nichts als völlige Gewissheit erkennen. Auf ihrer letzten Wegstrecke haben Gläubige, die zuvor Todesängste ausgestanden hatten, friedvolle, ruhige, wunderbare, freudenreiche und sogar triumphale Stunden erleben dürfen. Als ich ihre lieblichen Worte hörte, habe ich die Gewissheit gewonnen, dass derjenige, der uns in der Stunde unseres Todes den Sieg gibt, Gott sein muss. Es ist der Glaube an seinen Namen, der Menschen stark werden lässt, wenn sie sterben. Wenn unser Leib und unser Herz vergehen, kann nur der lebendige Gott uns in unserem Leben Kraft geben und unser Teil auf ewig sein. Wie kostbar ist das Wissen, dass Jesus als unser lebendiger Gott in unserer Sterbestunde da ist! Über ihn jubeln wir mit unaussprechlicher und verherrlichter Freude, während wir selbst im Sterben zu ihm sagen: »Mein Herr und mein Gott!«

Kommt, seid guten Mutes! Es wird nur noch eine sehr kurze Zeit dauern, bis die vereinte Gemeinde – von jedem Flecken und Runzel befreit sowie als Braut Christi herrlich gekleidet – zu seinem Thron geleitet und als die Geliebte des Herrn erkannt werden wird. Dann wird jeder ihrer Angehörigen von ganzem Herzen ausrufen: »Mein Herr und mein Gott!«

Herodes

»Dieser Fuchs«

»Denn Herodes fürchtete den Johannes, da er wusste, dass er ein gerechter und heiliger Mann war, und er beschützte ihn; und wenn er ihn gehört hatte, war er in großer Verlegenheit, und er hörte ihn gern« (Markus 6,20).

Johannes suchte keine Ehre unter den Menschen. Seine Freude bestand darin, über unseren Herrn Jesus zu sagen: »Er muss wachsen, ich aber abnehmen« (vgl. Johannes 3,30). Obwohl Johannes keine menschliche Ehre suchte, wurde er dennoch in Ehren gehalten, denn es steht geschrieben: »Herodes fürchtete den Johannes.« Herodes war ein großer Herrscher, während Johannes nur ein armer Prediger war, der sich äußerst spartanisch kleidete und ernährte. Dennoch gilt: »Herodes fürchtete den Johannes.« Johannes besaß eine größere königliche Würde als König Herodes. Sein Wesen ließ Johannes zu einem wahrhaft königlichen Menschen werden, während der nominelle König ihn fürchtete. Daher sollte man einen Menschen nicht nach seiner Stellung, sondern von seinem Charakter her beurteilen.

Falls man über Johannes' Grab eine Inschrift setzen wollte, sollte man Folgendes schreiben: »Herodes fürchtete den Johannes.« Freilich gibt es ein besseres Zeugnis, das vielleicht jeder Diener am Evangelium mit frohem Herzen entgegennehmen würde. Es lautet: »Johannes tat zwar kein Zeichen; aber alles, was Johannes von diesem gesagt hat, war wahr« (vgl. Johannes 10,41). Er vollbrachte kein Wunder, das seine Generation in Erstaunen versetzte, aber er redete von Jesus. Dabei entsprach alles, was er sagte, der Wahrheit: Gebe es Gott, dass die Knechte unseres Herrn ein solches Lob ernten!

Wie mein heutiges Thema erkennen lässt, werde ich jedoch weniger über Johannes als vielmehr über Herodes sprechen. Ich wünschte, dass es unter den hier Versammelten keinen Herodes gibt! Ich bin aber besorgt um euch, weil einige von euch ihm vielleicht ansatzweise gleichen. Daher werde ich mit der ganzen Güte meines Herzens den Wunsch zum Ausdruck bringen, dass keiner von euch den Schritten dieses gottlosen Königs folgt.

Ich möchte euch bitten, mit mir *die positiven Eigenschaften im Wesen des Herodes* zu betrachten. Erstens stellen wir fest, dass Herodes *Gerechtigkeit und Heiligkeit respektierte,* denn »Herodes fürchtete den Johannes, da er wusste, dass er ein gerechter und heiliger Mann war.« Ich wünschte, dass in jedem Menschen eine Achtung vor der Tugend zu finden ist – auch dann, wenn er sie selbst nicht besitzt. Der nächste Schritt wird nämlich möglicherweise darin bestehen, dass er nach der Tugend strebt, wobei derjenige, der gerecht sein will, dieser Stellung schon ganz nahe ist. Einige Menschen sind in ihrer Gesinnung dermaßen in einen Zustand der Sündhaftigkeit geraten, dass sie Güte verachten und Gerechtigkeit sowie Frömmigkeit verspotten. Schenke es Gott, dass wir durch Geschehnisse jedweder Art nie in solch einen Zustand der Furcht wie im vorliegenden Fall geraten! Wenn das Gewissen so verwirrt wird, dass es die Ehrfurcht gegenüber dem Guten und Heiligen verliert, ist der Betreffende tatsächlich in einer traurigen Lage. Herodes befand sich anfangs nicht in diesem Zustand. Er erkannte Gerechtigkeit, Ehrlichkeit, Wahrheit, Beherztheit und Reinheit im praktischen Leben an. Obwohl er diese Tugenden selbst nicht besaß, hatte er eine heilsame Furcht vor ihnen, was einer Achtung vor ihnen sehr nahekommt. Ich weiß, dass ich zu sehr vielen spreche, die alles, was gut und richtig ist, achten. Sie haben nur den einen Wunsch, selbst gut und rechtschaffen zu sein. So weit, so gut.

Die nächste positive Eigenschaft, die ich im Wesen des Herodes erkenne, bestand darin, dass *er denjenigen Mann bewunderte, der für ihn Gerechtigkeit und Rechtschaffenheit verkörperte.* Dies ist bereits der nächste Schritt, denn man kann eine abstrakte Tugend bewundern und dennoch denjenigen Menschen hassen, der genau diese Tugend verkörpert. Obwohl die Menschen der Antike die Rechtschaffenheit des Aristides[34] anerkannten, konnten es einige von ihnen nicht mehr hören, wenn er als »der Gerechte« bezeichnet wurde. Ein Mensch mag als gerecht und heilig anerkannt und genau aus diesem Grund von vielen gleichzeitig gefürchtet werden. Obgleich ihr euch gern Löwen und Tiger in den Zoos anschauen würdet, miss-

34 Aristides der Gerechte (geb. um 550/530 v.Chr., gestorben 467 v.Chr.), konservativer athenischer Staatsmann und Politiker sowie Begründer des Attischen Seebundes.

fiele es euch sehr, sie in euren eigenen Räumen zu sehen. Viel lieber zieht ihr es vor, sie gut gesichert in Käfigen zu betrachten. So gibt es auch sehr viele, die den christlichen Glauben achten, Gläubige aber nicht ausstehen können. Sie bewundern die Gerechtigkeit! Mit welch einer Redegewandtheit sprechen sie davon, aber es missfällt ihnen, gerecht zu handeln. Sie bewundern die Heiligkeit, aber wenn sie einem Heiligen begegnen, verhalten sie sich ihm gegenüber feindselig. »Herodes fürchtete den Johannes«, wobei er diesen Gottesmann duldete. Er ging so weit, dass er Johannes sogar eine Zeit lang vor dem Zugriff der Herodias schützte. Vielen von euch gefällt die Gemeinschaft der Gotteskinder – ja, ihr fühlt euch fehl am Platze, wenn ihr mit den Gottlosen verkehrt. Ihr könnt diese nicht ausstehen, wobei ihr diejenigen, die erniedrigenden Lastern verfallen sind, sogleich meidet. Ihr fühlt euch zu guter Gesellschaft hingezogen. So weit, so gut. Dies reicht jedoch nicht aus: Wir müssen noch viel weiter gehen, weil wir sonst im Grunde genommen nach wie vor Herodes gleichen.

Eine dritte Eigenschaft des Herodes bestand darin, dass *er Johannes zuhörte*. Wenn wir – du und ich – Predigten hören, ist dies nichts Außergewöhnliches, wohl aber, wenn dies ein König – und zwar ein König wie Herodes – tut. Herrscher kümmern sich oft nicht um geistliche Reden, es sei denn, diese kommen aus dem Mund von Hofpredigern, die fein gekleidet sind und angenehme Worte gebrauchen. Johannes war nicht der Mann, den man in einem Königspalast erwartete – zu hart, zu schonungslos und zu deutlich waren seine Worte. Seine Botschaft traf stets ins Schwarze; dennoch hörte ihn Herodes gern. Dies war eine positive Eigenschaft in seinem Charakter: Er wollte einen Mann hören, der über Gerechtigkeit, Heiligkeit und das »Lamm Gottes (predigte), das die Sünde der Welt wegnimmt« (vgl. Johannes 1,29). Eine gute Eigenschaft bzw. ein hoffnungsvoller Ansatz in einem Menschen besteht darin, dass er die aufrichtige Verkündigung des Wortes Gottes hört und vernimmt, selbst wenn sie sein Gewissen trifft. Vielleicht rede ich zu einigen unter euch, die das Evangelium nur gelegentlich hören. Wenn ihr in eine gottesdienstliche Zusammenkunft kommt, gleicht ihr dem Hund in einer Bibliothek, der freudig alle Bücher gegen einen einzigen Knochen getauscht hätte. Es gibt viele solche Leute in London. Der christliche Glaube passt ihnen nicht – Vergnügungsstätten bedeuten ihnen viel mehr. Einige sagen über den entsprechenden

Verkündiger: »Ich höre ihn mir nicht mehr an, weil er den Zuhörern zu nahe tritt und zu persönlich ist.« Johannes hatte Herodes gesagt, dass es ihm nicht erlaubt sei, die Frau seines Bruders zu haben. Obwohl er so deutlich gesprochen hatte, hörte Herodes ihm jedoch zu, weil »er ein gerechter und heiliger Mann war«. In dieser Beziehung hatte Herodes recht gehandelt. Auch du, mein Freund, handelst recht, wenn du bereit bist, das Evangelium zu hören – ganz gleich, wie praxisbezogen es verkündigt wird. So weit, so gut.

Doch es gibt einen noch besseren Ansatz im Verhalten des Herodes. *Er gehorchte dem Wort*, das er gehört hatte. Herodes hörte Johannes gern: »Und wenn er ihn hörte, so tat er vieles« (vgl. hier und im Folgenden Markus 6,20 Nichtrevidierte Elberfelder). Viele von unseren Hörern tun nichts. Sie hören immer wieder – und damit hat es sein Bewenden. Sie hören die Einladung des Evangeliums, kommen aber nicht zum Fest. Einige sind scheinbar der Meinung, dass die Pflicht des Glaubens darin bestehe, zunächst zu hören und dann darüber zu reden. Doch sie irren sich. Herodes wusste es besser. Er war anfangs nicht nur Hörer, sondern *tat* auch etwas. Es ist bemerkenswert, dass es in einer Textvariante heißt: »… so tat er *vieles*.« Was könnte zu diesen »vielen Sachen« (Luther ´12) gehört haben? Vielleicht entließ er einen Zolleinnehmer, der die Menschen betrog. Möglicherweise beseitigte er das Unrecht, das eine unbeachtete Witwe erlitten hatte, oder revidierte ein unmenschliches Gesetz, das er seinerzeit verkünden ließ. Vielleicht änderte er in gewisser Hinsicht seine Gewohnheiten und Umgangsformen. Gewiss stand er danach in vielen Punkten besser da, denn Johannes der Täufer beeinflusste ihn zum Guten hin. »Denn Herodes fürchtete den Johannes … und wenn er ihn hörte, so tat er vieles.« Ich wende mich insbesondere an diejenigen, die einen Teil der gehörten Predigt in die Praxis umsetzen und die viele Dinge getan haben, seit sie erstmals in einer dieser Zusammenkünfte gewesen sind. Dafür sind wir sehr dankbar. Ich habe einen Mann gekannt, der vom Evangelium angetan war, sodass er seine Trunksucht aufgab und aufhörte, den Sonntag zu entweihen. Außerdem hat er – größtenteils mit Erfolg – versucht, sein Fluchen zu unterlassen. Somit stand er anschließend viel besser da. Und dennoch ist er letztendlich noch immer ein Herodes, denn Herodes war *nach wie vor* derselbe, auch wenn er viele Dinge getan hatte. In seinem Herzen war er noch immer bereit, Bosheiten aller Art zu verüben. Trotzdem hatte er sich tatsächlich gebessert. So weit, so gut.

Es gab im Blick auf Herodes noch einen weiteren Punkt, und zwar denjenigen, dass *er dem Verkündiger weiterhin gern zuhörte.* Markus hat diesen Punkt nämlich am Ende von Kap. 6,20 eingeschoben, um darauf hinzuweisen, dass Herodes ihm nach wie vor zuhörte. Obwohl Johannes sein Gewissen anrührte, *hörte* er *ihm* dennoch *gern zu.* Es geschah oft, dass er sagte: »Lasst Johannes den Täufer kommen!« König Heinrich VIII. wollte Hugh Latimer hören, obwohl dieser offen sein Verhalten gebrandmarkt hatte. Ja, an seinem Geburtstag hatte Latimer ihm gar ein Taschentuch geschickt, auf dem folgende Worte eingestickt waren: »Unzüchtige und Ehebrecher wird Gott richten.«[35] Daraufhin rief Heinrich aus: »Lasst uns den aufrichtigen Hugh Latimer hören!« Selbst Schurken bewundern diejenigen, die ihnen die Wahrheit sagen. Wie unerwünscht die entsprechende Warnung auch sein mag, die Betreffenden glauben, dass sie ehrlichen Herzens ausgesprochen wurde. Daher achten sie den jeweiligen Prediger. Dies ist ein wertvoller Punkt. Ihr, die ihr hier zugegen und noch nicht bekehrt seid, habt überaus scharfe Sätze von mir gehört. Ihr habt vom »kommenden Gericht« (vgl. Apostelgeschichte 24,25) und von jenem ewigen Zorn gehört, der auf denjenigen bleibt, die in ihren Sünden sterben. Ich will euch daher warnen, damit ihr auch dann noch hörbereit seid, wenn ihr die Anklagen des Wortes Gottes gehört habt. Wenn dem so ist, habe ich große Hoffnung für euch. So weit, so gut.

Es gab noch einen letzten positiven Punkt in Bezug auf Herodes, und zwar die Tatsache, dass *sein Gewissen* durch die Predigt des Johannes *zutiefst berührt* wurde. Ich neige nämlich zu der Ansicht, dass eine bestimmte Lesart, welche die Stelle (»Herodes … tat … vieles«) anders wiedergibt, richtig ist. Sie lautet: »Herodes … war … in großer Verlegenheit« (vgl. Revidierte Elberfelder), oder: »Herodes, von mancherlei bewegt, zauderte.« Eine solche Bedeutung findet sich in einigen Handschriften. Er liebte seine Sünde, und obwohl er eine »anmutige Heiligkeit« im Glauben an Gott erkennen konnte sowie selbst Interesse an einem heiligen Lebenswandel bekundete, gab es Herodias, von der er nicht lassen wollte. Wenn er eine Predigt hörte, glich er einem seiner Verwandten in späteren Jahren, der »in Kurzem überredet« (vgl. hier und im Folgenden Apostelgeschichte 26,28) gewesen wäre. Dennoch gab er seine Begierde nicht auf. Er ging nicht

35 Vgl. Hebräer 13,4. Heinrich VIII. ist vor allem wegen seiner Frauengeschichten bekannt.

so weit, wie er nach dem Willen des Johannes hätte gehen sollen. Er konnte seine Lieblingssünde nicht lassen und meinte dennoch, den Wunsch zu verspüren, sie aufgeben zu wollen. Er hinkte auf beiden Seiten, er zauderte und schwankte. Er wollte das Gute tun, wenn er dabei nicht gleichzeitig sein Vergnügen aufgeben musste. Sein Vergnügen beherrschte ihn jedoch in einem solchen Maße, dass er ihm nicht entrinnen konnte. Er glich einem Vogel, der an der Leimrute gefangen war. Er wollte wegfliegen, ließ sich aber bedauerlicherweise aus freien Stücken von seiner Lust beherrschen und ging ihr auf den Leim. Dies ist bei vielen unserer Hörer der Fall. Ihr Gewissen ist nicht von ihren Sünden abgebracht worden: Sie können sie nicht aufgeben, und dennoch würden sie es gern tun. Sie schrecken vor der Entscheidung zurück und haben Angst davor, die Sünde loszulassen. Es scheint heutzutage nicht mehr zeitgemäß zu sein, Gewissensbisse zu haben. Wer aber ein Gewissen hat, das auf die Verkündigung des Wortes empfindsam reagiert, verdient Hochachtung. Wohl dir, wenn du ein solches hast! So weit, so gut.

Es gab demnach sechs positive Eigenschaften im Blick auf Herodes. Doch nun will ich sehr traurigen Herzens auf *die Unzulänglichkeiten in seinem Fall* hinweisen. Die erste Unzulänglichkeit bestand darin, dass *er zwar Johannes gern hörte, aber nie auf den Herrn des Johannes sah*. Johannes hatte nie beabsichtigt, *selbst* Jünger zu sammeln. Vielmehr rief er aus: »Siehe, das Lamm Gottes« (vgl. hier und im Folgenden Johannes 1,29). Herodes war in gewisser Weise ein Anhänger des Johannes, aber nie ein Jünger Jesu. Es fällt euch möglicherweise leicht, einen Verkündiger zu hören, zu lieben und zu bewundern, und dennoch kann euch der Herr dieses Gottesboten völlig unbekannt sein. O möge dies doch bei keinem von euch der Fall sein! Gott bewahre mich davor, dass ich euch durch meinen Dienst zu mir führe und euch dort belasse! Wir sind lediglich Wegweiser auf Christus hin. Bleibt nicht bei uns stehen! Seid unsere Nachahmer, wie wir Christi Nachahmer sind! Aber anderweitig solltet ihr uns nicht nachahmen! Ihr müsst euch an Christus wenden, denn unser ganzer Dienst zielt auf Christus Jesus ab. Ihr gleicht sonst Herodes, ohne ihm etwas vorauszuhaben – es sei denn, dass die Gnade euch zu Christus führt.

Die zweite Unzulänglichkeit im Falle des Herodes bestand darin, dass *er Güte in seinem eigenen Herzen nicht achtete*. Obwohl er sie bei anderen bewunderte, fehlte sie ihm selbst. Unser Heiland beschrieb Herodes auf vortreffliche Weise. Wie meisterhaft konnte Christus Personen darstellen! Er sagte über Herodes: »Geht hin und sagt diesem Fuchs …« (vgl. Lukas 13,32). Herodes war ein verschlagener Mann, selbstsüchtig, voller Listen. Er war furchtsam, wenn er sich in der Gegenwart seiner Vorgesetzten befand, aber grausam und dreist, wenn er mit denen zusammen war, die ihm schutzlos ausgeliefert waren. Wir begegnen manchmal diesen verschlagenen Leuten: Sie wollen in den Himmel kommen, finden aber Gefallen an dem Weg zur Hölle. Sie wollen einen Choral zur Ehre Jesu singen, mögen aber gleichzeitig ein ordentlich dröhnendes Lied, wenn sie Kameraden in feuchtfröhlicher Runde zusammenbringen. Und dazu auf jeden Fall eine kleine Spende für die Gemeinde! O ja, bewundernswert! Doch wie viel Geld wird für irgendeine geheime Begierde ausgegeben? So viele versuchen, zwischen Gott und Satan hin und her zu lavieren. Sie wollen es sich mit keinem von beiden verderben. Sie treiben ein doppeltes Spiel: Obwohl sie alles Gute bewundern, soll ihr Leben nicht zu viel davon ausstrahlen. Es könnte beschwerlich sein, wenn sie das Kreuz der Nachfolge Christi auf ihren Schultern tragen und es im eigenen Leben genau nehmen bzw. Sorgfalt unter Beweis stellen müssten. Dennoch sagen sie absolut nichts gegen andere Menschen, die sich entsprechend verhalten.

Eine weitere Unzulänglichkeit im Charakter des Herodes bestand darin, dass *er das Wort Gottes nie als solches liebte*. Er bewunderte Johannes und sagte vermutlich: »Dies ist der richtige Mann für mich. O wie unerschrocken er die Botschaft seines Herrn verkündet! Diesen Mann sollte ich eigentlich gern hören.« Er hat sich jedoch nie gesagt: »Gott hat Johannes gesandt und redet daher durch ihn zu mir. O dass ich doch das beherzigen möge, was Johannes sagt! Möge ich durch das von Johannes verkündigte Wort belehrt und zurechtgebracht werden, denn es ist Gottes Wort.« Nein, nein. Fragt euch doch selbst, ihr Lieben, ob dies nicht auch für euch gelten mag! Kann es nicht sein, dass ihr eine bestimmte Predigt hört, weil dieser oder jener Bruder spricht und ihr den Verkündiger bewundert? Es wird verhängnisvolle Folgen für euch haben, wenn ihr mit dem Wort so umgeht. Es muss für euch das sein, was es in Wahrheit ist – das Wort Gottes. Ansonsten wird es euch nicht retten. Es wird nie eure Seele durchdringen, wenn ihr es nicht als Wort Gottes annehmt, euch darunter beugt und den Wunsch habt, all seine Kraft zu spüren, da es unmittelbar aus dem Munde Gottes zu euch kommt und durch seinen Heiligen Geist in euer Herz gegeben wurde.

Nun wissen wir aber, dass Herodes das Wort nicht als Wort Gottes aufnahm, weil er sich dasjenige heraussuchte, was ihm gelegen kam. Ihm gefiel Johannes´ Predigt nicht, als dieser über das siebte Gebot sprach. Hätte er über das vierte Gebot geredet, hätte Herodes gesagt: »Das ist bewundernswert! Die Juden sollten dieses Gebot halten.« Als er sich jedoch mit dem siebten Gebot befasste, könnten Herodes und Herodias gesagt haben: »Unserer Meinung nach sollten Prediger auf solche Themen nicht Bezug nehmen.« Ich habe stets festgestellt, dass nach Meinung von Menschen, die dem Laster verfallen sind, die Knechte Gottes nicht auf solch anstößige Fragen anspielen sollten. Wir dürfen die Sünden des Mannes im Mond[36] und die Laster der Wilden in Zentralafrika brandmarken. Wenn es aber um die alltäglichen Laster dieser Stadt London geht, wenn wir im Namen Gottes unseren Finger darauf legen, dann schreit sofort jemand: »Es ist ungehörig, auf diese Dinge zu sprechen zu kommen!« Johannes befasste sich mit dem ganzen Wort Gottes. Dabei sagte er nicht nur: »Siehe, das Lamm Gottes«, sondern auch: »Die Axt (ist) an die Wurzel der Bäume gelegt« (vgl. Matthäus 3,10 und Lukas 3,9). Er sprach in verständlicher Weise das Gewissen an. Herodes wies demnach eine verhängnisvolle Unzulänglichkeit in seinem Charakter auf: Er schenkte nicht der *ganzen* Botschaft Beachtung, die Johannes als Wort Gottes verkündet hatte. Ihm gefiel ein Teil, ein anderer aber nicht. Er ähnelte jenen, die eine lehrmäßige Rede bevorzugen, aber die Gebote des Wortes Gottes nicht ertragen können. Nun höre ich jemanden ausrufen: »Ich mag praxisbezogene Predigten, während mir Lehre nicht liegt.« Wirklich? Es gibt nun einmal Lehre in Gottes Wort, wobei ihr das von Gott Gegebene annehmen sollt – nicht die halbe Bibel, sondern die ganze Wahrheit, wie sie in Jesus zu finden ist. Dies war ein großer Mangel aufseiten des Herodes: Er nahm das Zeugnis des Johannes nicht als Wort Gottes an.

Als Nächstes gilt: Herodes tat zwar *vieles*, aber *eben nicht alles*. Derjenige, der das Wort Gottes in Wahrheit annimmt, versucht nicht nur, vielerlei zu tun. Vielmehr ist ihm daran gelegen, alles, was

36 Der Mann im Mond verkörpert die volkstümliche, über die ganze Erde verbreitete Deutung des Mondreliefs (»Meere«, Krater u. a.). Die deutsche Sage hält den Mann im Mond für einen Feiertagsfrevler, der am Sonntag Holz stahl und zur Strafe auf den Mond verbannt wurde, wo er sein Reisigbündel im Nacken trägt.

recht ist, zu tun. Er gibt nicht nur ein Laster oder ein Dutzend Laster auf, sondern ist bemüht, jeden falschen Weg zu verlassen. Außerdem strebt er danach, sich von jeder Ungerechtigkeit retten zu lassen. Herodes kümmerte sich nicht um eine gründliche Besserung seines Wesens, denn dies hätte eine zu große Selbstverleugnung erfordert. Es gab eine Sünde, woran er weiterhin hing. Als Johannes offen darüber sprach, wollte er ihm nicht zuhören.

Ein weiterer Mangel im Blick auf Herodes bestand darin, dass *er im Bann der Sünde stand*. Er war der Herodias verfallen. Sie war als seine Nichte zuvor mit seinem eigenen Halbbruder verheiratet gewesen und hatte ihm Kinder geboren.[37] Dennoch hatte Herodes als Ehebrecher sie ihm weggenommen, um sie heiraten zu können. Gleichzeitig hatte er seine bisherige Gattin, die ihm jahrelang eine unbescholtene und treue Frau gewesen war, verstoßen. Dies ist ein abscheuliches Beispiel eines schmutzigen Inzests, den man sich kaum vorstellen mag. Der Einfluss dieser Frau brachte für ihn Fluch und Verderben mit sich. Wie viele Männer sind auf diese Weise zugrunde gerichtet worden! Wie viele Frauen werden in dieser Stadt täglich ins Verderben gerissen, indem sie unter den verderblichen Einfluss anderer geraten! Meine lieben Männer und Frauen, ihr werdet allein vor Gott stehen müssen! Lasst euch nicht von irgendjemandem in seinen Bann ziehen! O flieht doch, um euch zu retten! Lauft um euer Leben, wenn das Laster hinter euch her ist! Vielleicht bin ich in diesem Augenblick mit einem Wort gerade zu dir gesandt, um dein Gewissen wachzurütteln und um dich für die drohende Gefahr zu sensibilisieren. Es ist stets gefährlich, sich unter dem Einfluss eines unbekehrten Menschen zu befinden, wie moralisch hochstehend er sich auch geben mag. Er ist jedoch äußerst bedrohlich, der Faszination einer boshaften Frau oder eines lasterhaften Mannes zu erliegen. Möge Gott euch helfen, euch mithilfe seines Geistes davon zu lösen, denn wenn ihr Hörer des Wortes und zugleich Täter des Bösen seid, werdet ihr schließlich Herodes gleichen und ihm nichts voraushaben.

Ich werde nur kurz auf eine weitere Einzelheit in Bezug auf den Charakter des Herodes verweisen: Obwohl er aufgrund seiner *religiösen Einstellung* vieles tat, wurde diese *von Furcht und nicht von*

37 Bibel und zeitgenössische Geschichtsschreibung berichten allerdings nur von der Tochter Salome.

Liebe bestimmt. Es wird nicht gesagt, dass Herodes Gott fürchtete, sondern es heißt: »Herodes fürchtete den *Johannes*.« Er *liebte* Johannes nicht, sondern »*fürchtete*« ihn. Die ganze Angelegenheit war von Furcht geprägt. Wie ihr seht, war er kein Löwe, sondern ein Fuchs, furchtsam, feige und bereit, vor jedem bellenden Köter davonzulaufen.

Es gibt viele Menschen, deren Religion von Furcht beherrscht wird. Bei einigen ist es die Menschenfurcht – die Furcht davor, was Menschen sagen würden, wenn sie nicht vorgäben, religiös zu sein. Es ist die Furcht vor dem, was ihre christlichen Freunde von ihnen denken würden, wenn sie nicht unbescholten wären. Bei anderen herrscht die Furcht vor, dass irgendein schreckliches Gericht über sie hereinbrechen könnte. Doch die treibende Kraft des christlichen Glaubens ist die Liebe. O wie glückselig ist derjenige, der das Evangelium liebt, an der Wahrheit Gefallen findet und sich über Heiligkeit freut! Er ist wahrhaft bekehrt. Aufgrund der Angst vor dem Tod und der Hölle entsteht ein sehr armseliger Glaube, der Menschen glaubensmäßig noch immer auf der Ebene des Herodes belässt.

Ich schließe, indem ich euch sehr betrübten Herzens zeige, *was aus Herodes wurde*. Trotz all dieser guten Eigenschaften nahm Herodes ein überaus trauriges Ende. Zunächst *tötete er denjenigen Prediger, den er einst geachtet hatte*. Er war es, der den entsprechenden Befehl gab, obwohl der Henker diesen ausführte. Er sagte: »Geht und holt das Haupt Johannes´ des Täufers auf einer Schüssel!« So ist es mit vielen Hörern gegangen, die hoffnungsvoll begannen: Sie sind Verleumder und Verfolger genau derjenigen Verkündiger geworden, vor denen sie einst große Achtung hatten. Wären sie dazu imstande gewesen, hätten sie ihnen schließlich den Kopf abgeschlagen. Nach einer Weile missfällt es den Leuten, getadelt zu werden, und ihr Missfallen geht so weit, dass sie das verhöhnen, was sie einst verehrten, und den Namen Christi zum Spielball ihrer Scherze machen. Hütet euch davor! Nehmt euch doch davor in Acht, denn mit demjenigen, der den Weg der Sünde betritt, geht es bergab! Herodes fürchtete Johannes, und doch enthauptete er ihn. Mag auch jemand evangelisch, calvinistisch oder sonst etwas sein – unter dem Druck bestimmter Verhältnisse kann er zu einem Hasser und Verfolger der Wahrheit werden, die er einst bekannte.

Herodes Antipas fiel allerdings noch eine Stufe tiefer; denn er war es, der *später den Heiland verspottete*. Diesbezüglich heißt es: »Als aber Herodes mit seinen Kriegsleuten ihn geringschätzend behandelt und verspottet hatte, warf er ihm ein glänzendes Gewand um« (vgl. Lukas 23,11). Dies war derjenige Mann, der unter dem Einfluss von Johannes »vieles (tat)«. Jetzt verfolgt er einen anderen Kurs: Er speit den Erlöser an und beschimpft den Sohn Gottes. Einige der ärgsten Lästerer des Evangeliums waren ursprünglich Schüler und Lehrer in der Sonntagsschule. Es waren junge Männer, die »in Kurzem überredet« waren. Doch sie hinkten auf beiden Seiten, zauderten und schwankten, bis sie zu Fall kamen und es viel schlimmer mit ihnen wurde, als wenn sie das Licht der Wahrheit nie gesehen hätten. Wenn der Teufel aus einem Menschen einen Judas, »den Sohn des Verderbens« (vgl. Johannes 17,12), machen will, so nimmt er einen Apostel und wirkt auf ihn ein. Wenn er einen durch und durch bösen Menschen wie Herodes nimmt, muss er Einfluss auf ihn haben, wie ihn seinerzeit Johannes auf Herodes hatte, als dieser ihm zuhörte. Grenzlandbewohner sind auf irgendeine Art die schlimmsten Feinde. In den mittelalterlichen Kriegen zwischen England und Schottland führten die Grenzlandbewohner die Kampfhandlungen aus. Daher richten die Bewohner der Grenzgebiete den größten Schaden an, bis wir sie auf unsere Seite der Grenze bringen. O dass die Gnade Gottes all die zur Entscheidung bringen würde, die jetzt noch zaudern!

Vielleicht sollte ich euch gegenüber erwähnen, dass Herodes binnen Kurzem *all die Macht, die er besessen hatte, verlor*. Obwohl er ein verschlagener Mann war und stets versuchte, seine Macht zu vergrößern, fiel er letztendlich beim römischen Kaiser in Ungnade. Damit war seine politische Laufbahn beendet. So mancher Mensch hat Christus aus Ehrsucht verlassen, um am Ende Christus sowie sein Leben zu verlieren. Er gleicht demjenigen Mann in alten Zeiten, der um seines Glaubens willen ins Gefängnis geworfen wurde, als Katholiken Andersdenkende verfolgten. Er sagte, dass er den protestantischen Glauben liebe, rief aber gleichzeitig aus: »Ich will nicht auf den Scheiterhaufen!« Er hatte also den Glauben verleugnet, doch kurz darauf fing sein Haus in tiefster Nacht Feuer: Derjenige Mann, der sich nicht verbrennen lassen wollte, starb nun gezwungenermaßen beim Brand seines Hauses, obwohl ihm dabei kein Trost zuteilwurde, weil er seinen Herrn verleugnet hatte. Wenn ihr Christus für ein Linsengericht verkauft, wird es euch gehörig die Lippen verbrennen. Es wird wie geschmolzenes Blei auf ewig in eurer Seele brennen, denn »der Lohn der Sünde ist der Tod« (vgl. Römer 6,23). Wie sehr die goldenen Münzen auch glänzen und wie schön sie auch klimpern mögen – sie erweisen sich als furchtbarer Fluch für denjenigen, der seinen Herrn verrät, um das Geld zu gewinnen.

Heute steht der Name Herodes *unauslöschlich für Niedertracht*. Solange es eine christliche Kirche gibt, wird man den Namen Herodes verabscheuen. Und ist es nicht eine ernste Überlegung, dass es anfangs hieß: »Herodes fürchtete den Johannes ... (und) war ... in großer Verlegenheit, und er hörte ihn gern«? Meines Wissens nach ist kein junger Mensch hier der Meinung, dass er eines Tages je zu einem Herodes werden könnte. Ich könnte sinngemäß wie der Prophet sagen: »Du wirst dieses und jenes tun« (kein direktes biblisches Zitat; vgl. 2. Könige 8,12), und du würdest antworten: »Was ist dein Knecht, der Hund, dass er eine so große Sache tun könnte?«[38] Doch du *wirst* es tun, wenn du dich nicht für Gott entscheidest.

Ein derartiger Appell hat mich einst aufgeschreckt. Als ich jung und zart war, gab es einen hoffnungsvollen Jugendlichen, der mit mir zur Schule ging und mir gegenüber als Vorbild hingestellt wurde. Er war ein tüchtiger Junge, wobei ich nie besonders gern an seinen Namen dachte, weil ich durch sein freundliches Wesen fortwährend angeklagt wurde – als einer, der ihm diesbezüglich weit unterlegen war. Da ich jünger war als er, erlebte ich noch als Schüler, wie er seine Lehre begann, sich in die Vergnügungen des Großstadtlebens stürzte und voller Schande zurückkam. Ich war entsetzt. Konnte ich nicht genauso meine charakterliche Glaubwürdigkeit verlieren? Und als ich dann mein Leben Christus übergab, stellte ich fest, dass er mir ein neues Herz und einen rechten Geist geben würde. Außerdem las ich jene Bundesverheißung: »Ich werde meine Furcht in ihr Herz legen, damit sie nicht von mir abweichen« (vgl. Jeremia 32,40). Dabei hatte ich den Eindruck, als sei dies eine Art »Charakterversicherungsklausel«: Wenn ich an Jesus Christus glauben würde, wäre gewährleistet, dass mein Charakter christusähnlicher würde, denn Christus würde es mir ermöglichen, in Pfa-

38 Vgl. 2. Könige 8,13. C. H. Spurgeon zitiert den Wortlaut dieser Stelle im Englischen so, dass er mehr auf die Art und weniger auf die Größe der Taten hinweist, um die es im Originalzusammenhang geht: »Ist dein Knecht ein Hund, dass er dies tun sollte?«

den der Heiligkeit zu wandeln. Dies weckte in mir das Verlangen, an Christus Anteil zu haben.

Wenn ihr nicht einem Herodes gleichen wollt, solltet ihr Jünger Jesu Christi sein, denn eine andere Alternative haben einige von euch nicht. Einige von euch sind eine derart starke Persönlichkeit, dass ihr nicht umhin könnt, euch zu entscheiden: völlig im Dienste Christi oder ganz als Sklaven des Teufels. Ein alter Schotte wollte einmal Rowland Hill[39] sehen. Der Prediger fragte: »Was willst du denn sehen?« Darauf sagte der Angesprochene: »Deine Gesichtszüge!« »Was hältst du von ihnen?« Der Schotte erwiderte: »Meiner Meinung nach wärest du ein furchtbarer Sünder geworden, wenn du dich nicht für ein Leben als Christ entschieden hättest.« Einige Menschen sind derartig veranlagt. Sie gleichen einem Pendel, das in die eine oder andere Richtung ausschlagen muss. O dass doch heute Abend Christus die Richtung sein möge, in die euer Lebenspendel ausschlägt! Ruft aus: »Herr, hilf mir, meinen Weg zu reinigen! Hilf mir, ganz dir zu gehören! Hilf mir, die Gerechtigkeit, die ich bewundere, und die Heiligkeit, die ich in Ehren halte, zu besitzen! Hilf mir, nicht nur *einige* Dinge, sondern alles zu tun, was du von mir erwartest! Nimm mich, lass mich dein Eigen sein, damit ich Freude und Wonne finden kann in demjenigen, der mir hilft, heilig zu sein.« Gott segne euch, ihr lieben Freunde, um Jesu Christi willen. Amen.

39 (1744-1833), von den Methodisten beeinflusster volkstümlicher Prediger der anglikanischen Kirche, Förderer der *London Missionary Society* sowie der *British and Foreign Bible Society*.

Zachäus

Jesus im Haus des Oberzöllners

»Und als er an den Ort kam, sah Jesus auf und erblickte ihn und sprach zu ihm: Zachäus, steig eilends herab! Denn heute muss ich in deinem Haus bleiben« (Lukas 19,5).

Dies ist meines Wissens nach das einzige Beispiel, bei dem sich unser Herr selbst in das Haus eines Menschen einlud. In der Regel müssen wir den Herrn suchen, wenn wir ihn finden wollen. Von außen betrachtet kommt das offensichtliche Werk der Gnade in aller Regel folgendermaßen zustande: Ein Mensch fängt an, um Gnade zu rufen – wie der Blinde, der schrie, als er hörte, dass Jesus von Nazareth vorbeiging: »Sohn Davids, erbarme dich meiner« (vgl. hier und im Folgenden Lukas 18,38). Doch Gott ist so reich an Gnade, dass er sich nicht darauf beschränkt, immer so zu handeln. Im Allgemeinen lässt er sich von denjenigen finden, die ihn suchen, doch mitunter findet er diejenigen, die ihn nicht gesucht haben. Ja, ganz ehrlich gesagt: Wenn man bis zum Kern der eigentlichen Tatsache kommt, ist es immer Gott, der Sünder sucht. Die Initiative in der Beziehung zwischen Gott und dem Sünder geht nie vom Sünder, sondern immer von Gott aus. Dennoch ist es offensichtlich so, dass Menschen anfangen, zu Gott zu beten und den Herrn zu suchen. Darin besteht die gewöhnliche Reihenfolge, in der ihnen das Heil zugeeignet wird. Der verlorene Sohn sagte: »Ich will mich aufmachen und zu meinem Vater gehen.« Danach heißt es: »Und er machte sich auf und ging zu seinem Vater« (vgl. Lukas 15,18.20). Der Blinde schrie: »Jesus, Sohn Davids, erbarme dich meiner.«

Unser Bibeltext beschreibt jedoch einen Fall, der die Freigebigkeit göttlicher Gnade erkennen lässt. Zachäus hat ja nicht Christus in sein Haus eingeladen, sondern umgekehrt: Christus lud sich bei Zachäus ein. Obwohl Zachäus Jesus nicht darum bat, sein Gast zu sein, und noch viel weniger diesbezüglich in ihn drang, ließ Christus ihm gegenüber nicht locker und sagte zu ihm: »Steig eilends herab! Denn heute muss ich in deinem Haus bleiben.« Meiner Meinung nach gibt es einige hier, die einen Auftrag bekommen haben in der Art desjenigen, den Zachäus erhielt. Ich bete darum, dass Christus viele finden möge und zu jedem von ihnen sagen kann: »Beeile dich, komm und nimm mich auf, denn ich muss an ebendiesem Abend bei dir bleiben und in deinem Haus sowie deinem Herzen von nun an bis in Ewigkeit wohnen.«

Das Erste, worüber ich reden werde, ist *die göttliche Notwendigkeit, die den Heiland drängte*. Er sagt: »Ich muss!« »Heute muss ich in deinem Haus bleiben.«

Wenn wir von Notwendigkeit sprechen, dann meiner Ansicht nach eher aufseiten Christi als aufseiten des Zachäus. Ihr wisst, dass er dieses »Muss« auch zu anderen Zeiten spürte. In Johannes 4,4 lesen wir: »Er musste … durch Samaria ziehen.« Es gab eine heilige Notwendigkeit, diesen Weg zu gehen. Das allerwichtigste Beispiel finden wir in Matthäus 16,21. Dort heißt es: »Jesus (begann) seinen Jüngern zu zeigen, dass er nach Jerusalem hingehen müsse und von den Ältesten und Hohenpriestern und Schriftgelehrten vieles leiden und getötet und am dritten Tag auferweckt werden müsse.«

In diesem Fall war das »Muss« anderer Art: Er musste im Haus des Zachäus bleiben. Worin bestand diese Notwendigkeit, die unseren hochgelobten Meister derart drängte? Es gab neben dem Haus dieses Zöllners viele andere Häuser in Jericho. Ich möchte sagen, dass es viele andere Menschen gab, die offensichtlich geeignetere Gastgeber für den Herrn Jesus Christus gewesen wären. Dennoch kehrte er letztlich nicht bei ihnen ein. Auf demjenigen, welcher der allmächtige Herr aller ist, lastete ein gewaltiger Druck. Was war mit diesem »Muss« gemeint?

Meine erste Antwort lautet: Er musste es tun, weil er Liebe ist. Unser Herr Jesus wollte einem Menschen seine Gnade zuteilwerden lassen. Er hatte Zachäus gesehen und wusste, welchen Beruf er ausübte. Er wusste auch, worin seine Sünde bestand, und spürte, dass dieser unbedingt seine Gnade brauchte. Als er ihn ansah, war ihm wie einer Mutter zumute, wenn ihr Kind krank ist und gepflegt werden muss. Oder vielleicht wie einem Menschen, der einen Verhungernden an der Schwelle des Todes erblickt und spürt, dass er ihm unbedingt zu essen geben muss. Oder wie einigen Männern, als sie sahen, wie einer ihrer Mitmenschen zu ertrinken drohte, und sie sich ins Wasser stürzten, um den Betreffenden zu retten. Sie hielten nicht inne, um nachzudenken, sondern vollbrachten die anerkennenswerte Tat, ohne lange zu überlegen. Sie spürten nämlich, dass sie es tun »mussten«.

In dieser Weise – nur auf einer viel höheren Ebene – spürte Jesus, dass er Zachäus Gnade zueignen musste. Und er ist heute noch der gleiche Christus, der er damals war. Seine Liebe hat nicht nachgelassen, er ist derselbe gnadenreiche Heiland, wobei er die gleiche Notwendigkeit, das gleiche Verlangen zur Rettung von Seelen und den gleichen Wunsch verspürt, den Menschenkindern aus Liebe Gnade zuteilwerden zu lassen. Daher war dies eine Notwendigkeit, die der göttlichen Güte und Liebe des Heilands entsprang.

Als Nächstes denke ich, dass er es tun musste, weil er der souveräne Herr ist. »Ich (muss) in deinem Haus bleiben.« Um ihn waren Schriftgelehrte, Pharisäer und alle möglichen anderen Leute versammelt, die sagten: »Er ist ein Prophet und hat die Augen eines Blinden aufgetan. Daher muss er als Prophet von irgendeinem bekannten Pharisäer beherbergt werden. Irgendein Angesehener muss für ihn heute Nacht eine Unterkunft ausfindig machen.« Aber unser Herr Jesus Christus scheint zu sagen: »Ich bin nicht gebunden. Ich lasse mir keine Fesseln anlegen. Ich muss meinen Willen zum Ausdruck bringen und meine Souveränität unter Beweis stellen. Obwohl all diese Menschen murren, muss ich es einfach tun. Mein lieber Zachäus, ich werde kommen und bei dir bleiben. Damit will ich ihnen lediglich zeigen, dass ich denjenigen begnadige, dem ich Gnade erweisen will, und mich über den erbarme, dem ich Barmherzigkeit zueignen möchte.«

Wie ihr seht, hatte dieser Mann einen schlechten Ruf. Wir hierzulande mögen Zöllner nicht allzu sehr, doch im Orient waren sie noch verrufener als bei uns. Stellen wir uns das vor: ein Zöllner unter den Juden, der inmitten seiner Landsleute eine widerliche Steuer eintreiben musste, die von einer fremden Macht dem Volk auferlegt wurde – einer Nation, die sich als Volk Gottes und als frei ansah. Ein solcher Mann wurde zutiefst gehasst, weil er sich dazu hergegeben hatte, Zollpächter zu sein. Und wenn er wie im Falle des Zachäus noch dazu Oberpächter, der oberste Zollpächter, war, dann hatte er wirklich einen sehr schlechten Ruf. Man mied den Umgang mit ihm, ließ sich nur selten in seinem Haus blicken und ging ihm allgemein gesehen aus dem Weg. Wenn man Sünder erwähnte, war man stets der Meinung, dass Zachäus, der aus dem von der Allgemeinheit besonders verabscheuten Geschäft einen ansehnlichen Gewinn zog und als sehr reich galt, einer der allerschlimmsten war. Meiner Meinung nach war er als Zöllner auch durch ein Gesetz des Hohen Rates mit dem Bann belegt worden, denn diese Leute wurden im Allgemeinen als Ausgeschlossene betrachtet.

Außerdem hatte Zachäus aus meiner Sicht eine außergewöhnliche Statur. Dass er vorauslief, war hinsichtlich eines solchen Menschen sehr selten: Reiche – auch wenn es mal vorkommt, dass sie klein von Gestalt sind –, fangen im Allgemeinen nicht an, eilends durch die Straßen zu laufen und auf Bäume zu klettern. Zachäus, so denke ich, gehörte zu den Menschen jenes Schlags, die zurückgezogen leben und etwas auch wirklich tun, wenn sie es tun wollen. Und wenn es darum ging, nach Jungenart auf einen Baum zu steigen, machte ihm das nichts aus, denn er kümmerte sich nicht mehr um die Meinung der anderen. Somit scheint unser Herr Jesus Christus Folgendes gesagt zu haben: »Ich werde diesen Leuten zeigen, dass ich Menschen nicht aufgrund ihrer guten Stellung in der Gesellschaft oder infolge ihres hervorragenden Rufs oder aufgrund der Tatsache errette, dass es in ihrem Charakter einige gute Eigenschaften gibt. Ich werde diesen Außenseiter, diesen Zachäus, diesen verachteten Zöllner, retten. Ich brauche ihn, denn er gehört genau zu denjenigen Menschen, in deren Leben ich die Souveränität meiner Gnade am besten unter Beweis stellen kann.« Er, der Hochgelobte, war in seinem Herzen voll heiliger Entschlossenheit, nach seinem Wohlgefallen zu handeln, sodass er aus diesem Grund zu Zachäus sagt: »Ich (muss) in deinem Haus bleiben.«

Unser Herr stand darüber hinaus unter einem anderen »Muss«: Er wollte einen Menschen haben, in dessen Leben er die große Macht seiner Gnade erweisen konnte. Er brauchte zunächst einen Sünder, bei dem er ansetzen wollte, um aus ihm einen Heiligen zu machen – und zwar einen Heiligen der ganz besonderen Art. Gibt es unter den hier Versammelten einen Christen, der dem Maßstab des Zachäus in der Zeit nach dessen Bekehrung entspricht? Ich will keinem zu nahe treten, bezweifle aber, dass es ihn gibt. Findet sich hier jemand, der die Hälfte seines Einkommens den Armen gibt? Ich bin der Meinung, dass die Gnade hier ein gewaltiges Werk im Blick auf das Almosengeben vollbracht hat. Und dann solltet ihr bedenken, dass Zachäus noch ein Kind im Glauben war, als er dies tat. Was er daher tat, als er geistlich reifer wurde, weiß ich nicht. Vergesst jeden Zauberstab und seht die mächtige Gnade Gottes: Sie tat sein verschlossenes Herz auf und ließ daraus eine Quelle hervorsprudeln, die sich in tausend Strömen der Freigebigkeit ergoss. Ich frage mich, ob sich jemand hier befindet, der spürt, dass in ihm überhaupt nichts ist, das sich in irgendeiner Weise als gut erweist. Wenn dies der Fall ist, könnte der Herr sagen: »Ich werde etwas aus diesem Menschen machen, das alle, die ihn kennen, in Erstaunen versetzen wird. Aufgrund dessen wird seine Frau fragen, was ihn verändert habe. All seine Kinder werden sagen: ›Was ist denn in Vater gefahren?‹ Infolgedessen werden alle Gemeindeglieder ausrufen: ›Welch ein Wunder! Welch ein Wunder!‹«

Es gab noch ein weiteres »Muss«, das auf Christus lastete, nämlich dasjenige, dass er im Haus des Zachäus bleiben muss, weil dieser sein Gastgeber in Jericho sein sollte. Selbst der Heiland musste irgendwo eine Unterkunft finden, wobei sein Vater in den meisten Fällen irgendeinen liebenswürdigen Menschen dazu berufen hatte, ihn zu beherbergen. Demzufolge sollte Zachäus an jenem Tag sein Gastgeber sein. Ich bin überzeugt davon, dass Christus sein altes Quartier aufgesucht hätte, wenn er je wieder diesen Weg gekommen wäre. Gepriesen sei der teure Name meines Herrn! Er hat noch immer einige Gastgeber, deren Gastzimmer ihm stets offen steht! In jeder Stadt, jedem Dorf und jeder kleinen Ortschaft gibt es irgendein Haus, wo sich ein Prophetenzimmer findet. Wollte man fragen: »Gibt es hier jemanden, der den Herrn Jesus Christus beherbergen würde?«, könnte man bald Menschen finden, die sich darüber freuen würden, die Gemeinschaft mit ihm genießen zu können. Vielleicht gibt es einen großen Obersaal, mit Polstern ausgestattet und hergerichtet, wo man das Brot gemeinsam brechen könnte. Oder vielleicht einen kleinen Raum, wo zwei oder drei Menschen Jesus begegnen könnten – eine Stätte, die offenbar noch nie in einem solch hellen Licht erstrahlte wie zu der Zeit, da einige Menschen betend darin zusammenkommen. Der Herr muss in dieser Welt eine Herberge finden, wobei Zachäus derjenige Mann sein sollte, der ihn in Jericho aufnehmen würde.

Zweitens *wollen wir fragen, ob es ein solches Muss im Blick auf uns selbst gibt*. Ist es notwendig, dass der Herr Jesus Christus in dein Haus kommt und dort bleibt? Muss er in dein Herz kommen und dort Wohnung machen? Ich gebe die Antwort am besten dadurch, dass ich dir einige Fragen stelle.

Bist du erstens bereit, Christus sofort aufzunehmen? Wenn ja, dann gibt es ein Muss, das ihn drängt, zu dir zu kommen, denn er hat nie den Willen in einen Menschen gelegt, ohne neben dem Willen auch seine Gnade zu geben. Ja, die Bereitschaft, ihn aufzunehmen, ist der Beweis dafür, dass seine Gnade wirkt. Sehnst du dich mit Seufzen danach, dass Christus dein ist? Dann wirst du sicherlich bald sagen können: »Er ist mein!« Bist du ernsthaft bestrebt, dich durch Jesus Christus mit Gott versöhnen zu lassen? Dann kannst du diesen großen Segen auf der Stelle haben. Dürstet dich nach Gerechtigkeit? Dann wird dieser Durst gestillt werden, denn was sagt die Schrift? »Und wen dürstet, der komme« (hier und im Folgenden vgl. Offenbarung 22,17). Vielleicht könnte jedoch jemand sagen: »O, aber in diesem Wort Durst ist die Tatsache inbegriffen, dass der Betreffende entsprechend zubereitet ist. Ich fürchte, dass ich nicht genug Durst habe.« Doch wie fährt die Schrift fort? »Wer da will – wer da will –, nehme das Wasser des Lebens umsonst.«

Als Nächstes: Wirst du Jesus von Herzen aufnehmen? Zachäus »nahm ihn auf mit Freuden.« Wenn du nun das Gleiche tust, dann muss er in deinem Haus bleiben. Ich meine, jemanden mit den Worten zu hören: »Ihn mit Freuden aufnehmen? Das würde ich tun, wenn er nur zu mir käme. Ich würde all meinen Besitz hergeben, um Christus als meinen Heiland zu haben, um mir das neue Leben schenken lassen und um zu wissen, dass Jesus in meinem Herzen wohnt.« Wirst du ihn also wirklich freudig aufnehmen? Dann wird er ganz gewiss zu dir kommen. Er wird dastehen und selbst an die verschlossene Tür klopfen. Daher sucht er gewiss dort Eingang, wo es eine offene Tür gibt. Wir lesen von Lydia, »deren Herz … der Herr (öffnete)« (vgl. Apostelgeschichte 16,14). Dabei hatte sich ihr Herz erst kurz vor dem Zeitpunkt, da der Herr einkehrte, geöffnet. Wenn nun dein Herz für Christus offen ist, beweist dies, dass du zu denjenigen gehörst, in deren Leben er gerade jetzt einkehren muss.

Ich will dir eine andere Frage stellen: Wirst du Christus aufnehmen – ungeachtet dessen, was die murrenden Mitmenschen sagen mögen? Angenommen, er kommt zu dir: Dann werden sie zu murren anfangen, wie sie es taten, als er bei Zachäus einkehrte. Ich weiß nicht, wo du lebst, doch die Menschen in deiner Umgebung werden sowohl an dir als auch an deinem Herrn etwas auszusetzen haben. »Sie … murrten alle und sagten: Er ist eingekehrt, um bei einem sündigen Mann zu herbergen« (vgl. Lukas 19,7). Du siehst also, dass sie sowohl über Zachäus als auch über Christus murrten, wobei du genauso behandelt werden wirst, wenn du Christus aufnimmst. Diejenigen, die früher sagten: »Du bist ein feiner Kerl!«, werden dich einen kleinlichen Schuft nennen, wenn sie feststellen, dass du Christ geworden bist. Solange du ihnen die Zeche bezahlt hast, sagen sie dir, was für ein prima Kerl du bist. Sobald du jedoch ihren Lebensstil einmal hinter dir gelassen hast, bist du bei ihnen ganz und gar abgeschrieben. Dann haben sie für dich nur noch Fußtritte und Flüche übrig. Du weißt, wie sie in angeseheneren Kreisen einem Christen die kalte Schulter zeigen. Obwohl im Grunde nichts gesagt wird, gibt es sehr deutliche Hinweise darauf, dass deine Gesellschaft unerwünscht ist, wenn du erst einmal Christ geworden bist. Kannst du das ertragen? Willst du das wagen? Du musst nämlich damit rechnen, dass zur Nachfolge Christi das Kreuz gehört, wenn er in dein Haus und Herz kommt. Bist du bereit, Christus samt Kreuz und allem anderen aufzunehmen und zu sagen: »Mögen diejenigen, die murren, sagen und tun, was sie wollen, ich habe mich entschieden. Christus ist mein, Christus steht auf meiner Seite; ich kann ihn nicht aufgeben!«

Wirst du außerdem Jesus Christus als deinen Herrn aufnehmen? Zachäus tat dies, denn er sagte: »Siehe, Herr.« Bist du also bereit, für Christus alles aufzugeben und ihn Herr über dein Leben sein zu lassen? Bist du einfach aufgrund seiner Herrscherstellung gewillt, das zu tun, was er dir gebietet – ganz gleich, wie und wann er dir gebietet? Denn ich versichere dir: Du kannst Christus nicht als deinen Heiland haben, wenn er nicht auch dein Herr ist. Du musst Sünden aufgeben, Praktiken des Bösen entsagen, der Heiligung nachjagen und dich in allem bemühen, deinen Heiland nachzuahmen, der dir ein Beispiel hinterlassen hast, damit du seinen Fußspuren nachfolgst. Bist du dazu bereit? Wenn du nämlich dazu bereit bist, ist Christus gewillt, in deinem Haus zu bleiben und in deinem Herzen zu wohnen.

Wirst du wiederum bereit sein, dich für ihn zu einzusetzen? Wenn Jesus in ein Haus kommt, fällt dem Gastgeber die Pflicht zu, ihn zu verteidigen. Sehen wir uns daher die Reaktion des Zachäus an, als die Murrenden naserümpfend sagten, dass Christus bei einem Sünder eingekehrt sei: Nicht als Ausdruck der Selbstüberhebung, sondern als Antwort auf ihr Verhalten schien er sagen: »Aber nun bin ich kein Sünder wie früher mehr. Wenn ich irgendjemandem unrecht getan habe, werde ich es vierfach erstatten. Außerdem werde ich von nun an die Hälfte meines Einkommens als Almosen den Armen geben.« Damit hat er sich bestmöglich für Christus eingesetzt, denn dessen Macht muss sich im veränderten Leben seiner Jünger erweisen. Man muss so leben, dass Menschen jedes Mal, wenn sie den Heiland anzugreifen suchen, gezwungenermaßen sagen: »Ja, in der Tat: Dieser Mensch führt als Christ ein besseres Leben!« Ja, wenn der Herr Jesus Christus in dein Haus kommen sollte, musst du sagen: »Solange ich lebe, soll das Bestreben meines Herzens darin bestehen, mich für seine Sache einzusetzen, indem ich die Heiligkeit derjenigen Wesensart erweise, die sein Heiliger Geist nach meiner Überzeugung in mir wirken wird.«

Nun muss ich dich daran erinnern, *was geschehen wird, wenn Christus kommt, um in deinem Haus zu bleiben.*

Erstens musst du bereit sein, Einwänden in deiner engsten Umgebung zu begegnen. Wenn du sagst, dass du bereit bist, meinen Herrn aufzunehmen, erhebt sich die Frage: Weißt du ganz genau, was diese Aufnahme mit sich bringt? Christus sagt, dass er in deinem Haus bleiben will – ja, bleiben muss. Daraufhin sagst du: »Ja, mein Herr, ich nehme dich freudig in mein Herz und in mein Haus auf.« Aber warte einen Augenblick, mein Freund! Hast du in dieser Angelegenheit deine Frau gefragt? Du weißt, dass du Fremde nicht mit nach Hause bringen darfst. Sie wird dich zur Rede stellen, wenn du es trotzdem tust. Hast du die Kosten deiner Entscheidung überschlagen? Und, meine liebe Frau, du sagst: »Ich möchte Christus mit nach Hause bringen.« Hast du deinen Mann diesbezüglich gefragt? Manchmal sagt ein liebes Kind: »Jesus Christus soll bei mir bleiben.« Doch was wird der Vater sagen? Denn oftmals lebt der Vater in Feindschaft gegenüber Gott. Wenn dies in deinem Haus der Fall ist, stellt sich die Frage: Bist du bereit, um Christi willen Härten durchzustehen? Unser Herr sagte selbst: »Des Menschen Feinde werden seine eigenen Hausgenossen sein« (vgl. Matthäus 10,36). Oft ist es tatsächlich so. Kannst du sagen: »Obwohl ich meine Frau, mein Kind und meinen Vater liebe, geht meine Liebe zu Jesus weit darüber hinaus; ich muss Christus in meinem Herzen und in meinem Haus haben, selbst wenn dies mit Kampf in meiner Familie verbunden ist«? Wenn dies dein Entschluss ist, wird er in dein Haus kommen. Denke aber nicht, dass er anderenfalls kommt, um den zweiten Platz in deinem Leben einzunehmen. Er wird nicht kommen, falls du dich schon dann, wenn du erstmalig verspottet wirst oder die erste gehässige Bemerkung über deinen Herrn hörst, feige zurückziehst. Wenn du jedoch trotz aller Zurückweisungen und Vorwürfe anderer Menschen entschlossen bist, ihn in dein Leben einzulassen, damit er darin wohnt, dann wird er in dein Haus kommen.

Aber weiter: Ist dein Haus so eingerichtet, dass er es betreten und darin bleiben kann? Ich kenne einige Häuser, wo mein Herr nicht eine einzige Nacht bleiben könnte: Die Atmosphäre bei Tisch, die Gespräche und das ganze Umfeld würden seinem Wesen überhaupt nicht entsprechen. Bist du demnach bereit, alles, was ihm missfällt, abzulegen und dein Haus von allem Bösen reinigen zu lassen? Du kannst nicht erwarten, dass der Herr Jesus in dein Haus kommt, wenn du gleichzeitig den Teufel einlädst. Christus konnte die Gegenwart des Teufels im Himmel nicht ertragen: Sobald Satan gesündigt hatte, vertrieb er ihn aus dieser heiligen Stätte. Er konnte es nicht zulassen, dass es dort einen Geist der Sündhaftigkeit, den Geist des Bösen, gibt. Und er wird nicht in dein Haus kommen und dort wohnen, wenn du Vorsorge für die Lust des Fleisches, die Begierde der Augen und den Hochmut des Lebens sowie all die anderen bösen, von ihm verabscheuten Dinge treibst. Bist du aus Gnaden bereit, mit diesen Dingen reinen Tisch zu machen?

Außerdem dürfen wir nicht zulassen, dass es irgendjemanden gibt, der unseren Gast betrüben könnte. Es ist kaum möglich, bei manchen Menschen zu übernachten, weil sich deren Kinder so schlecht benehmen. Mein Herr mag nicht in Häusern wohnen, wo Eli das Haupt der Familie ist und wo die Kinder bzw. jungen Leute leben, wie es ihnen gefällt. Doch wenn er in dein Haus kommt, sollst du nach seinem Willen Abraham gleichen, von dem er sinngemäß sagte: »Ich weiß, dass er seinen Kindern und den ihm unterstehenden Hausbediensteten in rechter Weise gebietet, sodass sie auf dem Weg des Herrn bleiben werden.« Wenn er in dein Haus kommt, musst du ihn darum bitten, es so zu betreten, wie er in das Haus des Kerkermeisters zu Philippi gekommen ist. Wie geschah das? Ich habe oft gehört, wie man die Hälfte der entsprechenden Stelle zitiert hat, ohne den Kontext zu berücksichtigen: »Ihr Herren, was muss ich tun, dass ich errettet werde? Sie aber sprachen: Glaube an den Herrn Jesus, und du wirst errettet werden, du und dein Haus« (vgl. Apostelgeschichte 16,30-31). Viele lassen jene letzten drei Worte »und dein Haus« aus. Welch eine Gnade ist es jedoch, wenn alle im Haus Befindlichen sowie das Oberhaupt der Familie an den Herrn Jesus Christus glauben! Willst du nicht, dass dies in deinem Haus der Fall ist? Verspürst du nicht ein heißes Verlangen danach? Hoffentlich ist es bei dir so!

Wiederum gilt: Wenn der Herr Jesus Christus in dein Haus kommt, musst du ihn beherbergen. Obwohl er aus deinen Händen keine Reichtümer entgegennehmen möchte, will er das Beste haben, das du besitzt. Was ist das Beste, das du hast? Doch wohl dein Herz, deine Seele! Gib ihm dein Herz, gib ihm dein Leben, ja, gib ihm dein Alles! Angenommen, die Königin von England hätte zugesagt, zu dir zu kommen und einen Abend mit dir zu verbringen. Wenn du sie also beherbergen müsstest, verspreche ich dir, dass du dir wochenlang voller Nervosität und Unruhe Gedanken im Blick darauf machen würdest, was du für einen solchen Anlass beschaffen solltest. Und wenn du nur wenig bemittelt bist, würdest du im Rahmen deiner Möglichkeiten dennoch versuchen, das Allerbeste zu besorgen.

Ich bin häufig in einen Ort auf dem Land gekommen, wo ich gepredigt habe und auf einem Bauernhof übernachtete. Der dort ansässige ehrenwerte Gastgeber, ein älterer Herr, pflegte zu Tisch mindestens fünfzig Kilogramm Rindfleisch auftragen zu lassen. Als ich nun Jahr für Jahr solche ungeheuer großen Bratenstücke bemerkte, sagte ich eines Tages zu ihm: »Sie müssen eine sehr eigenartige Vorstellung von meinem Appetit haben. Ich schaffe es einfach nicht, mich durch diese Fleischberge zu kämpfen, die Sie auf den Tisch haben stellen lassen.« »O«, erwiderte er, »uns fällt dies sehr leicht, nachdem Sie abgereist sind. Es gibt nämlich eine Vielzahl Armer und eine große Menge von Landarbeitern ringsumher, die dies recht schnell bewältigen.« »Aber«, so erkundigte ich mich, »warum tafeln Sie so viel auf, wenn ich komme?« »Gott segne Sie, mein Herr«, antwortete er, »ja, ich würde Ihnen ein Stück so groß wie ein Haus geben, wenn ich es bekommen könnte. Damit will ich Ihnen gegenüber einfach bekunden, wie sehr Sie in meinem Haus willkommen sind.« Als ich verstanden hatte, was er meinte, fing ich an, seine Freundlichkeit zu schätzen. Und auf einer viel höheren Ebene sollten wir alle so viel tun, wie wir nur irgend können, um unserem Herrn Jesus zu zeigen, wie gern er in unserem Herzen und unserem Haus gesehen ist.

Wie gern gesehen sollte er stets sein, wenn er als unser hochgelobter Heiland kommt, um unsere Sünde zu beseitigen, unsere Wesensart zu verändern, uns mit seiner königlichen Gemeinschaft zu beehren und uns bis ans Ende zu bewahren und zu beschützen, damit er uns und auch unsere Kinder emporheben kann in den Himmel, wo wir in Ewigkeit zu seiner Rechten leben! O für einen solchen Gast sollte es gemäß seiner Stellung eine würdevolle

Aufnahme geben! »O«, sagt jemand, »wenn er nur zu mir kommen würde, wäre ich hocherfreut, ihn aufnehmen zu können!« Doch höre: Er freut sich ungemein, kommen zu können, denn er findet Gefallen daran, in menschlichen Herzen zu wohnen.

Ich entsinne mich einer Zeit, da ich zu Gott um Gnade schrie und keine Antwort auf mein Flehen bekommen konnte, sodass ich schon fürchtete, ich müsste mein Gebet tatsächlich als aussichtslos aufgeben. Der Gedanke, der mich damals im Gebet verharren ließ, war folgender: »Ja, wenn mir wirklich keine Rettung zuteilwird, werde ich umkommen.« Ich schien mir einzubilden, dass der Herr mich hatte warten lassen. Dies war natürlich nur Ausdruck meiner törichten Einstellung, die falsch war. Dennoch sagte ich mir: »Wenn der Herr mich warten lässt, so habe auch ich ihn lange warten lassen. Habe ich ihm nicht viele Jahre widerstanden und ihn abgewiesen? Ich darf mich daher nicht beklagen, wenn er mich auf Rettung warten lässt.« Dann dachte ich: »Ja, es könnte aber auch sein, dass ich weiterbete und Christus zwanzig Jahre lang nicht finde. Wenn ich ihn dann schließlich doch gefunden habe, ist der zugeeignete Segen die Gebetsbemühungen und das Warten durchaus wert gewesen. Daher will ich nie aufhören, um Rettung zu beten.« Und danach dachte ich: »Warum sollte ich gerade in dem Augenblick, da ich bewusst zum Gnadenthron komme, mit unbedingter Erhörung rechnen, wenn ich Gottes Ruf nicht hören wollte, als er so oft zu mir sprach?« Daher blieb ich noch immer beharrlich im Gebet, obwohl stets der Gedanke – der jedes Mal einem Geißelhieb auf meinem Rücken glich – dabei war: Was kann ich sonst noch tun? Ich spürte, dass mein Entschluss in Folgendem bestehen musste:

Da ich denn nichts bringen kann,
schmieg ich an dein Kreuz mich an;
nackt und bloß – o kleid mich doch!
Hilflos – ach, erbarm dich noch!
Unrein, Herr, flieh ich zu dir,
wasche mich, sonst sterb ich hier!

Mir gefällt diese Haltung, die nach meiner Kenntnis einige einnahmen, als sie in ihr Zimmer gegangen sind, die Tür verschlossen haben und gewillt waren, dort so lange zu bleiben, bis sie den Heiland gefunden hatten. Sie lasen das Wort, insbesondere solche Stellen wie die folgenden: »Glaube an den Herrn Jesus, und du wirst errettet werden« (vgl. Apostelgeschichte 16,31); und: »Wer an den Sohn glaubt, hat ewiges Leben« (vgl. Johannes 3,36). Danach sind sie auf die Knie gegangen und haben gesagt: »Herr, dies ist deine Verheißung. Hilf mir jetzt, an Jesus zu glauben, und gib mir das Heil um seinetwillen, denn ich werde diese Stätte nicht verlassen, ohne von dir gesegnet zu sein.« Eine solch ungestüme Art, eine solche Beharrlichkeit trägt gewiss den Sieg davon. Wie wagt es irgendeiner von euch, als Unerretteter weiterzuleben? Wie kannst du erneut im Schlaf die Augen schließen, während du noch nicht mit Gott versöhnt bist? Was wäre, wenn du nicht in deinem Schlafzimmer aufwachen, sondern die Augen aufschlagen würdest und sagen müsstest: »Wo bin ich? Was ist dies für ein furchtbarer Ort? Wo sind die Dinge, die ich einst geliebt habe? Wo sind diejenigen Dinge, für die ich gelebt habe? Wo befinde ich mich? Wo ist Christus? Wo ist das Evangelium? Wo sind die sonntäglichen Predigten? Wo sind die Warnungen, die ich verachtet habe? Wo die Macht des Gebets? Ist all dies für immer verschwunden? Und wo bin ich nur? In einem Zustand der Verzweiflung voller Dunkelheit und Finsternis als dein Feind, o Gott!«

Wollte ich nur versuchen, jene schreckliche Szene zu beschreiben, ist mir, als würde Schrecken meine Zunge lähmen. O geht doch nicht dorthin! Es finden sich einige, die bestreiten, dass es eine künftige Strafe während der Ewigkeit gibt. Doch was mich betrifft, würde ich nicht riskieren, mich einem solchen Leiden nur eine Stunde lang auszusetzen, selbst wenn es dann vorüber wäre. Welch ein Jammer wäre es, auch nur eine Stunde in der Hölle zu sein! O wie würdet ihr euch dann wünschen, den Heiland gesucht und gefunden zu haben! Doch etwas Derartiges wie eine Stunde in der Hölle gibt es nicht: Bist du einmal verloren, dann auch für die Ewigkeit! Suche daher jetzt den Herrn! Schreie zu ihm mit folgenden Worten:

O Herr Jesus, du alleine,
bist mein Reichtum ewiglich;
andre Zuflucht hab ich keine,
darum hoff ich nur auf dich!

Daher, von Gott gesandter Christus, werfen wir uns in deine Arme! Rette uns doch, ja, rette und erlöse uns um deiner kostbaren Gnade willen!

Judas

Der Verrat

»Während er noch redete, siehe, da kam eine Volksmenge, und der, welcher Judas hieß, einer von den Zwölfen, ging vor ihnen her und nahte sich Jesus, um ihn zu küssen. Jesus aber sprach zu ihm: Judas, überlieferst du den Sohn des Menschen mit einem Kuss?« (Lukas 22,47-48).

Als Satan in seinem Kampf mit Christus in Gethsemane schon vernichtend geschlagen war, trat Judas auf den Plan. Wie sich die Parther auf ihrer scheinbaren Flucht plötzlich umwenden, um ihre todbringenden Pfeile abzuschießen, so richtete der Erzfeind einen weiteren Pfeil gegen den Erlöser, indem er den Verräter einsetzte, von dem er Besitz genommen hatte. Judas wurde zum Handlanger des Teufels, wobei er ein überaus zuverlässiges und nützliches Werkzeug war. Die teuflische Bosheit hatte den Freund aus dem engeren Jüngerkreis des Heilands als heimtückischen Verräter gut gewählt, denn damit stieß er dem Verratenen mitten ins gebrochene und blutende Herz.

Aber, Geliebte, hier gilt wie in allen Dingen: Gott ist klüger als Satan, wobei der Herr des Guten dem Fürst des Bösen hinsichtlich der Weisheit weit überlegen ist. Daher gingen in diesem feigen Verrat an Christus Prophetien in Erfüllung, wodurch Christus mit umso größerer Gewissheit als der verheißene Messias bezeugt wurde. Wisst ihr nicht, dass er der Antitypus Davids ist? Und wurde David nicht von Ahitofel, der ihm ein vertrauter Freund und Berater gewesen war, verlassen? Ja, sind nicht die Worte des Psalmisten beim Verrat an unserem Herrn wörtlich in Erfüllung gegangen? Welche Prophetie kann diese Situation genauer beschreiben als der Wortlaut von Psalm 41 und 55? In der erstgenannten Stelle lesen wir: »Selbst mein Freund, auf den ich vertraute, der mein Brot aß, hat die Ferse gegen mich erhoben« (vgl. Psalm 41,10). In Psalm 55 drückt sich der Psalmist noch klarer aus: »Denn nicht ein Feind höhnt mich, sonst würde ich es ertragen; nicht mein Hasser hat großgetan gegen mich, sonst würde ich mich vor ihm verbergen; sondern du, ein Mensch meinesgleichen, mein Freund und mein Vertrauter, die wir die Süße der Gemeinschaft miteinander erlebten, ins Haus Gottes gingen in festlicher Unruhe ... Er hat ausgestreckt seine Hände gegen seine Friedensbeschlüsse, entweiht hat er seinen Bund. Glatter als weiche Butter ist sein Mund, und Feindschaft ist sein Herz; geschmeidiger als Öl sind seine Worte, aber sie sind gezogene Schwerter« (vgl. Psalm 55,13-15.21-22). Selbst eine schwer verständliche Stelle in einem der kleinen Propheten musste wörtlich in Erfüllung gehen, wobei der Heiland für dreißig Silberstücke – für den Preis eines gewöhnlichen Sklaven – von einem Freund aus dem Zwölferkreis verraten werden musste.

Halten wir zunächst ein Weilchen inne, um zu sehen, wie unser Herr in treuloser und hinterhältiger Weise verraten wurde.

Obwohl es feststand, dass er sterben musste, erhob sich die Frage: Wie sollte er in die Hände seiner Widersacher fallen? Sollten sie ihn im Kampf gefangen nehmen? Das durfte nicht sein, denn sonst hätte er den Anschein erweckt, ein widerwilliges Opfer zu sein. Sollte er vor seinen Feinden fliehen, bis er sich nicht mehr verbergen konnte? Das wäre nicht angemessen gewesen, denn das Opfer sollte nicht zu Tode gejagt werden. Sollte er sich dem Feind stellen? Damit hätte er seinen Mördern eine Entschuldigung geliefert oder ihnen bei ihrem Verbrechen in die Hände gespielt. Sollte er zufällig oder unversehens festgenommen werden? In diesem Fall hätte seinem Kelch die notwendige Bitterkeit gefehlt, der erst dadurch zu Wermut, mit Galle vermischt, wurde. Nein, er musste von seinem Freund verraten werden, damit er die größten Leidenstiefen durchleben konnte. Erst dadurch wurde jeder einzelne Umstand seiner Passion zu einer Quelle des Leids.

Ein Grund dafür, dass es zu diesem Verrat kommen musste, findet sich in folgender Tatsache: *Es stand fest, dass die Sünde des Menschen im Tod Jesu ihren Höhepunkt finden sollte.* Gott, der große Besitzer des Weinbergs, hatte viele Knechte gesandt, die von den Weingärtnern teils gesteinigt, teils hinausgeworfen wurden. Zuallerletzt sagte er: »Ich werde meinen Sohn senden; gewiss werden sie sich vor meinem Sohn scheuen« (sinngemäß nach Lukas 20,13 zitiert; vgl. dort). Als sie den Erben erschlugen, um selbst das Erbe zu erlangen, hatte ihr Aufbegehren den Höhepunkt erreicht. Der Mord an unserem hochgelobten Herrn war der Gipfelpunkt menschlicher Schuld. Damit zeigte sich vollends der tödliche Hass gegenüber Gott, der in jedem menschlichen Herz lauert. Als der Mensch zum Gottesmörder wurde, hatte die Sünde ihr Vollmaß erreicht, wobei in dem verruchten Tun, in dessen Verlauf der Herr verraten wurde, dieses Vollmaß in jeder Beziehung offenbar wurde. Hätte es Judas nicht gegeben, hätten wir nicht gewusst, in welche Tiefen der Finsternis und Verdorbenheit die menschliche Natur herabsinken kann. Ich weise die Meinungen derjenigen zurück, die versuchen, den Verrat dieses Sohnes des Verderbens, dieses widerwärtigen Abtrünnigen, zu entschuldigen. Meine Brüder, wir sollten angesichts dieses Meisters der Niedertracht einen tiefen Abscheu empfinden. Er ist an seinen eigenen Ort gegangen (vgl. Apostelgeschichte 1,25), wobei der von David ausgesprochene Fluch, der teilweise von Petrus zitiert wurde, über ihn gekommen ist: »Aus dem Gericht gehe er als Schuldiger hervor, sein Gebet werde zur Sünde! Seiner Tage seien wenige, sein Amt empfange ein anderer!« (vgl. Psalm 109,7-8). Sicher hat der Teufel, so wie er in besonderen Fällen menschliche Körper peinigen durfte, die Erlaubnis erhalten, von Judas in einer Weise Besitz zu nehmen, wie er es selten im Falle irgendeines anderen Menschen getan hat. Dadurch erkennen wir, wie verdorben und wie abgrundtief böse das menschliche Herz ist.

Der wichtigste Grund dafür, dass Gott dies zugelassen hat, bestand jedoch zweifellos darin, *dass Christus eine vollkommene Sühnung für Sünden erwirken konnte*. Wir können in der Strafe gewöhnlich die entsprechende Sünde erkennen. Der Mensch hatte seinen Gott verraten. Seiner Obhut war der königliche Garten anvertraut worden. Er hätte dessen grüne Auen der Gemeinschaft mit seinem Gott weihen sollen. Aber er enttäuschte das Vertrauen und erwies sich als treuloser Wächter. Er gewährte dem Bösen Einlass in sein Herz und damit in das Paradies Gottes. Er war dem guten Namen des Schöpfers gegenüber treulos, indem er derjenigen Einflüsterung, die er mit Verachtung hätte zurückweisen sollen, Gehör schenkte. Daher musste es im Blick auf Jesus einen Menschen geben, der ihn verraten würde. In dem Leiden, das er erduldete, musste sich das Gegenstück zur Sünde finden. Wir – du und ich – haben Christus oft verraten. Wir haben in der Versuchung das Böse gewählt und das Gute aufgegeben. Wir haben das Bestechungsgeld der Hölle genommen und sind Jesus nicht treu nachgefolgt. Es scheint demnach überaus angemessen zu sein, dass derjenige, der die Sündenstrafe trug, durch das von ihm Erlittene an die Treulosigkeit und verräterische Hinterlist der Sünde erinnert wurde.

Außerdem musste jener *Kelch, der in jeder Beziehung dem Zorn Gottes entsprechen sollte, zutiefst bitter sein*. Es durfte nichts Tröstliches darin geben. Vielmehr musste gewährleistet werden, dass all dasjenige, was gemäß göttlicher Weisheit an furchtbarem und beispiellosem Leid dazugehören sollte, nicht fehlte. Dabei war dieser eine Punkt (»Der mit mir das Brot isst, hat seine Ferse gegen mich aufgehoben«; vgl. Johannes 13,18) absolut notwendig, um die Bitterkeit des Kelchs zu verstärken.

Ferner sind wir von Folgendem überzeugt: Dadurch, dass der Herr somit infolge der Tat eines Verräters litt, *wurde er zu einem treuen Hohenpriester*, der uns voller Mitleid beistehen kann, wenn wir in eine ähnliche Bedrängnis geraten. Da Verleumdung und Treulosigkeit weitverbreitet sind, können wir in voller Gewissheit des Glaubens zu Jesus kommen. Er kennt diese schweren Versuchungen, denn er hat sie bis zu ihrem schlimmsten Ausmaß verspürt. Wir können jede Sorge und jeden Kummer auf ihn werfen, denn er sorgt für uns, indem er mit uns gelitten hat.

Sehen wir uns nun *den Verrat selbst an*. Ihr könnt erkennen, wie unheilvoll er war. Judas war ein Knecht des Herrn, den ich als *Christi Knecht* in einer Vertrauensstellung bezeichnen könnte. Er war an dem apostolischen Dienst beteiligt gewesen und geehrt worden, Wundergaben zu empfangen. Er war überaus freundlich und nachsichtig behandelt worden. An allen Gütern seines Herrn hatte er Anteil – ja, ihm ging es weitaus besser als seinem Herrn, denn der Mann der Schmerzen nahm stets den Löwenanteil aller durch Armut verursachten Not und der verleumdungsbedingten Schande auf sich. Was Nahrung und Kleidung betraf, hatte Judas keinen Mangel, weil es die gemeinsame Kasse gab, hinsichtlich derer der Herr ihm gegenüber scheinbar sehr nachsichtig gewesen ist. Dennoch solltet ihr wissen, liebe Brüder, wie weh jener Schlag tut, der von einem Knecht kommt, in den wir unbegrenztes Vertrauen gesetzt haben. Doch Judas war noch mehr: Lange Zeit *war er ein Freund, ein zuverlässiger Freund*. Jener unscheinbare Geldbeutel, der immer wieder von Beträgen freigebiger Frauen aufgefüllt wurde, war ihm anvertraut worden. Dies war außerdem eine sehr weise Entscheidung, denn er wusste, mit Geld umzugehen. Er verstand es vor allem, sparsam zu wirtschaften – eine Eigenschaft, die hinsichtlich eines Kassenverwalters unbedingt notwendig ist. Alle Einnahmen wurden ihm anvertraut, wobei er auf Weisung des Herrn den Armen gab, ohne allerdings darüber Rechenschaft ablegen zu müssen. Dieses Verhalten des Judas ist in der Tat niederträchtig: Da ist jemand in eine solche Stellung gewählt und als Kassenverwalter des Königs der Könige, als Schatzkanzler Gottes, eingesetzt worden, und dann wendet er sich ab und verrät den Heiland! Dies ist Verrat allerersten Ranges. Denken wir daran, dass die Welt in Judas einen *Mitstreiter* und Mitarbeiter unseres Herrn sah. Weithin wurde der Name des Judas mit dem Namen Christi in Verbindung gebracht. Wenn Petrus, Jakobus oder Johannes irgendetwas Unrechtes getan hatten, fiel die damit verbundene Schmach ganz auf ihren Herrn zurück. Die Zwölf waren mit Jesus von Nazareth untrennbar verbunden.

Vielleicht sah unser Herr in der Person des Judas *einen Menschen, der für einen bestimmten Personenkreis stand,* das Urbild vieler Tausender, die in späteren Zeiten sein Verbrechen nachahmten. Sah Jesus in dem Iskariot all die Judasse, die Wahrheit, Tugend und Kreuz verraten? Hymenäus, Alexander, Hermogenes, Philetus, Demas und all die anderen dieses Schlages standen vor seinen Augen, als er diesen Mann anblickte – seinen Vertrauten und seinen Gefährten, der ihn für dreißig Silberlinge verschacherte.

Liebe Freunde, die Stellung des Judas hat zweifellos dazu gedient, seinen Verrat außerordentlich zu verschlimmern. Sogar die Heiden haben uns gelehrt, dass Treulosigkeit und Undankbarkeit das schlimmste Laster ist. Über den Tod Cäsars, der von seinem Freund Brutus erstochen wurde, schrieb ein säkularer Dichter (William Shakespeare in »Julius Cäsar«):

> Kein Stich von allen schmerzte so wie der;
> denn als der edle Cäsar Brutus sah,
> warf Undank, stärker als Verräterwaffen,
> ganz nieder ihn: Da brach sein großes Herz,
> und in den Mantel sein Gesicht verhüllend,
> grad am Gestell der Säule des Pompejus,
> von der das Blut rann, fiel der große Cäsar.

Wir könnten viele antike Geschichten, sowohl griechischer als auch römischer Herkunft, anführen, um den Abscheu zu zeigen, welche die Heiden gegenüber Treulosigkeit und Verrat hegten. Sicher haben auch etliche ihrer Dichter – wie z. B. Sophokles[40] – mit scharfen Worten die Falschheit einstiger Freunde gegeißelt. Uns fehlt jedoch die Zeit für den Nachweis dessen, was ihr alle einräumt: den Umstand nämlich, dass nichts grausamer, nichts qualvoller sein kann als die Tatsache, vom engsten Freund verraten und den Henkern ausgeliefert zu werden.

Achten wir auf die Art und Weise, wie unser Heiland dieser Bedrängnis begegnete, während wir uns sein brechendes Herz in seinem qualvollen Ringen ansehen. Er hatte viel Zeit im Gebet verbracht: Gebet hatte seine furchtbare Erschütterung überwunden. Er war ganz still – eine Haltung, die uns Vorbild ist: Wir sollten ganz ruhig sein, wenn wir von einem Freund verlassen werden. Beachten wir seine Sanftmut. Das erste Wort, das Jesus zu Judas sprach, nachdem dieser mit einem Verräterkuss seine Wange verunreinigt hatte, war *»Freund«. Freund!!* Achten wir darauf! Hier steht nicht: »Du hassenswerter Schurke«, sondern: »Freund, wozu bist du gekommen?« (vgl. hier und im Folgenden Matthäus 26,50). Er sagte nicht: »Elender Kerl, wieso wagst du es, meine Wange mit deinen unreinen und verlogenen Lippen zu beflecken?«, sondern vielmehr: »Freund, wozu bist du gekommen?« Wenn irgendetwas Gutes in Judas übrig geblieben wäre, so wäre es jetzt zum Vorschein gekommen. Wäre er kein unverbesserlicher, in den Abgründen der Sünde verstrickter Erzverräter gewesen, so hätte seine Habsucht in diesem Augenblick ihre Macht verlieren müssen, sodass er gerufen hätte: »Mein Herr! Ich bin gekommen, dich zu verraten; aber dieses wohlwollende Wort hat mein Herz gewonnen. Wenn du gebunden werden musst, so will ich mit dir gebunden werden. Ich bekenne meine ganze Niedertracht!« Unser Herr fügt noch einige Worte hinzu, wobei darin ein Vorwurf liegt. Beachten wir aber, wie freundlich sie dennoch klingen – in unseren Augen für einen solchen Feigling völlig unangemessen: »Judas, überlieferst du den Sohn des Menschen mit einem Kuss?« Ich kann mir vorstellen, dass ihm die Tränen in die Augen schossen und seine Stimme stockte, als er seinen vertrauten Freund und Bekannten so anredete: »Verrätst du«, mein Judas, mein Kassenwart, »den Sohn des Menschen? Verrätst du deinen leidenden, trauernden Freund, dessen Mangel an Kleidung und Nahrung du gesehen hast und

40 (ca. 497 bis 406 v.Chr.), griechischer Tragödiendichter und Dramatiker.

der keinen Platz hat, wo er sein Haupt hinlegen kann? Verrätst du den Sohn des Menschen? Entweihst du das zärtlichste aller Liebeszeichen – einen Kuss? Sollte dieses Sinnbild der Treue gegenüber einem König zum Erkennungszeichen deines Verrats werden, ein Symbol, das in kaum überbietbarer Weise eigentlich die Zuneigung füreinander zum Ausdruck bringt? Bedienst du dich seiner, um mich meinen Henkern auszuliefern? Verrätst du den Sohn des Menschen mit einem Kuss?« O! Wäre die Herzenshärtigkeit des Judas nicht so groß gewesen und hätte der Heilige Geist ihn nicht völlig verlassen, so wäre dieser Sohn des Verderbens sicher nochmals auf sein Angesicht niedergefallen, um unter herzzerreißendem Weinen auszurufen: »Nein, ich kann dich nicht verraten, du leidender Sohn des Menschen! Vergib, vergib mir! Rette dein Leben! Entfliehe dieser blutrünstigen Schar und vergib deinem treulosen Jünger!« Aber nein, kein Wort, das Gewissensbisse erkennen lässt, während die Silberlinge als Verräterlohn auf dem Spiel stehen! Danach kam die Betrübnis, die den Tod wirkt. Sie ließ ihm wie seinem Urbild Ahitofel keinen anderen Ausweg, als sich zu erhängen, um der Gewissensqual zu entkommen. Dies muss ebenso das Leid unseres geliebten Herrn verschlimmert haben, als er die letztendliche Unbußfertigkeit des Verräters sah und das furchtbare Geschick desjenigen Mannes erkannte, von dem er einst gesagt hatte, es wäre für ihn besser gewesen, wenn er nie geboren worden wäre (vgl. Markus 14,21).

Meine Lieben, ich möchte, dass ihr in eurem stillen Nachsinnen die Augen auf euren Herrn richtet, wie er von den Menschen verachtet und verworfen wurde, ein Mann der Schmerzen und mit Leiden vertraut. Umgürtet die Lenden eurer Gesinnung und lasst euch nicht befremden, wenn diese Feuerprobe über euch kommen sollte! Seid entschlossen, niemals euren Herrn zu verraten, wie es dieser sonst so angesehene Jünger tat. Bekräftigt euren Entschluss, durch die Gnade des Herrn in Schande und Leid an ihm zu hängen und ihm zu folgen – wenn es sein muss, selbst bis in den Tod! Gott gebe uns die Gnade, seine angenagelten Hände und Füße zu sehen und daran zu denken, dass all dies dem Verrat eines Freundes entsprang! Lasst uns sehr auf uns selbst bedacht sein, damit wir den Herrn nicht von Neuem kreuzigen und ihm öffentlich Schande bereiten, indem wir ihn durch unser Verhalten oder mit unseren Worten bzw. in unseren Gedanken verraten!

Ich bitte um eure Aufmerksamkeit, während wir ein Bild desjenigen Mannes nachzeichnen wollen, durch den der Sohn des Menschen verraten wurde. Es ist *Judas, der Verräter*.

Ich möchte eure Aufmerksamkeit auf seine Stellung und auf seine Erscheinung in der Öffentlichkeit lenken. Judas war ein Verkündiger, ja, er war ein führender Verkündiger. Nach den Worten des Apostels Petrus »hatte (er) das Los dieses Dienstes empfangen« (vgl. Apostelgeschichte 1,17). Er gehörte nicht einfach zu den Siebzig, sondern war vom Herrn selbst als Angehöriger des Zwölferkreises ausgewählt worden – als ehrenwertes Mitglied der apostolischen Schar. Zweifellos hatte er das Evangelium verkündigt, sodass viele durch seine Botschaft erfreut worden waren. Außerdem waren ihm Wunderkräfte geschenkt worden, sodass auf sein Wort hin Kranke geheilt, die Ohren Tauber aufgetan und die Blinden sehend gemacht worden waren. Ja, es gibt keinen Zweifel daran, dass derjenige, der letztlich selbst der Verführungsmacht des Teufels erlag, dessen Dämonen aus anderen Menschen ausgetrieben hatte. Und doch: Wie bist du vom Himmel gefallen, du Glanzstern, Sohn der Morgenröte (vgl. Jesaja 14,12)! Er hatte inmitten des Volkes als Prophet gewirkt und mit der Zunge eines Unterwiesenen geredet. Sein Wort und seine Wunder hatten den Nachweis erbracht, dass er mit Jesus gewesen war und von ihm gelernt hatte. Und gerade er verrät seinen Herrn. Meine lieben Brüder, ihr solltet verstehen: Keine Geistesgabe kann garantieren, dass der Betreffende in der Gnade bleibt! Keine Ehren- oder Dienststellung in der Gemeinde stellt eindeutig unter Beweis, dass wir unserem Herrn und Meister treu sind. Zweifellos gibt es Bischöfe in der Hölle, wobei Scharen derjenigen, die einst die Kanzel einnahmen, jetzt auf ewig in der Verdammnis sind, um ihre Heuchelei zu beklagen. Ihr, die ihr Bedienstete der Kirche seid, solltet nicht schlussfolgern, dass ihr euch mit absoluter Sicherheit der Gnade Gottes in eurem Herzen erfreuen dürft, nur weil ihr das Vertrauen der Kirche genießt. Vielleicht besteht die allergefährlichste Stellung für einen Menschen darin, dass er in der religiösen Welt weithin bekannt und allseits geachtet wird, während er doch durch und durch verdorben ist. Sich dort zu befinden, wo andere unsere Fehler beobachten können, ist etwas Heilsames, wenn auch etwas Schmerzliches. Leben wir jedoch mit lieben Freunden zusammen, die es nicht für möglich halten, dass wir Unrecht tun, und die uns in Schutz nehmen würden, wenn sie sähen, wie wir im Irrtum sind? Ist dies der Fall, ist es kaum möglich, dass wir je wieder wachgerüttelt werden, wenn sich unser Herz nicht in der rechten Beziehung zu Gott befindet. Wer einen guten Ruf genießt und dabei ein treuloses Herz hat, steht bereits am Rande der Hölle.

Judas nahm von seinem Dienst her eine sehr hohe Stellung ein. Ihm war die Ehre zuteilgeworden, dass ihm die finanziellen Angelegenheiten seines Meisters anvertraut worden waren. Damit hatte er immerhin eine bedeutende Position erreicht. Der Herr, der weiß, wie alle möglichen Gaben einzusetzen sind, erkannte, welche Gaben dieser Mann hatte. Er wusste, dass Petrus in seiner gedankenlosen, ungestümen Art die Kasse bald geleert und den Jüngerkreis um den Meister in große Not gebracht hätte. Wäre Johannes damit betraut worden, hätte dessen liebevolles Wesen ihn dazu verleiten können, gegenüber salbungsvoll redenden Bettlern in törichter Weise unangemessen mildtätig zu sein. Vielleicht hätte er sogar das wenige Geld ausgegeben, um Alabasterfläschchen zu kaufen und mit deren kostbaren Ölen das Haupt des Meisters zu salben. Vielmehr gab Jesus Judas die Kasse, der sie besonnen, umsichtig und angemessen verwaltete. Es gibt keinen Zweifel daran, dass er diesbezüglich der Klügste und am besten geeignet war, diesen Posten zu bekleiden. Aber ach! Angenommen, der Herr erwählt einige von uns als diejenigen, die Pastoren oder Bedienstete der Gemeinde sind, und gibt uns eine besonders angesehene Stellung. Wenn wir gegenüber den einfachen Gläubigen den Rang eines Entscheidungsträgers einnehmen, sodass selbst unsere dienenden Mitbrüder mit Wertschätzung zu uns aufschauen, und die Ältesten sowie übrigen Mitarbeiter an unserer Seite uns als Väter in Christus betrachten, dann wehe uns, wenn wir uns abwenden oder uns als treulos erweisen! Wie verdammenswürdig wird dann letztlich unser Ende sein! Wie sehr treffen wir damit die Gemeinde ins Mark! Welch ein Hohngelächter wird daraufhin in der Hölle angestimmt werden!

Man kann beobachten, dass der Charakter des Judas äußerlich bewundernswert erschien. Trotzdem stelle ich fest, dass er nicht eindeutig Position bezogen hat. In keiner Weise hatte er sich in moralischer Hinsicht verunreinigt, soweit andere dies wahrnehmen konnten. Als Mensch glich er nicht Petrus, der sich gern rühmte, sondern war in jeder Beziehung frei von jener Unbesonnenheit, die ausruft: »Wenn dich auch alle verlassen sollten, ich aber nicht« (kein direktes biblisches Zitat; vgl. Markus 14,29). Er erbittet keinen Platz zur Rechten des Throns, sein Ziel ist anderer Art. Er stellt keine unnützen Fragen. Derjenige Judas, der im Johannesevangelium nachfragt, ist »nicht der Iskariot« (Kap. 14,22). Thomas und Philippus wollen oft tiefgründige Angelegenheiten erkunden, nicht aber Judas. Er nimmt die Wahrheit auf, wie sie ihm gelehrt wird. Wenn andere Anstoß nehmen und nicht mehr mit Jesus gehen, hält er treu zu ihm, indem er goldene Gründe dafür hat. Er gibt sich nicht den Begierden des Fleisches noch dem Hochmut des Lebens hin. Keiner der Jünger verdächtigte ihn der Heuchelei. Vielmehr sagten sie bei Tisch: »Ich bin es doch nicht, Herr?« (vgl. Matthäus 26,22). Sie sagten nicht: »Es ist doch nicht Judas, Herr?« Obwohl es stimmt, dass dieser bereits monatelang in die Kasse gegriffen hatte, tat er dies nach und nach. Er verbarg seine Unterschlagungen durch finanzielle Kunstgriffe so geschickt, dass er keine Gefahr lief, von den redlichen, arglosen Fischern, mit denen er verkehrte, entdeckt zu werden.

Vom äußeren Erscheinungsbild her war Judas ein höchst bewundernswerter Mann. Es gibt keinen Zweifel daran, dass er bald Ratsherr geworden wäre. Da er außerdem sehr fromm und überaus begabt war, hätte sein Erscheinen in Kirchen oder Kapellen große Freude hervorgerufen: »Welch ein besonnener und einflussreicher Mann«, sagen die Gemeindemitarbeiter. »Ja«, erwidert der Pastor, »welch ein Gewinn für unseren Kirchgemeinderat! Wenn wir ihn ins Amt wählen könnten, wäre er für den Dienst der Kirche von herausragender Bedeutung.« Ich glaube, dass der Herr ihn bewusst als Apostel erwählte, damit wir keineswegs überrascht sind, einen solchen Mann als Pastor auf der Kanzel oder als Mitstreiter des Pastors zu finden, der im Dienst der Gemeinde Christi steht. Dies sind ernste Dinge, meine Brüder; nehmen wir sie uns zu Herzen!

Zweitens will ich aber eure Aufmerksamkeit auf seine wirkliche Wesensart und auf seine Sünde lenken. Judas was kein gewissenloser Mensch. Er konnte es sich nicht erlauben, ohne Gewissen auszukommen. Er war kein Sadduzäer, der den Glauben über Bord werfen konnte. Er besaß eine starke Religiosität. Er führte kein ausschweifendes Leben und gab nie einen noch so kleinen Betrag für lasterhafte Vergnügungen aus. Es ging nicht darum, dass er das Laster weniger liebte, sondern darum, dass er auch Pfennigbeträge gern selbst behalten wollte. Gelegentlich war er großzügig, aber wenn, dann nur mit dem Geld anderer Leute. Er wachte wie ein Luchs über dem schönen, ihm anvertrauten Gut, der Kasse. Ich kann nur sagen: Er hatte ein Gewissen, das sich als böses Gewissen erwies, als er keinen Ausweg mehr sah, denn es war sein Gewissen, das ihn zum Selbstmord am Galgen trieb. Aber demnach war es ein Gewissen, das nicht immer auf dem Thron seines Herzens saß; vielmehr regierte es dann und wann. Das Gewissen war nicht das bestimmende Element. Die Geldgier stand über seinem Gewissen. Er wollte an Geld kommen – wenn in aller Ehrlichkeit, dann umso besser, wenn nicht im Einklang mit dem Gewissen, dann eben auf irgendeine andere Art und Weise. Er machte kein großes Geschäft. Sein Gewinn fiel kaum ins Gewicht, denn sonst hätte er Christus nicht für solch eine kleine Summe wie in diesem Fall verraten – höchstens 4000 Euro, wenn man den gegenwärtigen Wert unseres Geldes nimmt, oder etwa 120 Denare, wenn man damalige Währungseinheiten zugrunde legt. Es war ein armseliger Betrag, den er für den Verrat an seinem Meister erhielt. Doch nach der Tat fiel dieses bisschen Geld für ihn sehr wohl ins Gewicht.

Er war arm gewesen. Seinerzeit hatte er sich Christus angeschlossen, indem er dachte, dass dieser bald zum König der Juden ausgerufen werden und er selbst dann ein angesehener Mann bzw. reich sein würde. Nachdem er vor einiger Zeit Christus kennengelernt hatte und in dessen Reich gekommen war, hatte er nach und nach Kassenbeträge entwendet, die ausreichten, um als Vorrat beiseitegelegt werden zu können. Nun fürchtet er, dass sich all seine Träume zerschlagen könnten, wobei er sich nie um Christus, sondern nur um sich selbst gekümmert hatte. Daher findet er auf bestmögliche Weise einen Ausweg aus der seiner Meinung nach völlig verfahrenen Lage und zieht einen Gewinn aus dem Verrat an seinem Herrn. Ich glaube wirklich allen Ernstes, dass unter allen Heuchlern die dem Geld Verfallenen diejenigen sind, für die es die geringste Hoffnung gibt. Man kann einen Trinker aus seiner Sucht retten, wofür wir – Gott sei Dank dafür! – viele Beispiele gesehen haben. Selbst ein gestrauchelter Christ, der dem Laster ergeben war, kann seine Begierde verabscheuen und damit brechen. Ich fürchte jedoch, dass die Fälle, bei denen ein von Habsucht zerfressener Mensch je gerettet worden ist, so selten sind, dass man sie an den Fingern einer Hand abzählen könnte. Dies ist eine Sünde, die in der Welt nicht verurteilt wird. Der treueste Mitarbeiter hat Mühe, ihr den Todesstoß zu versetzen. Gott weiß, welche Donnerworte ich gegenüber

Menschen ausgerufen habe, die völlig weltlich gesinnt sind und gleichzeitig vorgeben, Christi Nachfolger zu sein. Stets sagen sie jedoch: »Ich bin damit nicht gemeint!« Was ich schlicht und einfach als nackte Gier bezeichnen würde, nennen sie Umsicht, Besonnenheit, Sparsamkeit usw. Sie tun Dinge, die ich ganz und gar verabscheuen würde, und sind danach der Meinung, dass sie dabei ihre Hände überhaupt nicht beschmutzt haben. Sie sitzen nach wie vor in den Gemeindehäusern wie die Gotteskinder, hören wie diese zu und denken, dass sie in den Himmel kommen werden, nachdem sie Christus um eines erbärmlichen Gewinnes willen verraten haben. O ihr Seelen, hütet euch doch am allermeisten vor der Habgier! Es ist nicht das Geld noch der Mangel an Geld, sondern die Geldliebe, die eine Wurzel alles Bösen ist. Es geht nicht darum, Geld zu verdienen, und nicht einmal darum, es zu behalten. Nein, es geht darum, es zu lieben, zu seinem Gott zu erheben und darin die Chance seines Lebens zu sehen, statt sich um die Sache Christi, die Wahrheit Christi und das heilige Leben Christi zu kümmern. Wer sich so verhält, ist bereit, alles um des Gewinnes willen zu opfern.

Beim dritten Punkt geht es um die Warnung, die Judas erhielt, und darum, dass er unbeirrt an seiner Absicht festhielt. Denken wir nur an den Abend, bevor er seinen Herrn verriet. Was tat der Meister da eurer Meinung nach? Ach, er wusch ihm die Füße! Und dennoch hat Judas ihn verraten! Welch eine Herablassung! Welch eine Liebe! Welch ein Ausdruck einer innigen Beziehung! Er nahm ein leinenes Tuch, umgürtete sich und wusch Judas die Füße! Und dennoch trugen genau jene Füße Judas zu den Häschern Jesu, denen er den Weg wies! Und ihr erinnert euch daran, was Jesus sagte, als er ihm die Füße wusch: »Und *ihr* seid rein, aber nicht alle« (vgl. Johannes 13,10). Dabei blickte er mit tränenerfüllten Augen Judas an. Welche eine Warnung für ihn! Was konnte noch deutlicher sein? Als dann das letzte Mahl begann und sie anfingen, gemeinsam zu essen und zu trinken, sagte der Herr: »Einer von euch wird mich überliefern« (vgl. z. B. Johannes 13,21). Dies war deutlich genug! Kurze Zeit später sagte er ausdrücklich: »Der ist es, für den ich den Bissen eintauchen und ihm geben werde« (vgl. Johannes 13,26). Was für Möglichkeiten zur Buße! Judas kann nicht sagen, dass es ihm an einem treuen Mahner zur Umkehr gefehlt hätte. Was hätte noch persönlicher sein können? Was sollte Jesus sonst tun, wenn er jetzt nicht Buße tut? Überdies sah Judas dasjenige, was ausreichte, um selbst ein diamantenes Herz zu erweichen: Er erblickte Christus und dessen schmerzerfülltes Gesicht, denn erst vor wenigen Tagen hatte Christus gesagt: »Jetzt ist meine Seele bestürzt« (vgl. Johannes 12,27). Doch nun verließ Judas das letzte Mahl und ging hinaus, um seinen Herrn zu verraten. Jenes so schmerzerfüllte Gesicht hätte ihn zur Umkehr bewegen sollen und müssen, hätte er nicht innerlich schon ganz und gar den Entschluss gefasst, seine bösen Machenschaften in letzter Konsequenz zu verfolgen. In welchen Worten hätte ein gewaltigerer Donner hallen können als in dem Weheruf Jesu Christi, als er sagte: »Wehe ... jenem Menschen, durch den der Sohn des Menschen überliefert wird! Es wäre jenem Menschen gut, wenn er nicht geboren wäre« (vgl. Matthäus 26,24). Er hatte gesagt: »Habe ich nicht euch, die Zwölf, erwählt? Und von euch ist einer ein Teufel« (vgl. Johannes 6,70). Während aber diese Donner über seinen Kopf hinwegrollten und die Blitze auf ihn zielten, wurde dieser Mann nicht wachgerüttelt! Was für eine ungeheuer große, teuflische Halsstarrigkeit und Schuld muss demnach seine Seele erfüllt haben! Vielleicht will irgendeiner von euch Christus verraten, weil er am Sonntag den Betrieb offen lassen möchte. Möglicherweise wollt ihr Christus um eines Zusatzverdienstes willen, der euch aufgrund betrügerischer Praktiken eventuell winkt, verraten. O wenn ihr Christus verratet, nur um 40000 Euro zu bekommen, die ihr euch durch einen schändlichen Vertrag sichern könnt, wenn ihr dies tut, dann geht ihr nicht ungewarnt verloren!

Sehen wir uns nun die Tat selbst an. Judas machte eine günstige Gelegenheit zum Verrat ausfindig. Er wartete nicht darauf, dass der Teufel an ihn herantrat. Vielmehr lief er ihm nach. Er ging zu den Hohenpriestern und sagte: »Was wollt ihr mir geben?« (vgl. hier und im Folgenden Matthäus 26,15). Einer der alten puritanischen Theologen sagte: »Im Allgemeinen feilschen Menschen nicht auf diese Weise. Vielmehr sagen sie, was sie haben wollen. Judas sagte: ›Was wollt ihr mir geben?‹ Alles, was ihr wollt. Der Herr des Lebens und der Herrlichkeit wird zu einem Preis verraten, den die Häscher selbst festlegten. ›Was wollt ihr mir geben?‹« Ein anderer Gelehrter drückt es sehr treffend aus: »Was konnten sie ihm geben? Was fehlte diesem Mann? Ihm mangelte es weder an Nahrung noch an Kleidung; es ging ihm wie seinem Herrn und den anderen Jüngern gut. Er hatte alles, wonach er sich von seinen Bedürfnissen her hätte sehnen können. Dennoch sagte er: ›Was wollt ihr mir geben? Was wollt ihr mir geben? Was wollt ihr mir geben?‹« Die Religion einiger Menschen ist auf diese eine Frage gegründet: »Was wollt ihr mir geben?« Ja, sie würden zur Kirche gehen, wenn dort irgendwelche milde Gaben verteilt werden würden. Sollte jedoch dadurch, dass sie nicht hingehen, mehr herausspringen, würden sie auch das tun. »Was wollt ihr mir geben?« Einige dieser Leute sind nicht annähernd so klug wie Judas. Es gibt immer irgendjemanden, der den Herrn für etwa 25 Euro verraten würde – wie viel mehr für 4000 Euro, wie es Judas tat! Ach, es gibt einige, die würden Christus für irgendeinen Betrag in unserer Währung verraten, und sei er auch noch so klein. Sie stehen in der Versuchung, ihren Herrn zu verraten und auf unheilige Weise zu handeln, obwohl der entsprechende Gewinn so erbärmlich ist, dass selbst ein Jahresverdienst in ihrem Geldbeutel im Grunde unbedeutend wäre. Es gibt keine furchtbarere Angelegenheit als diese, wenn wir sie uns nur wirklich sorgfältig ansehen würden. Diese Versuchung trifft jeden von uns. Das lässt sich nicht leugnen. Wir alle streben nach Gewinn und haben von Natur aus die entsprechende Neigung. Jeder Mensch ist darauf angelegt, etwas zu erwerben, wobei dies im Rahmen gesetzlicher Beschränkungen keine unangemessene Neigung ist. Wenn sie jedoch mit unserer Treue zu unserem Herrn in Konflikt kommt – und in einer derartigen Welt ist dies oft der Fall –, müssen wir sie überwinden, weil wir sonst zugrunde gehen. Es ergeben sich für einige von euch viele Gelegenheiten pro Woche, bei denen ihr euch entscheiden müsst: »Gott oder Gewinn«, bzw.: »Christus oder die dreißig Silberlinge«. Daher dringe ich umso mehr in euch, weil ich euch dies deutlich vor Augen stellen will. Mag auch die Welt bieten, so viel sie will, mag sie ihre Annehmlichkeiten aufeinanderhäufen und darüber hinaus Ruhm, Ehre sowie Ansehen versprechen! Dennoch flehe ich euch an: Verlasst nicht euren Herrn! Es hat solche Fälle gegeben; es gab Menschen, die zwar einst hier zugegen waren, aber dann feststellten, dass sie geschäftlich nicht vorankamen, weil sie am Sonntag – dem vermeintlich besten Geschäftstag der Woche – nicht geöffnet hatten. Obwohl sie seinerzeit einige positive Empfindungen und manche guten Eindrücke hatten, ist davon jetzt nichts mehr übrig. Wir haben andere gekannt, die sagten: »Ihr seht ja, dass ich einst wirklich der Meinung war, ich würde den Herrn lieben. Als ich jedoch in die Gemeinde kam, ging mein Geschäft so schlecht, dass ich nicht mehr hingegangen bin und mein Bekenntnis verleugnet habe.« Judas! Judas! Judas! Ich will dich beim Namen nennen, denn du bist ein richtiger »Judas«! Dies ist wiederum die Sünde des Abgefallenen. Gott helfe dir, davon umzukehren und nicht zu irgendeinem Priester, sondern zu Christus zu gehen und ein Bekenntnis abzulegen. Vielleicht kannst du ja noch gerettet werden. Man kann feststellen, dass Judas seinem Herrn treu war, als er Christus verriet. »Seinem Herrn treu?«, fragt ihr. Ja, sein Herr war der Teufel, wobei er sich genau an die Abmachung hielt, nachdem er sie mit ihm getroffen hatte. Manche Leute stellen sich stets ganz offen zum Teufel. Wenn sie sagen, dass sie etwas Unrechtes zu tun gedenken, bringen sie zum Ausdruck, dass sie es tun sollten, weil sie ihr Wort darauf gegeben haben. Als ob ein Eid, Unrecht zu tun, für einen Menschen bindend sein könnte! »Ich werde diese Gemeinde nie wieder besuchen«, haben einige gesagt, um gleich darauf anzufügen: »Nein, ich wünschte, dass ich dies nie gesagt hätte.« War dies verkehrt? Worin besteht demnach dein Schwur? Es war ein Schwur, den du gegenüber dem Teufel abgelegt hast. Was war dieses törichte Versprechen, wenn nicht eine Zusage an Satan? Wirst du ihm etwa treu bleiben? Ich wünsche zu Gott, du würdest Christus treu sein!

Judas verriet seinen Herrn mit einem Kuss. Dieser Methode bedienen sich die meisten Abgefallenen; sie tun es stets mit einem Kuss. Habt ihr in eurem Leben je ein Buch eines Bibelkritikers gelesen, das nicht mit einer großen Achtung vor der Wahrheit begonnen hat? Ich jedenfalls nicht! Selbst Bücher unserer Zeit, von Bischöfen geschrieben, beginnen immer in diesem Stil. Sie verraten den Sohn des Menschen mit einem Kuss. Habt ihr je ein höchst umstrittenes Buch gelesen, das nicht mit einer solch widerwärtig großen Portion an Demut, solchen zuckersüßen Phrasen, solchen butterweichen Floskeln, solchen schmalztriefenden Formulierungen begann – mit allem, das so süßlich und eingängig ist? Da habt ihr gesagt: »Ganz gewiss muss es hier etwas Schlechtes geben, denn wenn die Betreffenden eingangs solche sanften und süßlichen Worte gebrauchen und sich so demütig sowie so aalglatt verhalten, kann man sich darauf verlassen, dass sie regelrechten Hass in ihrem Herzen haben.« Diejenigen Menschen, die am frömmsten aussehen, sind oft die größten Heuchler auf der Welt.

Wir schließen mit Gedanken zur Reue des Judas. Er hat sein Tun tatsächlich bereut, aber es war eine Reue, die zum Tod führte. Obwohl er ein Bekenntnis ablegte, bezog er sich nicht auf die Tat selbst, sondern nur auf die Konsequenzen. Es tat ihm so leid, dass Christus verurteilt worden war. Eine gewisse Liebe, die er einst zu einem gütigen Herrn hatte, kam zum Vorschein, als er sah, dass Christus verurteilt wurde. Er hatte vielleicht wirklich nicht gedacht, dass es so weit kommen würde. Möglicherweise hatte er gehofft, dass Christus den Händen seiner Häscher entrinnen würde. In diesem Fall hätte er seine dreißig Silberlinge behalten und womöglich eine neue Gelegenheit zum Verrat genutzt. Mag sein, dass er gedacht hatte, Christus würde sich aus ihren Händen durch irgendeinen Machterweis in Form eines Wunders befreien oder die Aufrichtung des Reiches verkünden, sodass er selbst, Judas, jene glückselige Vollendung nur beschleunigt hätte. Liebe Freunde: Derjenige, der die Folgen seines Tuns bereut, tut keine Buße! Der Schurke verspürt Gewissensqualen angesichts des Galgens, aber nicht aufgrund des Mordes. Dies ist daher überhaupt keine Buße. Das menschliche Gesetz muss Sünde natürlich anhand ihrer Konsequenzen beurteilen. Anders dagegen Gottes Gesetz. Angenommen, es gibt einen Weichensteller bei der Eisenbahn, der seine Pflicht vernachlässigt. Wenn es auf der betreffenden Strecke zu einem Zusammenstoß kommt und Menschen getötet werden, dann legt man diesem Mann aufgrund seiner Nachlässigkeit Totschlag zur Last. Aber wenn dieser Weichensteller vielleicht seinen Dienst viele Male zuvor nachlässig ausgeführt und es keinen Unfall gegeben hat, ist er dann nach Hause gegangen, indem er sich sagte: »Ich habe ja nichts Unrechtes getan!« Wenn nun aber das Unrecht nie anhand eines Unfalls, sondern anhand der Sache selbst beurteilt wird, und wenn man sich gegen ein Gesetz vergangen hat und dabei unentdeckt entkommen ist, gilt dies in Gottes Augen genauso als Schandtat. Angenommen, man hat etwas verkehrt gemacht, während die göttliche Vorsehung die naheliegende Folge dieses Fehlverhaltens nicht eintreten ließ. Dann fällt die entsprechende Ehre Gott zu, während man selbst aber genauso schuldig ist, als ob man seine Sünde so begangen hätte, dass ihre umfassendsten Folgen sichtbar geworden wären und man die ganze Welt in Brand gesetzt hätte. Wir sollten Sünde nie ausschließlich anhand der Konsequenzen beurteilen, sondern angesichts der Sünden selbst Buße tun.

Obwohl es die Unabänderlichkeit war, aufgrund derer ihm die Folgen leidtaten, verspürte dieser Mann bittere Reue. Er suchte sich einen Baum, knüpfte ein Seil daran und erhängte sich. In seiner Eile ging er jedoch so stümperhaft vor, dass das Seil riss und er an einem Abhang hinunterstürzte. Daraufhin – so lesen wir – traten seine Eingeweide heraus. Sein Leichnam lag dort als verstümmelte Masse auf dem Grund des Felsens, ein Bild des Schreckens für jeden, der vorüberging. Ihr aber, die ihr die Gottseligkeit als Mittel zum Gewinn anseht – wenn es denn einen solchen gibt –, endet vielleicht nicht durch Selbstmord, solltet aber diese Lektion beherzigen. B. Keach, mein ehrwürdiger Vorgänger[41], gibt am Ende eines seiner Predigtbände den Tod eines gewissen John Child wieder. John Child war ein freikirchlicher Pastor gewesen, hatte sich dann aber um des Gewinnes willen den Episkopalen angeschlossen. Er tat dies gegen sein Gewissen, um eine Pfründe zu erhalten. Dabei marterte er sein Gewissen, indem er Säuglinge besprengte und all das andere zeremonielle Beiwerk der Kirche praktizierte. Am Ende wurde er bei der Rückschau auf die Taten seines Lebens von einem solchen Schrecken gepackt, dass er seine Pfründe aufgab und aufs Krankenlager geworfen wurde. Die Schwüre, Lästerungen und Flüche in seiner Sterbestunde waren so furchtbar, dass sein Fall während seiner Zeit großes Aufsehen erregte. B. Keach schrieb darüber einen ausführlichen Bericht, wobei viele Child besuchten, indem sie bemüht waren, ihn zu trösten, so gut sie konnten. Er aber sagte: »Geht fort; geht fort, es ist zwecklos; ich habe Christus verraten.«

Ihr kennt ebenso den schrecklichen Tod von Francis Spira[42]. In der gesamten Literatur gibt es nichts Furchtbareres als sein Abscheiden. Dieser Mann hatte die Wahrheit erkannt und genoss unter den Vertretern reformatorischer Gedanken großes Ansehen. Er war ein geehrter und bis zu einem gewissen Grade offensichtlich treuer Mann. Aber er kehrte in die katholische Kirche zurück und fiel ab. Als dann sein Gewissen wachgerüttelt wurde, floh er nicht zu Christus, sondern sah statt der Sünde nur die Folgen seines Tuns. Weil er

41 Gemeint ist Benjamin Keach (ca. 1640 bis 1704), ein englischer Baptistenprediger. Wenn C. H. Spurgeon von ihm als einem seiner Vorgänger spricht, bezieht sich dies auf die Tatsache, dass aus der Londoner Gemeinde in der Old Kent Road, deren Prediger Keach war, später die New Park Street Church hervorging, in der Spurgeon als Pastor wirkte, bevor er an das *Metropolitan Tabernacle* überwechselte. Außerdem hat Spurgeon das erstmals 1689 von Keach veröffentlichte *London Baptist Confession of Faith* (Baptistisches Glaubensbekenntnis) für den Gemeindegebrauch neu herausgegeben.

42 Italienischer Rechtsanwalt, der in der Mitte des 16. Jahrhunderts lebte und unter dem Druck der Inquisition seinen reformatorischen Anschauungen entsagte, um zur Papstkirche zurückzukehren.

daher der Meinung war, dass die Folgen nicht mehr geändert werden könnten, vergaß er, dass Sündenvergebung möglich war, und kam in ungeheuer großen Seelenqualen um. Möge niemandem von uns je das traurige Los beschieden sein, an einem solchen Sterbebett zu stehen! Der Herr möge sich vielmehr jetzt über uns erbarmen und uns dazu bewegen, unser Herz zu prüfen! Diejenigen von euch, die sagen: »Wir wollen diese Predigt nicht hören!«, sind vielleicht jene, die sie am nötigsten haben. Derjenige, der meint: »Unter uns gibt es ja wohl keinen Judas!«, ist wahrscheinlich selbst ein Judas. O durchforscht euer Inneres, reinigt jede Ecke, seht in jeden Winkel eurer Seele. Dabei werdet ihr erkennen, ob euer Glaube auf Christus, auf die Wahrheit und auf Gott gegründet ist, oder ob er ein Bekenntnis umfasst, das ihr übernehmt, weil es etwas Ehrenwertes darstellt. Vielleicht ist es nur ein Bekenntnis, das ihr bewahrt, weil ihr euch davon Vorteile versprecht. Der Herr möge uns durchforschen, prüfen und zur Erkenntnis unserer Wege führen!

Und nun möchte ich abschließend Folgendes sagen: Es gibt einen Heiland, und dieser Heiland ist bereit, uns jetzt anzunehmen. Wenn ich kein Heiliger bin, stehe ich noch immer als Sünder da. Wäre es nicht das Beste für uns alle, wiederum zu der Quelle zu gehen, um sich dort zu waschen und rein zu sein? Möge jeder von uns auf Neue gehen und sagen: »Herr, du weißt, wer ich bin, während ich mich selbst kaum kenne. Wenn ich aber falsch gehandelt habe, bitte ich dich: Reinige mich! Wenn ich rein bin, lass mich so bleiben! Ich vertraue auf dich. Bewahre mich jetzt, Herr Jesus, um deinetwillen.« Amen.

Hannas

Hoherpriester und Sadduzäer

»Die Schar nun und der Oberst und die Diener der Juden nahmen Jesus und banden ihn; und sie führten ihn zuerst hin zu Hannas, denn er war Schwiegervater des Kaiphas, der jenes Jahr Hoherpriester war … Der Hohepriester nun fragte Jesus über seine Jünger und über seine Lehre. Jesus antwortete ihm: Ich habe öffentlich zu der Welt geredet; ich habe allezeit in der Synagoge und in dem Tempel gelehrt, wo alle Juden zusammenkommen, und im Verborgenen habe ich nichts geredet. Was fragst du mich? Frage die, welche gehört haben, was ich zu ihnen geredet habe; siehe, diese wissen, was ich gesagt habe. Als er aber dies sagte, gab einer der Diener, der dabeistand, Jesu einen Schlag ins Gesicht und sagte: Antwortest du so dem Hohenpriester? Jesus antwortete ihm: Wenn ich schlecht geredet habe, so gib Zeugnis von dem Schlechten! Wenn aber recht, was schlägst du mich?« (Johannes 18,12-13.19-23).

Beachten wir die Worte in V. 13: »… und sie führten ihn zuerst hin zu Hannas.« Dieser Mann, Hannas, ist nicht als so berüchtigt bekannt wie Pontius Pilatus, weil sein Name im Apostolischen Glaubensbekenntnis nicht erwähnt wird. In gewisser Hinsicht hat er jedoch eine noch größere Schuld auf sich geladen als der römische Statthalter. Er gehörte zu denjenigen, die unseren Herrn Pilatus überlieferten. Er fällt mit unter das Gericht: »Der, welcher mich dir überliefert hat, (hat) größere Sünde« (vgl. Johannes 19,11). Wir dürfen nicht vergessen, dass er der *Erste* war, der den Heiland verhörte. Folglich soll er dafür auch die volle Verantwortung tragen: »*… und sie führten ihn zuerst hin zu Hannas.*«

Wer war dieser Mann, zu dessen Palast der Herr Jesus zuerst geführt wurde? Er war ein Mann, der eine Zeit lang tatsächlich Hohepriester gewesen war. Von den Juden wurde er etwa dreißig Jahre lang als der eigentliche »starke Mann« im hohenpriesterlichen Geschlecht angesehen, während mehrere Angehörige seiner Familie[43]

43 D. h. fünf Söhne und sein Schwiegersohn Kaiphas; vgl. Spurgeons nachfolgende Ausführungen.

in der Ämterfolge nacheinander nominell Hohepriester waren. Das Hohepriestertum, einst auf Lebenszeit verliehen, war zu einem Amt verkommen, das selten länger als ein Jahr bekleidet wurde. Daher spricht der Evangelist bezeichnenderweise von Kaiphas als demjenigen, der »jenes Jahr Hoherpriester war«. Doch es hat den Anschein, als sei Hannas von den Juden insgeheim als der eigentliche Hohepriester betrachtet worden, wobei ihm in dieser De-facto-Stellung umso bereitwilliger Ehrerbietung entgegengebracht wurde, weil ihm nach Josephus immerhin fünf seiner Söhne und sein Schwiegersohn Kaiphas in diesem heiligen Amt folgten. Zu ihm musste das Opfer der Priester demnach zuerst gebracht werden. Wenn es heißt: »Sie führten ihn zuerst hin zu Hannas«, sind diese Worte als Anerkennung seiner faktischen Stellung zu verstehen. Das Opfer Gottes, das Lamm seines Passahs, der Sündenbock, der für die Sühnung vor dem Herrn vorgesehen war, wird vor den Priester gebracht, bevor er geschlachtet wird.

Das Haus des Hannas war mit demjenigen des Kaiphas verbunden. Es diente dazu, den Gefangenen in Haft zu behalten, bis der Hohe Rat eilig zusammengerufen werden konnte, um ihm den Prozess zu machen. Dass Jesus in seinen Palast gebracht und ihm vorgeführt wurde, war für den betagten Hannas höchst erfreulich – konnte er doch so eine Vorabbefragung durchführen und anstelle seines Schwiegersohns amtieren. Ohne sein Haus verlassen zu müssen, konnte er sich somit seiner Bosheit hingeben und seine Hand im Spiel haben. Religiöser Hass sitzt stets tief und lässt nicht nach. Heute ist niemand dem heiligen Evangelium Christi mehr feind als diejenigen, die ihre Freude daran haben, dass es den priesterlichen Stand gibt. Es ist durchaus von prophetischer Bedeutung, dass unser Herr als Gefangener zuerst in das Haus des Priesters gebracht werden musste: »… und sie führten ihn zuerst hin zu Hannas.« Weder in der Kaserne der Soldaten noch im Amtsgebäude des Statthalters, sondern im hohenpriesterlichen Palast musste Jesus erstmals als Gefangener erscheinen. An dieser Stätte scheint ein gebundener Christus durchaus am richtigen Platz zu sein.

Hannas trug einen vielversprechenden Namen (Hannas bedeutet *milde* oder *gnädig*). Dennoch war er der Erste, der versuchte – wenn möglich – den Herrn Jesus durch Fangfragen in die Falle zu locken. Er befragte ihn zunächst in einem halbprivaten Verhör, um dabei mithilfe raffinierter Fragen irgendeinen Anklagegrund aus seinen

Worten zu gewinnen. Wie ein Inquisitor versuchte er, sein Opfer mit vorgetäuschter Barmherzigkeit zu verhören. Dieser Priester, dessen Name von Gnade zeugte, ließ die gespielte Anteilnahme der Gottlosen erkennen, die unter ihnen gewöhnlich zu finden und sprichwörtlich grausam ist. Wenn die Knechte Jesu misshandelt werden, geben ihre Peiniger in der Regel vor, mitleidig und barmherzig zu sein. Die Verfolger grämt es, wenn sie sich gezwungen fühlen, gnadenlos zu sein. Es schlägt Wunden in ihre empfindsame Seele, wenn sie gezwungen sind, auch nur ein Wort gegen das Volk des Herrn zu sagen! Mit freundlich klingenden Worten fügen sie ihren Opfern schmerzliche Wunden zu. Ihre Worte sind glatter als weiche Butter, doch inwendig sind sie gezogenen Schwertern gleich.

Wenn ich Hannas' Charakter, die Wesensart dieses Mannes, recht verstehe, war er einer der erbittertsten Feinde des Heilands. Er war Sadduzäer. Dies ist die »liberale« Richtung im damaligen Judentum. Und in den Pharisäern sehen wir die strengste Sekte der Juden. Der Grund seiner erbitterten Feindschaft gegenüber dem Heiland ist ziemlich deutlich: Während nämlich die Pharisäer in ihrer ausufernden Neigung zu Zeremonien und in ihrer Selbstgerechtigkeit Christus hassten, standen ihnen die Sadduzäer in ihrem Unglauben und ihrer Ablehnung der großen geoffenbarten Wahrheiten nicht nach. Hier gingen Ritualismus und Rationalismus Hand in Hand, wobei die Freidenker bei all ihren Bekenntnissen zur Toleranz denjenigen gegenüber, die sich an die Wahrheit halten, gewöhnlich nichts davon erkennen lassen. Die Broad Church[44] ist meist sehr intolerant, wenn die Lehre vom Kreuz erörtert wird. Ich weiß nicht, ob dieser Sadduzäer von den Geschäften, die im Tempel abgewickelt wurden, profitierte. Einige nehmen auch an, dass er sehr aufgebracht war bzw. an einer sehr empfindlichen Stelle, nämlich dem Geldbeutel, getroffen wurde, als Jesus die Tische der Geldwechsler und die Sitze der Taubenverkäufer umstieß. Gewiss gehörte aber Hannas aus diesem oder jenem Grund zu den führenden Köpfen unter den Verfolgern unseres Herrn – nicht nur von der zeitlichen Abfolge her, sondern auch hinsichtlich seiner Bosheit.

44 Liberale, humanistisch geprägte Richtung innerhalb der anglikanischen Kirche mit »freier« Glaubenslehre.

Möglicherweise strebte der Befehlshaber der Kohorte[45] mit seinen Soldaten dem Haus des Hannas zu, weil er in das Komplott bis ins Kleinste eingeweiht war und von Pilatus den Befehl bekommen hatte, einstweilen den Willen des Hohenpriesters und seines Schwiegervaters auszuführen. Hat dieser kluge alte Herr die Verschwörer beraten? War seine Charakterstärke der Grund dafür, dass er mehrere Jahrzehnte lang an der Spitze des religiösen Judentums stand und im entscheidenden Augenblick voranging? Ist es möglich, dass die Häscher im Haus des Hannas haltmachten, um ihr Opfer zu überliefern, sodass Judas das Blutgeld erhalten konnte? Auf jeden Fall hören wir nichts mehr davon, dass der Verräter mit denjenigen zusammen war, die seinen Herrn gefangen genommen hatten.

Fest steht, dass der Herr *zuerst* zu Hannas geführt wurde, wobei wir davon überzeugt sind, dass diesem Vorgehen ein bestimmtes Motiv zugrunde lag. Hannas war so boshaft, grausam und skrupellos, dass er beim Wirken der Verfolger die Initiative ergriff. In allen Angelegenheiten gibt es Erste sowie Letzte, wobei dieser Mann an der Spitze derjenigen stand, die in ungerechter Weise über unseren Herrn zu Gericht saßen. Er war ein Günstling von Herodes dem Großen, der sich unter den biblisch bekannten Herodiern am abscheulichsten verhielt.[46] Außerdem war er ein Freund des Statthalters Pilatus und somit dafür prädestiniert, der Rädelsführer des Justizmordes an dem Unschuldigen zu sein. Jegliche Hoffnung auf einen fairen Prozess war geschwunden, als der Heilige und Gerechte in die Hände jenes Brutalen und Ungerechten überliefert wurde. Er hatte über so manches Jahr hinweg seine Stellung behauptet, indem er Herodes, den Römern und den Juden nach dem Mund redete, wobei er mit kaltblütiger Entschlossenheit und großer Raffinesse daranging, den Nazarener auszuschalten. Dadurch hoffte er, den Weg für die Angehörigen des Hohen Rates ebnen zu können, die zu diesem Zeitpunkt bereits zusammengerufen worden waren, um die Bluttat auszuführen, worauf ihr ganzes Sinnen und Trachten gerichtet war.

Wir wollen zunächst behutsam, als von Liebe Erfüllte und voller Bewunderung *unseren Herrn in seinem Verhör* betrachten.

---

45 Zehnter Teil einer römischen Legion, d. h. 600 Mann.

46 Im Neuen Testament werden vier Herodier erwähnt – neben Herodes dem Großen sind es Herodes Antipas, Herodes Agrippa I. und Herodes Agrippa II.

Meine erste Bemerkung besteht darin, dass *dieses Verhör rechtswidrig und ungesetzlich war.* Jesus war noch nicht einer bestimmten Sache angeklagt worden. Bisher hatte noch kein Richter auf dem Richterstuhl Platz genommen, noch waren Zeugen aufgerufen worden, damit sie gegen den Gefangenen aussagen konnten. Vielmehr war es eine Art privates Verhör mit der Absicht, dem Gefangenen bestimmte Aussagen abzupressen, die später gegen ihn verwendet werden konnten. Ihr wisst, mit welchem Nachdruck und in welch zutreffender Weise unser Rechtswesen etwas Derartiges untersagt. Obwohl es vielleicht nicht dem jüdischen Gesetz zuwiderlief[47], war es gewiss gegen die ewig gültigen Rechtsgrundsätze gerichtet. Man darf somit einen Gefangenen nicht mit der Absicht befragen, ihn in seinen Worten zu fangen und ihn zur Selbstanklage zu zwingen. Wenn keine formelle Anklage gegen ihn vorliegt, sollte er freigelassen werden. Wenn die Anklageschrift lückenhaft ist, muss man ihn an die vorhergehende Instanz zurückverweisen. Auf keinen Fall aber darf man ihn zum Verhör einem seiner unbarmherzigsten Feinde überstellen, denn damit würde ihm absichtlich geschadet werden.

Genau dies ist im Falle unseres Heilands geschehen, als er vor Hannas gebracht wurde, wobei es meiner Meinung nach viele Menschen in unserer Zeit gibt, die ihn genauso schlecht behandeln. Obwohl sie ihn betreffende Fragen stellen und Erkundigungen über ihn einziehen, tun sie dies nicht ehrlich und aufrichtig bzw. nach den Grundsätzen des Rechts.

Ich fürchte, dass die Mehrzahl derjenigen, die den christlichen Glauben unter die Lupe nehmen, dies nicht als ehrliche Menschen und als jene tun, die den eigenen Charakter durchforschen lassen. Das Neue Testament zu lesen, käme einigen von ihnen zuallerletzt in den Sinn. Ebenso würden sie am allerwenigsten versuchen, das wahre Wesen Christi zu verstehen. Und eine umfassende sowie ausgewogene Darstellung dessen, worin sein Evangelium wirklich besteht, wäre das Allerletzte, dem sie je zuhören würden. Noch immer, bis heute, gibt es hier und da – ja, fast überall – jene Zeitgenossen nach der Art des Hannas. Sie befragen die Nachfolger Christi,

47 Zweifellos sieht C. H. Spurgeon hier eine Diskrepanz zwischen dem außerbiblischen jüdischen Recht und dem von Gott im Alten Testament gegebenen Recht. Wäre das damalige jüdische Recht auf biblische Maßstäbe gegründet gewesen, hätte sich eine solche Feststellung erübrigt.

um sie zu Äußerungen zu verleiten, worüber sie spotten können – Aussagen vielleicht, die mit dem Geist dieses »wunderbaren Jahrhunderts« unvereinbar sind. Ich höre übrigens so oft Lobreden auf dieses »wunderbare Jahrhundert«, dass ich seiner völlig überdrüssig bin und den Zeitpunkt herbeisehne, da es endlich untergegangen und vergessen ist.

Als Nächstes *war dies ein einseitiges Verhör Christi*: »Der Hohepriester nun fragte Jesus über seine Jünger und über seine Lehre.« Warum hat er ihn nicht zur eigenen Person – zu seiner Identität und Stellung – befragt und sich speziell nach seinen Wundern sowie seiner gesamten öffentlichen Wirksamkeit erkundigt? Wieso fragte Hannas nicht: »Hast du die Toten auferweckt? Hast du die Augen Blinder aufgetan? Hast du die Aussätzigen geheilt? Bist du umhergezogen, um Gutes zu tun?« O nein! Es gab keine Fragen zu solchen Sachverhalten. Vielmehr wurden sie alle als unwichtig übergangen.

Die Fragen begannen im allersensibelsten Bereich, in jenem Bereich, den Menschen oft als das schwächste Glied in der Kette angesehen haben: Er »fragte Jesus über seine Jünger.« Kann ein Führer für die törichten Verhaltensweisen und Schwachheiten seiner Nachfolger einstehen? Ich nehme an, dass Hannas seine Frage folgendermaßen formuliert hat: »Wo sind deine Jünger?« Dort unten im Hof stand zwar Petrus, doch Christus konnte ihn nicht zu seinen Gunsten in den Zeugenstand rufen. Und obwohl sich Johannes wahrscheinlich irgendwo im Hintergrund befand, hatten die Übrigen ihren Herrn verlassen und waren geflohen. Hannas wollte mit seiner Frage zweifellos ausdrücken: »Wer sind diese deine Jünger? Wo hast du sie in Dienst genommen?« Ich möchte behaupten, dass er ihre galiläische Herkunft kannte. Er wusste, dass sie zumeist einfache Fischer waren, und beabsichtigte, Christus aufgrund dessen in üble Nachrede zu bringen. Hätte er mehr über diese Jünger gewusst, hätte er vielleicht so manche Frage gestellt, worin zumindest ein wenig Achtung gegenüber der Lehre Jesu erkennbar gewesen wäre.

Genauso verhalten sich Menschen unserer Zeit: Sie stellen Fragen, die Christi Jünger betreffen. Dabei sagen sie: »Schauen Sie sich Herrn Soundso, einen von den Nachfolgern Christi, an! Oder betrachten Sie Herrn Soundso, einen der Pastoren in der Kirche Christi! Oder sehen Sie sich an, welche Spaltungen es in den Gemeinden gibt!« Und so weiter. Obwohl das stimmt, sollte man angesichts dieser Äußerungen Christi Person und Lehre gewiss einer umfassenden und ausgewogenen Prüfung unterziehen, statt sich nur auf einen Punkt zu beziehen. Gepriesen sei sein Name dafür, dass es nicht davon abhängt, in welchem Punkt er geprüft wird: Er weiß immer eine Antwort – und eine wunderbare noch dazu. Wenn Menschen wirklich bereit wären, die Wahrheit zu erkennen, würden sie ihn umfassend betrachten und sich ihn in einer Vielzahl von Punkten ansehen, um ihn danach zu beurteilen.

Außerdem *ging es bei diesem Verhör arg durcheinander*, denn der Hohepriester fragte Christus »über seine Jünger und über seine Lehre«. Von der Logik her hätte es aber bei der Vernehmung zunächst um seine Lehre und erst dann um seine Jünger gehen sollen – also zunächst um das, was er lehrend weitergab, und dann um die dadurch beeinflussten Menschen. Doch Menschen wie Hannas kehren ihre Frageordnung um, indem sie die erste Frage zuletzt und die letzte zuerst stellen, um so vielleicht irgendeine Anklage gegen Christus zu erhalten. Wenn sich nun aber irgendjemand in aller Ruhe hinsetzt und Leben, Wesen sowie Lehre des Jesus von Nazareth wirklich untersucht, werden wir mit Freuden hören, was er anschließend darüber zu sagen hat. Nur möge er dabei in der richtigen Reihenfolge vorgehen. Möge er zunächst das anschauen, was die Person Jesu betrifft, so wie er dies bei all den Religionsstiftern tun würde. So würden wir auch den Charakter eines beliebigen Menschen prüfen, wenn er vor ein ordentliches Gericht gestellt wäre. Es gibt diejenigen – vielleicht sind einige davon jetzt unter uns –, die in ungebührender Weise über unseren hochgelobten Herrn und Meister geredet haben. Ich bitte sie, Christus genauso wie sich selbst Gerechtigkeit zukommen zu lassen, anders vorzugehen und ihn so zu prüfen, wie sie selbst in einer Vernehmung behandelt werden möchten, wenn ihr Charakter und ihre Absichten infrage gestellt werden.

Hannas tat dies nicht, denn *als er Christus verhörte, ging es um dessen Jünger und dessen Lehre*. Im Blick auf seine Jünger sagte unser Herr nichts. Er hatte im Gespräch mit seinem Vater viel von ihnen geredet, wobei er in seiner allmächtigen Liebe und Weisheit an diesem Ort und zu dieser Zeit viel über seine Jünger hätte sagen können, wenn er dies gewollt hätte. Er tat es jedoch nicht und erwies in dieser Hinsicht seine Weisheit. In der gesamten Schrift finden wir vergleichsweise wenig Aussagen über die Angehörigen des Volkes Gottes. Es wird meist über ihre Fehler und ihr Versagen berichtet.

Dies ist darin begründet, dass der Tag ihrer Offenbarwerdung noch nicht angebrochen ist. Der betreffende Tag kommt geschwind, und »wenn es[48] offenbar werden wird, (werden) wir ihm gleich sein … denn wir werden ihn sehen, wie er ist« (vgl. 1. Johannes 3,2; »wenn *er* offenbar werden wird« im Original). Außerdem heißt es: »Dann werden die Gerechten leuchten wie die Sonne in dem Reich ihres Vaters« (vgl. Matthäus 13,43). Hannas dachte, dass die Nachfolger Christi eine Schar von Fanatikern seien – unwissend, ungebildet, unbedeutend, aus den niederen Schichten des Volkes stammend. Anhand der in Katakomben gefundenen einfachen Inschriften wissen wir, dass es unter jenen Gottesfürchtigen, deren die Welt nicht wert war, nur wenige gab, die überdurchschnittlich gebildet waren. Die meisten von ihnen waren offensichtlich einfache, niedrig gestellte, gewöhnliche Leute. Unser Herr Jesus Christus achtet nicht auf irdischen Stand oder weltliche Größe. Obwohl er den Menschen liebt, bedeutet ihm das Gewand, das der Betreffende trägt, nicht viel, wobei hinsichtlich der ärmsten Heiligen gilt, dass »er sich nicht (schämt), sie Brüder zu nennen« (vgl. Hebräer 2,11).

Uns, die wir auf Christi Seite sind und folglich genauso verachtet werden, gilt: Die uns zugeeignete Gnade besteht darin, dass es bei der Auferstehung ebenso eine Wiederherstellung der Ehre wie auch des Leibes geben wird. Die Ehre, die uns hier vorenthalten wurde, wird uns zuteilwerden. Wurde uns auf Erden auch die Anerkennung verweigert, wird sie uns dann zuerkannt werden. Da Gott es gesagt hat, muss es so sein: »Licht ist dem Gerechten gesät« (vgl. Psalm 97,11). Die frohe Zeit seiner Ernte wird gewiss kommen, wobei dann die Herrlichkeit auf ewig die Schande und den Spott auslöschen wird, die den Gläubigen um Jesu Christi, ihres Herrn und Meisters, willen entgegengebracht worden sind.

Hannas befragte Christus ebenso hinsichtlich seiner Lehre. Er wollte wissen, was dieser denen gesagt hatte, die ihm zuhörten. Ich werde auf diese Angelegenheit nicht näher eingehen, denn ich will ausführlich über *die Antwort* sprechen, *die Christus Hannas gab*. Er verwahrte sich zunächst dagegen, dass er auf diese ungerechte Art und Weise verhört wurde, indem man ihn im kleinen Kreis darüber befragte, was er öffentlich gesagt hatte. Das Angemessene wäre gewesen, diejenigen zu fragen, die ihn gehört hatten. Er sagte näm-

48 D. h. das künftige Geschick der Gotteskinder.

lich: »Ich habe öffentlich zu der Welt geredet; ich habe allezeit in der Synagoge und in dem Tempel gelehrt.« Dies ist, als würde er sagen: »Ich habe für meine Lehre Orte in aller Öffentlichkeit gewählt. Ich habe keine Versammlungen im Untergrund und keine geheimen Zusammenkünfte im kleinen Kreis abgehalten, um meine Anhänger zum Aufruhr aufzurufen. Nein, ich habe in der Öffentlichkeit geredet. Die Himmel sind meine Zeugen. Am Berghang habe ich meine Botschaft verkündigt. Am Seeufer habe ich zu allen gesprochen, die um mich versammelt waren. Es waren die Volksmengen, die oft bei meinen Verkündigungen zugegen waren. Sie wissen, was ich gesagt habe, und könnten Zeugnis davon ablegen, wenn man sie bitten würde, dies zu tun.«

Im Blick auf Christi Lehre war alles durchschaubar. Darin gab es keinerlei Anzeichen einer jesuitischen Methode, der zufolge man das eine sagt und das andere meint. Auch benutzte er keine Ausdrücke, die doppeldeutig waren. Es stimmt, dass unser Herr den Angehörigen der breiten Masse des Volkes nicht alles erklärte, was er ihnen sagte, denn sie waren geistlich so beschränkt, dass sie es nicht aufnehmen würden. Unter dem jedoch, das er vor ihnen verbarg, gab es gleichzeitig nichts, was seine Zuhörer wirklich wissen mussten. Er öffnete sein Herz für alle, die seine Gedanken wissen wollten. Sogar in seiner öffentlichen Lehre vor der Volksmenge war – wenn man nur Augen dafür gehabt hätte – all das vorhanden, was er gegenüber seinen Jüngern im kleinsten Kreis lehrte.

Ich habe gehört, dass es nach landläufiger Meinung bestimmte Wahrheiten des Wortes Gottes gibt, worüber wir lieber nicht predigen sollten. Obwohl man einräumt, dass sie wahr sind, behauptet man, dass sie nicht erbaulich sind. Ich bin mit einer solchen Einstellung nicht einverstanden. Dies entspricht lediglich einem Rückfall in die katholische Lehrpraxis. Gottes Knechte tun gut daran, darüber zu predigen, was immer Gott in seiner Weisheit als offenbarungswürdig befunden hat. Wer sind wir, dass wir berechtigt sind, zwischen dieser und jener Wahrheit zu richten und zu sagen, worüber wir in der Verkündigung reden sollen und worüber nicht? Aufgrund dieser Vorgehensweise würden wir letztendlich zu Richtern darüber werden, worin das Evangelium Christi bestehen soll. So etwas darf unter uns nicht vorkommen, denn sonst maßen wir uns eine Verantwortung an, die wir überhaupt nicht tragen könnten. Meiner Ansicht nach ist die Tatsache, dass so wenig über die Lehren der Gnade gepredigt wird, der Grund dafür, dass sich die Gemeinderäume so leeren. Wenn man die Lehren der Gnade aus der Verkündigung entfernt, entleert man sie ihres eigentlichen Inhalts. Was gibt es noch, das die Menschen veranlassen könnte, gern und in großer Zahl in eure Gebetsversammlungen zu kommen, wenn nicht mehr über die Gnadenwahl gepredigt und die erlösende Gnade, die wirksame Berufung sowie das letztendliche glückselige Ausharren der Heiligen nicht mehr verkündigt wird?

Einige Leute sagen, dass man darüber unter den Heiligen reden solle, dies aber nicht in Predigten vor Sündern erwähnen dürfe. O welch eine verkehrte Meinung! Jede Lehre des Wortes Gottes ist wertvoll, jede biblische Wahrheit kostbar. Wer daher irgendeinen Teil dieses Wortes willentlich und absichtlich weglässt, kann unser gesamtes Zeugnis so beinträchtigen, dass unser Dienst dem schicksalhaften – und daraufhin von David verfluchten – Gebirge Gilboa gleicht (vgl. 2. Samuel 1,21), statt wie der Hermon vom Tau benetzt zu sein. Mein Bruder, was immer der Herr durch den Geist dich gelehrt hat, solltest du anderen weitersagen. Je nachdem sich dir Möglichkeiten bieten, solltest du ihnen offenbaren, was Gott dir geoffenbart hat. Denke daran, wie Christus selbst seine Jünger beauftragt hat: »Was ich euch sage in der Finsternis, redet im Licht, und was ihr ins Ohr geflüstert hört, ruft aus auf den Dächern« (vgl. Matthäus 10,27).

Alle Wahrheiten sollen im richtigen Verhältnis zueinander verkündigt werden, wobei jede Wahrheit – ob diese oder jene – zu gegebener Zeit behandelt werden soll und keine ausgelassen werden darf. Mögen wir am Ende unseres Dienstes imstande sein, wie Paulus zu sagen: »Ich habe nichts zurückgehalten von dem, was Christus mich gelehrt hat. Ich habe andere gelehrt und somit meinen Dienst vollbracht« (vgl. sinngemäß Apostelgeschichte 20,20 und 2. Timotheus 4,5).

Unser hochgelobter Herr antwortete Hannas, indem er auf sein Leben und seine Lehre in der Öffentlichkeit verwies. Darüber hinaus war keinerlei andere Rechtfertigung mehr notwendig. Wir können uns nichts Überzeugenderes vorstellen. Keine Wortgewandtheit oder keine Eindringlichkeit der Argumentation hätte den listigen Feind so wirksam in die Schranken weisen können. Der Untersuchungsrichter selbst war so beschämt und einen Augenblick lang so in Verlegenheit, dass ein diensteifriger Wächter Jesus mit der bloßen Hand schlug. Der Schlag galt somit dem unschuldigen, unbewegten Gesicht des verfolgten Nazareners, nachdem dieser mit seiner schlichten Verteidigung seinen brutalen Gegner zum Schweigen gebracht hatte. Welch eine wunderbare Antwort hatte er gegeben! Wie empfehlenswert ist damit sein ganzes Wesen für uns! Wie erscheint er dadurch in noch majestätischerem Licht als zuvor!

Ich bin überzeugt, dass es keinen unter uns gibt, der es wagen würde, hinsichtlich seines Lebens das zu sagen, was Jesus wahrhaft von seinem irdischen Dasein sagen konnte. Zumindest könnte keiner so vorbehaltlos davon reden. Unser Herr hatte in aller Eindeutigkeit unter den Menschen gelebt. Er war kein Eigenbrötler. Weil er vom frühen Morgen bis zum letzten Dienst am späten Abend mit Menschen in Verbindung stand, geschah alles, was er tat, vor den Augen seiner Mitmenschen. Jenes »gleißende Licht, das den Thron umgibt«, hat auch ihn stets umgeben. Er wurde fortwährend beobachtet. Man dachte an jedes Wort, das über seine Lippen kam. Immer wieder waren seine Feinde bemüht, ihn in seiner Rede zu fangen. Er konnte sich kaum die Muße eines Augenblicks gönnen, in dem er unbeachtet reden konnte, wie es sonst jemand bei Plaudereien am Kamin tut. Er befand sich immerzu vor den Argusaugen der gottlosen Welt, die Fehler sehen wollte, wo keine zu finden waren. Hätte es auch nur ansatzweise irgendeine Schuld gegeben, hätte sie diese aufgebauscht und davon überall weitererzählt.

Überdies war unser Herr keineswegs ein schweigsamer Mensch. Er redete, und zwar oft. Denken wir nur an die Bücher, die wir über sein Leben in der Gemeinschaft mit Gott vorliegen haben, wobei die Dinge, die er sagte und tat, weit über das hinausgingen, was aufgezeichnet ist, denn Johannes sagt: »Es gibt aber auch viele andere Dinge, die Jesus getan hat; wenn diese alle einzeln niedergeschrieben würden, so würde, scheint mir, selbst die Welt die geschriebenen Bücher nicht fassen« (vgl. Johannes 21,25). Dennoch gab es nie irgendwelche Taten oder Worte Christi, hinsichtlich derer Freund und Feind auch nur ansatzweise eine einzige Sünde finden konnten. Er konnte sogar Satan selbst auffordern, ihn irgendeiner Unzulänglichkeit in seinem Leben zu überführen: »Der Fürst der Welt kommt; und in mir hat er gar nichts« (vgl. Johannes 14,30).

Darüber hinaus hat er nicht nur sehr oft, sondern auch überaus verständlich geredet. Er sprach so einfach, dass sogar kleine Kinder ihn verstehen konnten. Ich bin der Meinung, dass es unter seinen Zuhörern keinen gab, der ehrlichen Herzens sagen konnte, ihm sei die von diesem Verkündiger beabsichtigte Bedeutung entgangen. Obwohl sie alle sagen konnten, was er meinte, waren sie unter Wahrung der Redlichkeit außerstande, an dieser Bedeutung etwas auszusetzen.

Ein weiterer beachtenswerter Sachverhalt besteht darin, dass er während seiner Reden zwar häufig in erheblichem Maße provoziert wurde, aber nie die Fassung verlor oder in unbedachter Weise irgendwelche Worte über die Lippen brachte. Wir – du und ich – wissen es: Jedes Mal, wenn wir aus der Haut fahren, neigen wir dazu, allerlei unkluge, törichte und böse Worte zu sagen. Unser hochgelobter Heiland hat in dieser Hinsicht jedoch nie gesündigt, wie sehr man ihn auch diesbezüglich provozieren mochte. Seine Worte wurden des Weiteren oft entstellt. Wir neigen ja oft dazu, es in unseren Reaktionen mit der Wahrheit und Besonnenheit nicht so genau zu nehmen, wenn Menschen uns etwas Falsches anhängen. Unser Herr Jesus hat dies nie getan. Wenn man das nimmt, was der Heiland zu irgendeinem Zeitpunkt gesagt hat, muss man keine einzige Aussage korrigieren. All seine Äußerungen entsprechen absolut der Wahrheit – ob für sich genommen oder im Zusammenhang gesehen.

Wir dürfen ebenso nicht vergessen, dass unser gepriesener Herr oft inmitten des Getümmels sprach. Er fand nicht immer einen solch ruhig zuhörenden, friedlichen Personenkreis vor, den wir vor uns haben, wenn wir zu öffentlichen Gottesdiensten zusammenkommen. Vielmehr musste er häufig angesichts des Tumults einer wütenden Menge und des Widerstands sowie sogar der Flüche derer, die ihn hassten, reden. Dennoch sprach er selbst unter diesen schwierigen Umständen so, dass er sie alle furchtlos auffordern konnte, alles, was er vor ihren Ohren gesagt hatte, einer kritischen Prüfung zu unterziehen. Unser Herr hatte zu allen möglichen Menschen gesprochen – zu charakterlich schlechten und guten bzw. gleichgültigen Menschen. Darunter gab es insbesondere denjenigen, der ihn verriet. Dieser hatte viele seiner Reden im kleinsten Kreis gehört. Judas war bei ihm gewesen, als er sich in die Abgeschiedenheit zurückzog, und hatte seine Worte gehört, als nur der kleine Kreis der Bevorrechteten zugegen war. Dennoch gab es keinerlei Sätze oder Wendungen, die er angesichts seines großen Verbrechens – des Verrats an seinem Herrn – als mildernde Umstände hätte anführen können.

Zweitens *wurde unser Herr Jesus zu Unrecht geschlagen*: »Als er … dies sagte, gab einer der Diener, der dabeistand, Jesu einen Schlag ins Gesicht und sagte: Antwortest du so dem Hohenpriester?«

Er gab eine sehr einfache – und eine in jeder Hinsicht überaus angemessene – Antwort. Dennoch muss sie gleichzeitig sehr entlarvend gewesen sein, wenn Hannas ein Mensch jenes Schlages war, den er meiner Meinung nach verkörperte. Unser Heiland schien nämlich zu sagen (was man zwischen den Zeilen lesen kann): »*Ich* habe keinen geheimen, gegen einen anderen Menschen gerichteten Mordanschlag ersonnen. *Ich* habe mich nicht dazu hinreißen lassen, mit einem anderen zu sprechen und zu versuchen, ihn in seiner Rede zu fangen. *Ich* bin kein Verschwörer gewesen, sondern habe öffentlich in den Synagogen geredet und im Tempel gelehrt – gerade dort, wo die meisten Menschen zusammenkommen, aber ›im Verborgenen habe ich nichts geredet.‹« Dies muss eine sehr scharfe Zurechtweisung für Hannas gewesen sein, falls dieser Verruchte noch irgendwie ein Gewissen hatte. Daher versetzte einer derjenigen Schergen, die neben dem Hohenpriester standen, Christus einen Schlag ins Gesicht und sagte: »Antwortest du so dem Hohenpriester?«

Während nun Christus im ersten Fall auf den mit einer sogenannten »Vernehmung« verbundenen Widerstand stieß, fand er hier den gewöhnlichen Widerstand in Form von Verfolgung vor. Es gibt noch immer viele, die sich nie über Christus erkundigt haben, aber sich dennoch gegen ihn entscheiden und dann anfangen, Frau, Kind, Freund, Nachbar oder sonst irgendjemanden zu verfolgen, der auf der Seite Christi steht. Oft misshandeln sie den Betreffenden, wie dieser Scherge unseren Herrn schlug. Dies war eine überaus feige Tat, denn Christus war gefesselt und konnte sich daher nicht wehren. Dennoch finden wir ein derartiges Verhalten auch in unserer Zeit. Es scheint mir eine elende Sache zu sein, dass einige Menschen, die mit Liedern auf den Lippen durch die Straßen ziehen wollen, mit Steinen und Schmutz beworfen werden, während ihnen ihr Glaube Gewaltlosigkeit vorschreibt. Es steht ihnen nicht zu, sich umzuwenden und auf die Angreifer einzuschlagen, denn ihr christlicher Glaube hat ihnen die Hände gebunden – ein Sachverhalt, den die brutal vorgehende Menge kennt. Wenn diese Angehörigen des Pöbels kämpfen wollen, stellt sich die Frage: Warum suchen sie sich nicht Gleichgesinnte, die wie sie durch die Straßen ziehen, um die

Gläubigen offen anzugreifen und dann zu sehen, was dabei herauskommt? Sie fürchten sich davor, dies zu tun, denn bis heute richtet sich Verfolgung stets gegen Menschen, deren Hände gebunden sind.

Wenn unser Glaube uns gelehrt hätte, hitzig zu reagieren und Schläge sowie Tritte mit Gleichem zu vergelten, wäre das alles nur recht und billig. Uns wird jedoch geboten, dem Bösen nicht zu widerstehen, wobei es eben unsere Treue gegenüber Christus ist, die uns davon abhält, mit denjenigen unflätigen Worten zu reagieren, die uns entgegengeschleudert werden. Daher ist die Tatsache, dass wir verfolgt werden, oft grausame Realität. Wenn man Bücher über die gesamte Geschichte liest, erkennt man, dass Menschen abgrundtief gesunken sind, indem sie ihre Opfer verbrannten, die ihnen nicht ein Haar gekrümmt hatten. Sie töteten bemitleidenswerte Männer und Frauen, die ihnen keinerlei Schaden hätten zufügen können und nie beabsichtigten, dies zu tun. Darin besteht der gesamte geschichtliche Weg Christi und seiner Nachfolger in dieser Welt: Zunächst werden sie von Menschen verhört, welche die Wahrheit gar nicht erkennen wollen, und dann werden sie von denjenigen verfolgt, die im Grunde überhaupt nichts Nachteiliges gegen sie vorbringen können.

Zu dem Mann, der ihn zu Unrecht geschlagen hatte, sagte unser Heiland: »Wenn ich schlecht geredet habe, so gib Zeugnis von dem Schlechten! Wenn aber recht, was schlägst du mich?« Ebenso können wir zu denjenigen sagen, die Christi Nachfolger vorsätzlich misshandeln: »Warum tut ihr das? Hat der christliche Glaube der Menschheit im Allgemeinen oder euch im Besonderen irgendwie geschadet?« Worin hat die Kraft bestanden, welche die Macht von Tyrannen gebrochen hat? Im Grunde genommen ist es in vielen Ländern das Wort Gottes gewesen, das Menschen frei gemacht hat. Was hat im 19. Jahrhundert zur Beendigung des Sklavenhandels und zur Befreiung der Schwarzen geführt? Worin besteht in unserer Zeit die wirksamste Kraft, die Menschen in unserem Land von der Trunkenheit befreit? Sicher in nichts anderem als in dem Evangelium Jesu Christi! Verfolgen wir als Christen in aller Welt irgendein Ziel, um dessentwillen uns irgendjemand anklagen kann? Fügen wir unseren Mitmenschen irgendeinen Schaden zu? Lehren wir, dass Trunksucht, Begierde oder Unterdrückung Tugenden seien? Hört ihr von uns irgendetwas davon, dass wir euch das Erstgeburtsrecht rauben oder euch in irgendeiner Weise schädigen? Nein, ihr wisst, dass dies nicht der Fall ist. Wenn wir kämpfen, dann für den Frieden. Mit jedem »Schlag«, den wir austeilen, fallen wir Schlägern in den Arm. Wenn wir irgendetwas brandmarken müssen, dann am allermeisten die Tatsache, dass Mitmenschen gebrandmarkt werden. Sollten wir doch einmal erbittert sein, dann zuallermeist deshalb, weil wir gegen Bitterkeit, Neid, Bosheit und alle Lieblosigkeit kämpfen.

Es gibt Zeiten, da wir uns unserer Unbescholtenheit besonders bewusst sind oder es um bestimmte Worte bzw. Taten unsererseits geht. Dann können wir irgendjemanden auffordern, an uns etwas auszusetzen. Wenn wir jedoch den gesamten Bereich unseres Lebens – sowohl in der Öffentlichkeit als auch im Privaten – nehmen, würden sich die meisten von uns nur sehr ungern einer derartigen Prüfung unterziehen. Wenn unsere Feinde uns verfolgen, könnten wir zu ihnen sagen: »Ach, wenn ihr wirklich alles wüsstet, was unser Leben betrifft, dann hättet ihr uns nicht so sehr um unserer guten Seiten willen verfolgt, sondern uns wegen unserer Schlechtigkeit bestraft.« Wenn ich verleumdet worden bin, habe ich mir oft gesagt: »Obwohl man eine Lüge über mich verbreitet hat, hätte man eine ebenso schlimme Sache weitergeben können, wenn man mich besser gekannt hätte. Dennoch hat man letztlich nur gesagt, was der Wahrheit entspricht.« Es gibt keinen halbwegs vernünftigen Menschen auf dieser Erde, der es gern hätte, wenn man all seine Gedanken niederschreiben bzw. all seine Worte und Taten aufzeichnen würde. Wir haben oft gewollt, dass die Hälfte unserer Worte mit unseren Tränen ausgelöscht werden könnte, während wir die andere Hälfte mit dem Blut Christi abwaschen lassen wollten, weil wir deren Last nicht mehr ertragen konnten. Wie viel weniger konnte dies unser Herr ertragen, wenn er nicht sein kostbares Blut angewandt hätte, das von aller Sünde reinigt.

Nun bin ich aber der Meinung, dass all das, was ich euch gesagt habe, in erheblichem Maße dazu dienen sollte, uns den Herrn lieb zu machen. Dies wird geschehen, wenn wir daran denken und glauben, dass Gott »den, der Sünde nicht kannte, … für uns zur Sünde gemacht (hat), damit wir Gottes Gerechtigkeit würden ihn ihm« (vgl. 2. Korinther 5,21).

Hier befindet sich ein Lamm, das für das Opfer geeignet ist. Der Hohepriester und all seine Bediensteten können es prüfen, so viel sie wollen. Letztendlich müssen sie feststellen, dass es vollkommen ist. Es weist keinen einzigen Makel auf. Hinsichtlich dessen gibt es nichts Überflüssiges und Fehlendes. Im Blick auf Christus gibt es nicht einmal ansatzweise eine dunkle oder sündige Stelle. Wir können in ihm keinerlei Fehler finden. Ob wir sein Inneres oder sein Wirken nach außen betrachten, ob seine Kindheit, seine Jugendzeit oder sein Mannesalter, ob sein Leben oder seinen Tod, ob sein Reden oder sein Schweigen, ob seine Empfindungen, seine Gedanken oder seine Taten, er ist vollkommen und zwar in jeder Beziehung. Gepriesen sei sein heiliger Name bis in alle Ewigkeit!

Josef von Arimathäa

Ein heimlicher Jünger

»(Da) kam Josef von Arimathäa, ein angesehener Ratsherr, der selbst auch das Reich Gottes erwartete, und er wagte es und ging zu Pilatus hinein und bat um den Leib Jesu. Pilatus aber wunderte sich, dass er schon gestorben sein sollte; und er rief den Hauptmann herbei und fragte ihn, ob er schon lange gestorben sei. Und als er es von dem Hauptmann erfuhr, schenkte er Josef den Leib. Und der kaufte feines Leinentuch, nahm ihn herab, wickelte ihn in das Leinentuch und legte ihn in eine Gruft, die in einen Felsen gehauen war, und er wälzte einen Stein an die Tür der Gruft« (Markus 15,43-46).

Es war ein überaus dunkler Tag für die Gemeinde Gottes und für die Sache Christi, denn der Herr Jesus war tot, und in den Seelen der Jünger war es Nacht geworden. »Da verließen ihn die Jünger alle und flohen« (vgl. Matthäus 26,56). »Ihr (werdet) euch zerstreuen … ein jeder in seine Heimat, und (werdet) mich allein lassen« (vgl. Johannes 16,32), waren die traurigen Worte Jesu – Worte, die sich bewahrheitet hatten. Nachdem er am Kreuz gestorben war, hofften seine Feinde, dass seine Sache damit erledigt sei, während seine Freunde genau dies befürchteten. Einige Frauen, die sich um das Kreuz versammelt hatten, waren dageblieben – treu bis zum allerletzten Augenblick. Sie harrten aus – getreu bis in den Tod. Doch was konnten sie tun, um seinen heiligen Leib zu erhalten und ihn auf ehrenvolle Weise zu bestatten? Diesem unendlich kostbaren Leib schien dasjenige Schicksal zu drohen, das die Leichen hingerichteter Verbrecher gewöhnlich erwartete: Man musste auf jeden Fall befürchten, dass er in die erstbeste Grube geworfen und dort verscharrt wurde.

In diesem gefahrvollen Augenblick erschien plötzlich Josef, der aus der jüdischen Stadt Arimathäa kam, auf dem Schauplatz des Geschehens. Weder zuvor noch danach hören wir irgendetwas von ihm. Er war genau derjenige Mann, der für diesen Anlass gebraucht wurde – ein einflussreicher Mann, der über jene Beziehungen verfügte, die vor Pilatus am meisten zählten. Er war ein reicher Mann, ein Ratsherr, ein Mitglied des Hohen Rates, eine bekannte und charakterlich vorbildliche Persönlichkeit. Jeder Evangelist erwähnt ihn und teilt uns Einzelheiten über ihn mit, anhand derer wir erfahren, dass er ein Jünger war, »ein guter und gerechter Mann« (vgl. Lukas 23,50), »der selbst auch das Reich Gottes erwartete.« Josef hatte zurückgezogen gelebt und sich vermutlich zuvor gefürchtet, als Jünger bekannt zu sein. Doch als er jetzt zum Kreuz kam und sah, wie die Dinge lagen, ging er kühn zu Pilatus hinein, bat um den Leib Jesu und erhielt ihn.

Lernen wir daraus, dass Gott stets seine Zeugen hat. Mögen Verkündiger die Wahrheit aufgeben, mögen die eigentlich zum Leitungsdienst Berufenen abtrünnig sein – die Wahrheit Gottes wird nicht untergehen, weil es an Menschen fehlt, die sie vertreten. »Sagt unter den Nationen: Der Herr ist vom Kreuz her König.« So lautet die ungewöhnliche Wiedergabe eines Psalmverses[49] – eines Verses, der eine herrliche Wahrheit enthält. Selbst zu der Zeit, da Jesus als Gekreuzigter dem Tod nahe ist, gehört ihm noch der Thron, wobei er in alle Ewigkeit herrschen wird.

Ruft euch dies zu eurer Ermutigung in einer trüben und dunklen Zeit in Erinnerung. Wenn ihr an einem Ort wohnt, wo die Treuen unter den Menschen verschwunden sind, solltet ihr nicht schmerzerfüllt die Hände ringen und euch verzweifelt hinsetzen, als wäre es mit der von euch geliebten Sache für immer vorbei. Der Herr lebt, und er wird auch weiterhin eine Schar der Treuen auf Erden erhalten. Ein anderer Josef von Arimathäa wird zu dem Zeitpunkt, da alles hoffnungslos ist, hervortreten – gerade dann, wenn wir ohne ihn nichts tun können, findet sich der Mann, der Gottes Werkzeug ist. Es gab einen Josef, als Israel in Ägypten war, während es einen Josef gab, als Jesus am Kreuz hing. Ein Josef war Jesu Pflegevater, nachdem er geboren worden war, und ein anderer Josef traf die Vorkehrungen für seine Grablegung. Der Herr steht nie ohne diejenigen da, die sich für ihn einsetzen. Es gab eine dunkle Zeit in der alttestamentlichen Geschichte, als die Augen Elis, des Knechtes Gottes, schwach geworden waren. Noch schlimmer war die Tatsache, dass er nicht nur körperlich, sondern auch geistlich fast blind

49 Diese Lesart des Anfangs von Psalm 96,10 findet sich in manchen Bibelausgaben. Nach Justin Martyr, einem Apologeten und Märtyrer des 2. Jahrhunderts, haben die Juden die Worte *apo xulou* (svw. »vom Kreuz her«) bewusst entfernt, weil sie ihnen anstößig waren.

war, denn obwohl sich seine Söhne schändlich verhielten, wehrte er ihnen nicht. Es schien, als hätte Gott sein Volk Israel vergessen. Doch wer ist der kleine Junge, der da von seiner Mutter ins Heiligtum gebracht wird? Wer ist dieses kleine Kind, das dort zurückgelassen wird, damit es seinem Gott ein Leben lang dient? Seht, die ihr Augen des Glaubens habt: Der Prophet Samuel steht vor euch – der Knecht des Herrn, durch dessen heiliges Vorbild die Israeliten zu besseren Erfahrungen geführt und von der Bedrückung errettet werden sollen, die als Strafe für die schlimmen Taten der Söhne Elis über sie hereingebrochen war.

Gott hat heute an irgendeinem – mir unbekannten – Ort seine Leute. Vielleicht hat er in einem unbedeutenden Haus eines englischen Provinzdorfes, in einer Blockhütte der weit abgelegenen Waldgebiete Amerikas, in den Seitenstraßen der Elendsviertel unserer Großstädte oder in unseren Palästen jemanden, der als Streiter des Herrn das Volk Gottes erretten wird, wenn er geistlich reifer geworden ist. Der Herr hat seinen Knecht, den er bereit macht. Darin, dass gerade jetzt zur rechten Zeit Josef von Arimathäa erscheint, sehe ich einen starken Trost für alle, denen die Sache Gottes am Herzen liegt. Wir brauchen uns nicht den Kopf darüber zu zerbrechen, wer den Verkündigern und Evangelisten unserer Zeit folgen wird: Wer als Gesandter in ihre Fußstapfen treten wird, können wir ohne Weiteres Gott überlassen.

Wie ich bereits gesagt habe, wird über Josef von Arimathäa außer dem hier Erwähnten nichts weiter berichtet. Er tritt in Erscheinung, wenn er gebraucht wird, und verschwindet bald wieder. Sein Zeugnis ist im Himmel angeschrieben. Wir brauchen nicht die ihn betreffenden Überlieferungen erwähnen, denn meiner Ansicht nach neigt man schon dann, wenn man Legenden anführt, zum Bösen, eine Tatsache, die uns vom reinen, unverfälschten Wort Gottes abbringt. Was gehen uns – dich und mich – Überlieferungen an? Reicht uns nicht die Schrift? Es gibt vermutlich nichts Wahres in den abstrusen Geschichten über Josef und Glastonbury, und selbst im gegenteiligen Fall würde dieser Aspekt keinerlei Auswirkungen für uns haben.[50] Wenn irgendeine Tatsache in den inspirierten Niederschriften

50 Die bekannteste Legende im Blick auf Josef von Arimathäa behauptet, dass er der Gründer der ersten christlichen Kirche in England in Glastonbury (in der heutigen Grafschaft Somerset) gewesen sei.

berichtenswert wäre, dann wäre sie dort festgehalten worden. Weil diese Tatsache aber nicht niedergeschrieben worden ist, sollten wir unsere Neugier zügeln. Halten wir lieber dort inne, wo der Heilige Geist keine inspirierten Berichte hinterlassen hat.

Erstens will ich Josef von Arimathäa als *ein warnendes Beispiel für uns* betrachten. Er war zwar ein Jünger Christi, aber im Verborgenen, weil er sich vor den Juden fürchtete. Wir raten keinem von euch, Josef in dieser Beziehung nachzuahmen. Furcht, die uns veranlasst, unseren Glauben zu verbergen, ist Sünde. Sei in jedem Fall ein Jünger, aber nicht im Geheimen. Anderenfalls entgeht dir ein Großteil deines Lebensinhalts. Vor allem solltest du vermeiden, ein heimlicher Jünger zu sein, weil dich Menschenfurcht umtreibt. Menschenfurcht führt dich nämlich in die Falle. Wenn du von einer solchen Furcht versklavt bist, wirst du von ihr herabgesetzt und erniedrigt. Sie hält dich auch davon ab, Gott die ihm gebührende Ehre zu erweisen.

Wer Gott, den Herrn, recht fürchtet, ist
von Menschenfurcht befreit.

Geben wir darauf acht, Christus zu ehren. Dann wird er dafür sorgen, dass wir geehrt werden.

Aus welchem Grund lebte Josef von Arimathäa als Jünger so zurückgezogen? Vielleicht war dies in *seiner natürlichen Veranlagung* begründet. Zahlreiche Menschen sind von Natur aus sehr mutig, wobei im Falle einiger diese Eigenschaft etwas zu weit geht, denn sie werden aufdringlich und sind von sich selbst eingenommen (um nicht zu sagen, dreist). Ich habe von einer bestimmten Gruppe von Menschen gehört, die »sich in Dinge einmischen, an die sich Klügere nicht heranwagen.« Ihre Furchtlosigkeit gründet sich allein auf ihre Unbedachtheit. Vermeiden wir Fehler in dieser Richtung. Viele leben andererseits in zu großer Zurückgezogenheit: Sie müssen ihren ganzen Mut zusammennehmen, um wenigstens ein Zeugnis für den Heiland, den sie doch lieben, abzulegen. Wenn sich die Gelegenheit dazu bietet, reihen sie sich weit hinten ein. Sie hoffen, zu den Siegern zu gehören, wenn man die Beute verteilt, wollen aber nicht unbedingt unter den Kriegsleuten sein, während diese dem Feind die Stirn bieten. Einige davon erweisen sich trotz ihrer Furchtsamkeit als treu. Man hat festgestellt, dass in den Tagen der Märtyrer bestimmte Christen unter denen, die auf dem Scheiterhaufen am tapfersten ausharrten, von Natur aus furchtsam waren. Foxe[51] berichtet, dass einige die Flucht ergriffen und widerriefen, obwohl sie sich damit gebrüstet hatten, wie wenig ihnen Leiden und Tod um Christi willen ausmachen würden. Andere dagegen, die im Gefängnis bei dem Gedanken an den Scheiterhaufen zitterten, ließen im Tod keine Furcht erkennen, was die Bewunderung aller hervorrief, die um sie her standen. Dennoch ist es nicht erstrebenswert, der Furchtsamkeit überhaupt Raum zu geben, wenn sie einem zu schaffen macht. Menschenfurcht ist eine Pflanze, die herausgerissen werden muss und nicht gehegt werden darf. Wäre es nicht gut, sich immer wieder mit einem Glaubenslied zu wappnen? Es könnte z. B. folgendes sein:

Will ich des Kreuzes Streiter sein
und Christus folgen nach
und nicht für Jesus stehen ein,
nicht tragen seine Schmach?

Der Weg ist rot von Zeugenblut,
sollt ich auf Rosen gehn,
wo andre einst durchkreuzt die Flut,
sollt ich am Ufer stehn?

Wenn ihr wisst, dass ihr hinsichtlich der Furcht besonders anfechtbar seid, solltet ihr wachsam sein, dagegen ankämpfen und euch mithilfe des Heiligen Geistes immer mehr den Mut der Unerschrockenen aneignen.

Auch fürchte ich, dass Josef von Arimathäa u. a. deshalb als zurückgezogener Jünger lebte, weil er ein reicher Mann war. Eine traurige Wahrheit liegt im ernsten Ausruf unseres Herrn: »Wie schwer werden die, welche Güter haben, in das Reich Gottes hineinkommen!« (Markus 10,23; vgl. Lukas 18,24). Reichtum stärkt das Herz genauso wenig, wie er Menschen veranlasst, kühn für die gute Sache einzutreten. Natürlich ist Reichtum eine große Gabe, die durch

51 Damit ist der englische Theologe John Foxe gemeint, der von 1516/17 bis 1587 lebte. Er schrieb das insbesondere im englischsprachigen Raum weitverbreitete *Book of Martyrs*, svw. *Buch der Märtyrer*.

denjenigen, der bereits zum Glauben gefunden hat, gut genutzt werden kann. Dennoch bringt er Fallstricke und Versuchungen mit sich, wobei er dann, wenn ein Mensch noch nicht errettet worden ist, in vielerlei Hinsicht ein schier unüberwindliches Hindernis für den Betreffenden darstellt, in das Reich der Himmel zu kommen. »Es ist leichter, dass ein Kamel durch ein Nadelöhr eingehe als ein Reicher in das Reich Gottes« (vgl. z. B. Matthäus 19,24). Die Fischer am See Genezareth verließen bereitwillig ihre wenigen Boote und ihr Fischergerät; aber Josef von Arimathäa war ein reicher Mann und tat sich daher schwer damit, alles um Christi willen zu verlassen. Wohin große Besitztümer gewöhnlich ziehen, wird im Falle des reichen jungen Mannes deutlich, der sich betrübt vom Herrn Jesus abwandte, als er auf außergewöhnliche Weise herausgefordert wurde, seinen ganzen Besitz zu verkaufen. Starke Schwimmer haben ihr Leben gerettet, wenn das Schiff gegen einen Felsen stieß und strandete, indem sie jedes Gewicht wegwarfen. Andere dagegen sanken sofort auf den Grund, weil sie sich ihr Gold um den Leib gebunden hatten. Gold lässt Menschen ebenso sicher untergehen wie Blei. Hütet euch vor dem Hochmut des Lebens, der Jagd nach Ansehen und dem Drang, Besitz zu horten, denn all dies kann euch davon abhalten, eurem Herrn zu dienen. Reichtum bläht Menschen auf und hindert sie daran, sich herabzubeugen, um die kostbare Perle zu finden. Ein Armer betritt eine bescheidene Dorfkapelle, wo Christus verkündigt wird, und findet ewiges Leben. Ein anderer Mann im gleichen Dorf, der innerlich aufgewühlt ist, will nicht in die dort stattfindende schlichte Zusammenkunft gehen und büßt den Segen ein. Weil Josef von Arimathäa reich war, verhielt er sich übertrieben vorsichtig. Ohne dass ihm dies bewusst wurde, hinderte ihn diese Tatsache möglicherweise daran, sich jenen einfachen Leuten anzuschließen, die dem Herrn Jesus nachfolgten. Sein Herz erstrebte den Siegespreis, doch die schwere Last seines Vermögens behinderte ihn bei seinem Wettlauf. Es war ein Beispiel der überströmenden Gnade, dass ihm die Möglichkeit gegeben wurde, letztendlich gut zu laufen.

Möglicherweise mag für ihn auch die Tatsache hinderlich gewesen sein, dass er sich in Amt und Würden befand und damit ein geehrter Mann war. Was nützt es einem Menschen, wenn er so leben könnte, dass ihm allerorts Beifall entgegengebracht wird, und wenn er imstande wäre, seinen Namen in goldenen Lettern quer über den Himmel zu schreiben? Welchen Wert hat der Applaus einer gedankenlosen Volksmenge? Die Zustimmung seitens frommer Menschen sollte erstrebenswerter sein als große Reichtümer – vorausgesetzt natürlich, dass diese Zustimmung durch beharrliches, tugendhaftes Verhalten gewonnen wurde. Doch selbst dann kann sie zur Versuchung werden, denn der Betreffende stellt vielleicht die Frage: »Was sagen die Menschen?«, und nicht: »Was sagt Gott?« Doch sobald er sich zu dieser geistigen Haltung verstiegen hat, ist er vom sicheren Fundament seines Glaubenslebens abgewichen. Die Worte aus dem Munde des Meisters (»Recht so, du guter und treuer Knecht«; vgl. z.B. Matthäus 25,21) wiegen zehntausend Beifallsstürme auf, die von Politikern und Staatsmännern kommen. Ehre unter Menschen stellt für die Besten zumindest eine Gefahr dar. Josef wurde im Hohen Rat geehrt – eine Tatsache, die ihn besonders vorsichtig agieren ließ. Wer ein Amt innehat, neigt dazu, eher vorsichtig als eifrig zu sein. Ich möchte diejenigen, denen hohe Stellungen anvertraut sind, gern daran erinnern, dass es vielleicht Feigheit ist, wenn sie davor zurückschrecken, sich öffentlich zu Christus zu bekennen. Dies ist eine Haltung, die der Stellung unwürdig ist, in die sie der Herr gebracht hat. Angesichts dessen sollten sie sich ehrlich beurteilen!

Ich möchte euch an dieser Stelle aus Liebe fragen, ob irgendeiner von euch, die ihr meinen Herrn und Meister liebt, aus Furcht vor Menschen ein heimlicher Jünger ist (denn die Predigt soll ja fortwährend jeden persönlich ansprechen). Ihr habt euren Glauben nie öffentlich bekannt. Woran liegt das? Was hindert euch daran, entschieden auf die Seite des Herrn zu treten? Ist es vielleicht so, dass ihr Gottes Sohn verleugnet, euer Gewissen gequält und der Wahrheit den Rücken gekehrt habt, nachdem Gott so liebevoll mit euch umgegangen ist und euch so viel zugetraut hat? Habt ihr ihm so vergolten – und dies alles um des Ansehens willen? Ich weiß, dass es einem schwer erscheinen kann, in der Gesellschaft Ablehnung zu erfahren oder viele Finger verächtlich auf sich gerichtet zu sehen. Sich aber dieser Furcht aus eigennützigen Motiven zu beugen, ist eines Menschen weitgehend unwürdig und für einen Christen völlig beschämend. »O ich bin aber von der Veranlagung her so zurückhaltend«, sagst du. Mag sein, doch gib dieser Einstellung unter keinen Umständen nach! Wenn wir alle so gesinnt wären, erhebt sich die Frage: Wo wären die heldenhaften Vorstöße für die Wahrheit, wo Reformationsbemühungen und Erweckungen? Wo wäre unser Luther, unser Calvin oder unser Zwingli? Wo wäre unser Whitefield oder unser Wesley, wenn es aus ihrer Sicht das Erstrebenswerteste im Leben gewesen wäre, in Sicherheit das kühle, abgelegene Tal unseres Daseins zu durchwandern? Tritt hervor, mein Bruder, für die Wahrheit und für den Herrn! Denke daran, dass dasjenige, das für dich recht ist, auch für uns Übrige gilt. Wenn du dich z. B. nicht verbindlich einer christlichen Gemeinde anschließt, könnte jeder von uns diese Aufgabe ebenfalls vernachlässigen. Wo wäre dann die sichtbare Gemeinde Christi? Wie würden dann die Ordnungen unseres heiligen Glaubens als Zeugnis unter den Menschenkindern aufrechterhalten werden? Ich fordere alle zurückgezogen lebenden Gläubigen auf, über die Inkonsequenz ihres Lebens als heimliche Jünger nachzudenken und diese feige Stellung aufzugeben.

Ich bin überzeugt davon: Dadurch, dass Josef von Arimathäa zunächst ein heimlicher Jünger war, büßte er viel ein. Wir erkennen nämlich, dass er nicht wie viele andere Jünger im Umfeld Jesu lebte. Während dieser kurzen, aber außerordentlich gesegneten Zeit, in der Menschen Jesus nachfolgten, mit ihm sprachen, mit ihm aßen und mit ihm tranken, war Josef nicht bei ihm. Er befand sich nicht unter den Zwölfen, zu denen er möglicherweise gezählt worden wäre, wenn er mehr Mut und Entschlusskraft besessen hätte. Ihm sind viele jener Gespräche im kleinen Kreis entgangen, die der Herr mit den Seinen führte, nachdem er die Volksmenge fortgeschickt hatte. Er verpasste jene heilige Unterweisung und Auferbauung, die für Menschen angemessen war, welche das würdevolle Leben schlichter Heiliger führen wollten. Wie viele Gelegenheiten, für den Meister und mit dem Meister zu wirken, muss er außerdem versäumt haben! Vielleicht hören wir nichts weiter von ihm, weil er sonst nichts Berichtenswertes tat. Möglicherweise ist diese eine Großtat, aufgrund derer sein Name nicht in Vergessenheit geriet, alles, was wir über ihn wissen sollen, weil es wirklich das einzig Erwähnenswerte war. Anhand dessen, dass Josef Christus auf Distanz nachfolgte, wird einiges von dem deutlich, wie schwach, traurig und wenig brauchbar er zunächst war. Möge Gott es schenken, dass aufgrund derartiger Betrachtungen unsere geliebten, wahrhaft treuen und in Ehren gehaltenen Glaubensgeschwister heraustreten! Sie haben sich bisher beim Tross versteckt (vgl. 1. Samuel 10,22) und sind bislang nicht in die erste Reihe getreten, um für Jesus einzustehen.

Nachdem ich Josef von Arimathäa als warnendes Beispiel betrachtet habe, werde ich zweitens über die Lektion sprechen, die er zu *unserer Unterweisung* vermittelt.

Was war es, dass Josef von Arimathäa in die Öffentlichkeit treten ließ? Es war die Kraft des Kreuzes! Ist es nicht bemerkenswert, dass das gesamte Erdenleben Christi diesen Mann nicht veranlassen konnte, ein öffentliches Bekenntnis abzulegen? Die Wunder unseres Herrn, seine großartigen Reden, seine Armut und Selbstverleugnung, sein herrlichkeitserfülltes Leben als der Heilige und Gütige mögen allesamt dazu beigetragen haben, Josef in seinem verborgenen Glauben aufzuerbauen. Sie genügten jedoch nicht, um in ihm die Bereitschaft zu einem unerschrockenen Glaubensbekenntnis hervorzubringen. Der schändliche Tod am Kreuz motivierte Josef mehr als all die Anmut des Erdenlebens Christi.

Nun wollen wir sehen, ob das Kreuz nicht auch euch, ihr Furchtsamen und zurückgezogen Lebenden, heute in gleicher Weise bewegen kann! Aus meiner Sicht wird dies Wirklichkeit werden, wenn ihr euch das Kreuzesgeschehen sorgfältig anschaut. Ich bin überzeugt, dass dies eintritt, wenn der Heilige Geist es jedem einzelnen Herzen klarmacht. Meiner Annahme nach war der Kreuzestod Christi in den Augen Josefs von Arimathäa eine derart böse Tat, dass er heraustreten und zugunsten des so übel Behandelten aktiv werden musste. Er hatte der Tat der Ratsmitglieder nicht zugestimmt, als sie Jesus zum Tode verurteilten. Er und Nikodemus hatten sich wahrscheinlich ganz aus der Ratsversammlung zurückgezogen. Als er jedoch sah, dass das Verbrechen tatsächlich begangen und der Unschuldige getötet worden war, sagte er sich: »Ich kann angesichts eines solchen Mordes nicht schweigend zusehen. Ich muss jetzt für den Heiligen und Gerechten Partei ergreifen.« Daher trat er in die Öffentlichkeit und erwies sich als bereitwilliger Diener seines gekreuzigten Meisters. Mochte kommen, was da wollte – er spürte, dass er bekennen musste, auf der richtigen Seite zu stehen. Man hatte dem Herrn Jesus ohnehin schon in böswilliger Absicht das Leben genommen. Es war spät, und zwar bedauerlich spät, aber es war nicht zu spät.

O du heimlicher Jünger, wirst du nicht endlich dein Versteck verlassen? Wirst du dich dabei nicht beeilen? Du bist so still und lebst so zurückgezogen, während du hörst, wie man in dieser bösen Zeit den Namen Jesu lästert: Wirst du nicht für ihn einstehen? Obwohl

Jesus alle Ehre verdient, hat man ihn verspottet und verhöhnt. Wirst du dich für ihn einsetzen? Er ist dein Heiland und Herr; o zögere nicht, das Bekenntnis abzulegen, dass du ihm gehörst! Das Kreuz hat das Innerste Josefs bloßgelegt. Ihm war die Bosheit derjenigen zuwider, die den Heiligen und Gerechten töteten. Deshalb ging er daran, sich um die Grablegung des heiligen Leibes Jesu zu kümmern.

Aber darüber hinaus mag es teilweise das wunderbare Ausharren des sterbenden Meisters am Kreuz gewesen sein, das Josef den Eindruck vermittelte, dass er sich nicht länger verbergen könne. Hatte er gehört, wie sein Herr betete: »Vater, vergib ihnen! Denn sie wissen nicht, was sie tun« (vgl. Lukas 23,34)? Hatte er ihm zugehört, als aus seinem glückseligen Mund die Worte kamen: »Mich dürstet« (vgl. Johannes 19,28)? Hat er eurer Meinung nach das Geifern und die Spottworte bemerkt, die dem sterbenden Herrn entgegengeschleudert wurden? Und spürte Josef, dass die Steine schreien würden, wenn er es unterließe, seinem besten Freund Güte zu erweisen? Da Jesus nicht in eigener Sache redete, sondern wie ein Schaf vor seinen Scherern stumm war, war Josef verpflichtet, für ihn Zeugnis abzulegen. Wenn Jesus nichts mehr erwiderte, sondern sterbend nur noch für seine Mörder betete, musste der in Ehren gehaltene Ratsherr ihn bekennen. Die Sonne hatte dies bereits getan, indem sie ihr Antlitz gleichsam in Sacktuch hüllte! Die Erde hatte es getan, indem sie bei seinen Leiden bis in ihre Grundfesten erbebte! Der Tod hatte dies getan, indem er einige Leiber derjenigen herausgab, welche die Gräber bis dahin zurückgehalten hatten! Der Tempel hatte dies getan, indem er gleichsam voller Entsetzen seinen Vorhang zerrissen hatte – wie eine Frau, deren Herz völlig gebrochen ist, weil sie Schreckensbilder gesehen hat! Daher musste Josef ihn bekennen. Er konnte der entsprechenden Regung nicht widerstehen. Wenn ihr zurückgezogen gelebt habt, dann solltet ihr euch infolge eines solchen Beweggrunds an die Spitze der Bekenner stellen.

Dann gab es all die Wunder als Begleiterscheinungen dieses Todes, die Josef sah und worauf ich bereits angespielt habe. Sie genügten, um den Hauptmann davon zu überzeugen, dass Jesus ein gerechter Mann und der Sohn Gottes war – ein Tatbestand, den auch andere glaubten. Josef, der bereits ein Jünger Christi war, muss durch das Geschehen im Umfeld des Kreuzes in großem Maße in dieser Überzeugung bestärkt worden sein. Die Zeit war gekommen, da er unerschrocken als Jünger Christi handeln musste. Hat es denn keine Bekehrungswunder und keine Gebetserhörungen in deinem Umfeld gegeben? Keine Rettungen, bei denen Gott in seiner Vorsehung gehandelt hat? Sollten diese Beispiele die heimlichen Jünger nicht veranlassen, Farbe zu bekennen?

Ich glaube nicht, dass Josef den Plan, der dem Tode unseres Herrn zugrunde lag, völlig verstanden hat. Obwohl er einige Teilaspekte erkannte, besaß er nicht jene Erkenntnis, die wir heute haben, da der Geist Gottes in seiner ganzen Fülle erschienen ist und uns die Bedeutung des Kreuzes lehrt. O so höre doch: Er ist für dich gestorben! Diese Wunden hat er sich allesamt für dich schlagen lassen! Dieser mit Blut vermischte Schweiß, der das Gesicht des Gekreuzigten so entstellte, wurde ausnahmslos für dich vergossen. Für dich durchlitt er Durst und Fieberkrämpfe, für dich neigte er das Haupt und übergab den Geist. Kannst du dich angesichts dessen schämen, ihn zu bekennen? Wirst du nicht um desjenigen willen, der all dies für dich getragen hat, Zurückweisung und Verachtung ertragen? Mögen aus deinem Innersten jetzt folgende Worte kommen: »Er hat mich geliebt und sich für mich hingegeben.« Wenn du das nicht sagen kannst, bist du außerstande, glücklich zu sein. Doch was folgt, wenn du dies nachsprechen kannst? Müsstest du ihn nicht lieben und dich ihm hingeben? Das Kreuz zieht in wunderbarer Weise Menschen zu Jesus, so wie ein Magnet echtes Metall anzieht. Es ist ein hoch erhöhtes Banner, zu dem sich alle Treuen sammeln müssen. Dieses durch alle Länder getragene flammende Kreuz wird die Unentwegten wachrütteln und dafür sorgen, dass sie schnellstens das Arbeitsfeld aufsuchen. Könnt ihr sehen, wie euer Herr bis in den Tod für euch leidet, und dann kehrtmachen? O zögert doch nicht länger! Möge jeder von euch schon bald ausrufen: »Trage mich bei denen ein, die ihm nachfolgen, denn ich werde den Kampf bis ans Ende ausfechten. Dann werde ich seine Worte hören:

Herein! Herein!
Die Kron der Ehren wartet dein!«[52]

Ich muss drittens einen Sachverhalt erwähnen, der *uns aufrütteln soll*. Das Gebot der Stunde verlangt geradezu danach, dass jeder

52 Zitat aus: *Die Pilgerreise* von John Bunyan.

Mensch, der die rechte Herzensstellung besitzt, seinen Herrn bekennt und ihm dient. Jeder, der Christus liebt, sollte dies zu dieser Stunde durch seine Taten unter Beweis stellen. An einer Boje bei den Mumbles vor der Südküste von Wales ist eine Warnglocke befestigt, die Seeleute auf eine gefährliche Klippe aufmerksam machen soll. Diese Warnglocke ist bei normalem Wetter nicht zu hören, doch wenn auf See die Winde auffrischen und die großen Brecher an der Küste anbranden, ist ihre ernste Mahnung meilenweit zu hören, während sie in den aufgepeitschten Fluten hin und her geworfen wird. Ich glaube, dass es treue Menschen gibt, die schweigen, wenn alles ruhig ist. Sobald aber draußen die wilden Winde auffrischen, können sie nicht anders, als zu reden. Ich rufe euch im Namen des Meisters zum Kampf auf. Der Herr braucht euch. Wenn ihr ihm im Kampf gegen die Mächtigen nicht zu Hilfe eilt, wird euch ein Fluch treffen. Entweder werdet ihr als *erbärmliche Feiglinge* gebrandmarkt, oder aber ihr erklärt heute mit heiligem Ernst, für die Sache Jesu eintreten zu wollen. Soll ich euch sagen, woran das liegt?

Ich will euch sagen, warum Josef gebraucht wurde, und zwar einfach deshalb, weil *es Christi Feinde letztendlich zu weit getrieben hatten*. Als sie ihm überall auflauerten und Steine aufhoben, um ihn zu steinigen, unternahmen sie sehr große Anstrengungen. Als sie sagten, dass er dämonisch besessen und von Sinnen sei, trieben sie es viel zu weit. Als sie behaupteten, dass er die Dämonen durch den Beelzebub, den Obersten der Dämonen, austreibe, war dies eine gehörige Lästerung. Aber jetzt, in diesem Augenblick, haben sie die Grenze in überaus verhängnisvoller Weise überschritten: Sie haben den König Israels tatsächlich gefangen genommen und an ein Kreuz genagelt. Nun, da er tot ist, kann es Josef nicht mehr aushalten. Er trennt sich von ihnen und schließt sich dem Herrn Jesus an. Sehen wir uns die fast unüberbietbare Unverschämtheit der Menschen unserer Zeit an!

Wenn noch ein Funken Mannhaftigkeit in euch ist, dann tretet in dieser Zeit, da viel gelästert und gespottet wird, in die Öffentlichkeit!

Zum Kampf, ihr Streiterscharen,
die ihr dem Herrn euch weiht,
ihr werdet es erfahren:
Der Herr geht mit im Streit!

Als Siegeszeichen halten
wir stets sein Kreuz empor;
den feindlichen Gewalten
entfällt der Mut davor.

Josef von Arimathäa gab sich als Jünger unseres Herrn zu erkennen. Zu diesem Zeitpunkt waren *die Jünger des Herrn im engeren Sinne zumeist geflohen* – wir könnten fast sagen, dass sie sich alle entfernt hatten. Daraufhin sagte Josef: »Ich werde zu Pilatus gehen und um den Leib bitten.« Zu der Zeit, da alle anderen weglaufen, fasst der Furchtsame Mut. Diesbezüglich habe ich oft festgestellt, dass die Schwachen stark werden, wenn man vielerorts den Glauben aufgegeben hat. Eine Schwester wurde gebeten, ihre Glaubenserfahrung vor der Gemeinde mitzuteilen, war aber dazu außerstande. Als sie jedoch gerade weggehen wollte, drehte sie sich um und sagte: »Ich kann nicht öffentlich Zeugnis für Christus ablegen, aber ich könnte für ihn sterben!« »Komm zurück«, sagte daraufhin der Pastor, »dann bist du hier herzlich aufgenommen!« Sie – diese Verborgenen – bewähren sich in großartiger Weise. Dies geschieht in einer Zeit, hinsichtlich derer wir leicht befürchten, dass kein Wahrheitszeuge mehr übrig bleiben wird. O mögt ihr, die ihr dort lebt, wo immer weniger Glaubensleben zu finden ist, umso entschlossener sein, dem Herrn Jesus treu zu dienen!

Und dann umfasste zur Zeit des Auftretens Josefs *die Schar derer, die dem Herrn Jesus treu war*, bekanntlich *ein so kleines Häuflein*. Natürlich gab es diejenigen, die nicht absolut arm waren, z. B. die Frauen, die dem Herrn mit ihrem Vermögen dienen konnten. Dennoch waren sie außerstande, zu Pilatus hineinzugehen und um den Leib des Herrn zu bitten. Er hätte sie nicht zu sich vorgelassen, und selbst im gegenteiligen Fall waren sie zu furchtsam, als dass sie deswegen bei ihm vorgesprochen hätten. Josef war jedoch reich und dazu noch ein Ratsherr. Daher schien er zu sagen: »Diese treuen, frommen Frauen brauchen Beistand, weil sie diesen kostbaren Leib nicht allein vom Kreuz abnehmen können. Ich werde zum römischen Statthalter gehen. Zusammen mit Nikodemus werde ich die Leinentücher und die wohlriechenden Öle bereitstellen. Die Frauen werden uns dabei behilflich sein, Jesus vom Kreuz abzunehmen und ihn in mein neues Grab zu legen. Dann werden wir seinen Leib in die mit wohlriechenden Ölen getränkten Leinentücher wickeln, um ihn so auf ehrenvolle Weise einzubalsamieren.« Einige von euch leben in Orten auf dem Land, wo diejenigen, die Gott treu nachfolgen, sehr arm sind und kaum entsprechende Möglichkeiten haben. Wenn irgendetwas euch bewegen sollte, entschiedener zu sein, dann eine Tat wie diejenige des Josef. Wer einem kleinen Häuflein hilft, vollbringt eine mutige Tat. Alle einfachen Leute werden sich mitreißen lassen, sobald der Durchbruch geschafft ist. Der Wahrhaftige schämt sich einer verachteten Sache jedoch nicht, weil es um die Wahrheit geht. Jeder von euch, die ihr entsprechende Begabungen und entsprechendes Vermögen besitzt, sollte sagen: »Ich werde gehen und den Betreffenden jetzt helfen. Ich kann die Sache des Meisters nicht diesen Menschen ohne gesellschaftliche Bedeutung überlassen. Ich weiß, dass sie ihr Bestes geben, und weil es dennoch so wenig ist, werde ich mich ihnen anschließen und mich engagieren, ihnen um meines großen Meisters willen zu helfen.«

Und nun zu euch als denjenigen, die einen Augenblick lang gezögert haben. Mein einziger Wunsch besteht darin, euch dazu zu bringen, in das Lied »Zum Kampf, ihr Streiterscharen«[53] einzustimmen und überall – an jedem Ort, wo es geboten erscheint – den teuren und heiligen Namen Jesu zu bekennen. Vielleicht gleicht ihr Blumen, die erst blühen, wenn es dunkel geworden ist – wie der nachts blühende Säulenkaktus oder die Nachtkerze. Jetzt ist eure Stunde gekommen. Nun, da der Abend bereits angebrochen ist, solltet ihr, meine lieben Freunde, blühen und die Luft mit dem angenehmen Duft eurer Liebe erfüllen! Wenn andere Blumen ihre Blütenblätter geschlossen haben, solltet ihr achtgeben, damit ihr euch dem Tau öffnet! In dieser dunklen Zeit solltet ihr hervorleuchten, ihr Sterne! Die Sonne ist untergegangen – sonst habt ihr euch vielleicht verborgen, doch jetzt wollen wir euch sehen! Josef und Nikodemus hatte man während des Erdenlebens Jesu nie als seine Nachfolger im Licht der Öffentlichkeit gesehen. Doch nun, da während seines Todes Finsternis hereingebrochen war, erstrahlte ihr Zeugnis in vollem Glanz.

Schließlich gibt es bei diesem Thema einige Aspekte, die *uns Anhaltspunkte geben sollen*. Vielleicht sagt jemand: »Aber was meinst du damit, dass ich in die Öffentlichkeit treten soll? Obwohl ich sehe,

53 Da Spurgeon hier offenbar auf den Anfang eines weitverbreiteten Liedes anspielt, wurden die Anfangsworte der bekanntesten deutschen Version dieses Liedes gewählt.

was Josef getan hat, frage ich mich: Was soll ich tun? Ich lebe nicht in Arimathäa, und Pilatus ist schon lange tot.«

Indem Josef seinen Herrn bekannte, *ging er ein persönliches Risiko ein.* Es lebte einst ein christlicher Sklave, dessen Herrn man hingerichtet hatte, weil er Christ gewesen war. Dieser Sklave ging zu dem betreffenden Richter und bat um den Leichnam seines Herrn, um ihn bestatten zu können. Der Richter fragte: »Warum willst du den Leichnam deines Herrn haben?« »Weil er ein Christ war – genauso wie ich.« Nach diesem Bekenntnis wurde er selbst zum Tode verurteilt. Auch Pilatus hätte so handeln können, denn die Obersten der Juden müssen Josef so gehasst haben, dass sie ihn am liebsten umgebracht hätten. Wir lesen: »Er bat um den Leib Jesu.« Ein Exeget hat treffend gesagt, dass er sich in dem Augenblick, da er um den Leib bat, vom furchterfüllten Ratsherrn zum furchtlosen Bekenner wandelte. Er trat mit diesem Anliegen bzw. dieser Bitte an den Statthalter heran und hatte Erfolg. Nun frage ich euch: Könntet ihr diejenigen irdischen Interessen, die euch am wichtigsten sind, aufs Spiel setzen, wenn ihr es um Christi willen tun müsstet? Könntet ihr euer ganzes gesellschaftliches Ansehen verlieren und den Mut aufbringen, den lebendigen Glauben in dieser Zeit des Abfalls zu bekennen? Könnt ihr alles um Jesu willen verlieren? Im Blick auf denjenigen, der für euch starb, ist es angemessen, dass ihr die Kosten überschlagt und den Verlust um seinetwillen als das Mindeste ansehen, wobei es euch ausschließlich um seine Ehre geht.

Denken wir außerdem daran, dass sich dieser fromme Mann – Josef von Arimathäa – *zeremoniell verunreinigte*, als er sich um den Leib Jesu kümmerte. Diese Tatsache mag euch ganz unbedeutend erscheinen, doch für einen Juden stellte sie etwas Einschneidendes dar, insbesondere während der Passahwoche. Indem sich Josef um diesen kostbaren Leib kümmerte, verunreinigte er sich nach Ansicht der Juden. Doch dies war überhaupt nicht der Fall. Es war vielmehr eine Ehre, diesen heiligen, von Gott bereiteten Leib anrühren zu dürfen. Dennoch wird man euch sagen, dass ihr euch erniedrigt, wenn ihr um Christi willen in die Öffentlichkeit tretet und euch zu den Gotteskindern haltet. Man wird auf euch zeigen, euch Schmähbezeichnungen anhängen und euch beschuldigen, fanatisch zu sein. Nehmt diese glückselige Schmach auf euch! Denn Unehre um Christi willen ist Ehre, und Schmach um seinetwillen ist die allergrößte Herrlichkeit. Ihr werdet hoffentlich nicht abseitsstehen, sondern ins Licht der Öffentlichkeit treten und euren Glauben bekennen, obwohl ihr damit zum Abschaum aller in der Welt werdet.[54]

Nachdem dieser Mann dann sein Leben aufs Spiel gesetzt und seine Ehre drangegeben hatte, machte es ihm nichts aus, dass *die Grablegung Christi ein kostspieliges Unterfangen war*. Er ging hin und kaufte das feine Leinentuch. Auch das aus dem Felsen gehauene Grab, das jeder Israelit gern besessen hätte, stellte er freudig zur Verfügung, damit der Herr darin liegen konnte. Wann immer du also Christus bekennst, solltest du dies auf praktische Weise tun. Halte deinen Geldbeutel nicht zurück, wenn es um seine Sache geht. Auch kannst du nicht sagen: »Ich gehöre ihm«, während du gleichzeitig nichts für ihn tust. Ich las die Geschichte eines frommen alten Diakons in Maine (USA), der bei einer Zusammenkunft erschien, nachdem dort eine Missionssammlung durchgeführt worden war. Der Pastor bat dann den Ankömmling (»unseren lieben Bruder Sewell«) um ein Gebet. Doch dieser tat zunächst etwas anderes: Er steckte seine Hand in die Tasche und kramte darin herum. »Bringt bitte den Kollektenkasten her«, sagte er. Dies geschah, und nachdem er sein Geld eingelegt hatte, sagte der Pastor: »Bruder Sewell, ich habe dich nicht gebeten, etwas zu spenden. Vielmehr bat ich dich nur um ein Gebet.« »O«, sagte dieser, »ich musste erst etwas geben, bevor ich beten konnte.« Er fühlte sich verpflichtet, zunächst etwas für das große Werk der Mission zu geben. Erst danach konnte er dafür beten. O dass doch alle Nachfolger Christi spürten, wie berechtigt diese Verhaltensweise war!

Ist sie nicht überaus naheliegend und angemessen? Als der Heiland bestattet werden musste, konnte Josef ihm nicht treu sein, ohne sich um seine Grablegung zu kümmern. Und heute geht es nicht um die Grablegung des Heilands, sondern darum, dass er in seiner ganzen Auferstehungskraft unter den Menschenkindern verkündigt wird. Wenn wir ihn lieben, müssen wir angesichts dessen alles in unserer Macht Stehende tun, um die Erkenntnis seines Namens zu verbreiten. Wo bist du, der du Josef von Arimathäa nacheifern willst? Tritt hervor, mein lieber Christ! Tritt in die Öffentlichkeit, deine Zeit ist da, komm *jetzt* aus deinem Versteck! Wenn du Chris-

54 Da diese Formulierung auf 1. Korinther 4,13 zurückgeht, lehnt sich die hier gewählte Übersetzung an den betreffenden biblischen Wortlaut an: Während also im Original »of all things« steht, wurde hier mit »Abschaum aller« (d. h. aller Menschen) übersetzt.

tus im Verborgenen nachgefolgt bist, solltest du deine Geheimhaltung nun über Bord werfen! Sei fortan der Tapferste der Tapferen, die zur Leibgarde Christi gehören und ihm folgen, wohin immer er geht! Fürchte dich nicht und lass dich von Gedanken nicht ängstigen, sondern achte es für lauter Freude, wenn du um seines Namens willen in mancherlei Versuchungen gerätst: Er ist der König der Könige und der Herr der Herren, dem die Ehre sei von Ewigkeit zu Ewigkeit.

Simon von Kyrene

Zum Dienst gezwungen

»Und sie zwingen einen Vorübergehenden, einen gewissen Simon von Kyrene, der vom Feld kam, den Vater Alexanders und Rufus', dass er sein Kreuz trage« (Markus 15,21).

Johannes teilt uns mit, dass unser Heiland aus der Stadt hinausging und dabei sein Kreuz trug (vgl. Johannes 19,17). Wir müssen Johannes außerordentlich dankbar dafür sein, dass er diese Tatsache eingeschoben hat. Während die anderen Evangelisten Simon von Kyrene als Träger des Kreuzes Christi erwähnen, füllt Johannes wie so oft die Lücken aus, die von den anderen drei gelassen werden: Er teilt uns mit, dass Jesus nach Golgatha hinausging und dabei sein Kreuz trug. Unser Herr Jesus war aus dem Palast des Pilatus gekommen, auf den Schultern sein Kreuz. Er war jedoch so ausgezehrt und von den Strapazen der letzten Nacht, da er mit Blut vermischten Schweiß vergoss, so gezeichnet, dass der Zug nur schleppend voran kam – zu langsam für die rohen Soldaten. Sie nahmen ihm daher das Kreuz ab und legten es auf Simons Rücken. Es ist auch möglich, dass sie das lange Ende des Kreuzes auf die Schultern des kräftigen Bauern legten, während der Heiland das andere Ende mittrug, sodass sie gemeinsam das Kreuz trugen, bis sie zur Stätte des Gerichts kamen.

Der Heiland trug sein Kreuz. Es ist angemessen, dass uns dies mitgeteilt wird. Wäre das nämlich nicht der Fall gewesen, könnten diejenigen, die Einwände erheben, begründeterweise eine Diskussion beginnen. Ich höre ihre Worte: »Zugegebenermaßen ist eines der bedeutsamsten alttestamentlichen Urbilder für den Kreuzesgang des Sohnes Gottes jene Begebenheit, bei der Abraham seinen Sohn Isaak opfern sollte. Nun legte aber Abraham das Holz auf seinen Sohn Isaak und nicht auf seinen Knecht. Sollte daher der Sohn Gottes das Kreuz nicht selbst tragen?« Hätte unser Herr sein Kreuz nicht getragen, wäre die Erfüllung des Urbildes unzulänglich gewesen. Daher musste der Heiland das Kreuz selbst tragen, als er hinausging, um sich als Opfer darbringen zu lassen.

Doch es ist gleichermaßen zu unserer Belehrung geschrieben, dass ein anderer die Last mittragen sollte. Es hat nämlich stets zum göttlichen Ratschluss gehört, dass unser Herr Menschen von Sünde rettet und damit in Beziehung zu seiner Gemeinde steht. Was die Sühnung betrifft, so hat der Herr die Kelter allein getreten, während keiner der Seinen bei ihm war. Doch was die Bekehrung von Menschen in aller Welt – ihre Befreiung von der Macht des Irrtums und der Gottlosigkeit – angeht, so ist Christus nicht allein. Wir sind Mitarbeiter Gottes. Wir sind dazu bestimmt, in den Händen Gottes diejenigen zu sein, welche die Schmerzen und die Mühsal mittragen, wodurch Menschen aus der Knechtschaft der Sünde sowie des Satans gerettet und in die Freiheit der Wahrheit sowie der Gerechtigkeit geführt werden sollen. Im Tragen des Kreuzes, wenn auch nicht zum Tode, ist es daher für denjenigen, der Christus treu nachfolgen will, bedeutsam, dass er sich in einer Jochgemeinschaft mit ihm befindet. Der Dienst der Gläubigen besteht darin, Jesus das Kreuz nachzutragen. Simon von Kyrene verkörpert damit im Allgemeinen die gesamte Gemeinde Gottes und im Besonderen jeden einzelnen Gläubigen. Oft hatte Jesus gesagt: »Wenn jemand mir nachkommen will, der … nehme sein Kreuz auf täglich, (sonst) kann (er) nicht mein Jünger sein.«[55] Und nun, am Ende seines Erdenlebens, demonstriert er den Inhalt dieser Aussage an einem lebendigen Beispiel. Dabei muss der Jünger seinen Meister nachahmen: Derjenige, der dem Gekreuzigten nachfolgen will, muss selbst sein Kreuz tragen: Diese Grundwahrheit sehen wir darin dargestellt, dass Simon von Kyrene das Kreuz Jesu auf die Schultern gelegt wurde.

Als Simon trug das schwere Kreuz,
wie war ihm da zumut,
hinauf zum Hügel Golgatha,
wo floss des Heilands Blut?

Er tat's für Jesus; soll nur er
ein Kreuzesträger sein?
Nein, nimm auch du dein Kreuz jetzt auf
und reihe dich mit ein!

55 Bei diesem Zitat handelt es sich um eine Kombination zweier Bibelstellen (vgl. Lukas 9,23 und 14,33). Aus stilistischen Gründen wurde hier nach der Nichtrevidierten Elberfelder Bibel zitiert.

Die Lektion für jeden von uns besteht darin, das Kreuz unseres Herrn unverzüglich aufzunehmen und zu ihm außerhalb des Lagers hinauszugehen, um seine Schmach zu tragen.

Eingangs werde ich darüber sprechen, dass *oft Personen, die gar nicht damit rechnen, dazu berufen werden, das Kreuz zu tragen.* Wie Simon werden sie zum Dienst für Christus »verpflichtet«. In unserem Text heißt es: »Sie zwingen einen Vorübergehenden, einen gewissen Simon von Kyrene, der vom Feld kam, den Vater Alexanders und Rufus', dass er sein Kreuz trage.« Simon war kein Freiwilliger, sondern wurde gezwungen, das Kreuz zu tragen. Anhand des Lukasevangeliums[56] hat es den Anschein, dass er sich rasch zum Dienst verpflichten ließ und die Last von ganzem Herzen trug, doch zunächst wurde er gezwungen. Es ist besonders seltsam, dass derjenige, dem diese Ehre zuteilwurde, weder Petrus, Jakobus oder Johannes noch irgendein anderer unter all denen war, die jahrelang durch den Erlöser belehrt worden waren. Vielmehr war es ein Fremder aus Nordafrika, der in keinerlei Beziehung zu dem Leben oder den Lehren des Jesus von Nazareth stand.

Beachten wir erstens, dass *er ein Unbekannter war*. Er wird als »ein gewisser Simon« bezeichnet. Simon war damals unter den Juden ein sehr häufiger Name – fast so wie Johannes oder Hans in unserem Land. Es wird lediglich gesagt, dass dieser Mann »ein gewisser Simon« war – ein Einzelner, der nicht näher beschrieben werden muss. Doch Gott hatte es so gefügt, dass dieser »gewisse Simon«, dieser unbekannte Mann, über den wir sonst so wenig erfahren, zu dem ehrenvollen Dienst erwählt war, das Kreuz des Sohnes Gottes zu tragen. Ich habe den Eindruck, dass es hier »einen gewissen Simon« gibt, der berufen ist, fortan Christi Kreuz zu tragen. Lieber Freund, niemand kennt dich außer unserem Vater, der in den Himmeln ist. Er hat dich berufen, Gemeinschaft mit seinem Sohn zu haben. Wenn ich den »gewissen Simon« beschreibe, werde ich auf Einzelheiten verzichten und es dem Heiligen Geist überlassen, dir deinen Platz und Dienst anzuweisen. Doch dieser »gewisse Simon« war in einem ganz besonderen Sinne »*ein* gewisser Simon«. Ich hebe etwas hervor, was anscheinend gar nicht betont werden muss: Er war einer, den Gott kannte, erwählte, liebte und für diesen speziellen Dienst aussonderte. Der Mann namens Saulus, je-

56 Dort fehlt die entsprechende Formulierung (»Sie zwangen ihn«).

ner große Verfolger der Gemeinde, wurde später ein solch mächtiger Verkündiger des Evangeliums, dass man verwundert ausrief: »Eine seltsame Veränderung ist in diesem Mann vor sich gegangen!« Darauf entgegnete jemand: »Aber bisher kannte ich ihn als einen ganz strengen Pharisäer. Er war ein so übereifriger Mann, dass er stets die Gebetsriemen[57] trug. Er hasste Christus und die Christen so sehr, dass er die Gemeinde aufs Schärfste verfolgte.« »Ja«, erwiderte ein anderer, »dies war tatsächlich so, doch dann hat er einen eigenartigen Kurswechsel erlebt. Man sagt, dass er nach Damaskus gezogen sei, um die dortigen Jünger aufzuspüren. Da ist etwas geschehen – was genau, wissen wir nicht. Jedenfalls hat ihn dieses Geschehen offensichtlich so radikal verändert, dass er seitdem nicht mehr derjenige ist, der er einmal war. Ja, er scheint völlig umgekrempelt zu sein – eine Tatsache, die seinem Leben offenbar eine ganz neue Wende gegeben hat: Er wirkt nun leidenschaftlich für jenen Glauben, den er einst zu vernichten suchte.« Diese rasante Änderung der Lebensrichtung vollzog sich in »einem mit Namen Saulus aus Tarsus« (vgl. Apostelgeschichte 9,11). Obwohl es in Israel viele Männer namens Saulus gab, hatte die erwählende Liebe gemäß den ewigen Ratschlüssen diesen einen Saulus im Blick. Für diesen Saulus hatte die erlösende Liebe ihr Herzblut vergossen, und in diesem Saulus wirkte die Gnade in überaus mächtiger Weise. Gibt es heute unter uns einen, der dem Saulus von damals gleicht? Der Herr schenke es, dass er jetzt seine Widerspenstigkeit aufgeben möge, sodass wir bald von ihm sagen können: »Siehe, er betet« (vgl. Apostelgeschichte 9,11). Ich bin überzeugt davon, dass sich in diesem Augenblick jemand nach der Art »eines gewissen Simon« in diesem Haus befindet. Daher bete ich zu Gott, er möge sich unverzüglich vor dem Herrn Jesus beugen. Mögen meine Gebete außerdem von der Fürbitte vieler Tausender begleitet sein!

Es hatte nicht den Anschein, als hätte Simon von vornherein das Kreuz Christi tragen müssen. *Er war* nämlich *ein Fremder, der gerade erst vom Feld gekommen war*. Er wusste vermutlich wenig oder gar nichts von den entsprechenden Geschehnissen in Jerusalem, denn er kam ja von einem anderen Gestade. Er war »ein gewisser Simon von Kyrene«, wobei ich annehme, dass Kyrene mindestens 1300 km von Jerusalem entfernt lag. Dieser Ort befand sich in der Kyrenaika

57 Die sogenannten Tefillin aus Leder, an denen kleine Kapseln mit Bibelversen befestigt waren.

im heutigen Libyen (Nordafrika). Dort war lange zuvor eine jüdische Kolonie entstanden. Sehr wahrscheinlich war er auf einer römischen Galeere von Alexandria nach Joppe gekommen, welche die Brandung des Mittelmeeres überwunden hatte. Danach war er sicher an Land gegangen, um rechtzeitig zum Passah in Jerusalem zu sein. Lange hatte er den Wunsch gehegt, nach Jerusalem zu kommen. Er hatte vom Ruhm des Tempels in der Stadt seiner Väter gehört und sich danach gesehnt, bei der großen Zusammenkunft der Stämme Israels und beim alljährlich gefeierten Passahfest dabei zu sein. Er war all die Kilometer gereist, wobei er Mühe hatte, das Stampfen des Schiffes aus seinen Gedanken zu verbannen. Es wäre ihm nie in den Sinn gekommen, dass ihn eine römische Wache verpflichten und zwingen würde, bei einer Hinrichtung Hilfsdienste zu leisten. Aufgrund einer einzigartigen göttlichen Fügung war er in jenem Augenblick in die Stadt gekommen, da sie sich wegen Jesus im Aufruhr befand. Und genau zu dem Zeitpunkt, da er die Straße überquerte, befand sich der traurige Zug auf seinem Weg nach Golgatha. Er kam weder zu zeitig noch zu spät vorüber. Er war pünktlich zur Stelle, als hätte er dort eine Verabredung, und doch war alles – menschlich gesprochen – reiner Zufall. Ich weiß nicht, wie viele Fügungen zusammengewirkt hatten, damit er rechtzeitig an Ort und Stelle war. Da es der Herr jedoch so vorgesehen hatte, kam es so zustande. »Ein gewisser Simon von Kyrene, der vom Feld kam«, erscheint hier nach einer langen Reise auf dem Schauplatz des Geschehens, wobei für ihn an diesem Tag ein wertvolleres und besseres Leben beginnt.

Beachten wir weiterhin, dass *Simon zu einem anderen Zweck gekommen war*. Er war nach Jerusalem gereist, ohne jemals daran zu denken, das Kreuz Jesu zu tragen. Jeder Jude wollte zum Passahfest gern in Jerusalem sein. Es war daher, ganz allgemein gesagt, Festzeit – Zeit, um die Hauptstadt zu besuchen. Es war Zeit, um eine Reise zu unternehmen und in die große Stadt hinaufzuziehen, von der es heißt: »(Sie) ragt schön empor, eine Freude der ganzen Erde« (vgl. Psalm 48,3). Simon aus dem weit entfernten Kyrene musste unbedingt bei dem Fest in Jerusalem dabei sein. Vielleicht hatte er monatelang Geld gespart, um den Preis für seine Überfahrt bis Joppe bezahlen zu können. Dann war es so weit: Er hatte das Geld bereitwillig in der freudigen Erwartung bezahlt, bald die Stadt Davids und den Tempel seines Gottes betreten zu können.

Er war zum Passah – und zwar ausschließlich zu diesem Zweck – gekommen. Wenn das Fest vorüber gewesen wäre und er mit anderen Israeliten das Lamm gegessen hätte, wäre er vollkommen zufrieden nach Hause zurückgekehrt. Dann hätte er für den Rest seines Lebens sagen können: »Auch ich war einst auf dem großen Fest unseres Volkes, das wir zur Erinnerung an den Auszug aus Ägypten feiern.« Wir haben einen bestimmten Weg im Sinn, aber Gott gedenkt, es anders zu machen. Vielleicht sagt einer: »Ich will mal hingehen und mir den Verkündiger anhören«, doch nach Gottes Absicht soll sich seine Gnade in unseren Herzen verankern, so wie Pfeile ins Schwarze treffen. Wie oft haben Menschen das Evangelium gehört, ohne zu beabsichtigen, dessen gnadenreicher Einladung zu folgen. Doch dann fanden sie den Herrn, den sie nicht gesucht hatten. Ich hörte von einem Menschen, der einer Verkündigung gegenüber nahezu gleichgültig war, bis der Prediger zufällig das Wort »Ewigkeit« gebrauchte. Daraufhin ließ sich dieser Zuhörer von heiligen Gedanken in Beschlag nehmen und zu den Füßen des Heilands führen. Mitunter ist die Gnadenabsicht sogar in Menschen, die Stätten der Anbetung mit bösen Absichten betreten hatten, verwirklicht worden. Diejenigen, die als Spötter kamen, blieben schließlich als Beter. Bei einigen hat es Gott so gefügt, dass sie sich in Stellungen befanden, in denen sie Christen begegneten, wobei eine entsprechende Ermahnung segensreiche Folgen für sie hatte.

Vor Jahren befand sich eine Dame in einer Abendgesellschaft, wo sie César Malan[58], dem berühmten Prediger aus Genf, begegnete. Dieser fragte sie entsprechend seiner Gewohnheit, ob sie gläubig sei. Sie war zunächst sehr verlegen, überrascht und verärgert. Dann erwiderte sie kurz, dass dies eine Frage sei, deren Erörterung sich nicht lohne. C. Malan erwiderte mit großer Liebenswürdigkeit: »Ich will nicht unbedingt weiter davon *sprechen*, aber ich werde darum beten, dass Sie den Anstoß erhalten, Ihr Herz Christus zu geben und eine wertvolle Mitarbeiterin in seinem Werk werden.« Nach ungefähr 14 Tagen traf sie den Prediger wieder und fragte ihn, wie sie zu Jesus kommen müsse. C. Malan antwortete schlicht: »Kommen Sie zu ihm, so wie Sie sind!« Daraufhin übergab diese Dame Jesus

58 Henri Abraham César Malan (1787-1864), reformierter Pastor, Komponist von Kirchenliedern und Lehrer.

ihr Leben – es war Charlotte Elliott, der wir jenes kostbare, daraufhin entstandene Lied verdanken:

> So wie ich bin, so muss es sein,
> nicht meine Kraft, nur du allein,
> dein Blut wäscht mich von Flecken rein.
> O Gottes Lamm, ich komm, ich komm!

Sie wurde dadurch gesegnet, dass sie bei dieser Abendgesellschaft dabei war und dass sich dort dieser Knecht Gottes aus Genf befand, der sie in einer so feinen seelsorgerlichen Weise angesprochen hatte. O dass es noch so manche Gelegenheit geben möge, bei der »ein gewisser Simon« in unserer Zeit auftaucht! Obwohl er nicht beabsichtigt, das Kreuz zu tragen, sondern ein ganz anderes Ziel hat, lässt er sich dann doch in der Armee der Kreuzesstreiter des Herrn Jesus in Dienst nehmen.

Ich will euch erneut darauf hinweisen, dass dieser Mann zu diesem speziellen Zeitpunkt überhaupt nicht an etwas Derartiges dachte, denn er war in diesem Augenblick lediglich ein Passant. Obwohl er nach Jerusalem hinaufgezogen war, schien er den Prozess gegen Jesus bzw. dessen trauriges Ende nicht bemerkt zu haben, was immer auch seinen Geist beschäftigen mochte. Es wird ausdrücklich gesagt, dass er vorüberging. Er gehörte nicht einmal zu denen, die sich für diese Angelegenheit interessierten und deshalb in der Menge standen, um sich den traurigen Zug anzusehen. Dort weinten Frauen bitterlich – die Töchter Jerusalems, zu denen der Meister sagte: »Weint nicht über mich, sondern weint über euch selbst und über eure Kinder« (vgl. Lukas 23,28). Doch dieser Mann, Simon, ging vorüber. Er war bestrebt, einem solch unangenehmen Anblick möglichst schnell zu entfliehen und in den Tempel hinaufzukommen. Er bahnte sich unauffällig seinen Weg durch die Menge und wollte seinen Geschäften nachgehen. Deshalb muss er sehr überrascht und bestürzt gewesen sein, als plötzlich eine raue Hand auf seinen Schultern lag und eine ernste Stimme sagte: »Du da, nimm dieses Kreuz auf!« Einem römischen Hauptmann durfte man bei der Befehlserteilung nicht widersprechen, sodass der vom Feld Kommende nachgab und gehorchte. Dabei wünschte er zweifellos, gerade jetzt wieder in Kyrene zu sein, um den Boden bestellen zu können. Er musste die Schulter krümmen, eine neue Last aufnehmen und hinter einer geheimnisvollen Person hergehen, für die das Kreuz bestimmt war. Obwohl er nur vorübergegangen war, wurde er von den Römern in Dienst genommen und zum Dienst verpflichtet. Dabei hat, wie ich es verstehe, die Gnade Gottes bei ihm lebenslange Spuren hinterlassen, denn Markus sagt, dass er der Vater von Alexander und Rufus war. Es hat daher den Anschein, dass seine Söhne denjenigen Christen, an die Markus schrieb, allgemein bekannt waren. Wenn Simons Sohn der von Paulus erwähnte Rufus ist, dann hat die Formulierung des Apostels (»seine und meine Mutter«, vgl. Römer 16,13) eine besondere Bedeutung: Es hat den Anschein, dass Simons Frau und seine Söhne zum Glauben kamen und an den Leiden um Christi willen Anteil hatten. Seine Begegnung mit dem Herrn auf diese eigenartige, unfreiwillige Weise wirkte sich für ihn wahrscheinlich auf einer anderen, mehr geistlichen Ebene aus, sodass er zu einem wahren Kreuzträger wurde. O die ihr bis heute vorübergeht, naht euch Jesus! Ich spreche als Knecht des Herrn und will euch eindringlich zureden, zu ihm zu kommen. Ich denke an Mister Knill, der bei seinen Ausführungen über die eigene Bekehrung einen Ausdruck gebrauchte, der mir im Blick auf irgendeinen von euch besonders gut gefällt. Knill schrieb Folgendes: »Es war am 2. August genau um 12.15 Uhr, als alle Harfen im Paradies erklangen, denn ein Sünder hatte Buße getan.« Möge es bei dir so sein! O dass jetzt jede Harfe im Paradies mit Lobgesängen von der unumschränkten Gnade künden möge, da du dich in diesem Augenblick vor dem großen Hirten und Aufseher der Seelen gebeugt hast!

In einem zweiten Punkt will ich darauf eingehen, dass *Kreuzesnachfolge nach wie vor möglich ist*. Ich möchte euch ganz kurz sagen, in welcher Hinsicht man das Kreuz noch immer tragen kann.

Zunächst und vor allem dadurch, dass ihr Christen werdet. Wenn das Kreuz euch aufrichten soll, müsst ihr das Kreuz aufnehmen. Auf Christus wird eure Hoffnung gerichtet und auf seinen Tod euer Vertrauen gegründet sein. Ihm selbst wird eure Liebe gelten. Ihr werdet nie wahrhaft Kreuzträger werden, solange ihr eure Lasten nicht zu den Füßen dessen niederlegst, der das Kreuz und den Fluch für euch getragen hat.

Als Nächstes werdet ihr dadurch, dass ihr euch öffentlich zum Herrn Jesus Christus bekennt, zu Kreuzträgern. Betrügt euch nicht selbst – von jedem Einzelnen hier, der errettet werden will, wird dies erwartet. Die Verheißung, so wie ich sie im Neuen Testament lese, gilt nicht nur dem Gläubigen an sich, sondern vor allem dem Gläubigen, der seinen Glauben bekennt. Für ihn gilt: »Wenn du mit deinem Mund Jesus als Herrn bekennen und in deinem Herzen glauben wirst … (wirst) du errettet werden« (vgl. Römer 10,9). Der Herr sagt: »Jeder … der sich vor den Menschen zu mir bekennen wird, zu dem werde auch ich mich bekennen vor meinem Vater … Wer aber mich … verleugnen wird, den werde auch ich verleugnen vor meinem Vater, der in den Himmeln ist« (vgl. Matthäus 10,32-33). Dabei hat es aufgrund des Zusammenhangs den Anschein, dass derjenige verleugnet, der nicht bekennt. Dazu als Zitat ein inspiriertes Schriftwort: »Wer gläubig geworden und getauft worden ist, wird errettet werden« (vgl. Markus 16,16). Wer an Christus im Verborgenen glaubt, sollte – ja, muss – sich in der Öffentlichkeit in christusgemäßer Weise zu ihm bekennen. Darin besteht aber oft »das Kreuz«. Viele Menschen würden gern als U-Boot-Christen in den Himmel kommen; Verschwiegenheit sagt ihnen zu. Sie wollen nicht den Meeresarm überqueren, weil ihnen die See zu stürmisch ist. Wenn es jedoch einen Tunnel gäbe, würden sie sich auf den Weg ins Gelobte Land machen. Seid bange vor der Bangigkeit! Schämt euch davor, euch um Christi willen zu schämen! Schämen soll sich derjenige, der darin eine Schande sieht, vor allen Engeln, Menschen und Dämonen zu sagen: »Ich bin ein Nachfolger Christi!« Mögt ihr, die ihr bisher heimliche Jünger des gekreuzigten Herrn gewesen seid, deutlich erkennbare Kreuzträger werden! Gerade jetzt solltet ihr ausrufen: »Trage mich bei den Kreuzesstreitern ein, lieber Bruder!«

Außerdem haben einige ihr Kreuz dadurch aufnehmen müssen, dass sie ein Werk im Reich Gottes begonnen haben. Wenn du etwa in einem Dorf lebst, wo kein Evangelium gepredigt wird, solltest du es selbst verkündigen. Oder wenn du in einer abgelegenen Kleinstadt wohnst, wo die Verkündigung alles andere als gottgefällig ist, solltest du selbst damit anfangen, die Wahrheit zu verkündigen. Du sagst: »Dann würde ich mich zum Narren machen!« Schämst du dich, um Christi willen ein Narr zu sein? »O, aber ich würde dabei zusammenbrechen!« Dann lass es so geschehen – es wird dir nützen, und vielleicht bricht noch jemand mit dir zusammen. Es gibt keine bessere Verkündigung in dieser Welt als die Predigt eines Menschen, der angesichts des Empfindens für die eigene Unwürdigkeit zusammenbricht. Wenn dieser innere Zusammenbruch andere Menschen ansteckt, beginnt vielleicht eine Erweckung. Wenn du dich ganz von deiner Ernsthaftigkeit treiben lässt, werden sich andere möglicherweise ebenso davon leiten lassen. Klagst du noch immer: »Aber ich würde mir dabei jeden Mitmenschen zum Feind machen«? Könntest du dies um Christ willen ertragen?

Einst sagte ein in Ehren gehaltener Mönch zu Martin Luther: »Geh nach Hause in deine Zelle und sei einfach still!« Warum hat Luther diesen Rat wohl nicht angenommen? Ja, weshalb? »Es gehört sich nicht, wenn junge Menschen so vorpreschen.[59] Weil du großes Unheil anrichten würdest, solltest du still sein, Martinus. Wer bist du, dass du die mächtige Kirchenobrigkeit behelligst? Lass Heiligung deine Privatsache sein, ohne andere damit zu belästigen! Wenn du eine Reformation anzettelst, werden Tausende redlicher Menschen wegen dir auf dem Scheiterhaufen verbrannt werden. Sei einfach still!« Gott sei gelobt, dass Luther nicht nach Hause ging und nicht still war, sondern vielmehr für die Sache seines Herrn eintrat und als unerschrockener Glaubenszeuge die Grundfesten der damaligen Welt erschütterte. Wo ist ein Luther unserer Zeit? Ich bitte Gott, dass er dich herausruft. Da du seinen Namen bekannt hast und sein Knecht bist, bete ich darum, dass er dich zu demjenigen machen möge, der ihn öffentlich bezeugt und von der rettenden Macht des kostbaren Blutes des Heilands kündet. Komm, lieber Simon, warum schreckst du zurück? Einer muss das Kreuz tragen, darum beuge deinen Rücken! Es ist ja nur ein Kreuz aus Holz und nicht aus Eisen. Du kannst es tragen. Du musst es tragen. Gott helfe dir!

Vielleicht mag auch irgendein Bruder sein Kreuz dadurch aufnehmen, dass er gegen die überhandnehmende Sünde seiner Umgebung Stellung bezieht. »Lass die Finger von all diesen schmutzigen Angelegenheiten! Sage dazu kein Wort! Mögen die Menschen in die Hölle kommen – nur beschmutze nicht deine weißen Samthandschuhe!« Ja, wir werden unsere Hände sowie unsere Handschuhe beschmutzen und notfalls unseren guten Ruf aufs Spiel setzen, doch dabei werden wir die abgrundtiefe Gottlosigkeit, die London heute verunreinigt, überwinden. Das Fleisch schreckt freilich zurück, und so ergeht es auch den reinsten Zügen unseres Menschseins, wenn wir gezwungen werden, öffentlich gegen Sünden zu protestieren, die von Menschen im Verborgenen begangen werden. Aber vielleicht, mein lieber Simon, besteht der Herr darauf, dass du

59 Luther war zum Zeitpunkt dieses Gesprächs ca. 30 Jahre alt.

sein Kreuz in dieser Beziehung trägst. Falls dies zutrifft, wird er dir sowohl Mut als auch Weisheit geben, sodass deine Mühe im Herrn nicht vergeblich ist.

Manchmal hat das Kreuztragen jedoch mit Problemen zu tun, die anderer und mehr privater Natur sind. Dann kann man dies als Ergebung in die Vorsehung bezeichnen. Eine junge Bekannte sagt: »Ich muss zu Hause leben – das weiß ich. Aber mein Vater ist unfreundlich und die übrigen Familienmitglieder nutzen mich im Allgemeinen aus. Ich wünschte, ich könnte mich aus dem Staube machen.« Liebe Schwester, du musst das von Christus auferlegte Kreuz tragen, wobei es sein kann, dass dich der Herr an deinem Platz zu Hause belässt. Trage daher das Kreuz! Eine Hausangestellte meint: »Ich würde gern in einer christlichen Familie arbeiten. Ich denke wirklich nicht, dass ich dort, wo ich bin, bleiben kann.« Liebe Schwester, vielleicht hat dich der Herr an deinen Platz gestellt, damit du ein Licht an einem dunklen Ort bist. Es sollten nicht alle Lampen in einer Straße brennen, denn was wird sonst aus den Hinterhöfen und Gassen? Ein Christ sollte oft zu sich sagen: »Ich werde an meinem Platz aushalten und diese Sache ausfechten. Ich will durch meinen Charakter und mein Vorbild mit Freundlichkeit, Zuvorkommenheit und Liebe die Menschen an diesem Platz für Jesus gewinnen.« Natürlich ist es einfach, Mönch zu werden, beschaulich in einem Kloster zu leben und Gott durch Untätigkeit zu »dienen«. Man kann auch Nonne werden, ebenfalls in einem Kloster wohnen und mit dem Sieg im Kampf des Lebens rechnen, indem man ihm entflieht. Ist dies nicht absurd? Ihr Männer und Frauen, die ihr Christen seid, ihr müsst euch für Jesus einsetzen und für ihn in die Öffentlichkeit treten, wo immer euch Gott in seinem vorausschauenden Handeln hingestellt hat: Wenn du keinem zwielichtigen Beruf nachgehst und wenn die Versuchungen deiner Umgebung für dich nicht zu groß sind, musst du »die Stellung halten«, ohne je ans Aufgeben zu denken. Wenn deine Last schwer ist, solltest du sie als Kreuz ansehen, das Christus dir auferlegt hat, und deinen Rücken dieser Last beugen. Obwohl deine Schulter zunächst wund sein mag, wirst du binnen Kurzem stärker werden, denn es heißt: »Wie deine Tage, so deine Kraft« (vgl. 5. Mose 33,25). »Gut ist es für den Mann, wenn er das Joch in seiner Jugend trägt« (vgl. Klagelieder 3,27). Doch was hier hinsichtlich eines jungen Mannes gesagt wird, gilt genauso für einen alt gewordenen Menschen. Ja, wir sollten nie erwarten, von einer solch glückseligen Last befreit zu werden. Was Flügel für einen Vogel und Segel für ein Schiff sind, wird das Kreuz für den Geist eines Menschen, wenn er völlig damit einverstanden ist, es als geliebte Last seines Lebens anzunehmen. Wo bist du also, du Simon unserer Zeit? Mein Lieber, nimm dieses Kreuz im Namen Gottes auf!

Drittens *gibt es für Kreuzträger edle Verpflichtungen*. Simons Verpflichtung bestand von dem Augenblick an, da ein römischer Legionär seine raue Hand auf ihn legte und mit barscher Stimme in lateinischer Sprache sagte: »Du da, nimm dieses Kreuz auf!« Doch wir hören sanftere Stimmen, die uns heute drängen, Christi Kreuz aufzunehmen.

Die erste Verpflichtung findet sich in folgendem Satz: »Die Liebe Christi drängt uns« (vgl. 2. Korinther 5,14). Weil er all dies für dich getan hat, spürst du ein sanftes, aber unwiderstehliches Drängen, das dich veranlasst, seine Liebe in irgendeiner Weise zu erwidern. Erscheint nicht Jesus vor deinen Glaubensaugen, während du in diesem Saal sitzt? Siehst du nicht dieses dornengekrönte Haupt, diese mit Nägeln durchbohrten Hände und Füße? Er sagt gezielt zu dir: »Ich habe all dies für dich getan. Was hast du für mich getan?« In deiner Bankreihe aufgeschreckt, verbirgst du dein Gesicht und erwiderst in deinem Herzen: »Ich werde diese Frage mit dem Rest meines Lebens beantworten. Ich werde zuallererst ein Diener Jesu sein – nicht in erster Linie ein Geschäftsmann und dann ein Christ, sondern zunächst ein Christ und dann einer, der geschäftlich tätig ist.« Du, meine liebe Schwester, musst sagen: »Ich werde als Tochter, als Ehefrau oder als Mutter für Christus leben. Ich werde für meinen Herrn leben; denn er hat sich für mich hingegeben, und ich bin nicht mehr mein Eigen, sondern wurde um einen Preis erkauft.«

Das gläubige Herz verspürt außerdem eine Verpflichtung, die sich aus einer zweiten Überlegung ergibt: Es geht um die Herrlichkeit eines Lebens, das für Gott und für seinen Christus verbracht wird! Worin besteht das Leben eines Menschen, der sich geschäftlich abmüht, Geld verdient, reich wird und stirbt? Es endet mit einer Annonce in der Tageszeitung.[60] Darin wird im Grunde gesagt,

60 Hier wurde ein allgemeinerer Begriff als im Original gewählt, um die universelle Gültigkeit der betreffenden Aussage zu unterstreichen. Die im Original erwähnte *Illustrated London News* war eine Wochenzeitung, die seit Mai 1842 in London erschien und sozusagen den Prototyp einer Illustrierten verkörperte.

dass der Betreffende bei seinem Tod gerade mal so viel wert war wie die Werte, die er hinterließ: Außer seinem Vermögen hatte der Bedauernswerte keinen Eigenwert. Sein Leben wäre wertvoll gewesen, wenn er sein Geld in aller Welt für wohltätige Zwecke eingesetzt hätte, doch als nichtsnutziger Verwalter hat er die Schätze seines Herrn in vergänglichen Werten angelegt. Das Leben unzähliger Menschen ist von Egoismus geprägt. Doch obwohl ein für Jesus verbrachtes Leben mit Kreuztragen verbunden ist, zeichnet es sich durch Selbstlosigkeit, Heldenmütigkeit und Erhabenheit aus. Eine völlig Christus und seinem Kreuz geweihte Existenz ist wahrhaftiges Leben. Es ähnelt dem Leben der Engel – ja, noch mehr: Es ist Leben aus Gott in einer lebendigen Menschenseele. O ihr, die ihr einen Funken wahren Großmuts in euch habt: Versucht, ein lebenswertes Leben zu führen, das erinnerungswürdig ist und das man zu Recht als Beginn des ewigen Lebens vor dem Thron Gottes ansehen kann!

Einige von euch sollten sich die Notwendigkeit des Kreuztragens dadurch verdeutlichen, dass sie an die Nöte derjenigen denken, unter denen sie leben. Diese Menschen liegen im Sterben und kommen aus Mangel an Erkenntnis um. Reiche und Arme wissen gleichermaßen nichts von Christus. Zahllose Menschen gehen ganz in Selbstgerechtigkeit auf. Habt ihr angesichts dessen, dass sie umkommen, kein Herz voller Erbarmen? Sind eure Herzen so hart wie Eisen? Ich bin überzeugt, dass ihr nicht bestreiten könnt: Die Zeiten sind so, dass ihr in Ernsthaftigkeit und Kraft leben müsst. Kein Christ kann heute still dasitzen, ohne furchtbare Schuld auf sich zu laden. Auch wenn du vielleicht darunter seufzt – nimm das Kreuz um Jesu willen auf und lege es nie wieder ab, bis der Herr dich heimruft.

Einige von euch sollten das Kreuz Christi tragen, weil sich nur wenige in eurem Umfeld für die Sache Christi interessieren. Ich freue mich über denjenigen, dem großmütiges Verhalten in Fleisch und Blut übergegangen ist. Er tritt in dieser trüben und dunklen Zeit gern für die Sache der Wahrheit ein. Ihm geht es nie um große Zahlen, sondern um gewichtige Argumente. Dann hört er von jemandem folgende Worte: »Es gibt da hinten in einer Seitenstraße eine freikirchliche Kapelle. Es gibt eine Baptistengemeinde, deren Glieder allerdings fast ausnahmslos arm sind, während sich keine vornehmen Leute darunter befinden. Selbst die evangelikale Ortsgemeinde liegt am Boden: Ihre angesehensten Familien besuchen inzwischen die Hochkirche[61].« Ich kann nur sagen: Während er dies hört, kann sein Herz dieses Gerede nicht mehr ertragen. Er will dorthin gehen, wo das Evangelium verkündigt wird – an keinen anderen Ort. Prächtige Kirchenbauten ziehen ihn kaum in ihren Bann, und feierliche Musik spielt in seiner Glaubenspraxis keine Rolle. Wenn diese Dinge an die Stelle des Evangeliums treten, dann sind sie ihm zuwider. Es ist eine Niedertracht ohnegleichen, wenn ein Mensch um des Ansehens willen die Wahrheit aufgibt. Sei mutig, damit du die gute Sache gegen jedweden schädlichen Einfluss verteidigen kannst! Es wird nämlich der Tag kommen, da derjenige Ehre als Lohn empfangen wird, der hier dafür verachtet wurde, dass er seinem Gott, seiner Bibel und seinem Gewissen treu war. Glückselig ist derjenige, der seinem Herrn unter allen Umständen treu sein kann – treu sogar in denjenigen Angelegenheiten, die Verräter als Kleinigkeiten bezeichnen. Wir würden unweigerlich zu dem Schluss kommen, dass Simon von Kyrene auch heute das Kreuz tragen müsste, weil es so wenige gibt, die es in diesen Zeiten des Niedergangs tragen wollen.

Vielleicht sage ich außerdem zu einigen von euch: Ihr solltet das Kreuz tragen, weil wir wisst, dass ihr das innere Glück noch nicht gefunden habt und eure Herzen noch nicht zur Ruhe gekommen sind. Ihr seid in weltlichen Angelegenheiten erfolgreich gewesen, ihr erfreut euch guter Gesundheit, ihr habt liebe Freunde, aber ihr seid nicht glücklich. Es gibt nur eine Möglichkeit, wie Ruhe in euer Herz einziehen kann, und zwar dadurch, dass ihr zu Jesus kommt. Er sagt darüber: »Kommt her zu mir, alle ihr Mühseligen und Beladenen! Und ich werde euch Ruhe geben« (vgl. Matthäus 11,28). Wenn außerdem noch andere und höhere Sehnsüchte in euch zur Ruhe kommen sollen, dann müsst ihr wiederum zu diesem Heiland kommen und darauf hören, was er als Nächstes sagt: »Nehmt auf euch mein Joch, und lernt von mir! Denn ich bin sanftmütig und von Herzen demütig, und ›ihr werdet Ruhe finden für eure Seelen‹; denn mein Joch ist sanft, und meine Last ist leicht« (vgl. Matthäus 11,29-30). Einige von euch haben als Bekenner noch nicht die vollkommene Ruhe gefunden. Dies ist darin begründet, dass ihr zwar auf das Kreuz geschaut habt, um Vergebung zu erlangen, doch ihr

61 Strömung innerhalb der anglikanischen Kirche, die in gottesdienstlichen Angelegenheiten der katholischen Kirche sehr nahesteht, auch »Anglo-Katholiken« genannt.

habt nie die Aufgabe des Kreuztragens in Angriff genommen. Ihr hofft auf Christus, aber ihr lebt nicht für ihn. Ruhe für eure Seele werdet ihr dann finden, wenn ihr anfangt, für Jesus etwas zu tun oder zu tragen. »Nehmt auf euch mein Joch … und ›ihr werdet Ruhe finden für eure Seelen‹.«

Viertens: *Kreuztragen ist eine glückselige Aufgabe.* Ich bin überzeugt davon, dass Simon dies so empfunden hat. Diesbezüglich will ich bestimmte Segnungen erwähnen, die mit dem besonderen Dienst Simons zweifellos einhergingen. Erstens kam er dadurch in Gemeinschaft mit Christus. Als man ihn zwang, Jesu Kreuz zu tragen, kam er Jesus nahe. Hätte man ihn nicht auf diese Weise gezwungen, wäre er seiner Wege gegangen bzw. hätte sich in der Menge verloren. So aber befindet er sich jetzt im engeren Jüngerkreis, in Jesu Nähe. Erstmalig in seinem Leben sah er die Gestalt des Erlösers, und als er sie sah, fühlte sich sein Herz nach meiner Überzeugung zu ihm hingezogen. Als man das Kreuz auf seine Schultern lud, schaute er diesen Heiligen an und sah eine Dornenkrone, die um seine Stirn gewunden war. Und dann erst dessen Augen! Ihr Blick drang durch und durch. Dazu jenes Antlitz, jenes unvergleichliche Gesicht: Er hatte nie seinesgleichen gesehen. Erhabenheit mischte sich darin mit Elend, Unschuld mit Seelenqual und Liebe mit Schmerz. Er hätte jenes Angesicht nie so deutlich gesehen noch die Gestalt des Menschensohnes so genau wahrgenommen, wenn er nicht gezwungen worden wäre, dieses Kreuz zu tragen. Es ist wunderbar, wie viel wir von Jesus sehen, wenn wir für ihn leiden oder uns für ihn mühen. Ihr gläubigen Seelen, ich bete darum, dass ihr euch ab heute noch stärker zum Dienst für meinen Herrn verpflichten lasst, damit eure Gemeinschaft mit ihm noch enger sein und tiefer gehen möge als in der Vergangenheit. Wenn jemand seinen Willen tun will, so wird er die Lehre Jesu erkennen (vgl. Johannes 7,17). Die das Kreuz am eifrigsten tragen, sehen Jesus am besten.

Außerdem trat Simon um des Kreuzes willen in die Fußstapfen Christi. Dadurch, dass Jesus den vorderen Teil des Kreuzes trug und Simon hinter ihm herging, war gewährleistet, dass Simon seine Füße genau dorthin setzte, wo der Meister zuvor hingetreten war. Das Kreuz ist ein wunderbares Hilfsmittel, das dafür sorgt, dass wir auf dem Weg unseres Herrn bleiben. Wir wollen uns nicht aus dem Einflussbereich des Kreuzes herauslösen. Wenn wir dies täten, könnten wir uns von unserem Herrn entfernen und den heiligen

Wandel aufgeben. Wenn unser Rücken unter jener heiligen Last gebeugt bleibt und wir unseren Herrn ein Stück vor uns sehen, kommen wir am wirksamsten voran. Jesus nahe zu sein, ist ein glückseliges Vorrecht, das ihr unter einer einzigen Voraussetzung erwerben könnt: Ihr musst euer Kreuz tragen! Wenn ihr Jesus sehen wollt, solltet ihr euch mühen, für ihn zu wirken. Bekennt ihn ohne Scheu und leidet freudig für ihn! Dann werdet ihr ihn sehen, wobei ihr lernen werdet, ihm Schritt für Schritt zu folgen.

Simon besaß die Ehre, mit dem Werk Christi in Verbindung gebracht zu werden. Er konnte keine Sünde tilgen, aber er konnte Christus in seiner Schwachheit beistehen. Simon starb nicht am Kreuz, um Sühne zu erwirken, doch eines tat er: Er lebte im Schatten des Kreuzes, um dazu beizutragen, dass der göttliche Ratschluss verwirklicht wird. Wir – du und ich – sind außerstande, Jesus in seinem Leiden beizustehen. Wir können jedoch wie er Mitleid empfinden. Wir können keine Freiheit für die Sündenversklavten erkaufen, aber wir können ihnen sagen, dass es Befreiung gibt. In Christi Werk tätig zu sein, ist Herrlichkeit. Wer im Werk des Erlösers mitarbeitet, hat mehr zu erwarten, als all der Prunk und all die Pracht dieser Welt und ihre Reiche bieten können. Wo sind die himmlisch Gesinnten, die danach streben, mit dem Herrn in diesem Dienst verbunden zu sein? Möge jeder von ihnen hervortreten und sagen: »Mein Jesus, ich habe mein Kreuz aufgenommen. Von nun an werde ich dir folgen. Was auch kommt – ob ich weiterlebe oder sterbe –, ich werde dein Kreuz tragen, bis du mir den Siegeskranz gibst.«

Während Simon das Kreuz durch die Menge trug, haben ihm die rohen Soldaten zweifellos so manchen Tritt oder Schlag versetzt. Ich bin aber gleichermaßen überzeugt davon, dass der geliebte Herr gelegentlich unauffällig zu ihm hinschaute. Da wird sich Simon gewiss über Christi liebevolles Lächeln gefreut haben. Wie muss er dies in lieber Erinnerung behalten haben! Er sagt: »Ich habe nie eine Last getragen, die so leicht war wie diejenige, die ich an jenem Morgen trug, denn als mir der Hochgelobte trotz seiner Schmerzen zulächelte, da fühlte ich mich stark wie Herkules.« Als Alexander, sein Erstgeborener, und Rufus, jener rothaarige Bursche[62], heranwuchsen, sahen es beide als Familienehre an, dass ihr Vater Jesus das Kreuz nachgetragen hatte. Rufus und Alexander waren

62 Rufus: svw. »der Rote« bzw. »Rotkopf«.

geadelt worden, die Söhne eines solchen Mannes zu sein. Markus hielt die Tatsache fest, dass Simon das Kreuz trug und dass zwei namentlich Genannte seine Söhne waren. Meiner Ansicht nach hat der alte Mann, als er dann auf dem Sterbebett lag, gesagt: »Ich hoffe auf denjenigen, dessen Kreuz ich getragen habe. Welch eine glückselige Last! Dieser mein Leib kann nicht wirklich verwesen, denn er trug das Kreuz, das für Jesus bestimmt und an das er genagelt war. Ich werde wiederauferstehen, um ihn in seiner Herrlichkeit zu sehen, denn sein Kreuz lastete auf mir, und seine Liebe wird mich gewiss auferwecken.« Freuen dürfen wir uns, wenn wir – während wir uns noch auf Erden befinden – seine Mitarbeiter sind. Dann können wir, wenn er in seinem Reich kommt, an seiner Herrlichkeit Anteil haben. »Glückselig der Mann, der die Versuchung erduldet! Denn nachdem er bewährt ist, wird er den Siegeskranz des Lebens empfangen, den der Herr denen verheißen hat, die ihn lieben« (vgl. Jakobus 1,12).

Der Verbrecher am Kreuz

»Gedenke meiner«

»Der andere aber antwortete und wies ihn zurecht und sprach: Auch du fürchtest Gott nicht, da du in demselben Gericht bist? Und wir zwar mit Recht, denn wir empfangen, was unsere Taten wert sind; dieser aber hat nichts Ungeziemendes getan. Und er sprach: Jesus, gedenke meiner, wenn du in dein Reich kommst!« (Lukas 23,40-42).

Sehr viele Menschen denken – wann immer sie von der Bekehrung des sterbenden Verbrechers hören – daran, dass er an der Schwelle des Todes gerettet wurde. Sie verweilen bei dieser Tatsache und belassen es dabei. Dieser Verbrecher ist stets als Beispiel für Rettung in der elften Stunde angeführt worden, und dies durchaus zu Recht. In seinem Fall erweist sich, dass ein Mensch Vergebung erlangen kann, solange er die Möglichkeit hat, Buße zu tun. Das Kreuz Christi kommt sogar einem Menschen zugute, der sich schon an der Hinrichtungsstätte befindet und seiner letzten Stunde entgegengeht.

Doch diese Geschichte will uns noch mehr lehren. Es ist immer bedauerlich, wenn wir ausschließlich einen Punkt betrachten und dabei alles andere übersehen – vielleicht auch dasjenige, das noch bedeutsamer ist. Dies ist so oft der Fall gewesen, dass es eine Art Wechselbad der Empfindungen in bestimmten Menschen hervorgerufen hat, sodass sie in eine falsche Richtung gezogen werden, weil sie dagegen protestieren wollen, was aus ihrer Sicht ein weitverbreiteter Irrtum ist. Angenommen, Lukas beabsichtigte dabei etwas Bestimmtes, und ich bin fest davon überzeugt, dass dies der Fall war: Dann sollte dieses Beispiel nie dafür verwendet werden, Menschen zu veranlassen, erst auf dem Sterbebett Buße zu tun. Wenn dies stimmt, hatte Lukas recht. Kein Christ könnte oder würde es auf solch verkehrte Weise benutzen: Er wäre abgrundtief schlecht, wollte er aus Gottes Langmut ein Argument für das Verharren in Sünde gewinnen. Dieses Beispiel zu etwas Derartigem umzumünzen, wird der Sache nicht gerecht: Es könnte als Ermutigung zu einem Verbrecherleben ebenso verwendet werden wie zu der Anregung, die Buße aufzuschieben. Vielleicht sage ich: »Ich kann ruhig ein Verbrecher sein, weil dieser Verbrecher gerettet wurde.« Ich wäre genauso berechtigt, Folgendes zu sagen: »Ich kann die Buße aufschieben, weil dieser Verbrecher Rettung fand, als er an der Schwelle des Todes stand.« Tatsache ist, dass etwas noch so gut sein und dennoch von Menschen ins Böse verkehrt werden kann, wenn die Betreffenden ein böses Herz haben. Dann kann man an der Gerechtigkeit Gottes verzweifeln und seine Gnade als Rechtfertigung für Sünde missbrauchen. Gottlose Menschen werden in den Strömen der Wahrheit ebenso ertrinken wie in den Tümpeln des Irrtums. Derjenige, der sich und seine Seele unbedingt zugrunde richten will, kann dazu das Brot des Lebens missbrauchen oder am Fels der Ewigkeiten zerbersten. Mag die Lehre von der Gnade Gottes auch noch so gnadenreich sein – gottlose Menschen, die sich der Gnade verschließen, können sie trotzdem in Ausschweifung verkehren.

Ich wage jedoch, Folgendes zu sagen: Angenommen, ich würde heute Abend am Bett eines Sterbenden stehen und feststellen, dass er um sein Seelenheil besorgt ist, aber befürchtet, Christus könnte ihn nicht mehr retten, weil er die Buße zu lange aufgeschoben hat. Dann würde ich ihm gegenüber sicherlich den sterbenden Verbrecher nennen – ein Beispiel, das ich mit gutem Gewissen und bedenkenlos anführen würde. Ich würde jedenfalls in meinem Herzen die feste Gewissheit haben, dass ich das Thema wie vorgesehen behandelt hätte – entsprechend seinem Zielgedanken in der Anwendung für Menschen, *die im Sterben liegen*, wenn sich ihr Herz dem lebendigen Gott zuwendet. Wenn wir die deutsche Übertragung von Cowpers Glaubenslied ein wenig ändern, bringen wir zum Ausdruck, was wahrhaftig gilt:

Der Schächer fand den Wunderquell,
den Jesu Gnad ihm wies,
und dadurch ging er, rein und hell,
mit ihm ins Paradies.

Bist du in großer Sündennot –
es hilft dir Jesu Blut;
drum jauchz auch du bis in den Tod
ob dieser Gnadenflut.

Viele Gläubige denken, dass sie das Evangelium verteidigen sollten. Es ist jedoch am sichersten, wenn es in seiner unverhüllten Majestät hervorstrahlt. Wir müssen es nicht in Schutz nehmen. Wenn wir es mit Klauseln absichern, mit Vorbehalten schützen und mit entsprechenden Bemerkungen eingrenzen wollen, gleichen wir David, der versuchte, in Sauls Rüstung zu gehen: Dann wird das Evangelium beeinträchtigt und behindert, sodass man förmlich hören kann, wie es uns zuruft: »Ich kann nicht damit gehen« (vgl. 1. Samuel 17,39). Verkündigt das Evangelium, so wie es ist! Dann wird es sich als »Gottes Kraft zum Heil jedem Glaubenden« erweisen (vgl. Römer 1,16). Ich habe die Meinung gehört, dass nur wenige im Alter zum Glauben kommen – eine Aussage, die nach Ansicht ihrer Befürworter in außerordentlich großem Maße dazu beitragen wird, die Jungen aufzurütteln und zu beeindrucken. Obwohl sie gewiss diesen Anschein erweckt, ist sie für die Betagten andererseits sehr entmutigend. Ich erhebe gegen die oftmalige Wiederholung solcher Aussagen Einwände, denn ich finde in der Lehre Christi und seiner Apostel nichts Entsprechendes. Gewiss, unser Herr sprach von einigen, die erst in der elften Stunde des Tages in den Weinberg gegangen sind. Auch kann man unter seinen Wundern nicht nur Heilungen für Todgeweihte, sondern auch Auferstehungswunder finden. Aus den Worten des Herrn Jesus kann man jedenfalls nichts schließen, das gegen die Errettung von Menschen zu jeder beliebigen Zeit bzw. in jedem Alter spricht. Jetzt, in diesem Augenblick, wird jedem von uns geboten: »Heute, wenn ihr seine Stimme hört, verhärtet eure Herzen nicht!« (vgl. Hebräer 3,15). Ob du noch ganz jung bist oder in wenigen Stunden in der Ewigkeit sein wirst – für dich gilt: Wenn du jetzt zu der Hoffnung Zuflucht nimmst, die dir im Evangelium vor Augen gestellt wird, wirst du errettet werden. Wer du auch bist, höre sein Wort: »Glaube an den Herrn Jesus, und du wirst errettet werden« (vgl. Apostelgeschichte 16,31). Dies ist die Botschaft, die wir dir überbringen müssen. Wenn wir uns mit der längeren Form des Evangeliums an dich wenden (»Wer gläubig geworden und getauft worden ist, wird errettet werden«; vgl. Markus 16,16), gilt dies für jeden Menschen auf dieser Erde – ganz gleich, wie alt er ist.

Doch meiner ehrlichen Ansicht nach ist das einzig Besondere hinsichtlich des Verbrechers die Tatsache, dass er so spät Buße tat. Weit davon entfernt, der einzige interessante Punkt zu sein, ist es nicht einmal der Hauptpunkt. Für manche Menschen sind andere Punkte jedenfalls hervorhebenswerter.

Erstens solltet ihr meiner Meinung nach sehr sorgfältig darauf achten, *dass der Verbrecher auf besondere und einzigartige Weise zum Glauben kam.*

Mir scheint, als sei der Mann zu dem Zeitpunkt, da man ihn kreuzigte, ein noch nicht bekehrter, unbußfertiger Verbrecher gewesen. Matthäus sagt nämlich, dass die Hohenpriester, Schriftgelehrten und Ältesten den leidenden Heiland verspotteten und sprachen: »Er vertraute auf Gott, der rette ihn jetzt, wenn er ihn liebt; denn er sagte: Ich bin Gottes Sohn.« Danach heißt es: »*Auf dieselbe Weise schmähten ihn auch die Räuber*, die mit ihm gekreuzigt waren« (vgl. Kap. 27,43-44). Ich weiß, dass man dies als allgemeine Aussage verstehen kann, die unter Zugrundelegung der von Kritikern weithin benutzten Methoden auch dann stimmen würde, wenn nur einer der beiden Verbrecher ihn geschmäht hätte. Kritikern bin ich jedoch nicht zugeneigt, selbst wenn sie wohlmeinende Absichten haben. Ich habe eine solche Achtung vor dem inspirierten Wort, dass ich in meinem Denken nie darauf kommen würde, es handle sich um Diskrepanzen und Fehler. Wenn der Evangelist von Räubern (Mehrzahl) spricht, dann meint er aus meiner Sicht beide – also die Tatsache, dass zunächst beide Verbrecher Christus, mit dem sie gekreuzigt wurden, schmähten. Es hat den Anschein, als sei dieser Verbrecher auf die eine oder andere Weise zum Glauben gekommen, während er am Kreuz hing. Sicher hat keiner ihm eine Predigt gehalten und kein Evangelist unter seinem Kreuz zu ihm gesprochen. Es wird uns auch nicht berichtet, dass es eine Zusammenkunft gegeben hat, bei der speziell für ihn gebetet wurde. Dennoch glaubte er aufrichtig an den Herrn Jesus Christus und wurde von ihm angenommen.

Lasst uns doch bitte bei dieser Tatsache verweilen, indem wir uns deren praktische Auswirkung auf die Fälle von vielen unserer Mitmenschen ansehen. Es gibt viele unter meinen Zuhörern, die von Kindheit an unterwiesen, eindringlich ermahnt, gewarnt, inständig gebeten und eingeladen worden, aber trotzdem noch nicht zu Christus gekommen sind. Dieser Mann dagegen besaß keinen einzigen dieser Vorteile, glaubte dennoch an den Herrn Jesus Christus und fand ewiges Leben. O ihr, die ihr seit Kindesbeinen unter dem Schall des Evangeliums gelebt hat: Der sterbende Verbrecher entlastet euch keineswegs, sondern klagt euch vielmehr an! Warum verharrt ihr so lange im Unglauben? Wollt ihr nie dem Zeugnis göttlicher Liebe glauben?

Wodurch hat aus eurer Sicht dieser arme Delinquent zum Glauben gefunden? Es kommt mir vor, als dass es *der Anblick unseres großen Herrn und Heilands* gewesen sein könnte – ja, gewesen sein muss. Da wäre zunächst das wunderbare Verhalten unseres Heilands auf dem Weg zum Kreuz. Obwohl der Verbrecher vielleicht mit Menschen aus allen gesellschaftlichen Schichten verkehrt hatte, war ihm noch nie jemand wie dieser Mann begegnet. Nie ist ein Kreuz von jemandem getragen worden, der ein solches Format hatte und derartig gesinnt war. Der Räuber hätte sich durchaus fragen können, wer diese sanftmütige und würdevolle Person denn eigentlich war. Er hatte die Frauen weinen gehört und sich dabei im Stillen möglicherweise gefragt, ob irgendeiner je um ihn weinen würde. Seiner Meinung nach musste dies in jeder Beziehung ein einzigartiger Mensch sein, weil sich die Angehörigen der Volksmenge mit Tränen in den Augen um ihn drängten. Dann hörte er, wie dieser geheimnisvolle Dulder mit solch feierlichem Ernst sagte: »Töchter Jerusalems, weint nicht über mich, sondern weint über euch selbst und über eure Kinder« (vgl. Lukas 23,28). Dies muss ihn schlagartig in Erstaunen versetzt haben. Als er sich dann in seinem Todeskampf an den einzigartigen mitleidsvollen Blick erinnerte, den Jesus den Frauen zuwarf, und an die Selbstlosigkeit, die aus seinen Augen leuchtete, muss seine harte Schale plötzlich zerbrochen sein: Es war, als hätte ein Engel seinen Weg gekreuzt und seine Augen für eine neue Welt und eine neue Form des Menschseins geöffnet. Ihresgleichen hatte er nie zuvor gesehen. Er und sein Gefährte waren derbe, raue Gesellen, während derjenige, der mit ihnen litt, feingliedriger und ihnen weitaus überlegen war. Ja, er überragte alle anderen Menschenkinder bei Weitem. Wer war das wohl? Wer konnte das sein? Obwohl der Verbrecher sehen konnte, dass Jesus während der Stunden am Kreuz litt und mit dem Tode rang, bemerkte er, dass als Reaktion auf die Schmähungen, die man ihm entgegenbrachte, kein Wort der Klage, keine Verfluchung über seine Lippen kam. Seine Augen strahlten Liebe aus – selbst denen gegenüber, die ihn hasserfüllt anstarrten. Sicher war jener Gang hinaus zur Hinrichtungsstätte der erste Teil der Predigt, die Gott dem Herzen dieses Schurken hielt.

Dann sah er, dass der Heiland von den römischen Soldaten umringt wurde. Er sah, wie die Henker die Hämmer und Nägel hervorholten, ihn auf den Rücken legten und die Nägel in seine Hände und Füße trieben. Dabei war dieser gekreuzigte Verbrecher überrascht und erstaunt, als er hörte, wie Jesus sagte: »Vater, vergib ihnen! Denn sie wissen nicht, was sie tun« (vgl. Lukas 23,34). Er selbst war seinen Henkern vermutlich mit einem Fluch entgegengetreten, doch dann hörte er, wie dieser Mann ein Gebet zu dem Vater aller Väter emporschickte. Da er wahrscheinlich ein Jude war, verstand er, was ein solches Gebet bedeutete. Was ihn jedoch wahrhaft in Erstaunen versetzte, war die Tatsache, dass Jesus für seine Mörder betete. Dies war eine Bitte, dergleichen er noch nie gehört hatte und die ihm nie in den Sinn gekommen wäre. Aus welchem Mund konnte sie kommen, wenn nicht aus dem Mund eines göttlichen Wesens? Solch ein von Liebe und Vergebung gekennzeichnetes, Gottes Wesen ausstrahlendes Gebet stellte unter Beweis, dass er der Messias war. Wer sonst hatte je so gebetet?

Für den Verbrecher klang dies alles neu und eigenartig. Obwohl ich nicht annehme, dass er diese Worte vollends verstanden hat, erscheint es mir durchaus möglich, dass sie ihn zutiefst beeindruckten und ihm das Gefühl vermittelten: Derjenige, der mit ihm litt, war Einer, den ein gewaltiges Geheimnis der Güte umgab.

Und als das Kreuz in der Mitte aufgerichtet wurde, sah dieser Verbrecher – an seinem eigenen Kreuz hängend – zur Seite. Dabei konnte er vermutlich die Aufschrift sehen, die Pilatus in Hebräisch, Griechisch und Lateinisch anbringen ließ: »Jesus, der Nazoräer, der König der Juden« (vgl. Johannes 19,19). Wenn er sie lesen konnte, war diese Aufschrift seine Bibel im Kleinen, sein Neues Testament, das er anhand dessen auslegte, was er vom Alten Testament her kannte. Sicher hat er zwei und zwei zusammengezählt – jene geheimnisvolle Person, die personifizierte freundliche Erhabenheit, ihre unerschöpfliche Geduld sowie unumschränkte Majestät, jenes eigenartige Gebet und nun diese einzigartige Aufschrift. Weil er das Alte Testament kannte – daran habe ich keinerlei Zweifel –, hat er sich bestimmt gesagt: »Ist *er* es? Ist er wirklich der König der Juden? Ist dies derjenige, der Wunder vollbrachte, Tote auferweckte und sagte, dass er der Sohn Gottes ist? Stimmt dies alles, ist er wirklich unser Messias?« Dann hat er sich vielleicht an die Worte des Propheten Jesaja erinnert: »Er war verachtet und von den Menschen verlassen, ein Mann der Schmerzen und mit Leiden vertraut« (vgl. Jesaja 53,3). »Jedoch, unsere Leiden – *er* hat sie getragen, und unsere Schmerzen – er hat sie auf sich geladen« (vgl. Kap. 53,4). »Die Strafe lag auf ihm zu unserm Frieden« (vgl. 53,5). Möglicherweise hat er sich dann gesagt: »Ach, ich habe diese Stelle im Propheten Jesaja zuvor nie verstanden! Doch nun erkenne ich: Sie muss auf ihn verweisen! Kann damit das Rufen desjenigen gemeint sein, von dem es in den Psalmen heißt: ›Sie haben meine Hände und meine Füße durchgraben‹ (vgl. Psalm 22,17)?« Er spürte, wie diese Überzeugung in ihm immer mehr Raum gewann. Dann sah er wieder hin und bemerkte, wie die meisten der um das Kreuz Gescharten ihn verwarfen und verachteten, schmähten und verhöhnten. Durch all dies gewann er ein umso klareres Bild. »Alle, die mich sehen, spotten über mich; sie verziehen die Lippen, schütteln den Kopf: ›Er hat es auf den HERRN gewälzt, der rette ihn, befreie ihn, denn er hat ja Gefallen an ihm‹« (vgl. Psalm 22,8-9).

Vielleicht *lernte der sterbende Verbrecher das Evangelium anhand der Worte der Feinde Christi kennen.* Sie sagten: »Andere hat er gerettet« (vgl. z. B. Matthäus 27,42). »Ach«, dachte er, »hat er andere wirklich gerettet? Warum sollte er *mich* nicht retten?« Würde ich auf diese Weise gerettet werden, um in den Himmel zu kommen? Ganz gewiss kann er mich retten, wenn er andere gerettet hat! Gelegentlich bin ich gezwungen gewesen, einen derjenigen üblen Ausfälle in den Gazetten zu lesen, die uns von Spöttern zugesandt werden und worin unser Herr verächtlich gemacht wird. Dann habe ich stets gedacht: »Ach, vielleicht können diejenigen, die diese abscheulichen Lästerungen lesen, anhand dieses Zeugs das Evangelium dennoch kennenlernen!« Man kann einen Diamanten im Straßenkot auflesen und dabei feststellen, dass er nichts von seinem Glanz eingebüßt hat. Ebenso kann man das Evangelium aus dem Munde eines Gotteslästerers hören, während es trotzdem das Evangelium des Heils bleibt.

Doch letztendlich war es sicher die Tatsache, *dass er Jesus erneut anschaute,* die ihm Rettung brachte. Er sah ihn, wie Er am Marterholz hing. Möglicherweise gab es in Bezug auf Christus als Mensch nichts äußerlich Anziehendes, denn sein Angesicht war mehr entstellt worden als dasjenige irgendeines Menschen und seine Gestalt mehr als diejenige der Menschenkinder (vgl. Jesaja 52,14). Aber dennoch muss dieses Gesicht des Erlösers ein einzigartiges, gewinnendes Wesen ausgestrahlt haben. Verkörperte es nicht das Urbild der Vollkommenheit? Wenn ich es recht verstehe, unterschied sich das Angesicht Christi sehr von dem, was je ein Maler auf die Leinwand hat bannen können. Es strahlte in jeder Beziehung Güte, Freundlichkeit und Selbstlosigkeit aus und war dennoch ein königliches Antlitz. Darin spiegelten sich überragende Gerechtigkeit und beispiellose, liebevolle Zuwendung. Gerechtigkeit und Rechtschaffenheit umwanden seine Stirn, während dort auch unendlich großes Mitleid und Wohlwollen gegenüber den Menschen zu finden waren. Es war ein Angesicht, das einen sogleich beeindruckt hätte und das schon für sich betrachtet unvergesslich sowie nie völlig zu ergründen war. Es strahlte seinesgleichen suchenden Schmerz und dennoch völlige Liebe, völlige Sanftmut und ganze Entschlossenheit, völlige Weisheit und dennoch allumfassende Schlichtheit aus. Es war das Gesicht eines Kindes bzw. eines Engels und dennoch auf eigentümliche Weise das Gesicht eines Menschen. Erhabenheit und Elend, Harm und Heiligkeit mischten sich darin auf seltsame Weise. Er war ganz offensichtlich das Lamm Gottes und der Sohn des Menschen. Als der Verbrecher hinsah, glaubte er. Ist es nicht eigenartig, dass er durch den Anblick des Heilands gewonnen wurde? Es war dieser Anblick angesichts von Seelenqual, Schande und Tod! Fast wortlos und gewiss nicht durch eine Predigt, sondern beim Anblick Jesu wurde er gerettet.

Doch jetzt solltet ihr mit mir ein wenig darüber nachdenken, dass *der Glaube dieses Mannes etwas Besonderes war*. Aus meiner Sicht war es nämlich ein in jeder Beziehung außergewöhnlicher Glaube, den dieser Verbrecher dem Herrn Jesus Christus gegenüber erkennen ließ.

Beachten wir zunächst, dass dieser Mann an Christus glaubte, *als er ihn im buchstäblichen Sinne am Kreuz sterben sah, als wäre er ein Schwerverbrecher*. Dabei war Christus der größtmöglichen Schande als Mensch preisgegeben. Wir haben noch nie erlebt, was es bedeutet, gekreuzigt zu sein. Dies geht über unseren Erfahrungsbereich hinaus. Dieser Mann dagegen sah es mit eigenen Augen, und als er *denjenigen* »Herr« (vgl. hier und im Folgenden Nichtrevidierte Elberfelder, Luther ´12 und Schlachter) nannte, der an einem Kreuz hing, war dies ein gewaltiger Triumph des Glaubens. Als er Jesus bat (»Gedenke meiner, wenn du in dein Reich kommst«), sah er Jesus, der sein Leben hingab und den Eindruck eines zu Tode Gehetzten erweckte. Daher waren seine Worte Ausdruck eines bemerkenswerten Vertrauensaktes – eine anerkennenswerte Glaubenstat.

Erinnern wir uns auch daran, dass zu dem Zeitpunkt, da der Verbrecher an Christus glaubte, *alle Jünger ihn verlassen hatten und geflohen waren.* Vielleicht war Johannes in geringer Entfernung stehen geblieben, während die frommen Frauen noch größeren Abstand hielten. Niemand hat jedoch den Mut aufgebracht, dem sterbenden Christus unmittelbar zur Seite zu stehen. Judas hatte ihn verraten und Petrus ihn verleugnet, während die übrigen Jünger ihn verlassen hatten. Gerade zu diesem Zeitpunkt nannte ihn der sterbende Verbrecher »Herr«, indem er sagte: »Gedenke meiner, wenn du in dein Reich kommst!« Dies bezeichne ich als einen herrlichen Glauben. Ach, einige von euch glauben nicht, obwohl ihr mitten unter gläubigen Bekannten und Freunden lebt – obwohl ihr durch das Zeugnis derer, denen ihr liebevoll begegnet, gedrängt werdet. Dieser Mann ist jedoch völlig allein, tritt ins Blickfeld und nennt Jesus seinen Herrn! Der Hauptmann legte später Zeugnis ab, als Jesus verschieden war. Dieser Verbrecher dagegen war als Bekenner ganz allein, indem er an dem Heiland festhielt, als niemand da war, der seine Aussagen bestätigte. Da sogar sein Komplize den gekreuzigten Christus verspottete, glich dieser Mann einem einzelnen leuchtenden Stern im mitternächtlichen Dunkel. Wagt ihr es, wie Daniel festzubleiben? Wagt ihr es, allein dazustehen? Würdet ihr es wagen, aus einer lästernden Menge herauszutreten und zu sagen: »Jesus ist mein König. Nur an ihn wende ich mich mit der Bitte, an mich zu denken, wenn er in sein Reich kommt«? Wärt ihr dabei, euch zu einem solchen Glauben zu bekennen, wenn Priester und Theologen, hochgestellte und einfache Leute Christus ausnahmslos verspotten und verhöhnen? Der sterbende Verbrecher ließ einen erstaunlichen Glauben erkennen – eine Tatsache, woran ihr beim nächsten Mal denken solltet, wenn ihr von ihm redet.

Dabei scheint mir, dass ein anderer Punkt diesem Glauben bewundernswerte Aspekte hinzufügt – die Tatsache nämlich, *dass er sich selbst in außerordentlich großer Qual befand.* Denken wir daran, dass er gekreuzigt war. Es ging um einen gekreuzigten Mann, der einem gekreuzigten Christus vertraute. Wenn der ganze Körper von Schmerzen gepeinigt wird und die empfindlichsten Nerven gemartert werden, wenn sich der todgeweihte Körper in einer Hängelage befindet und einer unbestimmt langen Zeit der Qual entgegensieht, dann ist es eine große Glaubenstat, die Gegenwart zu vergessen und den Blick in die Zukunft zu richten!

Ach, sehen wir uns nochmals an, worin das Besondere des Glaubens dieses Mannes bestand: *Er sah und erkannte so viel,* obwohl seine Glaubensaugen gerade erst geöffnet worden waren! Er sah die künftige Welt. Er glaubte weder an die endgültige Vernichtung der Gottlosen noch an die Vorstellung, dass der Mensch nicht unsterblich sein könne. Er rechnete offensichtlich damit, in einer anderen Welt zu sein und als Person weiterzuexistieren, wenn der Herr nach seinem Tod in sein Reich kommen würde. An all das glaubte er – an mehr als manche Menschen heutzutage. Auch glaubte er, dass Jesus ein Reich besitzen würde, eine Königsherrschaft nach seinem Tod, ein Königtum – und dies, obwohl er jetzt gekreuzigt war. Er glaubte, dass sich Jesus durch dieses Kreuzeswerk ein Reich erwarb, während seine Hände und Füße angenagelt waren. Darin kam einsichtiger Glaube zum Ausdruck, nicht wahr? Er glaubte, dass Jesus ein Reich besitzen würde, woran andere Anteil haben sollten. Daher war er bestrebt, seinen diesbezüglichen Anteil zu erlangen. Aber dennoch konnte er sich selbst richtig einschätzen. Er sagte nämlich nicht: »Herr, lass mich zu deiner Rechten sitzen«, oder: »Lass mich von den Leckerbissen deines Palasts kosten!« Vielmehr sagte er lediglich: »Gedenke meiner. Denke an mich. Behalte meinen Weg im Blick. Denke an denjenigen Armen, der neben dir am Kreuz hing. Herr, gedenke meiner, Herr, denke an mich!« Ich erkenne in diesem Gebet tiefe Demut und dennoch zugleich eine kostbare, freudige und zuversichtliche Erhöhung Christi zu einem Zeitpunkt, da sich Christus in seiner tiefsten Erniedrigung befand.

Wenn sich einer von euch diesen sterbenden Verbrecher lediglich als Mann vorgestellt hat, der die Buße bis zur letzten Minute aufschob, dann möchte ich, dass ihr jetzt auch daran denkt, auf welch großartige und erhabene Weise er an Christus glaubte! O dass ihr es ihm gleichtun würdet! Nie hat ein armer Sünder Christus zu viel Vertrauen geschenkt. Niemals ist eine Seele verlorengegangen, die ihn durch einen lebendigen, von Liebe geprägten Christusglauben verherrlicht hat. Kommt demnach mit allen euren Sünden, worin sie auch bestehen mögen! Kommt mit all eurer tiefen Niedergeschlagenheit, mit all eurer Gewissensqual, um auf Christus zu vertrauen! Tretet nur herzu und ergreift meinen Herrn und Meister mit beiden Händen des Glaubens, sodass er fortan euer ist und ihr sein seid.

Nun will ich euch drittens mit Gottes Hilfe eine weitere Besonderheit des Glaubens dieses Verbrechers zeigen, nämlich *das Ergebnis seines Glaubens.*

Ich habe Leute sagen gehört: »Ihr seht es ja: Der sterbende Verbrecher war zwar zum Glauben gekommen, aber nicht getauft. Er hat nie am Mahl des Herrn teilgenommen und sich nie einer Gemeinde angeschlossen.« Keines dieser Dinge kam für ihn infrage. Dabei fordert Gott dasjenige, hinsichtlich dessen er uns entsprechende Möglichkeiten nimmt, nicht von uns. Wie konnte der bedauernswerte Mann, der an das Kreuz genagelt war, sich taufen lassen? Doch was er tat, übertraf diesen Gehorsamsakt bei Weitem: Wenn er auch keine äußeren Zeichen einhalten konnte, so ließ er nämlich ganz offensichtlich jene Dinge erkennen, die dadurch angedeutet werden – ein Tatbestand, der angesichts seines Zustands noch hervorhebenswerter ist.

Der sterbende Verbrecher bekannte zuallererst den Herrn Jesus Christus – eine Tatsache, die das Wesentlichste der Taufe umfasst. Er bekannte Christus. Bekannte er ihn nicht gegenüber seinem Komplizen? Er tat alles noch in seiner Macht Stehende, um dieses Bekenntnis so öffentlich wie möglich abzulegen. Bekannte er nicht Christus vor allen, die um das Kreuz geschart waren und ihn daher hören konnten? Er tat alles, was ihm nur möglich war, um dieses Bekenntnis vor allen Anwesenden abzulegen. Dennoch behaupten gewisse feige Kerle, Christen zu sein, obwohl sie Christus nie gegenüber einem einzigen Mitmenschen bekannt haben. Und anschließend führen sie diesen bedauernswerten Verbrecher noch als Entschuldigung an! Sind sie an ein Kreuz geschlagen? Befinden sie sich im Todeskampf? O nein, dennoch reden sie so, als könnten sie aufgrund dieser Umstände eine Ausnahme in Anspruch nehmen. Welch ein unlauteres Verhalten!

Tatsache ist, dass unser Herr ein öffentliches Bekenntnis genauso fordert wie einen Glauben im Verborgenen. Wenn du daher dieses Bekenntnis nicht ablegst, gilt dir keine Heilsverheißung. Vielmehr läufst du damit Gefahr, am Ende verleugnet zu werden. Der Apostel drückt es folgendermaßen aus: »Wenn du mit deinem Mund Jesus als Herrn bekennen und in deinem Herzen glauben wirst, dass Gott ihn aus den Toten auferweckt hat, (wirst) du errettet werden« (vgl. Römer 10,9). An anderer Stelle wird dies mit folgenden Worten gesagt: »Wer gläubig geworden und getauft worden ist, wird errettet werden« (vgl. Markus 16,16). Auf diese Weise sollen Christi Jünger ihn bekennen. Wenn es einen wahren Glauben gibt, dann muss man ihn auch bezeugen. Wenn ihr einer Kerze gleicht und Gott euch angezündet hat, dann gilt: »So soll euer Licht leuchten vor den Menschen, damit sie eure guten Werke sehen und euren Vater, der in den Himmeln ist, verherrlichen« (vgl. Matthäus 5,16). Das Allermindeste, das der Herr Jesus Christus von uns erwarten kann, besteht darin, dass wir ihn bestmöglich bekennen.

Ich glaube, dass zahlreiche Christen in große Schwierigkeiten geraten, weil sie nicht ehrlich zu ihren Überzeugungen stehen. Wenn z. B. ein Mann in seine Firma oder ein Soldat in die Kaserne kommt und er nicht von Anfang an Flagge zeigt, wird es für ihn sehr schwer werden, dies später nachzuholen. Wie angemessen ist dagegen ein unmittelbares und mutiges Bekenntnis vor allen: »Ich bin Christ. Daher gibt es gewisse Dinge, die ich nicht tun kann, um euch zufriedenzustellen, während es bestimmte andere Dinge gibt, die ich tun muss, obwohl sie euch missfallen.« Wenn die Betreffenden ein solches Bekenntnis eindeutig verstehen, werden sie den Bekenner nach einer Weile, wenn sich sein Anderssein herumgesprochen hat, in Ruhe lassen. Wenn er aber ein kleiner Heimlichtuer ist und denkt, dass er sowohl der Welt als auch Christus gefallen sollte, hat er eine schwere Zeit zu erwarten – darauf kann er sich verlassen. Sein Leben wird von großer Not geprägt sein, und er wird einem Schwimmer im Haifischbecken gleichen, wenn er versucht, Kompromisse zu schließen. Das geht einfach nicht. Tretet auf der Seite des Herrn unerschrocken in die Öffentlichkeit. Bekennt Farbe! Macht bekannt, wer ihr und was ihr seid! Obwohl euer Leben dann nicht problemlos verlaufen wird, hält es gewiss nicht halb so viel Schwierigkeiten bereit, als wenn ihr versuchen würdet, ein doppeltes Spiel zu treiben – ein sehr schwieriges Unterfangen.

Dieser Mann trat sogleich in die Öffentlichkeit und bekannte – so gut es eben ging – vor allen, dass er an Christus glaubte. *Als Nächstes wies er seinen Komplizen zurecht.* Er sprach ihn an, nachdem dieser mit seinen Lästerworten unseren Herrn angegriffen hatte. Obwohl ich nicht weiß, was der unbußfertige Delinquent als Lästerer gesagt hatte, wies ihn sein gläubig gewordener Kamerad mit offenen Worten zurecht: »Auch du fürchtest Gott nicht, da du in demselben Gericht bist? Und wir zwar mit Recht, denn wir empfangen, was unsere Taten wert sind; dieser aber hat nichts Ungeziemendes getan.« Es ist in dieser Zeit absolut notwendig, dass diejenigen, die an Christus glauben, Sünde nicht ungestraft lassen. Dennoch besteht genau darin das Versäumnis vieler Christen. Wisst ihr nicht, dass jemand, der angesichts falscher Worte und falscher Verhaltensweisen schweigt, an der entsprechenden Sünde mitbeteiligt sein kann? Wer Sünde nicht zurückweist – ich meine natürlich bei allen geeigneten Gelegenheiten und in der rechten Gesinnung –, stimmt damit im Grunde der Sünde zu und leistet ihr Vorschub. Ein Mensch, der einen Diebstahl gesehen und nicht gerufen hat: »Haltet den Dieb!«, gilt als einer, der mit dem Dieb unter einer Decke steckt. Und derjenige, der andere fluchen hört oder unreine Dinge sieht und nie dagegen protestiert, kann sich durchaus fragen, ob er sich selbst in der richtigen Haltung befindet.

Als Nächstes *legte der sterbende Verbrecher ein vollständiges Schuldbekenntnis ab.* Er sagte zu demjenigen, der mit ihm gekreuzigt war: »Auch du fürchtest Gott nicht, da du in demselben Gericht bist? *Und wir zwar mit Recht.*« Nicht viele Worte, doch was für eine Bedeutungsvielfalt war darin verborgen – »wir zwar mit Recht«. Wenn ein Mensch zu dem Bekenntnis bereit ist, dass er den Zorn Gottes und damit das Leiden verdient, das seine Sünde über ihn gebracht hat, dann ist dies der Beweis dafür, dass er aufrichtig ist. Im Falle dieses Mannes glitzerte seine Buße wie eine heilige Träne im Auge seines Glaubens, sodass sein Glaube in Edelsteine seiner Bußtränen eingefasst war.

Sehen wir uns dann an, *wie dieser sterbende Verbrecher seinen Herrn geradezu heldenhaft verteidigt.* Er sagt: »Wir zwar mit Recht … dieser aber hat nichts Ungeziemendes getan.« Hat er dies nicht treffend formuliert? Er sagte nicht: »Dieser hat nicht den Tod verdient«, sondern vielmehr: »Dieser … hat nichts Ungeziemendes getan.« Damit meint er, dass dieser vollkommen unschuldig ist. Dies umfasst das herrliche Zeugnis eines Sterbenden hinsichtlich Desjenigen, der zu den Verbrechern gezählt und getötet wurde, weil seine Feinde ihn zu Unrecht angeklagt hatten. Meine Lieben, mein einziger Wunsch besteht darin, dass wir alle – ich eingeschlossen – ein so wunderbares Zeugnis über unseren Herrn ablegen mögen wie dieser Verbrecher. Diesbezüglich übertrifft er uns alle.

Sehen wir uns wiederum ein weiteres Kennzeichen des Glaubens dieses Mannes an. Wir finden sein Gebet – *sein an Jesus gerichtetes Gebet:* »Jesus, gedenke meiner, wenn du in dein Reich kommst.«

Wahrer Glaube zeichnet sich stets durch Gebet aus. Wenn es heißt: »Siehe, er betet« (vgl. Apostelgeschichte 9,11), ist dies einer der sichersten Beweise dafür, dass der Betreffende wiedergeboren ist. O mögen wir im Gebet immer mehr zunehmen, denn damit stellen wir unter Beweis, dass unser Glaube an Jesus Christus seiner Bestimmung entspricht! Dieser zum Glauben gekommene Räuber betete – laut und vernehmlich. Er betete mit großer Zuversicht, was das kommende Reich betraf. Nach diesem Reich trachtete er zuerst, auch wenn er dabei alles andere zurückstellen musste. Obwohl er um Leben oder um Schmerzlinderung hätte bitten können, gab er dem Reich den Vorzug. Dies ist ein Höhepunkt göttlicher Gnade.

Außer der Tatsache, dass er so betet, erkennt ihr, dass *er Jesus als Herrn anerkennt und anbetet*, denn er sagt: »Gedenke meiner, Herr, wenn du in deinem Reiche kommst« (Nichtrevidierte Elberfelder). Diese Bitte ist so formuliert, als wollte er sagen: »Wenn nur Christus an mich denkt, ist es genug. Wenn er nichts tut, als an mich zu denken, wird durch seinen Willen für alles gesorgt sein, was ich in der kommenden Welt brauche.« Wer so redet, schreibt Christus Göttlichkeit zu. Wenn jemand sein ganzes Sein darauf gründet, dass der Betreffende lediglich an ihn denkt, muss er ihm eine sehr große Wertschätzung entgegenbringen. Wenn jemand nichts anderes erbittet oder wünscht als die Tatsache, dass der Herr Jesus seiner gedenkt, dann erweist er dem Herrn große Ehre. Meiner Ansicht nach reihte er sich mit seinem Gebet in einen Lobpreis ein, der den ewigen Halleluja-Gesängen der Cherubim und Seraphim gleichkam. Er verherrlichte darin seinen Herrn in einer Weise, die selbst dem unaufhörlichen Lobpreis himmlischer, um den Thron Gottes versammelter Wesen nicht nachstand. Welch ein Vorbild des Verbrechers!

Zuletzt will ich nun Folgendes anmerken: Es fällt etwas ganz Besonderes auf, wenn wir *die Verheißung unseres Herrn* an den sterbenden Verbrecher *hinsichtlich der Zukunft betrachten*. Jesus sagte zu ihm: »Heute wirst du mit mir im Paradies sein!« (vgl. Lukas 23,43). Obwohl der Verbrecher den Herrn nur darum bat, an ihn zu denken, erhielt er diese überraschende Antwort. In gewisser Hinsicht beneide ich aus diesem Grund den sterbenden Verbrecher: Als der Herr uns vergab, hat er uns nämlich nicht sofort eine Stellung im Paradies gewährt. Wir haben eine ganze Weile warten müssen, wobei diese Wartezeit bei einigen von uns etliche Jahrzehnte dauert. Warum dies? Weil es in dieser Wüste viel zu tun gibt, bleibt uns der sofortige Zugang zum Himmlischen Paradies verwehrt. Ich denke daran, dass Richard Baxter einmal gesagt hat, er beeile sich nicht, in den Himmel zu kommen. Kurz darauf wandte sich ein Freund an Dr. John Owen, der ein Buch über die Herrlichkeit Christi geschrieben hatte. Er fragte ihm, was er davon halte, in den Himmel zu kommen. Der große Theologe erwiderte: »Ich sehne mich danach, dort zu sein!« »Ach«, sagte sein Gegenüber, »ich habe gerade mit Mister Baxter, einem tiefgläubigen Mann, gesprochen. Er sagte, dass er es vorziehen würde, hier zu bleiben, da er aus seiner Sicht auf Erden von größerem Nutzen sein kann.« »O«, sagte Dr. Owen, »Bruder Baxter zeichnet sich stets durch praktische Gottseligkeit aus, aber trotz allem kann ich nicht sagen, dass es mir in irgendeiner Beziehung behagt, in diesem Zustand als Sterblicher zu bleiben. Ich würde lieber abscheiden.« Mir scheint, dass sich in diesen beiden Männern jeweils ein Wesenszug des Paulus wiederfand. Paulus kannte ebenfalls beide Neigungen, denn er wollte gern abscheiden, war aber auch bereit, noch zu bleiben, weil dies für das Volk Gottes notwendig war. Wir würden gern beide in der Zusammenschau sehen, indem wir wie Paulus ein starkes Verlangen haben, abzuscheiden und bei Christus zu sein, und trotzdem bereit sind, noch zu warten, wenn wir unserem Herrn und seiner Gemeinde dienen können. Gleichwohl ist meiner Ansicht nach derjenige am besten dran, der gläubig geworden und noch in der gleichen Nacht in den Himmel gekommen ist. Dieser Räuber frühstückte mit dem Teufel, aß – noch diesseits des Todes – mit Christus zu Mittag und nahm am Abendmahl im Paradies teil. Dies war ein kurzes, aber segensreiches Werk. Welch einer Menge von Bedrängnissen ist er entronnen! Welch einer Vielzahl von Versuchungen ist er entgangen! Was für eine unheilvolle Welt hat er verlassen! Er glich einem gerade zur Welt gekommenen Lamm, das draußen bei der Herde geboren wurde – ein Lamm, das der Hirte geradewegs aufhob und in seinem Gewandbausch barg. Ich kann mich nicht daran erinnern, dass der Herr dies[63] je zu irgendjemandem anders gesagt hätte.

Wie kommt es, dass unser Herr uns nicht alle sofort auf diese Weise ins Paradies versetzt? Dies liegt daran, dass es für uns auf Erden noch etwas tun gibt. *Seid ihr daher an der Arbeit?* Bei manchen Gläubigen fragt man sich, warum sie sich noch auf Erden befinden.

63 D. h. die an den sterbenden Verbrecher gerichteten Worte.

Worin besteht der Nutzen dessen, dass sie noch hier sind? Ich kann es nicht herausfinden. Wenn sie tatsächlich Gotteskinder sind, stellt sich die Frage: Wofür sind sie noch da? Sie stehen morgens auf, um zu frühstücken, und wenn die Zeit gekommen ist, nehmen sie ihr Mittagessen ein. Später essen sie dann zu Abend, gehen zu Bett und schlafen, bis sie zur angemessenen Zeit am nächsten Morgen wieder aufstehen und das Gleiche wie am Vortag tun. Sieht Leben für Jesus so aus? Ist dies überhaupt Leben? Viel kommt dabei jedenfalls nicht heraus. Kann dies ein Leben aus Gott sein, das Menschen führen sollen? O ihr Christen, ihr solltet eurem Herrn zeigen, dass er euch zu Recht hier noch hat warten lassen! Wie könnt ihr dies unter Beweis stellen, wenn nicht dadurch, dass ihr ihm mit allen euren Kräften dient? Der Herr helfe euch, dies zu tun! Ach, wie der sterbende Verbrecher verdankt ihr ihm so viel! Welch eine Dankesschuld müssen junge Christen dem Herrn gegenüber abtragen! Und wenn sich dieser bedauernswerte Verbrecher in den wenigen, ihm verbleibenden Minuten als treuer Zeuge erwies, sollten dann nicht auch wir – du und ich – unserem Herrn aufrichtig dienen, da uns noch Jahre nach der Bekehrung verbleiben? Kommt daher und lasst uns aufwachen, wenn wir geschlafen haben! Lasst uns die geistliche Trägheit überwinden und anfangen, bestimmungsgemäß zu leben! Möge der Geist Gottes aus uns noch etwas machen, sodass wir als fleißige Knechte die Mühen des Weinbergs hinter uns lassen und in die Freuden des Paradieses eingehen können!

Stephanus

Ein Blutzeuge

»Und sie steinigten den Stephanus, der betete und sprach: Herr Jesus, nimm meinen Geist auf! Und niederkniend rief er mit lauter Stimme: Herr, rechne ihnen diese Sünde nicht zu! Und als er dies gesagt hatte, entschlief er« (Apostelgeschichte 7,59-60).

Es ist für uns von größtem Nutzen, daran erinnert zu werden, dass unser Leben nur ein Dampf ist, der eine Zeit lang sichtbar ist und dann verschwindet. Weil das oft vergessen wird, leben die Weltmenschen behaglich, während Christen sorglos ihren Weg gehen. Wenn wir nicht nach dem Kommen des Herrn ausschauen, so frisst sich die Weltlichkeit bald in unsere Seele wie ein Krebs. Lieber Gläubiger, wenn du schon Reichtümer dieser Welt hast, solltest du daran denken, dass sie kein Ruhekissen sind, und kein zu großes Gewicht auf die Annehmlichkeiten des Reichtums legen. Wenn du andererseits in Bedrängnis lebst und die Last der Armut trägst, solltest du deswegen nicht über die Maßen niedergedrückt sein, denn diese leichten Trübsale sind vorübergehender Natur und nicht wert, mit der Herrlichkeit verglichen zu werden, die an uns geoffenbart werden soll. Betrachte die Dinge auf Erden, als ob wenn sie nicht da wären. Denke daran: Du bist ein Teil eines großen Zuges, der stets weiterschreitet. Unsere Pflicht besteht darin, unsere Lampen auf die Zeit hin zuzurichten, da der Bräutigam kommt.

Dass hier der Tod des Stephanus geschildert wird, kann uns beim Nachsinnen behilflich sein, während wir mit dem Beistand des Heiligen Geistes unseren Sinn auf denjenigen Zeitpunkt richten, da wir ebenfalls abscheiden müssen. Dies ist das einzige Martyrium, wovon im Neuen Testament ausführlich berichtet wird. Natürlich wird uns darüber hinaus der Tod anderer Heiliger mitgeteilt, wobei sich darauf beziehende Tatsachen ebenfalls erwähnt werden. Was sie jedoch bei ihrem Tode sagten und beim Abscheiden aus der Welt empfanden, wird nicht berichtet – vermutlich deshalb, weil der Heilige Geist wusste, dass es unter uns nie an Berichten über die Todesstunde von Heiligen und ihr triumphales Abscheiden mangeln sollte. Er wusste wohl, dass dies für die Gotteskinder alltägliche Gegebenheiten sind. Vielleicht verfolgte der Heilige Geist mit dieser Nichterwähnung noch einen anderen Zweck: Möglicherweise wollte er nicht, dass wir der Art und Weise, wie Menschen sterben, zu große Bedeutung beimessen. Uns soll es vielmehr um den Charakter ihres Lebens gehen. Christusgemäß zu leben, sollte für uns das Wichtigste sein. Das Vordringlichste besteht darin, die Gebote unseres Herrn während unseres Lebens zu befolgen. Dann können wir getrost damit rechnen, dass uns das im Sterben erforderliche Zeugnis in ebendieser Stunde gegeben wird. Uns wird die Todesgnade in der Sterbestunde zuteilwerden, wobei gegenwärtig unser Hauptanliegen darin besteht, diejenige Gnade zu erlangen, die uns befähigt, den Schmuck der Umsetzung der Lehre Gottes, unseres Heilands, in allen Dingen zu tragen. Da uns jedoch dieser eine Fall des Stephanus ausführlich geschildert wird, sollten wir den entsprechenden Bericht umso mehr wertschätzen und ihn desto sorgfältiger studieren, weil er der Einzige ist.

Sehen wir uns Stephanus´ Tod an, um festzustellen, *was ihn allgemein prägte*. Es fällt uns sofort auf, dass *er inmitten seines Dienstes eintrat*. Er war zu einem Diakon der Gemeinde in Jerusalem berufen worden, um zu gewährleisten, dass die Almosen unter den Armen, insbesondere unter den Griechisch sprechenden Witwen, angemessen verteilt wurden. Er übte seinen Dienst zur Zufriedenheit der gesamten Gemeinde aus und erfüllte damit eine überaus wichtige Aufgabe, denn dadurch hatten die Apostel die Möglichkeit, sich ganz ihrem eigentlichen Werk, nämlich der Verkündigung und dem Gebet, zu widmen. Dabei ist es keine Kleinigkeit, wenn wir eine Last für einen anderen tragen können und dieser dadurch für einen wichtigeren Dienst frei wird, den wir selbst zu leisten nicht imstande sind. Die Fürsorge, der sich Stephanus unter den Armen widmete, trug ebenso dazu bei, Groll und Spaltung zu verhindern – ein Ergebnis, das nicht hoch genug einzuschätzen war. Doch Stephanus begnügte sich nicht damit, Diakon zu sein. Er fing an, sich als Verkündiger des Wortes noch unmittelbarer mit geistlichen Dingen zu beschäftigen. Dies tat er mit großer Kraft, denn er war voll Glaubens und Heiligen Geistes. Er ist eine bedeutende Gestalt in der Geschichte der Gemeinde, denn für eine kurze Zeit stand er unter den Gläubigen in vorderster Front – und zwar in einem solchen

Maße, dass die Feinde des Evangeliums die herausragende Wirksamkeit seines Dienstes erkannten und ihm heftigsten Widerstand leisteten. Sie wüten im Allgemeinen nämlich gegen diejenigen am meisten, deren Werk am segensreichsten ist. Stephanus stand in der ersten Schlachtreihe der Streiter des Herrn und wurde dennoch weggenommen! »Ein Geheimnis«, sagen manche. »Ein großes Vorrecht«, meine ich. Wer sehnt sich danach, zu irgendeinem anderen Zeitpunkt weggenommen zu werden? Ist es nicht gut, über der Arbeit zu sterben, während man noch von Nutzen ist? Wer möchte hier bleiben, bis er anderen zur Last fällt, statt eine Hilfe zu sein? Wenn uns der Ruf zum Abscheiden inmitten des Dienstes erreicht, müssen wir uns ihm dankbar fügen. Dabei wünschen wir uns gar, dass von uns Folgendes gesagt werden kann:

> Dein im Dienste, bis mein letztes Stündlein schlägt,
> wann dein Wink mir Ruh gebeut;
> dir zu dienen dann mit einem bessern Dienst
> dort in ewger Seligkeit.

Er wurde auf dem Höhepunkt seines fruchtbaren Dienstes weggenommen. Gerade zu diesem Zeitpunkt bekehrten sich viele infolge seines Dienstes. Durch seinen Glauben wurden allerorts Wunder vollbracht – ja, gerade da schien er für die Gemeinde notwendig zu sein. Und ist dies nicht angemessen? Stellen wir also erstens fest: Gott lehrt seine Kinder, wie viel er durch einen von ihm erwählten Menschen tun kann. Zweitens zeigt er ihnen damit, dass er nicht auf irgendeinen Menschen angewiesen ist, sondern dass er sein Werk ohne den wertvollsten Arbeiter in seinem Weinberg vollbringen kann. Wenn unser Leben eine Lektion lehren kann – und diese auch wirklich durchdringt –, und wenn unser Tod eine andere hinzufügen kann, dann die folgende: Sterben ist ebenso wenig ein Verlust wie Leben, wobei das Abscheiden weitaus begehrenswerter ist, als noch lange zu warten und sich in jene trübselige Zeit des Niedergangs zu flüchten, da die eigenen Kräfte schwinden. Und kann der Herr nicht in außergewöhnlicher Weise verherrlicht werden, wenn er uns beiseitestellt, um seiner Gemeinde zu zeigen, dass er ohne seine Knechte auskommen oder andere an ihrer Stelle erwecken kann? Glückselig ist derjenige Bote, der den Willen seines Herrn erfüllt, sei er nun ab- oder anwesend.

Doch *der Tod des Stephanus war qualvoll und hatte viele Begleitumstände, vor denen sich der natürliche Mensch fürchtet.* Er starb nicht im Kreis weinender Freunde, sondern umringt von Feinden, die mit den Zähnen knirschten. Für ihn gab es kein weiches Kissen, sondern nur harten, steinigen Erdboden. Von einem Steinhagel übel zugerichtet und zerschlagen, sank er zu Boden, um abzuscheiden und in der Gegenwart seines Herrn zu erwachen. Nun dient all dies aber umso mehr zu unserem Trost, denn er starb in vollkommenem Frieden, ja, im Zustand der Freude und des Triumphs. Wie viel mehr können wir deshalb darauf hoffen, im Frieden abzuscheiden! Da uns in der Todesstunde nicht jene schrecklichen Begleitumstände beschweren werden, stellt sich die Frage: Können wir nicht damit rechnen, dass uns genau wie Stephanus durch die Gegenwart unseres Herrn und Meisters Kraft gegeben und Mut zugesprochen wird und die Gnade in unserer Schwachheit zur Vollendung kommt? Alles, was uns beim Abscheiden widerfährt, soll uns als Trost dienen. Wenn Stephanus inmitten eines Steinhagels entschlief, gilt: Wie sehr können wir dann hoffen, in dem gleichen Glauben an Jesus ganz friedlich zu entschlafen, wenn Heilige um unser Sterbebett versammelt sind, um uns Lebewohl zu sagen!

Im Besonderen will ich eure Aufmerksamkeit jedoch auf die Tatsache lenken, dass *die Augenblicke des Abscheidens im Falle des Stephanus von Gelassenheit, Frieden, Zuversicht und Freude gekennzeichnet waren.* Er wich keinen Augenblick lang zurück, obwohl er zu den Angehörigen jener wütenden Menge sprach. Er sagte ihnen ungeschminkt die Wahrheit und tat dies mit ruhiger Überlegung – genauso, als hätte er sie mit einer angenehmen Rede erfreut. Als sie wütend wurden, packte ihn nicht die Angst. Seine Lippen bebten nicht. Er nahm weder irgendein Wort zurück noch schwächte er eine Aussage ab. Vielmehr schnitt er ihnen mit noch größerer Treue ins Herz. Mit dem Mut eines Mannes Gottes erfüllt, hatte er sein Angesicht hart wie Kieselstein gemacht. Indem er wusste, dass er jetzt seine letzte Predigt hielt, gebrauchte er das scharfe zweischneidige Schwert des Wortes, das tief in ihre Seelen drang. Er kümmerte sich wenig darum, wie sie ihn finster anblickten. Genauso wenig war er fassungslos, als sie mit den Zähnen knirschten. Er strahlte einen ebenso großen Frieden aus wie der geöffnete Himmel über ihm und blieb in diesem Zustand, obwohl sie ihn eilends aus der Stadt schleppten. Als sie ihn vor das Stadttor zerrten und ihre Kleider auszogen, um die Hinrichtung auszuführen, hörte man kein einziges angsterfülltes Wort oder keinen einzigen zitternden Schrei aus seinem Mund. Vielmehr erhob er sich und befahl seine Seele mit innerer Gelassenheit in Gottes Hände. Als ihn die ersten todbringenden Steine dann zu Boden streckten, kniete er sich nochmals hin. Dabei beabsichtigte er, weder um Erbarmen zu bitten noch den Schrei eines Feiglings auszustoßen. Vielmehr bat er seinen Herrn inständig um Gnade für seine Mörder. Dann schloss er die Augen wie ein Kind, das vom Spiel eines langen Sommertags ermüdet ist und auf dem Schoß seiner Mutter einschläft. Er »entschlief«. Glaube daher, lieber Christ, dass es dir ebenso ergehen wird, wenn du in Christus bleibst! Wir weinten, als wir geboren wurden, obwohl alle um uns her lächelten. Wir werden lächeln, wenn wir sterben, während alle um uns her weinen. Der sterbende Christ ist oft der Einzige unter den im Sterbezimmer Anwesenden, der ruhig und gefasst bleibt, bevor er in den Himmel auffährt. Während er von dem redet, was ihn erfreut und was er erwartet, gleitet er sanft in die Herrlichkeit hinüber. Warum sollten wir damit rechnen, dass es anders ist? Stephanus' Gott ist unser Gott. Wir besitzen im Ansatz schon den Glauben des Stephanus, wobei wir ihn in demselben Maße haben können: Der Heilige Geist wohnt in uns wie damals in Stephanus. Wenn er demnach nicht die gleiche Kraft zum Wirken freisetzt, ist es lediglich unser Unglaube, der ihn daran hindert. Indem wir im Glauben erstarken, werden wir uns der gleichen tiefen Seelenruhe erfreuen, wenn die für uns bestimmte Stunde gekommen ist.

Stephanus zeichnete sich durch einen sehr erhabenen Geist aus. Hier sollten wir zunächst anmerken, *dass er Gott ganz nahe ist.* Während seiner gesamten langen Rede erkennt man, dass seine Seele ganz von Gott und davon hingenommen ist, wie Israel mit ihm umgegangen ist. Die gegen seine Landsleute gerichtete Anklage entspringt nicht irgendeiner Feindschaft ihnen gegenüber. Vielmehr scheint er sie kaum zu beachten, während er ganz in den Gedanken seines Gottes aufgeht. Er sagt ihnen, wie sein Gott Josef gesandt hatte, aber dessen Brüder ihn so schlecht behandelten. Sein Gott hatte dann Mose gesandt, doch sie hatten gegen ihn aufbegehrt. Sein Gott hatte schließlich Jesus gesandt, zu dessen Verrätern und Mördern sie geworden waren. In seinem Herzen regte sich Erbarmen mit ihnen, was anhand dessen, dass er als Sterbender für sie betet, deutlich zu erkennen ist. Dennoch zeichnet er sich vor allem dadurch aus, dass er in aller antigöttlichen Rebellion seinem Gott ganz nahe ist. Sicher ist dies die Gesinnung, welche die Heiligen im Himmel prägt. Wenn ich die Rede des Stephanus lese, betrachtet er nach meinem Verständnis unbußfertige Sünder vom Standpunkt der Heiligen droben, deren Gemüt als in Gottes Nähe Befindliche so von ihm und von der Gerechtigkeit seiner Herrschaft hingenommen sein wird, dass sie das Gericht über die letztendlich Widerspenstigen nicht mehr als emotionale, sondern als geistliche Angelegenheit ansehen. Wenn das Recht über das bewusste Unrecht, die Heiligkeit über die schändlichsten und zügellosesten Sünden und die Gerechtigkeit über die Undankbarkeit siegt, welche die erlösende Liebe gering achtete, wird die Seele von allen Gefühlen befreit. Übrig bleiben dann nur jene Regungen, die sich über alle Taten des Höchsten freuen, weil sie Ausdruck des Rechts sind und sein müssen. Ich weiß, wie leicht diese Feststellung falsch wiedergegeben werden kann. Da sie dennoch wahr ist, mag sie so stehen bleiben.

Beachten wir auch, wie *der Geist des Stephanus nur an dem festhielt, was ausschließlich geistlichen Ursprungs ist.* Aller Ritualismus hat für ihn jede Bedeutung verloren. Ich möchte sagen, dass Stephanus dem Tempel einst große Wertschätzung entgegenbrachte. Die ersten Judenchristen begegneten dem Tempel noch immer in einer gewissen Ehrerbietung, die sie als Juden in früheren Zeiten ausgezeichnet hatte. Stephanus sagte jedoch: »Aber der Höchste wohnt nicht in Wohnungen, die mit Händen gemacht sind, wie der Prophet spricht: ›Der Himmel ist mein Thron und die Erde der Schemel meiner Füße. Was für ein Haus wollt ihr mir bauen, spricht der Herr, oder welches ist der Ort meiner Ruhe?‹« (vgl. V. 48-49). Es ist bemerkenswert, dass für die Heiligen, wenn sie kurz vor dem Tod stehen, diejenigen Dinge, die anderen außerordentlich wichtig sind, kaum noch Bedeutung haben. Was nützt eine Zeremonie einem Sterbenden – einem Menschen, dessen Glaubensaugen aufgetan sind, der in die Zukunft schaut und im Begriff steht, seinem Gott zu begegnen? Sakramente erweisen sich in der Todesstunde als armselige Stützen. Was nützt dem Betreffenden dann priesterliche Vermittlung? Das geknickte Rohr einer Menschenseele ist unter der Last eines beschwerten Gewissens und der furchtbaren Realitäten von Tod und Gericht entzweigebrochen. Der dem Tod entgegengehende Heilige nimmt geistliche Sachverhalte immer stärker wahr, weil er sich dem Bereich der göttlichen Welt und jener Stadt nähert, von der Johannes sagte: »Ich sah keinen Tempel in ihr« (vgl. Offenbarung 21,22). Es ist etwas Großes, im Glauben geistlich zu wachsen, bis man die Eierschale äußerer Formen zerbricht und abschüttelt. Das äußere Erscheinungsbild von Zeremonien und selbst von naiven Vorstellungen stellt für Menschen nämlich allzu oft das dar, was die Eierschale für den zur Freiheit strebenden Vogel ist. Und wenn die Seele ein Empfinden für Leben in ewigen Dimensionen bekommt, picken wir diese Schale auf und zerbrechen sie, um uns aus unserer früheren Gefangenschaft zu befreien. Stephanus hatte diese ritualistischen Vorstellungen, die noch immer ihren schädlichen Einfluss auf viele Christen ausüben, geradewegs hinter sich gelassen. Er betete Gott, ein Geistwesen, in Geist und Wahrheit an.

Es ist ganz offensichtlich, *dass er alle Menschenfurcht überwunden hat.* Sie starren ihn an, sie schreien ihn an, doch was macht das ihm schon aus? Obwohl er durch die Hand grausamer Menschen außerhalb der Stadt als Gotteslästerer getötet werden wird, lässt er sich nicht einschüchtern. Sein Gesicht glüht vor unsagbarer Freude. Er sieht nicht wie einer aus, der eilends zur Hinrichtung gezerrt wird, sondern eher wie einer, der zu einer Hochzeit geht. Er gleicht einem Engel Gottes und nicht einem zum Tode Verurteilten. Und so wird es allen Gläubigen ergehen!

Gleichzeitig *war* Stephanus *frei von allen Sorgen.* Obwohl er Diakon war, sagt er nicht: »Was werden jene Armen tun? Wie wird es den Witwen ergehen? Wer wird für die Waisen sorgen?« Er sagt nicht einmal: »Was werden nun die Apostel tun, wenn ich ihnen die Arbeitslast nicht mehr abnehmen kann?« Kein Wort davon. Er sieht den Himmel geöffnet und denkt weniger an die Gemeinde auf Erden, obwohl er sie von ganzem Herzen liebt. Er vertraut die kämpfende Gemeinde ihrem König an. Dabei weiß er sich als Berufener der siegreichen Gemeinde. Nachdem er den Schall der Posaune gehört hat (»Auf und enteile!«), sehen wir nun hier, wie er auf dieses Signal antwortet. Wie glückselig sind diejenigen, die auf diese Weise ihre Sorgen abwerfen und in die Ruhe eingehen können! Warum sollte es bei uns nicht so sein? Warum lassen wir – du und ich – uns wie Marta durch das viele Dienen belasten? Jesus war souveräner Herr seiner Gemeinde, lange bevor wir geboren wurden. Er wird nicht verlegen sein, wenn er uns heimgerufen hat. Daher brauchen wir uns nicht zu sorgen, indem wir meinen, dass wir besonders wichtig wären und die Gemeinde ohne uns nicht auskommen würde.

Stephanus hegte keinerlei Groll. Sein kostbares Gebet lautete folgendermaßen: »Rechne ihnen diese Sünde nicht zu!« So wie Daniel vor Belsazar die Waage sah, worauf der König gewogen und zu leicht befunden wurde, nahm Stephanus die Waage der Gerechtigkeit wahr. Dabei würde dieser Mord an ihm bald wie eine große Last auf die Waage gelegt werden und sie zuungunsten der wütenden Juden neigen. Deshalb bedeutet sein Ruf im Grunde: »Herr, wirf diese Sünde nicht in die Waagschale!« Er konnte nicht wie seinerzeit der Heiland sagen: »Sie wissen nicht, was sie tun«, denn sie wussten sehr wohl, was sie taten. Seine Rede hatte sie nämlich zutiefst aufgewühlt, sodass sie sich die Ohren zuhielten, um nicht mehr zuhören zu müssen. Dennoch bittet er inständig für sie, soweit ihm dies die Wahrheit erlaubte, während er den Geist übergab. Jedes Kind Gottes sollte sogleich allen Groll ablegen oder vielmehr nie Groll aufkommen lassen. Wir sollen in unserem Herzen keine Erinnerung an Böses festhalten, sondern jeden Tag als frei Vergebende leben, so wie uns Tag für Tag frei vergeben wird. Je näher wir jedoch unserem Abscheiden kommen, desto größer muss die Liebe gegenüber denjenigen werden, die uns hassen, denn dadurch werden wir unter Beweis stellen, dass wir für den Himmel bereit gemacht worden sind.

Stephanus starb wie ein Sieger. Sein Name, *Stephanos*, bedeutet »Krone«, und in der Tat: Er empfing an jenem Tag nicht nur eine Krone, sondern wurde als Märtyrer auch zum ersten Gekrönten der Gemeinde. *Er* war der Sieger, nicht seine Feinde. Obwohl sie seinen Körper steinigten, wurden sie von seiner Seele überwunden. Es stand nicht in ihrer Macht, ihn ins Wanken zu bringen; sein ruhiger Blick trotzte ihrer Wut. Er ging heim zu seinem Gott, um die entsprechenden Worte (»Recht so, du Knecht Gottes«) zu hören, wobei ihm seine Feinde auf dem Weg dahin nichts rauben konnten. Er war mehr als ein Überwinder durch den, der ihn liebte.

Nun will ich eure Aufmerksamkeit auf einen sehr interessanten Punkt lenken, und zwar *auf die allerwichtigste Besonderheit im Blick auf Stephanus´ Tod.* Diese Besonderheit geht auf die Tatsache zurück, dass Jesus dabei eine ganz zentrale Rolle spielt.

Erstens *erschien dabei der Herr Jesus.* Der Märtyrer schaute unverwandt zum Himmel und sah die Herrlichkeit Gottes sowie Jesus zur Rechten Gottes stehen. Obwohl er sich zunächst vermutlich im Gerichtsgebäude des Hohen Rats befand, war bei seiner Vision der Blick nach oben scheinbar freigegeben. Das Firmament schien zusammengerollt worden zu sein, während die Pforten des Himmels geöffnet waren, sodass das Auge des Erleuchteten imstande war, in das innerste himmlische Heiligtum zu schauen. Es heißt, dass er *den Sohn des Menschen sah.* Nun ist dies aber die einzige Schriftstelle, worin nicht Jesus, sondern jemand anders die Bezeichnung Sohn des Menschen gebraucht. Wenn er von sich sprach, gebrauchte er häufig den Titel Sohn des Menschen – die gebräuchlichste Selbstbezeichnung unseres Herrn. Seine Jünger nannten ihn aber nicht so. Vielleicht sollte ihm, Stephanus, besonders die Herrlichkeit des verworfenen Messias als Mensch verdeutlicht werden, um ihm die Zusicherung zu geben, dass er ihm auch diesbezüglich gleich sein würde. So wie der verworfene Herr letztendlich triumphiert hatte, sollte sein verfolgter Knecht ebenso überwinden. Es ist allezeit beglückend, Denjenigen, der das Urbild des wahren Menschen ist, in seiner Erhöhung auf den Thron Gottes zu sehen. Doch bei dieser Gelegenheit war es besonders angemessen, denn der Herr selbst hatte seine Feinde gewarnt: »Von nun an werdet ihr den Sohn des Menschen sitzen sehen zur Rechten der Macht« (vgl. Matthäus 26,64). Er hatte dies zu genau denjenigen Menschen gesagt, die jetzt hörten, wie Stephanus bezeugte, dass es tatsächlich so war.

Stephanus sah seinen Herrn *stehend*. Während unser Herr im Allgemeinen als sitzend beschrieben wird, hat man hier den Eindruck, als wäre der mitfühlende Herr aufgestanden, um seinem leidenden Knecht näher zu kommen. Er war sowohl darauf bedacht, ihn zu stärken, als auch darauf, ihn aufzunehmen, nachdem der Kampf vorüber war. Jesus erhob sich vom Thron, weil in diesem Augenblick ein geliebtes Glied seines Leibes zum Märtyrer wurde. Zu diesem Zeitpunkt befand sich der Herr »zur Rechten Gottes«. Stephanus sah deutlich den unbeschreiblichen Glanz ewiger Herrlichkeit, den kein menschliches Auge sehen kann, wenn dem Betreffenden nicht aus göttlicher Gnade ein entsprechender Blick gewährt wird. Inmitten dieser Herrlichkeit erkannte er den Sohn des Menschen in einer Stellung als denjenigen, der die Seinen liebt, der Macht und Ehre besitzt sowie angebetet und verehrt wird.

Wenn es nun mit uns zum Sterben geht, dürfen wir unter Umständen nicht erwarten, mit unseren menschlichen Augen zu sehen, was Stephanus sah. Der Glaube hat jedoch eine große vergegenwärtigende Kraft. Die Tatsache, dass Jesus auf dem Thron sitzt, ist immer dieselbe, und solange wir überzeugt sind, dass er sich zur Rechten Gottes befindet, spielt es kaum eine Rolle, ob wir ihn mit unseren natürlichen Augen sehen, denn der Glaube ist eine Verwirklichung dessen, was man hofft, und ein Überführtsein von Dingen, die man nicht sieht. Wenn sich euer Glaube in der Todesstunde als stark erweist, wie es bei Gläubigen zweifellos der Fall ist, werdet ihr einen Blick und ein Empfinden dafür haben, dass sich Jesus als verherrlichter Sohn des Menschen zur Rechten Gottes befindet. Dies wird euch wirkungsvoll alle Todesfurcht nehmen, denn er hat ja gesagt: »Ich will, dass *die*, welche du mir gegeben hast, auch bei mir seien, wo ich bin« (vgl. Johannes 17,24). Ich bin anhand eigener Beobachtungen davon überzeugt, dass nicht nur einigen wenigen, sondern vielen sterbenden Heiligen etwas geschenkt wird, das über die Erkenntnisse des Glaubens hinausgeht. Viel häufiger, als wir annehmen, werden den Heiligen in der Stunde ihres Abscheidens Blicke in die überirdische Welt göttlicher Herrlichkeit gewährt. Ich habe das letzte Zeugnis von Menschen gehört, die kaum biblisch belehrt wurden und gewiss keine blühende Fantasie hatten. Sie sprachen von dem, was sie in ihrer Todesstunde gesehen hatten, in einer Weise, dass ich überzeugt bin: Sie griffen nicht auf Formulierungen in Büchern zurück, sondern müssen das Beschriebene gesehen haben. Überdies haben die daraus resultierende Freude, die Ergebenheit in den göttlichen Willen und die Geduld, womit sie das Leiden getragen haben, nachdrücklich unter Beweis gestellt, dass sie nicht von müßiger Fantasie beeinflusst, sondern wirklich befähigt waren, hinter den Vorhang zu schauen.

In des Stromes hellem Spiegel
nimmt man Jesu Antlitz wahr,
und des Todes Schloss und Riegel
trennt da nicht der Heilgen Schar.

An dem Silberstrom im Leben
schließt sich unser Pilgerlauf,
und des Herzens heilig Beben
geht in Wonnejubel auf.

Nun besteht aber das Kennzeichen dieses vorbildhaften Abscheidens, das uns in der Schrift als Typus des Todes von Christen beschrieben wird, darin, dass der Betreffende Christus sehen konnte.

Dies wird auch unser Abscheiden prägen, wenn wir durch Glauben mit Jesus eins sind. Fürchten wir uns daher nicht.

Beachten wir als Nächstes, dass *sich Stephanus auf Jesus berief.* Darin besteht nämlich die Bedeutung dieser Stelle: »Sie steinigten den Stephanus, der betete (oder den Herrn anrief) und sprach: Herr Jesus, nimm meinen Geist auf!« Sterbende Christen lassen sich nicht durch Fragen nach der Gottheit Christi belasten. Zu einem derartigen Zeitpunkt brauchen wir einen allmächtigen und göttlichen Retter. Wir brauchen den, »der über allem ist, Gott, gepriesen in Ewigkeit« (vgl. Römer 9,5), damit er uns in dieser ernsten Sache zu Hilfe eilt. Daher rief Stephanus Jesus an und betete ihn an. Er erwähnt keinerlei anderen Fürsprecher. Es gibt einen Mittler zwischen Gott und Menschen, den Menschen Christus Jesus. Er berief sich auf Christus – ein anderer kam für ihn nicht infrage.

Auch stellen wir nicht fest, dass er irgendetwas über seine guten Werke, sein Almosengeben sowie seine Predigten und Wunder sagt. Nein, er berief sich auf den Herrn Jesus und stützte sich ganz auf ihn. Wohl dem, der im Leben und Sterben völlig auf Jesus baut! Wenn du dich heute Abend zu Bett legst, still an dein Abscheiden denkst und dich fragst, ob du zum Sterben bereit bist, wirst du keine Ruhe haben, bis du in deinem Herzen unter dem Kreuz zur Ruhe kommst. Dabei schaust du auf und siehst, wie das kostbare Blut des Heilands fließt. Du glaubst in Demut daran, dass er für dich Frieden mit Gott gemacht hat. Niemand kann recht leben oder freudig sterben, wenn er sich nicht auf Christus beruft.

Was tat Stephanus danach? *Er vertraute Jesus* und verließ sich nur auf ihn, denn wir hören seine Worte: »Herr Jesus, nimm meinen Geist auf!« Er spürte, dass sein Geist bald seinen Körper verlassen würde, um in die jenseitige Welt des Unzugänglichen abzuscheiden. Vielleicht überlief ihn ein Schauder, weil ihn natürliche Ehrfurcht vor dem großen Geheimnis erfüllte – so wie es uns überkommt, wenn wir daran denken, dass wir das vertraute Kleid unseres Leibes ablegen werden. Als er jedoch seinen vom Körper entkleideten Geist in die Hände Jesu gelegt hatte, waren seine Ängste und Sorgen gewichen. Seht doch, dass er jetzt völlig damit abgeschlossen hat! Er betet nicht mehr für sich, sondern tritt fürbittend für seine Feinde ein, um danach die Augen zu schließen und zu entschlafen. Dies ist eine schlichte und erhabene Kunst des Sterbens. Wiederum nehmen wir als Schuldige unsere Seele und legen sie in die geliebte durchbohrte Hand dessen, der sie bewahren kann. Dann können wir uns darauf verlassen, dass alles sicher ist. Das Tagewerk ist vollbracht, die Türen zur Straße hin werden geschlossen[64], und der Wächter hält draußen Wache. Lasst uns daher abscheiden! Wer Jesus sieht, anruft und vertraut, kann mit Freuden sterben.

Beachten wir wiederum, dass wir in Stephanus' Verhalten *Wesensmerkmale Jesu erkennen*, denn im Tod des Stephanus finden sich Kennzeichen des Todes Jesu wieder. Hoffentlich wird dies auch bei uns der Fall sein. Bei Stephanus traf dies zu – selbst in Einzelheiten: Jesus starb außerhalb des Stadttores, Stephanus auch. Jesus starb betend, ebenso Stephanus. Jesus betete als Sterbender: »Vater, in deine Hände übergebe ich meinen Geist!« (vgl. Lukas 23,46). Obwohl Stephanus Gott nicht in dieser Unmittelbarkeit nahen kann, kommt er durch den Mittler zu ihm, indem er sagt: »Herr Jesus, nimm meinen Geist auf!« Christus starb, indem er inständig für seine Mörder bat, so auch Stephanus: »Herr, rechne ihnen diese Sünde nicht zu!« Wenn sich nun aber in unserem Tod Merkmale des Todes Jesu wiederfinden sollen, erhebt sich die Frage: Warum müssen wir noch Angst haben? Es ist bisher wunderbar gewesen, ihm gleichgestaltet zu werden, und es wird auch weiterhin so sein. Selbst wenn wir mit ihm leiden, ist dies köstlich. Sicher wird es daher eine freudige Angelegenheit sein, mit ihm zu sterben. Wir sind bereit, uns dort zu betten, wo Jesus im Tode war, und wie er im Herzen der Erde zu liegen, um in seinem Bild bei der Auferstehung zu neuem Leben zu erstehen.

Anhand dessen, wie Stephanus abschied, können wir Schlussfolgerungen *hinsichtlich des eigenen Todes ziehen. Hier zeigt sich uns, wonach wir mit Bedacht streben sollten*. Erstens sollten wir sehr darauf bedacht sein, dass *unser Tod und unser Leben eine Einheit bilden*. Stephanus war im Leben voll Glaubens und Heiligen Geistes und war daher auch in seiner Todesstunde vom Heiligen Geist erfüllt. Stephanus war während seines Lebens freimütig und unerschrocken, ruhig und gefasst. Dies zeichnete ihn dann auch inmitten des Steinhagels aus. Es ist sehr traurig, wenn das, was anlässlich des Todes eines Menschen über ihn gesagt wird, nicht zu seinem Leben passt. Ich befürchte, dass viele Beerdigungspredigten durch ihre schmei-

64 Offenbar Anspielung auf diejenigen Bilder, die in Prediger 12,1ff. für das Altern gebraucht werden.

chelnden Worte großen Schaden angerichtet haben, denn es ist nur zu verständlich, dass Zuhörer sagen: »Dies ist sehr eigenartig. Bevor ich diese Trauerrede hörte, hatte ich überhaupt nicht gewusst, dass der Abgeschiedene ein Heiliger war. Ja wirklich, ich hätte das gar nicht von ihm gedacht, wenn ich nicht gehört hätte, was an Wunderbarem über ihn gesagt wird.« Nein, es nützt nichts, dass man wegen seiner Frömmigkeit bekannt ist, wenn diese in wenigen, von Krankheit und Sterben gekennzeichneten Tagen schnell aufgebraucht ist. Es ist besser, von einem Gnadenstand zum anderen vorwärtszuschreiten und auf diese Weise in die Herrlichkeit einzugehen. Wir sollten täglich sterben und an jedem Morgen neu das Ich in den Tod geben, bevor wir mit dem Frühstück unser Alltagsgeschäft beginnen. Dies bedeutet, dass wir dies ständig neu praktizieren sollten, sodass es für uns nichts Neues ist, wenn dann der leibliche Tod kommt. Mag der Tod auch der Rand bzw. die Grenze des Lebens sein – beide sollten eine Einheit bilden. Ein vergängliches, in Staub und Asche endendes Leben ist nicht mit dem unvergänglichen Gold der Ewigkeit vereinbar. Wir sollten nicht meinen, am Mittagstisch der Welt sitzen und am Abendmahl bei Gott teilnehmen zu können. Wir sollten jeden Tag im Haus des Herrn leben.

Weiter ist es höchst wünschenswert, dass *der Tod jenem Vorgang gleicht, bei dem unsere ganze Laufbahn vollendet* und der Schlussstein des Lebensgebäudes eingesetzt wird. Wenn der Mensch entschläft, sollte nichts mehr nötig sein, um sein Lebenswerk zu vervollständigen. Ist es so bei euch? Ach, es gibt einige, die selbst in ihrem Geschäftsleben viele notwendige Dinge nicht erledigt haben. Weil sie z. B. noch nicht ihr Testament gemacht haben, werden sie ihrer Frau und ihren Kindern durch ihre Nachlässigkeit viel Kummer bereiten. Einige Christen halten ihre irdischen Angelegenheiten nicht in Ordnung, sondern sind vielmehr unordentlich, lässig und liederlich. Wenn daher ihre letzte Stunde kommen würde, gäbe es viele Dinge, aufgrund derer sie unter keinen Umständen sterben wollen. Whitefield pflegte zu sagen, wenn er abends zu Bett ging: »Ich habe nicht einmal ein Paar Handschuhe dort gelassen, wo sie nicht hingehören. Wenn ich in dieser Nacht sterbe, so sind alle meine Angelegenheiten für Zeit und Ewigkeit geordnet.« So kann man am besten leben. Wenn dann der Tod kommt – ganz gleich, ob nun um Mitternacht, zur Zeit des Hahnenschreis (offenbar Anspielung auf die Formulierung in Markus 13,35) oder am Mittag – wird er das wünschenswerte *Ende* eines Buches sein, dessen letzte Zeile wir geschrieben haben. Wir haben den Lauf vollendet und unserer Generation gedient, wobei unser Entschlafen der angemessene Schlusspunkt der ganzen Angelegenheit ist.

Möge unser Tod nicht so sein, dass wir zuvor in nervöse Hast und fürchterliche Eile verfallen, um uns entsprechend vorzubereiten! Es gibt Menschen auf der Welt, die eine Stunde vor der Abfahrt schon ganz hektisch werden würden, wenn sie eine Bahnreise antreten müssten und dies bereits einen Monat zuvor wüssten. Dabei wissen sie ganz genau, wann der Zug abfährt. Es fällt ihnen aber keinesfalls ein, ein paar Minuten früher zu kommen. Vielmehr kommen sie abgehetzt am Bahnsteig an, wenn das Abfahrtssignal ertönt. Dann springen sie in den Wagen, um den Zug gerade noch zu erreichen. Einige sterben in diesem Zustand, als wären ihr Werk und ihre Eile so groß. Man könnte außerdem meinen, dass ihnen Gnade nur spärlich zugeeignet worden sei, sodass sie nur wie durchs Feuer gerettet werden könnten. Wenn irdisch gesinnte Christen sterben, muss noch eine Menge erledigt werden, bis alles geschafft ist und die Betreffenden zum Abscheiden bereit werden, doch ein wahrer Christen steht mit umgürteten Lenden da. Er weiß, dass er aufbrechen muss. Obwohl er nicht den genauen Zeitpunkt kennt, steht er mit seinem Stab in der Hand bereit. Weil er weiß, dass der Bräutigam bald kommt, hält er seine Lampe in Ordnung. So kann man leben und sterben. Möge uns der Heilige Geist in einen solchen Zustand versetzen, dass uns der Todesengel nicht unvermutet ruft oder unversehens überrascht! Dann wird das Heimgehen nichts Ungewöhnliches, sondern eine einfache Angelegenheit sein. Bengel, der berühmte Exeget[65], wollte ohne jedes geistliche Gepränge und ohne aufsehenerregende Sterbeszene abscheiden. Sein Wunsch bestand darin, wie derjenige abgerufen zu werden, der inmitten seiner Arbeit an die Haustür gerufen wird. Sein Gebet wurde erhört. Fast genau in dem Augenblick, da er die Korrekturbögen seiner Werke überarbeitet hatte, spürte er, wie der Tod ihn ereilte. Ist dies nicht angemessen? Ein gleichermaßen wünschenswertes Ende hatte Beda Venerabilis[66], der starb, als er

65 Johann Albrecht Bengel (1687-1752), schwäbischer Theologe und Autor, Hauptvertreter des Pietismus.

66 Svw. »Beda, der Ehrwürdige« (ca. 673 bis 735), Benediktinermönch sowie Kirchenlehrer, Theologe und Geschichtsschreiber, gilt als Vater der englischen Geschichtsschreibung.

seine Übersetzung des Johannesevangeliums abgeschlossen hatte. »Schreibe schnell«, sagte er zu seinem Schüler, »denn die Zeit ist gekommen, da ich zu dem heimkehren muss, der mich geschaffen hat.« »Lieber Lehrer«, erwiderte dieser, »ein Satz fehlt noch.« »Schreibe schnell«, war die Antwort des ehrwürdigen Mannes. Daraufhin fügte der junge Mann rasch hinzu: »Es ist vollendet.« Beda erwiderte: »Du hast recht gesagt, dass alles jetzt vollendet ist.« Kurz danach entschlief er. So will ich gern abscheiden, und darin sollte das erstrebenswerte irdische Ende jedes Christen bestehen. Wir wollen nicht so viel Aufhebens um unsere tägliche Heiligung machen, da wir nur unseren Dienstort, nicht aber den Dienst selbst wechseln: Wenn wir dem Herrn in der zeitlichen Dimension unseres Lebens gedient haben, werden wir nun zu Höherem berufen. Das entspricht unserem Abscheiden.

Es muss etwas Schreckliches sein, wenn ein Namenschrist stirbt und dabei nur noch bedauern kann, dass er so viel Arbeit vernachlässigt und so viele Möglichkeiten vertan hat! Es ist traurig, wenn man sagen muss: »Ich muss meine Sonntagsschulklasse verlassen, bevor ich diese lieben Kinder ernstlich darauf hingewiesen habe, dass sie dem kommenden Zorn entfliehen sollten.« Wovon, wenn nicht von Traurigkeit, kann das Ende eines vergeudeten Lebens geprägt sein? Wird es nicht leidvoll sein, wenn der Betreffende angesichts der unerledigten Arbeit und nicht verwirklichter Ziele abgerufen wird? Lebt nicht so, damit euch das Sterben nicht schwerfällt!

Es muss auch etwas Trauriges sein, wenn man als derjenige weggenommen wird, der sich innerlich sträubt – wie eine unreife Frucht vom Baum gepflückt. So wie sich der unreife Apfel nur schwer abpflücken lässt, klammern sich viele an ihre Reichtümer. Sie hängen so sehr an weltlichen Dingen, dass es einer gehörigen Anstrengung bedarf, sie von der Welt zu lösen. Die reife Frucht lässt sich dagegen leicht abpflücken. Wenn daher eine sanfte Hand sie ergreift, um sie abzunehmen, gibt sie wie eine pflückreife Frucht willig nach – einem goldenen Apfel in einem silbernen Korb gleich. Möge Gott dich vom weltlichen Wesen lösen! Er bewahre dich davor, so entschlossen an irdischen Dingen festzuhalten, dass du nur unter Schmerzen sterben und nur mit Schrecken abscheiden kannst.

Wenn du keine Heilsgewissheit hast, solltest du dich fragen, ob du damit rechnest, sie auf dem Sterbebett zu erhalten. Ach, mein lieber Freund, wenn der Schmerz zunimmt und die geistigen Fähigkeiten nachlassen, bist du sehr wahrscheinlich niedergedrückt, sodass du zunächst einmal einen starken Glauben brauchst, um dich dann aufrichten zu können. Würde es dir gefallen, dass Freunde aus deinem Sterbezimmer gehen und dabei sagen: »Wir hoffen, dass er gerettet ist, sind aber diesbezüglich nicht sicher«? Dein Leben sollte anders sein! Einst bemerkte jemand gegenüber Whitefield, dem frommen Evangelisten: »Ich würde gern dasjenige Zeugnis hören, das Sie auf dem Sterbebett ablegen.« Daraufhin sagte dieser: »O ich werde dort aller Wahrscheinlichkeit nach kein Zeugnis ablegen.« »Warum nicht?«, fragte der andere. »Weil ich an jedem Tag meines Lebens ein entsprechendes Zeugnis gebe, sodass es bei meinem Tod umso weniger erforderlich ist.« Dieser völlig hingegebene Gesandte des Herrn predigte bis zum letzten Tag und ging dann in sein Zimmer hinauf, um sich niederzulegen. Dort starb er. Man wusste, was er während seines Erdenlebens gesagt hatte. Was konnte es Besseres geben? Möge dein Zeugnis im Leben so geartet sein, dass es im Blick auf dich keinen Zweifel darüber gibt, wem du gehört und wem du gedient hast – ganz gleich, ob du in deinen letzten Augenblicken redest oder nicht.

Abschließend ein Gedanke: Wir sollten danach streben, so zu sterben, dass *selbst unser Tod noch Nützliches bewirkt.* Ich bin überzeugt, dass der Tod des Stephanus viel mit der Bekehrung des Saulus zu tun hatte. Habt ihr je den offenkundigen Einfluss von Stephanus auf Paulus bemerkt? Augustin hat gesagt: »Die Kirche hätte keinen Paulus, wenn Stephanus nicht für Saulus gebetet hätte.« Damit will ich nicht sagen, dass Saulus durch den Tod des Stephanus zum Glauben kam – ganz im Gegenteil! Diese Wandlung wurde vielmehr durch einen göttlichen Eingriff vollbracht, als sich Saulus auf dem Weg nach Damaskus befand. Was er jedoch beim Märtyrertod des Stephanus sah, hatte den Boden dafür bereitet, dass er den guten Samen aufnehmen konnte. Saulus ist in seinem späteren Leben in seinen Verkündigungen scheinbar immer wieder auf die Rede des Stephanus zurückgekommen. Lest diese Rede zu Hause ganz durch, um festzustellen, ob dies wirklich der Fall ist. Stephanus sprach über den Bund der Beschneidung – ein Thema, das Paulus sehr gern verwandte. Als Paulus in Athen auf dem Areshügel stand und zu den Mitgliedern des Areopags sprach, sagte er Folgendes: »Der Gott, der die Welt gemacht hat und alles, was darin ist … wohnt nicht in Tempeln, die mit Händen gemacht sind« (vgl.

Apostelgeschichte 17,24).[67] Dies entspricht fast genau denjenigen Worten, die Stephanus zitiert hatte. Dabei ist dieser vor dem Hohen Rat stehende Glaubenszeuge dem Apostel sicher in den Sinn gekommen, als dieser seine eigene Rede hielt. Es gibt noch eine andere diesbezügliche Stelle (wobei ich beliebig fortfahren könnte, viele weitere Parallelen zu ziehen). Dort gebraucht Stephanus folgenden Ausdruck: »… die ihr das Gesetz durch Anordnung von Engeln empfangen … habt« (vgl. Apostelgeschichte 7,53). Dies ist ein Gedanke, der für Paulus typisch ist. Paulus ist das geistliche Kind des Stephanus. Er kam zum Glauben aufgrund dessen, dass er das Abscheiden des Stephanus miterlebt hatte. Welch ein Vorrecht, so zu sterben, dass aus unserer Asche gleichsam ein Phönix erstehen kann! Wenn wir selbst im Rahmen unserer durchschnittlichen Fähigkeiten nützlich gewesen sind, können wir dafür sorgen, dass bei unserem Tod Mitarbeiter aufstehen, deren Werk das unsere übertrifft. Unser nahezu erloschener Funke kann dann zu heller Flamme entfacht werden, sodass das Licht Gottes seine Strahlen des Evangeliums weit über die Meere hinaus wirft. Und warum auch nicht? Gott schenke es, dass wir ihm sowohl im Leben als auch im Sterben recht dienen! Ich wünschte, dass sogar in unserer Asche das frühere Feuer unserer Hingabe weiterbrennt, sodass wir reden können – selbst über unseren Tod hinaus.

Kommet alle, kommet her,
kommet, ihr betrübten Sünder!
Jesus rufet euch, und er
macht aus Sündern Gottes Kinder.
Glaubet´s doch und denket dran:
Jesus nimmt die Sünder an.

---

67 Obwohl der erste Teil des Zitats von Spurgeon anders wiedergegeben wird (»Der Gott, der den Himmel und die Erde gemacht hat …«), wird diese Fassung von keiner der verfügbaren Bibelübersetzungen gestützt.

Paulus

Ein Vorbild für Bekehrungen

»Aber darum ist mir Barmherzigkeit zuteilgeworden, damit Jesus Christus an mir als dem Ersten die ganze Langmut beweise, zum Vorbild für die, welche an ihn glauben werden zum ewigen Leben« (1. Timotheus 1,16).

Es ist ein allgemein verbreiteter Irrtum anzunehmen, dass die Bekehrung des Apostels Paulus ein außerordentlich seltenes und ungewöhnliches Ereignis gewesen sei. Daher könnten wir nicht damit rechnen, dass Menschen heute auf die gleiche Weise errettet werden. Es heißt, dass dieses Ereignis eine Ausnahme von allen Regeln sei, für sich genommen ein Wunder in jeder Beziehung. Nun sagt aber die von mir gewählte Stelle genau das Gegenteil. Sie gibt uns nämlich die Zusicherung, dass der Apostel als derjenige, der die Langmut und Gnade Gottes empfangen hat, keineswegs eine Ausnahme von der Regel war. Vielmehr war er ein Vorbild für Bekehrungen, wobei man ihn als Typus und Modell der Gnade Gottes in anderen Gläubigen ansehen soll. Die in dieser Stelle befindliche Wortwahl des Apostels (»zum Vorbild«) kann bedeuten, dass er dasjenige verkörperte, was Drucker als Probeabzug bezeichnen – als ersten Abdruck der Lithografie, als Muster für nachfolgende Abzüge. Er verkörperte das typische Beispiel göttlicher Langmut – das Modell, dem andere nachgebildet wurden. So wie Kunstmaler Kohlezeichnungen als Grundlage ihres späteren Werkes anfertigen und die Umrisse des Motivs bei der fortschreitenden Fertigstellung ausmalen, schuf der Herr im Falle des Apostels gleichsam einen Entwurf bzw. eine Umrisszeichnung dessen, was er gewöhnlich aus Gnaden wirkt. Diesen Entwurf arbeitet er im Falle jedes nachgeborenen Gläubigen mit einer Kunstfertigkeit aus, deren Vielfalt unendlich groß ist. So formt er jeden einzelnen Christen, doch die Leitlinien sind in Wirklichkeit bereits vorhanden. Alle Bekehrungen sind dieser Musterbekehrung in hohem Maße ähnlich. Die Umgestaltung des Verfolgers Saulus von Tarsus in den Apostel Paulus ist ein typisches Beispiel dafür, was die Gnade im menschlichen Herzen wirkt.

Damit zum ersten Punkt: *Bei der Bekehrung des Paulus hatte der Herr auch andere im Blick, wobei Paulus diesbezüglich ein Vorbild ist.*

In jedem Fall wird der Einzelne errettet – nicht nur um seiner selbst willen, sondern auch hinsichtlich des Wohls anderer. Diejenigen, welche die Erwählungslehre als überzogen ansehen, sollten sie nicht zurückweisen, denn sie ist schriftgemäß. Aber vielleicht können sie die Hemmschwelle bei deren Annahme gedanklich etwas herabsetzen, indem sie selbst daran denken, dass Erwählte mitten unter die Menschen gestellt sind. Die Juden als erwähltes Volk wurden auserwählt, um die Aussprüche Gottes für alle Nationen und für alle Zeiten aufzubewahren. Menschen, die aufgrund göttlicher Gnade persönlich zum ewigen Leben erwählt wurden, sind auch dazu erwählt, auserwählte Gefäße zu werden, damit sie den Namen Jesu zu anderen tragen mögen. Obwohl es heißt, dass unser Herr der Heiland insbesondere der Glaubenden ist, wird er auch als der Retter aller Menschen bezeichnet. Und obgleich er das Wohl desjenigen, den er erwählte, speziell im Auge behält, will er durch den Betreffenden seines Liebesabsichten gegenüber anderen verwirklichen – vielleicht sogar gegenüber Tausenden, die noch gar nicht geboren sind.

Der Apostel Paulus sagt: »Mir (ist) Barmherzigkeit zuteilgeworden, damit Jesus Christus an mir als dem Ersten die ganze Langmut beweise, zum Vorbild für die, welche … glauben werden.« Nun kann man aber meiner Meinung nach sehr deutlich erkennen, dass *die Bekehrung des Paulus eine unmittelbare Beziehung zur Bekehrung vieler anderer hatte.* Trug sie nicht dazu bei, in den Gedanken seiner pharisäischen Glaubensbrüder Interesse zu wecken? Es ging um Angehörige seiner sozialen Schicht – um Menschen seines Bildungsstandes, die sich bei den griechischen Philosophen gleichermaßen auskannten wie bei den jüdischen Rabbinern, um Menschen von Stand und Einfluss. Sie würden zweifellos nachfragen: »Worin besteht diese neue Glaubensrichtung, die Saulus von Tarsus in ihren Bann gezogen hat? Dieser Eiferer für das Judentum ist jetzt ein Eiferer für den christlichen Glauben geworden: Was kann dahinterstecken?« Wenn du gerettet worden bist, solltest du dies als Zeichen dafür betrachten, dass Gott Angehörigen deiner gesellschaftlichen Schicht Gnade erweisen will. Wenn du ein Arbeiter bist, möge deine

Errettung segensreiche Auswirkungen für diejenigen haben, mit denen du zusammenarbeitest. Wenn du ein Mensch von Rang und Namen bist, solltest du beachten, dass Gott durch dich einige von denjenigen segnen will, mit denen du vertrauten Umgang pflegst. Wenn du jung bist, solltest du damit rechnen, dass Gott die jungen Leute in deinem Umfeld segnen wird. Wenn du im vorgerückten Alter bist, solltest du darauf hoffen, dass deine Bekehrung – mag sie auch in der elften Stunde erfolgt sein – dazu dient, andere Betagte zu ermutigen. Mögen sie Ruhe für ihre Seelen suchen und finden, während sie kurz vor den Toren der Ewigkeit stehen. Indem der Herr irgendeinen aus einer beliebigen gesellschaftlichen Schicht beruft, findet er für seine Sache jeweils denjenigen, der unter seinesgleichen Streiter für das Banner des Kreuzes anwirbt.

Wir stellen fest, dass *Paulus den Bericht über seine Bekehrung oft als Ermutigung für andere verwandte.* Er schämte sich nicht, seine eigene Lebensgeschichte zu erzählen. Bedeutende Seelengewinner wie Whitefield und Bunyan beriefen sich oft auf die ihnen erwiesene Gnade, um sie zugunsten ihrer Mitmenschen anzuführen. Große Verkündiger einer anderen Richtung wie Robert Hall[68] und Chalmers[69] reden dagegen überhaupt nicht von sich. Obwohl ich ihre diesbezügliche Einstellung bewundern kann, bin ich dennoch davon überzeugt, dass wir eine der mächtigsten Waffen unseres geistlichen Kampfes wegwerfen, wenn einige von uns ihrem Beispiel folgen würden. Was kann bewegender, überzeugender und überwältigender sein als die Geschichte göttlicher Gnade aus dem Munde genau desjenigen, der sie selbst erfahren hat? Immer wieder hat Paulus ausführlich von seiner Bekehrung erzählt, denn seiner Ansicht nach gehörte der Bericht darüber zu dem Wirkungsvollsten, das er wiedergeben konnte.

Das kennzeichnete ihn als einen, der für das Evangelium eintrat – ganz gleich, ob er vor Felix oder Agrippa stand. In all seinen Briefen erwähnt er fortwährend die ihm erwiesene Gnade Gottes, wobei wir sicher sein können, dass die Vorgehensweise des Apostels richtig war, ausgehend von seinem eigenen Fall zu argumentieren. Nach Gottes Absicht sollen wir unsere Bekehrung als Ermutigung für andere nutzen und ihnen sagen: »Kommt, hört zu, alle, die ihr

68 (1764-1831), englischer Baptistenpastor, Prediger, Schriftsteller und Sozialreformer.

69 Thomas Chalmers (1780-1847), Pfarrer in Glasgow, später in Edinburgh tätig.

Gott fürchtet, dass ich erzähle, was er an meiner Seele getan hat« (vgl. Psalm 66,16).

Die Tatsache, dass er sich selbst bekehrt hatte, ermutigte Paulus, sein Leben lang auf die Bekehrung anderer zu hoffen. Habt ihr je Kapitel 1 des Römerbriefs gelesen? Ja, es lag durchaus nahe, dass derjenige, der die Verse mit diesem furchtbaren Inhalt verfasst hat, an deren Ende hätte schreiben können: »Können diese ungeheuerlichen Sünder aus ihrer Verkommenheit gerettet werden? Es ist vielleicht völlig vergeblich, das Evangelium Menschen zu verkündigen, die so tief im Laster versunken sind.« In diesem einen Kapitel findet sich eine Zusammenfassung, die – soweit es der Takt nur irgend möglich zulässt – die namenlosen schändlichen Laster wiedergibt, denen sich die heidnische Welt ergeben hatte. Dennoch zog Paulus letztendlich aus, um dieser in moralischer Verderbnis befindlichen und verkommenen Generation das Evangelium zu verkündigen. Dabei glaubte er, dass Gott ein Volk aus dem Heidentum herausrufen wollte. Sicher muss sich ein Bestandteil seiner Hoffnung für die Menschheit in der Tatsache seiner eigenen Errettung befunden haben. In gewisser Hinsicht sah er sich in der gleichen moralischen Verkommenheit wie die Heiden, wobei er sie in anderer Hinsicht noch übertraf. Er bezeichnet sich als den *ersten* der Sünder (so der Wortlaut; vgl. auch V. 15). Außerdem spricht er davon, dass Gott ihn als den Ersten errettet habe, damit er an ihm seine ganze Langmut beweise. Nachdem er selbst zum Glauben gekommen war, stellte Paulus nie die Möglichkeit infrage, dass sich ein Mensch bekehrt – und sei er auch noch so niederträchtig. Dies stärkte ihn im Kampf mit den erbittertsten Gegnern. Er sagte sich: Derjenige, der ein wildes Tier wie mich bezwungen hat, kann auch andere bändigen und bereit machen, sich von seiner Liebe in Beschlag nehmen zu lassen.

Es gab noch eine andere Beziehung zwischen der Bekehrung des Paulus und der Errettung anderer, und zwar wie folgt: *Sie diente als Anstoß,* der ihm in seinem Lebenswerk, Sünder zu Christus zu führen, die nötigen Impulse verlieh. »Mir (ist) Barmherzigkeit zuteilgeworden«, hören wir ihn, »und die gleiche Stimme, die mir Frieden zusprach, sagte: ›Ich habe dich zu einem auserwählten Werkzeug gemacht, das meinen Namen zu den Nationen tragen soll‹« (vgl. sinngemäß Apostelgeschichte 9,15). Und wie er dies getan hat! Er stieß in missionarisch unerschlossene Regionen vor, damit er nicht auf dem Grund eines anderen baute (vgl. Römer 15,20). So wurde er zu einem herausragenden Baumeister für die Gemeinde Gottes. Wie unermüdlich hat er gearbeitet! Mit welch einer Innigkeit hat er gebetet! Mit was für einer Durchschlagskraft hat er gepredigt! Verleumdung und Verachtung ertrug er mit äußerster Geduld. Geißelung oder Steinigung konnte ihn nicht schrecken. Er trotzte der Gefangenschaft – ja, selbst dem Tod. Nichts konnte ihn entmutigen. Weil der Herr ihn errettet hatte, war er der Überzeugung, dass er auf alle Weise einige erretten müsse (vgl. 1. Korinther 9,22). Er konnte nicht schweigen. Die göttliche Liebe brannte in ihm wie ein Feuer. Er war derjenige, der sagte: »Ein Zwang liegt auf mir. Denn wehe mir, wenn ich das Evangelium nicht verkündigte!« (vgl. 1. Korinther 9,16). Paulus, der außergewöhnlich große Sünder, wurde errettet, um ein außergewöhnlich eifriger Verkündiger zu sein und Menschen in großer Zahl zum ewigen Leben führen. Auf ihn traf zu, was im Folgenden in der Mehrzahl formuliert ist:

Da wir nun dein Heil erfahren,
darf die Liebe nimmer ruhn,
es der Welt zu offenbaren,
wie du uns gebietst zu tun:
Aller Kreatur zu künden
Gottes Wort vom ewgen Heil,
dass Vergebung ihrer Sünden
allen Menschen werd zuteil.

Mehr in uns dein Liebesfeuer,
Herr, den Heiden beizustehn,
dass wir betend immer treuer
um Erbarmung für sie flehn,
dass wir gerne Gaben spenden
für dein Evangelium
und viel fromme Boten senden,
zu verkünden deinen Ruhm!

Nun will ich hier einen Augenblick lang innehalten, um eine Frage zu stellen. Du bekennst, bekehrt zu sein. Daher frage ich: Welche Auswirkung hat deine Bekehrung bereits auf andere Menschen gehabt? Sie sollte sich ganz offensichtlich auf sie auswirken. Nachdem George Whitefield seine Wiedergeburt erlebt hatte, sagte er, dass er zuerst danach verlange, seine Kameraden, mit denen er zuvor seine Zeit vergeudet hatte, zu Christus zu führen. Es lag nahe und war lobenswert, dass er bei ihnen beginnen wollte. Denken wir daran, wie einer der Apostel nach seiner Erstbegegnung mit dem Heiland sofort hinging, um seinen Bruder zu informieren. Es ist überaus angemessen, dass sich junge Leute in ihrem ersten Glaubenseifer um ihre leiblichen Brüder und Schwestern bemühen. Was gläubige Eltern betrifft, sollten diese zuerst eine Verpflichtung für ihre Söhne und Töchter sehen. Jeder Wiedergeborene sollte unmittelbar nach seiner Bekehrung seine Verwandtschafts- oder freundschaftlichen Beziehungen bzw. die weniger engen nachbarschaftlichen Kontakte für den Herrn nutzen. Dabei sollte folgende Einstellung vorherrschen: »Keiner … lebt sich selbst« (vgl. Römer 14,7).

Wenn die göttliche Gnade in euch ein Feuer entfacht hat, soll es dazu dienen, dass in euren Mitmenschen die gleiche Flamme auflodert. Das ist die Frage, die sich stellt. Weicht ihr nicht aus! Auf diese Weise könnt ihr Gott am besten zurückgeben, was ihr empfangen habt: Wenn er euch errettet hat, solltet ihr danach streben, Werkzeuge in seiner Hand zu sein, mit deren Hilfe er andere retten kann.

Noch wisst ihr vielleicht nicht, welche geheimnisvollen Fäden euch mit euren Mitmenschen und ihrer Bestimmung verbinden. Es gab einst bekanntlich einen Schuhmacher in Northamptonshire.[70] Wer konnte irgendeine Verbindung zwischen ihm und den Millionen Indiens erkennen? Doch im Herzen dieses Mannes brannte die Liebe Gottes, sodass Carey nicht ruhen konnte, bis er in Sirampur begonnen hatte, das Wort Gottes zu übersetzen und die Inder in seinem Umfeld zu evangelisieren. Wir dürfen unsere Gedanken nicht auf die wenigen beschränken, die Carey zu Christus geführt hat (wobei es sich lohnt, ein opferbereites Leben zu führen, selbst wenn nur ein Mensch errettet wird). Carey wurde nämlich Vorkämpfer und führender Kopf einer Missionsbewegung, deren Bemühungen weitergehen werden, bis sich Indiens Millionen vor dem Immanuel beugen.

Sieh dich um, liebes wiedergeborenes Gotteskind! Dein Leben kann den erhabensten Zielen dienen. Raffe dich auf! Fange an, darüber nachzudenken, was Gott durch dich tun kann! Wäge die sich

70 William Carey (1761-1834), von dem hier die Rede ist, wurde in der Grafschaft Northampton geboren und lebte dort, bis er als Missionar nach Indien ausreiste.

dir bietenden Möglichkeiten ab, wenn der ewige Gott dir zur Seite steht! Erhebe dich aus dem Staub deiner Untätigkeit und ziehe die anmutigen Gewänder selbstloser Liebe gegenüber anderen an! Dann wird es noch zu sehen sein, welch große Gnade Gott Hunderten Menschen dadurch zuteilwerden ließ, dass er dich errettet hat.

Die Tatsache, dass Paulus der erste der Sünder war, bildete also zweitens *kein Hindernis dafür, dass gerade ihm die Gnade zugeeignet wurde. Hierin ist er für uns wiederum ein Vorbild.*

Wer der Erste unter den Sündern war, erwies sich nun als der Erste im Dienst Saulus von Tarsus war ein *Lästerer*, wobei man lobend hervorheben sollte, dass er keine einzige jener Lästerungen aufgezeichnet hat. Wir können nie Anstoß daran nehmen, dass wir wie so oft von zum Glauben gekommenen Einbrechern und Schornsteinfegern hören, die ihre Bekehrungsgeschichte erzählen. Wenn sie jedoch in schmutzige Details gehen, sollten sie lieber den Mund halten. Ich zweifle nicht daran, dass Paulus in seinem unbekehrten Zustand so schlecht wie nur irgend möglich von Christus dachte, indem er ihn als Betrüger ansah, ihn als solchen bezeichnete und noch so manches Schmähwort hinzufügte. Er sagt von sich nicht, dass er ein Ungläubiger und ein Gegner des Glaubens war. Vielmehr bezeichnet er sich als Lästerer – ein sehr ausdrucksstarkes, aber angemessenes Wort, denn der Apostel ging nie über die Wahrheit hinaus. Er war ein kompromissloser Lästerer durch und durch, der auch andere zu Lästerungen veranlasste. Werden diese Ausführungen von einem Gottlosen gelesen, der spürt, wie groß seine Sünde ist? Möge Gott es schenken, dass er sich ermutigen lässt, wie Saulus von Tarsus Barmherzigkeit zu suchen! Gott vergibt ja Menschen »jede Sünde und Lästerung« (vgl. Matthäus 12,31).

Saulus beließ es nicht bei Lästerung – einer Sünde in Form von Worten. Er ging zur *Verfolgung* – einer Sünde in Form von Taten – über. Sein Christushass war auch ein Hass gegenüber denen, die Christus nachfolgten. Er hatte seine Freude daran, bei der Hinrichtung der Stephanus sein Einverständnis zu geben. Dabei gab er auf die Kleider derjenigen acht, die diesen Märtyrer steinigten. Er schleppte Männer und Frauen ins Gefängnis uns zwang sie zur Lästerung. Als er in ganz Judäa so gründlich wie möglich Heilige aufgespürt hatte, ließ er sich Empfehlungsbriefe für Damaskus geben, um an diesem Ort in gleicher Weise zu wüten. Seine Opfer waren gezwungen gewesen, Jerusalem zu verlasen und in entlegenere

Orte zu fliehen, doch »indem (er) über die Maßen gegen sie wütete, verfolgte (er) sie sogar bis in die ausländischen Städte« (vgl. Apostelgeschichte 26,11). Er stand als Lästerer und Verfolger in vorderster Front. Ob ein Verfolger unserer Zeit diese Worte liest oder hört? Wenn ja, so möge er zu der Erkenntnis geführt werden, dass selbst für ihn Vergebung möglich ist. Jesus hatte gesagt: »Vater, vergib ihnen! Denn sie wissen nicht, was sie tun« (vgl. Lukas 23,34). Er legt noch immer Fürbitte für die gewalttätigsten seiner Feinde ein.

Paulus fügt als Nächstes hinzu, dass er *ein Gewalttäter* war – ein Ausdruck, den Bengel meiner Meinung nach im Sinne von »Frevler« (vgl. z. B. Schlachter) deutet. Dieser bedeutende Textkritiker[71] sagt, dass Lästerung seine Sünde gegen Gott, Verfolgung seine Sünde gegen die Gemeinde und Frevel seine Sünde im eigenen Herzen war. Er war ein Gewalttäter, d. h., dass er alles Erdenkliche tat, um der Sache Christi zu schaden, während er sich dabei selbst schadete. Er schlug gegen den Stachel aus und verletzte das eigene Gewissen. Er hatte sich so gegen Christus verschworen, dass er keine Kosten scheute, wenn es darum ging, die Ausbreitung des christlichen Glaubens zu verhindern – eine Strategie, die er mit grausamer Härte verfolgte. Er war der führende Kopf im Widerstand gegen das Kreuz Christi.

Beachten wir nun aber, dass er als Vorbild errettet wurde. Damit soll dir gezeigt werden, dass du wie Paulus ebenfalls Barmherzigkeit erlangen kannst, selbst wenn du ein beispielloser Sünder gewesen bist. Außerdem sollst du auch als weniger auffälliger Sünder erkennen, dass die Gnade Gottes ganz gewiss diejenigen erretten kann, die eine geringere Sündenschuld auf sich geladen haben, wenn sie imstande ist, den ersten der Sünder zu erretten. Wenn die Brücke der Gnade einen Elefanten trägt, kann sie gewiss eine Maus tragen. Wenn die Gnade mit den größten Sündern Nachsicht üben konnte, kann sie auch mit dir Geduld haben. Wenn das Tor groß genug ist, um einen Riesen hindurchzulassen, wird jeder normal gewachsene Sterbliche mühelos hindurchkommen. Nun kann niemand mehr sagen, dass er aufgrund der Größe seiner Sünde unmöglich errettet werden könne. Dem ersten der Sünder wurde nämlich vor über 1900 Jahren das Heil zugeeignet. Warum also nicht auch *dir*?

---

71 Textkritik darf nicht mit Bibelkritik verwechselt werden. Textkritiker versuchen lediglich, den Wortlaut des ursprünglichen Bibeltextes möglichst genau zu rekonstruieren.

Nachdem Paulus errettet worden war, wurde er zu einem Heiligen in vorderster Front. Der Herr wies ihm in der Gemeinde keine Stellung der zweiten Klasse zu. Obwohl er der erste der Sünder gewesen war, sagte sein Herr nicht zu ihm: »Ich habe dich zwar errettet, aber ich werde dich stets an deine Bosheit erinnern und sie dir immer vorhalten.« Weit gefehlt: Er hielt ihn für treu, indem er ihn in den Dienst stellte und in das Apostelamt einsetzte, sodass er keinen Deut hinter den führenden Aposteln zurückstand. Nichts spricht dagegen, dass du als derjenige, der es in seinem Sündenleben sehr schlimm getrieben hat, im Dienst überaus fruchtbar bist. Im Gegenteil: Warum solltest du dich nicht gerade hierin als ungemein nützlich erweisen? Eine Regel der Gnade besagt nämlich, dass derjenige, dem viel vergeben wird, viel liebt, wobei sich diese große Liebe in vielfältigem Dienst niederschlägt.

Welcher Gläubige hatte eine klarere lehrmäßige Erkenntnis als Paulus? Welcher Zeuge Jesu verteidigte die Wahrheit ernsthafter? Welcher Jünger opferte sich mehr auf? Welcher Heilige war heldenmütiger? Der Name des Paulus steht in der christlichen Gemeinde in gewisser Hinsicht dem Namen des Herrn Jesus am allernächsten. Schau ins Neue Testament, um zu sehen, welch großen Raum diejenigen durch den Heiligen Geist inspirierten Schriften einnehmen, die Paulus als Knecht Gottes verfasste. Sieh dir dann die Christenheit an, um zu erkennen, welch großer Einfluss dieses Mannes dort noch immer spürbar ist und spürbar sein muss, bis sein Herr wiederkommen wird. O du großer Sünder, vielleicht bist du selbst jetzt noch bereit, Christus zu verspotten! Ich bete darum, dass er dich in ebendiesem Augenblick zu Boden werfen und dich zu einem seiner Kinder machen möge, damit du dich dann genauso leidenschaftlich für die Wahrheit einsetzt, wie du jetzt auf das Böse bedacht bist. Niemand gibt solche vollmächtigen Christen und solche feurigen Verkündiger ab wie diejenigen, die den tiefsten Sündentiefen enthoben und durch das Blut Jesu Christi gewaschen und gereinigt worden sind. Möge dies die Gnade mit dir tun – wer auch immer du bist!

Nun komme ich zum Schwerpunkt unseres Verses: *Der Fall des Paulus war* drittens *ein Muster für andere Bekehrungen als Beispiel für die Langmut Gottes.*

»… damit Jesus Christus an mir als dem Ersten die ganze Langmut beweise, zum Vorbild (oder Muster) für die, welche … glauben werden.« Achten wir dabei genau auf die große Langmut, die

Gott Paulus erwies. Er sagt: »… damit (er) … die ganze Langmut beweise.« Nicht nur die ganze Langmut Gottes, die jemals irgendjemandem erwiesen worden ist, sondern alle Langmut, die es je gegeben hat – wirklich *alle* Langmut.

> Gnade, tief wie die tiefste See,
> Gnade fließt von des Kreuzes Höh,
> Gnade genügt für die Ewigkeit,
> Gnade für dich allzeit.

Es war, als hätte er es als bis zum Äußersten an die Sünde Gebundener so weit wie nur irgend möglich getrieben, wobei auch der Herr in seiner Langmut bis zum Äußersten ging.

Diese Langmut sah man zunächst darin, dass *sein Leben geschont wurde*, als er sich geradewegs in die Sünde stürzte und fortwährend Drohungen ausstieß. Saulus, der Christushasser und Verfolger seiner Gemeinde, schäumte gleichsam vor Wut. Wenn der Herr nur einen kleinen Finger gerührt hätte, wäre Saulus wie eine Fliege zerquetscht worden, doch der Zorn des Allmächtigen sah davon ab, sodass der Widerspenstige am Leben blieb. Auch war dies nicht alles: Nachdem Saulus all diese Sünden begangen hatte, ließ ihm Herr seine Gnade zuteilwerden. Zu gegebener Zeit machte er ihn mit dem Evangelium bekannt und verdeutlichte es ihm. Inmitten seiner Rebellion errettete der Herr ihn. Saulus hatte nicht um Bekehrung gebetet – ganz im Gegenteil. Zweifellos hatte er sich an ebendiesem Tag auf der Straße nach Damaskus befunden und dabei den Namen des Heilands entweiht. Dennoch überwand ihn die Gnade und errettete ihn aus freien Stücken ausschließlich aufgrund der ihr innewohnenden Kraft. O welch mächtige Gnade! Ja, dies war echte Langmut!

Als die göttliche Gnade Paulus berufen hatte, *fegte sie all seine Sünden* bis ins Kleinste, all seine Bluttaten und seine Lästerungen, mit einem Mal *hinweg*, sodass nie einem Menschen eine größere Gewissheit der eigenen vollkommenen Reinigung gegeben wurde als dem Apostel. »Also gibt es jetzt«, sagt er, »keine Verdammnis für die, die in Christus Jesus sind« (vgl. Römer 8,1). »Da wir nun gerechtfertigt worden sind aus Glauben, so haben wir Frieden mit Gott« (vgl. Römer 5,1). »Wer wird gegen Gottes Auserwählte Anklage erheben?« (vgl. Römer 8,33). Daran erkennt ihr, wie unmissverständlich er dies herausstellte – als einer, der dies selbst erfahren hatte. Die Langmut hatte all seine Sünden abgewaschen. Dann erhob ihn diese Langmut, die ihn aus den Sündentiefen gezogen hatte, bis in das Apostelamt, sodass er anfing, Gottes Langmut in ihren Gnadenhöhen zu erfahren. Welch ein Vorrecht muss es für ihn gewesen sein, dass er das Evangelium verkündigen durfte! Ich denke manchmal, dass er bei seinen mit ganzem Ernst weitergegebenen Predigten mittendrin innegehalten und sich gesagt haben muss: »Paulus, bist du es?« Insbesondere, als er nach Tarsus hinabreiste (vgl. Apostelgeschichte 9,30) muss er über sich und die gewaltige Gnade Gottes gestaunt haben: Er verkündigte den Glauben, den er einst zu vernichten suchte. Wenn er sich nach einer Predigt in die Stille der Nacht zurückzog, muss er so manches Mal gesagt haben: »O Wunder ohnegleichen! O staunenswertes Geschehen! Ich, der ich einst fürchterlich fluchen konnte, bin nun zu einem Verkündiger umgestaltet worden! Einst war ich voller Drohungen und trachtete Christen gar hasserfüllt nach dem Leben. Doch jetzt bin ich so vom Geist Gottes inspiriert, dass ich schon dann weinen muss, wenn Jesu Name genannt wird, und ich um der unübertrefflichen Größe der Erkenntnis Christi Jesu, meines Herrn, willen alles als Verlust ansehe.«

Ihr ermesst die Langmut erst, wenn ihr sie in ihrem ganzen Ausmaß von einem Ende bis zum anderen erfasst und Gott in seiner Gnade seht, der nicht an die Sünde seines Knechtes denkt, sondern ihn in eine herausragende Dienststellung in seiner Gemeinde erhebt. Nun ist dies aber zum Vorbild geschehen, um euch zu zeigen, dass er die gleiche Langmut den Glaubenden gegenüber unter Beweis stellen wird. Wenn du bisher gewohnheitsmäßig geflucht hast, will er deinen Mund von all seinen Ungeheuerlichkeiten reinigen und sein Lob hineinlegen. Hattest du bisher ein finsteres, verhärtetes Herz voller Feindschaft gegenüber Jesus? Er will es dir nehmen und dir ein neues Herz sowie einen rechten Geist geben. Hast du dich allen möglichen Sünden hingegeben? Sind sie so schändlich, dass du nicht einmal daran zu denken wagst? Denke an das kostbare Blut, das jeden Flecken beseitigt. Haben sich deine Sünden derart aufgehäuft, dass du sie nicht zählen könntest? Hast du den Eindruck, als ständest du kurz vor dem Verdammungsurteil, wenn du nur an dein bisheriges Leben denkst? Obwohl ich darüber nicht verwundert bin, kann Jesus diejenigen völlig erretten, die durch ihn Gott nahen (vgl. Hebräer 7,25). Du hast es nicht schlimmer getrieben als Saulus, sodass dir die ganze Langmut zuteilwerden kann, wobei sich dir große Möglichkeiten bieten, was künftige Heiligung und brauchbaren Dienst betrifft. Selbst wenn du vielleicht auf den Strich gegangen oder ein Dieb gewesen bist, reinigt dich dennoch die Gnade Gottes. Sie kann etwas Wunderbares aus dir machen: Es wird eben so manches glänzende Juwel aus der Krone Immanuels im Straßenkot aufgelesen. Obwohl du ein roher Steinquader bist, ist Jesus imstande, dich zuzubereiten und deine Unebenheiten zu glätten, damit er dich als Säule in seinem Tempel einsetzen kann.

Verzweifle nicht! Sieh doch, wie aus einem Saulus ein Paulus wurde! Anhand dessen kannst du deine mögliche Bestimmung kennenlernen. Als Paulus die langmütige Gnade erfuhr, sollte dies ein Vorbild für dasjenige sein, was Gott für dich tun wird.

Aus Gnaden soll ich selig werden!
Herz, glaubst du´s, oder glaubst du´s nicht?
Was willst dich so verzagt gebärden?
Ist´s Wahrheit, was die Schrift verspricht,
so muss auch dieses Wahrheit sein:
Aus Gnaden ist der Himmel dein.

Aus Gnaden! Merk dies Wort: Aus Gnaden!
Sooft dich deine Sünde plagt,
sooft dir will der Satan schaden,
sooft dich dein Gewissen nagt:
Was die Vernunft nicht fassen kann,
das beut dir Gott aus Gnaden an.

Viertens *soll auch die Art und Weise der Bekehrung des Paulus als Vorbild dienen.* Das soll nicht heißen, dass wir damit rechnen können, jene außergewöhnliche Offenbarung zu empfangen, die Paulus zuteilwurde. Dennoch stellt seine Hinwendung zu Christus einen Entwurf dar, der die Züge jeder anderen Bekehrung bereits skizziert. Jedes Mal sehen die Einzelheiten anders aus, doch die Umrisszeichnung ist stets die gleiche. Die Bekehrung des Paulus sollte als eine Art Umrisszeichnung jeder anderen Bekehrung unter uns dienen. Wie kam jene Bekehrung zustande? Zunächst einmal liegt es auf der Hand, dass *es überhaupt nichts gab, was Paulus zu seiner Errettung beitragen konnte.* Man hätte ihn in einem Sieb sichten können, ohne irgendetwas zu finden, das zu der Hoffnung berechtigen könnte, dass er zum Glauben an Jesus finden würde. Seine natürliche Veranlagung, seine Erziehung und Ausbildung in jungen Jahren, sein ganzes Milieu, seine Lebensziele – alles fesselte ihn an den Judaismus und ließ es höchst unwahrscheinlich erscheinen, dass er je Christ werden würde. Der allererste Glaubensbruder einer Gemeinde, der mit ihm über göttliche Dinge sprach, konnte es zunächst fast nicht glauben, dass sich Saulus bekehrt hatte. »Herr«, sagte er, »ich habe von vielen über diesen Mann gehört, wie viel Böses er deinen Heiligen in Jerusalem getan hat« (vgl. Apostelgeschichte 9,13). Er konnte es kaum für möglich halten, dass aus dem reißenden Wolf ein Lamm geworden war. In Saulus konnte man nichts Positives hinsichtlich des Glaubens an Jesus finden. Der Boden seines Herzens war sehr steinig, sodass die Pflugschar ihn nicht aufbrechen konnte und der gute Same keinen Wurzelgrund fand. Dennoch ließ der Herr Saulus zum Glauben kommen – ein Werk, das er auch in anderen Sünden vollbringen kann. Es muss jedoch ausschließlich ein Werk der Gnade und der göttlichen Macht sein, denn es gibt in der gefallenen Natur eines beliebigen Menschen keine einzige Stelle von der Größe eines Stecknadelkopfes, an der die Gnade aufleuchten kann. Die umgestaltende Gnade kann in unseren Herzen keine angemessene Herberge finden, sondern muss sich in eigenem Boden einwurzeln. Gepriesen sei Gott dafür, dass sie dazu imstande ist, denn bei Gott sind alle Dinge möglich (vgl. z. B. Matthäus 19,26).

Die Bekehrung des Paulus war – und zwar ausschließlich – ein Beispiel der Kraft Gottes. Dies gilt für jede wahre Hinwendung zu Christus. Wenn deine Bekehrung auf die Überzeugungskraft des Verkündigers zurückgeht, musst du dich nochmals bekehren. Wenn deine Errettung das Ergebnis eigener Anstrengungen ist, beinhaltet sie einen erbärmlichen Betrug, von dem du befreit werden mögest. Im Falle jedes Menschen, der errettet wird, muss die Macht des Heiligen Geistes Gottes wirksam werden. Die wahre Wiedergeburt ist bis aufs i-Tüpfelchen das Werk des Geistes. Was unsere Kraft betrifft, so streitet sie gegen die Errettung, statt sie zu unterstützen. Wie glückselig ist die folgende Verheißung: »Dein Volk ist voller Willigkeit am Tage deiner Macht« (vgl. Psalm 110,3). Die Bekehrung ist in gleichem Maße ein Werk der Allmacht Gottes wie die Auferstehung. Wie Tote nicht von selbst auferstehen, so können Menschen auch ihre Bekehrung nicht selbst zustande bringen.

Saulus wurde jedoch sofort umgestaltet. Seine Bekehrung geschah in einem Augenblick und auf der Stelle. Obwohl er erst nach einer kleinen Zwischenzeit Frieden fand, war er bereits während jener drei Tage ein umgestalteter Mensch, wenngleich er noch betrübt war. Er, der sich gerade noch unter der Macht Satans befand, lebte jetzt unter der Herrschaft der Gnade. Dies trifft ebenfalls auf jede Bekehrung zu. Wie lange sich der Tagesanbruch auch hinziehen mag – es gibt einen Zeitpunkt, da die Sonne noch hinterm Horizont verschwunden ist, und einen Augenblick, da dies nicht mehr der Fall ist. Vielleicht kennst du nicht den genauen Zeitpunkt, da du vom Tod ins Leben übergegangen bist. Doch dass es einen solchen Zeitpunkt gab, steht fest, wenn du wirklich ein Gläubiger bist. Ein Mensch mag nicht wissen, wie alt er ist, doch es gab einen Augenblick, in dem er geboren wurde. Bei jeder Bekehrung gibt es einen eindeutigen Wechsel von der Finsternis zum Licht und vom Tod zum Leben. Dies steht genauso fest wie im Falle des Paulus. Und welch eine wunderbare Hoffnung bietet uns die Tatsache, dass die Wiedergeburt mit einem Mal erfolgt! Wir entrinnen der Sünde nicht erst dadurch, dass wir einen langen und weitschweifigen Prozess durchlaufen. Die Gnade bringt sofortige Freiheit für diejenigen mit sich, die sich in Knechtschaft befinden. Wer Jesus vertraut, wird auf der Stelle errettet. Warum solltet ihr dann im Tod bleiben? Wieso solltet ihr nicht aufblicken, um sogleich Leben und Licht zu gewinnen?

Paulus stellte seine Wiedergeburt durch seinen Glauben unter Beweis. Er glaubte zum ewigen Leben. Er sagt uns in seinen Briefen immer wieder, dass er durch Glauben und nicht aufgrund von Werken errettet wurde. So ist es auch bei jedem anderen Menschen: Wenn jemand überhaupt errettet wird, dann nur dadurch, dass er an den Herrn Jesus glaubt. Paulus sah seine eigenen Werke als absolut wertlos an, indem er sie als Verlust und Dreck bezeichnete, weil er Christus gewinnen wollte. Daher entsagt jeder Bekehrte den eigenen Werken, damit er allein durch Glauben errettet werden möge. Wer an Jesus Christus glaubt, erweist die Echtheit seiner Errettung – so wie sich anhand dessen, dass sich die Lungen mit Luft füllen und der Atem aus den Nasenlöchern kommt, zeigt, dass der Betreffende lebt. Der Glaube ist die Gnade, welche die Seele errettet. Wenn er jedoch fehlt, ist dies fatal. Inwieweit berührt dich diese Tatsache, lieber Freund? Hast du Glauben oder nicht?

Hinsichtlich der Errettung des Paulus gab es keinerlei Zweifel und Unklarheit. Man musste nicht fragen: »Ist dieser Mann jetzt ein Christ oder nicht?« Die Umgestaltung war nämlich leicht zu erkennen. Der Apostel Paulus würde sagen, dass er Saulus von Tarsus gegenüber tot sei, während Saulus von Tarsus mit den Zähnen geknirscht hätte, wenn ihm der Apostel Paulus begegnet wäre. Die Wandlung war für alle sichtbar, die ihn kannten – ganz gleich, ob sie ihnen gefiel oder nicht. Ihnen konnte nicht die bemerkenswerte Veränderung entgehen, welche die Gnade bewirkt hatte, denn sie war so groß wie der Unterschied zwischen Tag und Nacht. Das trifft auf die wahre Errettung eines jeden Menschen zu: Es gibt eine Veränderung, welche die Menschen seines Umfelds wahrnehmen müssen. Mache mir nicht weis, dass du als Kind zu Hause wohnen und Christ werden kannst, ohne dass dein Vater und deine Mutter einen Unterschied zu deinem früheren Leben bemerken! Sie werden ihn sehr wohl bemerken. Verhalte dich so, wie es sich für das Evangelium Christi gehört! Dann können Menschen erkennen, dass du ebenso wie der Apostel durch die Erneuerung deines Sinnes unverkennbar verändert worden bist.

Mögen wir uns alle wie Paulus der göttlichen Gnade unterwerfen: in unserem bisherigen Leben voll eigenen Geltungsstrebens aufgehalten, von der Herrlichkeit des himmlischen Lichts geblendet und von einer geheimnisvollen Stimme gerufen. Dabei wissen wir, dass wir bisher geistlich blind waren, es uns aber jetzt wie Schuppen von den Augen gefallen ist, sodass wir Jesus, unser Ein und Alles, sehen können. Mögen wir in unserem persönlichen Leben unter Beweis stellen, wie schnell das Bewusstsein eigener Schuld in die Bekehrung, die Bekehrung in das Bekenntnis und das Bekenntnis in die Bereitschaft zur Hingabe einmünden kann!

Paulus sagte: »Was auch immer mir Gewinn war, das habe ich um Christi willen für Verlust geachtet; ja, wirklich, ich halte auch alles für Verlust um der unübertrefflichen Größe der Erkenntnis Christi Jesu, meines Herrn, willen« (vgl. Philipper 3,7-8). Er verließ sich auf das, was Christus in seinem Tod und seiner Auferstehung getan hatte. Sogleich fand er Vergebung sowie ewiges Leben und wurde somit ein hingegebener Christ. Was meinst du dazu, lieber Freund? Lässt du dich bewegen, dem Beispiel des Paulus zu folgen? Veranlasst dich der Geist Gottes, dem Erretter des Paulus zu vertrauen, indem du jede andere Vertrauensgrundlage aufgibst und dich nur auf ihn verlässt? Wenn du dies tust, darfst du leben. Gibt es da vielleicht eine Hand, die dich zurückhalten will? Hörst du die Worte des Bösen, der dir zuflüstert: »Du bist ein zu großer Sünder«? Wende dich um und gebiete dem Feind, von dir zu weichen, denn diese Stelle bezichtigt ihn der Lüge. »… damit Jesus Christus an mir *als dem Ersten* die ganze Langmut beweise, zum Vorbild für die, welche an ihn (d. h. an seinen Namen) glauben werden.« Gott hat Paulus errettet. Weiche deshalb, o Satan! Der Herr kann jeden Menschen und damit auch mich erretten. Die Rettungsmacht Jesu Christi, des Nazoräers, ist groß, und auf ihn verlasse ich mich. Darin besteht das Evangelium. Wenn du es annehmen willst, dann ergreife es! Wenn aber nicht, dann liegt die Verantwortung nicht mehr bei mir, sondern bei dir. Ich erinnere dich daran, dass selbst das kostbare Evangelium – das Evangelium der Liebe und Gnade – dir dann in einem einzigen Satz entgegentritt: »Wer … ungläubig ist, wird verdammt werden« (vgl. Markus 16,16).

Lang genug hast du gerungen,
stets gebunden, stets beengt,
hast den Feind doch nicht bezwungen
und die Kette nicht gesprengt.

Kehre um zu dem Befreier,
dem Erlöser Jesus Christ;
denn bist ihm lieb und teuer,
komm zu ihm, so wie du bist!

Gott schenke es, dass du dich dieser mächtigen Liebe ergibst und Frieden in Christus Jesus findest!

Agrippa

»In Kurzem überredet«

»Agrippa aber sprach zu Paulus: In Kurzem überredest du mich, ein Christ zu werden« (Apostelgeschichte 26,28).

Trotz seiner Fesseln können wir Paulus dafür beneiden, dass er die Möglichkeit hatte, sich an Könige sowie andere Machthaber wenden zu können, und dass er zumindest einmal in seinem Leben vor dem Weltherrscher der damaligen Zeit, dem römischen Kaiser selbst, stand. Wer die Unwissenden in ihren hohen Positionen erreicht, vollbringt eine nicht zu unterschätzende Leistung im Dienst der Menschenliebe. Das Evangelium erklimmt selten die Höhen der Einflussreichen und Würdenträger. Ein großes Vorrecht genoss Edward VI., weil er einen Hofprediger wie Hugh Latimer hatte. Dieser sagte ihm die in Jesus zu findende Wahrheit ins Gesicht. Obwohl er dieses Privileg kaum schätzte, war auch Agrippa außerordentlich bevorrechtet, indem er in Gestalt des Apostels Paulus jemandem zuhörte, der sich wie kaum ein anderer so ernsthaft für das Evangelium Jesu einsetzte. Wir sollten viel mehr als bisher für hochstehende Persönlichkeiten beten, weil sie vielen gefährlichen Verführungen ausgesetzt sind und noch weniger gnadenreiche Gelegenheiten haben als die schwer niedergedrückten Armen. Angehörigen der Oberschicht sollte unsere Fürbitte daher insbesondere gelten, damit wir künftig weitaus häufiger erwarten können, dass hochrangige Politiker ein Gott hingegebenes Leben führen.

Sollte ein Verkündiger gerufen werden, vor Regierenden oder sonstigen Machthabern zu reden, könnte er sich nach keinem besseren Vorbild richten als nach dem Apostel Paulus, den wir zu Recht als König der Prediger und als Prediger vor Königen bezeichnen dürfen. Seine Rede ist außerordentlich eindringlich und dennoch über alle Maßen verbindlich. Sie ist machterfüllt in der Sache, aber taktvoll im Ton. Paulus redet freimütig, aber zugleich bemerkenswert dezent. In seiner Rede findet sich keinerlei Duckmäusertum, aber auch keine Unverschämtheit. Der Apostel redet viel über sich, denn dies ist für seine Argumentation erforderlich. Dennoch spricht er weder zu seinen Gunsten noch als einer, der sich selbst lobt. Wäre menschliche Überredungskunst imstande gewesen, Agrippa zur Glaubensentscheidung zu führen, dann hätte diese Rede des Gefangenen des Herrn höchstwahrscheinlich Erfolg gehabt. Die Beweisführung war auf die Vorurteile und den Geschmack Agrippas derart zugeschnitten, dass sie als weiteres Beispiel dafür gilt, wie gut es Paulus gelang, »allen alles« (vgl. 1. Korinther 9,22) zu werden.

Nun bitte ich euch, mit mir ein wenig darüber nachzudenken, worin *das große Ziel der Überzeugungskraft des Dieners Gottes besteht.*

Agrippa sagte: »In Kurzem überredest du mich, ein Christ zu werden.« Ich erinnere mich an keine einzige, auf dieser Stelle beruhende Predigt, die den Worten, so wie sie dastehen, gerecht geworden ist. Alle diesbezüglichen Verkündigungen beinhalten Abhandlungen darüber, wie es ist, beinahe Christ zu sein. Dies hat – die ehrwürdigen Theologen mögen mir verzeihen – nichts mit dem Text zu tun. Der Apostel überredete nämlich Agrippa keinesfalls, ein »Beinahe-Christ« zu sein, sondern konnte ihn vielmehr fast überreden, ein ganzer Christ zu sein. Agrippa war gewiss nie ein »Beinahe-Christ«: Sein Leben und Wesen ließen eine Gesinnung erkennen, die von diesem Zustand weit entfernt war. Er glich nicht dem jungen Mann im Evangelium, auf den sich der Name »Beinahe-Christ« weitaus besser anwenden lässt. Allerdings stelle ich ernsthaft infrage, ob dieser Begriff überhaupt angebracht ist. Ein Mensch kann fast ein Calvinist sein und daher die meisten der Gnadenlehren vertreten. Ein anderer jedoch, der bei einer bestimmten Gelegenheit fast überredet worden ist, Calvinist zu sein, kann in Wirklichkeit ein hundertprozentiger Arminianer sein.[72] Ein Mensch, der fast ein Künstler ist, kennt sich in der Malerei halbwegs aus, doch derjenige, der fast überredet worden ist, Künstler zu sein, weiß vielleicht nicht einmal, wie die Farben heißen. Nun zielte aber die Predigt des Paulus nach Agrippas Bekenntnis hauptsächlich darauf ab, ihn zu überzeugen, Christ zu werden. Dabei bekennt der Apostel selbst in seinem abschließenden Satz, dass genau darin sein Ziel bestehe: »Ich möchte zu Gott beten, dass über kurz oder lang nicht allein du, son-

72 Spurgeon spielt hier auf die Tatsache an, dass Calvinisten besonders stark die göttliche Souveränität bei der Erwählung von Menschen betonen, während Arminianer stärker die menschliche Entscheidungsfreiheit hervorheben.

dern auch alle, die mich heute hören, solche werden, wie auch ich bin« (vgl. Apostelgeschichte 26,29). In diesem von Wohlwollen geprägten Schlusswort ließ er seinen Herzenswunsch erkennen: Ihm ging es nicht um das Freikommen aus seiner Gefangenschaft, sondern darum, dass die Seelen seiner Zuhörer aus der Knechtschaft der Sünde befreit wurden.

Wenn ein Diener am Evangelium predigt, sollte er immer darauf abzielen, Seelen zu gewinnen. Wir sollten nie danach streben, dass uns die Zuhörer aufgrund der Vortrefflichkeit unserer Rede bewundern. Ich habe innerlich unzählige Male die Redekunst verflucht und gedacht, wie schön es wäre, wenn man die Fähigkeit, ausgefeilte Vorträge zu halten, nie ersonnen oder wenn sie zumindest nie das Heiligtum Gottes entweiht hätte. So oft habe ich mir nämlich erstaunt eine Rede mit sorgfältig zurechtgelegten Worten und geschickt angeordneten Sätzen angehört. Dann ist mir zumute gewesen, als müsste ich bitterlich darüber weinen, dass die Zeit des sonntäglichen Gottesdienstes damit verschwendet wird, wortreicher Rhetorik zuzuhören. Was stattdessen gebraucht würde, sind Verkündiger, die mit einfachen Worten Menschen zu Herz und Gewissen reden und sie eindringlich bitten. Hochtrabende Worte und schwülstige Sätze sprechen den geistlichen Bedürfnissen des Menschen Hohn. Wenn jemand seine Redekunst unter Beweis stellen will, sollte er Jura studieren oder Parlamentsmitglied werden. Er darf aber nicht das Kreuz Christi zu einem Aufhänger für die schäbigen Lumpen seiner Rhetorik verkommen lassen. Das Kreuz wird nur dann in der rechten Weise aufgerichtet, wenn wir sagen können: »… nicht in überredenden Worten der Weisheit, sondern in Erweisung des Geistes und der Kraft« (vgl. 1. Korinther 2,4). Jeder Verkündiger sollte imstande sein, mit Paulus zu sagen: »Da wir nun eine solche Hoffnung haben, so gehen wir mit großer Geradheit der Rede vor:«[73] Nein, mögen wir dieses eine Ziel im Blick behalten – die Absicht nämlich, euch davon zu überzeugen, Christen zu werden.

Der Apostel hätte sich auch nicht damit zufriedengegeben, wenn er imstande gewesen wäre, Agrippa zu überreden, die Bezeichnung »Christ« anzunehmen oder sich als Christ taufen zu lassen. Sein Ziel

73 Vgl. 2. Korinther 3,12. Da keine der vorliegenden deutschen Bibelübersetzungen den Begriff *plainness of speech* so wie hier wiedergibt, ist an dieser Stelle eine wörtliche Übersetzung gewählt worden.

bestand darin, Agrippa tatsächlich und wahrhaftig zum christlichen Glauben zu führen. Scheinen ist nichts, aber Sein ist alles. Ich gebe zu, dass der Apostel ungemein froh darüber gewesen wäre, wenn er Agrippa als erklärten Christen gesehen hätte. Doch der Apostel war nicht bestrebt, irreführende Titel zu verleihen. Er wollte nicht, dass sich Namenschristentum herausbildet. Sein oder Nichtsein, das war seine große Frage[74], während Namen und Riten zweitrangige Fragen waren. Es wäre kein Fingerschnippen wert, ein Volk so zu christianisieren, wie es der eifernde Franz Xaver[75] getan hat, indem er heidnischen Konvertiten sogenanntes »heiliges Wasser« auf die Stirn sprengte. Es würde sich kaum lohnen, aus dem Bett aufzustehen, sollte man einen erklärten Sohn Belials dazu überreden, das Mäntelchen eines religiösen Bekenntnisses anzulegen, damit er weiterhin geschickt verborgen den eigenen Lastern frönen kann. Nein, die Überzeugungskraft des Apostels zielt darauf ab, dass Agrippa tatsächlich und wahrhaftig Christ wurde. Somit sollten wir darauf hinwirken, Bekehrte zu gewinnen. Dabei ist es fast bedeutungslos, ob wir z. B. auf bestimmte äußere Formen und auf Kleiderordnungen Wert legen und welche Ausdrucksweise wir verwenden. Ob sich die Betreffenden unserer Denomination anschließen, ist fast genauso unbedeutend. Die entscheidende Frage ist vielmehr, ob sie Jesus als Heiland der Menschen wahrhaftig annehmen. »Alles Wirken und Bemühen« muss letztlich darauf hinauslaufen, Menschen zu bewegen, Christen zu werden.

Der Apostel hat offenbar nicht beabsichtigt, auf seinen Zuhörer nur dahin gehend einzuwirken, dass aus ihm ein Mensch wird, der ins Selbstgericht geht, emotional erbebt oder vor Leidenschaft ins Schwärmen gerät. Steckt nicht manchmal Selbstzweck dahinter, wenn die Verkündigung christlicher Mitarbeiter offensichtlich darauf abzielt, die Zuhörer zum Weinen zu bringen? Bestattungsriten werden herausgekehrt, längst vergangene Dinge ans Licht geholt, wehmütige Erinnerungen wachgerufen und kaum verheilte Wunden rücksichtslos aufgerissen. Und dabei soll diese Verletzung natürlicher Empfindungen ein Vorgang sein, der in besonderer Weise zur Bekehrung beiträgt. Ich gebe nichts auf solche Appelle. Wenn

74 Damit spielt Spurgeon auf ein Zitat aus der Tragödie Hamlet von William Shakespeare an.

75 (1506-1552), aus Spanien stammender Mitbegründer des Jesuitenordens und Asienmissionar, der u. a. in Indien, China, auf den Inseln des Malaiischen Archipels und in Japan wirkte.

Menschen Tränen vergießen sollten, dann nicht wegen der Trauer um irgendwelche Verstorbenen. Vielmehr bitte ich meine Zuhörer darum, sich in ihren Herzen mit weitaus wichtigeren Dingen zu beschäftigen, als den Abgeschiedenen Kränze der Erinnerung zu winden. Es hätte sich angeboten, die Todesfälle in der Herodierfamilie (vgl. z. B. Apostelgeschichte 12,23) in einen bewegenden Appell an Agrippa einzuarbeiten. Doch Paulus' wahre Mannhaftigkeit zeigte sich darin, nicht wie sentimental veranlagte Verkündiger auf die Tränendrüsen zu drücken. Auch weckte der Apostel bei Agrippa keine patriotischen Gefühle, indem er die glorreichen Taten jüdischer Männer längst vergangener Zeiten im Kampf mit feindlichen Mächten darstellte. Vielmehr wirkte der Apostel in aller Einfachheit auf ein einziges Ziel hin: Er wollte den König hinsichtlich der Umgestaltung seines Herzens ins Selbstgericht führen, damit seine Leidenschaften von der Kraft des Heiligen Geistes durchdrungen werden, sodass er ein neuer Mensch wird. Damit – und nur damit – würde sich der Apostel als Verkündiger zufriedengeben. Sein Zuhörer sollte Christ und damit auch Paulus, dem Knecht des Herrn, ähnlich werden: Er sollte sich auf Christi Gerechtigkeit stützen und zu Christi Ehre leben.

Nun ist es natürlich gut, dass der Verkündiger weiß, woran er ist. Genauso gut ist es, dass die Zuhörer wissen, welches Ziel der Verkündiger im Blick auf ihr Verhalten oder ihre Stellung verfolgt. Ach, hoffentlich entspricht mein Herzenswunsch genau dem Grundsatz des Apostels! Meine Sehnsucht besteht darin, dass jeder von euch Christ werden möge. Eure Weitherzigkeit mag überschwänglich sein. Eure sittlichen Grundsätze mögen sich als einwandfrei erweisen. Die Zahl der in euren Gottesdiensten Zusammenkommenden mag nie zurückgehen. Euer Feuereifer mag nie abflauen. Wenn ihr jedoch durch die Wiedergeburt und die Kraft des Heiligen Geistes nicht ganz und gar Christen werdet, habe ich in meinem Dienst erbärmlich versagt – was auch immer meine Verkündigung sonst bewirken mag. Es ist ein Versagen, das mich außerordentlich schmerzt und unter euch Verwirrung stiftet. O möge Gott es schenken, dass sich viele unter den hier Versammelten vollkommen und sogleich überzeugen lassen, Christen zu werden, denn nur damit werde ich mich zufriedengeben.

Wenn man den Ausdruck »Christ« definieren will, dann findet man eine entsprechende Begriffsbestimmung des Apostels in

Kap. 26,18 – in jenem Kapitel also, woraus unsere Predigtstelle entnommen ist. Er beschreibt den wahren Christen hier auf fünffache Weise. Ein Christ ist ein Mensch, dessen Augen geöffnet worden sind und der von der Finsternis zum Licht geführt worden ist. Dies bedeutet, dass er die Wahrheit Gottes kennt und sie ganz anders wahrnimmt als in der Vergangenheit. Was irgend er damals als Wahrheit erkannte, unterschied sich davon völlig. Er sieht seine Sünden und spürt ihre Abscheulichkeit. Er kennt den Heilsplan und freut sich über seine Allgenügsamkeit. Seine Erkenntnis ist weder eine oberflächliche noch eine rein intellektuelle Angelegenheit, sondern hat vielmehr Tiefgang und ist eine Herzenssache. Er kennt jetzt wahrhaftig das, was er zuvor nur theoretisch kannte. Erkenntnis ist für einen Christen von entscheidender Bedeutung. Der Katholizismus, der das Licht scheut, mag sich an seiner eigenen Unwissenheit begeistern, doch der wahre christliche Glaube betet fortwährend um Erleuchtung. »Der HERR ist mein Licht und mein Heil« (vgl. Psalm 27,1): Zuerst trifft uns das Licht, dann empfangen wir das Heil. Mögt ihr alle geöffnete Augen haben – ein Sachverhalt, den der Geist zuerst schenkt. Doch danach kommt der Christ zur Bekehrung: »… dass sie sich bekehren von der Finsternis zum Licht und von der Macht des Satans zu Gott.« Der Christ wird von der Tyrannei des Bösen befreit. Nichts hindert ihn mehr daran, nach Heiligkeit zu streben und sich über die Gebote Gottes zu freuen. Er ist Bürger einer neuen Welt und hat sich von seinen früheren Zuneigungen und Begierden abgewandt. Er ist zum Mitbürger einer Stadt gemacht worden, die er vorher nicht kannte. Er muss nicht mehr dem Fleisch und seinen Lüsten dienen, weil er die Gesetze des Herrn befolgt und dieser ihn regiert. Drittens hat er Sündenvergebung empfangen. Weil ihm aufgrund des kostbaren Blutes Christi vergeben worden ist, freut er sich über den umfassenden Sündenerlass. Der Glaube hat ihn unters Kreuz geführt und zu einem Born gebracht, aus dem heiliges Blut quillt. Der Heilige Geist hat die Sühnung erwirkt; sein Gewissen ist rein. Ihm ist die Erlösung, nämlich die Vergebung der Sünden, zuteilgeworden. Der nächste und wirklich entscheidende Punkt hinsichtlich eines Christen ist der Glaube: »… durch den Glauben an mich«, sagt der Herr – Glauben an den gekreuzigten und auferstandenen Heiland. Auf diesem Urgrund beruhen alle andere Merkmale des wahren Christen. Erneut gilt: Der Christ ist ein Mensch, der geheiligt – d. h. beiseitegesetzt und abgesondert – ist, ein von Gott in Beschlag genommener, die Sünde hassender Mensch. Er liebt die Gebote Gottes und sieht es als eine Freude an, ihnen zu gehorchen. Solch einem Menschen ist das Heil zugeeignet worden. Er hat bereits Anteil am Erbe der Heiligen, während er sich auf dem Weg zu jenem glückseligen Ort befindet, wo sein Erbe vollends Wirklichkeit werden wird.

Betrachten wir zweitens, wie Paulus *als Apostel* seine Zuhörer überzeugen will. Lesen wir sorgfältig die Ausführungen seiner Predigt, wie sie in dem uns vorliegenden Kapitel wiedergegeben werden. Inwiefern war er bemüht, den König zu überzeugen? Meine Antwort lautet: Es ist beachtenswert, dass sich Paulus fortwährend auf die Schrift bezog. Es geht nicht darum, dass er eine oder mehrere Schriftstellen zitierte, sondern darum, dass er von Anfang bis Ende darauf bestand, lediglich das zu verkündigen, was Mose und die Propheten geschrieben haben. Außerdem redete er nur von dem, worauf die zwölf Stämme warteten. Dies sollte im Blick auf euch stets ein schlagkräftiges Argument sein. Obwohl ihr euch noch nicht bekehrt habt und euch noch nicht habt überzeugen lassen, Christen zu werden, glaubt ihr, dass die Bibel wahr ist. Von Kindheit an habt ihr mit Ehrfurcht dieses Buch als göttlich inspiriert angenommen. Wenn es aber von Gott eingegeben ist, dann ist es für euch in höchstem Maße weise, Jünger Christi zu sein. Da ihr nicht wagt, die Bibel zu verwerfen – so weit habt ihr es noch nicht kommen lassen –, frage ich euch: Ist es logisch und vernünftig, dass ihr seinen von höchster Ebene kommenden Verhaltensanweisungen gegenüber ungehorsam seid? Wie könnt ihr eure Wertschätzung für die Bibel guten Gewissens und bei vollem Verstand mit diesem Ungehorsam vereinbaren? In diesem Buch steht geschrieben, dass wir hinsichtlich unserer ewigen Hoffnung außer in Christus Jesus keinerlei Grund legen können. Dennoch habt ihr noch nicht auf diesem Grund gebaut! Dieses Buch bezeugt, dass diejenigen, die den Herrn Jesus und die durch ihn erwirkte Sühnung verwerfen, ohne Gnade umkommen werden. Seid ihr darauf eingestellt, so umzukommen? Dieses Buch bittet euch ebenso nachdrücklich, euch auf das Opferwerk Christi zu gründen, wobei es euch Heilsgewissheit verheißt, wenn ihr entsprechend handelt. Wollt ihr eine so große Gabe zurückweisen? Wenn ihr nicht der Bibel glaubt, kann kein daraus abgeleitetes Argument irgendetwas bei euch bewirken. Daher unterließ es der Apostel, vor den Philosophen auf dem Areshügel aus der

Schrift zu zitieren. Aber wenn ihr die Schrift wie Agrippa als Gottes Wort annehmt, sollte die auf diesem Wort beruhende Form apostolischer Beweisführung nicht nur eure Urteilskraft stärken, sondern auch eure Herzen überzeugen. Dies könnte sie durchaus bewirken, wenn es nicht etwas völlig Verkehrtes in euren Herzen gäbe – etwas, worüber ihr Buße tun müsst und das durch die Kraft des Heiligen Geistes Gottes beseitigt werden muss.

Beachten wir als Nächstes, dass der Apostel Agrippa vor allem deshalb so beeindrucken konnte, weil er persönlich Zeugnis davon ablegte, was die Macht der Gnade an seiner Seele getan hatte. Wir müssen die Bekehrungsgeschichte des Paulus auf dem Weg nach Damaskus nicht wiederholen, indem wir das helle Licht, die Stimme aus dem Himmel und den Sünder erwähnen, der sich als Bekehrter erhob, um sich aufzumachen, anderen Menschen Jesus und seine Gnade bezeugen. Das persönliche Zeugnis sollte gegenüber anderen Menschen stets Gewicht haben. Wenn ihr mich von der Aufrichtigkeit eines Menschen überzeugen wollt, dann wie folgt: Er muss Tatsachen bezeugen können, die ihm persönlich bewusst geworden sind und die er nicht nur vom Hörensagen aufgeschnappt hat – Dinge, die er angerührt und betastet hat. Ist dies der Fall, muss ich ihm glauben. Insbesondere dann, wenn sein Zeugnis von anderen bestätigt wird, wage ich nicht, es infrage zu stellen, weil das ungerechtfertigt wäre. Ein großer Teil der Verkündigung jedes christlichen Mitarbeiters sollte darin bestehen, dass er persönlich Zeugnis von dem ablegt, was Christus für ihn getan hat. Ich sage nichts als die Wahrheit; mein Gewissen bezeugt, dass ich nicht lüge, wenn ich erkläre: Als ich Jesus Christus vertraute, wurde ich so radikal umgestaltet, dass ich kaum noch mein früheres Ich kenne. Dadurch konnte ich mein Trauergewand ablegen und mich mit einem Freudenkleid gürten. Bedeckte früher die Asche der Betrübnis mein Haupt, so bin ich nun mit dem Freudenöl gesalbt. Überdies steht mein Zeugnis nicht allein da. Vielmehr gibt es Hunderte und Tausende, die immer wieder und vorbehaltlos bezeugen, dass der Glaube an Christus ihnen Segen und Heil brachte. Solch ein Zeugnis sollte bei euch ins Gewicht fallen. Es würde euch überzeugen, wenn ihr euch nicht so sehr der Wahrheit des Herrn verschließen und die Sünde nicht so lieben würdet. O dass doch Menschen weise wären und sich nicht wider besseres Wissen zu ihrem eigenen Schaden dem Ratschluss Gottes widersetzen würden!

Nach dieser aus zwei Sachverhalten bestehenden Beweisführung legte der Apostel die Tatsachen des Evangeliums eindeutig dar. Beachten wir, wie er kostbare Wahrheiten zusammenträgt und sie gleichsam in komprimierter Form in V. 23 auf den Punkt bringt: »… dass der Christus leiden sollte, dass er als Erster durch Totenauferstehung Licht verkündigen sollte, sowohl dem Volk als auch den Nationen.« Als er gerade diese Zusammenfassung biblischer Theologie beenden wollte, wurde er von Festus unterbrochen. In diesem Vers findet man die meisten der großen Evangeliumswahrheiten. So kann man Menschen mit klaren Worten am besten davon überzeugen – soweit menschliche Mitwirkung dazu imstande ist –, dass Gott in Christus Jesus Menschengestalt annahm, dass der menschgewordene Gott die Sünden der Gläubigen trug und dass er anstelle der Menschen gelitten hat, sodass der Gerechtigkeit Genüge getan werden konnte. Jesus ist wiederauferstanden und in den Himmel aufgefahren, um als Fürsprecher der Gläubigen vor dem Thron Gottes zu erscheinen. Diese freie und umfassende Vergebung wird jetzt jedem Sünder verkündigt, der einfach herzukommt und auf das Kreuzeswerk Jesu vertraut. Selbst wenn eine Beweisführung fehlt, wird das Evangelium dort, wo es eindeutig weitergegeben wird, nach dem Willen Gottes häufig Menschen überzeugen, denn es erklärt sich auf solch wunderbare Weise selbst – ja, es würde Menschen allerorts überzeugen, wenn das menschliche Herz nicht härter als der untere Mühlstein[76] und der Verstand der natürlichen Menschen nicht genauso taub wäre wie eine Schlange für die Künste auch des erfahrensten Beschwörers.[77]

Der Apostel beendete seine Verkündigung erst, als er einen eindringlichen Appell an Agrippa gerichtet hatte. »Glaubst du, König Agrippa«, sagte er (etwa in der Art Nathans, als dieser sagte: »*Du* bist der Mann!« [vgl. 2. Samuel 12,7]), »den Propheten? Ich weiß, dass du glaubst« (vgl. Apostelgeschichte 26,27). Er sah ihn durch und durch und konnte seine Herzensregungen erkennen. Um aber diesem Blick zu entgehen, verlegte sich der König plötzlich auf Komplimente. Und um die unangenehme Wahrheit nicht unmittel-

---

76 Diese Formulierung (vgl. Hiob 41,16) will hier und im Folgenden ausdrücken, dass das Herz unvorstellbar hart ist (der untere Mühlstein war stets härter als der obere).

77 Dabei muss man beachten, dass Schlangen aufgrund ihrer Taubheit nicht durch die Flötentöne des Beschwörers, sondern durch einige raffinierte Tricks dazu gebracht werden, den Anschein zu erwecken, zu der Musik der Flöte zu »tanzen«; vgl. auch Psalm 58,5-6.

bar auf sich anwenden zu müssen, wechselte er das Thema, indem er innerlich die Flucht ergriff. O, aber so sollten wir predigen! Wir dürfen nicht nur von der Schrift her argumentieren, unsere Erfahrungen weitergeben und die Wahrheit des Evangeliums eindeutig darlegen, sondern wir müssen den Kampf auch in das Herz der Zuhörer hineintragen. Der Diener Christi muss wissen, wie er die Sturmleiter einsetzt, wie er sie an der Mauer des Gewissens anlegt und mit dem Schwert in der Hand ersteigt, um dem Betreffenden in heiliger Konfrontation gegenübertreten zu können, damit dessen Herz für Christus gewonnen wird. Er darf nicht davor zurückschrecken, die ihm bekannten Missstände darzulegen oder sich mit den von ihm wahrgenommenen Irrtümern zu befassen. Der Verkündiger muss sich durch eine hingegebene Selbstverleugnung auszeichnen, sodass es ihm nichts ausmacht, wenn er sich gar den Zorn seiner Zuhörer zuziehen sollte. Auf einen Sachverhalt muss er abzielen – nämlich darauf, dass er sie überzeugen kann, Christen zu werden. Dazu muss er genau ins Herz der Zuhörer treffen, indem er sich gleichsam dem geistlichen Nahkampf stellt. Dann kann es durch Gottes Gnade vielleicht dazu kommen, dass es den Betreffenden durchs Herz dringt, ihre Feindschaft überwunden wird und sie sich von Jesus in Beschlag nehmen lassen.

Betrachten wir drittens, *welchen Anklang eine solche Überzeugungskraft fand*. Inwieweit hatte Paulus Erfolg?

Wir können kaum damit rechnen, größere Durchbrüche zu erleben als er, denn wir besitzen weder seine Fähigkeit noch seine apostolische Vollmacht. Beachten wir nun, dass er bei Festus, einem rauen römischen Berufssoldaten, nicht durchdrang. Dieser war ein charakterlich halbwegs annehmbarer Amtsträger, einer der angesehensten römischen Statthalter, die Judäa beherrschten (eine aufs Ganze gesehen korrupte Clique). Festus war ein Verwaltungsbeamter, dessen Justiz hart und rasch durchgriff. Laut Josephus verstand er es sehr gut, Aufständische zur Strecke zu bringen. Im Allgemeinen war er ein cleverer, energischer, selbstbewusster, aber strenger Regent der ihm anvertrauten Provinz. Er verkörperte den Typus eines jener nüchternen, geschäftstüchtigen Leute, die ganz Menschen der Praxis und äußerst korrekt sind sowie stets tatsachenorientiert handeln. Aus ihrer Sicht sollte man aber keine Gedanken an irgendwelche Gefühlsregungen oder an etwas verschwenden, das mit abstrakter Wahrheit zu tun hat. »Du bist von Sinnen«, so fällt Festus dem Paulus ins Wort. Und als ob er auf Agrippas Gesicht eine gewisse Sympathie für diesen gefangenen Juden bemerkt hätte, schwächt er um des Königs willen seine ziemlich schroffe Bemerkung ab, indem er hinzufügt: »Die große Gelehrsamkeit bringt dich zum Wahnsinn.« Der kampferprobte Offizier zeichnete sich weder selbst durch große Gelehrsamkeit aus, noch lag ihm viel daran. Vielmehr empfand er es als lästig, sich mit jüdischen Spitzfindigkeiten herumplagen zu müssen. Diese betrafen Riten, Dogmen und Fragen hinsichtlich eines gewissen Jesus, der gestorben war, von dem Paulus aber sagte, dass er lebe (vgl. Apostelgeschichte 25,19). Er warf solche »Spekulationen« allesamt über Bord, indem er sich sagte: »Menschen, die solchen fantastischen Spekulationen Bedeutung beimessen, müssen ganz gewiss verrückt oder schwachsinnig sein.« Wo immer das Evangelium verkündigt wird, gibt es derartige Leute. Sie meinen: »Auf alle Fälle muss eines gelten – Toleranz. Wenn bestimmte Menschen dieses oder jenes glauben wollen, nun gut, dann sollen sie es tun. Natürlich scheren wir uns als Männer von Welt bekanntlich keinen Deut um solche Fragen. Wir sind viel zu intelligent, als dass wir uns auf irgendeine Glaubensrichtung festlegen würden. Wir kümmern uns lieber um praktische und um vernünftige Angelegenheiten.« Geht es darum, die Ansprüche der Wahrheit zu überprüfen, darum, das göttlich Geoffenbarte zu erfragen, und darum, sich dem oft mühevollen Studieren zu widmen? Nein, niemals! Fragen der Ewigkeit sind nach Ansicht dieser Leute (so klug sie auch sind) Spitzfindigkeiten. Die Zeit ist alles, die Ewigkeit nichts! Dieses vergängliche Leben ist alles, während das ewige Leben eine Vorstellung umfasst, worüber man nur die Nase rümpfen kann! Wenn aber solche Leute dem Verkündiger heutzutage Kummer bereiten, braucht er sich nicht wundern, dass sich schon Paulus zu seiner Zeit mit ihnen herumplagen musste.

Wenden wir uns nun wieder dem jungen Sprössling aus dem Geschlecht der Herodier – einem ganz andersgearteten Mann – zu. Er hörte aufmerksam zu. Schon immer hatte er sich für religiöse Fragen interessiert. Er entstammte einer Dynastie, deren Angehörige trotz all ihrer entsetzlichen Laster vor dem prophetischen Wort und der Schrift gezittert hatten. Wie der Herodes, der Johannes gern hörte, vernahm er mit großer Aufmerksamkeit und großem Interesse Paulus´ Worte. Während er die Argumente in seinen Gedanken abwog, spürte er, dass eine ganze Menge für die paulinische Sicht der Dinge sprach. Er wusste nicht einmal zur Hälfte, dass Paulus vielleicht doch recht hatte. Dennoch hatte er seine Vorbehalte (»Ja, aber«). Ihm war der Gedanke unangenehm, dass der vor ihm stehende Gefangene besser informiert war als er oder dass eine solch ernste Lehre von ihm Gehorsam verlangte. Daher reagierte er auf die Rede mit einer Bemerkung, die Paulus gefallen sollte, und ging dann seines Weges. O diese Agrippas! Fast wäre es mir lieber, mich Festus zuzuwenden, denn ich weiß, worauf er hinauswill, sodass ich mich darauf einstellen kann. Doch dieser Agrippa verstellt sich völlig. Er gleicht einer schönen Blüte, die sich nie öffnet und daher nie Frucht bringt. Er ist nur fast überzeugt. Uns wird gesagt, dass er in Ordnung und der Botschaft zugeneigt ist. Vielleicht ist dies der Fall, doch da er sich nur beinahe und nicht ganz überzeugen lässt, ist er kein Christ.

Ich frage mich, ob unter den versammelten Anwesenden nicht auch eine dritte Art von Zuhörern des Paulus gewesen ist. Hoffentlich war es so, denn es waren nicht nur Festus, Berenike und Agrippa, sondern zweifellos auch viele der Bediensteten und gemäß dem Wortlaut von Kap. 25,23 ebenso die Obersten und vornehmsten Männer der Stadt zugegen. Paulus drang bei Festus nicht durch und war von Agrippa enttäuscht. Aber obwohl es uns nicht gesagt wird, saß unter den Zuhörern irgendwo in den hinteren Reihen möglicherweise ein Hauptmann, ein einfacher Soldat oder ein jüdischer Vorsteher, dessen Inneres vom milden Tau göttlicher Wahrheit durchtränkt wurde und dessen Herz ihn aufnahm, wie das Weltmeer den Regen vom Himmel aufnimmt. Gewiss ging keiner von Paulus weg, ohne ein Zeugnis gehört zu haben; der Samen, den er auf die Wasserfläche geworfen hatte, wurde wiedergefunden. Sicher, er kam aus seiner Gefängniszelle, um bei dieser Gelegenheit zu predigen und unter vielen Tränen den kostbaren Samen hinauszutragen. Dennoch freut er sich im Himmel zweifellos über eine reiche Ernte, die aus dem Samen der Verkündigung an diesem Tag erwachsen ist. Gott sei gepriesen dafür, dass unsere Mühe im Herrn nicht vergeblich ist.

Wir wollen jetzt viertens fragen, *warum der halb überzeugte Zuhörer nur ein beinahe Überredeter war.*

Seht euch nochmals Agrippa an. Richtet eure Aufmerksamkeit ganz auf ihn, denn einige unter euch werden durch ihn in vielen Merkmalen dargestellt. Die Argumente, die Paulus aus der Schrift und seiner persönlichen Erfahrung ableitete, waren in jeder Beziehung überzeugend, während die Art seiner Beweisführung außerordentlich eindringlich war. Wenn daher Agrippa letztlich nicht ganz überzeugt wurde, lag es nicht am Thema oder Stil des Verkündigers. Nichts konnte in jedem Fall überzeugender sein als die Predigt des Paulus. Woran lag es demnach? Dazu muss ich mich in den Gerichtssaal begeben, mich umsehen und mich fragen: »Worin besteht der Grund dafür, dass Agrippa nicht überzeugt worden ist? Wenn die Argumentation mir plausibel zu sein scheint, warum nicht ihm?« Während ich mich umsehe, bemerke ich zur Rechten Agrippas eine illustre Person, die Agrippa entscheidend daran hinderte, sich überzeugen zu lassen. Dort sah nämlich Berenike, über die zur Zeit des Josephus äußerst abstoßende Geschichten im Umlauf waren. Sie war Agrippas Schwester und wurde beschuldigt, in einer blutschänderischen Verbindung mit ihm gelebt zu haben. Wenn dem so war, wundere ich mich angesichts einer solchen Frau zur Rechten Agrippas nicht, dass Paulus' Argumente ihn nicht vollends überzeugten. Der Grund dafür, dass sich Sünder nicht überzeugen lassen, liegt in 99 Prozent der Fälle in ihrer Sünde – in ihrer Liebe zur Sünde! Sie erkennen wohl, aber weigern sich, Konsequenzen zu ziehen, denn wenn sie richtig erkennen würden, müssten sie dieses rechte Auge der Sünde ausreißen und jenen rechten Arm der Begierde abhauen, und das darf nicht sein. Die meisten der evangeliumsfeindlichen Argumente entstehen im Schmutz eines verkommenen Lebens. Angenommen, es stimmt, dass Agrippa in einer solch erniedrigenden Sünde lebte. Dann verwundert es nicht, dass Paulus ihn beinahe, aber nicht ganz überzeugen konnte, als er in einer solchen Klarheit und Wahrheit argumentierte.

Selbst wenn die gegen Berenike hinsichtlich ihres Verhältnisses zu ihrem Bruder erhobenen Vorwürfe nicht ganz zutreffen sollten, war sie dennoch ohne jeden Zweifel eine schamlose Frau. Sie war zuvor in zweiter Ehe mit Herodes, ihrem eigenen Onkel (d. h. mit Herodes von Chalkis), verheiratet gewesen, hatte also bereits damals in Blutschande gelebt. Nach dessen Tod war auch ihre dritte Ehe aufgrund ihrer Untreue von kurzer Dauer. Nun bewies die Tatsache, dass Agrippa öffentlich und mit großem Pomp zusammen mit ihr erschien, zumindest, dass er sich in schlechter Gesellschaft befand. Dadurch wird völlig hinreichend der Tatbestand erklärt, dass er sich nie ganz überzeugen ließ, Christ zu werden. Schlechte

Gesellschaft stellt eines der großen Netze Satans dar, worin er seine Vögel gefangen hält, bis der Zeitpunkt kommt, da sie ins Verderben gerissen werden. Wie viele würden diesem Netz gern entkommen, doch sie fürchten sich vor den Menschen ihres Umfelds, die sie als gute Freunde ansehen und deren Gesellschaft sie nicht missen wollen, weil sie sonst nicht fröhlich sein können! O ihr wisst, wovon ich rede – zumindest einige von euch. Ihr Agrippas, eure Berenike wird euch geradewegs in die Hölle hinabführen. Doch wenn zur Rechten Agrippas Berenike steht, kommt auch sie ihrerseits nicht von Agrippa los, sodass sich Männer und Frauen gegenseitig zugrunde richten.

Nun, da ich im Gerichtssaal stehe, schaue ich mich erneut um. Dabei bemerke ich, dass sich Agrippa offenbar auch von Festus leicht beeinflussen lässt. Der raue Festus mag dem sanfteren Agrippa überlegen gewesen sein. Wenn Festus daher spottete und Paulus als verrückt bezeichnete, dann musste Agrippa eben nicht so weit gehen, sich überzeugen zu lassen. Sicher konnte er seine Sachkenntnis in Fragen des jüdischen Glaubens dadurch unter Beweis stellen, dass er sich positiv zum Fall Paulus äußerte. Dies hätte Festus ein wenig in die Schranken weisen können. Doch wie hätte er anschließend mit dem Statthalter tafeln können, wenn er sich ganz überzeugen ließ? Was würde Festus sagen? »Zwei Wahnsinnige! Hat Agrippa ebenfalls den Verstand verloren?« Der König hätte den Sarkasmus, den er voraussah, nicht ruhig hinnehmen können. Obwohl er Spötteleien so mancher Leute hätte ertragen können, war Festus ein durchtriebener und vernunftorientierter Mann und ein so exponierter Regent, dass ihn dessen Spott ins Mark getroffen hätte. Wie viele werden durch Menschenfurcht beeinflusst! O ihr Feiglinge, wollt ihr aufgrund dieser Furcht in die Verdammnis gehen? Wollt ihr lieber eure Seele verlorengehen lassen, als eure Mannhaftigkeit dadurch zu zeigen, dass ihr einem bedauernswerten Mitmenschen sagt, ihr würdet seinem Spott trotzen? Wagt ihr nicht, euch an das Rechte zu halten, auch wenn alle anderen Menschen ringsumher euch aufrufen sollten, das Verkehrte zu tun? Seid doch nicht furchtsam und erbittet Gottes Gnade, damit sie euch hilft, das Rechte zu tun, sobald ihr überzeugt seid – mag Festus auch spotten, wie er will.

Seid ihr nicht auch der Meinung, dass Agrippa vor einer ganzen Entscheidung zurückschreckte, weil er Paulus vor sich sah? Dabei meine ich nicht, dass Agrippas Unentschlossenheit in irgendeiner Weise an Paulus lag. Vielmehr geht es darum, dass der gefangene Paulus während seiner Verkündigung ein Bild abgab, das für einen Mann wie Agrippa, der Pomp und Bequemlichkeit liebte, wahrscheinlich abschreckend und daher nicht überzeugend war. Obwohl seine schmiedeeisernen Ketten goldenen Fesseln allemal vorzuziehen waren, hat Paulus scheinbar bemerkt, dass Agrippa darüber entsetzt war, in welch eigenartigem Gewand ihm der christliche Glaube begegnete, denn der Apostel sagte: »... ausgenommen diese Fesseln«. Es geschieht oft, dass es Gottlose ablehnen, das Leben mit Gotteskindern zu teilen, wenn sie bei näherem Hinsehen deren Trübsale bemerken. Sie stellen fest, dass Gerechte häufig verspottet und beschimpft werden. Aufgrund ihrer Eigenliebe laufen sie kaum Gefahr, in solche Schwierigkeiten zu geraten. Sich den Methodisten anschließen? Nein! Den Presbyterianern? Nein![78] Die Wahrheit kann man stets haben, doch Gold – so sagen sie – bekommt man nicht so leicht. Menschen lassen sich so sehr von der Furcht vor Verachtung und Armut treiben, dass sie den schmalen Weg verlassen. Keine Argumentation kann sie davon überzeugen, auf ihm zu bleiben, denn sie sind nicht bereit, sich den Gefahren eines Himmelspilgers auszusetzen. O dass die Menschen doch so weise wären und sehen würden, dass Leiden um Christi willen Ehre und Verlust um der Wahrheit willen Gewinn ist! Würden sie nur erkennen, dass die größte Würde wahrhaft denjenigen auszeichnet, der zwar äußerlich gefangen, aber dessen Seele von allen Ketten frei ist.

Letztendlich war der Hauptgrund dafür, warum sich Agrippa nicht überzeugen ließ, in seinem eigenen Herzen zu suchen, teils in seinem Hang zum Pomp, teils in der Furcht vor Nero – seinem obersten Dienstherrn in Rom –, teils in seiner Oberflächlichkeit und seinen gekünstelten Manieren, vorwiegend jedoch in seiner Liebe zur Sünde und darin, dass sich seine Leidenschaften gegen die göttlichen Forderungen des Evangeliums sträubten. Der wichtigste Grund dafür, warum sich Menschen nicht überzeugen lassen, Christen zu werden, findet sich in ihren eigenen Herzen. Euch, die ihr noch nicht überzeugt seid, will ich eine Gewissensfrage stellen:

78 Hintergrund dieser Ausführungen Spurgeons ist zweifellos die Tatsache, dass die Betreffenden bei einem solchen Schritt in der »kleinen Herde« (vgl. Lukas 12,32) wären und somit bei vielen Kirchenchristen sowie bei der Masse ihrer Mitmenschen fälschlicherweise als »Sektierer« gelten würden.

Habe ich nicht angemessen einige der Ursachen dargelegt, die dazu führen, dass ihr auf beiden Seiten hinkt und weiterhin unentschlossen seid? Und wenn dem so ist, möge Gottes Gnade euch helfen, diese Ursachen zu bekennen, sodass ihr dann ihrer Macht entrissen werdet.

Denn zum Schluss muss ich *die schlimmen Auswirkungen* verdeutlichen, *die sich ergeben, wenn sich jemand nicht ganz überzeugen lässt.*

Die erste schlimme Auswirkung besteht darin, dass demjenigen, der nicht ganz überzeugt ist, der Segen völlıg entgeht, der ihm zugeeignet worden wäre, wenn er sich in jeder Beziehung hätte überzeugen lassen, Christ zu werden. Wenn ein Schiff mit einem Leck in See sticht und ein Passagier beinahe überredet wurde, aufgrund der Lebensgefahr nicht an Bord zu gehen, er es aber trotzdem tut, kommt er um. Wenn spekulative Aktien in einer Stadt im Umlauf gebracht werden und ein Händler fast überredet wird, seine Aktien dort nicht zu erwerben, er aber dann doch den Bezugsschein kauft, geht sein Vermögen bei einem allgemeinen Zusammenbruch der Börse verloren. Wenn ein Schwerkranker von einem Mittel hörte, das höchst wirksam sein soll, und beinahe überredet worden ist, es zu nehmen, dies aber schließlich doch unterlässt, verschlimmert sich die Krankheit immer mehr. Wenn jemand vorgeschlagen hat, in ein dunkles, unterirdisches Gewölbe zu gehen, und sich fast überzeugen ließ, dabei eine Kerze mitzunehmen, dann aber diese nicht bei sich hat, strauchelt er und fällt hin. Man kann keinen Anteil am Segen bekommen, wenn man noch nicht ganz überzeugt worden ist, dass man ihn braucht. Ein Verbrecher wurde fast vor dem Tod durch Erhängen gerettet, denn fünf Minuten nach der Urteilsvollstreckung wurde eine Begnadigung zugestellt. Aber fast gerettet ist eben auch zu spät: Er war tot. Wer beinahe – aber nicht ganz – überzeugt worden ist, sich retten zu lassen, wird am Ende vollständig verdammt werden. Dadurch, dass er sich fast überzeugen ließ, hat er letztendlich keinen vorstellbaren Nutzen. Es ist offenbar so betrüblich, dass einige von euch als beinahe Überzeugte so nahe am Leben aus Gott, am Licht Gottes und am Himmel Gottes dran sind und doch daran vorbeigehen. Dies entgeht euch, weil ihr keine Christen geworden seid.

Schlimmer noch: Demjenigen, der beinahe überzeugt ist, aber in seiner Sünde verharrt, entgeht nicht nur der Segen, sondern er macht sich zweifellos auch einer weiteren Sache schuldig. Da hat jemand gegen die Obrigkeit aufbegehrt, für die Aufrührer Partei ergriffen und im Jähzorn zugeschlagen, doch später tut es ihm sehr leid, und er bittet um Vergebung. Dann möge man Gnade walten lassen. Doch als man mit einem anderen Missetäter sprach, konnte man ihm zeigen, wie töricht Verrat ist: Er hat eindeutig erkannt, dass es unrecht war, als Staatsfeind zu den Waffen zu greifen. Nun hat man ihn fast überredet, loyal zu sein. Ja, wenn er zum Rebell wird, erweist er sich als seinesgleichen suchender Verräter, dem keinerlei Gnade zuteilwerden kann. Derjenige, der fast überredet worden ist, ehrlich zu sein, und dann doch stiehlt, ist ein Schurke durch und durch. Da ist der Mörder, der nahe daran ist, das Leben seines Opfers im Augenblick aufwallenden Mitgefühls zu schonen. Er hält inne, weil er fast überredet worden ist, auf Rache zu verzichten. Wenn er dann doch seinen Feind vorsätzlich umbringt, verdient er den Tod am allermeisten. Derjenige, der sich Christus bewusst entgegenstellt, lehnt das Friedensangebot überheblich ab und weist in Augenblicken der Stille das kostbare Blut zurück. Obwohl er fast überzeugt worden ist, bemüht er sich verzweifelt, sein Gewissen in den Hintergrund zu drängen. Solch ein Mensch soll mit einem Mühlstein um den Hals in die Grube hinabfahren, sodass er im tiefsten Abgrund der Hölle versinkt. Ihr beinahe Überzeugten solltet gewiss darüber nachdenken und erzittern.

Es sei nochmals gesagt: Wer sich beinahe überzeugen ließ und dennoch kein Christ geworden ist, wird dies unaufhörlich bereuen müssen. Wird es deine Seele inmitten ewiger Pein nicht siedend heiß durchfahren und dir folgender Gedanke kommen: »Ich bin fast überzeugt worden, Buße zu tun. Warum habe ich in meiner Sünde verharrt? Ich bin beinahe überzeugt worden, auf Jesus zu vertrauen. Wieso klammere ich mich noch immer an meine Selbstgerechtigkeit und an nichtige Zeremonien? Ich stand kurz vor der Überzeugung, dass ich meine schlechten Freunde verlassen und ein Diener Gottes werden müsse. Doch jetzt bin ich auf ewig verworfen, während keine Überzeugungskraft mein Herz mehr erweichen kann.«

Was gäbe ich dafür, wenn ich wüsste, wie ich in euch dringen könnte! O ich bitte euch inständig und flehentlich: Wenn euch irgendetwas an eurem eigenen Leben liegt und euer gesunder Menschenverstand nicht vollends geschwunden ist, strebt danach, durch das kostbare Blut Christi Frieden mit Gott zu finden, damit ihr darauf vorbereitet seid, vor dem Richterstuhl eures Schöpfers zu stehen. Keine Frage, schon bald müsst und werdet ihr dort stehen! Mögt ihr auch noch dreißig oder vierzig Jahre leben, denkt daran: Wie kurz ist diese Zeit, wie schnell ist sie vergangen! Denkt heute über eure Verhaltensweisen nach! Jetzt ist die wohlangenehme Zeit, jetzt ist der Tag des Heils. Der Herr möge euch überzeugen! Ich habe mein Bestes getan. Alles andere kann er tun. Der von Gott kommende Heilige Geist schenke euch die Wiedergeburt und lasse euch zu Christen werden! Möge er bis in Ewigkeit verherrlicht werden!

Timotheus

Die Heilige Schrift – von Kind auf

»… und weil du von Kind auf die heiligen Schriften kennst, die Kraft haben, dich weise zu machen zur Rettung durch den Glauben, der in Christus Jesus ist« (2. Timotheus 3,15).

Auf welch bemerkenswerte Weise wiederholen sich die Zeiten! Wenn die gleichen Missstände auftauchen, müssen wir die gleichen Gegenmittel anwenden. Wenn eine Krankheit auftritt, die in der Vergangenheit ihr todbringendes Werk vollbracht hat, erkundigen sich Ärzte nach Arzneimitteln, die bei früheren Gelegenheiten die tödliche Gefahr eingedämmt haben. Bei geistlichen Angelegenheiten müssen wir das Gleiche tun. Wir müssen erkennen, was Paulus zu seiner Zeit tat, als die Seuche falscher Lehre allerorts wahrzunehmen war. Es ist erstaunlich, wie überaus einfach alles wirklich Wirksame in der Regel ist. Wenn eine Entdeckung in Wissenschaft und Technik gemacht wird, scheint sie zunächst kompliziert zu sein, und zwar genau deshalb, weil sie unvollkommen ist. Alle Verbesserungen neigen jedoch zur Einfachheit. So ist es auch bei Lehren auf geistlichem Gebiet. Wenn wir die Wahrheit herausfinden, verzichten wir auf alles Überflüssige. Dann reden wir nicht mehr davon, kluge Maßnahmen zur Behebung gegenwärtiger Nöte im geistlichen Bereich einzuleiten. Vielmehr nutzen wir dann das entscheidende Heilmittel, das auch zur Zeit des Paulus so wirksam war. Paulus selbst lehrte den jungen Timotheus das Evangelium: Er vermittelte ihm nicht nur seine Lehre, sondern ließ ihn auch sein praktisches Verhalten sehen. Wir können die Wahrheit niemandem aufzwingen, aber wir sind imstande, die eigene Lehre so darzulegen, dass sie klar und eindeutig ist und mit unserem Leben übereinstimmt. Wahrheit und Heiligkeit sind die zuverlässigsten Gegenmittel gegen Irrtum und Ungerechtigkeit. Der Apostel schrieb an Timotheus: »Du … bleibe in dem, was du gelernt hast, und wovon du überzeugt bist, da du weißt, von wem du gelernt hast« (vgl. Kap. 3,14).

Paulus geht dann auf ein anderes wirksames Mittel näher ein, das dem jungen Verkündiger von großem Nutzen gewesen ist – nämlich die Tatsache, dass er die Heilige Schrift von frühester Kindheit an kennengelernt hat. Dies trug am besten dazu bei, dass sich der junge Timotheus schützen konnte. Seine Unterweisung im Kindesalter gab ihm wie ein Anker den nötigen Halt und bewahrte ihn vor dem furchtbaren moralischen Verfall seiner Zeit. Welch ein glücklicher junger Mann, von dem der Apostel sagen konnte: »… weil du von Kind auf die heiligen Schriften kennst, die Kraft haben, dich zu weise machen zur Rettung durch den Glauben, der in Christus Jesus ist«!

Wenn wir auf kommende Konflikte vorbereitet sein wollen, müssen wir nur das Evangelium verkündigen und der Heilsbotschaft gemäß leben. Außerdem müssen wir Sorge dafür tragen, dass wir die Kinder im Wort des Herrn belehren. Diesen letzten Aspekt müssen wir besonders beachten, da Gott durch den Mund der Unmündigen und Säuglinge den Feind zum Verstummen bringen wird. Wenn wir uns an das apostolische Konzept halten, können wir mit Durchbrüchen des Evangeliums rechnen. Verkündigt Christus, predigt das Wort zu gelegener Zeit und ungelegener Zeit und unterweist die Kinder! Gott hat ein bedeutsames Mittel, um seine Felder vor Unkraut zu bewahren: Er sät den Weizen seines Wortes schon frühzeitig aus.

Das Werk der Gnade Gottes im Leben des Timotheus *begann mit frühkindlicher Unterweisung*: »Du (kennst) von Kind auf die heiligen Schriften.«

Beachten wir den Zeitpunkt der Belehrung. Den Ausdruck »von Kind auf« können wir besser verstehen, wenn wir stattdessen »von frühester Kindheit an« oder »vom Säuglingsalter an« lesen. Damit ist kein schon herangewachsenes Kind und auch kein Jugendlicher, sondern ein Kind gemeint, das gerade dem Säuglingsalter entwachsen ist. Von klein auf hatte Timotheus die Heilige Schrift kennengelernt. Dieser Begriff wird zweifellos gebraucht, um uns zu zeigen, dass wir nicht früh genug damit beginnen können, das Gemüt unserer Kinder mit schriftgemäßer Erkenntnis zu erfüllen. Kleinkinder nehmen Eindrücke wahr, lange bevor wir uns der entsprechenden Tatsache bewusst sind. Während der ersten Lebensmonate lernt ein Kind mehr, als wir annehmen. Schnell lernt es die Liebe seiner Mutter und seine eigene Abhängigkeit kennen. Wenn die Mutter weise ist, wird es außerdem mit der Bedeutung des Gehorsams und der Notwendigkeit vertraut gemacht, seinen Willen dem Willen eines Höherstehenden unterzuordnen. Dies kann die entscheidende Weichenstellung für sein gesamtes künftiges Leben sein.

Man kann Kinder mit der Heiligen Schrift bekannt machen, sobald sie imstande sind, etwas zu verstehen. Es ist eine überaus erstaunliche und mir gegenüber von vielen Lehrern bestätigte Tatsache, dass Kinder mithilfe der Bibel besser lesen lernen als mit irgendeinem anderen Buch. Obwohl ich dies kaum erklären kann, mag es an der Einfachheit ihrer Sprache liegen. Auf jeden Fall glaube ich, dass dies stimmt. Oft behält man einen biblischen Tatbestand im Gedächtnis, während man ein allgemeingeschichtliches Ereignis wieder vergisst. Weil Menschen aller Altersgruppen die Aussagen der Bibel verstehen können, ist sie auch für Kinder geeignet. Wir begehen einen Fehler, wenn wir meinen, dass wir mit irgendetwas anderem beginnen und dann zur Schrift überleiten müssten. Die Bibel ist dasjenige Buch, das uns schon von frühester Zeit an beschäftigen sollte. Teile davon gehen über den kindlichen Horizont hinaus, denn sie übersteigen auch das Begriffsvermögen der Fortgeschrittensten unter uns. In der Bibel gibt es Tiefen, die nicht einmal der Leviatan[79] ermessen kann, aber auch Bäche, worin sich ein Lamm zu erfrischen vermag. Weise Bibellehrer wissen, wie sie ihre Kleinen zu grünen Auen an stillen Wassern führen müssen.

Nehmen wir das Leben jenes Mannes Gottes, dessen Verlust viele unserer Herzen außerordentlich beschwert hat – nämlich der Heimgang von Earl of Shaftesbury.[80] Ich habe festgestellt, dass er seine ersten glaubensmäßigen Eindrücke von einer demütigen Frau erhielt. Die Eindrücke, die ihn zu Lord Shaftesbury – dem Mann Gottes und Philanthropen – werden ließen, empfing er im Kinderzimmer. Der kleine Junge hatte ein gottesfürchtiges Kindermädchen, die mit ihm über die göttlichen Dinge sprach. Er hat uns mitgeteilt, dass sie starb, bevor er sieben Jahre alt war. Dies beweist eindeutig, dass sein Herz schon in früher Kindheit imstande gewesen war, das Siegel des Geistes Gottes zu empfangen, und dass sich dazu diese einfache Frau bereitwillig gebrauchen ließ. Welch eine glückselige Frau war diese

79 Vgl. Anmerkung 26.

80 Gemeint ist Anthony Ashley Cooper, der 7. Earl of Shaftesbury (1801-1885), genannt Lord Shaftesbury, der am 01.10.1885 verstorben war. Knapp drei Wochen danach, am 18.10.1885, hielt Spurgeon diese Predigt.

uns namentlich nicht bekannte Kinderbetreuerin, die Gott und Menschen einen unermesslich großen Dienst erwies, indem sie das auserwählte Kind in heiliger Treue lehrte! Dies gilt euch, ihr jungen Kinderbetreuerinnen! Unter den Gedanken, die einem alten Menschen vor seinem Heimgang kommen, sind diejenigen am häufigsten zu finden, die ihn früher beschäftigt haben, als er im Kleinkindalter auf den Knien seiner Mutter saß. Aufgrund dessen sehnte sich Dr. Guthrie[81] in seiner Sterbestunde nach einem »kleinen Lied aus frühen Kindertagen«. Dies ist nur allzu natürlich: Nachdem sich der Kreis unseres Lebens geschlossen hat, kommt der Anfang zum Ende zurück. Kindliche Dinge sind dem Betagten am kostbarsten.

Wir sollten hier beachten, welch wunderbare Erzieher Timotheus hatte. Wenn wir sagen sollen, wer den jungen Timotheus belehrt hat, fällt uns die Antwort nicht schwer. In Kap. 1 des 2. Timotheusbriefs sagt Paulus: »Denn ich erinnere mich des ungeheuchelten Glaubens in dir, der zuerst in deiner Großmutter Lois und deiner Mutter Eunike wohnte, ich bin aber überzeugt, auch in dir« (vgl. 1,5). Zweifellos haben sowohl Großmutter Lois als auch Mutter Eunike den Jungen unterwiesen. Wer sollte die Kinder belehren, wenn nicht die Eltern? Der Vater des Timotheus war Grieche und vermutlich Heide, doch sein Kind konnte sich glücklich schätzen, eine ehrwürdige Großmutter zu haben, wobei Großmütter kleinen Kindern unter allen Verwandten oft am nächsten stehen. Timotheus hatte auch eine gütige Mutter, die einst eine fromme Jüdin gewesen und danach eine tiefgläubige Christin geworden war. Sie fand täglich Gefallen daran, ihr eigenes Kind im Wort des Herrn zu belehren. O ihr lieben Mütter, euch ist von Gott ein überaus heiliges Gut anvertraut worden! Er hat euch im Grunde gesagt: »Nimm dieses Kind … und stille es für mich, dann werde ich dir deinen Lohn geben« (vgl. 2. Mose 2,9). Ihr seid berufen, den Menschen Gottes der Zukunft auszurüsten, damit er in jeder Beziehung zubereitet ist, stets gute Werke zu tun. Es gibt diejenigen, die meinen, dass eine durch familiäre Angelegenheiten gebundene Frau zu Hause nichts tut. Das Gegenteil trifft zu! Die im Haushalt beschäftigte gottesfürchtige Mutter kommt mitunter kaum dazu, gemeindliche Zusammenkünfte zu besuchen. Denkt aber nicht, dass sie dadurch in der Gemeindearbeit

81 Dr. Thomas Guthrie (1803-1873), schottischer Pastor, Publizist und Förderer der sogenannten *Ragged Schools* (svw. Zerlumpten-Schulen, Vorläufer der Volksschulen).

ausfällt – ganz im Gegenteil: Damit erweist sie ihrem Herrn den bestmöglichen Dienst. Ihr Mütter, wenn ihr eure Kinder in der Gottesfurcht unterweist, erfüllt ihr eure erste und dringlichste Aufgabe!

Weil es heutzutage auf der Welt so wenige tiefgläubige Mütter und Großmütter gibt, ist es nach Ansicht vieler Verantwortlicher angemessen, die häusliche Unterweisung durch Belehrung zu ergänzen, die unter dem Dach der Gemeinde erfolgt. Diejenigen Kinder, die keine solchen Eltern haben, sollte die Gemeinde unter ihre Fittiche nehmen. Ich betrachte dies als eine sehr segensreiche Einrichtung. Ich bin dankbar für die zahlreichen Brüder und Schwestern unter uns, die ihren Sonntag und vielfach auch einen beträchtlichen Teil ihrer Wochentagsabende opfern, um die Kinder anderer Leute zu belehren – Kinder, die in gewisser Hinsicht eine immer innigere Beziehung zu ihnen entwickeln. Diese Mitarbeiter bemühen sich um des Herrn willen, den väterlichen und mütterlichen Pflichten gegenüber denjenigen Kindern nachzukommen, die von ihren eigenen Eltern vernachlässigt werden – eine Handlungsweise, die anerkennenswert ist. Mögen christliche Eltern niemals der Täuschung unterliegen, dass die Sonntagsschule darauf abziele, sie von ihren persönlichen Pflichten zu entlasten. Für christliche Eltern geht es zunächst und am naheliegendsten darum, die eigenen Kinder in der Zucht und Ermahnung des Herrn aufzuziehen (vgl. Epheser 6,4). Dennoch handeln die Mitarbeiter in christlicher Gesinnung, wenn sie diejenige Aufgabe übernehmen, die von Eltern ausgeführt werden müsste, von diesen aber nicht wahrgenommen wird. Der Herr Jesus sieht mit Wohlgefallen auf diejenigen, die seine Lämmer weiden und seine Kindlein nähren, denn es ist nicht sein Wille, dass eines dieser Kleinen verlorengeht. Tretet hervor, ihr eifrigen Männer und Frauen, und heiligt euch zu diesem freudigen Dienst!

Beachten wir, worum es bei der Unterweisung geht: »Du (kennst) von Kind auf die heiligen Schriften.« Timotheus wurde veranlasst, die Bibel mit großer Ehrfurcht zu behandeln. Dabei will ich dieses Wort (»heilige Schriften«) hervorheben. Eines der vorrangigsten Ziele der Sonntagsschule sollte darin bestehen, die Kinder große Ehrfurcht vor diesen heiligen Schriften – diesem inspirierten, niedergeschriebenen Wort – zu lehren. Für die Juden war das Alte Testament von unschätzbarem Wert. Obwohl leider viele von ihnen in abergläubischer Weise am Buchstaben festhielten und ihnen dabei der entsprechende Sinn entging, muss man sie vielfach dafür loben, dass die heiligen Aussprüche bei ihnen in höchster Achtung standen. Insbesondere diese ehrfürchtige Haltung ist heute vonnöten. Wenn die Gemeinde Gottes in unserem Land überhaupt weiter bestehen soll, dann müssen wir die Schrift als heilig ansehen und ihr mit Ehrfurcht begegnen. Diese Schrift wurde durch heilige Inspiration gegeben, statt im Zuge der Sammlung von Mythen aus grauer Vorzeit und zweifelhaften Überlieferungen entstanden zu sein. Sie ist uns auch nicht in einer Art Konkurrenzkampf als eines der besten Bücher der Menschheit überliefert worden. Wir müssen sie unseren Kindern als unfehlbare Offenbarung des allerheiligsten Gottes weitergeben und sie selbst als solche annehmen. Hebt dies besonders hervor; sagt euren Kindern, dass das Wort des Herrn ein reines Wort ist – wie Silber, das im Schmelztiegel der Erde geläutert und siebenmal gereinigt ist. Möge ihre Wertschätzung für die Bibel so groß wie nur irgend möglich sein!

Bedenken wir, dass Timotheus nicht nur heilige Dinge im Allgemeinen achten sollte, sondern auch belehrt wurde, die Schrift zu kennen. Was ihn seine Mutter und seine Großmutter lehrten, entsprach der Lehre der Heiligen Schrift. Angenommen, wir versammeln sonntags die Kinder, um ihnen ein amüsantes Programm zu bieten und die gemeinsamen Stunden angenehm vergehen zu lassen, oder sie gemäß unserer Praxis an Wochentagen die Grundlagen der Moralerziehung zu lehren. Was haben wir dann getan? Wir haben nichts getan, was dem Sonntag oder der Gemeinde Gottes angemessen ist. Nehmen wir an, dass wir uns besonders darum bemühen, den Kindern die eigene Gemeindeordnung einzuschärfen, ohne ihnen die Schrift nahezubringen. Angenommen, wir stellen ihnen ein Buch vor, das als Maßstab für unsere Gemeinde dienen soll, ohne näher auf die Bibel einzugehen. Was haben wir dann getan? Der gerade erwähnte Maßstab mag richtig sein oder auch nicht, sodass wir unsere Kinder möglicherweise in der Wahrheit belehrt oder ihnen Irrtum vermittelt haben. Wenn wir jedoch an der Heiligen Schrift festhalten, können wir nicht irregehen. Angesichts eines solchen Maßstabs wissen wir, dass wir uns in der rechten Stellung befinden. Dieses Buch ist das Wort Gottes, und wenn wir biblische Lehre weitergeben, lehren wir dasjenige, was der Herr bejaht und segnet. O ihr lieben Bibellehrer – und da spreche ich auch von mir –, möge unsere Lehre immer mehr der Schrift entsprechen! Ärgert euch nicht, wenn unsere Sonntagsschulkinder vergessen, was wir sagen! Bittet sie vielmehr, sich daran zu erinnern, was der Herr sagt! Mögen göttliche Wahrheiten im Blick auf Sünde, Gerechtigkeit und kommendes Gericht ihren Herzen eingeprägt werden! Mögen sie geoffenbarte Wahrheiten hinsichtlich der Liebe Gottes, der Gnade unseres Herrn Jesus Christus und des Werkes des Heiligen Geistes nie vergessen! Mögen sie den Wert und die Notwendigkeit des Sühnungsblutes unseres Herrn, die Kraft seiner Auferstehung und die Herrlichkeit seiner Wiederkunft erkennen! Mögen die Gnadenlehren mit eisernem Griffel in ihren Sinn eingegraben und mit diamantener Spitze auf ihr Herz geschrieben sein, sodass sie nie wieder ausgetilgt werden können! Wenn wir dies gewährleisten können, haben wir nicht umsonst gelebt.

Es hat den Anschein, als sei der junge Timotheus als Kind so belehrt worden, dass er davon einen großen Nutzen hatte. »Du (kennst) … die heiligen Schriften«, sagt Paulus. Es ist ziemlich bedeutsam, wenn man von einem Kind sagen kann, dass es »die heiligen Schriften« kennt. Du sagst vielleicht: »Ich habe die Kinder in der Schrift unterwiesen.« Aber die Tatsache, dass sie diese wirklich kennen, ist etwas ganz anderes. Sind alle von euch, die ihr inzwischen erwachsen seid, schriftkundig? Ich fürchte, dass zwar das Wissen im Allgemeinen zunimmt, aber wirkliche Schrifterkenntnis viel zu selten anzutreffen ist. Müssten wir uns jetzt einer Prüfung unterziehen, befürchte ich, dass einige von euch am Ende wohl nicht im Buch des Lebens erscheinen würden. Doch hier war ein Kind, das zwar noch klein war, aber schon die Heilige Schrift kannte. Dies bedeutet, dass es mit ihr in bemerkenswerter Weise vertraut war. Indem Gott eure Bemühungen segnen möge, sollten eure Kinder die ganze, zu ihrem Heil notwendige Schrift kennenlernen. Womöglich haben sie eine Sündenerkenntnis, die genauso tiefgründig ist wie diejenige ihrer Mutter. Vielleicht haben sie eine Sicht für die Sühnung, die genauso klar ist wie diejenige ihrer Großmutter. Möglicherweise haben sie einen Glauben an Jesus, der genauso ausgeprägt ist wie derjenige, den man unter uns finden sollte. Wenn wir diejenigen Dinge, die zu unserem Frieden dienen, empfangen wollen, brauchen wir dazu keine langjährige Erfahrung, weil sie in einfachen Schriftworten dargelegt sind. Derjenige, der sie liest und versteht, kann laufen; ein Kind ist also bereits imstande, sie zu fassen, sobald es laufen kann. Die Meinung, dass Kinder nicht die ganze Wahrheit des Evangeliums erfassen können, ist ein großer Irrtum. Ihre kindliche Verfassung ist dabei nämlich eher eine Hilfe als ein Hindernis: Ältere Menschen müssen erst wie die kleinen Kinder werden, bevor sie ins Reich eingehen können. Legt bei den Kindern eine gute Grundlage! Keiner setze die Sonntagsschularbeit herab! Auch darf sie nicht nachlässig getan werden. Mögen die Kinder die Heilige Schrift kennen! Dabei sollte man zuerst die Schrift und nicht irgendein menschliches Buch zurate ziehen.

In unserem zweiten Abschnitt sollte es darum gehen, dass dieses Werk *durch einen rettenden Glauben belebt* wurde. Obwohl die Schrift allein nicht rettet, ist sie imstande, einen Menschen zur Rettung weise zu machen. Kinder können die Schrift kennen und trotzdem noch keine Gotteskinder sein. Wer an Jesus Christus glaubt, empfängt diejenige Gnade, die das Heil unmittelbar mit sich bringt. Viele liebe Kinder werden von Gott so frühzeitig berufen, dass sie nicht genau sagen können, wann sie zum Glauben kamen. Da sie aber bekehrt sind, müssen sie zu diesem oder jenen Zeitpunkt vom Tod ins Leben übergegangen sein. Man hat an diesem Morgen den Augenblick des Sonnenaufgangs durch Beobachtung vielleicht nicht herausfinden können. Doch er hat stattgefunden, wobei es einen Zeitpunkt gab, da sich die Sonne noch hinterm Horizont verborgen hatte, und einen Augenblick, da sie darüber gestiegen war. Ob wir es zeitlich bestimmen können oder nicht – in dem Augenblick, da ein Kind an den Herrn Jesus Christus glaubt, wird es wirklich errettet. Vielleicht haben Lois und Eunike Timotheus jahrelang hinsichtlich des Alten Testaments belehrt, während sie selbst den Herrn Jesus noch nicht kannten, Wenn dem so war, haben sie ihn bezüglich des Typus unterwiesen, ohne den Antitypus zu kennen. Damit haben sie ihm Rätsel ohne Antworten vorgelegt. Dessen ungeachtet war es eine wertvolle Belehrung, da sie die ganze Wahrheit umfasste, die sie damals kannten. Wie viel glückseliger ist jedoch unsere Aufgabe, da unsere Unterweisung hinsichtlich des Herrn Jesus so eindeutig sein kann, indem wir mithilfe des Neuen Testaments das Alte Testament erklären können! Dürfen wir nicht damit rechnen, dass unsere lieben Kinder sogar noch früher als Timotheus[82] den Gedanken fassen, dass Christus Jesus die Mitte der Heiligen Schrift ist, und sie somit

82 Spurgeon spielt hier offensichtlich auf die Tatsache an, dass das Evangelium erst im Rahmen der ersten Missionsreise nach Lystra kam – zu einem Zeitpunkt, da Timotheus schon erwachsen war. Obwohl seine Mutter Jüdin war (Apostelgeschichte 16,1), hat er damit vermutlich erst im Jugend- oder jungen Erwachsenenalter erstmals von Jesus Christus gehört.

durch Glauben an ihn Vollmacht empfangen, Kinder Gottes zu werden? Obwohl dies so einfach ist, erwähne ich es, weil ich möchte, dass alle Bibellehrer verstehen: Sobald ihnen anvertraute Kinder errettet sind, werden sie durch den Glauben, der in Christus Jesus ist, zur Rettung weise gemacht. Dabei mögen sie noch nicht alle biblischen Lehren kennen. Es mag auch bestimmte erhabenere und tiefgründigere Wahrheiten geben, die ihr kindlicher Geist noch nicht erfasst hat. Der Glaube an den Herrn Jesus, wie er in der Schrift vorgestellt wird, rettet aber ganz gewiss. »Wenn du von ganzem Herzen glaubst, so kann es geschehen« (Apostelgeschichte 8,37 Luther ´84), sagte Philippus zu dem Kämmerer – Worte, die wir auch jedem bußfertigen Kind sagen.

Beachten wir, dass wir durch diesen Glauben an Christus Jesus im Zustand der Errettung bleiben und voranschreiten. In dem Augenblick, da wir an Christus glauben, werden wir errettet. Dabei werden wir jedoch entsprechend unseren Möglichkeiten und Erwartungen nicht sofort weise gemacht. Wir können sozusagen als noch Unmündige errettet werden. Obwohl man dies natürlich ins rechte Verhältnis setzen muss, ist es wünschenswert, dass wir von der in uns befindlichen Hoffnung Rechenschaft ablegen können und somit weise zur Rettung sind. Durch Glauben reifen Kinder, obwohl noch klein, zu Jüngern heran. Ebenso durch Glauben werden sie immer tüchtiger. Wie sollen wir mehr Weisheit erlangen? Nicht dadurch, dass wir den Weg des Glaubens verlassen, sondern dadurch, dass wir denjenigen Glauben an Christus Jesus, den wir als Lernende anfangs ergriffen, bewahren. In der Schule der Gnade ist Glaube das große Vorrecht, mit dessen Hilfe wir weiser werden. Wenn du durch Glauben in der Fibel einfältigen Glaubens lesen kannst, musst du durch den gleichen Glauben an Christus Jesus fortfahren, dich den Klassikern völliger Heilsgewissheit zuzuwenden, und ein Schriftgelehrter werden, der in den Angelegenheiten des Reiches wohlunterwiesen ist. Sei daher stets bemüht, den Glauben praktisch umzusetzen – eine Haltung, von der sich so viele abwenden. In der heutigen Zeit sehen Menschen darauf, auf der von ihnen so bezeichneten intellektuellen Ebene voranzukommen. Darunter verstehen sie nichtige Vorstellungen und Spekulationen. Wir können im Zweifel keinen einzigen Schritt vorwärtskommen, sondern schaffen es nur durch Glauben. Wir sollten danach streben, dass am Ende der Glaube steht – der Glaube an den ausersehenen, gesalbten und erhöhten Heiland. Dies ist der sichere Hafen, in den wir diese kleinen Schiffe steuern wollen, denn hier bleiben sie vollkommen ungefährdet.

Eines sollten wir beachten: Der Text weist uns offenkundig darauf hin, dass durch Glauben Wissen in Weisheit umgewandelt wird. Der Unterschied zwischen Wissen und Weisheit erweist sich hauptsächlich in der Praxis. Achten wir auf die entsprechende Formulierung: »Du (kennst) von Kind auf ...« Aber erst durch Glauben – und nur dadurch – wird dieses Wissen in Weisheit umgewandelt, sodass die heiligen Schriften »die Kraft haben ... weise zu machen zur Rettung.« »Wissen ist Macht«, doch Weisheit umfasst den Einsatz dieser Macht in der Praxis. Wissen kann man mit Goldbarren vergleichen, während Weisheit dem gemünzten Gold gleich ist, das als Zahlungsmittel in der menschlichen Gesellschaft geeignet ist. Ihr könnt euren Kindern Wissen vermitteln, ohne in ihnen Glauben zu wecken. Erst wenn sie jedoch den vom Heiligen Geist zugeeigneten Glauben besitzen, kann aus Wissen Weisheit werden. Die Schrifterkenntnis wird zur Weisheit, wenn sie das Herz beeinflusst, den Verstand beherrscht, auf das tägliche Leben einwirkt, den Geist heiligt, und den Willen erneuert. O ihr Bibellehrer, betet für eure geliebten Kinder, damit Gott ihnen den Glauben an Christus Jesus schenkt, sodass das Wissen, das ihr ihnen vermittelt habt, in Weisheit umgewandelt wird! Gebt bei der Vermittlung der Lehre euer Bestes, aber bittet den Herrn stets inständig, dass sein Heiliger Geist die Wiedergeburt bewirkt, Glauben weckt, Weisheit verleiht und Errettung schenkt.

Lernen wir es immer wieder, dass sich die Weisheit des Glaubens in der Anwendung des Wissens niederschlägt, das durch die Schrift zugeeignet wird. »Du (kennst) von Kind auf die heiligen Schriften ... die Kraft haben, dich weise zu machen zur Rettung durch den Glauben.« Die Weisheit des Glaubens kommt nie in menschlichen Gedanken noch in angeblichen Offenbarungen zum Ausdruck. Vielmehr greift der Glaube auf die inspirierte Schrift zurück, um sich leiten zu lassen. Die Schrift ist der Brunnen, woraus er trinkt, und das Manna, wovon er sich nährt. Der Glaube sieht in dem Herrn Jesus die Verkörperung seiner Weisheit. Die Christuserkenntnis ist für ihn das vortrefflichste Erkenntnisgut. Er fragt lediglich: Was steht geschrieben? Wenn diese Frage beantwortet ist, sind seine Schwierigkeiten vom Tisch. Ich weiß, dass dies in diesem Zeitalter des Unglaubens anders ist – ein Umstand, den ich betrauern und beklagen muss. Wehe einer Kirche und Gemeinde, die das Zeugnis des Herrn verwirft! Was uns betrifft, so halten wir uns an das Wort des Herrn, ohne einen Zentimeter davon abzuweichen.

Erkennen wir demnach, was für alle noch Unbekehrten unter uns notwendig ist. Die Heilige Schrift muss durch Glauben dasjenige Mittel werden, wodurch euch das Heil zuteilwird. Ihr könnt die Bibel kennen, sie lesen und durchforschen – und dennoch bringt dies allein euch keine Rettung. Was hat unser Herr selbst gesagt? »Ihr erforscht die Schriften, denn *ihr* meint, in ihnen ewiges Leben zu haben, und *sie* sind es, die von mir zeugen; und ihr wollt nicht zu mir kommen, damit ihr Leben habt« (vgl. Johannes 5,39-40). Wenn ihr nicht zu Jesus kommt, wird euch das ewige Leben entgehen. Dadurch, dass man die Schriften durchforscht, wird man weise zur Rettung »durch den Glauben, der in Christus Jesus ist«. Der Glaube ist dafür allerdings Voraussetzung.

Ich will euch drittens darauf hinweisen, dass die Weitergabe gesunder Lehre hinsichtlich der Heiligen Schrift *Charakterfestigkeit hervorbringt,* wenn ihre Triebkraft ein lebendiger Glaube ist. Derjenige, der von Kind auf die Heilige Schrift gekannt hat, wird auf die bleibenden Prinzipien des unvergänglichen Wortes Gottes gegründet sein und darauf ruhen, wenn er zum Glauben an Christus kommt. Ich wünschte, es wäre so bei der Masse derer, die bekennen, Christen zu sein, und sich als solche bezeichnen. In der heutigen Zeit leben um uns her unbeständige Mitmenschen, die »immer lernen und niemals zur Erkenntnis der Wahrheit kommen« (vgl. 2. Timotheus 3,7). Diese werden von jedem Wind der Lehre umhergetrieben. Sie folgen irgendwelchen »klugen« Leuten und stellen damit unter Beweis, dass sie andere Weideplätze bevorzugen. Von den Schafen unseres Herrn heißt es dagegen: »Einem Fremden … werden sie nicht folgen … weil sie die Stimme der Fremden nicht kennen« (vgl. Johannes 10,5). Wir wollen Gemeinde mit denjenigen bauen, die wissen, was sie tun, und Rechenschaft von dem ablegen können, was sie glauben. Der große Glaubensgrund des wahren Gläubigen findet sich in dem Satz: »Es steht geschrieben.« Christus, unser Herr, trat dem Versucher in der Wüste mit diesem Satz (»Es steht geschrieben«) entgegen. Obwohl er selbst geistgeleitet war, bezog er sich in seiner Lehre fortwährend auf das Alte Testament. Er zitierte stets die inspirierten Worte des Alten Bundes und gab uns damit ein Beispiel. Wenn wir – du und ich – mit Satan und mit einer bösen Welt kämpfen, müssen wir darauf achtgeben, dass wir voll und ganz auf dem Boden der Schrift stehen und uns fest darauf gründen. Dann werden wir in diesem Konflikt überwinden.

Diejenigen, welche die Schrift kennen und somit an Jesus glauben, sind Säulen unter den Gläubigen und haben eine persönliche Beziehung zu ihrem Herrn, dem Grund ihres Glaubens. »Du (kennst) von Kind auf die heiligen Schriften.« Der Betreffende verehrt die Bibel nicht als Unwissender, sondern begegnet ihr mit Ehrerbietung als Verständiger. Wie groß ist mein Wunsch, dass jeder von euch persönlich die Heilige Schrift studieren möge! Wir müssen sie aufgrund des Selbststudiums kennen. Indem er sie persönlich als an sich gerichtete Offenbarung versteht, liebt und studiert der Gottesfürchtige sie. Er spürt ihre Kraft, lebt von ihr und kennt sie daher. Dadurch vermeidet er Abhängigkeiten von anderen Menschen. Der Tod des Paulus steht kurz bevor. Armer Timotheus! Ja, Timotheus ist »arm dran«, wenn er in Glaubensfragen nur auf Paulus blickt, statt den persönlichen Glauben im eigenen Herzen zu haben. Doch die Bibel kann man Timotheus nicht rauben. Keiner kann Timotheus die Schrifterkenntnis wegnehmen. Auch wird der Heilige Geist nicht demnächst von ihm weichen. O wie glückselig ist es, wenn man persönlich gewissenhaft auf das feste Fundament des Wortes Gottes baut! Dann werdet ihr wissen, was ihr tut, indem ihr daran festhaltet. Es wird euch dann nichts und niemand von den Maßstäben des Glaubens abbringen können.

Derjenige, der von Jugend an in der Schrift unterwiesen worden ist, gewinnt Halt durch die göttlichen Wirkungen dieser Schrift. Sie hat so sehr an ihm gewirkt, dass er persönlich ihre göttliche Kraft kennt. Anhand ihrer Wirkung auf Herz und Leben kennt er den Unterschied zwischen Wahrheit und Irrtum. Ohne sich irgendwie zu rühmen, ist er imstande, unterschiedliche Dinge auseinanderzuhalten, weil es hinsichtlich der Schriftwahrheit eine eigenartige, geheimnisvolle Salbung gibt, die den Lehren der herausragendsten Geistesgrößen fehlt. Obwohl ich euch nicht erklären kann, worin diese Salbung besteht, weiß jedes Gotteskind, worum es geht. Selbst wenn ich aus dem Gedächtnis nicht weiß, dass es sich um ein solches handelt, erkenne ich beim Lesen eines Bibelworts seinen göttlichen Ursprung sogleich anhand eines geheimnisvollen Einflusses, den es auf mein Herz ausübt. Die auffälligsten Teile einer Verkündigung sind Bibelstellen, die an der richtigen Stelle angeführt werden. Gottes Wort ist lebendig und wirksam. Es hat die Kraft, so in das Herz einzudringen, wie es kein anderes Wort vermag. Die Worte der Bibel treffen ins Schwarze und setzen sich fest: Sie dringen ins Herz ein und verweilen dort. Derjenige, der in der Schrift unterwiesen worden und von ihr durchdrungen sowie völlig von ihr bestimmt ist, weiß um ihren durchdringenden Einfluss. Aufgrund dessen verfestigen sich seine Überzeugungen. So wenig, wie man das Karmesin aus dem Stoff entfernen kann, ist man imstande, die unauslöschliche Wirkung der Schrift auf die Seele beseitigen, sobald sie davon bestimmt ist. Sie ist darin tief verwurzelt, wobei diese Wirkung zum Bestandteil der ureigensten Wesensart des Betreffenden wird. Die biblische Wahrheit beeinflusst seine Gedanken, Worte und Taten. Sie bestimmt alle Lebensbereiche – sogar bis hin zum Essen, Trinken und Schlafen. Das Herz des Betreffenden ist unverwandt auf Gott, auf die Wahrheit und auf eine heilige Lebensführung gerichtet. Er wird feststehen, wie schlimm die Zeiten auch sein mögen.

Überdies hat sich derjenige, der einst in der Schrift unterwiesen worden ist und dessen Seele den Segen des Geistes bei dieser Belehrung erfahren hat, immer mehr unter die Vorrangstellung der Schrift gebeugt. Somit ist sie zwangsläufig bei der Formung seines Charakters wirksam. Zugegebenermaßen stoße ich mitunter auf eine Stelle, die auf den ersten Blick nicht mit anderen biblischen Lehren übereinstimmt, welche ich mir bereits zu eigen gemacht habe. Dann stutze ich einen Augenblick lang. Doch eines habe ich mir in meinem Herzen vorgenommen, und zwar wie folgt: Ich will mich an die Schrift halten, wohin immer sie mich führt. Dabei werde eher meine Lieblingsmeinung aufgeben, als eine Stelle umzuformulieren oder eine einzige Silbe des biblischen Textes zu verändern. Es steht mir nicht zu, scheinbare Ungereimtheiten in Gottes Wort zu beseitigen. Vielmehr soll ich glauben, dass es sich so verhält. Wenn eine Stelle klar verständlich ist, gehe ich nicht darüber hinweg. Die Römer hatten einen Gott, den sie als »Terminus« bezeichneten. Er war der Gott der Grenzsteine. Die Bibel ist mein heiliger Grenzstein, wobei ich spüre, dass ich mich einem Fluch aussetzen würde, wenn ich ihn beseitigte. Wir wollen unseren Kindern diese tiefe Ehrfurcht vor der Schrift vermitteln, so wie wir ihr selbst mit Ehrerbietung begegnen. Dort steht es geschrieben. Weil es letztendlich aus der Feder des Ewigen hervorgegangen ist, nehmen wir es an. Wenn Gott es gesagt hat, wollen wir es nicht infrage stellen, damit die Schrift nicht von uns sagen muss: »Ja, freilich, o Mensch, wer bist du, der du das Wort nimmst gegen Gott?« (vgl. Römer 9,20). Wir müssen uns der Unfehlbarkeit des Heiligen Geistes beugen und sagen: »Herr, lehre mich, was dies bedeutet. Was ich nicht weiß, lehre du mich!« Wer mit einer großen Ehrfurcht vor der Schrift in dieser Welt lebt, führt als Mensch ein lebenswertes Leben. Der Herr lässt in seinem Leben die göttliche Zusage (»Die mich ehren, werde auch ich ehren«; vgl. 1. Samuel 2,30) wahr werden.

Indem ich diesen Punkt anspreche, würde ich auch sagen, dass eine derartige Unterweisung dem Betreffenden angesichts der unterschiedlichen Verführungen unserer Zeit Festigkeit verleiht. Wenn ich z. B. ein sogenanntes »Gotteshaus« aufsuche, sehe ich dem Eingang gegenüber wie in einer hübschen kleinen Puppenstube Menschen, die sich vor irgendwelchen Papierblumen und Leuchtern verbeugen. Ringsumher ist alles mit Madonnen- und Heiligenbildern geschmückt. Derjenige jedoch, der seine Bibel gelesen hat, verfällt nicht diesem modernen Götzendienst. Einst sagte ein Priester zu einem armen Iren: »Es kommt nichts Gutes dabei heraus, wenn Sie die Bibel lesen.« Darauf erwiderte der Mann: »Aber es steht geschrieben: ›Erforscht die Schriften‹ (vgl. Johannes 5,39). Denken Sie nur, Euer Hochwürden, ich habe gerade gelesen: ›Du sollst sie deinen Kindern einschärfen‹ (vgl. 5. Mose 6,7). Doch Priester haben ja keine Kinder. Wie können Sie dies erklären?« »Ach«, entgegnete der Priester, »solche Leute wie Sie können die Bibel nicht verstehen!« »Nun gut«, sagte darauf der Mann, »wenn ich sie nicht verstehen kann, schadet sie mir nicht. Wenn ich sie jedoch verstehen kann, ist sie für mich von großem Nutzen.« So ist es: Die Bibel, die abergläubischen Vorstellungen den Todesstoß versetzt, schadet sonst niemandem. Verbreitet sie daher in alle Himmelsrichtungen und lest sie, und zwar jeder von euch! Die Liebe zur Heiligen Schrift ist der Notanker im politischen sowie im geistlichen Bereich. Wenn Menschen völlig auf die Heilige Schrift gegründet sind, werden wir ungemein vorteilhafte Veränderungen auf gesellschaftlichem Gebiet erleben. Ist dies jedoch nicht der Fall, braut sich Unheil zusammen. Dieses Buch ist der Grundstein unserer Hoffnung für die Zukunft.

Damit zum letzten Punkt: Weil diese Unterweisung von frühester Kindheit an eine vortreffliche Charakterfestigkeit hervorbringt, wird sie *zu überaus fruchtbarem Dienst führen.* Somit wurde Timotheus mehr als alle anderen zu einem wertvollen Gefährten für Paulus – zu einem Mitarbeiter, den er liebevoll ansah und an den er mit Freuden dachte. Apostolische Gefährten gehen nur aus der Schule biblischer Belehrung hervor. Diejenigen, die den Glaubenserfahrungen des Mose, David und der Propheten nachgespürt haben, sind würdig, mit einem Apostel Umgang zu haben. Es ist etwas Besonderes, aus einem Kind den Gefährten eines bewährten Knechtes des lebendigen Gottes zu machen. Wenn ein Mann Gottes Seite an Seite mit einem jungen, schriftkundigen Mitarbeiter steht, spürt er: »Dies ist für mich ein geeigneter Begleiter.« Paulus, von jahrelanger Verfolgung gezeichnet, streicht sich seinen ergrauten Bart, während seine Augen vor Freude aufleuchten, wenn er auf diesen jungen Timotheus schaut. Was gibt es im Blick auf ihn, das ihn vor jedem anderen auszeichnet? Nun, es ist nur eines: Er kennt die Schrift, die ihn zur Rettung weise gemacht hat. Es ließen sich zweifellos prächtige junge Mitarbeiter finden, die sich darin gefielen, erhabene philosophische Gedanken den unveränderlichen Lehren der Heiligen Schrift vorzuziehen. Hätten sie jedoch angefangen, mit dem Apostel über ihre neuen Theorien zu reden, hätte Paulus sie mit warnenden Worten abgewiesen. Er wusste nichts von ihnen oder von ihrem »anderen Evangelium«. All dies waren lediglich Versuche, ihn und die Gemeinden zu verwirren. Ohne schriftgemäße Unterweisung fehlen einem Bekehrten Stehvermögen, Willenskraft und Inbrunst. Doch als Paulus den liebenswürdigen jungen Mann ansah, der die Schrift kannte und daran festhielt, dankte er Gott und fasste Mut.

Dieser junge Mann wurde ein Mitarbeiter und ein Evangelist. Er besaß als Prediger ein solches Format, dass wir froh gewesen wären, wenn wir ihn gehört hätten. Gott sende uns viele solcher Verkündiger! Vielleicht hätten wir sagen können: »Die Ansichten des jungen Mannes erwiesen sich als ziemlich unausgegoren, wobei seine Ausdrücke ein bisschen ungehobelt waren. Wir können dies jedoch bei einem so jungen Mann in Kauf nehmen. Andererseits gilt: Welch eine reiche Schrifterkenntnis besitzt er! Welch eine Tiefe der Gedanken! Habt ihr nicht bemerkt, dass er schon innerhalb seiner ersten zwölf Sätze ein Schriftwort anführte? Und als er dann zu seiner Beweisführung überging, gab er nicht ein halbes Dutzend rationalistischer Argumente wieder. Vielmehr war die ganze Angelegenheit erledigt, nachdem er ein einziges Wort des Herrn vorgebracht hatte.« Man muss demjenigen, der in seiner Bibel zu Hause ist, zustimmen.

Von derartigen Verkündigern brauchen wir noch mehr. Sorgt für eine gute Unterweisung eurer Kinder, ihr lieben Bibellehrer, damit auch sie zu gegebener Zeit schriftgebundene Lehrer werden.

Timotheus wurde ebenso zu einem großen Vorkämpfer des Glaubens. Er schritt voran und stand inmitten all derer, die Irrlehren verbreiteten, bis ans Ende fest – standfest, unerschütterlich und unerschrocken, weil er bereits als Kind die Heilige Schrift kennengelernt hatte. O ihr Bibellehrer, seht doch, was ihr bewirken könnt! In euren Sonntagsschulen sitzen unsere künftigen Evangelisten. In dieser Bibelunterweisung für die Kleinen sitzt einer, der einst in irgendein fernes Land gesandt werden soll. Aus deiner biblischen Belehrung kann, meine liebe Schwester, ein künftiger Vater in Christus hervorgehen. Und wenn du, mein lieber Bruder, schriftgemäße Unterweisung weitergibst, werden diejenigen zugerüstet, die den Banner des Herrn im dichtesten Kampfgetümmel tragen sollen. Die Ewigkeit blickt jedes Mal, wenn ihr als Sonntagsschule zusammenkommt, auf euch. O dass Gott euch helfen möge, eure Aufgabe gut zu erfüllen!

Onesimus

Ein entlaufener Sklave

»Vielleicht ist er deswegen für eine Zeit von dir getrennt gewesen, damit du ihn für immer besitzen sollst« (Philemon 15).

Die menschliche Natur ist selbstsüchtig, aber die göttliche Gnade ist liebevoll. Wer sich rühmt, dass er sich um niemand kümmert, und gleichzeitig von niemandem Anteilnahme erfährt, der verkörpert das Gegenteil von einem Christen, denn Jesus Christus macht das Herz weit, wenn er es reinigt. Niemand ist so zart und mitfühlend wie unser Meister, und wenn wir wirklich seine Jünger sind, so wird die gleiche Gesinnung in uns sein, die auch in Christus Jesus war. Der Apostel Paulus war ungemein weitherzig und mitfühlend. Gewiss, er hatte in Rom genug zu tun, seine eigenen Leiden zu tragen und das Evangelium zu verkündigen. Wenn er, wie der Priester im Gleichnis vom barmherzigen Samariter, an der entgegengesetzten Seite vorübergegangen wäre (vgl. Lukas 10,31), hätte er sich entschuldigen können, denn er musste dringende Geschäfte für den Meister erledigen, der einst zu seinen siebzig Boten gesagt hatte: »Grüßt niemand auf dem Weg« (vgl. Lukas 10,4). Wir hätten uns vielleicht nicht gewundert, wenn er gesagt hätte: »Ich finde einfach nicht die Zeit, um mich mit dem zu befassen, was ein entlaufener Sklave braucht.« Aber Paulus war anders gesinnt. Er hatte gepredigt, und Onesimus war zum Glauben gekommen. Von nun an betrachtete er ihn als seinen eigenen Sohn. Ich weiß nicht, warum Onesimus zu Paulus kam. Möglicherweise gelangte er zu ihm, wie so mancher Taugenichts zu mir gekommen ist - weil sein Vater mich gekannt hat. Weil der Herr des Onesimus Paulus kannte, wandte sich der Diener an den Freund seines Herrn, um in seiner großen Not vielleicht eine kleine Gefälligkeit von ihm zu erbitten. Irgendwie ergriff Paulus aber die Gelegenheit und verkündigte ihm Jesus, sodass der entlaufene Sklave zum Glauben an den Herrn Jesus Christus geführt wurde. Paulus beobachtete ihn. Ihm gefiel die Wesensart des Neubekehrten, wobei er sich gern von ihm bedienen ließ. Als es ihm dann richtig schien, dass Onesimus zu seinem Herrn Philemon zurückkehren sollte, gab er sich viel Mühe, um seinetwegen einen Entschuldigungsbrief abzufassen – einen Brief, der von langem Nachdenken zeugt, da jedes Wort wohlgewählt ist. Obwohl ihn nämlich der Heilige Geist eingab, hindert die Inspiration einen Menschen nicht daran, etwas gedanklich klar und sorgfältig niederzuschreiben. Jedes Wort ist zu einem bestimmten Zweck ausgewählt. Wäre er in eigener Sache vorgegangen, so hätte er es nicht mit größerer Ernsthaftigkeit und Weisheit tun können. Wie ihr wisst, schrieb Paulus seine Briefe gewöhnlich nicht mit eigener Hand, sondern diktierte sie einem Sekretär. Man nimmt an, dass er an einer Augenkrankheit litt und deshalb beim Schreiben große Buchstaben benutzte, wie er in einem seiner Briefe sagt: »Seht, mit was für großen Buchstaben ich euch mit eigener Hand geschrieben habe« (vgl. Galater 6,11). Obwohl der Briefumfang an sich nicht groß ist, spielte Paulus wahrscheinlich auf die Größe der Buchstaben an, die er gebrauchen musste, wenn er selbst schrieb. Dieser Brief an Philemon war, wenigstens teilweise, nicht diktiert, sondern eigenhändig geschrieben. Sehen wir uns dazu V. 19 an: »Ich, Paulus, habe es mit *meiner* Hand geschrieben, ich will bezahlen.« Obwohl dies, soweit ich mich erinnere, der einzige Schuldschein in der Schrift ist, finden wir hier einen Wechsel auf jede denkbare Summe, die Onesimus gestohlen haben könnte.

Lasst uns danach streben, weitherzig zu sein und unser Mitgefühl gegenüber Gotteskindern zu zeigen, besonders gegenüber Neubekehrten, wenn wir sie infolge eines Fehlverhaltens der Vergangenheit in Not finden. Wenn irgendetwas in Ordnung gebracht werden muss, sollten wir sie nicht von vornherein verurteilen und sagen: »Du hast deinen Herrn bestohlen, nicht wahr? Du gibst vor, bekehrt zu sein, aber wir glauben es nicht.« Obwohl eine solch misstrauische und strenge Behandlung durchaus verdient sein mag, geht sie nicht auf die Liebe Christi zurück. Versucht, den Gefallenen zurechtzuhelfen, und ermöglicht ihnen »einen guten gesellschaftlichen Neuanfang«, wie wir sagen würden. Wenn Gott ihnen vergeben hat, dann können wir es gewiss auch, und wenn Jesus Christus sie angenommen hat, können wir nicht anders handeln – wie schlimm ihre Vergangenheit auch ausgesehen haben mag. Tun wir für sie dasjenige, was Jesus getan hätte, wenn er hier gewesen wäre. Damit erweisen wir uns als wahre Jünger Jesu.

Betrachten wir zunächst Onesimus *als ein Beispiel göttlicher Gnade*.

Wir sehen die Gnade Gottes in seiner *Erwählung*. Er war Sklave. In jenen Tagen waren die Sklaven weithin unwissend, ungebildet und heruntergekommen. Da sie barbarisch behandelt wurden, waren sie zum größten Teil selbst in die niedrigste Barbarei herabgesunken, wobei ihre Herren auch nicht versuchten, sie daraus zu befreien. Es ist möglich, dass Philemons Versuch, Onesimus Gutes zu tun, diesem lästig geworden und er deshalb aus dessen Haus geflohen war. Die Gebete, Warnungen und christlichen Ordnungen seines Herrn mögen ihm unangenehm gewesen sein, sodass er fortgelaufen ist. Er hatte seinen Herrn betrogen, was kaum der Fall hätte sein können, wenn dieser ihm nicht bis zu einem gewissen Grad Vertrauen entgegengebracht hätte. Vielleicht ist die ungewöhnliche Freundlichkeit des Philemon und das Vertrauen, das in Onesimus gesetzt wurde, für dessen ungezügelte Natur zu viel gewesen. Wir wissen nicht, was er gestohlen hat, aber augenscheinlich lag etwas Entsprechendes vor, denn der Apostel sagt: »Wenn er dir aber irgendein Unrecht getan hat oder dir etwas schuldig ist, so rechne dies mir an« (vgl. V. 18). Onesimus flüchtete somit aus Kolossä und suchte die Metropole Rom auf, weil er dabei dachte, dass er von den Justizbeamten dort wohl kaum entdeckt werden würde. Rom was damals eine sehr große Stadt – etwa so groß wie London zu Beginn des 19. Jahrhunderts oder vielleicht etwas größer. In die dortigen abgelegenen Elendsviertel (dem Judenviertel im Rom des 19. Jahrhunderts vergleichbar) ist Onesimus wahrscheinlich gegangen, um sich zu verbergen. Oder er hat sich in jenen Diebesbanden angeschlossen, welche die kaiserliche Stadt heimsuchten. Dort würde man nichts mehr von ihm sehen oder hören, dachte er, sodass er das scheinbar unbeschwerte Leben eines Diebes führen konnte. Der Herr aber schaute vom Himmel mit den Augen der Liebe herab. Dabei waren seine Augen auf Onesimus gerichtet.

Waren keine freien Männer da, dass Gott einen Sklaven erwählen musste? Fanden sich keine treuen Diener, dass er einen wählen musste, der das Geld seines Herrn unterschlagen hatte? Gab es keine Gebildeten und Angehörigen der »feinen Welt«, dass er es nötig hatte, auf einen Halbwilden zu blicken? Waren keine unter den moralisch Hochstehenden und Vorbildlichen da, sodass sich die unvorstellbar große Liebe auf dieses heruntergekommene Wesen richtete, das sich jetzt mit dem Abschaum der Gesellschaft verbunden hatte? Und was der Abschaum der Gesellschaft im alten Rom war, daran mag ich nicht denken, denn die oberen Schichten waren in ihren allgemeinen Gewohnheiten ungefähr so verroht, wie wir es uns nur vorstellen können; und was der allerniedrigste Abschaum gewesen sein muss, kann keiner von uns sagen. Onesimus schien untrennbar zum Abschaum in diesem Sündenpfuhl zu gehören. Lest nach Möglichkeit, was Paulus in Kapitel 1 des Römerbriefs schreibt! Dann werdet sehen, in welch furchtbarem Zustand sich die heidnische Welt damals befand, wobei sich Onesimus zu diesem Zeitpunkt unter den Allerschlechtesten aufhielt. Und doch richtete die ewige Liebe, die an Königen und Fürsten vorüberging und die Pharisäer sowie Sadduzäer, Philosophen und Magier im Dunkeln tappen ließ, wie es ihnen gefiel, ihre Augen auf dieses arme, in der Finsternis wandelnde Geschöpf. Es sollte zu einem Gefäß der Ehren – einem dem Herrn nützlichen Werkzeug – werden.

> Denn wie er selbst, ist seine Gnad
> so frei und unumschränkt,
> und unerforschlich ist der Pfad,
> den seine Weisheit lenkt.

»Ich werde mich erbarmen, wessen ich mich erbarme, und werde Mitleid haben, mit wem ich Mitleid habe« (Römer 9,15; vgl. 2. Mose 33,19). Diese Worte rollen dem Donner gleich vom Kreuz auf Golgatha wie auch vom Berg Sinai her. Der Herr herrscht unumschränkt und tut, was ihm gefällt. Lasst uns diese wunderbare, erwählende Liebe anbeten, die einen Menschen wie Onesimus auswählte!

Wir können diese Gnade als Nächstes auch in der Bekehrung dieses entlaufenen Sklaven erkennen.

Sehen wir uns ihn an! Wie unwahrscheinlich ist es offenbar, dass er sich bekehren wird. Dieser Mann war unredlich gewesen und dabei noch verwegen, denn nachdem er das Eigentum seines Herrn gestohlen hatte, besaß er die Kühnheit, eine lange Reise von Kolossä bis nach Rom zu unternehmen. Aber die ewige Liebe beabsichtigt, diesen Mann zum Glauben zu führen – ein Vorhaben, das gelingt. Er mochte die Verkündigung des Paulus in Kolossä und Athen gehört haben, aber sie hatte keinen Eindruck auf ihn gemacht. In Rom predigte Paulus nicht in der Peterskirche – nicht in einem solch prächtig geschmückten Bauwerk. Vielmehr war es wahrscheinlich dort an der Rückseite des Palatinischen Hügels, wo die Prätorianergarde ihr Quartier hatte und sich ein Gefängnis befand, das man als Prätorium bezeichnete. In einem kahlen Raum des Kasernengefängnisses saß Paulus mit einem Soldaten, der an seine Hand gekettet war, und predigte zu allen, die zu ihm gelassen wurden, um ihn zu hören. Dort war es, wo die Gnade Gottes das Herz dieses halbzivilisierten jungen Mannes erreichte, und welch eine Veränderung bewirkte sie sogleich in ihm! Nun seht ihr ihn, wie er seine Sünde bereut, betrübt angesichts des Gedankens, einem ehrenwerten Mann unrecht getan zu haben. Ihn bedrückt es, die Verkommenheit seines Herzens sowie den Irrtum seines Lebens zu sehen. Er weint; Paulus verkündigt ihm Christus, den Gekreuzigten. Dabei hellt die Freude seinen Blick auf; und von diesem beschwerten Herzen wird eine Last genommen. Neue Gedanken erleuchten diese dunkle Seele; sogar das Antlitz ist verändert und der ganze Mensch erneuert, denn die Gnade Gottes kann den Löwen in ein Lamm, den Raben in eine Taube umwandeln.

Ich zweifle nicht daran, dass einige von uns ebenso wunderbare Beispiele göttlicher Erwählung und wirksamer Berufung sind, wie Onesimus es war. Lasst uns daher die Barmherzigkeit des Herrn verkündigen und uns sagen: »Christus soll dafür gerühmt werden. Der Herr hat es getan, und dem Herrn sei Ehre von nun an bis in Ewigkeit.«

Die Gnade Gottes wurde in der Wesensart sichtbar, die sie in Onesimus bei seiner Bekehrung weckte, denn von da an scheint er zuvorkommend, dienstbereit und von Nutzen gewesen zu sein. Das jedenfalls sagt Paulus. Er hätte ihn gern als Gefährten behalten. Er besaß offensichtlich ein freundliches, sanftes, liebevolles Gemüt. Paulus bezeichnete ihn sofort als Bruder und hätte ihn gern weiterhin bei sich gehabt. War es nicht ein eindeutiger Beweis seiner Herzensveränderung, dass Onesimus zur Rückkehr bereit war, als Paulus ihn zurückschickte? Fern von der Heimat hätte er wie jetzt in Rom von einem Ort zum anderen ziehen können und wäre vollkommen frei geblieben. Weil er aber spürte, dass er gegenüber seinem Herrn eine Art Verpflichtung hatte – besonders infolge der Veruntreuung ihm gegenüber -, beherzigt er den Rat des Paulus, in seine alte Stellung zurückzukehren. Er will wieder nach Kolossä reisen und einen Entschuldigungs- bzw. Empfehlungsbrief an seinen Herrn mitnehmen; denn er spürt, dass es seine Pflicht ist, das von ihm verursachte Unrecht wiedergutzumachen. Aus meiner Sicht ist es stets am besten, wenn Leute, die bekennen, bekehrt zu sein, den Entschluss fassen, früheres Unrecht zu beheben. Wenn sie unrechtmäßigerweise Geld genommen haben, so sollten sie es zurückzahlen; es wäre gut, wenn sie es siebenfach erstatten würden. Denke nicht, dass du darüber hinwegkommen kannst, indem du sagst: »Gott hat mir vergeben, und deshalb kann ich es unterlassen.« Nein, lieber Freund, weil Gott dir vergeben hat, solltest du vielmehr versuchen, alles Unrecht wiedergutzumachen, und durch eine entsprechende Handlungsweise die Aufrichtigkeit deiner Buße beweisen. So will Onesimus zu Philemon zurückkehren und die ihm bestimmten Jahre für ihn arbeiten oder anderweitig dessen Wünschen nachzukommen, denn obgleich er es vorgezogen hätte, Paulus zu dienen, war er zuerst demjenigen Mann verpflichtet, dem er geschadet hatte. Dies zeugte von einem sanften, demütigen, redlichen, aufrichtigen Geist. Lasst uns den Onesimus dafür loben – ja, lasst uns die Gnade Gottes dafür erheben! Sehen wir den Unterschied zwischen dem Mann, der den Diebstahl beging, und demjenigen, der nun zurückkehrt, um seinem Herrn von Nutzen zu sein.

Welche Wunder hat die Gnade Gottes getan! Welche Wunder kann die Gnade Gottes vollbringen! Viele Mittel werden in der Welt ausprobiert, um die Gottlosen zu bessern und die Gefallenen aus ihrer Verkommenheit zu retten. Allen diesen Bemühungen, soweit sie lautere Motive haben, wünschen wir nachhaltigen Erfolg; denn allem, was lieblich und rein ist sowie einen guten Ruf hat, wünschen wir Gottes Segen. Aber dieses Wort solltet ihr euch merken: Die wahre Besserung des Trinkers besteht darin, dass er ein neues Herz bekommt. Die wahre Rettung der Hure aus ihrer Verkommenheit findet sich in einer erneuerten Wesensart. Sie muss sich im Blut des Heilands waschen lassen, sonst wird sie niemals rein. Die untersten Schichten der Gesellschaft werden nur durch Jesus Christus und sein Evangelium in das Licht der Tugend, Mäßigkeit und Reinheit gebracht werden – ein Grundsatz, woran wir festhalten müssen. Mögen alle anderen tun, was ihnen gefällt, doch Gott bewahre mich davor, mich zu rühmen als nur des Kreuzes unseres Herrn Jesus Christus.

Nun haben wir zweitens in unserer Stelle und ihrem Zusammenhang ein sehr interessantes *Beispiel im Blick darauf, wie Sünde vom Guten überwunden wird.*

Onesimus hatte kein Recht, seinen Herrn zu bestehlen und ihm zu entlaufen; aber es gefiel Gott, dieses Verbrechen zu seiner Bekehrung zu gebrauchen. Es brachte ihn nach Rom – und zwar dahin, wo Paulus predigte –, und auf diese Weise zu Christus und zur Vernunft. Nun müssen wir, wenn wir davon sprechen, vorsichtig sein. Wenn Paulus sagt: »Vielleicht ist er deswegen für eine Zeit von dir getrennt gewesen, damit du ihn für immer besitzen sollst«, so entschuldigt er nicht sein Weggehen. Er erklärt nicht, dass Onesimus recht getan hätte - und zwar keinen Augenblick lang. Sünde ist Sünde. Wann immer Sünde aufgrund der göttlichen Gnade vom Guten überwunden wird, bleibt sie doch Sünde. Obwohl die Kreuzigung unseres Heilands die größten nur denkbaren Segnungen für die Menschheit gebracht hat, waren es dennoch die »Hände von Gesetzlosen« (vgl. eine ähnliche Formulierung in Apostelgeschichte 2,23), die Jesus nahmen und ihn kreuzigten. Der Verkauf Josefs nach Ägypten war in Gottes Hand das Mittel, Jakob und seine Söhne zur Zeit der Hungersnot am Leben zu erhalten. Seine Brüder konnten diesen glücklichen Ausgang jedoch nicht als ihr Verdienst ansehen und waren nicht weniger schuldig, weil sie ihren Bruder als Sklaven verkauft hatten. Lasst uns stets daran denken, dass die Fehlerhaftigkeit oder Tugend einer Handlung nicht auf ihren Folgen beruht. Wenn z. B. ein Mann, der bei der Eisenbahn als Weichensteller beschäftigt ist, seiner Pflicht nicht nachkommt, bezeichnet man es als eine sehr große Straftat, falls es zu einem Zugunglück kommt und ein Dutzend Leute getötet werden. Ja, aber der Straftatbestand ist der gleiche, wenn niemand getötet wird. Es ist nicht die Folge der Nachlässigkeit, sondern die Nachlässigkeit selbst, die Strafe verdient. Hätte die Pflicht des Mannes darin bestanden, die Weiche in eine bestimmte Richtung zu stellen, und hätte sein Versäumnis durch irgendeinen besonderen Zufall zur Rettung von Menschenleben gedient, so müsste man diesen Mann ebenso tadeln. Ihm wäre kein Verdienst anzurechnen, denn wenn sich seine Pflicht auf einem gewissen Gebiet befindet, so ist dort auch sein Fehler – nämlich die Vernachlässigung dieser Pflicht – zu suchen. Wenn Gott also Sünde durch Gutes überwindet, wie er es manchmal tut, ist sie deshalb trotzdem noch Sünde. Sie ist und bleibt Sünde. Allerdings muss man angesichts dessen nur umso mehr die wunderbare Weisheit und Gnade Gottes verherrlichen, der aus dem Bösen Gutes hervorgehen lässt und damit vollbringt, was nur die allmächtige Weisheit bewirken kann. Onesimus hat keine Entschuldigung: Dass er Güter seines Herrn veruntreut und ihn ohne Berechtigung verlassen hat, macht ihn zum Übeltäter, aber dennoch wird Gottes Gnade verherrlicht.

Denkt auch an Folgendes, das wir beachten müssen: Als Onesimus seinen Herrn verließ, beging er eine Handlung, deren Folgen aller Wahrscheinlichkeit nach für ihn lebensgefährlich sein würden. Er lebte als Diener, dem Vertrauen entgegengebracht wurde, unter dem Dach eines freundlichen Herrn, der eine Gemeinde in seinem Haus beherbergte. Wenn ich den Brief richtig verstehe, hatte er einen gottesfürchtigen Herrn und eine gottesfürchtige Herrin, sodass es ihm stets möglich war, das Evangelium kennenzulernen. Weil dieser leichtsinnige junge Bursche dies jedoch höchstwahrscheinlich nicht ertragen konnte, floh er. Damit verachtete er die Gelegenheit, das Heil zu ergreifen. Angenommen, es hätte sich ergeben, dass er an einem der damals häufig stattfindenden Sklavenaufstände beteiligt gewesen wäre, was er aller Wahrscheinlichkeit nach getan hätte, wenn die Gnade es nicht verhindert hätte. Er wäre dann hingerichtet worden, wie es bei vielen anderen der Fall war. Es wäre in Rom kurzer Prozess mit ihm gemacht worden: Kaum war der Betreffende halb verdächtig, so enthauptete man ihn. Das war die Regel für Sklaven und Landstreicher. Dann hätte man ebendiesen Onesimus vermutlich rasch zum Tode verurteilt, sodass er ins ewige Verderben gestürzt worden wäre. Er hatte durch das, was er tat, seinen Kopf sozusagen in den Rachen des Löwen gesteckt. Wenn ein junger Mensch plötzlich seine Heimat verlässt und nach London geht, so wissen wir, was das bedeutet. Auch wenn seine Freunde nicht wissen, wo er ist, und er nicht will, dass sie es wissen, so ist uns sehr bald bewusst, wo er sich aufhält und was er treibt. Was Onesimus tat, weiß ich nicht, aber er tat sicher sein Bestes, um sich zugrunde zu richten. Was ihn betrifft, so muss sein Verhalten deshalb nach dem beurteilt werden, wohin es ihn wahrscheinlich gebracht hätte. Dass es ihn aber nicht dahin führte, war nicht sein Verdienst, sondern dafür gebührt der Macht Gottes, die alle Sünde überwindet, die Ehre.

Sehen wir, wie Gott alles zum Guten führte! So hatte der Herr es beschlossen. Niemand außer Paulus soll imstande sein, das Herz des Onesimus anzurühren. Während Onesimus in Kolossä lebte, konnte Paulus nicht dahin kommen, weil er im Gefängnis war. Deshalb musste Onesimus irgendwie zu Paulus gelangen. Angenommen, Philemon hätte sich in seiner Freundlichkeit gedrungen gefühlt, Onesimus zu sagen: »Ich möchte, dass du nach Rom reist, dort Paulus aufsuchst und ihn hörst.« Dann hätte dieser nichtsnutzige Knecht erwidert: »Ich werde mein Leben nicht aufs Spiel setzen, um eine Predigt zu hören. Wenn ich einen Brief oder einen Geldbetrag mitnehmen soll, den du Paulus sendest, so will ich ihn abliefern, aber ich habe es nicht nötig, eine Predigt von ihm zu hören.« Wisst ihr, manchmal nimmt man Leute mit, die einen bestimmten Prediger hören sollen, weil man auf ihre Bekehrung abzielt. Vielleicht haben die Betreffenden keinerlei Ahnung, worum es dabei geht, sodass es höchst unwahrscheinlich ist, dass sie zum Glauben kommen. Sie sind nämlich mit dem Entschluss dahin gegangen, sich keinesfalls zu bekehren. Daher geht ihnen die Predigt nicht zu Herzen. Wahrscheinlich ist genau dies bei Onesimus der Fall gewesen. Nein, nein, auf diesem Weg war er nicht zu gewinnen. Deshalb musste er auf einem anderen Weg nach Rom gebracht werden. Wie sollte dies geschehen? Nun, die Machenschaften des Teufels müssen es zustande bringen, während dieser nicht einmal weiß, dass er dadurch einen willigen Diener verliert. Der Teufel verführt Onesimus zum Stehlen. Onesimus wird zum Dieb, und nachdem er gestohlen hat, befürchtet er, dass dies entdeckt wird. Daher macht er sich so schnell wie möglich auf den Weg nach Rom. Dort landet er in den abseits gelegenen Elendsvierteln und spürt, was auch der verlorene Sohn spürte – einen hungrigen Magen, und das ist für manche Leute einer der besten Prediger auf der Welt: Ihr Gewissen wird auf diesem Weg erreicht. Als er sehr hungrig ist und nicht weiß, was er tun soll, und als kein Mensch ihm etwas gibt, da denkt er nach, ob es wohl jemanden in Rom gibt, der Mitleid mit ihm haben würde. Er kennt in Rom überhaupt niemanden und ist dem Hungertod nahe.

Ich halte es durchaus für möglich, dass da eines Morgens eine Christin war, die hinging, um Paulus zu hören. Dabei sah sie diesen armen Mann auf einer Tempeltreppe kauern. Sie trat zu ihm und sprach mit ihm über seine Seele. »Meine Seele?«, entgegnete er, »darum kümmere ich mich nicht, aber mein Körper würde es dir danken, wenn du etwas zu essen hast. Ich bin halb verhungert.« Sie erwiderte: »So komme mit mir«, ihm Brot reichend. Danach sagte sie: »Ich tue dies um Jesu Christi willen.« »Jesus Christus!«, rief er aus, »von ihm habe ich gehört. In der Ferne war es – drüben in Kolossä.« »Wen hörtest du von ihm sprechen?«, hat die Frau dann vielleicht gefragt. »Nun, einen klein gewachsenen Mann mit schwachen Augen, einen großen Prediger, Paulus mit Namen, der gelegentlich in das Haus meines Herrn kam.« »Paulus? Ich gehe, um seine Predigt zu hören«, entgegnete die Frau, »willst du ihn wieder hören? Er hatte immer ein freundliches Wort für die Armen.« So geht er hin und drängt sich zwischen den Soldaten hindurch, während der Herr des Paulus diesen ermuntert, das rechte Wort zu sagen.

Es mag so gewesen sein. Vielleicht hat es sich auch anders zugetragen, und zwar dahin gehend, dass Onesimus dachte, da er niemanden anders kannte: »Ach ja, in Rom ist Paulus, das weiß ich doch. Weil er hier inhaftiert ist, will ich hingehen und sehen, in welchem Gefängnis er sich befindet.« Er geht in das Prätorium hinab, findet ihn dort und erzählt ihm von seiner großen Armut. Nachdem Paulus mit ihm gesprochen hat, bekennt er das Unrecht, das er begangen hat. Paulus, der ihn eine Zeit lang unterweist, sagt dann eines Tages zu ihm: »Nun musst du zurückkehren und gegenüber deinem Herrn den Schaden, den du ihm zugefügt hast, wiedergutmachen.« Es mag so oder so geschehen sein; jedenfalls musste der Herr Onesimus nach Rom bringen, damit er Paulus hören könnte. Dabei hatte Onesimus diese Sünde in jeder Beziehung willentlich begangen, während Gott keinen Anteil daran hatte. Dennoch wird sie durch eine geheimnisvolle Fügung vom Guten so überwunden, dass Onesimus dahin gebracht wird, wo das Evangelium an seiner Seele gesegnet werden soll.

Nun möchte ich mit einigen von euch Christen über diese Angelegenheit reden. Hast du, liebes Gotteskind, einen Sohn, der dein Haus verlassen hat? Ist er ein eigensinniger, ungeratener, junger Mensch, der weggegangen ist, weil er die klaren Ordnungen in einer christlichen Familie nicht ertragen konnte? Es ist traurig, dass es so ist - sehr traurig, aber verzage nicht und gib dich seinetwegen schon gar nicht der Verzweiflung hin! Du weißt nicht, wo er ist, aber Gott weiß es. Während du ihm nicht folgen kannst, ist der Geist Gottes dazu imstande. Er befindet sich auf der Seereise nach Schanghai. Ach, da mag ein Paulus in Schanghai sein, der ihm bei seiner Bekehrung behilflich sein soll, und weil dieser Paulus nicht in England ist, muss dein Sohn dorthin reisen. Ist er nach Australien unterwegs? Es mag dort durch den Segen Gottes ein Wort zu deinem Sohn gesprochen werden – das einzige Wort, das ihn je treffen wird. Ich kann es nicht weitergeben, niemand in London ist dazu imstande; aber der dort befindliche Prediger wird Gottes Sprachrohr sein. Deshalb lässt Gott deinen Sohn in all seinem Eigensinn und seiner Torheit weggehen, damit an seinem Leben die Gnadenmittel ansetzen können, die sich hinsichtlich seiner Errettung als wirksam erweisen werden. Das Schlimmste, was einem jungen Menschen passieren kann, ist mitunter das Beste, das ihm womöglich geschieht. Ich habe manchmal gedacht, wenn ich sah, wie sich angesehene und reiche junge Männer an Wettrennen und an allen Arten von Zerstreuungen beteiligen: »Natürlich ist dies eine äußerst bedenkliche Angelegenheit, aber es kann ebenso gut sein, dass sie ihr Geld so schnell wie nur irgend möglich durchbringen. Wenn sie sich dann an den Bettelstab gebracht haben, werden sie dem jungen Mann im Gleichnis ähneln, der seinen Vater verließ.« Als er alles verzehrt hatte, kam eine gewaltige Hungersnot über jenes Land, und er fing an, Mangel zu leiden. Dann sagte er: »Ich will mich aufmachen und zu meinem Vater gehen« (vgl. Lukas 15,18). Vielleicht sind die Krankheit als Folgeerscheinung des Lasters und die Armut, die sich wie ein gewappneter Mann nach Verschwendung und Ausschweifung einstellt (vgl. Sprüche 6,11 und 24,34 Nichtrevidierte Eberfelder), lediglich Liebe in anderer Form. Sie sind nur gesandt, um den Sünder zu nötigen, zu sich zu kommen, seine Wege zu bedenken und einen allezeit gnädigen Gott zu suchen.

Onesimus hätte zu Hause bleiben und nie ein Dieb werden können, aber dann wäre er vielleicht durch Selbstgerechtigkeit verlorengegangen. Jetzt aber ist seine Sünde sichtbar. Der Taugenichts hat die Verdorbenheit seines Herzens enthüllt, und nun tritt er Paulus unter die Augen. Nachdem dieser für ihn gebetet hat, kommt er zum Glauben. Verzweifelt doch niemals an einem Mann, einer Frau oder einem Kind, weil die Sünde des bzw. der Betreffenden charakterlich offen zutage tritt. Sagt euch im Gegenteil: »Diese Sünde befindet sich dort, wo ich sie sehe, damit ich dafür beten kann. Sie ist in mein Blickfeld getreten, damit ich mich bemühen möge, diese arme Seele zu Jesus Christus, dem mächtigen Heiland, zu bringen, der den Sünder aus der größten Verlorenheit retten kann.« Betrachtet diese Sünde im Licht aufrichtiger, tätiger Menschenliebe, und macht euch auf, sie zu überwinden. Unsere Pflicht besteht darin, im Hoffen und Beten auszuharren. Es kann durchaus sein, dass »er deswegen für eine Zeit von dir getrennt gewesen (ist), damit du ihn für immer besitzen sollst.« Vielleicht ist der Sohn so widerspenstig gewesen, damit seine Sünde einen Höhepunkt erreichen und ihm ein neues Herz gegeben werden kann. Möglicherweise hat sich der schlimme Zustand deiner Tochter so entwickelt, dass der Herr sie nun ihrer Sünde überführt, bis sie vor den Füßen des Heilands niederfällt. Auch wenn die Sache noch so schlimm steht, hofft in jeden Fall auf Gott und haltet an im Gebet!

Drittens können wir unsere Bibelstelle als *ein Beispiel von Beziehungen* ansehen, *die immer vollkommener werden.* »Vielleicht ist er deswegen für eine Zeit von dir getrennt gewesen, damit du ihn für immer besitzen sollst, nicht länger als einen Sklaven, sondern … als einen geliebten Bruder, besonders für mich, wie viel mehr aber für dich« (vgl. V. 15-16). Ihr wisst, dass wir lange Zeit brauchen, um große Wahrheiten zu lernen. Vielleicht hatte Philemon noch nicht ganz eingesehen, dass es unrecht von ihm war, einen Sklaven zu haben. Einigen Menschen, die zu ihrer Zeit sehr segensreich wirkten, fehlte die entsprechende Erkenntnis. John Newton wusste nicht, dass er Unrecht tat, als er im Sklavenhandel tätig war. George Whitefield wiederum dachte, als er Sklaven in dem von ihm geerbten Waisenhaus von Savannah[83] zurückließ, keinen Augenblick lang daran, mit ihnen anders zu verfahren, als wenn er mit Pferden, Gold und Silber gehandelt hätte. In der öffentlichen Meinung gab es noch Vorbehalte gegen die Abschaffung der Sklaverei, obgleich das Evangelium diese stets an der Wurzel getroffen hat. Das Wesen des Evangeliums besteht darin, dass wir andere behandeln sollen, wie wir von ihnen behandelt werden wollen. Niemand würde Sklave eines anderen sein wollen, und deshalb hat er kein Recht, einen anderen als Sklaven zu haben. Als Onesimus fortlief und wieder zurückkam, hat dieser Brief des Paulus Philemon vielleicht ein wenig die Augen hinsichtlich seiner eigenen Stellung geöffnet. Zweifellos wird er ein vortrefflicher Herr gewesen sein, seinem Sklaven Vertrauen geschenkt und ihn überhaupt nicht als Sklaven behandelt haben. Möglicherweise hatte er ihn jedoch nicht als einen Bruder betrachtet; und nun, da Onesimus zurückgekehrt ist, wird dieser ein besserer Diener sein. Aber auch Philemon hat sich geändert: Er wird ein besserer Herr und nicht länger ein Sklavenhalter sein. Er wird seinen früheren Diener als einen Bruder in Christus ansehen.

83 Stadt im heutigen US-Bundesstaat Georgia.

Nun ist es aber dies, was die Gnade Gottes vollbringt, wenn sie in einer Familie Einzug hält. Sie ändert die Verhältnisse nicht; sie gibt dem Kind nicht das Recht, frech zu sein und zu vergessen, dass es seinen Eltern gehorchen muss. Sie berechtigt den Vater nicht, seine Kinder ohne Weisheit und Liebe herumzukommandieren, denn sie sagt ihm, dass er seine Kinder nicht zum Zorn reizen soll, damit sie nicht mutlos werden. Sie gibt dem Diener nicht das Recht, Herr zu sein, und entzieht auch dem Herrn nicht seine Stellung. Ebenso wenig gestattet sie ihm, seine Autorität zu missbrauchen. Vielmehr sorgt sie in seinem Umfeld für angenehmere und freundlichere Verhältnisse. Rowland Hill[84] pflegte zu sagen, dass er keinen Pfennig für die Frömmigkeit eines Mannes gäbe, wenn sein Hund und seine Katze es nicht besser hätten, seit er bekehrt wäre. Dies ist eine bedeutungsvolle Bemerkung. Aufgrund der Gnade geht im Haus alles viel leichter. Die Herrin ist vielleicht etwas scharfzüngig, rasch und schroff. Nun, da sie die Gnade Gottes empfangen hat, wird ihre Gemütsverfassung veredelt. Die Hausangestellte mag zur Faulheit neigen, spät am Morgen aufstehen, ihre Arbeit sehr nachlässig tun und sich an der Tür oft dem nutzlosen Geschwätz hingeben. Wenn sie sich jedoch wahrhaft bekehrt hat, so hören alle derartigen Dinge auf. Sie ist gewissenhaft und erfüllt ihre Pflicht, wie es von ihr erwartet wird. Der Hausherr vielleicht - nun, er ist bekanntlich der Herr, keine Frage. Aber wenn er wahrhaft Christ geworden ist, so ist er sanft, freundlich und rücksichtsvoll. Der Mann ist das Haupt der Frau, aber wenn er durch die Gnade erneuert wurde, ist er keineswegs mehr ein Tyrann – ein Tatbestand, der auf einige Männer zutrifft. Die Frau nimmt auch weiterhin ihren Platz ein und versucht, mit aller Sanftmut sowie Weisheit die Hausbewohner so glücklich wie nur irgend möglich zu machen. Ich halte deinen Glauben für unecht, wenn er sich auf das Tabernakel[85] sowie die Gebetsstunde beschränkt und nicht in deinem Haus gelebt wird. Die beste Glaubenspraxis auf der Welt ist diejenige, die am Tisch lächelt, an der Nähmaschine arbeitet und in Gästezimmern exklusiver Häuser liebenswürdig ist. Gebt mir diejenige Glaubenspraxis, welche die Stiefel putzt und diese Aufgabe

---

84 (1744-1833), von den Methodisten beeinflusster volkstümlicher Prediger der anglikanischen Kirche, Förderer der *London Missionary Society* sowie der *British and Foreign Bible Society*.

85 Eigentlich *Metropolitan Tabernacle*; hier und im Folgenden Bezeichnung der 1861 eingeweihten Predigtstätte Spurgeons in London.

gut erledigt. Sie kocht das Essen, und zwar so, dass es schmeckt. Sie misst die Meterware beim Baumwollstoff ab und unterschlägt keinen Zentimeter. Sie verkauft hundert Meter von einem Stoff und berechnet dabei nicht hundert, obwohl es nur neunzig sind, wie es viele Kaufleute tun. Das ist wahrer christlicher Glaube, der das ganze Leben durchdringt.

Wenn wir wirklich Christen sind, so werden wir in all unseren Beziehungen zu unseren Mitmenschen anders als zuvor sein. Darum werden wir diejenigen, die wir als unter uns Stehende betrachten, mit ganz anderen Augen sehen. Lasst uns an andere denken – besonders an diejenigen, die Christus liebt, so wie er uns liebt. Philemon hätte sagen können: »Nein, nein, ich nehme dich nicht wieder, Onesimus – auf keinen Fall! Durch Schaden wird man klug, mein Lieber. Ich reite nie ein Pferd mit gebrochenen Beinen. Du hast mein Geld gestohlen, ich will dich nicht wiederhaben.« Ich habe Reden dieser Art gehört, ihr etwa nicht? Habt ihr jemals Ähnliches empfunden? Wenn dies der Fall ist, so geht nach Hause und bittet Gott, euch von solchen Empfindungen zu befreien, denn sie stehen der Seele schlecht an. Ihr könnt sie nicht mit in den Himmel nehmen. Wenn der Herr Jesus Christus euch so umfassend vergeben hat, erhebt sich die Frage: Dürft ihr dann euren Untergebenen an der Gurgel fassen und sagen: »Bezahle, wenn du etwas schuldig bist!« (vgl. Matthäus 18,28)? Gott bewahre uns davor, dass wir in einer solchen Gemütsart verharren! Seid mitfühlend, lasst euch leicht erbitten und seid zur Vergebung bereit! Es ist weitaus besser, Unrecht zu leiden, als Unrecht zu tun. Es ist viel besser, einen Fehler zu übersehen, den man hätte beachten können, als einen Fehler zu beachten, den man hätte übersehen können.

Herzensfreund, nach deinem Bilde
richte sich mein ganzer Sinn!

So heißt es in einem kleinen Lied, das wir in jungen Jahren lernten. Wir sollten diese Aussage beherzigen, denn darin heißt es weiter:

Deine Sanftmut, deine Milde
neig auch mich zur Liebe hin.

Gott gebe in seiner unendlichen Gnade, dass wir es tun.

Wenn die geheimnisvolle Fügung Gottes sich darin zeigte, dass Onesimus nach Rom gebracht wurde, so frage ich mich, ob es nicht eine seiner derartigen Fügungen ist, dass einige von euch heute Abend hier sind! Dies ist möglich. So etwas kommt vor. Es erscheinen hier Leute, die niemals beabsichtigten, hierherzukommen. Es wäre das Allerletzte gewesen, das sie geglaubt hätten, wenn ihnen jemand gesagt hätte, dass sie sich unter den Besuchern unserer Gemeinde befinden würden. Doch nun sind sie hier! Sie haben sich auf alle Art gesträubt und gewunden, und dennoch sind sie auf irgendeine Weise hierhergekommen. O bitte, erwäge doch diese Frage demnach in deinem eigenen Herzen: »Beabsichtigt Gott nicht, mich zu segnen? Hat er mich nicht hierhergeführt, damit ich an diesem Abend mein Herz Jesus übergebe, wie Onesimus es tat?« Mein lieber Freund, wenn du an den Herrn Jesus Christus glaubst, so wirst du augenblicklich Vergebung für all deine Sünde empfangen und errettet werden. Der Herr hat dich in seiner unendlichen Weisheit hierhergebracht, damit du dies hörst. Dabei hoffe ich, dass er dich auch hergeführt hat, damit du es annimmst und somit als völlig umgestalteter Mensch deines Weges gehst. Vor ungefähr drei Jahren sprach ich mit einem alten Prediger, der anfing, in seiner Westentasche herumzuwühlen. Es dauerte jedoch lange, bis er fand, was er suchte. Endlich zog er einen Brief hervor, der fast ganz zerrissen war, und sagte: »Gott, der Allmächtige, segne Sie! Gott, der Allmächtige, segne Sie!« Darauf fragte ich: »Lieber Freund, was ist das?« Er erwiderte: »Ich hatte einen Sohn. Ich hoffte, er würde die Stütze meines Alters sein, aber er brachte Schande über sich und verließ mich. Dabei wusste ich nicht einmal, wohin er ging, außer dass er mir gesagt hatte, er würde nach Amerika gehen. Er kaufte sich eine Fahrkarte, um an den Londoner Docks abzulegen und nach Amerika zu segeln, aber das Schiff fuhr nicht an dem Tag ab, an dem er dachte.« Dieser betagte Prediger bat mich, den Brief zu lesen. Das tat ich dann auch. Er lautete ungefähr so: »Vater, ich bin hier in Amerika. Ich habe eine Stelle gefunden und Gott hat es mir gelingen lassen. Ich schreibe, um dich für das tausendfache Unrecht, das ich dir antat, und den Kummer, den ich dir bereitete, um Vergebung zu bitten. Denn Gott sei gepriesen, ich habe den Heiland gefunden! Ich bin Mitglied der Gemeinde Gottes hier geworden und hoffe, mein Leben im Dienst Gottes zubringen zu können. Es kam so: Ich segelte nicht an dem Tag nach Amerika, an dem es eigentlich losgehen sollte. Daher suchte ich das *Metropolitan Tabernacle* auf, um mal zu sehen, wie es da eigentlich zugeht, und dort begegnete mir Gott. Spurgeon sagte: ›Vielleicht ist ein fortgelaufener Sohn hier. Der Herr berufe ihn durch seine Gnade.‹ Und er berief mich tatsächlich.« »Nun«, sagte mein Gesprächspartner, als er den Brief zusammenfaltete und in seine Tasche steckte: »Dieser mein Sohn ist inzwischen verstorben und in den Himmel eingegangen. Doch ich liebe Sie und werde Ihnen mein Leben lang verbunden bleiben, weil Sie das Werkzeug waren, ihn zu Christus zu führen.« Ist heute Abend jemand hier, dem es ähnlich ergeht? Ich bin überzeugt, dass es so ist – jemand, der genau so geartet ist. Im Namen Gottes beschwöre ich ihn, die Warnung anzunehmen, die ich ihm von dieser Kanzel aus weitergebe. Wagst du es, von diesem Ort wegzugehen, wie du gekommen bist? O du junger Mann, der Herr gibt dir in seiner Gnade noch einmal die Gelegenheit, vom Irrtum deiner Wege umzukehren, und ich bitte dich, jetzt hier – so wie du bist – zum Himmel aufzuschauen und zu sagen: »Gott, sei mir, dem Sünder, gnädig« (vgl. Lukas 18,13). Dann wird er dir seine Gnade zueignen. Geh daraufhin nach Hause zu deinem Vater und erzähle ihm, was die Gnade Gottes für dich getan hat. Bewundere die Liebe, die dich hierhergeführt hat, um dich zu Christus zu bringen.

Lieber Freund, wenn auch nichts Geheimnisvolles dabei ist, so sind wir doch hier. Wir befinden uns dort, wo das Evangelium verkündigt wird, und dies legt uns eine Verantwortung auf. Einige von euch werden unbußfertig bleiben. Wenn jedoch ein Mensch verlorengeht, so ist es besser für ihn, verlorenzugehen, ohne das Evangelium gehört zu haben, als unter dem Schall einer klaren, ernsten Verkündigung des Evangeliums Jesu Christi verlorenzugehen. Wie lange hinken einige von euch auf beiden Seiten? »So lange Zeit bin ich bei euch«, spricht Christus, »und du hast mich nicht erkannt?« (vgl. Johannes 14,9). Du hast all diese Lehren, Verkündigungen und Einladungen gehört und bekehrst dich doch nicht?

> Bekehre du den Sünder, Herr,
> und offenbar ihm sein Verderben.

Möge dieser Sünder nicht noch länger warten, damit er nicht zögert, bis er zu spät seine verhängnisvolle Wahl bereut. Gott segne euch um Christi willen.

Buch II

Predigten über Frauen des Neuen Testaments

Die Mutter Jesu

Das Lied der Maria

»Und Maria sprach: Meine Seele erhebt den Herrn, und mein Geist hat gejubelt über Gott, meinen Heiland« (Lukas 1,46-47).

Maria war zu Besuch, als sie ihre Freude mit den Worten dieses erhabenen Liedes zum Ausdruck brachte. Es wäre gut, wenn sich all unser Umgang miteinander in unseren Herzen so segensreich auswirkte wie dieser Besuch im Leben Marias. »Eisen wird durch Eisen geschärft, und ein Mann schärft das Angesicht seines Nächsten« (vgl. Sprüche 27,17). Maria sucht glaubensvoll Elisabeth auf, die ebenfalls voll heiligen Vertrauens ist. Es dauert nicht lange, bis sich der Glaube der beiden Frauen zu voller Gewissheit emporschwingt, die sich in einem Strom heiligen Lobpreises Bahn bricht. Dieser Lobpreis weckte die in ihnen schlummernden Kräfte, sodass wir statt zweier gewöhnlicher Frauen vom Land zwei Prophetinnen und Dichterinnen vor uns sehen, auf denen der Geist Gottes in überreichem Maße ruhte. Wenn wir unseren Verwandten und Bekannten begegnen, sollten wir Gott darum bitten, dass unsere Gemeinschaft mit ihnen nicht nur vergnüglich, sondern auch nutzbringend ist. Wir sollten die Zeit dann nicht irgendwie zubringen und nicht nur angenehme Stunden verleben, sondern auch eine Tagereise dem Himmel näher kommen und uns immer mehr auf unsere ewige Ruhe einstimmen.

Beachten wir die heilige Freude Marias, damit wir sie nachahmen mögen. Wir wünschen einander frohe Festtage, wenn die Weihnachtszeit herangerückt ist. Einigen Christen, die schnell den moralischen Zeigefinger erheben, missfällt dabei das Wort »fröhlich«. Dabei ist es ein von alters her gebrauchtes Wort, worin die Freude der Kinder ebenso mitschwingt wie der Frohsinn Erwachsener. Damit ruft man sich die alten Lieder der Weihnachtssänger[86] und das mitternächtliche Glockengeläut, das weihnachtlich ge-

86 Vgl. das deutsche Weihnachtslied »O du fröhliche«.

schmückte Zimmer und den Glanz der Kerzen am Weihnachtsbaum wieder ins Gedächtnis. In dem Gleichnis, das mir am meisten zu Herzen geht, gibt es eine Stelle, die mir besonders gefällt. Dort heißt es, nachdem der lange vermisste Sohn wohlbehalten zu seinem Vater zurückgekehrt ist: »Sie fingen an, fröhlich zu sein« (vgl. Lukas 15,24). Mein Herzenswunsch besteht darin, dass ihr als Gläubige im höchsten und besten Sinne »fröhlich« seid. In Marias Inneren fand sich nichts als heilige Freude – jede Faser ihres Herzens war davon erfüllt. Sie entsprach der Freude der Engel um Gottes Thron, als ihr Lobpreis erklang: »Herrlichkeit Gott in der Höhe«, während wir singen: »Friede auf Erden in den Menschen des Wohlgefallens« (vgl. jeweils Lukas 2,14). Mögt ihr heute und morgen – ja, alle Tage eures Lebens – die überschwängliche und heilige Glückseligkeit Marias besitzen!

Stellen wir zunächst fest, dass *Maria singt.*

Sie besingt einen Heiland, sie jubelt dem menschgewordenen Gott zu. Die Erscheinung des lange erwarteten Messias steht unmittelbar bevor. Derjenige, auf den Propheten und Könige so lange gehofft haben, schickt sich an, zu kommen, geboren von einer Jungfrau aus Nazareth. Es gab wahrlich nie ein Lied, dessen Thema wunderbarer war – die Tatsache, dass sich Gott selbst herabneigt und sich auf die Ebene des schwachen Menschen begibt. Als Gott seine Macht in den Werken seiner Hände offenbarte, jubelten die Morgensterne, während die Söhne Gottes jauchzten (vgl. Hiob 38,7). Als sich Gott jedoch selbst offenbart, erhebt sich die Frage: Welche Musik ist angemessen, um den gewaltigen Psalm anbetenden Staunens ertönen zu lassen? Wenn Weisheit und Macht sichtbar werden, sind dies lediglich Eigenschaften Gottes, doch bei Christi Menschwerdung ist es Gott selbst, der – eingehüllt in unser armseliges Fleisch und Blut – geoffenbart wird. Jetzt hat Maria allen Grund, zu singen, da Erde und Himmel angesichts der sich tief zu uns neigenden Gnade von Staunen erfüllt sind.

Welch unvergleichlicher Klang erfüllt die Aussage: »Das Wort wurde Fleisch und wohnte unter uns« (vgl. Johannes 1,14). Zwischen Gott und seinem Volk ist keine große Kluft mehr befestigt, weil Christus sie mit seinem Menschsein überbrückt hat. Wir sollten nicht mehr meinen, Gott throne in der Höhe und sei gegenüber den menschlichen Bedürfnissen und Bedrängnissen gleichgültig. Er hat uns nämlich besucht und ist in die Niedrigkeit unseres Standes gekommen. Wir brauchen nicht mehr darüber zu klagen, dass wir an der moralischen Herrlichkeit und Reinheit Gottes keinerlei Anteil haben können. Wenn sich Gott nämlich als in Herrlichkeit Thronender auf die Ebene seiner sündigen Geschöpfe begeben kann, dann ist es gewiss leichter, diese Geschöpfe als Bluterkaufte und Gereinigte jenen himmlischen Weg hinaufzuführen, damit die Erlösten für immer auf seinem Thron sitzen können. Bilden wir uns in dumpfer Traurigkeit nicht mehr ein, wir wären außerstande, Gott so nahe zu kommen, dass er wirklich unsere Gebete hören und mit unseren Nöten Mitleid haben kann. Denn Jesus ist Gebein von unserem Gebein und Fleisch von unserem Fleisch geworden. Er kam zur Welt wie andere Kinder auch. Er führte als Mensch das Leben, das uns beschieden ist, und trug die gleichen Schwachheiten sowie Betrübnisse. Schließlich neigte er bei seinem Abscheiden sein Haupt genauso wie wir. O dass wir doch mit Freimütigkeit auf diesem neuen und lebendigen Weg herzukommen und zum Thron der himmlischen Gnade herzutreten, wenn Jesus uns als Immanuel – Gott mit uns – begegnet!

Damit war das Thema ihres heiligen Lobpreises allerdings noch nicht vollständig erfasst. Ihre besondere Freude galt nicht nur der Tatsache, dass ein Heiland zur Welt kam, sondern auch dem Sachverhalt, dass er von ihr geboren werden sollte. Sie war gesegnet unter den Frauen und in hohem Maße vom Herrn bevorrechtet. Wir können jedoch die gleiche Gunst empfangen – ja, wir müssen sie empfangen, sonst hat das Kommen eines Retters für uns keinen Wert. Bekanntlich nimmt Christus auf Golgatha die Sünde seines Volkes weg, doch niemand hat je die Vortrefflichkeit Christi am Kreuz erkannt, bevor nicht der Herr Jesus als die Hoffnung der Herrlichkeit in seinem Herzen Gestalt angenommen hat. Die Jungfrau hebt in ihrem Lobgesang die besondere, ihr zugeeignete Gnade Gottes hervor. Jene kleinen Wörter, die Personalpronomen, künden davon, dass es sich bei ihr wahrhaftig um eine ganz persönliche Angelegenheit handelt. »Meine Seele erhebt den Herrn, und mein Geist hat gejubelt über Gott, meinen Heiland.« Der Heiland war in ganz besonderer und spezieller Weise ihr Retter. Sie sang nicht: »Christus für alle«, sondern das Thema, worüber sie sich freute, lautete: »Christus für mich«. Mein Lieber, wohnt Christus Jesus in deinem Herzen? Als du ihn einst von fern betrachtet hast, hat dieser Blick dich von allen geistlichen Krankheiten geheilt. Doch ist dein Leben jetzt auf ihn gegründet, indem du ihn in dein Innerstes als deine geistliche Speise und deinen geistlichen Trank aufgenommen hast? In heiliger Gemeinschaft hast du oft sinnbildlich von seinem Fleisch gegessen und von seinem Blut getrunken. Du bist mit ihm durch die Taufe in den Tod begraben worden. Du hast dich ihm als Opfer hingegeben, während du ihn gleichzeitig als Opfer für dich angenommen hast. Du kannst von ihm wie die Braut singen: »Seine Linke liegt unter meinem Kopf, und seine Rechte umfasst mich ... Mein Geliebter ist mein, und ich bin sein, der in den Lilien weidet« (vgl. Hoheslied 2,6.16). Wer so lebt, ist glücklich und weiß nichts von einem armseligen Werk als niedergebeugter Sklave. O ihr könnt nichts von der Freude Marias kennen, bevor Christus nicht wahrhaftig und wirklich euer Eigen wird. Aber wie wunderbar, wenn er euch gehört und ihr in ihm als demjenigen seid, der in eurem Herzen regiert, all eure Leidenschaften zügelt, euer Wesen verändert, euer Verdorbensein überwindet und euch zu geheiligten Empfindungen anregt! Er ist dann in euch – eine unsagbare Freude voller Herrlichkeit. O dann könnt und müsst ihr singen, denn wer könnte da eure Zunge zurückhalten?

Uns würden vielfältige Belehrungen entgehen, wenn wir die Tatsache übersähen, dass dieser von uns betrachtete, kostbare Gesang ein Lied des Glaubens ist. Bislang war noch kein Heiland geboren worden. Auch hatte die Jungfrau – soweit wir das beurteilen können – noch keinerlei Beweis, aufgrund dessen sie mit ihrer natürlichen Sinneswahrnehmung hätte glauben können, dass ein Retter von ihr geboren werden würde. Wie kann dies geschehen? Es wäre nur zu verständlich gewesen, wenn diese Frage ihr Lied zurückgehalten hätte, bis ihr eine Antwort gegeben worden wäre, die Fleisch und Blut überzeugte. Aber sie hatte keine solche Antwort erhalten. Sie wusste, dass bei Gott alle Dinge möglich sind, denn ihr war von einem Engel seine Verheißung überbracht worden, und dies genügte ihr. Kraft des von Gott ergangenen Wortes hüpfte ihr Herz vor Freude, während ihre Zunge seinen Namen verherrlichte. Dabei bedenke ich, was ihren Glauben auszeichnete und wie bereitwillig sie das Wort annahm. Angesichts dessen räume ich ihr als Frau ohne Weiteres eine Stellung ein, die fast an diejenige heranreicht, welche Abraham als Mann einnahm. Wenn ich auch nicht wage, sie als Mutter der Glaubenden zu bezeichnen, sollte ihr zumindest die Ehre zuteilwerden, als eine der vortrefflichsten Mütter in Israel zu gelten. Die Segensworte aus dem Munde der Elisabeth hatte Maria sehr wohl verdient: »Glückselig, die geglaubt hat« (vgl. Lukas 1,45). Für sie war der Glaube die »Verwirklichung dessen, was man hofft«, und darüber hinaus ein Überführtsein von »Dingen, die man nicht sieht« (vgl. jeweils Hebräer 11,1). Sie wusste infolge der Offenbarung Gottes, dass sie den verheißenen Nachkommen gebären sollte, welcher der Schlange den Kopf zermalmen würde. Andere Beweise hatte sie jedoch nicht.

Heute befinden sich einige unter uns, deren bewusste Freude an der Gegenwart des Heilands geschmälert ist oder völlig fehlt. Sie wandeln in der Finsternis und sehen kein Licht. Dabei seufzen sie unter der tief in ihnen wurzelnden Sünde und trauern, weil verderbliche Einflüsse die Oberhand gewinnen. Mögen sie doch jetzt auf den Herrn vertrauen und daran denken, dass Christus Jesus in ihnen ist, wenn sie an den Sohn Gottes glauben! Dann können sie durch Glauben in rechter Weise das herrliche Halleluja anbetender Liebe anstimmen. Ach, obwohl du wie David so sehr niedergedrückt bist, sagst du dennoch wie er zu deiner Seele: »Harre auf Gott! – Denn ich werde ihn noch preisen für das Heil seines Angesichts« (vgl. z. B. Psalm 42,6). Freue dich dann wie Maria. Es ist die Freude darüber, dass der Heiland ganz ihr gehört. Doch die entsprechenden Beweise sind nicht in Sinneswahrnehmungen, sondern im Glauben zu suchen.

Während wir noch auf den Lobgesang der bevorrechteten Jungfrau hören, will ich feststellen, dass ihre Niedrigkeit sie nicht daran hindert, weiterzusingen. Ja, sie bringt einen noch lieblicheren Klang hinein: »Denn er hat hingeblickt auf die Niedrigkeit seiner Magd« (vgl. hier und im Folgenden Lukas 1,48). Mein lieber Freund, du spürst deutlicher als je zuvor die Tiefe deiner natürlichen Verdorbenheit. Du wirst vom Gefühl deines vielfältigen Versagens gedemütigt, du bist sogar an dieser Versammlungsstätte so tot und erdenverhaftet, dass du dich nicht zu Gott erheben kannst. Du bist schwermütig und traurig, während unsere Weihnachtslieder an deine Ohren gedrungen sind.[87] Du fühlst dich heute so nutzlos für die Gemeinde Gottes, so unbedeutend sowie ganz und gar unwürdig, dass dein Unglaube flüstert: »Ganz gewiss, du hast nichts, was du besingen kannst.« Nun kommt schon, meine Brüder und Schwes-

87 C. H. Spurgeon hielt diese Predigt am 25.12.1864, also am 1. Weihnachtsfeiertag dieses Jahres.

tern, ahmt diese glückselige Jungfrau von Nazareth nach und verwandelt eure Niedrigkeit und Armseligkeit, die ihr so schmerzlich empfindet, in einen weiteren Grund für unaufhörlichen Lobpreis. Töchter Zions, bringt es mit lieblichen Worten in euren Liebesliedern zum Ausdruck: »Er hat hingeblickt auf die Niedrigkeit seiner Magd.« Je weniger ich seiner Gnadenerweise wert bin, umso schöner will ich seine Gnade besingen. Wenn ich auch der unbedeutendste von all seinen Erwählten bin, so will ich denjenigen preisen, der mit Augen der Liebe mich suchte und mir seine Liebe schenkte. Sicher wird die Erinnerung daran, dass es einen Heiland gibt und dass dieser Heiland dir gehört, in dir das Lied anstimmen. Und wenn du den Gedanken danebenstellst, dass du einst sündig, unrein, gemein, hassenswert und ein Feind Gottes warst, dann wird dein Gesang noch voller erklingen und bis in den dritten Himmel aufsteigen, um den Saiten der goldenen Harfen den Lobpreis Gottes zu entlocken.

Wir können durchaus darauf hinweisen, dass die Sängerin des Wohlklangs aufgrund der Großartigkeit der verheißenen Segnung nicht veranlasst wurde, ihr dankbares Lied zu unterbrechen. Oft muss ich über die große Güte Gottes nachsinnen, wie er sein Volk liebte, bevor die Welt war, wie er sein Leben für uns darlegte, wie er sich für uns vor dem ewigen Thron verwendet und wie er uns ein Paradies der ewigen Ruhe bereitet hat. Dann quält mich der unheilvolle Gedanke: »Ganz gewiss ist dies ein zu hohes Vorrecht für eine Eintagsfliege wie mich armes Geschöpf, den Menschen.« Maria blickte nicht glaubenslos auf diese Tatsache; obwohl sie die Größe dieser Gnade wertschätzte. Sie jubelte deshalb umso mehr aus vollem Herzen. »Denn Großes hat der Mächtige an mir getan« (vgl. hier und im Folgenden V. 49). Komm, meine Seele, es ist etwas Großes, ein Kind Gottes zu sein, aber dein Gott vollbringt auch darüber hinaus große Wunder. Lass dich darum durch den Unglauben nicht sprachlos machen, sondern rühme dich deiner Kindschaft angesichts einer so großen Barmherzigkeit. O es ist eine gewaltige, alle Berge überragende Barmherzigkeit, von Gott vor aller Ewigkeit auserwählt zu sein. Aber wem gilt seine Auserwählung? Doch wohl seinen Erlösten, und darum singe davon! Es ist eine unergründliche und unaussprechliche Segnung, durch das kostbare Blut Christi erlöst zu sein, doch die Tatsache deiner so erfolgten Errettung steht ganz außer Frage. Deshalb zweifle nicht, sondern jauchze laut vor Herzensfreude.

Welch eine Fülle an Wahrheit liegt in diesen wenigen Worten: »Großes hat der Mächtige an mir getan.« Dies ist eine Stelle, worüber ein verherrlichter Geist im Himmel endlose Predigten halten könnte. Denkt doch über das nach, was ich euch auf diesem schlichten Weg nahebringen wollte, und versucht, dahin zu kommen, wo Maria in heiligem Frohlocken stand. Die Gnade ist groß, aber genauso groß ihr Geber. Die Liebe ist unendlich, doch das gilt auch für das Herz, von dem sie ausgeht. Die Glückseligkeit ist unaussprechlich, aber dies ist auch hinsichtlich der göttlichen Weisheit der Fall, die sie von alters her vorgesehen hat.

Gehen wir weiter. Die Heiligkeit Gottes hat mitunter die Inbrunst der Freude des Gläubigen gedämpft, nicht jedoch bei Maria. Sie jubelt darüber: »… und heilig ist sein Name«. Sie webt selbst diese wunderbare Eigenschaft in ihr Lied ein. Heiliger Herr! Wenn ich meinen Heiland vergesse, lässt mich der Gedanke an deine Reinheit erschaudern. Wenn ich wie Mose auf dem heiligen Berg deines Gesetzes stehe, bin ich voll Furcht und Zittern. Für mich – im Bewusstsein meiner Schuld – könnte kein Donner schrecklicher sein als der Hymnus der Seraphim: »Heilig, heilig, heilig ist der HERR der Heerscharen« (vgl. Jesaja 6,3). Was ist deine Heiligkeit anders als ein verzehrendes Feuer, das mich, einen Sünder, völlig verzehren müsste? Wenn die Himmel in deinen Augen nicht rein sind und du den Engeln Torheit zur Last legst, wie viel weniger kannst du dann den nichtigen, rebellischen Menschen ertragen, der von einer Frau geboren wurde? Wie kann ein Mensch rein sein, und wie können deine Augen auf ihn blicken, ohne ihn augenblicklich in deinem Zorn zu vernichten? Aber, o Heiliger Israels, wenn mein Geist auf Golgatha stehen und sehen kann, wie sich deine Heiligkeit in den Wunden des in Bethlehem geborenen Mannes erweist, dann freut sich mein Geist über die herrliche Heiligkeit, die ihn einst erschreckt hatte. Hat sich der dreimal heilige Gott zum Menschen herabgeneigt und Menschengestalt angenommen? Dann gibt es in der Tat Hoffnung! Hat ein heiliger Gott das Urteil getragen, das sein eigenes Gesetz über den Menschen verkündet hatte? Breitet dieser heilige Gott in seiner Menschwerdung jetzt seine verwundeten Hände aus, um für mich zu bitten? Dann, meine Seele, wird die Heiligkeit Gottes dir zum Trost sein.

Nähmen wir die Adlersflügel und schwängen uns in heiligem Lobpreis himmelwärts, weitete sich der Horizont unter uns; genauso wie sich Maria auf den Schwingen der Poesie erhebt, auf den langen geschichtlichen Weg zurückschaut und die mächtigen Taten Jahwes in längst vergangenen Zeitaltern erblickt. Beachten wir, wie ihr Lied immer majestätischer wird. Es gleicht eher dem mächtigen Flug Hesekiels auf Adlerschwingen als dem Flattern der scheuen Taube von Nazareth. Sie singt: »Seine Barmherzigkeit ist von Geschlecht zu Geschlecht über die, welche ihn fürchten« (vgl. V. 50). Sie blickt über die Gefangenschaft[88] hinweg auf die Tage der Könige, auf Salomo, auf David, auf die gesamte Richterzeit, auf die Wüstenwanderung, auf den Durchzug durchs Rote Meer, auf Jakob, auf Isaak, auf Abraham und noch weiter zurück, bis sie am Tor von Eden innehält, wo sie den Klang der Verheißung vernimmt: »Er (der Same der Frau) wird dir (der Schlange) den Kopf zermalmen« (vgl. 1. Mose 3,15). Wie großartig fasst sie das »Buch der Kriege des Herrn« (vgl. 4. Mose 21,14; Schlachter 2000) zusammen, um die Triumphe Jahwes zu schildern. »Er hat Macht geübt mit seinem Arm; er hat zerstreut, die in der Gesinnung ihres Herzens hochmütig sind« (vgl. V. 51). Wie wunderbar sind Gnade und Gericht in der nächsten Strophe ihres Psalms miteinander verwoben: »Er hat Mächtige von Thronen hinabgestoßen und Niedrige erhöht. Hungrige hat er mit Gütern erfüllt und Reiche leer fortgeschickt« (vgl. hier und im Folgenden V. 52-53). Meine Brüder und Schwestern, lasst uns ebenso von der Vergangenheit singen, die so ruhmvoll in ihrem Glauben, furchtbar in ihrem Gericht und so voller Wunder war. Unser eigenes Leben bietet uns Gründe dafür, ein Anbetungslied zu singen. Lasst uns davon reden, was wir unternommen haben, um dem König zu nahen. Wir waren hungrig, und er erfüllte uns mit Gütern. Wir krochen mit den Bettlern im Kot dieser Welt herum, während er uns unter Fürsten auf den Thron gesetzt hat. Wir wurden vom Sturm hin und her geworfen, aber wir hatten den Kapitän in Gestalt des Ewigen auf der Brücke. Wir brauchten uns nicht vor Schiffbruch zu fürchten, wir wurden in den brennenden Ofen geworfen, doch die Gegenwart des Sohnes des Menschen hat die Gewalt der Flammen ausgelöscht. Ruft sie hinaus, o ihr Töchter des Gesangs, die lange Geschichte der Gnade des Herrn mit seinem Volk in den lange abgeschiedenen Geschlechtern! Viele Wasser konnten seine Liebe nicht auslöschen, noch konnten die Fluten sie ertränken. Ver-

88 Hier ist die Babylonische Gefangenschaft im 6. Jahrhundert v.Chr. gemeint.

folgung, Hungersnot, Blöße, Gefahr, Schwert – nichts davon hat die Heiligen von der Liebe Gottes getrennt, die in Christus Jesus, unserem Herrn, ist. Die Heiligen unter den Flügeln des Allerhöchsten sind stets sicher gewesen; wenn ihnen der Feind am meisten zusetzte, wohnten sie doch in vollkommenem Frieden: »Gott ist uns Zuflucht und Stärke, als Beistand in Nöten reichlich gefunden« (vgl. Psalm 46,2).

Als Maria auf diese Weise ihr Herz zur Verherrlichung Gottes wegen seiner Wunder in der Vergangenheit eingestimmt hatte, verweilte sie besonders bei dem Gedanken der Auserwählung. Der höchste Akkord auf der Tonleiter meines Lobgesangs wird erreicht, wenn meine Seele singt: »Ich liebe ihn, weil er mich zuerst geliebt hat.« Wir können ganz sicher nicht höher fliegen als bis zur Quelle der Liebe auf dem Berg Gottes. Maria erwähnt die Lehre von der Auserwählung in ihrem Lied: »Er hat Mächtige von Thronen hinabgestoßen und Niedrige erhöht. Hungrige hat er mit Gütern erfüllt und Reiche leer fortgeschickt.« Fürchtet euch nicht, bei dieser erhabenen Lehre zu verweilen, Geliebte im Herrn! Ich will euch folgende Zusicherung geben: Wenn euer Geist völlig beladen und niedergedrückt ist, werdet ihr darin ein Mittel zur reichsten Herzensstärkung finden. Diejenigen, die diese Lehren infrage stellen oder sie einfach beiseitesetzen, bringen sich um die reichsten Trauben von Eschkol, um den Wein aus den besten Lagen sowie um Fett und Mark. Ihr aber, die ihr aufgrund jahrelanger Erfahrung geübte Sinne habt, um zwischen Gut und Böse zu unterscheiden, wisst, dass es sonst keinen derartigen Honig und keine Süßigkeit gibt, die damit zu vergleichen wäre.

Noch eine Bemerkung zu diesem Punkt: Ihr stellt fest, dass sie ihr Lied nicht abschließt, bevor sie an den Bund erinnert hat. Wenn man so hoch steigt, dass man die Auserwählung erwähnt, sollte man auf dem benachbarten Berg, den Gipfel des Gnadenbundes, verweilen. Im letzten Vers ihres Liedes singt sie: »… wie er zu unseren Vätern geredet hat – gegenüber Abraham und seinen Nachkommen in Ewigkeit« (V. 55). Für sie war dies der Bund; für uns, die wir ein helleres Licht haben, ist der alte Bund, der im geheimen Rat der Ewigkeit gestiftet wurde, der Gegenstand der größten Freude. Der Bund mit Abraham war im besten Sinne nur ein Rohentwurf jenes gnadenreichen Bundes, der in Jesus geschlossen wurde. Er ist der Ewig-Vater der Gläubigen, bevor das Blau des Himmels ausgebreitet wurde. Das schmerzende Haupt dessen, der sich mit dem Bund befasst, ruht auf dem sanftesten Kissen. Wer sich mit dem Bürgen des Bundes, Christus Jesus, beschäftigt, verfügt über die beste Arznei für einen geängstigten Geist.

Ich habe nun den Grund gefunden,
der meinen Anker ewig hält;
wo anders als in Jesu Wunden,
da lag er vor der Zeit der Welt –
der Grund, der unbeweglich steht,
wenn Erd und Himmel untergeht.

Wenn Christus sich verbürgt hat, mich in die Herrlichkeit zu bringen, und wenn der Vater geschworen hat, mich dem Sohn als Teil seines unendlich großen Lohnes für die Mühsal seiner Seele zu geben, dann, meine Seele, gilt: Bis Gott selbst untreu werden wird, bis Christus aufhören wird, die Wahrheit zu sein, bis Gottes ewiger Ratschluss zur Lüge werden und die Stammrolle seiner Auserwählung vom Feuer verzehrt werden wird, solange bist du in Sicherheit. So ruhe denn in völligem Frieden – komme, was da wolle. Nimm deine Harfe von den Weiden und lass die Finger nie ruhen, ihr die reichsten Harmonien zu entlocken.

Zweitens *singt sie lieblich*. Sie preist ihren Gott *von ganzem Herzen*. Beachten wir, wie sie sofort mitten im Thema ist. Statt eines Vorworts kommt sie sogleich zur Sache: »Meine Seele erhebt den Herrn, und mein Geist hat gejubelt über Gott, meinen Heiland.« Wenn manche Leute singen, klingt es, als hätten sie Angst, gehört zu werden. Ein Liederdichter drückt das rechte Lob folgendermaßen aus:

Lehr mich, Herr, die Melodien,
die der Engel Chor dir singt,
bis wir selig dort einziehen,
wo das Lob dir ewig klingt.

Maria ist ganz bei der Sache. Offensichtlich ist ihre Seele entflammt; während sie nachsinnt, brennt in ihr das Feuer. Dann kommen die Worte über ihre Lippen. Mögen doch auch wir unsere umherirrenden Gedanken sammeln und unsere schlummernden Kräfte wecken, um die erlösende Liebe zu preisen. Es ist ein edles Wort, das sie hier gebraucht: »Meine Seele *erhebt* den Herrn.« Ich nehme an, dass dies Folgendes bedeutet: »Meine Seele trachtet danach, Gott durch meinen Lobpreis groß zu machen.« Er ist so groß, wie es seinem Wesen entspricht. Meine Güte reicht nicht zu ihm hinauf, und dennoch möchte meine Seele Gott in den Gedanken anderer und auch in meinem eigenen Herzen größer machen. Ich möchte der Schleppe seiner Herrlichkeit weiteren Raum schaffen. Das Licht, das er mir gegeben hat, will ich widerspiegeln; ich möchte seine Feinde zu seinen Freunden machen. Ich will böse, gegen Gott gerichtete Gedanken in Gedanken der Liebe verwandeln. »Meine Seele möchte den Herrn erheben.« John Trapp[89] sagt: »Meine Seele sollte ihm weiteren Raum schaffen.« Es ist, als wollte sie mehr von Gott in sich aufnehmen. In Anlehnung daran sagt Rutherford[90]: »O wäre mein Herz so groß wie der Himmel, dass ich Christus darin fassen könnte.« Doch dann unterbricht er sich selbst: »Aber Himmel und Erde können ihn nicht fassen. O hätte ich ein Herz so groß wie sieben Himmel, dass ich darin den ganzen Christus einschließen könnte.« Dies ist wahrlich eine Sehnsucht, die zu groß ist, als dass unsere Hoffnung auf deren Erfüllung je Wirklichkeit wird; doch unsere Lippen sollen singen: »Meine Seele erhebt den Herrn.« O wenn ich ihn krönen dürfte; wenn ich ihn mehr erheben könnte! Wenn mein Feuertod auf dem Scheiterhaufen dem Licht seiner Herrlichkeit einen Funken hinzufügen könnte, wie gern würde ich dies erdulden!

Es sei nochmals gesagt: Ihr Lob ist ganz *von Freude durchdrungen*. »Mein Geist hat *gejubelt* über Gott, meinen Heiland.« Das Wort im Griechischen ist bemerkenswert. Ich meine, es ist entspricht demjenigen, das in folgender Stelle gebraucht wird: »Freut euch an jenem Tag und hüpft (vor Freude)!« (vgl. Lukas 6,23). Wir kennen das von alters her benutzte Wort *Gaillarde* für einen fröhlichen Tanz. Dieses Wort stammt wohl von dem griechischen Wort, das hier verwendet wird. Dies war eine Art Springtanz; in zeitgenössischen Quellen wird er auch als *Levalto*[91] bezeichnet. Maria erklärt im Grunde: »Mein Geist soll wie David vor der Bundeslade tanzen, hüpfen, springen, außer sich vor Freude sein und über Gott, meinen Heiland, jubeln.« Wenn wir Gott preisen, sollte dies nicht mit trau-

89 (1601-1669), Pastor und Bibelausleger der anglikanischen Kirche.
90 Samuel Rutherford (ca. 1600 bis 1661), schottischer Theologe, Prediger und Autor.
91 Italienisch für »Wendung« im Sinne von Kehrtwendung.

rigen und trübseligen Tönen erfolgen. Einige meiner Brüder loben Gott immer in Moll oder im tiefsten Bass. Ihre heiligen Empfindungen stellen sich erst ein, wenn Schrecken sie überfällt. Warum können manche Leute Gott nicht anbeten, ohne ein langes Gesicht zu ziehen? Ich erkenne sie schon an ihrem Gang, wenn sie zum Gottesdienst kommen: Schleppenden Schrittes trotten sie einher. So richtig traurig und ernst wie bei einer Beerdigung! Sie verstehen die Worte des Psalmisten nicht:

> Jauchzt dem HERRN, alle Welt!
> Dient dem HERRN mit Freuden!
> Kommt vor sein Angesicht mit Jubel![92]

Ja, sie kommen in das Haus ihres Vaters, als ob sie in den Kerker gingen, und beten Gott am Sonntag an, als sei er der traurigste Tag der Woche.

Es wird von einem gewissen Bewohner des schottischen Hochlands aus der Zeit berichtet, als diese Leute noch sehr fromm waren, dass er einmal nach Edinburgh kam. Nach seiner Rückkehr erzählte er, er hätte am Sonntag etwas Schreckliches gesehen: Da wären Menschen in Edinburgh mit fröhlichem Gesicht zur Kirche gegangen! Er betrachtete es als Bosheit, am Sonntag fröhlich auszusehen, und die gleiche Vorstellung hält sich in den Köpfen mancher Leute hierzulande. Sie sind der Ansicht, dass sich Heilige bei ihrem Zusammenkommen hinsetzen und sich ein wenig ihres Elends trösten, aber kaum Freude haben sollten. In Wahrheit ist Klagen und Jammern nicht der richtige Weg, um Gott anzubeten. Wir sollten uns Maria zum Vorbild nehmen. Das ganze Jahr über empfehle ich sie den Furchtsamen und Besorgten als Beispiel. »Mein Geist hat gejubelt über Gott, meinen Heiland.« Hört auf, euch an fleischlichen Dingen zu erfreuen. Lasst euch nicht auf sündige Vergnügungen ein, denn sich daran zu erfreuen, ist Ausdruck des Bösen. Aber im Herrn kann man sich nicht genug freuen. Ich glaube, der Fehler hinsichtlich unserer Gottesdienste besteht darin, dass wir zu nüchtern, zu teilnahmslos und zu sehr auf Formen bedacht sind. Ich hätte nichts dagegen, wenn dann und wann ein von Herzen kommendes »Halleluja!« zu hören wäre. Ein überschwänglicher Ausbruch des Froh-

92 Vgl. Psalm 100,1-2.

lockens könnte unsere Herzen erwärmen, und der Ausruf »Herrlichkeit!« ist imstande, unseren Geist zu entflammen. Dies weiß ich: Ich bin nie so sehr auf wahre Anbetung eingestellt, wie wenn ich zu Diensten in Wales bin. Dort wird während der ganzen Predigt der Verkündiger mehr unterstützt als unterbrochen durch Rufe wie diese: »Gott sei die Ehre!«, und: »Gepriesen sei sein Name!« »Freut euch im Herrn allezeit! Wiederum will ich sagen: Freut euch« (vgl. Philipper 4,4).

Drittens singt sie lieblich, weil sie *voller Zuversicht* singt. Sie hält nicht inne, während sie sich selbst fragt: »Bin ich überhaupt berechtigt, zu singen?« Stattdessen singt sie: »Meine Seele erhebt den Herrn, und mein Geist hat gejubelt über Gott, meinen Heiland. Denn er hat hingeblickt auf die Niedrigkeit seiner Magd.« Das Wörtchen *wenn* ist ein böser Feind aller christlichen Freude; wohingegen »aber«, »vielleicht«, »falls«, »vermutlich« und »möglicherweise« einer Bande von Räubern gleichen, die den armen, ängstlichen Pilgern auflauern und ihnen ihr Geld aus der Tasche rauben. Wenn die Engel im Himmel Zweifel haben könnten, würde dies den Himmel in die Hölle verwandeln. »Wenn du Gottes Sohn bist« (vgl. z. B. Lukas 4,3), war die heimtückische Waffe, die der alte Feind gegen unseren Herrn in der Wüste richtete. Unser großer Widersacher weiß sehr wohl, welches die gefährlichste Waffe ist. Lieber Christ, nimm den Schild des Glaubens auf, wann immer du siehst, dass der vergiftete Dolch gegen dich erhoben wird! Ich fürchte, dass einige von euch ihre Zweifel und Ängste hätscheln. Ihr könnt genauso gut junge Vipern ausbrüten und den Basilisken nähren. Ihr meint, es sei ein Zeichen der Gnade, Zweifel zu hegen, während es in Wirklichkeit ein Zeichen der Schwäche ist. Es beweist nicht, dass ihr als an Gottes Verheißungen Zweifelnde keine Gnade habt, aber es belegt sehr wohl, dass ihr mehr Gnade braucht. Denn wenn ihr mehr Gnade hättet, würdet ihr Gottes Wort so aufnehmen, wie er es gegeben hat. Dann könnte man von euch sagen, was für Abraham galt: Er war der vollen Gewissheit, dass Gott dasjenige, was er verheißen hatte, auch zu tun vermochte (vgl. Römer 4,21). Gott helfe euch, eure Zweifel abzuschütteln. O das sind teuflische Dinge! Ist dies ein zu hartes Wort? Ich wünschte, ich könnte ein noch härteres finden. Das sind Halunken, das sind Aufrührer, die Christus seiner Ehre berauben wollen; das sind Verräter, die den Schild meines Herrn beschmutzen möchten. Zweifel werden von Gott verabscheut. Mögen sie auch von den Menschen verabscheut werden. Sie sind grausame Feinde eurer Seelen. Sie beeinträchtigen eure Brauchbarkeit im Dienst. Sie berauben euch in jeder Hinsicht. O ihr Menschen Gottes, redet mit Zuversicht und singt mit heiliger Freude!

In ihrem Lied schwingt aber noch etwas mehr als Zuversicht mit. Sie singt mit großer *Vertrautheit*. »Meine Seele erhebt den Herrn, und mein Geist hat gejubelt über Gott, meinen Heiland … Denn Großes hat der Mächtige an mir getan, und heilig ist sein Name.« So singt jemand, der in liebender Vertrautheit seinem Gott ganz nahe kommt. Es geht darum, dass ich mit Gott als seinem Vater spreche und mit ihm als demjenigen umgehe, dessen Verheißungen mir gelten. Diesem Gott darf ich – als Sünder, der im Blut Christi gewaschen und mit seiner vollkommenen Gerechtigkeit bekleidet ist – mit Freimütigkeit nahen, ohne fernab stehen zu müssen. Was ich hier sage, kann der Anbeter im äußeren Vorhof nicht verstehen. Es gibt einige unserer Lieder, die von Christus mit einer solchen Vertrautheit künden, dass die notorischen Kritiker sagen: »Uns missfallen solche Lieder. Da mögen wir nicht mitsingen.« Ich stimme Ihnen völlig zu, Herr Kritiker, diese Sprache stände Ihnen als einem *Fremden* nicht zu. Ein *Kind* darf jedoch tausend Dinge sagen, die ein Knecht nicht aussprechen darf. Ich erinnere mich, wie ein Prediger eines unserer Lieder verändert hat:

> Mag jeder, der Gott nie erkannt,
> sich weigern, Lob zu bringen;
> doch Kinder, die nach ihm benannt,
> solln laut vor Freude singen.

Stattdessen formulierte er:

> Mag jeder, der Gott nie erkannt,
> sich weigern, Lob zu bringen;
> doch Knechte, die nach ihm benannt,
> solln laut vor Freude singen.

Ja, als er es in diese Worte fasste, dachte ich: »Das ist richtig; du singst, was du empfindest. Du weißt nichts von der erwählenden Gnade und von besonderen Offenbarungen, und darum bleibst du auf deiner althergebrachten Stufe stehen: ›*Knechte*, die nach ihm benannt‹.« Aber ach, mein Herz möchte eine Anbetung, die Empfindungen zulässt, und ausdrücken, dass ich ein in der Gunst des himmlischen Königs Stehender bin und darum seine besondere Liebe, seine geoffenbarte Gnade, seine wunderbare Beziehung zu meiner Seele und seine geheimnisvolle Vereinigung mit ihr besingen darf. Du gelangst nicht in die rechte Stellung, bevor du dir folgende Frage vorgelegt hast: »Herr, wie kommt es, dass du dich uns offenbaren willst und nicht der Welt?« (vgl. Johannes 14,22). Es gibt ein Geheimnis, das uns und nicht der Welt um uns her geoffenbart worden ist; ein Verständnis, das die Schafe und nicht die Böcke empfangen.

Ich bitte inständig einen jeden von euch, der sich die Woche über in einer offiziellen Stellung befindet und z. B. Richter ist. Du bist vielleicht im Rechtswesen tätig und trägst in dieser Stellung keine geringe Würde. Wenn du nach Hause kommst, läuft dir vielleicht dein kleiner Sohn entgegen, der sich aufgrund seines kindlichen Verständnisses wenig um dein Richteramt schert, aber dich als Person sehr liebt. Er kommt auf deinen Schoß, küsst deine Wangen und sagt dir tausend Dinge, die angemessen und recht sind, weil sie von *ihm* kommen. Aber vor Gericht würdest du sie dir von keinem Menschen auf Erden gefallen lassen. Dieses Gleichnis muss man nicht auslegen. Wenn ich einige Gebete von Martin Luther lese, empfinde ich sie als ungehörig, aber dann sage ich mir Folgendes: »Obwohl es stimmt, dass ich nicht so wie Martin Luther zu Gott reden kann, hat er damals vielleicht seine Annahme stärker empfunden und verstanden als ich, und darum war er in seiner größeren Freimütigkeit nicht weniger demütig. Es ist möglich, dass er Ausdrücke benutzte, die sich für den Mund eines anderen Menschen nicht gehören, der den Herrn nicht so kannte wie er.« O meine Freunde, singt an diesem Tag von unserem Herrn Jesus als einem, der uns nahe ist. Kommt Christus nahe, ertastet seine Wunden, legt eure Hand in seine Seite und eure Finger in seine Nägelmale. Dann wird euer Gesang eine heilige Sanftheit erlangen und in einer heiligen Melodie ertönen, die man sonst nirgendwo finden kann.

Ich muss schließen, indem ich anmerke, dass ihr Lied zwar all das enthält, aber dennoch *sehr demütig* und voller Dankbarkeit ist. Der Katholik nennt sie »Gottesmutter«, aber sie hat in ihrem Lied nicht einmal die leiseste derartige Andeutung gemacht. Nein, sie sagt: »Gott, *mein* Heiland«. Dies sind die gleichen Worte, die ein

Sünder im Gespräch mit dir gebrauchen würde. Solche Ausdrücke könnt ihr Sünder, die ihr meine Verkündigung hört, ebenso verwenden. Maria braucht einen Heiland, dies spürt sie. Ihre Seele jubelt, weil es einen Retter für sie gibt. Sie redet nicht so, als könnte sie sich ihm empfehlen, aber sie hofft, in dem Geliebten angenommen zu sein. Lasst uns daher darauf achten, dass unsere Vertrautheit immer mit der demütigsten Unterwürfigkeit des Geistes gepaart ist, wenn wir uns daran erinnern, dass er über allem ist, Gott, gepriesen in Ewigkeit. Wir dagegen sind nichts als Staub und Asche. Er erfüllt alles, und wir sind absolute Nichtse und vergängliche Wesen.

Damit zum letzten Sachverhalt: *Soll sie allein singen?* Ja, sie muss es, wenn die einzige Musik, die wir darbringen können, auf fleischliche Lüste und weltliche Vergnügungen zurückgeht. Künftig wird es viel Musik geben, die nicht mit dem Wohlklang Marias übereinstimmt. Dann wird es viel Frohsinn und viel Gelächter geben, aber ich fürchte, dass das meiste davon nicht mit Marias Lied in Einklang stehen wird. Da wird es nicht heißen: »Meine Seele erhebt den Herrn, und mein Geist hat gejubelt über Gott, meinen Heiland.« Wir können den Regungen der fleischlichen Gesinnung in Jung oder Alt nicht Einhalt gebieten, und wir können euch keinerlei Geschmack auf die Gnadenerweise Gottes machen, solange ihr seinem Gebot durch Zügellosigkeit, Trunkenheit oder Ausschweifung ungehorsam seid. Aber auch dann, wenn ihr euren Leib bestmöglich unter Kontrolle habt, nützt es wenig, falls dies nur die Freude einer dahinschwindenden Stunde, nicht aber die Glückseligkeit des Geistes ist, die für immer bleibt. Darum muss Maria allein singen, soweit es euch betrifft. Die Vergnügungen bei Tisch sind für Maria zu wenig, die Freude des Festes und der Familie werden zu nichts, wenn man sie mit der ihrigen vergleicht.

Aber soll sie allein singen? Gewiss nicht, wenn an diesem Tag einer von uns sein schlichtes Vertrauen auf Jesus setzt und dadurch Christus als Eigentum annimmt. Leitet dich der Geist Gottes heute zu folgenden Worten: »Ich vertraue meine Seele Jesus an«? Mein lieber Freund, dann hast du Christus angenommen, und zwar in dem geheimnisvollen und besten Sinn des Wortes; Christus Jesus ist in deiner Seele empfangen. Erkennst du ihn als den Sündenträger, der die Übertretungen wegnimmt? Kannst du ihn sehen, wie er als der Stellvertreter für Menschen blutet? Nimmst du ihn als solchen an? Hängt dein Glaube völlig von dem ab, was er tat? Hängt er von dem ab, was er ist und was er tun wird? Dann ist Christus in dir empfangen, und du kannst deinen Weg mit all derjenigen Freude gehen, die Maria kannte, und ich würde beinahe sagen: mit noch etwas mehr. Die geistliche Empfängnis des heiligen Jesus in deinem Herzen als die Hoffnung der Herrlichkeit ist nämlich zehnmal mehr ein Grund zur Beglückwünschung als die natürliche Empfängnis des heiligen Leibes des Heilands. Wenn Christus dir gehört, dann ist kein Lied auf Erden zu hoch, nichts zu heilig, als dass du außerstande wärest, es zu besingen. Nein, es gibt keinen Gesang von Engelslippen, keinen Ton aus dem Mund des Erzengels, in den du nicht einstimmen dürftest. Selbst heute gehören dir die heiligsten, glücklichsten und herrlichsten Worte, Gedanken und Empfindungen. Mache sie nutzbar! Gott helfe dir, dich an ihnen zu erfreuen. Ihm gelte das Lob und dir der Zuspruch allezeit!

Die Schwiegermutter des Petrus (1)

Der beste Hausbesuch

»Und sobald sie aus der Synagoge hinausgingen, kamen sie mit Jakobus und Johannes in das Haus Simons und Andreas´. Die Schwiegermutter Simons aber lag fieberkrank danieder; und sofort sagen sie ihm von ihr. Und er trat hinzu, ergriff ihre Hand und richtete sie auf; und das Fieber verließ sie, und sie diente ihnen. Als es aber Abend geworden war und die Sonne unterging, brachten sie alle Leidenden und Besessenen zu ihm; und die ganze Stadt war an der Tür versammelt« (Markus 1,29-33).

Hier sehen wir, wie etwas unscheinbar beginnt und eindrucksvoll endet. Zunächst wird ein Mann und danach ein weiterer von Jesus berufen. Nachdem der Herr das Haus der beiden durch seine Gegenwart geheiligt hat, gerät allmählich das Städtchen von einem Ende bis zum anderen in Bewegung, weil der Name des Großen Lehrers in aller Munde ist.

Das Haus des Petrus war keineswegs das bedeutendste Gebäude in dem Städtchen Kapernaum. Andererseits war es vermutlich nicht die ärmlichste Behausung in diesem Ort, denn Petrus besaß ein eigenes Boot. Vielleicht war er auch gemeinsam mit seinem Bruder Andreas Eigentümer eines Bootes. Möglich ist ebenso, dass er, Andreas sowie Jakobus und Johannes zwei bis drei Fischerboote nutzten, denn sie arbeiteten zusammen und beschäftigten offenbar Tagelöhner (Markus 1,20). Dennoch war Petrus weder reich noch berühmt. Er war weder ein Synagogenvorsteher noch ein herausragender Schriftgelehrter, wobei sein Haus keineswegs auffiel. Es ähnelte vielmehr all den anderen Häusern, aus denen das Fischerstädtchen dort unten am Seeufer bestand. Trotzdem ging Jesus genau in dieses Haus. Dort hingen die Fischernetze draußen vor der Tür – das einzige charakteristische Merkmal und Erkennungszeichen desjenigen, der dazu ausersehen war, wie die anderen Apostel auf einem Thron zu sitzen und die zwölf Stämme Israels zu richten. Der Immanuel offenbarte sich in seiner Herablassung unter dem Dach dieses bescheidenen Hauses: Der »Gott-mit-uns« erwies sich als Gott, der Simon aufsuchte. Petrus wusste kaum etwas davon, welch ein göttlicher Segen seinem Haus zuteilwurde, als Jesus über dessen Schwelle trat. Ihm war wenig bewusst, welch ein gewaltiger, von seinem Haus ausgehender Gnadenstrom sich über die Straßen Kapernaums ergießen würde.

Nun kann es durchaus sein, dass dein Haus, obwohl von dir sehr geschätzt, in den Augen irgendeines anderen Menschen kaum etwas zählt. Kein Dichter oder Historiker hat je seine geschichtlichen Stationen nachgezeichnet, kein Maler hat es je auf die Leinwand gebannt. Vielleicht ist es nicht die armseligste Behausung in deinem Heimatort, wenngleich es doch ziemlich unauffällig ist. Bei alledem fragt keiner der Vorbeikommenden: »Wer wohnt denn dort?«, oder: »Wem gehört dieses sehenswerte Haus?« Dennoch gilt: Warum sollte der Herr nicht gerade dich aufsuchen und dein Haus zu einer Segensstätte werden lassen? Dies tat er im Falle Obed-Edoms, in dessen Hau die Bundeslade abgestellt war. Weshalb sollte dein Haus nicht demjenigen des Zachäus gleichen, dem Heil widerfuhr? Unser Herr kann dein Haus zum Ausgangspunkt seiner Gnade für die ganze Region und zu einer kleinen Sonne werden lassen, deren Licht in allen Richtungen zu sehen ist. Es kann zu einer geistlichen Nothilfestation werden, die zahlreiche Bedürftige ringsumher versorgt.

Ich werde über drei Punkte reden. Mein erster lautet: Wie wurde die Gnade dem Haus des Petrus zuteil?; mein zweiter: Was bewirkte die Gnade, als sie dorthin gelangte?; und mein dritter: Welche Auswirkungen hatte die vom Haus des Petrus ausgehende Gnade?

Wie wurde die Gnade dem Haus des Petrus zuteil? Das erste Glied in der Kette der Ursachen bildete die Tatsache, dass ein Verwandter zum Glauben kam. Andreas hatte die Verkündigung Johannes' des Täufers gehört und war davon tief beeindruckt. Dabei erwies sich wahrscheinlich folgende Aussage als besonders segensreich: »Siehe, das Lamm Gottes, das die Sünde der Welt wegnimmt« (vgl. Johannes 1,29). Nachdem Andreas in Jesu Nachfolge getreten und sein Jünger geworden war, wollte er auch andere in die Stellung von Jüngern führen. Er fing bei denen an, die uns ebenso zuallererst am Herzen liegen sollten – bei denen, die ihm aufgrund verwandtschaftlicher Bande am nächsten standen. »Dieser findet zuerst seinen eigenen Bruder Simon« (vgl. Johannes 1,41). Mein lieber Freund, wenn du selbst errettet bist, solltest du in dich gehen und dich fragen: »Für welches Haus kann ich ein Botschafter des Heils werden?« Vielleicht bist du alleinstehend; wie es diesbezüglich mit Andreas aussah, weiß ich nicht. Offensichtlich hat er zu dem Zeitpunkt, da dies geschah, mit Petrus unter einem Dach gelebt. Vermutlich hatte jeder von ihnen ein Haus in Bethsaida – ihrer Heimatstadt – besessen, doch nachdem sie aus geschäftlichen Gründen nach Kapernaum umgezogen waren, wohnten sie in einem Haus zusammen. Möglicherweise war Andreas unverheiratet und kinderlos; ich weiß es nicht. Falls dies so gewesen ist, bin ich davon überzeugt, dass er sich sagte: »Ich muss auf das Wohl meines Bruders und seiner Familienangehörigen bedacht sein.«

Aus meiner Sicht kündet unsere Bekehrung davon, dass weitere segensreiche Auswirkungen für all unsere Verwandten folgen werden, wenn wir wirklich lebendige und umsichtige Christen sind. Wir sollten nicht in unserer Bequemlichkeit sagen: »Ich hätte mich um meine Kinder und den eigenen Haushalt zu kümmern, hätte ich beides gehabt. Da dies nicht der Fall ist, bin ich aller Verantwortung ledig.« Vielmehr sollten wir uns denjenigen verpflichtet sehen, die als Verwandte einem Haushalt vorstehen. Hoffentlich ist irgendein Andreas hier, der – nachdem er selbst für Jesus gewonnen wurde – das Werkzeug sein wird, damit sich ein Bruder und dessen Familie von Jesus in Beschlag nehmen lassen. Auch wenn kein Andreas da ist, hoffe ich, dass der Eifer einiger Schwestern mit der Gesinnung der Maria und Marta entfacht wird und sie die geistliche Trägheit der Männer wettmachen, indem sie ihren Bruder (der vielleicht Lazarus heißt) zum Herrn führen. Onkel und Tanten sollten sich für den geistlichen Zustand ihrer Neffen und Nichten interessieren. Gläubig Gewordene sollten sich um Cousins und Cousinen kümmern, wobei alle blutsverwandtschaftlichen Bande dem Dienst für die Gnadenabsichten Jesu geweiht werden sollten. Die Familie, deren Oberhaupt Petrus war, hätte das Evangelium vielleicht nie kennengelernt, wenn zuvor nicht ein Verwandter zum Glauben gekommen wäre.

Dieses erste Glied in der Gnadenkette zog ein anderes, viel wichtigeres Glied nach sich, nämlich den Tatbestand, dass das Familienoberhaupt zum Glauben fand. Andreas suchte seinen Bruder auf und sprach mit ihm darüber, dass er den Messias gefunden hatte: Dann führte er ihn zu Jesus, und unser Herr nahm ihn sogleich als neuen Jünger an, wobei er ihm einen neuen Namen gab. Petrus glaubte und folgte fortan Christus. Auf diese Weise war das Familienoberhaupt für die Sache Jesu gewonnen worden. Ihr Väter, welch eine Verantwortung ruht auf uns! Weil wir sie nicht abschütteln können, sollten wir tun, was uns möglich ist! Gott hat uns kleine Reiche anvertraut, in denen wir aufgrund unserer Autorität und unseres Einflusses Weichenstellungen zum Guten oder Schlechten hin vornehmen, deren Auswirkungen bis in alle Ewigkeit reichen. Jedes Kind in unserer Familie oder jeder Angestellte in unserem Haus wird durch unser Verhalten zum Guten oder Bösen hin beeinflusst werden. Zwar mögen wir nicht den Wunsch hegen, sie beeinflussen zu wollen. Vielleicht sind wir auch bestrebt, unsere Verantwortung zu missachten, doch dies ist unmöglich. Der elterliche Einfluss gleicht einem Thron, dem niemand entsagen kann. O ihr Väter und Mütter, das Verderben eurer Kinder bzw. ihr Heil hängt – unter Berücksichtigung der Souveränität Gottes – in starkem Maße von euch ab! Der Geist der Gnade möge euch hinsichtlich ihrer Bekehrung gebrauchen! Anderenfalls kann nämlich Satan euch als Werkzeug verwenden, um sie zugrunde zu richten. Worauf läuft es letztlich hinaus? Ich fordere euch auf: Bedenkt dies! Es ist ein denkwürdiges Ereignis in der Geschichte einer Familie, wenn die Gnade Gottes das Herz des Ehemanns bzw. des Vaters in Beschlag nimmt. In der Geschichte dieser Familie wird fortan ein neues Kapitel aufgeschlagen. Mögen diejenigen von uns, die dem Herrn gehören, die persönlich erfahrene Gnade dankbar anerkennen! Kehren wir dann in unsere Familien zurück, um dort segensreich zu wirken!

Beachten wir ferner, dass die Gnade noch einen dritten Schritt ging, als sie in das Haus des Petrus kam. Nachdem sein Bruder und er selbst sich bekehrt hatten, gab es nämlich noch andere, die zum Glauben fanden. Sie waren Gehilfen der beiden Brüder und arbeiteten mit ihnen zusammen. Es ist für einen Menschen eine große Hilfe, gläubige Arbeitskollegen zu finden. Wenn einer wie Petrus seinen Lebensunterhalt als Fischer verdient, ist es etwas Großartiges, einen Jakobus oder Johannes als Geschäftspartner zu haben. Wie hilfreich ist es für einen gottgemäßen Lebensstil, wenn Menschen als Christen tagtäglich mit ihren Glaubensgeschwistern verkehren und miteinander oft über die wichtigsten Dinge des Lebens reden! Legt man brennende Holzscheite eng nebeneinander, ergibt dies ein umso besseres Feuer. Stapelt man Kohlen auf einem Haufen, lodert das Feuer auf und gibt einen hellen Schein. So ist es auch, wenn Herzen in göttlichen Dingen zueinanderfinden: Sie können ein inneres Feuer und einen heiligen Eifer entfachen, den diejenigen, denen die Gemeinschaft fehlt, kaum kennen. Vielen Christen ist es auferlegt, um Fortschritte im geistlichen Leben hart zu ringen, weil sie mit Ungläubigen zusammenarbeiten müssen. Sie werden nicht nur verhöhnt und verlacht, sondern auch mit Zweifeln und Lästerungen aller Art bedacht, wodurch ihr Wachstum im Leben als Gotteskinder erheblich behindert wird. Wenn sie infolge göttlicher Vorsehung in eine solche Prüfung geführt werden, brauchen sie viel Gnade, um darin festzubleiben. Mein lieber Bruder, vielleicht begegnest du im Geschäftsalltag keinem, der dir hilft, aber vielen, die dir geistlich im Wege stehen. Dann musst du dich umso mehr an Gott halten, denn du brauchst ein doppeltes Maß an Gnade. Doch wenn Gott es so fügt, dass du gerade dorthin gestellt wirst, wo du hilfsbereiten Glaubensgeschwistern begegnest, gilt: Wechsle nicht leichtfertig den Arbeitsplatz, selbst wenn du dadurch das Zweifache verdienen könntest. Ich würde lieber mit Jakobus und Johannes für einen geringeren Wochenlohn arbeiten, als mit Lästerern und Trunkenbolden ein dreimal so hohes Gehalt zu beziehen. Diejenigen unter euch, die mit wahrhaft konsequenten Gläubigen zusammenwohnen, sind in hohem Maße bevorrechtet und sollten ihrerseits herausragende Christen werden. Euer Leben sei ein Beweis dafür, dass ihr eure Vorrechtsstellung wertschätzt und recht nutzt, indem ihr bestrebt seid, euer Haus für die Gnade zu öffnen, damit es bald ganz dem Herrn gehört.

Dem schloss sich ein vierter und mit offenkundigen Folgen verbundener Schritt an, als Petrus und seine Freunde in eine engere Beziehung zu ihrem Herrn traten. Der in Ehren gehaltene Hausherr war samt seinem Bruder und seinen Gefährten bereits zum Glauben gekommen, doch aufgrund der Gnade Gottes durften sie nun mehr als Errettete sein, denn sie waren zu einem höheren Werk und einem vornehmeren Dienst berufen. Nachdem sie bisher Fische gefangen hatten, sollten sie fortan Menschenfischer sein. Sie, die bislang mit den eigenen Fischerbooten hinausgerudert waren, sollten zukünftig Lotsen des Schiffes der Gemeinde sein. Obwohl Petrus bereits ein Jünger war, stand er noch im Hintergrund. Ab sofort musste er in den Vordergrund treten. Er war bisher noch stärker seinem irdischen Beruf als seiner geistlichen Berufung verpflichtet gewesen, doch von nun an musste der Fischer Simon hinter dem Jünger Petrus zurücktreten. Er musste Jesus jetzt nachfolgen, indem er sich auch in der Öffentlichkeit zu ihm bekannte, ihm beständiger diente, einen vertrauteren Umgang mit ihm pflegte, ein achtsamerer Jünger war und stärker in die Leidensgemeinschaft mit ihm eintrat. Dafür musste er sich vom Geist Gottes innerlich zubereiten lassen: Ja, er war aufgrund der Berufung durch seinen Herrn und Meister in einen völlig neuen Stand versetzt worden. Hierin sollte er verweilen und durch den Geist dasjenige lernen, was Fleisch und Blut nie offenbaren konnten.

Meine Lieben, welch einen Unterschied mag es zwischen zwei Christen geben! Dies habe ich zuweilen erstaunt festgestellt. Natürlich ginge mir die Aussage zu weit, dass der Unterschied zwischen zwei Christen genauso groß ist wie derjenige zwischen einem Gläubigen und einem Weltmenschen. Es muss nämlich stets einen größeren Unterschied zwischen dem unscheinbarsten geistlichen Leben und den äußerlich beeindruckendsten Formen geistlichen Todes geben als zwischen der niedrigsten und höchsten Form geistlichen Lebens. Dennoch ist ein derartiger Unterschied sehr ernst zu nehmen: Wir kennen einige, die errettet sind – was wir zumindest hoffen. Aber ach, wie spärlich sind die Früchte des Geistes, welch schwaches Licht geben sie weiter, wie sehr vernachlässigen sie ihre Hingabe! Wie wenig haben sie sich in das Bild dessen umgestalten lassen, den sie Meister und Herr nennen! Dem Herrn sei Dank, dass wir ebenso Gläubige kennengelernt haben, die in eine völlig andere Atmosphäre verbreiten und deren Leben ganz anders aussieht. Es ist kein »höheres« Leben – mir gefällt dieser Begriff nicht so recht, weil alle Gläubigen ein und dasselbe Leben aus Gott empfangen haben. Allerdings stellt es Leben auf einer höheren Ebene dar – Leben, das ausgeprägter, kraftvoller, nachhaltiger ist. Wer so lebt, hat schärfere Augen, flinkere Hände, ein feineres Gehör und wohlklingendere Worte. Der Betreffende ist geistlich gesund, wohingegen allzu viele das Christenleben nur als leid- und mühevolles Dasein kennen und bereit sind, im nächsten Augenblick abzuscheiden.

Petrus und seine Freunde, die also zu diesem Zeitpunkt berufen worden sind, ließen ihre Fischernetze und ihre Boote zurück, um bei Jesus in seiner Erniedrigung zu bleiben und von ihm die Geheimnisse des Reiches zu lernen, die sie später andere lehren sollten. Sie hatten die Worte des Meisters (»Kommt mir nach«; vgl. z. B. Matthäus 4,19) gehört und auf sein Geheiß hin alles verlassen. Sie befanden sich auf dem Weg der Gemeinschaft, indem sie auf das Gebot des Herrn hin unerschrocken voranschritten. Ihre verbindliche Nachfolge brachte sie in ihrer Laufbahn als Christen entscheidend voran. Dies ist der Zeitpunkt, meine Lieben, da Menschen zu Segensträgern für ihre Häuser werden. O mit Seufzen denke ich daran, welche Fähigkeiten in einigen Christen brachliegen! Wie traurig ist die Vorstellung, die geistlichen Möglichkeiten ihrer Kinder ungenutzt zu sehen! Diese könnten unter dem Segen Gottes aufwachsen sowie Säulen im Haus des Herrn und unter dem Einfluss eines aufrichtigen, hingegebenen Vaters und einer ebenso gesinnten Mutter vielleicht Diener am Evangelium werden, doch stattdessen hindern Trägheit, Lauheit, Weltlichkeit und Wankelmütigkeit der Eltern die Kinder daran, zu Christus zu kommen. Dadurch bleiben ihnen große Fortschritte im Leben als Gotteskinder verwehrt. Ihr Wachstum in der Gnade wird beeinträchtigt, und ihnen wird lebenslanger Schaden zugefügt. Liebe Brüder, ihr kennt nicht die in euch schlummernden Möglichkeiten: Gottes Geist ruht auf euch. So viel ist jedoch sicher: Wenn ihr selbst zu einem geistlicheren Leben als Gotteskinder berufen seid, werdet ihr für eure Verwandten zu Segensvermittlern werden. Alle – ob Mann, Frau, Kind, Freund, ja, die ganze Familie – sollen aus euren Fortschritten in geistlichen Dingen Nutzen ziehen.

Beachten wir jetzt zudem auch, dass der Herr zu diesem Zeitpunkt, da er das Haus des Petrus segnen wollte, ihn, Andreas, Jakobus und Johannes weiter unterwiesen hatte, denn er nahm sie in die Synagoge mit, wo sie seine Predigt hörten. Dies war eine wunderbare Predigt – eine Verkündigung voller Durchschlagskraft und völlig anders als die Reden gewöhnlicher Prediger, denn sie wurde mit Vollmacht und Nachdruck gehalten. Und dann, als sie aus der Synagoge heimkehrten und eine solche Predigt gehört hatten, kam der Segen über dieses Haus. Die Besten unter uns sind auf Belehrung angewiesen. Es zeugt von Torheit, wenn Christen mit dem Werk Christi so beschäftigt sind, dass sie nicht auf Christi Worte hören können. Wir müssen selbst Speise aufnehmen, weil wir sonst anderen keine Nahrung geben können. Das Versammlungshaus darf nicht verlassen dastehen, wenn es wirklich eine Stätte sein soll, wo Christus gegenwärtig ist. O welch eine Kraft liegt mitunter in dem Wort, wenn der Meister gegenwärtig ist! Es geht dabei weder um die Rhetorik des Verkündigers noch um den Redefluss oder um die Neuartigkeit der Gedanken, sondern um eine geheimnisvolle, sanfte Macht, die von der Seele Besitz ergreift und sie der majestätischen Größe göttlicher Liebe unterwirft. Du spürst die Lebenskraft des göttlichen Wortes, wobei es nicht an dich gerichtetes Menschenwort ist, sondern die lebendig machende Stimme Gottes, die durch die Kammern deines Geistes schallt und dich mit deinem ganzen Sein in seiner Gegenwart leben lässt. Zu solchen Zeiten ist die Verkündigung wie Manna vom Himmel oder wie Brot und Wein, womit Melchisedek Abraham entgegenging; du wirst dadurch ermuntert und gestärkt und gehst erquickt in deinen Alltag zurück. Petrus und seine Freunde hatten die Gemeinschaft mit dem großen Lehrer in der Synagoge so genossen, dass sie ihn baten, bei ihnen zu bleiben, woraufhin sie sogleich mit ihm von der Synagoge in ihr Haus gingen. Könnt ihr es ihnen an diesem Morgen gleichtun? Wenn mein Herr kommt, euch liebevoll zulächelt und euch innerlich anrührt, solltet ihr nicht an ihm vorbeigehen, während ihr dem Ausgang zustrebt. Lasst ihn nicht stehen, wenn ihr auf die Straße kommt und nach Hause geht. Betrübt ihn nicht durch euer Geschwätz über wertlose Fragen, sondern nehmt Jesus mit! Wenn es gerade Mittag ist, dann bittet ihn inständig, in der Hitze des Tages bei euch zu bleiben. Oder es ist vielleicht bereits Abend. Dann sagt ihm, dass sich der Tag schon geneigt hat, und bittet ihn flehentlich, bei euch zu bleiben. Ihr könnt stets einen guten Grund dafür finden, euren Herrn zum Bleiben zu bewegen. Tut es der Braut im Hohenlied gleich, als sie sagte: »Ich (fand) ihn, den meine Seele liebt. Ich ergriff ihn und ließ ihn nicht mehr los, bis ich ihn ins Haus meiner Mutter gebracht hatte und in das Gemach derer, die mit mir schwanger war« (vgl. Hoheslied 3,4). Gibt es möglicherweise eine Kranke zu Hause? Begleite Jesus an ihr Krankenbett in deinem Haus. Ist Leid über dich und die Deinen hereingebrochen? Bitte deinen Herrn inständig darum, in dein Haus zu kommen und euch in euer Not zu helfen. Findet sich vielleicht Sünde zu Hause? Ganz gewiss ist sie dort zu finden. Lass Jesus in dein Haus, damit er es davon reinigt.

Nun wollen wir in einem zweiten Schritt zeigen, *was die Gnade im Haus des Petrus bewirkte, als sie dorthin gelangte.*

Die erste von der Gnade hervorgerufene Wirkung bestand darin, dass sie die Familie zum Bitten veranlasste. Die vier Freunde sind hereingekommen, und kaum haben sie das Innere des Hauses erreicht, fangen sie an, mit dem Meister zu reden, denn im Text heißt es: »Sofort sagen sie ihm von ihr.« Damit ist Petrus' Schwiegermutter gemeint, die krank daniederlag. Mir gefällt dieser Satz; ich weiß nicht, ob ihr ihn bemerkt habt. »Sofort sagen sie ihm von ihr.« Bei Lukas finden wir folgende Worte: »Sie baten ihn für sie« (vgl. 4,38). Ich zweifle nicht daran, dass Lukas dies treffend beschreibt, aber auch Markus die rechten Worte findet. »Sie (sagen) ihm von ihr.« Mir scheint, als wollte er mich Folgendes lehren: Manchmal kann ich angesichts meiner großen Bedrängnis nichts weiter tun, als meinem geliebten Herrn davon zu sagen und es seinem liebevollen Walten zu überlassen, so zu handeln, wie er es für richtig hält. Gibt es irgendwelche irdischen Nöte oder irgendeine Krankheit in deinem Haus? Teile sie Jesus mit. Mitunter kannst du im Grunde nicht viel mehr tun. Vielleicht bittest du den Herrn inständig, einen deiner Lieben zu heilen, doch stets musst du sagen: »Nicht wie ich will, sondern wie du willst« (vgl. Matthäus 26,39). Dabei wirst du spüren, dass sich deine Aufgabe möglicherweise darauf beschränkt, Jesus das betreffende Leid zu sagen und es ihm zu überlassen. Er ist so sanft und liebevoll, dass er ganz bestimmt das Freundlichste tun wird, was in dieser Situation angebracht ist. Deshalb kann es auch im Blick auf uns heißen: »Sie (sagen) ihm von ihr« (oder von ihm). Was geistliche Angelegenheiten betrifft, sollten wir nicht lockerlassen und sehr beharrlich sein, doch in Bezug auf irdische Angelegenheiten müssen wir einen Schlussstrich ziehen und uns damit zufriedengeben, dass wir es Jesus gesagt und die Sache ihm anheimgestellt haben. Wenn ihre Kinder krank sind, ringen womöglich einige Eltern im inständigen Gebet mit Gott in einer Weise, die mehr natürlichen Empfindungen als der Gnade, mehr der mütterlichen Zuneigung als der Ergebung eines Christen in den göttlichen Willen, entspringt. Dies sollte jedoch nicht der Fall sein. Wenn wir unseren Weg dem Herrn im Gebet anbefohlen und ihm in aller Sanftmut unseren Kummer gesagt haben, ist es weise von uns, still zu sein und zu warten, bis Gott, der Herr, redet. Er kann weder ungerecht noch unfreundlich sein, sodass wir sagen sollten: »Er tue, was in seinen Augen gut ist« (vgl. 1. Samuel 3,18).

Höchstwahrscheinlich glaubte diese in Ehren gehaltene Frau, Petrus' Schwiegermutter, selbst an Christus; doch ich gehe jetzt daran, ihren Fall als Beispiel geistlicher Krankheit heranzuziehen. Dabei will ich jedoch überhaupt nicht sagen, dass sie geistlich krank war, denn vielleicht hat sie zu den hingegebensten Christen gehört. Aber nehmen wir jetzt einmal an, dass du Jesus Christus mit nach Hause nimmst und in deiner Familie ein Unbekehrter lebt. Dann fängst du sogleich an und sagst ihm davon. »Sie (sagen) ihm von ihr.« Wer so handelt, betet sehr schlicht, nicht wahr? Ja, dies trifft in gewisser Hinsicht zu, und daher fordere ich dich auf, so zu beten. Sage nicht, dass du unmöglich für dein Kind beten kannst; du bist imstande, Jesus von ihm sagen. Sage nicht, dass du außerstande bist, für deinen Bruder oder deine Schwester flehentlich zu bitten; du kannst den Entschluss fassen und auf kindliche Art Jesus von der betreffenden Angelegenheit sagen. Das ist Gebet. Dadurch, dass du deine Nöte beschreibst, gelingt es dir oft am besten, um Hilfe zu bitten. Ich habe gehört, dass ein Mensch zu jemandem, von dem er Hilfe brauchte, sagte: »Obwohl ich dich jetzt nicht um irgendetwas bitten werde, möchte ich nur, dass du dir meine Geschichte anhörst, und dann kannst du handeln, wie es dir gefällt.« Und als der Betreffende seine Geschichte mit Bedacht erzählt hatte, begann der andere zu lächeln und sagte: »Ich nehme doch an, dass dies ein versteckter Hilferuf ist, nicht wahr?« Erzähle Jesus Christus alles Diesbezügliche; wenn du dir seine Sicht der Dinge aneignest, wird es dir von Nutzen sein.

Wer Jesus einfach sein Anliegen bringt, betet schlicht, aber – wie mir scheint – aus einer zutiefst gläubigen Gesinnung heraus. Es ist, als ob wir spürten: »Wir brauchen die betreffende Sache nur vorbringen, und unser hochgelobter Herr wird sich ihrer annehmen. Wenn wir ihm sogleich von der Fieberkranken sagen, müssen wir nicht mehr seine Knie umklammern und mit bitteren Tränen laut um Erbarmen für sie flehen, denn sobald er hört, wird er – in seiner großen Herzensliebe – seinen mächtigen Arm ausstrecken.« Geh daher in dieser Gesinnung zu Jesus, indem du an deinen unbekehrten Freund oder dein noch nicht errettetes Kind denkst, und sage ihm davon.

In diesem speziellen Fall sind sehr lehrreiche Sachverhalte verborgen, weil wir oft zu der Meinung neigen, dass wir dem Herrn die eher alltäglichen Schwierigkeiten, die in unserer Familie auftreten, nicht sagen müssten. Dies ist jedoch ein großer Irrtum. Zu alltäglich? Wie kann ein Übel angesichts der Tatsache, dass es zu alltäglich ist, von der Liste der angemessenen Fürbitteanliegen gestrichen werden? Der Uferstreifen um Kapernaum, in dem Petrus wohnte, galt damals als besonders feuchtheiße, sumpfige und fieberträchtige Region, wie Reisende bis ins 19. Jahrhundert hinein bestätigten.

Ungeheuer viele Menschen in der näheren Umgebung litten an Fieber; doch Petrus und Andreas argumentierten keineswegs, dass sie den Herrn nicht behelligen dürften, weil dies eine weitverbreitete Krankheit sei. Möge Satan nie zum Zuge kommen und dir einreden können, dass du die gewöhnlichsten Trübsale oder Sünden deinem Herrn voller Liebe vorenthalten solltest! Meine Lieben, wenn er die Haare auf eurem Haupt zählt, wenn kein Sperling ohne sein Wissen zur Erde fällt, dann verlasst euch darauf, dass er sich eurer alltäglichsten Not freundlich annehmen wird. »In all ihrer Bedrängnis war er bedrängt« (vgl. Jesaja 63,9 Nichtrevidierte Elberfelder). Einen großen Fehler begeht derjenige, der meint, dass er die gewöhnlichen Prüfungen des Alltags seinem Erlöser nicht bringen könne. Sage ihm, ja, sage ihm alles! Angenommen, dein Kind ist lediglich ein gewöhnlicher Sünder, in dem sich keine außergewöhnliche Verkommenheit findet. Nehmen wir auch an, dass dein Sohn dich nie durch Verstocktheit betrübt hat und deine Tochter immer nett und freundlich gewesen ist. Denke dann nicht, dass Gebet unnötig sei. Wenn es sich auch nur um den gewöhnlichen Fall eines vom Sündenfieber Infizierten handelt, wird die Krankheit dennoch tödlich enden, falls man kein Balsam findet. Rede daher sogleich mit Jesus darüber. Warte nicht, bis dein Sohn ein ausschweifendes Leben führt, sondern bete auf der Stelle! Zögere nicht, bis dein Kind dem Tod nahe ist, sondern bete jetzt!

Doch zuweilen ergibt sich in dieser Angelegenheit eine Schwierigkeit in einem anderen Zusammenhang. Die Schwiegermutter des Petrus war von keinem gewöhnlichen Fieber befallen. Uns wird gesagt, dass es »ein starkes Fieber« (vgl. Lukas 4,38) war. Der Ausdruck deutet darauf hin, dass sie hohes Fieber hatte. Nun wird der Teufel dir aber gelegentlich einflüstern: »Es ist unnütz, eine solche Sache vor Jesus zu bringen; dein Sohn hat sich so schändlich verhalten, und deine Tochter ist so eigenwillig: In solch einem Fall wird nie die göttliche Gnade siegen und Gebetserhörungen schenken.« Lass dich nicht von dieser unheilvollen Einflüsterung zurückhalten. Unser Herr Jesus Christus kann ein starkes Fieber genauso bedrohen, wie er imstande ist, diejenigen aufzurichten, die aufgrund des Wütens der Sünde verzweifelt und entkräftet sind. »Wunder der Gnade sind Gottes Werk.« Geh zu Jesus und bringe ihm deine Angelegenheit, ob alltäglich oder nicht, ob gewöhnlich oder nicht. Sage ihm davon, wie die Jünger ihm von der Fieberkranken sagten.

Beachten wir nun aber ein oder zwei Gründe dafür, warum sie aus unserer Sicht den starken Drang verspürten, Jesus von ihr zu sagen. Obwohl ich den Hauptgrund dafür kenne, will ich zunächst die untergeordneten Gründe erwähnen. Ich stelle mir vor, dass sie Jesus von ihr berichteten, und zwar zuerst deshalb, weil es ein ansteckendes Fieber war. Es entspricht nämlich kaum den guten Gepflogenheiten, Menschen uninformiert in ein Haus zu führen, in dem sich ein schwer Fieberkranker befindet. Wenn sich in deiner Familie große Sünde findet, sagst du vielleicht in deinem Herzen: »Wie kann Jesus Christus in mein Haus kommen, während sich mein betrunkener Mann entsprechend seiner Gewohnheit verhält?« Es ist noch trauriger, wenn womöglich die Frau insgeheim trinkt, und der Mann, der dies sieht, mit tiefem Bedauern sagt: »Wie kann ich erwarten, dass der Herr uns segnet?« Oder vielleicht hat eine große, traurige Sünde das Leben deines Kindes verunreinigt, sodass du durchaus die Frage stellen kannst: »Wie kann ich damit rechnen, dass der Herr diesem Haus freundlich zugewandt ist?« Habe deswegen keine Bedenken. Erzähle Jesus davon. Dann wird er herzukommen – sei es Fieber, sei es Sünde oder sonst irgendetwas.

Meiner Ansicht nach haben sie ihm auch von ihr gesagt, weil sie damit in gewisser Weise die Tatsache entschuldigen wollten, dass sie nicht imstande waren, ihn wie üblich zu bewirten. Was konnten Petrus und Andreas tun, als es darum ging, eine Mahlzeit zuzubereiten? Diejenige, die für den Haushalt verantwortlich war, lag krank danieder und konnte ihnen nicht dienen. Wir armen Männer geben ein erbärmliches Bild beim Tischdecken ab! Wir brauchen eine Maria oder Marta an unserer Seite, eine Gehilfin wie die Frau oder die Schwiegermutter des Petrus. Und daher sagen sie mit bekümmertem Blick: »Guter Meister, wir hätten dich gern recht bewirtet, aber diejenige, die dich mit Freuden bedienen wollte, ist krank.« Wie oft wird eine Familie daran gehindert, Christus in gebührender Weise zu empfangen, weil jemand im Haus krank ist. »O Herr, wir würden gern eine Familienandacht halten, sind aber dazu außerstande, weil mein Mann es nicht erlaubt.« »Lieber Herr, wie sehr wünschten wir, dass dieses Haus von deinem Lobpreis widerhallt, doch damit würden wir einen anderen Mieter so wütend machen, dass wir gezwungen sind, ganz zu schweigen.« »Wir können dir, guter Herr, kein Festmahl ausrichten. Stattdessen haben wir dir ein wenig vorgesetzt, so gut wir konnten. Sonst würde es in diesem kleinen Haus zu schwierig werden.« Lass alle Bedenken beiseite. Erzähle Jesus davon, damit er zu dir kommt und Tischgemeinschaft mit dir hat. Dann wird er das Hindernis in ein Hilfsmittel verwandeln.

Überdies war den Freunden die Traurigkeit ins Gesicht geschrieben. Ich nehme an, dass sich Petrus, während er in der Synagoge war, über die dortige Verkündigung sehr gefreut und die Not seiner Schwiegermutter fast vergessen hatte. Doch kaum war er zu Hause angekommen, lautete die erste Frage, nachdem er eingetreten war: »Wie geht es ihr jetzt?« Daraufhin erwiderten die Bediensteten: »Ach, lieber Herr, das Fieber wütet furchtbar.« Augenblicklich sank Petrus der Mut, und sein Gesicht verfinsterte sich ein wenig. Dann wandte er sich an Jesus und rief laut: »Guter Meister, wie sollte ich nicht betrübt sein, obwohl du hier bist? Meine Schwiegermutter, die ich so sehr liebe, ist nämlich an Fieber erkrankt.« Diese Traurigkeit mag ein Grund dafür gewesen sein, dass Petrus ihm von ihr sagte.

Doch aus meiner Sicht bestand der Hauptgrund in Folgendem: Unser hochgelobter Herr hatte ein solch mitleidsvolles Herz, dass er die Herzen der Menschen in seinem Umfeld stets von Kummer befreite. Die Betreffenden konnten ihre Not in seiner Gegenwart nicht für sich behalten. Er glich in seiner äußeren Erscheinung so sehr Menschen wie unsereins und wurde wie wir in allen Bereichen so sehr versucht, dass man ihm einfach die jeweilige Not erzählen musste. Ich ermahne euch als diejenigen, die meinen Herrn lieben, dass ihr seiner mitfühlenden Zuwendung die Möglichkeit gebt, euch aus dem Leid herauszuholen, das euer Herz so übermäßig beschwert. Mögt ihr euch infolgedessen gedrungen fühlen, ihm von eurem unbekehrten Verwandten zu erzählen! Er ertrug den Widerspruch der Sünder gegen sich, er liebte die Seelen der Menschen und starb für sie. Daher kann er sich in mitfühlender Weise der Sorgen annehmen, die ihr wegen widerspenstiger und in der Sünde verhärteter Seelen habt. Erzählt ihm deshalb von eurer Not.

Ich bin jedoch der Meinung, dass sie ihm von ihr auch deshalb gesagt haben, weil sie erwarteten, dass er sie heilen würde. Erzähle Jesus von deinem Kind oder von deinem noch unbekehrten Freund und rechne damit, dass er sie mit Augen voller Liebe betrachtet. Er kann retten. Es entspricht seinem Wesen, dies zu tun. Er tut es gern. Es wird ihn ehren, dies zu tun. Erwarte von ihm, dass er es tut, und bringe ihm noch heute die Angelegenheit deines gottfernen Freundes.

Darf ich die Frage im allumfassenden Sinne stellen? Vielleicht hat jeder von euch in seiner Familie noch einen Ungläubigen. Möglicherweise hast du schon gesagt: »Ich hatte gehofft, dass sich der oder die Betreffende bekehrt!« Hast du jemals Jesus von ihm bzw. ihr erzählt? O hoffentlich kannst du antworten: »Ja, schon vielmals!«, doch mit deinem Anliegen dringst du nur durch, wenn du dich ganz entschieden dafür einsetzt. Fange jetzt an, geh in deine Kammer und nimm dir täglich Zeit, um dem Herrn alles zu sagen, was Johanna oder Maria, Thomas oder Johannes betrifft. Wenn es nötig ist, ringe mit Gott die ganze Nacht hindurch und sage: »Ich lasse dich nicht los, es sei denn, du hast mich vorher gesegnet« (1. Mose 32,27). Meiner Ansicht nach werden viele unter euch mit der betreffenden Trübsal nicht mehr lange beladen sein, wenn ihr sie auf diese Weise eurem Herrn gesagt habt. Genau dies taten die Jünger, als Jesus kam. Augenblicklich sagten sie ihm von ihr, denn das Wort »sofort« bedeutet im Griechischen im Grunde »unmittelbar darauf«. Sogleich betrat Christus das Haus, hörte in ihrem Bericht von ihr und ging direkt hinein, um sie zu heilen.

Das erste Werk, das die Gnade in diesem Haus vollbrachte, bestand also darin, dass sie ihr Anliegen vorbrachten. Zweitens führte dies dazu, dass der Heiland ihre Kranke heilte. Er ging in die Kammer, sprach ein Wort, rührte die kranke Frau an, richtete sie auf, und sogleich war sie wiederhergestellt. Das Wunderbare bestand darin, dass sie – kaum dass sie das Bett verlassen hatte – den Anwesenden dienen konnte. Dies tritt sonst nach einer Fiebererkrankung nie auf, denn nach dem Abklingen des Fiebers ist der Patient noch sehr schwach, wobei er Tage, Wochen und manchmal Monate braucht, bevor er seine ursprüngliche Kraft wiedergewinnt. Doch wenn Christus heilt, tritt eine hundertprozentige Wirkung ein, sodass sich die Patientin sogleich erhebt und ihnen dient.

Folglich sehen wir, dass die Gnade die Familie völlig umgestaltete, als sie diesem Haus zuteilwurde und die Heilung vollbrachte. Sehen wir uns den Unterschied an. Hier liegt die arme Frau, die bedauernswerte Patientin – zitternd und dann wieder unter Fieberanfällen leidend, denn das Fieber setzt ihr ungemein zu, sodass sie kaum Hand oder Fuß bewegen kann. Betrachten wir sie aber jetzt, wie sie geschäftig zu Tisch dient – mit einem lächelnden Gesicht, wobei niemand glücklicher ist oder von einer umfassenderen Heilung weiß. Wenn also Gottes Gnade einem Menschen zuteilwird,

wird aus demjenigen, um den sich die Angehörigen die größten Sorgen gemacht haben, der Allerglücklichste. Der Sünder, den souveräne Gnade errettet, wird ein Diener des Herrn. Diejenige, die eben noch krank daniederlag, bedient nun andere.

Beachten wir auch, dass sich bei den anderen Beteiligten Entscheidendes veränderte. Sie alle, die bisher bedrückt waren, sind nun voller Freude. Nachdem die Besorgnis aus Petrus' Gesicht verschwunden und Andreas nicht mehr beunruhigt ist, nachdem der wunde Punkt aus dem Leben der Familie getilgt und die Krankheit vertrieben wurde, können sie alle ein Freudenlied singen. Das Haus, bislang ein Ort notvoller Krankheit, wird in eine Stätte der Anbetung verwandelt, das Krankenzimmer in einen Festsaal. Auch der Herr selbst erweckt den Eindruck, als habe er sich verändert, wenn man dies überhaupt sagen kann: Als Arzt ging er fürsorglich in das Krankenzimmer, und als König, der einen Feind bezwungen hat, kommt er heraus, während alle Anwesenden ihn voller Staunen und Ehrfurcht als den mächtigen Herrn ansehen, der über unsichtbare Geistesmächte gesiegt hat. Ich bete zu Gott, dass unsere Familien auf diese Weise umgestaltet werden und die Atmosphäre in ihnen verklärt wird: Unser Lus möge zu einem Bethel und unser Tal Achor zu einem Tor der Hoffnung werden (vgl. Josua 7,26 und Hosea 2,17). Und mögen unsere eigenwilligen Söhne zu Nachkommen werden, die dem Herrn dienen! Wenn ihr selbst ein volles Gnadenmaß empfangen habt, besteht der nächste Schritt darin, dass auch euren Familienangehörigen die grenzenlose Fülle zugeeignet wird, bis keiner zu Hause mehr seelenkrank ist, sondern alle glücklich im Herrn sind und alle – ausnahmslos alle – ihm dienen.

Wir wollen nun *die Auswirkungen der von diesem Haus ausgehenden Gnade* sehen, nachdem die Gnade hier Eingang gefunden hatte. Die im Haus Versammelten konnten nicht verhindern, dass die Nachricht von der Heilung der Schwiegermutter des Petrus nach draußen drang. Man kann die Gnade Gottes nicht geheim halten, weil sie sich stets offenbaren wird. Du brauchst für deinen Glauben keine Werbung zu machen: Wenn du ihn lebst, werden andere Menschen darüber reden. Du solltest für Christus eintreten, wann immer du eine vielversprechende Möglichkeit dazu hast, doch dein Leben ist noch immer die beste Predigt.

Die entsprechende Nachricht verbreitete sich rasch in der ganzen Stadt. So sagte sich z. B. ein armer, an Krücken gehender Mann:

»Ich werde zum Haus des Petrus humpeln!« Ein anderer, der sich sonst nur mühsam auf allen vieren durch die Straßen fortbewegen konnte, sagte kaum hörbar: »Ich werde zu Petrus′ Haus gehen, um mich zu überzeugen.« Andere brachen, von demselben Impuls getrieben, ebenfalls zu diesem Ort auf. Viele, die kranke Freunde hatten, sagten: »Wir werden sie zum Haus des Petrus tragen.« Somit war dieses Haus in aller Munde, und ehe man sich versah, war um die Tür eine solche Menschenmenge versammelt, wie Petrus sie nie zuvor gesehen hatte. In Windeseile war eine große Nothilfestation unter freiem Himmel entstanden. Die ganze Straße war voller Patienten, die lautstark danach verlangten, den großen Propheten zu sehen. Fast »die ganze Stadt war an der Tür versammelt.« Und was sagt ihr jetzt über das Haus des Petrus? Wir haben es anfangs als bescheidene Behausung bezeichnet, die ein Fischer bewohnte; doch seht, es ist zu einer Stätte geworden, wo der große Arzt in königlicher Hoheit wirkt, und gleichsam zu einem Palast der Gnade. Hierher kommen Betroffene mit Krankheiten aller Art – Aussätzige, Krüppel, Lahme und Menschen mit verdorrten Gliedmaßen. Und in ihrer Mitte ist der liebevolle Meister, der von einem zum anderen geht, bis er jeden von ihnen geheilt hat. Die Straßen Kapernaums hallten an diesem Abend von Freudenliedern wider. Auf den Straßen wurde getanzt – auf ganz neue Weise, denn der einstmals Lahme sprang umher. Und auch die Begleitmusik dieses Tanzes hatte man noch nie gehört, denn aus dem Mund des einstmals Stummen hörte man folgende Worte: »Ehre sei Gott!« Und dabei war das Haus des Petrus der Ausgangspunkt all dieser Gnade.

Ich wünschte, Gott möge zunächst Petrus, dann seine Schwiegermutter, sein Kind bzw. seinen Verwandten und schließlich all seine Angehörigen anschauen und dafür sorgen, dass sein Segen aus diesem Haus hervorströmt, sodass ihn alle Nachbarn wahrnehmen. »Dies ist im Falle meines Hauses nicht möglich«, sagt einer. Warum nicht, lieber Bruder? Wenn du schon in Bedrängnis bist, dann doch nicht in Gott. Vielmehr bist du von deinem Inneren her in Bedrängnis. »Doch ich lebe in einem Ort«, sagt jemand, »wo dem Dienst das geistliche Leben fehlt.« Umso mehr solltest du ein Segen für deinen Ort sein. »O, aber ich lebe in einer Gegend, wo bereits zahlreiche aktive Christen viel Gutes tun.« Umso notwendiger ist es, dass du dich ermutigen lässt, ebenfalls Gutes zu tun. »O, aber unsere Nachbarn gehören der Oberschicht an.« Sie brauchen das Evangelium am allernötigsten. Wie klein ist die Zahl der Einflussreichen und Mächtigen, die je zum Glauben kommen! »O, aber in unserer Gegend wohnen viele verarmte Leute.« Das ist genau derjenige Ort, wo das Evangelium wahrscheinlich freudig aufgenommen werden wird, denn die Armen lassen es zu, dass ihnen die Heilsbotschaft verkündigt wird, und hören ihr zu. Du kannst dir keine Ausrede ausdenken, die auch nur einen Augenblick lang stichhaltig ist. Gott kann dein Haus zum Ausgangspunkt des Segens für alle machen, die in deinem Umfeld wohnen, wenn du dazu bereit bist. Doch in meinen Ausführungen habe ich beschrieben, wie dies Wirklichkeit werden kann. Erstens musst du dich selbst retten und zu der höchsten Form geistlichen Lebens berufen lassen und innerlich in der Gegenwart deines Meisters aufleben. Daraufhin muss auch deine Familie gesegnet werden, bis der Segen dann in deinem Umfeld immer weitere Kreise zieht. Liebe Brüder, strebt danach, in überreichem Maße nützlich zu sein! Wollt ihr ein schändliches Leben führen? Möchtet ihr euch an die Äußerlichkeit bloßer christlicher Formen binden lassen, die einem abscheulichen Gerippe gleicht? Ich verabscheue zutiefst Lauheit; machen wir Schluss damit! Wir haben nur eine sehr kurze Zeit, in der wir unser Zeugnis weitergeben können – bald werden wir ruhen. Lasst uns wirken, während wir noch können! Die Schatten werden lang sich, und der Tag neigt sich. Wenn ihr Jesus mit Edelsteinen erfreuen und wenn ihr sein Haupt mit vielen Siegeskränzen schmücken wollt, dann gilt: Auf, wirkt doch für ihn, solange ihr noch könnt!

Die Schwiegermutter des Petrus (2)

Die Aufrichtung der Niedergebeugten

»Und er [Jesus] trat hinzu, ergriff ihre Hand und richtete sie auf; und das Fieber verließ sie, und sie diente ihnen« (Markus 1,31).

Die Schwiegermutter der Petrus war an einem furchtbaren Fieber erkrankt. Es war kein gewöhnliches Fieber, wie es – soweit uns bekannt ist – in ihrer Gegend damals weitverbreitet war. Vielmehr teilt »Lukas, der geliebte Arzt« (vgl. Kolosser 4,14), wie Paulus den Evangelisten bezeichnet, uns mit, dass »die Schwiegermutter des Simon … von einem starken Fieber befallen« war (vgl. Lukas 4,38). Bekanntlich besteht das Wesen des Fiebers darin, dass es den Patienten geschwächt zurücklässt, selbst wenn die Krankheit als solche gewichen ist. Doch Jesus Christus wollte die Schwiegermutter des Petrus nicht nur heilen und sogleich gesund machen, sondern er beabsichtigte auch, sie völlig wiederherzustellen, sodass die sonst bei bisher Fieberkranken anhaltende Erschöpfung ebenso beseitigt war. Wenn Christus Menschen heilt, macht er sie ganz und nicht nur teilweise gesund.

Es ist möglich, dass die bedauernswerte Patientin fast alle Hoffnung auf Genesung aufgegeben hatte. Und wahrscheinlich wären auch die Umstehenden verzweifelt gewesen, wenn sie nicht an den großen Arzt – den Herrn Jesus Christus – geglaubt hätten. Es ging unserem Herrn darum, sie und ebenso ihre Lieben zu ermutigen, als er sich über das Bett der fieberkranken Frau beugte und sie bei der Hand nahm. Er gab ihr damit neuen Mut, indem er ihr zeigte, dass er sich nicht scheute, sie anzurühren. Dann richtete er sie behutsam auf. Und sie gab dem sanften Druck nach, indem sie sich erhob und sich aufrecht setzte – ja, sogar noch mehr tat: Sie verließ das Bett, weil sie völlig wiederhergestellt war. Sofort begann sie, den Anwesenden als Hausfrau zu dienen, deren Pflicht darin bestand, für ihr Wohl zu sorgen.

Hoffentlich gibt es viele unter den hier Versammelten, die Jesus Christus segnen will. Sie befinden sich gegenwärtig jedoch in einem Zustand völliger Niedergeschlagenheit. Sie sind innerlich so verzagt, dass ihr Mut ganz gesunken ist und sie schon fast verzweifelt sind. Sie können nicht glauben, dass es Barmherzigkeit für sie gibt; sie haben alle diesbezügliche Hoffnung aufgegeben. Sie hatten früher durchaus ein gewisses Maß an Hoffnung, aber jetzt ist sie völlig dahin. Sie befinden sich wie Petrus' Schwiegermutter in der Stellung von Niedergebeugten. Ihretwegen muss Christus die beiden Dinge tun, die er für diese Frau getan hat: Erstens *trat er mit ihr in Verbindung*; und zweitens *richtete er sie sanft auf, bevor er sie vollständig wiederherstellte*. Möge er dies auch an euch tun!

Unser erstes Anliegen im Dienst an niedergebeugten Seelen besteht darin, ihnen zu sagen, dass *Jesus Christus mit ihnen in Kontakt tritt*.

Du denkst, mein lieber bekümmerter Freund, dass Jesus Christus mit dir nichts zu tun haben will. Du hast von ihm gelesen und gehört, aber es kommt dir vor, als sei er weit entfernt von dir, und du kannst ihn nicht erreichen; auch scheint es dir höchst unwahrscheinlich, dass er dir je entgegenkommt und dich voller Mitleid anschaut. Doch nun hör mir zu:

Erstens *ist dir Jesus Christus bereits begegnet*, denn er ist dir, der du zum Menschengeschlecht gehörst, gleich geworden. Jesus Christus wurde Mensch wie du, als er auf diese Erde kam. Vergiss das nie. Natürlich ist es vollkommen wahr, dass Christus »über allem ist, Gott, gepriesen in Ewigkeit« (vgl. Römer 9,5). Aber es stimmt genauso, dass er sich erniedrigte, als Kind einer irdischen Mutter in diese irdische Welt geboren zu werden. Dabei ließ er sich dazu herab, unter den gleichen Bedingungen wie die übrigen Menschen zu leben. Er trug um unsertwillen die gleichen Schwachheiten, Leiden und Kümmernisse, die uns begegnen. Er erlitt für uns den Tod. Ich bitte dich herzlich, nie von Jesus zu denken, dass er nur ein Geist sei, dessen Gegenwart dich erschrecken müsste. Denke vielmehr an ihn als an denjenigen, der ein Mensch wie unsereins ist: Er aß und trank wie alle anderen – kein Einsiedler, der sich von Sündern ausschloss, sondern einer, der unter den Menschen lebte. Er ist das vollkommene Beispiel des Menschen, der Mensch Christus Jesus, denn insofern ist er dir nahe gekommen. Du hättest keine Angst, mit einem deiner Mitmenschen zu sprechen. Darum fürchte dich auch nicht, mit Jesus zu reden. Sprich mit ihm über alle Einzelheiten deiner Situation, denn er war nie ein Mensch mit stolzer und hochmütiger Gesinnung. Er gehörte nicht zu denen, die sagten: »Schau dir das an, ich bin heiliger als du!« Vielmehr war er ein Mensch mit einem großen Herzen voller Liebe. Er hatte ein so anziehendes Wesen, dass selbst Kinder zu ihm kamen und sich an seine Füße schmiegten. Als seine Jünger sie gern weggejagt hätten, sagte er: »Lasst die Kinder zu mir kommen! Wehrt ihnen nicht! Denn solchen gehört das Reich Gottes« (vgl. Markus 10,14). Nicht einmal die allerschlimmsten Menschen hat er abgewiesen, wenn sie zu ihm kamen. Vielmehr verlangte er danach, sie alle um sich zu scharen. Er weinte über die schuldige Stadt Jerusalem und sagte: »Wie oft habe ich deine Kinder versammeln wollen, wie eine Henne ihre Küken versammelt unter ihre Flügel, und ihr habt nicht gewollt!« (vgl. Matthäus 23,37). Darum komm, du betrübter Geist, und sieh, dass Jesus der Immanuel, Gott mit uns, ist. Erkenne allein schon daran, dass er dir nahe gekommen ist und seine Hand auf dich gelegt hat.

Du sagst: »Ich kann es fassen, dass er den Menschen nahe gekommen ist, aber nun ist es so, dass ich nicht nur ein Mensch, sondern ein sündiger Mensch bin.« Ja, *Jesus ist sündigen Menschen nahe gekommen*, und er wurde »Jesus« genannt, weil er der Retter von Sünden ist. Sein Werk in dieser Welt bestand nicht darin, nach Heiligen Ausschau zu halten, sondern darin, »zu suchen und zu retten, was verloren ist« (Lukas 19,10). Der Auftrag meines Meisters galt nicht den Guten, den Tadellosen und den Gerechten, sondern den Bösen, den Unheiligen und den Ungerechten. Er sagte: »Nicht die Gesunden brauchen einen Arzt, sondern die Kranken; ich bin nicht gekommen, Gerechte zu rufen, sondern Sünder zur Buße« (vgl. Lukas 5,31-32). Wäre er nicht gekommen, um Sünder zu retten, warum hat er sich dann zum Opfer dargebracht? Ein Opfer ist nur erforderlich, wo Sünde zu finden ist; Sühnung ist lediglich dann nötig, wenn Schuld vorliegt. Christus kommt zu dir, einem schuldigen Sünder, und er legt dir die Hand auf, so wie er sie der Schwiegermutter des Petrus auflegte, als sie von jenem großen Fieber befallen war.

Aber höre ich dich vielleicht flüstern – so, als hättest du Angst, irgendjemand sonst könnte dich hören? Sagst du leise vor sich hin, dass du nicht nur ein Sünder, sondern ein großer Sünder bist? Meinst du, dass du mehr Schuld auf dich geladen hast als die breite Masse? Denkst du etwa, dass deine Schuld in einigen Punkten weitaus schwerwiegender ist als die irgendeines anderen Menschen? Mein Freund, ich möchte dir versichern, dass *Jesus Christus gekommen ist, um den schlimmsten der Sünder zu retten.* Siehst du ihn am Kreuz, wie er die unbeschreiblichen Todesschmerzen ertrug? Kannst du seinen lauten Todesruf und jenen markerschütternden Schrei (»Mein Gott, mein Gott, warum hast du mich verlassen?«; vgl. Matthäus 27,46 und Markus 15,34) hören? Willst du noch immer denken, dass ein derartiger Tod für belanglose Übertretungen, bloße Kavaliersdelikte oder geringfügige Fehler kleiner Sünder nötig gewesen wäre? O nein! Der Sohn Gottes kam, um sein Leben als Lösegeld für viele große Sünden und für viele große Sünder hinzugeben. Die Herrlichkeit des Sühnungswerkes Christi ist der Beweis dafür, dass er damit Sünden beseitigen will, wie groß sie auch immer sein mögen.

Dass Jesus mit großen Sündern in Kontakt getreten ist, liegt auf der Hand. Wenn ihr nämlich seine Lebensbeschreibung lest, dann seht ihr, dass sich *seine Verkündigung fortwährend an solche Leute richtete.* Wenn ihr euch seine gewöhnlichen Versammlungen anschaut, findet ihr heraus, dass sie zum großen Teil aus derartigen Menschen bestanden. Die Pharisäer sagten zwar verächtlich, aber zweifellos wahrheitsgemäß: »Dieser nimmt Sünder auf und isst mit ihnen« (vgl. Lukas 15,2). Genau zur gleichen Zeit wird uns daher berichtet: »Es nahten sich aber zu ihm alle Zöllner und Sünder, ihn zu hören« (vgl. Lukas 15,1). Seine Verkündigung zog sie offensichtlich an, und er scheint nie darüber überrascht gewesen zu sein, dass dies so war. Auch hat er niemals sein Missfallen angesichts dessen ausgedrückt, dass er einen solch niedrigen und verachteten Hörerkreis um sich scharte. Nein, ganz im Gegenteil. Er sagte, dass er gesandt sei, um die verlorenen Schafe zu suchen, bis er sie findet, und um den verlorenen Sohn nach seinen Irrwegen willkommen zu heißen, wenn er in das Haus seines Vaters zurückkehrt.

Mir ist es wichtig, dass ihr Folgendes erkennt: Mein Herr Jesus Christus ist ein Mensch, und zwar kein Mensch, der gekommen ist, um sich nach wesensverwandten Gefährten umzusehen, die vielleicht würdig waren, zu seinen Bekannten gerechnet zu werden. Vielmehr ist er gekommen, um nach ansonsten unsympathischen Männern und Frauen Ausschau zu halten, denen er die Glückseligkeit der Errettung zueignen kann. Er ist nicht gekommen, um bedient zu werden, sondern um zu dienen – nicht, um etwas zu empfangen, sondern um Gaben auszuteilen. Als er hier auf Erden – in dieser Welt – war, wollte er nicht da und dort einen edlen und angesehenen Menschen erwählen, sondern solche Seelen aufsuchen, die seine Gnade brauchten. Er wollte zu ihnen kommen, sie segnen und erretten. Somit ist er in dieser Beziehung auch dir nahe gekommen. Denke an seinen Auftrag, den er seinen Jüngern weitergab, kurz bevor er in den Himmel fuhr: »Geht hin in die ganze Welt und predigt das Evangelium der ganzen Schöpfung« (vgl. Markus 16,15). Bei einer anderen Gelegenheit nach seiner Auferstehung erinnerte er sie daran, dass »in seinem Namen Buße zur Vergebung der Sünde gepredigt werden (müsse) allen Nationen, anfangend von Jerusalem« (Lukas 24,47). Das heißt, sie sollten genau an jenem Ort beginnen, wo die Leute lebten, die ihn gekreuzigt hatten. Indem er ihnen diesen Auftrag gab, reichte unser Herr Jesus Christus dir über die Jahrhunderte hinweg die Hand, um dich zu anzurühren. Ich wiederum bin hierhergekommen, um seinem Auftrag zu gehorchen, indem ich dir das Evangelium verkündige, denn du bist in den Begriff »die ganze Schöpfung« eingeschlossen. So begegnet dir Jesus Christus durch die Predigt seines Wortes in ebendiesem Augenblick.

Zweitens: Als Jesus die Hand der Schwiegermutter des Petrus ergriff, *begann er, sie sanft aufzurichten*. Kaum hatte er sie angerührt, reagierte sie. Indem sie sogleich ihre Haushaltspflichten wiederaufnahm, erwies sich, dass sie völlig geheilt war.

Nun gibt es manche arme, niedergebeugte, verzagende Seelen, die jemanden brauchen, der ihnen einen hilfreichen Impuls gibt, und ich wünschte, dass der Herr jetzt durch meine Predigt einige von euch an die Hand nähme und sie aufrichtete. Mir geht es jetzt darum, ein paar Sachverhalte zu erwähnen, die dich ermutigen könnten. Du möchtest errettet werden, du sehnst dich nach Rettung, aber du fürchtest, es werde nie dazu kommen. Doch gerade diese Furcht ist es, die dich davon abhält, dich retten zu lassen. Wenn du nur hoffen könntest, dann würde deine Hoffnung Wirklichkeit werden; aber du bist der Meinung, du dürftest diese Hoffnung nicht einmal haben. Nun, gib mir deine Hand, und ich will versuchen, dir behilflich zu sein.

Erstens: *Denke daran, dass andere, denen es in vielerlei Hinsicht so erging wie dir jetzt, gerettet worden sind*. Kennst du einige Leute, die sich in einer ganz ähnlichen Situation befanden, in der du augenblicklich bist? Wenn nicht, dann suche den nächsten christlichen Freund unter deinen Bekannten auf und erzähle ihm, in welcher besonderen Lage du aus deiner Sicht bist. Ich bin ziemlich sicher, was er dir in den meisten Fällen sagen wird: »Na, das ist doch nichts Besonderes. Genauso habe ich mich gefühlt, bevor ich den Retter fand.« Wenn du es nicht bei der ersten Begegnung mit einem Christen so erlebst, solltest du nicht erstaunt sein, denn natürlich sind nicht alle Christen gleich. Nach meiner Überzeugung wirst du aber schon nach dem Gespräch mit wenigen Christen herausfinden, dass dasjenige, was in deinen Augen ganz außergewöhnliche Besonderheiten deines Lebens waren, sich durchaus als alltäglich erweist, denn zahlreiche andere Menschen haben sich in genau der gleichen Lage befunden wie du.

Vielleicht sagst du: »Ich habe sehr wenige christliche Bekannte, bei denen ich mich erkundigen kann.« Nun gut, dann will ich dir eine andere einfache Möglichkeit geben, dies zu prüfen. *Nimm deine Bibel und sieh dir Bekehrungsgeschichten an, dann wirst du erleben, dass die Erretteten in vielerlei Hinsicht so waren wie du.* Und wenn dich das nicht befriedigen sollte, dann wende dich den verschiedenen Verheißungen zu, die der Herr Jesus Sündern gab, welche zu ihm kamen. Und achte darauf, ob es eine passende Zusage für einen Sünder wie dich gibt. Ich meine, du brauchst bei ehrlichem Nachdenken über die Evangeliumsverheißungen nicht lange zu suchen, bevor du sagen kannst: »Klar, das sieht wirklich so aus, als ob es noch irgendwie für mich gelten könnte. Meiner Ansicht nach trifft diese Beschreibung gerade auf meinen Fall zu.« Ich wäre nicht überrascht, wenn du auf irgendeinen Vers stoßen würdest, von dem du sagst: »Der sieht ja so aus, als ob er ausschließlich für mich geschrieben wäre! Er umfasst eine genaue Darstellung meines Zustands als Verlorener.« Nun denn, wenn du entdeckst, dass Christus solche Sünder wie dich eingeladen und nach dem inspirierten Bericht seines Wortes Menschen wie dich errettet hat, erhebt sich die Frage: Wieso solltest du dann keine Hoffnung schöpfen? Hast du dich schuldig gemacht wie der Schächer am Kreuz? Denke daran, dass es heißt:

Der Schächer fand den Wunderquell,
den Jesu Gnad ihm wies,
und dadurch ging er, rein und hell,
mit ihm ins Paradies.

Hat deine Sünde mehr mit Unmoral zu tun? Dann erinnere dich daran, dass es eine Frau gab, die in ebendiesem Sinne »eine Sünderin« war. Sie benetzte Christi Füße mit ihren Tränen und trocknete sie mit den Haaren ihres Hauptes. Hast du oft Flüche gebraucht? Das lässt mich daran denken, dass sich Simon Petrus diesbezüglich vor seiner Zurechtbringung schlimm versündigte. Sonst wären ihm nämlich nicht so schnell Schwüre und Flüche über die Lippen gekommen, als er seinen Meister verleugnete. Doch obwohl diese alte Haltung wieder durchbrach, wurde Simon Petrus nicht nur errettet, sondern er wurde auch zu einem der nützlichsten Diener unseres Herrn Jesus Christus. Ich könnte fortfahren, Sünder aller Couleur zu erwähnen, und dir sagen: »Solche, die so gesinnt waren wie du jetzt, sind errettet worden und in den Himmel gekommen. Dies sollte dir doch eine Hilfe sein, oder? Ich bitte den Herrn, dass es so sein möge.«

Ich möchte dir noch einen anderen hilfreichen Impuls geben. *Errettung geschieht ganz aus Gnade*, das heißt, sie ist völlig Gottes freie Gnadengabe. Gott rettet niemanden, weil in ihm irgendetwas ist, womit er diese Errettung verdient. Der Herr rettet, wen er retten will. Dies ist eines seiner großen Vorrechte, an denen er beharrlich festhält. Er selbst hat erklärt: »Ich werde mich erbarmen, wessen ich mich erbarme, und werde Mitleid haben, mit wem ich Mitleid habe.« Und Paulus schließt aus dieser Erklärung: »So liegt es nun nicht an dem Wollenden, auch nicht an dem Laufenden, sondern an dem sich erbarmenden Gott« (vgl. jeweils Römer 9,15.16). Wenn es also Gottes Wille ist, seine Barmherzigkeit Sündern gemäß seiner eigenen, souveränen Gnade in Christus Jesus unabhängig von irgendetwas Gutem in ihnen zu verleihen, stellt sich die Frage: Weshalb sollte er dann dir nicht Gnade erweisen? Du hast irgendeinem Grund in dir selbst gesucht, dessentwegen er dir gnädig sein sollte, aber du kannst einen derartigen Grund nicht finden: Dabei kann ich dir versichern, dass es nie irgendeinen Grund in den Sündern als solchen gegeben hat, warum Gott sie hätte retten sollen. Er hat sie immer nur gerettet aus Gründen, die ihm allein bekannt sind, die er auch niemals offenbarte und von denen er uns gesagt hat, dass er sie nie offenbaren will. Er sagt wie der Weinbergsbesitzer im Gleichnis: »Ist es mir nicht erlaubt, mit dem Meinen zu tun, was ich will?« (vgl. Matthäus 20,15). Und so wird er auch handeln. Kein Mensch hat ein Recht auf Errettung. Wir haben alle Rechte auf Verdienste verwirkt. Wenn daher der Herr seine Gnade zueignet, gibt er sie, wem er will. Wieso sollte er sie dann dir nicht genauso wie jedem anderen geben?

Ich darf dich auch daran erinnern, dass *der Glaube an Jesus Christus immer die Seele errettet.* Es gibt sehr viele, die dies erprobt haben. Dabei haben sie herausgefunden, dass der Glaube an Christus ihnen Heil gebracht hat. Es gibt heutzutage einige Leute, die uns gegenüber behaupten, dass diese Lehre unmoralisch sei. Sie sagen, wir sollten Predigten über gute Werke halten. Das tun wir auch so eindringlich, wie wir können, denn wir sagen, dass der Glaube an Jesus Christus die Menschen vor einem Leben in Sünde bewahrt. Wir predigen allerdings nicht gute Werke als Grundlage der Errettung. Das wäre so töricht wie das Verhalten von Kindern, die abgepflückte Blumen nehmen, sie in die Erde stecken und sagen: »O welch einen schönen Garten haben wir doch!« Wir pflanzen die Saat der Blumen bzw. die Wurzeln der Gnadenblumen, denn der Glaube an Jesus Christus ist der Same und die Wurzel der Tugend. Und wer an Jesus Christus glaubt, ist nicht nur vor der Strafe der Sünde gerettet, sondern auch vor der Sünde selbst, vor der Macht der Sünde, vor der sündigen Gewohnheit. Eine unmoralische Lehre? Wieso das? Sie hat doch Millionen zu Christus und Unzählige in den Himmel gebracht! Wenn man diese Lehre zu Recht als unmoralisch bezeichnen könnte, könnte man Gott selbst der Unmoral bezichtigen, denn dieses Evangelium kam ganz gewiss von ihm, und darum kommt es einer Gotteslästerung gleich, sie unmoralisch zu nennen. Du hast keine guten Werke, und du wirst sie auch nie haben, bis du angesichts deiner Sünde Buße tust und dem Herrn Jesus Christus vertraust. Wenn du versuchst, derartige Werke vorzuweisen, werden sie alle zusammenbrechen, denn das diesen vermeintlich guten Werken zugrunde liegende Motiv lässt sich folgendermaßen beschreiben: Du wirst sie in der Hoffnung tun, dich dadurch selbst zu retten. Was ist das anderes als reiner Egoismus, toter Eigennutz, der vor Gott nicht wohlgefällig sein kann? Wenn du aber nur auf den Herrn Jesus Christus vertraust, wirst du die unmittelbare Vergebung deiner Sünde erlangen, und mit dieser Vergebung wird eine von Herzen kommende Dankbarkeit demgegenüber wach werden, der dir vergeben hat. Aus dieser Dankbarkeit wird ein intensiver Hass gegen alles von ihm Gehasste und eine glühende Liebe zu allem, was er liebt, erwachsen. Und dann wirst du gute Werke vollbringen. Aber aus welchem Motiv? Ach, aus Dankbarkeit ihm gegenüber und nicht infolge der Selbstsucht. Dann werden es wirklich gute Werke sein, denn du wirst sie tun, um Gott wohlzugefallen, und nicht mit der Absicht, selbst etwas zu gewinnen.

Alle Menschen, die an Jesus glaubten, haben demnach ewiges Leben und Rettung von Sünden gefunden. Nun gut, du wirst ebenfalls die gleichen Segnungen finden, wenn du ihm jetzt völlig vertraust. Sie ließen sich in Christi Arme fallen. Er fing sie auf und hielt sie fest. Tue es ihnen gleich: Lass dich in die Arme Christi fallen, der unter dir steht – bereit, dich aufzufangen. Dann wirst du ganz gewiss errettet werden. Dies hat Christus selbst bezeugt: »Wer gläubig geworden und getauft worden ist, wird errettet werden« (vgl. Markus 16,16). Der Glaube muss also zuerst kommen, während die Taufe dem Bekenntnis des Glaubens folgen muss. Christus befahl seinen Jüngern, diese Ordnung einzuhalten: »Geht nun hin und macht alle Nationen zu Jüngern (oder ›lehrt alle Völker‹ [so die wörtliche Übersetzung der King-James-Bibel]) und tauft sie (diejenigen, die zu Jüngern gemacht wurden) auf den Namen des Vaters und des Sohnes und des Heiligen Geistes« (vgl. Matthäus 28,19).

Ich will versuchen, dir noch einen anderen hilfreichen Impuls zu geben. Es ist mir, als ob ich dich sagen hörte: »O Herr Spurgeon, ich kenne das Evangelium, aber ich kann es irgendwie nicht verstehen. Ich weiß, was Beten bedeutet, aber ich kann nicht beten, wie ich es sollte. Ich weiß, was Buße ist, aber ich kann nicht umkehren, wie ich es möchte.« Hier ist diejenige Stelle, die dir hoffentlich eine Hilfe ist: »Auch (nimmt sich) der Geist … unserer Schwachheit an« (vgl. Römer 8,26). Kannst du nicht zum Himmel aufblicken und den hochgelobten Geist bitten, dir jetzt zu helfen? Was ist aber, wenn dein Herz so hart wie der untere Mühlstein ist? Der Geist Gottes kann es in einem Augenblick erweichen. Wie steht es aber, wenn es dir unmöglich erscheint, an Jesus zu glauben? Der gnadenvolle Geist ist nun bereit, dich zu befähigen, ebendies zu tun. Was ist aber, wenn du anscheinend das genaue Gegenteil von dem bist, was du sein solltest? Der hochgelobte Geist kann dein Wesen vollständig verändern. Er kann das blinde Auge und das taube Ohr öffnen sowie das steinerne Herz aus deinem Inneren entfernen und dir ein fleischernes Herz geben. Ich weiß, dass du dir nicht selbst helfen kannst, aber ebenso weiß ich, dass der Heilige Geist dir zur Seite ist, denn ihm ist nichts unmöglich. Komm, himmlischer Wind, und hauche diese verdorrten Gebeine an! Erwecke sie zu Leben und Wirksamkeit, sodass da, wo bislang nichts als Tod herrschte, ein lebendiges Heer bereitsteht, um dem lebendigen Herrn zu dienen! Und gepriesen sei sein heiliger Name, er wird es tun, wo immer ein wahres, von Herzen kommendes Gebet emporsteigt, denn niemand betet wirklich, bevor der Heilige Geist ihn nicht beten gelehrt hat. Haben wir dich, der du dich wie die Schwiegermutter des Petrus fühlst, bisher aufrichten können? Möge sich die Hand des allmächtigen Herrn nach dir ausstrecken, denn unsere Hand allein ist zu schwach, um dich aufzurichten.

Jetzt folgt noch ein weiterer hilfreicher Impuls für dich. Trotz allem, was ich gesagt habe, magst du noch denken, es verdient zu haben, verlorenzugehen. Vielleicht meinst du auch, verlorengehen zu müssen, denn *dass du bestraft wirst, erweist die Gerechtigkeit Gottes.* Das ist so weit wahr, aber ich will dir etwas sagen, was genauso wahr ist. *Die Tatsache, dass du gerettet wirst, wird die Gnade Gottes verherrlichen.* Außerdem gilt: »Er hat Gefallen an Gnade« (vgl. Micha 7,18). Ich erinnere mich an die Zeit, als ich dachte: Wenn Jesus Christus mich retten würde, wäre es das Größte, was er je getan hätte. Damals dachte ich so, und ich könnte nicht sagen, dass ich jetzt anders denke. Und ich bin überzeugt davon, dass ich noch immer den gleichen Gedanken haben werde, wenn ich in den Himmel komme.

Vielleicht sagt jemand: »Ich habe dies noch nie in diesem Licht betrachtet, denn gewiss, wenn Jesus Christus mich retten würde, wäre es das größte Wunder auf Erden.« Dann meine ich, dass es höchstwahrscheinlich ist, dass er dich retten wird, weil er Wohlgefallen an großen Wundern hat und Machttaten vollbringen will. Wie erlangt eurer Meinung nach ein Arzt große Berühmtheit? Es gibt einige Ärzte in London, die haben so viele Patienten in ihren Wartezimmern, dass sich die armen Leidenden stundenlang gedulden müssen, bis sie eintreten können. Wodurch wurden diese Ärzte so berühmt? Wenn ich euch sagen würde, sie hätten all ihren Ruhm dadurch erlangt, dass sie raue Hände, wunde Finger und Warzen behandelt haben, würdet ihr sagen: »Unsinn! Niemand wird berühmt, wenn er solche kleinen Dinge tut.« Wie sind sie denn dann zu Ehren gelangt? O es gab da einen bedauernswerten Menschen, der war dem Tod nah. Bereits mehrere andere Ärzte hatten ihn aufgegeben, aber dieser Mediziner war von Gott befähigt, ihn zu heilen. Oder da war ein Mensch, dessen Bein eigentlich amputiert werden musste, während dieser Arzt sagte: »Ich will das Glied dieses Menschen retten.« Oder da gab es den komplizierten Fall einer inneren Krankheit, und dieser Arzt sagte: »Ich verstehe etwas von der Sache«, und er heilte den Betreffenden. Alle Welt sprach daraufhin über diese wunderbare Heilung, und darum gehen jetzt alle zu diesem Arzt. Er wurde berühmt, weil er schlimme Fälle heilte. Ein wirklich schwerer Fall brachte ihm mehr Ehre, als es fünfzig kleine Unpässlichkeiten hätten tun können. So ist es mit dem großen Arzt und mit euch, den großen Sündern, sowie mit der Schwere eurer geistlichen Krankheiten, die niemand außer Christus heilen kann. Mein Herr und Meister kann auf wunderbare Weise Menschen heilen, die als unheilbar gelten. Wenn er solche Fälle wie die euren heilt, hören Himmel, Erde und Hölle davon, sodass er in aller Munde ist.

Ob dir nun dein Fall so hoffnungslos erscheint, oder ob du noch irgendeine Hoffnung auf Genesung hegst – du meinst, dass es sehr lange dauern wird. Ich möchte dich aber daran erinnern, dass *Jesus Christus Sündern augenblicklich vergibt.* Eben war ein Mensch noch schwarz wie die tiefste Nacht, und im nächsten Augenblick ist er so hell wie der Mittag. Jesus Christus hat als am Kreuz Erhöhter eine solche Macht, dass ein Mensch, selbst wenn alle Sünden der Menschheit auf ihm ruhen würden, nur glaubensvoll auf Christus blicken muss, sodass all seine Sünden im gleichen Augenblick verschwunden sind. Hast du je die wunderschöne Skulptur des Laokoon und seiner Söhne gesehen, um deren Glieder sich zwei riesige Schlangen winden? Nun, selbst wenn du ein zweiter Laokoon wärest und sündige Gewohnheiten dich ganz und gar gefangen hielten, sodass du dich von ihnen selbst nicht befreien könntest, gilt: Du musst nur glaubend auf Jesus blicken, damit diese Ungeheuer zu deinen Füßen tot niederfallen. Jesus Christus, der Same der Frau, setzt seinen Fuß auf das Ungeheuer namens Sünde und zertritt ihm den Kopf. Und wenn du an Jesus glaubst, wird sein durchbohrter Fuß die Fessel deiner sündigen Neigung zertreten, sodass du von ihrer Macht befreit werden wirst.

Wenn du dies aber tust, so bitte ich dich, armer, verzagender und verzweifelnder Sünder, an Folgendes zu denken: *Derjenige, der gekommen ist, um einen wie dich zu retten, ist ein göttlicher Heiland.* Welch einen tödlichen Schlag sollte dies einem jeden Zweifel versetzen! Du sagst, dass es in deinem Fall eine Schwierigkeit gibt. Ja, es treten stets Schwierigkeiten auf, wenn es nur eine beschränkte Kraft gibt. Es wird immer Schwierigkeiten geben, wenn es um Geschöpfe mit begrenzten Fähigkeiten geht, aber hier ist der Schöpfer – der Schöpfer in Menschengestalt. Er, der Himmel und Erde erschaffen hat, ist herabgekommen, um hier als Mensch zu leben und am Kreuz zu sterben, damit er Sünder retten kann. Welche Schwierigkeit kann es in der Gegenwart der Allmacht geben? Sprich nicht von unüberwindbaren Problemen vor dem Angesicht des allmächtigen Gottes. O Sünder, bei Gott ist nichts unmöglich. Wenn du krank und dem Tode nahe bist, kann Jesus Christus dich retten. »Kommt denn und lasst uns miteinander rechten!, spricht der HERR. Wenn eure Sünden rot wie Karmesin sind, wie Schnee sollen sie weiß werden. Wenn sie rot sind wie Purpur, wie Wolle sollen sie werden« (vgl. Jesaja 1,18).

Komm, vertraue ganz dem Heiland,
o vertrau ihm jetzt!
Er allein kann dich erretten,
dich erretten jetzt.

Die Frau aus Samaria (1)

Jesus, ein vorbildlicher Seelengewinner

»Da kommt eine Frau aus Samaria, Wasser zu schöpfen. Jesus spricht zu ihr: Gib mir zu trinken« (Johannes 4,7).

Dies war der Anfang jener interessanten Unterhaltung, durch die nicht nur die Frau gesegnet wurde, sondern die seither dazu beigetragen hat, dass die Gnade auch vielen anderen zugeeignet worden ist. Dieses und das vorhergehende Kapitel gehören nämlich zu denjenigen Teilen des Wortes Gottes, worin das Anliegen des Seelengewinnens am deutlichsten wird. Ich glaube, dass jeder Teil der Heiligen Schrift für die Erfahrung von Männern und Frauen von Nutzen ist, aber diese zwei Kapitel sind für den Anfang des Lebens als Gotteskinder von unermesslich großem Segen gewesen. Viele haben mit ihrer Hilfe die Tür der Wiedergeburt und das Tor des Glaubens durchschritten – und zwar aufgrund der Wahrheit, die darin so einfach gelehrt wird.

Hier habt ihr als Erstes *den vorbildlichen Seelengewinner* vor euch. Jesus sagte der Frau aus Samaria: »Gib mir zu trinken!« Ich spreche hier zu vielen, die es verstehen, Seelen zu gewinnen. Ich hoffe, noch viele weitere ansprechen zu können. Sie haben diese Weisheit bis jetzt zwar noch nicht erlernt, sind aber bestrebt, sich nach Möglichkeit von Gott zum Segen ihrer Mitmenschen gebrauchen zu lassen. Hier findet ihr also ein vollkommenes Vorbild. Beschäftigt euch damit und ahmt es nach.

Beachten wir zuerst, dass unser Heiland als der vorbildliche Seelengewinner nicht reserviert und distanziert war. Zuvor lesen wir: »Jesus nun, ermüdet von der Reise, setzte sich ohne Weiteres an die Quelle nieder« (vgl. V. 6). Wenn es ihm nicht in wunderbarer Weise darum gegangen wäre, eine Seele zu gewinnen, hätte er in sich gekehrt gelebt. Und wenn diese Frau ihn angesprochen hätte, hätte er ihr nur kurz geantwortet und gezeigt, dass ihm an einer Unterhaltung mit ihr nichts gelegen war. Es gibt eine Art, höflich zu sein, mit der man aber gleichzeitig jede enge zwischenmenschliche Beziehung unterdrücken kann. Es gibt einige Menschen, welche die große Gabe haben, eine schneidende Kälte zu verbreiten. Schon ihr Blick lässt dich förmlich zu Eis erstarren. Nie wieder wagst du es, sie anzusprechen. Ja, du stehst da und fragst dich, wie du jemals so unverschämt sein konntest, eine solch erhabene Person überhaupt anzureden! Sie bewegen sich offensichtlich in einer Welt, die sich von dem Bereich, worin dein armes Ich lebt, völlig unterscheidet. Sie könnten dir gegenüber kein Mitgefühl bekunden, sie sind zu gut oder zu groß, zu klug oder zu gebildet. Und wenn du nicht über ihr Verhalten klagst, so machst du einen großen Bogen um sie und hältst dich zukünftig von ihnen fern, denn sie gehören in keiner Weise zu den Leuten, die auf dich anziehend wirken. Sie stoßen dich vielmehr durch ihre Kälte ab, statt Menschen um sich zu scharen. Und wenn dies doch der Fall ist, dann üben sie den entgegengesetzten Einfluss aus, indem sie alles andere als anziehend wirken.

Wenn sich also einer unter euch in einer derartigen Geistesverfassung befindet, dann sollte er den Herrn bitten, dass er ihn da herausbringt. Versuche aber nicht, etwas Gutes zu tun, während du dich noch in dieser Verfassung befindest; denn du könntest genauso gut versuchen, einen Ofen mit Schneebällen zu heizen, wenn du Seelen für Christus in deiner Unnahbarkeit mit unfreundlichen und salbungsvollen Worten gewinnen wolltest. Nein, wirf dies alles von dir! Denn durch nichts wirst du so schwach und so nutzlos wie durch ein Verhalten, das Distanz zu deinen Mitmenschen erkennen lässt. Komm dicht an den Sünder heran und nähere dich dem oder der Betreffenden. Zeige ihnen, dass du dich nicht von anderen Menschen fernhältst, sondern dass du deinen Gesprächspartner als Bruder ansiehst, als einen, der in dir einen Menschen voller Mitgefühl findet. Lass dir seine Schwachheiten zu Herzen gehen, weil du siehst, dass du selbst in vielerlei Hinsicht so gelitten hast, wie er leidet. Darum befindest du dich auf der gleichen Ebene wie er. Du willst dich auf die gleiche Stufe stellen, um ihm Gutes zu tun. Es gab nichts Steifes und Starres im Wesen des Heilands. Er war das genaue Gegenteil davon, wobei sogar Kinder spürten, dass sie ohne Scheu zu ihm kommen konnten. Er glich einem großen Hafen, in den die Seeleute ihre Schiffe bei Unbilden des Wetters bringen konnten. Dabei hatten sie den Eindruck, als sei der Hafen für sie erschaffen. Schon der Gesichtsausdruck Christi und bereits das Strahlen seiner Augen – alles an ihm ließ die Menschen empfinden, dass er keineswegs seinetwegen lebte, sondern andere segnen wollte. Da seht ihr also den vorbildlichen Seelengewinner, den ihr nachahmen sollt: Macht es wie Jesus, der am Brunnen saß und sich sogar dazu herabließ, mit einer armen, gefallenen Frau zu reden.

Als Nächstes ging unser Heiland offensiv vor, indem er gleich zur Sache kam. Er wartete nicht, bis die Frau ihn ansprach, sondern begann seinerseits das Gespräch: »Gib mir zu trinken!«, sagte er. Er wartete nicht, bis sie das Wasser aus dem Brunnen geschöpft hatte und den Ort im nächsten Augenblick verlassen wollte, sodass sie ihm entschuldigend hätte sagen können: »Ich kann mich nicht aufhalten lassen. Ich muss das Wasser nach Hause tragen, und die Sonne brennt schon heiß.« Stattdessen begann er, sobald er sie mit ihrem Wasserkrug gesehen hatte, die Unterhaltung, indem er sie bat: »Gib mir zu trinken!« Der wahre Seelengewinner gleicht einem Menschen, der auf Jagd geht. Wenn das Wild erscheint, wartet er – noch halb verschlafen – nicht, bis es die Flucht ergreift und verschwunden ist. Nein, der Seelengewinner ist auf der Hut: Sobald sich eine Feder oder ein Blatt bewegt, hat er sein Gewehr im Anschlag – sofort zum Handeln bereit. Der kluge Vogelfänger breitet seine Netze frühmorgens aus, bevor die Vögel erwachen. So kann es dazu kommen, dass sie in seine Falle geraten, wenn sie sich zu regen beginnen. Der Herr Jesus ging jedenfalls in liebevoller Weisheit an sein Werk. Er begann, sogleich mit der Frau zu reden. Kaum war sie zum Brunnen – seinem Rastplatz – gekommen, sprach er sie an. Er lenkte das Gespräch sofort auf die Dinge, die mit Christus, ihrer eigenen Sünde und damit zu tun hatten, wie er als der Christus sie aus ihren Sünden befreien und zum nützlichen Werkzeug für die Bekehrung anderer machen konnte.

Ich fürchte, dass es einige unter euch gibt, die dazu außerstande sind. Ihr seid zu reserviert, sagt ihr. Wie oft habe ich euch gesagt, dass ein Soldat, der zu zögerlich war, erschossen wurde? Es tobte eine Schlacht, und der Betreffende war so bescheiden und zurückhaltend, dass er sich ins Hinterland zurückzog. Sie nannten ihn einen Feigling und erschossen ihn. Ich werde euch nicht als Feiglinge bezeichnen und euch auch nicht erschießen, und doch wünschte ich mir, dass ihr euch nicht so weit zurückzieht. Während Seelen umkommen, ist es unangemessen, reserviert und zurückhaltend zu sein. Ein Mensch, der schwimmen kann und einen Mitmenschen ertrinken lässt, wird sich kaum damit herausreden können, dass er sagt: »Ich war so zurückhaltend, dass ich mich nicht auf ihn werfen konnte. Ich habe nie die Visitenkarte dieses guten Mannes bekommen, wobei ich mich ihm nicht ohne jede persönliche Vorstellung aufdrängen wollte, und so habe ich ihn ertrinken lassen. Das tut mir sehr leid, aber ich bin nie ein aufdringlicher Mensch gewesen.« Lässt du zu, dass Menschen verdammt werden? Nimmst du in Kauf, dass Scharen von Menschen in dieser Stadt in ihren Sünden umkommen? Wenn ja, dann möge sich Gott über dich erbarmen! Die Frage ist in diesem Fall nicht: »Was wird in diesem Fall aus London werden?« Vielmehr lautet die Frage: »Was wird aus dir werden, der Menschen in ihren Sünden sterben ließ, ohne zu versuchen, sie zu retten?« Trage den Krieg ins Feindesland! Sprich wie Jesus mit Leuten, die du nicht kennst und die du nie zuvor gesehen hast. Rede wie er mit jener Frau, der du zufällig und unvermutet begegnest. Sprich mit ihr, auch wenn es das Letzte wäre, das sie mit dir bereden will. Ergreife sofort freimütig das Wort. Eigne dir ein offensives Christentum an, das sofort jede Möglichkeit nutzt, Gutes zu tun. Welch einen vorbildlichen Seelengewinner findet ihr demnach hier vor!

Als Nächstes war der Heiland nicht nur freimütig, sondern auch weise. Du kannst die Weisheit unseres hochgelobten Herrn nicht genügend dahin gehend bewundern, dass er zu dieser Frau sprach, während sie allein war. Was er ihr sagte, hätte er ihr im Beisein anderer nicht sagen können, und was sie antwortete, hätte sie nie gesagt, wenn irgendjemand zugegen gewesen wäre. Es war nötig, dass dieses Gespräch ganz vertraulich geführt wurde. Aber ach, der du so eifrig bist, dass du unbesonnen vorgehst: Du würdest gern Seelen gewinnen, doch du unternimmst diese Aufgabe ohne die Umsicht, die jeder einfühlsame und kluge Mensch verinnerlichen sollte. Denke daran, dass es am hellen Mittag gegen zwölf Uhr am Brunnen war, als Christus mit dieser Frau allein sprach. Wenn einige Leute so weise gewesen wären wie der Heiland damals, hätten sie es sich leisten können, so eifrig zu sein wie er. Im Falle einer derartigen Frau möchte ich dir die Weisheit des Heilands sowie seine wunderbare Herablassung ins Gedächtnis rufen. Mit Nikodemus, einem der Obersten der Juden, spricht er des Nachts, aber mit der Hure aus Samaria redet er tagsüber. Der Seelengewinner ist umsichtig, er ist weise bei der Planung im Blick darauf, wie er ans

Werk geht. Es gibt Fische, die beißen nur dann an, wenn das Wasser aufgewühlt ist. Dann gibt es einige Exemplare, die kann man nur nachts fangen, während andere zu finden sind, die man nur bei Tageslicht angelt. Stelle dich auf die Lage desjenigen Menschen ein, den du zu segnen beabsichtigst. Ich sage nicht: Sei so vorsichtig, dass du nichts riskierst. Dennoch möchte ich dir raten, insbesondere in gewissen schwierigen Fällen vorsichtig zu sein, damit du kein unnötiges Wagnis eingehst.

Der Heiland hätte keine bessere Zeit aussuchen können, um mit solch einer Person zu sprechen. Ihr werdet es sogleich erkennen, und selbst die Jünger wunderten sich, dass er mit der Frau sprach. Es war von seiner Seite aus unendlich weise, dies am Brunnenrand und am Mittag zu tun. Ach, ihr Seelengewinner, gewinnt auf jede Weise Seelen! Seid bereit, notfalls euren Ruf aufs Spiel zu setzen, um sie zu gewinnen. Aber eigentlich ist dies nicht oder nur in seltenen Fällen erforderlich, und es sollte nur getan werden, wenn es nötig ist. Euer Heiland gibt euch dieses weise Vorbild. Folgt ihm darin, mit den Menschen einzeln zu sprechen. Ich stehe so oft in der öffentlichen Verkündigung, dass ich vielleicht in gewisser Weise die Eignung für vertrauliche Gespräche verliere. Dennoch habe ich die erfolgreichste Arbeit meines Lebens unter vier Augen und nicht in der Öffentlichkeit getan. Als ich einmal am Tisch saß, bemerkte ich einen jungen Mann, der mir fremd war, und ich lud ihn ein, mich zu dem Ort zu begleiten, wo ich predigen sollte. Weil ich den Weg nicht kannte, bat ich ihn, mit mir zu gehen. Einige unterwegs gesagte Worte gewannen ihn für Christus, und er ist seitdem ein ernsthafter und obendrein ein sehr nützlicher Streiter für das Evangelium geworden. Mir ist nicht bekannt, ob durch die betreffende Predigt einer zum Glauben kam, aber ich weiß, dass einer sich aufgrund der Unterhaltung auf dem Weg bekehrte. Ich kenne einen Evangelisten, der in seinem öffentlichen Dienst nützlich ist, aber er ist auch denjenigen Familien, in deren Häusern er herbergt, von großem Nutzen. Fast in jedem Fall finden die Söhne und Töchter der Pastoren zum Glauben, bevor er das Haus verlässt. Es kommt auch vor, dass der Hausangestellte oder ein Besucher im Gespräch unter vier Augen gewonnen werden. Ich mag diese Art der Arbeit. O dass wir uns doch alle in dieser Kunst übten, mit Leuten persönlich zu sprechen! So sage ich euch noch einmal: Hier findet ihr den vorbildlichen Seelengewinner. Ahmt sein Beispiel nach.

Beachten wir, wie der Heiland sein Gespräch mit der Frau beginnt: »Jesus spricht zu ihr: Gib mir zu trinken!« Wenn du angelst, ist es nicht immer klug, deinen Köder sofort in das Maul des Fisches zu werfen. Versuche es vielmehr ein bisschen auf der einen und dann ein wenig auf der anderen Seite, und möglicherweise beißt er sogleich zu. Daher beginnt der Heiland nicht, indem er ihr sagt: »Du bist eine sündige Frau!« O du liebe Zeit! Nur ein Anfänger in diesem Geschäft würde so beginnen! Auch sagte er anfangs nicht: »Nun, liebe Frau, ich bin der Messias!« Das war doch die Wahrheit, oder etwa nicht? Ja, aber dies war nicht das, was zuerst kommen musste. Er begann, indem er sagte: »Gib mir zu trinken!« Er muss erst ihre Aufmerksamkeit auf sich lenken und ihre Gedanken beeinflussen. Dann erst konnte das tiefgründigere Werk folgen, indem er ihr Gewissen durchforschte und ihr Herz veränderte.

Es war nur eine durchaus übliche, allgemeine Bitte, die Jesus äußerte: »Gib mir zu trinken!« Vielleicht hätte das unter Umständen jeder von euch sagen können, aber nicht zu dem Zweck, wie er es tat. Immerhin war es ein weise gewähltes Wort, denn es passte zu den Gedanken der Frau. Sie dachte daran, Wasser zu schöpfen, und Jesus sagte zu ihr: »Gib mir zu trinken!« Es könnte kein passenderes Bild und keine bessere Ausdrucksweise geben als die Metapher vom Wasser und Trinken, wenn man mit einem Menschen redet, der gekommen ist, um Wasser zu schöpfen, damit er oder andere trinken können.

Außerdem war es ein außerordentlich bedeutungsvoller Ausdruck, und zwar genauso, wie ein Ei voller Nährstoffe ist: »Gib mir zu trinken!« Er schloss vieles mit ein und gab dem Heiland ein so weites Feld, wie er nur wünschen konnte, um mit der Frau über ihren geistlichen Durst und über jenes lebendige Wasser zu sprechen, das er in ihr Innerstes geben wollte. Dieses Wasser würde in ihr beständig sprudeln und zu einer Quelle werden, zu der sie nicht mehr würde kommen müssen, sondern die in ihrem Herzen sprudeln und in ihr allezeit bis ins ewige Leben quellen würde. So lasst uns lernen, wie wir mit Bemerkungen klug beginnen, die offensichtlich gewöhnlich sind, aber mit denen wir leicht zu höheren Dingen übergehen können.

Aus meiner Sicht müssen wir den Heiland als den vorbildlichen Seelengewinner auch dahin gehend nachahmen, dass er von Anfang an eine Schranke niederriss. Der Herr Jesus Christus war augenscheinlich wie ein Jude gekleidet, während diese Frau aus Samaria kam. Nun bestand aber sofort eine Schranke zwischen ihnen, denn die Juden verkehrten nicht mit den Samaritern. Unser Herr brach mit diesen gesellschaftlichen Normen, indem er ihr sagte: »Gib mir zu trinken!« Mit keinem anderen Ausdruck hätte er dies so treffend tun können, denn wer mit anderen Menschen aß und trank, pflegte nach orientalischer Sitte Gemeinschaft mit ihnen. Mit dieser Bitte (»Gib mir zu trinken!«) ließ er somit alle judaistische Gesetzlichkeit hinter sich, die ihn von dieser Samariterin getrennt hätte. Wenn du versuchst, Menschen für Christus zu gewinnen, solltest du stets bestrebt sein, alles Trennende niederzureißen. Bist du ein wohlhabender Mensch? Nun bin ich allerdings nicht der Meinung, dass du Seelen zum Glauben führen kannst, wenn deine diamantenen Ringe glitzern und funkeln, während du mit Arbeitern sprichst. Bist du wissenschaftlich tätig? Doch da gibt es ja jenes Wort mit siebzehn Silben, das du so gern gebrauchst. Verwende es nicht, sondern sage stattdessen etwas, das gut verständlich und einfach ist. Oder gehörst du zufällig irgendeiner politischen Partei an? Lass politische Diskussionen jedoch aus dem Spiel – so gewinnst du keine Seelen! Damit rufst du eher Vorurteile und Opposition wach! Wenn ich mit einem Franzosen reden müsste, würde ich mir aufrichtig wünschen, dass ich ein Franzose wäre. Wenn ich einen Deutschen gewinnen müsste, würde ich gern so viele Eigenarten dieser Sprache wie irgend möglich kennen wollen. Ich werde mich nie meiner englischen Herkunft schämen, aber wenn ich dadurch, dass ich ein Holländer oder ein Zulu bin, mehr Seelen gewinnen könnte, würde ich freudig jede beliebige Nationalität annehmen, um die Herzen der Menschen zu erreichen. Und unser Herr Jesus handelte genau in dieser Gesinnung, als er zu der Frau sagte: »Gib mir zu trinken!« Er setzte sich über die hohe Würde seiner Zugehörigkeit zum jüdischen Volk hinweg, denn Jude zu sein, ist wohlgemerkt ein göttlicher Adel. Jesus selbst kam als Mensch aus einer Volksgruppe, die dem ältesten und vornehmsten Adel auf Erden entstammt. Aber er legte diesen Adel ab, um mit dieser samaritischen Frau, die nichts weiter als ein Mischling war, reden zu können. Die Herkunft der Samariter als Volksgruppe lag weithin im Dunkeln. Sie gaben vor, Juden zu sein, wenn entsprechende Behauptungen ihnen irgendetwas einbrachten, und nannten sich Heiden, wann immer sich die Juden in Schwierigkeiten irgendwelcher Art befanden. Aber Jesus verachtete die Frau nicht, noch deutete er an, dass sie in irgendeiner Weise niedriger war als er selbst. Seelen kann man nur so gewinnen, wie es unser Heiland getan hat. Gott möge uns lehren, wie wir sie gewinnen können!

Nun möchte ich unseren göttlichen Herrn und Meister in einem anderen Licht darstellen, und zwar diesmal nicht als einen vorbildlichen Seelengewinner, sondern als *den Meister der Herablassung*. Er scheint mir so umsichtig zu sein, dieser unser hochgelobte Herr, der Sohn Gottes, der Schöpfer, der Erstgeborene Gottes.

Er setzt sich dort müde und durstig an den Brunnen. Hast du nicht den Eindruck, dass er fast verschmachtet? Welch eine Herablassung war dies, so arm zu sein, nicht einmal einen Schluck Wasser oder auch nur die Mittel zu haben, um ihn zu bekommen! Der Schöpfer aller Quellen, der Verwahrer des Schlüssels zum Regen, der Herr des Weltmeers und doch derjenige, der Wasser zum Trinken braucht. Welche Erniedrigung ist es für deinen und meinen Herrn, so weit zu kommen! Als er sagte: »Die Füchse haben Höhlen und die Vögel des Himmels Nester; aber der Sohn des Menschen hat nicht, wo er sein Haupt hinlegt« (vgl. Lukas 9,58), hatte er sich bereits ungemein erniedrigt. Aber jetzt war selbst das Wasser von ihm gewichen, während es für uns ein solch alltägliches Gut ist, das ringsumher von den Bergen rinnt und durch die Täler strömt. Daher musste er sagen: »Gib mir zu trinken!« Preist euren Herrn, o alle, die ihr ihn liebt, küsst seine Füße und staunt über seine wunderbare Herablassung!

Ich bewundere seine Herablassung als Nächstes dahin gehend, dass er nicht nur in eine solche Mittellosigkeit kam, sondern sich auch noch erniedrigte, um einen Schluck Wasser zu bitten. Er, der Erhörer des Gebetes, musste selbst bitten. Er, der die Schreie seiner Erlösten hört, mit der Fülle seines hoheitsvollen Reichtums seine Hand öffnet und die Bedürfnisse all seiner Geschöpfe befriedigt, sitzt da und sagt zu der Frau: »Gib mir zu trinken!« O Meister, wie hast du dich mittellos gemacht, wie hast du dich erniedrigt, dass du zum Bettler vor einem deiner eigenen Geschöpfe wurdest und diese Frau um einen Schluck Wasser batest!

Bewundern wir diese Herablassung noch weiter, wenn wir daran denken, dass *er* es von ihr erbat – von derjenigen, die fünf Männer gehabt hatte und mit einem zusammenlebte, der nicht ihr Mann war. Dennoch sagte Jesus zu ihr: »Gib mir zu trinken!« Einige von euch, ihr lieben Frauen, würden sie nicht einmal mit der Beißzange angerührt haben, oder? Und einige von euch, ihr lieben Männer, wären auf der anderen Straßenseite an ihr vorübergegangen. Jesus war jedoch nicht nur bereit, ihr etwas zu geben, sondern wollte auch etwas von ihr empfangen. Er war gewillt, sich eine Dankesschuld gegenüber einer samaritischen Sünderin aufzuerlegen. So spricht er mit ihr als derjenigen, die nicht würdig war, ihm zu nahen, um ihm die Riemen seiner Sandalen zu lösen. Johannes der Täufer sagte, er sei nicht würdig, dies zu tun, aber was hätte ihr zugestanden? Trotzdem sagte Jesus gerade zu ihr: »Gib mir zu trinken!«

Beachten wir dann seine Herablassung von Neuem, als sie ihm abweisend etwas erwiderte – vielleicht höflich im Ton, aber im Grunde ablehnend. Daraufhin fuhr er sie nicht an. Er sagte nicht zu ihr: »O du herzloses Weib!« Nein, mit keiner Silbe, mit keinem Blick tadelte er sie. Er wollte nicht das Wasser aus dem Brunnen, sondern vielmehr ihr Herz haben – ein Ziel, das er tatsächlich erreichte. Und darum fuhr er fort, mit ihr zu sprechen. Ist das nicht eine wunderbare Stelle, in der es heißt: »Wenn aber jemand von euch Weisheit mangelt, so bitte er Gott, der allen willig gibt und keine Vorwürfe macht« (vgl. Jakobus 1,5)? So wird auch der Heiland dieser Frau keine Vorwürfe machen. Sie soll vielmehr dahin gebracht werden, mit sich selbst ins Gericht zu gehen, und zwar wegen ihrer Sünde. Darum geht es, nicht um ihre Unfreundlichkeit im Blick darauf, dass sie die Bitte des Heilands abschlägig beschied.

Der Gipfel der Herablassung Christi besteht darin, dass es ihm letztendlich nicht mehr wichtig war, ob sie das tat, worum er sie bat. Vielmehr veranlasste er sie dazu, ihre Sünde zu bekennen. Er sagte: »Gib mir zu trinken!«, aber offensichtlich ließ sie den Wasserkrug nicht hinab, noch führte er ihn danach an seine Lippen, so trocken sie auch waren. Vielmehr brachte er sie dazu, ihre Sünde zu bekennen, an ihn zu glauben und loszulaufen, um die Menschen ihres Ortes zu rufen. Aufgrund all dessen konnte er von einer Speise essen, die anderen unbekannt war, und von einem Wasser trinken, von dem sie nichts wussten. Er hatte eine Seele gewonnen, und dies hat ihn erquickt, obwohl er ermüdet angekommen war. Wir hören nichts mehr davon, dass er danach noch müde war; all die Erschöpfung schüttelte er beim Anblick eines erretteten Sünders ab. Er war ganz in seinem Wesen, denn er hatte empfangen, was er durch seinen Tod gewinnen wollte. Er hatte ein Herz gewonnen, das zu dem großen Vater zurückgekehrt war. Er hatte eine Seele gefunden, die auf ihn vertraute.

Ich will mich bei meinem dritten Punkt ziemlich kurzfassen, dabei aber nicht weniger ernsthaft sein. Es handelt sich um Folgendes: Ihr habt den vorbildlichen Seelengewinner und den Meister der Herablassung gesehen. Lasst uns nun durch das, was jetzt vor unseren Augen steht, *die Art und Weise* betrachten, *wie die Gnade wirkt.*

Du bist also hierhergekommen, mein Freund, aber nicht, um errettet zu werden. O nein! Das würde dir nie in den Sinn kommen. Du bist gekommen, um dir die Örtlichkeit anzusehen und das Gebäude zu betrachten, in das die Menge strömen wird, um auf einen Prediger des Evangeliums hören. Ja, und wenn schon, dies ist kein Grund dafür, dass du keinen Segen empfangen solltest, denn diese Frau kam nur, um Wasser zu holen. »Da kam eine Frau aus Samaria, Wasser zu schöpfen.« Sie hatte kein Verlangen, Jesus zu sehen oder etwas von ihm zu lernen. Sie sah sich nur nach Wasser um. Saul ging los, um die Eselinnen seines Vaters zu suchen, und fand ein Königreich. So kannst auch du vielleicht finden, was du nie gesucht hast. Und du kannst dich von dem finden lassen, nach dem du nie Ausschau gehalten hast. Hör zu, öffne deine Ohren! Vielleicht ist für dich der Tag der Gnade gekommen, und der silberhelle Klang der großen Glocke läutet die Stunde deiner Errettung ein. Ich hoffe, dass es so ist. Es kann möglich werden, obwohl du nicht daran gedacht hast. Du bist nicht bekehrt, bist kein Christ, aber du würdest gern Gutes in der Welt tun, nicht wahr? Du möchtest eine Freundlichkeit erweisen, etwas Großzügiges vollbringen. Ich habe erfahren, dass solche Gedanken bei vielen aufsteigen, die den Herrn noch nicht kennen. Einige Leute werden einen Unbekehrten nicht um Geld bitten. Ich täte es, denn mein Meister sagte zu einer Frau, die eine große Sünderin war: »Gib mir zu trinken!«

Der Weg, einen Menschen für sich einzunehmen, besteht nicht immer darin, ihm etwas Gutes zu tun, sondern zuweilen darin, ihn zu veranlassen, dir etwas Gutes zu tun. Jesus wusste das, und so begann er mit den Worten: »Gib mir zu trinken!« Ich jedenfalls würde jetzt versuchen, das zu tun, was manchmal von Klugheit zeugt. Ich würde zu einem von euch zu sagen: »Du würdest gern jemandem etwas Gutes tun, nicht wahr? Willst du gern jemandem eine Freundlichkeit erweisen?« Nun denn, gib acht, der Meister ist in diesem Augenblick da. Seine an dich gerichteten Worte gleichen im Grunde seiner Bitte gegenüber der samaritischen Frau. Jesus sagt zu dir: »Gib mir zu trinken!« »O«, erwiderst du, »was könnte ich Christus zu trinken geben? Wenn er hier wäre, würde ich ihm gern einen Schluck reichen. In diesem Fall bin ich mir sicher: Wenn er an meiner Haustür stünde und an einem staubigen Tag vorüberginge, würde ich gern den Brunnenschwengel betätigen und einen Eimer Wasser heraufbringen. Auch wenn ich nicht bekehrt bin, würde ich das tun.« Gut, liebes Herz, dies kannst du tun. Ich will sogar, dass du es tust. Es ist dein Vorrecht, das Retterherz Christi zu erquicken. Wärest du kein Sünder, könntest du es nicht tun. Aber weil du ein schuldiger Sünder bist, bist du imstande dazu. Gerade deine Schuld und Sünde geben dir die Möglichkeit, ihm eine Erfrischung zu reichen. »Wie soll das geschehen?«, fragst du. Nun, indem du deine Sünden bereust, davon lässt, sie aufgibst und dich davon abwendest. Es »ist Freude vor den Engeln Gottes über *einen* Sünder, der Buße tut« (vgl. hier und im Folgenden Lukas 15,10). Es heißt nicht, dass sich die Engel freuen, obwohl ich nicht daran zweifle, dass sie es tun. Vielmehr wird gesagt: Es »ist Freude vor den Engeln Gottes.« Dies bedeutet, dass die Engel die Freude Christi sehen, wenn ein Sünder Buße tut. Sie entdecken es und nehmen es wahr. Wenn du eine Bußträne fallen lässt, wenn du in deinem Herzen aufgrund deiner Sünde Scham empfindest, wenn in deiner Seele der Entschluss reift, ihr zu entkommen, dann hast du ihn erquickt und erfreut.

Als Nächstes kannst du, so schuldig du auch bist, ihn erquicken, indem du die Rettung bei ihm suchst. Hat er nicht zu der Frau gesagt: »Wenn du die Gabe Gottes kenntest und wüsstest, wer es ist, der zu dir spricht: Gib mir zu trinken!, so hättest du ihn gebeten, und er hätte dir lebendiges Wasser gegeben« (vgl. Kap. 4,10). Und als sie zu Jesus sagte: »Herr, gib mir dieses Wasser« (vgl. V. 15), erquickten ihn diese Worte. Erbitte dies von ihm nun still in deiner Seele. O möge dich der Heilige Geist Gottes überzeugen, dies zu tun! Rufe laut als Rettungssuchender zu ihm. Sage: »Herr Jesus, rette mich! Ich bin nur ein Mädchen und unachtsam, aber rette mich!« »Ich bin ein junger Mann und gedankenlos, aber rette mich jetzt!« Indem ihr dies tut, habt ihr ihm zu trinken gegeben, sodass er bereits erquickt ist. Der allerköstlichste Schluck besteht darin, dass ihr begreift: Er ist der Christus, den Gott zu eurer Rettung gesandt hat, sodass ihr euch hingebt, um euch von ihm retten zu lassen.

Vertraut ihm daher. Möge der gute Heilige Geist euch leiten, ihm jetzt zu vertrauen. So werdet ihr ihn erquicken. Der Lohn für all seine Wunden und sogar für seinen Tod besteht darin, dass sündige Seelen kommen und ihm vertrauen. Ich erinnere mich, von einem Mann gehört zu haben, dem während seiner Wanderung über die Felder ein kleiner Vogel in den Mantel flog. Er konnte nicht verstehen, warum das Geschöpf gerade zu ihm gekommen war, doch als er aufblickte, sah er einen Falken, der den Vogel verfolgte: Das kleine, verstörte Wesen war also unter den Mantel des Mannes geschlüpft, um Schutz zu finden. Was meint ihr? Hat der Mann den Vogel in Stücke zerrissen? Nein, er gewährte ihm so lange Sicherheit, bis er ihn von der Stelle, wo der Falke kreiste, weggetragen hatte. Dann gab er ihm die Freiheit wieder. Der Herr Jesus Christus wird es mit euch genauso machen, wenn ihr ihm vertraut. Die Sünde ist hinter euch her. Flieht an sein Herz, denn nur dort seid ihr sicher. Du armer Sünder – einem Vogel gleich: Wenn du es wagst, ihm zu vertrauen, und dein Nest in dem Zelt baust, wo er wohnt, dann wirst du samt deiner Hoffnung nie zuschanden werden, sondern du wirst für immer in Sicherheit sein!

Die Frau aus Samaria (2)

Ihr Auftrag

»Und darüber kamen seine Jünger und wunderten sich, dass er mit einer Frau redete. Dennoch sagte niemand: Was suchst du?, oder: Was redest du mit ihr? Die Frau nun ließ ihren Wasserkrug stehen und ging weg in die Stadt und sagt zu den Leuten: Kommt, seht einen Menschen, der mir alles gesagt hat, was ich getan habe! Dieser ist doch nicht etwa der Christus? Sie gingen zu der Stadt hinaus und kamen zu ihm« (Johannes 4,27-30).

Sehen wir uns an, wie unser Herr und Meister es in göttlicher Vollendung versteht, einer einzigen Seele nachzugehen! Wir müssen große Versammlungen haben, weil wir sonst nicht geneigt sind, Seelen zu gewinnen. In unserer Zeit hat man es sich angewöhnt, nur das zu tun, womit man sich groß zur Schau stellt. Ich bitte darum, dass der Herr in uns das unentwegte Verlangen wirken möge, im Stillen Gutes zu tun, unbemerkt von anderen, wenn keiner zuschaut und kein einziger Jünger zugegen ist. O dass wir uns des Wertes einer einzigen Seele auf eine solche Weise bewusst würden und Tage dann als sinnvoll verbracht ansähen, wenn wir eine einzige gefallene Frau oder einen Trinker zu den Füßen des Heilands gebracht haben! Glückselig ist derjenige, der auch angesichts allgemeiner Unbekanntheit weiterarbeitet und der seinen Lohn von seinem Meister erwartet. In der Hitze des Tages fand der Herr Jesus Ruhe und Erquickung darin, dass er mit einer Frau sprach, die viele kaum angeblickt und der sie nur Verachtung entgegengebracht hätten. Hochgelobter Heiland, wir wundern uns nicht wie die Jünger darüber, dass du mit der Frau sprachst. Vielmehr sind wir in weit höherem Maße darüber erstaunt, dass du mit Leuten wie unsereins gesprochen hast, die so tief gefallen sind, dich so sehr entehrt und dein Herz betrübt haben. O welch ein Mitleid erfüllt das Herz des Erlösers!

Lest dieses Kapitel sorgfältig durch und erkennt, wie sein Mitleid ihn die rechte Vorgehensweise lehrte! Wie schön tritt seine Bereitschaft hervor, mit der Frau zu sprechen und auf ihre Fragen einzugehen! Glaubt nie, dass die dreißig Jahre der Zurückgezogenheit in Nazareth umsonst gewesen sind. Wenn ich jung wäre, würde ich gern dreißig Jahre lang lernen, so zu reden, wie er es tat, wenn sein göttlicher Geist mich die entsprechende Lektion lehrte. Er war ein vollkommener Lehrer, denn als Mensch hatte sein Ohr willig den himmlischen Belehrungen des Heiligen Geistes gelauscht, sodass er immer mehr erkannte und immer besser für sein Werk gerüstet war. Die bekannte Schriftstelle sagt dazu: »Der Herr, HERR, hat mir die Zunge eines Jüngers gegeben, damit ich erkenne, den Müden durch ein Wort aufzurichten. Er weckt mich, ja, Morgen für Morgen weckt er mir das Ohr, damit ich höre, wie Jünger hören. Der Herr, HERR, hat mir das Ohr geöffnet, und ich, ich bin nicht widerspenstig gewesen, bin nicht zurückgewichen« (vgl. Jesaja 50,4-5). Indem er vertraute Gemeinschaft mit Gott pflegte und Menschen in der Abgeschiedenheit beobachtete, lernte er sowohl Gottes Gedanken als auch die Natur des Menschen kennen. So wusste er, mit der Gesinnung des Menschen umzugehen. Seelen müssen zur Errettung gebracht werden durch eine Sanftmut und Weisheit, wie sie der Heiland anwandte, als er in der samaritischen Frau die tiefe Sehnsucht nach dem ewigen Leben weckte und sie für die Wahrheit zu gewinnen verstand. Nur so kann ich die wunderbare, machtvolle Wirkung beschreiben, die er durch die wenigen kurzen, aber reich gesegneten Sätze auf sie ausübte, als er mit ihr sprach.

Wenden wir uns nun einen Augenblick von dieser herrlichen Person ab – von diesem vollkommenen Menschen, der doch zugleich der unendlich große Gott ist, den wir voll Liebe anbeten sollten, bevor wir woandershin blicken. Hier kommen seine Jünger! Sie sind in der Stadt gewesen, um Speise zu kaufen – eine sehr nötige Besorgung, die für ihren und ihres Lehrers Unterhalt erforderlich war. Aber seht! Als sie wahrnahmen, dass er mit der Frau sprach, wunderten sie sich, jeder auf seine Weise. Einige sind verblüfft und können das Phänomen nicht erklären. Andere sehen aus, als hätten sie gern eingegriffen, wenn sie es gewagt hätten. Gern hätten sie der Frau zugerufen: »Weg da, du böses Weib! Welches Recht hast du hier, mit einem solchen wie mit unserem Führer zu sprechen, hinsichtlich dessen wir nicht würdig sind, die Riemen seiner Sandalen zu lösen? Deine Gegenwart verunehrt ihn, mach, dass du wegkommst!« So sprachen sie mit ihren Augen, obwohl die Ehrfurcht vor ihrem Herrn ihre Zunge zurückhielt. Diese Jünger Jesu waren den damals üblichen Antipathien nämlich noch tief verhaftet.

Erstens war es überaus anstößig, dass die Person, mit der Jesus sprach, eine Frau war. Meine lieben Schwestern, ihr verdankt dem Evangelium sehr viel, denn nur durch seine Wirksamkeit seid ihr in die Stellung erhoben worden, die euch zukommt. Die Rabbiner meinten nämlich: »Verbrennt lieber die Aussagen des Gesetzes, als dass ihr sie Frauen beibringt!« Eine weitere rabbinische Ansicht lautete: »Kein Mann soll sich lange mit einer Frau unterhalten. Niemand rede mit einer Frau auf der Straße, nicht einmal mit seiner eigenen Frau.« Frauen galten als unfähig, tiefgründige religiöse Unterweisung aufnehmen zu können, und in jeder Beziehung als minderwertige Wesen. Meine Schwestern, wir denken nicht, dass ihr über uns steht, wenn sich auch manche von euch dies vielleicht einbilden. Aber wir freuen uns richtig, mit euch auf einer Stufe zu stehen, indem wir wissen, dass es in Christus Jesus weder Männer noch Frauen gibt. Jesus hat euch in euren wahren Stand erhoben, d. h., dem Mann zur Seite gestellt. Selbst die Apostel waren zunächst noch jener entsetzlichen abergläubischen Vorstellung verhaftet, aufgrund derer sie sich wunderten, dass Jesus öffentlich mit einer Frau sprach. Noch viel mehr gerieten sie aus der Fassung, weil er es fertigbrachte, mit einer solchen Frau zu reden! Ich nehme nicht an, dass sie alles über ihr Wesen wussten, aber es liegt etwas in dem Blick gefallener Menschen, der sie verrät. Sie können die Dreistigkeit nicht verbergen, die durch ein lasterhaftes Leben gewöhnlich hervorgerufen wird. Die Jünger mögen gedacht haben: »Wenn er mit einer alten Dame oder mit einer heiligen Mutter in Israel gesprochen hätte, würde es uns vielleicht nicht überraschen, aber wie kann er mit einer solchen Frau reden?« Sie konnten bis dahin seine Sendung noch nicht verstehen, die darin bestand, die Umkommenden zu retten und die Verlorenen selig zu machen.

Diese arme Frau hatte darüber hinaus das Unglück, eine Samariterin zu sein, wobei die Juden die Samariter vor allem als Fremde und Ketzer hassten, die es wagten, Jakob ihren Vater zu nennen und sich für rechtgläubig zu halten. Juden und Samariter hatten vieles gemeinsam. Ihr wisst, dass diejenigen Sekten, die sich von außen gesehen am nächsten stehen, gewöhnlich den erbittertsten Hass gegeneinander haben. Sie werden alle jene dulden, die weit von ihnen entfernt sind, weil sie sich alle zusammen in der Finsternis des

Irrtums befinden und damit in gewisser Weise entschuldbar sind. Aber solche, die recht viel Licht haben, verabscheuen sie, weil sie mit ihnen nicht völlig übereinstimmen. Diese Frau gehörte jenen samaritischen Ketzern an, die es gewagt hatten, ein Heiligtum in Konkurrenz zum Tempel in Jerusalem zu errichten und zu behaupten, dass sie ebenfalls das Volk Gottes waren. Deshalb schraken die Jünger vor ihr zurück und wunderten sich, dass Jesus nicht das Gleiche tat. Wie konnte sich ein so guter Mensch unter solche Leute mischen?

Diese Frage hat noch eine andere Seite. Wie konnten sich diese Jünger wundern, dass er überhaupt mit jemandem sprach, nachdem er sie doch erwählt und berufen hatte? Sicherlich vergaßen sie, wenn sie über andere die Stirn runzelten, aus welchem Schmutz und Kot sie gekommen waren. Hätten sie doch nur daran gedacht, wo sie waren, als er sie fand! Wie oft hatten sie ihn durch ihre Verkehrtheit betrübt! Dann hätten sie ihre Verwunderung darauf beschränkt, dass ihnen Jesu Liebe galt. Seitdem der Herr mit mir gesprochen hat, habe ich mich nie darüber gewundert, dass er mit irgendjemandem anders redete. Nie ist mir in den Sinn gekommen, mich darüber zu wundern, dass er sich zu den Niedrigsten und Heruntergekommensten herabneigte, da er sich doch zu mir hinuntergebeugt hat. Aber es kommt mir so vor, als hätte ich in gewissen Brüdern deutliche Zeichen dafür gesehen, dass sie vergessen, selbst einmal Fremdlinge in Ägypten gewesen zu sein. Sie vergessen die Gnade, die sie abgewaschen und gereinigt hat, denn sonst wären sie ja noch immer schmutzig. Paulus stellt nämlich zutreffend fest: »Das sind manche von euch gewesen« (vgl. 1. Korinther 6,11). Ich bedaure es zutiefst, wenn Errettete eine überfeine Reinheit und staunenswerte Geistlichkeit zur Schau stellen und sich von denen abwenden, die Jesus willkommen geheißen hätte. Ach, solche Jünger haben wenig von der liebevollen Zuwendung ihres Meisters! Unser göttlicher Herr hat mehr mitfühlende Zuwendung gegenüber Sündern als wir alle zusammen.

Schauen wir uns die Jünger an! Seht, da drüben steht Johannes – der Johannes mit der edlen Gesinnung – und wundert sich. Und daneben befindet sich Petrus, in Ehren gehalten, aber voller Fehler. Auch er wundert sich. Und dann ist da Thomas, der Nachdenkliche, der sich ebenso wundert. Sie sind alles redliche Leute, und doch wundern sie sich darüber, dass Jesus gegenüber einer armen

Frau so gnädig ist. Ach, Petrus, Johannes, Jakobus und all ihr anderen, blickt in eure eigenen Herzen und lasst einen Strahl des Heiligen Geistes die Finsternis eures Geistes erleuchten! Dann werdet ihr die selbstgerechte Verwunderung widerrufen, womit ihr der Frau wehtut, und ihr werdet ein tieferes Verständnis für die Liebe eures Herrn gewinnen. Lasst uns nie Männer oder Frauen – und seien sie auch die schlechtesten Menschen – verachten! Versuchen wir vielmehr mit aller Kraft, sie für unseren Herrn zu werben und zu gewinnen!

Sehen wir uns an, dass infolge dieses Verhaltens der Jünger eine der schönsten, je geführten Unterhaltungen unterbrochen und beendet wurde, als sie gerade ihren inhaltlichen Höhepunkt erreicht hatte. Soeben hatte Jesus gesagt: »Ich bin es, der mit dir redet« (vgl. V. 26). Dann musste er enden, denn hier kommen sie, diese verständnis- und mitleidslosen Leute. Dennoch waren sie Jünger, oder etwa nicht? O ja, und wahre Jünger noch dazu! Aber niemand von denjenigen, die ein Gespräch unterbrechen, ist tadelnswerter und in seinem Verhalten Christus gegenüber anstößiger als seine eigenen Jünger, wenn sie für ihren Meister kein Verständnis haben. Wie ihr seht, denken sie über eine Mahlzeit und darüber nach, dass der Heiland sie braucht. Diese Gedanken hatten durchaus ihre Berechtigung, bewegten sich aber auf einer niederen Ebene oder waren keinesfalls geistlich. Und so kommen sie, indem sie sich wundern, dass Jesus mit einer Frau spricht. Damit ist dieses heilige Gespräch beendet, sodass die Frau gehen muss. O wenn einer von euch Christus naht und dieser anfängt, sich ihm zu offenbaren, beginnen die Augen des Betreffenden, ihn wahrzunehmen. Dann sollte er darauf achten, dass er seine Tür geschlossen hält. »O, aber an der Tür steht ein Ehren gehaltener Mensch!« Jawohl, aber er wird deine Gemeinschaft mit dem Herrn wohl ebenso trüben wie jeder andere auch. Die Besten unter den Menschen können sich manchmal zwischen dich und den viel Geliebten stellen. Und eine Gemeinschaft, die scheinbar einen Vorgeschmack des Himmels bot, kommt zu einem jähen und traurigen Ende.

Obwohl das Gespräch auf diese Weise unterbrochen wurde, sollte der Herr durch die nachfolgenden Ereignisse verherrlicht werden, so wie er oft aus Bösem Gutes wirkt. Da die Frau nicht mehr dasitzen und das göttliche Antlitz ihres Herrn betrachten noch den Wohlklang seiner Worte vernehmen kann, die über seine glückseligen

Lippen kamen, wird sie sich selbst einem heiligen Dienst widmen: Sie läuft in die Stadt zurück und spricht mit den dortigen Leuten. Ihr Verhalten ist angemessen. Es ist eigentlich nichts daran auszusetzen, dass menschliche Herzen in der rechten Stellung sind, sodass man sie nicht davon abbringen kann, Christus zu verherrlichen. Dann ist es einerlei, was man unternimmt. Wenn man ihre Gemeinschaft im kleinen Kreis stört, sind sie sofort zum Dienst in der Öffentlichkeit bereit. Weil die Frau nicht mehr wie Maria zu den Füßen des Meisters sitzen durfte, stand sie eben auf, um wie Marta zu wirken, indem sie dem Herrn einen Tisch bereitete. Denke immer daran: Wann immer du von deinem gewöhnlichen Tagesablauf abgebracht wirst – auch wenn es ganz plötzlich geschieht –, hat der Herr die Erledigung irgendeines besonderen Werks für dich vorgesehen. Ich habe Christen beobachtet, die ganz plötzlich aus einer frommen Familie gerissen wurden, in der sie außerordentlich glücklich waren, und mitten unter Gottlose gestellt wurden. Sie kamen in eine ihnen vom Herrn verordnete Lage, die sie sich weder gewählt noch gesucht hatten, damit sie Gottesfurcht in jenes Haus brächten und ihr Licht mitten in der Finsternis erstrahlen ließen. Mein Freund, auch du kannst aus dieser Gemeinde gerissen werden, in der es deiner Seele gut ging, und dich wie ein Verbannter und Beraubter fühlen. Nun ja, sei´s drum. Wenn du in irgendeine Gemeinde gesandt wirst, wo eine bedrückende Atmosphäre herrscht und alles erstorben ist, dann geh wie ein brennender Holzscheit hin, um das Feuer neu zu entfachen! Dein Herr hätte es nicht erlaubt, dich aus deinem Frieden herauszulösen, wenn er nicht irgendeinen höheren Dienst für dich bereithielte. Gott will somit durch dich geehrt werden, wobei er bald darauf auch dich ehren und trösten wird.

Beachten wir, dass die Frau nun eine Botschafterin für Christus wird. Sie muss das Gespräch mit ihm beenden, um zu gehen und von ihm zu zeugen. Sie ging dennoch nicht ohne Befehl, denn sie erinnerte sich daran, dass der Herr im früheren Verlauf des Gesprächs gesagt hatte: »Geh hin, rufe deinen Mann und komm hierher« (vgl. V. 16). So geht sie, um ihren Mann zu rufen. Es ist gut, wenn wir eine Bevollmächtigung für unsere Tätigkeit haben. Nehmen wir zur Kenntnis, dass sie ihren Auftrag sehr großzügig auslegt. Sie dachte daran, dass Christus gesagt hatte: »Fünf Männer hast du gehabt, und der, den du jetzt hast, ist nicht dein Mann« (vgl. V. 18). Daher hätte sie ihren Auftrag nicht auf den einen beschränken können, der nur dem Namen nach ihr Ehemann war, sodass sie berechtigt war, auch gleich alle sechs Männer zu rufen, mit denen sie zusammengelebt hatte. Und darum konnte sie mit allen Menschen sprechen, die sich auf dem Marktplatz herumtrieben, um ihnen zu sagen, was sie erlebt hatte. Erinnert euch daran, wie unser Heiland eine umfassende Auslegung seines eigenen prophetischen Auftrags gab! Er war als Lehrer zu niemandem anders gesandt als zu den verlorenen Schafen des Hauses Israel, aber er ging bis in die äußersten Randgebiete seines Dienstbereichs, wenn er deren Grenze nicht gar überschritt. Geht daher auch selbst in eurem Auftrag stets bis zum Äußersten! Hört niemals kurz vorher auf! Versucht, mehr Gutes zu wirken, als ihr könnt! Dann ist es allemal möglich, dass ihr Durchbrüche erleben werdet.

Beachten wir, dass die Frau ihren Wasserkrug stehen ließ. Weil der Geist Gottes es für angebracht hielt, diesen Umstand mitzuteilen, denke ich, dass wir ein gewisses Maß an Lehre daraus ziehen dürfen. Sie ließ ihren Wasserkrug erstens deswegen stehen, weil sie es eilig hatte. Vielleicht habt ihr in euren Gedanken die Vorstellung, dass es ein gewöhnlicher englischer Wasserkrug war, einer, womit ihr den Garten bewässert. Vielleicht würdet ihr ihn euch mit allem Drum und Dran vorstellen. Nichts dergleichen, es war ein großer Krug bzw. ein großes irdenes Gefäß, das sie auf dem Kopf oder auf der Schulter tragen musste. Da der Krug für sie ziemlich schwer war, ließ sie ihn zurück, um schneller laufen zu können. Ihre Entscheidung, den Wasserkrug stehen zu lassen, zeugte von Klugheit, denn sie hatte es eilig. Wenn des Königs Geschäfte keinen Aufschub dulden, ist es weise, alles zurückzulassen, was hinderlich wäre. Unser Herr Jesu selbst vergaß seinen Hunger angesichts seines Eifers, eine Seele zum Frieden zu führen. Von ihm heißt es in einem Psalm: »Ich habe vergessen, mein Brot zu essen« (vgl. Psalm 102,5). Er ging so in seinem himmlischen Werk auf, dass er sagte: »Ich habe eine Speise zu essen, die *ihr* nicht kennt« (vgl. Johannes 4,32). Ein Mensch hat die Macht ewiger Dinge erst dann angemessen verspürt, wenn er einige irdische Angelegenheiten darüber gelegentlich vergessen hat. Man kann nicht an alles gleichzeitig denken. Euer Geist ist begrenzt, wobei es nicht ratsam ist, die Macht der Gedanken auf zwei, drei Ziele gleichzeitig zu konzentrieren, indem man sie gemeinsam ins Auge fasst. Daher ließ sie ihren Wasserkrug stehen. Ohne nachzudenken, tat sie genau das, was ihr bei gutem Nachdenken eingefallen wäre. Der Wasserkrug hätte sie behindert, aber er konnte Christus und den Jüngern nützlich sein. So konnten sie für ihn Wasser schöpfen. Er war – wie die Jünger vermutlich auch – durstig, sodass sie sich mit dem Krug der Frau sicher bedienen konnten. Außerdem verkörperte er ein Pfand dafür, dass sie zurückkommen würde. Es war, als würde sie sagen: »Ich laufe los, um einen Auftrag auszuführen, aber ich werde wieder zurückkommen. Ich habe nicht zum letzten Mal dem großen Lehrer zugehört. Ich werde zurückkommen und ihn weiterhin hören, bis ich ihn noch besser kenne und ihm völliger vertrauen kann.« Daher war es bedeutsam, dass sie ihren Wasserkrug zurückließ. Zuweilen werdet ihr eure Geschäfte ruhen lassen müssen, wenn ihr eine Seele gewinnen wollt. Doch das ist unwichtig. Ich gehe davon aus, dass die Frau ihren Wasserkrug zurückbekam, und ebenso wird es euch gehen: Ihr werdet euch wieder euren geschäftlichen Angelegenheiten widmen können. Und wenn eine Seele gerettet wird, ist aller Verlust, den ihr erlitten habt, mehr als wettgemacht.

Wir haben die Frau zu ihrem Auftrag losgeschickt. Nun möchte ich, dass ihr euch besonders die Ausdrucksweise ihrer Worte anseht, denn darin ist eine Lehre verborgen. Sie sagte zu den Leuten: »Kommt, seht einen Menschen, der mir alles gesagt hat, was ich getan habe! Dieser ist doch nicht etwa der Christus?« (vgl. hier und im Folgenden V. 29). Stellen wir als Erstes fest, dass sie tatsächlich zu den Menschen ihres Ortes zurückging und dabei nur ein Ziel verfolgte: Sie wollte sie zu Jesus führen. Sie rief: »Kommt, seht!« Sie sagte ihnen an dieser Stelle nichts über ihre Sünde, noch wollte sie ihre Gewohnheiten verbessern. Vielmehr rief sie diese Leute sogleich zu demjenigen, der sie in die rechte Stellung bringen konnte. Sie wusste: Wenn ich sie zu Christus bringen könnte, würden alle Dinge unweigerlich in Ordnung kommen. Es ist gut, dass ihr nur ein Ziel anvisiert. Wählt euren Zielgedanken aus und behaltet ihn im Auge, statt zwei Ziele gleichzeitig zu verfolgen. Richtet euch im Namen Gottes unverwandt auf die Seelen der Menschen aus, um sie zu Christus und zu nichts Geringerem zu bringen. Diese samaritische Frau hatte dieses Ziel im Auge und versuchte, es durch außerordentlich ernste Formulierungen zu erreichen: »Kommt, ein jeder von euch; kommt, seht selbst – ein Mensch, der mir alles gesagt hat, was ich je getan habe!« Wenn du für den Herrn Aufträge erledigst, dann fasse dir ein Herz! Sprich jede einzelne Silbe mit ganzem Ernst aus. Und wenn du von Grund auf Leben in dir hast, braucht dich niemand zu lehren, wie du es tun sollst. Die Art und Weise fällt denen, deren Herzen sich auf das Ziel konzentrieren, ganz von selbst zu.

Sie sprach selbstvergessen: Offenbar hatte sie sich selbst ganz vergessen und sich dennoch an ihr Leben erinnert – ein scheinbares Paradoxon, aber kein Widerspruch. Sie sagte: »Kommt, seht einen Menschen, der mir alles gesagt hat, was ich getan habe!« Obwohl sie von sich redete, hätte sie inhaltlich nichts über ihr eigenes Leben berichtet, wenn es ihr nur um die eigene Befindlichkeit gegangen wäre. Sie hätte sich nämlich vielleicht gefürchtet, dass die Menschen antworten und sagen würden: »Das muss eine hübsche Geschichte gewesen sein!« Sie kannten sie gut, und sie ließ die Leute nach Belieben über sie reden. »Kommt, seht einen Menschen, der mir alles gesagt hat, was ich getan habe!« Indem sie alle Verstellung beiseitesetzte und wahre Schlichtheit erkennen ließ, erzielte sie eine eindringliche Wirkung. Versuche nie, ein anderer zu sein, als der du bist. Wenn du ein großer Sünder gewesen bist, schäme dich dessen, aber schäme dich nicht jener Liebe, die dich aus diesem Dasein errettet hat. Soll der Eindruck entstehen, dass du dich weigerst, deren Macht zu bezeugen? Weise alle Gedanken im Blick darauf ab, was die Leute über dich denken könnten. Schaue nur auf das, was sie von Jesus denken werden, weil er dir vergeben und dich erneuert hat.

Beachten wir, wie kurz sie sich ausdrückte: Ihr Zeugnis umfasst einen einzigen Vers und enthält nur eine Einladung sowie eine Frage. Mehr Worte waren nicht nötig, nicht einmal ein halbes zusätzliches Wort. Sie sagte gerade genug, denn es gelang ihr, die Menschen zu Jesus zu führen, der ein weitaus besserer Verkündiger war als sie. Kürze ist eine große Tugend. Mühe dich nicht um wohlgesetzte Worte, sondern bitte nur um den nötigen Ernst.

Und welche Lebendigkeit sie dann ausstrahlte! »Kommt, seht einen Menschen!« Diese Worte sprühen gleichsam vor Leben und sind weit davon entfernt, langweilig und schwer fassbar zu sein. »Kommt, seht!« Dies klingt fast so lakonisch wie Julius Cäsars berühmter Ausspruch: »Ich kam, ich sah, ich siegte.« »Kommt, seht einen Menschen, der mir alles gesagt hat, was ich getan habe! Dieser ist doch nicht etwa der Christus?«

Außerdem zeugen ihre Worte von großer Einfühlsamkeit. Man debattiert über die genaue Bedeutung dessen, was die Frau gesagt hat, aber die meisten unter denjenigen, die diese Stelle genau übersetzen, unterscheiden sich vom Wortlaut unserer althergebrachten Bibel. Es geht darum, was sie meinte und glaubte, nicht in erster Linie darum, was sie sagte. Sie sagte vermutlich: »Kommt, seht einen Menschen, der mir alles gesagt hat, was ich getan habe! Kann dieser vielleicht der Christus sein?«, oder: »Dieser ist doch der Christus, oder?« Sie sagte nicht, dass er es war, sondern regte mit großer Bescheidenheit an, dass die Menschen es selbst untersuchen sollten. Sie glaubte, dass Jesus der Christus war. Aber sie wusste, dass die Menschen es nicht gernhaben, von einer wie ihresgleichen belehrt zu werden. Und so überließ sie es demütig deren Prüfung. »Kann dies der Gesalbte sein, den wir erwarten? Kommt und urteilt selbst!« Sie sagte nicht alles, was sie glaubte, weil sie nicht ihren Widerspruch hervorrufen wollte. Sie war geschickt und weise. Sie fischte nach der Art ihres Meisters, weil sie nur eines verspüren konnte: Wie sachkundig war er vorgegangen, als er nach ihr gefischt hatte! Sie war eine gelehrige Schülerin und ahmte demütig den großen Freund nach, der sie gesegnet hatte. »Kommt, seht einen Menschen, der mir alles gesagt hat, was ich getan habe! Dieser ist doch womöglich der Christus?« Infolgedessen kamen die Menschen – vielleicht auch nur, um die Frau eines Besseren zu belehren. Möglicherweise hielten sie ihre Gesprächspartnerin für einen armen, irrenden Menschen, aber in ihrer überlegenen Weisheit würden sie sich die Sache besehen, sodass auf diese Weise der Frau gewährt wurde, wonach sie verlangte. O hätten wir doch um Jesu willen unsere fünf Sinne beisammen!

Doch ihre Argumentation ist außerordentlich überzeugend – mag sie es gemeint haben, wie sie will. »Dieser Mann hat mir alles gesagt, was ich getan habe.« Sie hätte auch sagen können, wenn sie es für weise gehalten hätte: »Er muss der Christus sein.« Und das ist mein letzter Punkt, nämlich die großartige Beweisführung, die von ihr ausging und auf die Menschen zugeschnitten war. Beachten wir die nachhaltige Wirkung ihrer Argumentation. Jesu Macht, die Regungen ihres Herzens zu kennen und ihr das eigene Wesen zu offenbaren, waren der schlüssige Beweis für sie, dass eine besondere Salbung auf ihm lag.

Betrachten wir *die Einladung*. Es ist eine ebenso kluge wie aufrichtige und von Herzen kommende Einladung. Sie sagt: »Kommt, seht!« Damit hatte sie es überaus schön formuliert, wobei Menschen freundliche Einladungen mögen und der Heilige Geist durch Mittel wirkt, die dem Verstand gefallen. Sie sagt nicht: »Ihr müsst und sollt glauben, was ich sage.« Nein, nein, dafür war sie zu einfühlsam. Sie sagt: »Kommt und seht selbst.« Und genau das ist es, was ich jedem Unbekehrten sagen will, der heute hier ist. Mein Herr Jesus ist der allerkostbarste Heiland, den ich mir je hätte erträumen können. Kommt und prüft ihn! Er ist ganz und gar lieblich und hat meine Seele unaussprechlich gesegnet. Aber ich will euch nicht zum Glauben führen, weil ich es gesagt habe. Kommt und seht selbst! Kann es etwas Schöneres geben? Sucht ihn im Gebet; vertraut ihm durch Glauben; prüft selbst sein Evangelium. Es gibt von alters her eine Ermahnung: »Schmecket und sehet, dass der HERR gütig ist« (vgl. Psalm 34,9), und an anderer Stelle: »Prüft mich doch … spricht der HERR der Heerscharen« (vgl. Maleachi 3,10). Ja, dies sind Christi eigene Worte gegenüber seinen ersten Jüngern: »Kommt, und ihr werdet sehen« (vgl. Johannes 1,39). Die Jünger gebrauchten sie nun ihrerseits, als sie andere inständig baten, indem sie zu ihnen sagten: »Kommt und seht!«

Außerdem ging mit der Einladung dieser Frau die Verantwortung auf die Hörer über. Sie sagt: »Kommt, seht.« Genauso möchte ich zu euch sprechen: Wenn ihr nicht kommt und seht, kann ich es nicht ändern und euch auch nicht helfen. Ich kann nicht als Bürge für euch eintreten. Gebraucht das eigene Urteilsvermögen und erforscht das eigene Gewissen. Kommt und seht um euretwillen. Wenn ihr es nicht tut, ruht die Schuld zwangsläufig auf euch. Wenn ihr es aber tut, wird eure persönliche Prüfung gewiss segensreich für euch enden. O ich kann euch das Evangelium predigen, aber ich kann nicht an eurer Stelle zu Christus zu gehen. Meine Sache ist es, euch inständig zu bitten und zu überreden und alle möglichen Mittel anzuwenden, um euch zu dem Heiland zu bringen. Doch dann ist es eine persönliche Sache für jeden Einzelnen von euch. O dass der Heilige Geist euch dahin brächte, selbst zu Jesus zu kommen! Denn ihr müsst selbst handeln und tätig werden, indem ihr ihn in gesegneter Weise an eurem Herzen wirken lasst. Ihr müsst kommen, müsst Buße tun und müsst glauben. Ihr müsst das ewige Leben für euch selbst ergreifen. Nichts als persönliche Frömmigkeit kann euch retten. Der Aufruf der Frau war eine gute Ermahnung in dieser Hinsicht.

Ist er demnach nicht angenehm formuliert? Wird damit nicht gleichsam bekundet, dass der Frau an ihren Hörern gelegen ist?

Sie sagte nicht, was sie ebenfalls hätte sagen können: »Geht, seht einen Menschen!« Nein, es heißt: »Kommt, seht einen Menschen!« Im Grunde sagt sie: »Kommt mit. Ich will mit euch gehen und euch den Weg zeigen. Je mehr ich von ihm gesehen habe, desto mehr möchte ich von ihm kennenlernen. Kommt, seht diesen wunderbaren Menschen.« Liebe Freunde, wenn ihr bestrebt seid, eine Seele zu gewinnen, dann versucht es nicht mit dem »Geh-hin-System«, sondern mit dem »Komm-mit-System«. Wenn der Betreffende ausruft: »Ich kann nicht zu Christus gehen«, oder: »Ich will nicht zu Christus gehen«, dann blickt ihn mit tränennassen Augen an und erwidert: »Mein lieber Freund, ich bin genauso ein Sünder wie du und kenne keine andere Hoffnung als das kostbare Blut Jesu. Komm, ich möchte mit dir beten! Lass uns zusammen zu Jesus gehen!« Und dann, wenn du betest, solltest du nicht sagen: »Herr, ich bin einer deiner Heiligen und komme zu dir, indem ich diesen Sünder herbringe.« Das kann wahr sein, aber es ist nicht weise, so zu reden. Rufe vielmehr aus: »Herr, hier sind zwei Sünder, die deinen Zorn verdienen. Wir kommen und bitten dich in deiner Barmherzigkeit, uns den Heiland zu senden und uns durch deinen Geist die Herzenswiedergeburt zu schenken.« Auf diese Weise hilft Gott Seelengewinnern, andere herbeizuführen. Wenn wir sagen: »Kommt«, dann sollten wir selbst den Weg weisen. Aus jenem Wort (»Kommt!«) spricht das Herz einer Schwester.

Wie segensreich ist es wiederum, dass die Redende in den Hintergrund tritt! Ich habe von Brüdern gehört, deren Predigt beeinträchtigt wird, weil sie so selbstbewusst auftreten. Solche Leute möchten uns spüren lassen, dass sie erstklassig reden können und herausragende Theologen sind. Wenn sie fertig sind, lautet die allgemeine Zustimmung: »Wir haben nie einen so klugen Menschen gehört.« Aber er war nicht so weise, wie er hätte sein können oder sein sollen, denn wer recht predigt, tritt hinter der Botschaft zurück. Ja, der Hörer sagt von ihm, wenn es überhaupt dazu kommt, etwa so: »Ich habe keinerlei Redegewandtheit bemerkt, jeder hätte so reden können. Irgendwie habe ich jedoch etwas empfunden, was ich nie zuvor verspürt habe.« Der Fisch weiß wenig vom Angler, aber er merkt, wenn er den Haken verschluckt hat. Ist die Wahrheit in rechter Weise in das Herz des Hörers gedrungen, ist der Redestil von untergeordneter Bedeutung. Diese Frau sagt nichts, womit sie bei ihren samaritischen Landsleuten Bewunderung hätte hervorrufen können. Vielmehr zieht sie Menschen zu Jesus, indem sie ermahnt: »Kommt, seht einen Menschen.« Was sie von sich selbst erwähnt, dient dazu, den Heiland zu rühmen. Von Johannes dem Täufer lesen wir folgende großartige Aussage: »Er muss wachsen, ich aber abnehmen« (vgl. Johannes 3,30). Immer weniger von Johannes, damit umso mehr von Christus sichtbar werden kann.

Nun geht es um *das Argument selbst*. In ihren Worten ist eine Beweisführung verborgen, und wenn ihr ein oder zwei Minuten lang den Text betrachtet, werdet ihr sie entdecken. Sie verbirgt sie, weil sie überzeugt davon ist, dass die Hörer ihr schon zustimmen werden. Es ist Folgendes: »Wenn Jesus der Christus – der Gesalbte – ist, dann ist es angemessen, dass ihr mit mir kommt, um ihn zu sehen.« Sie erörtert diesen Punkt nicht weiter, weil jeder Samariter ihm zugestimmt hätte. Wenn Jesus der Christus ist, dann sollten wir losgehen und ihm zuhören, auf ihn blicken und seine Nachfolger werden. Ich bin gezwungen, diesem Argument für viele von euch Dringlichkeit zu verleihen, weil ihr nicht so praktisch eingestellt seid wie diese Samariter. Ihr glaubt, dass Jesus der Christus ist. Ich nehme an, dass alle der hier Versammelten – ob Mann oder Frau – das tun. Weshalb glaubt ihr demnach nicht, dass Jesus euer Retter ist? Ihr hattet nie Zweifel hinsichtlich seiner Gottheit: Wieso ist er dann nicht euer Gott? »Wenn ich die Wahrheit sage«, so die Worte Christi, »warum glaubt ihr mir nicht?« (vgl. Johannes 8,46). Wenn dieser der Gesalbte ist, den Gott gesandt hat, um die Sünden der Menschen wegzunehmen, weswegen habt ihr ihn dann nicht gesucht, damit er euch von euren Sünden befreit? Wenn dieser die Quelle ist, worin Sünde abgewaschen werden kann, wieso habt ihr euch nicht waschen lassen? Eure Handlungsweise ist nicht nachvollziehbar. Sie entbehrt jeder logischen und rationalen Begründung. Wenn es einen Heiland gibt, so gelobt derjenige Mensch, der vernünftig zu denken gelernt hat, dass er alles unternimmt, um ihn zu haben. Wenn es eine Quelle gibt, die Sünde abwaschen kann, entschließt er sich, sich darin zu waschen. Wenn es irgendeine Möglichkeit gibt, in die rechte Stellung vor Gott zu kommen, dann eilt er, um gerechtfertigt zu werden. Es sei nochmals gesagt: Diese Frau hat über diesen Punkt nicht debattiert, weil dies unnötig war. Weil dazu nichts weiter gesagt werden muss, sollte er so stehen bleiben.

Aber worauf sie wirklich eingehen musste, war Folgendes: »Dieser Mann, der da am Brunnen saß, ist er nicht der Christus?« Wie stellte sie dies unter Beweis? Erstens sagte sie im Grunde: »Er muss der Christus sein, weil er mir mein eigenes Wesen geoffenbart hat. Er sagte mir alles, was ich getan hatte.« In diesen Worten ist vieles verborgen. Halt ein, liebe Frau, ganz gewiss hat er dir nicht alles aus deinem Leben geoffenbart, bestimmt nicht mit Worten. Er hat deine Unkeuschheit geoffenbart, sonst nichts. Und doch hatte sie recht. Bist du jemals in einer dunklen und trüben Nacht draußen gewesen, als ein einzelner Blitzstrahl zuckte? Er hat nur eine Eiche auf dem Feld zerschmettert, aber indem er dies tat, hat er die ganze Landschaft sichtbar gemacht. Er traf nur ein Objekt, doch in diesem Augenblick war alles rings um dich her taghell. Als daher der Herr Jesus Christus die ausschweifende Vergangenheit dieser Frau offenbarte, sah sie deutlich ihr ganzes Leben mit einem einzigen Blick. Und der Herr hat ihr tatsächlich alles gesagt, was sie je getan hatte. Wundert ihr euch dann noch, dass sie sagte: »Dieser ist doch nicht etwa der Christus?«

Meine Lieben, niemand erweist sich als wahrhaft gesalbt, bevor er nicht anfängt, euch eure Sünden zu zeigen. Wenn irgendein Lehrer in euch die Hoffnung weckt, dass ihr ohne Buße und Sündenbewusstsein gerettet werden könntet, ist er nicht von Christus gesandt. Ich fordere euch auf, alle Hoffnung von euch zu werfen, die nicht damit in Einklang steht, dass ihr losgelöst von Jesus völlig hoffnungslos seid. Wenn du dich nicht als Sünder erkannt hast, kannst du Jesus nicht als Retter erkennen. Einige verkündigen heutzutage, dass man zum Glauben kommen könne, ohne Bußtränen zu vergießen. Dabei scheinen sich Menschen kurzerhand an die Gewissheit zu klammern, es gäbe keine Wiedergeburt, keine Sündenerkenntnis und keine Buße. Aber dem ist nicht so: »*Ihr* müsst von Neuem geboren werden« (vgl. Johannes 3,7). Diese Geburt geht stets mit Wehen einher. Wer auf Jesus vertraut, hasst zunehmend die Sünde und ist betrübt, weil sie noch da ist. Ein Mensch ist außerstande, dasjenige zu hassen, was er nicht kennt. Aber dieser Frau wurden die Augen für ihre Sünde geöffnet, und dieser Blick bewies, dass der Messias an ihr handelte. Die Propheten, denen Buße zuwider ist, rufen: »Friede, Friede!«, und da ist doch kein Friede (vgl. Jeremia 6,14; 8,11). Sie bedecken die Wunde, aber Jesus setzt das Skalpell an, legt sie damit völlig frei und lässt den Patienten sehen, wie weit der Zersetzungsprozess schon fortgeschritten ist. Danach verschließt er die Wunde, und mit seinem himmlischen Öl gewährleistet er, dass sie sicher zuheilt. Ein Herz, das niemals zerbrochen war, kann nicht verbunden werden. Man kann keinen Menschen trösten, der immer Zuspruch bekommen hat. Es gibt keine Rechtfertigung für einen Menschen, der immer gerecht war. Es ist unnütz, einen Menschen zu waschen, der keinen Schmutz an sich hat. Nein, und dies ist es, was der Messias tut. Er legt den Finger auf die Wunde und erweist sich somit als der von Gott Gesandte, weil er sich nicht der oberflächlichen und schmeichelhaften Methode der Betrüger bedient, sondern sogleich zur Wahrheit kommt. Die Frau argumentiert: Er muss der Messias sein, denn er hat sich mir selbst geoffenbart.

Zweitens muss er der Messias sein – so ihre Argumentation –, weil er sich mir geoffenbart hat. »Ich sah meinen Unflat erst, als ich sogleich erkannte, dass er in jeder Beziehung bereit war, mich zu reinigen.« Das Auge eines Sünders ist niemals bereit, den Heiland zu sehen, bevor es nicht zunächst die Sünde erblickt hat. Wenn einem Menschen – so stark er sonst sein mag – die Verzweiflung ins Gesicht geschrieben steht, dann wendet er sich um und sieht, wie die Hoffnung milde aus den freundlichen Augen des Menschensohnes leuchtet. Vorher sieht er dies jedoch nicht. Nachdem sich Jesus selbst geoffenbart hat, sagt die Frau: »Ich sehe, dass er mich kennt und alles über mich weiß.« Wunderbar ist es, wie das Gewand des Evangeliums dem Menschen genau passt. Wenn er es erhält und anzieht, ist es ihm, als hätte derjenige, der dieses Gewand angefertigt hat, zuvor genau Maß genommen. Vielleicht hast du eine besondere Schwäche oder eine sonst nie auftretende Missbildung im geistlichen Sinne, aber du bemerkst schnell, dass Jesus alles darüber wusste, denn sein Heil begegnet genau diesem Mangel.

Dann scheint es, als hätte sie zu ihren Landsleuten ebenso gesagt: »Das ist viel mehr für mich, als es für euch sein kann, denn er hat persönlich an mir gehandelt. Darum halte ich an der Zusicherung fest, dass er der Christus ist. Geht aber hin und lernt selbst die gleiche Beweisführung kennen.« Wenn der Herr Jesus Christus dieser Frau all das gesagt hätte, was ihr dritter Ehemann je tat, so hätte das weitaus weniger auf sie gewirkt als im vorliegenden Fall: Er sagte ihr alles, was *sie* getan hatte. Wenn etwas zu deiner persönlichen Überzeugung wird und die entsprechende Entdeckung lediglich deinen eigenen Zustand und Charakter betrifft, hat dies eine besondere Macht über dein Herz und deinen Geist, sodass du sagst:

»Dies ist der Christus.« Wenn ich mich überdies daran erinnere, wie ich verwundet und ganz zerbrochen war, und an den Eingriff meines Herrn als des großen Arztes denke, bin ich bereit, auszurufen: »Seht, wie er an mir handelt! Niemals war eine Hand so stark und doch so sanft. Nie gab es einen Arzt mit dem Herzen eines Löwen und der zarten Hand einer Dame. Ich kann seine Kraft spüren, wenn er mich aufrecht hält, und ebenso seine liebevolle Zuwendung, wenn er mich umarmt. Ganz gewiss, er ist der Gesalbte, der vom Herrn Gesandte, damit er diejenigen verbindet, die zerbrochenen Herzens sind, denn er hat mein zerbrochenes Herz verbunden. Das ist für mich eine erwiesene Tatsache. Kommt und eignet euch die gleiche Überzeugung selbst an.«

Außerdem sagt sie (und vielleicht liegt darin eine Macht, wovon wir noch nicht gesprochen haben): »Kommt, seht!«, was so viel heißt wie: »Ihr dürft ganz gewiss kommen, denn als ich zu dem Brunnen kam, warf er mir keine vernichtenden Blicke zu. Als ich ihm dann kein Wasser gab, wurde er nicht wütend über mich. Er hätte sagen können: ›Respektlose Frau, mit dir rede ich nicht!‹ Nein, sondern ich habe ich mich in seiner Gegenwart sogleich wohlgefühlt. Kommt, seht einen Menschen, der mit mir so vertraut wurde, dass er mir alles gesagt hat, was ich je getan habe. Ich bin sicher, er muss der Messias sein. Der Messias soll kommen, um den Blinden die Augen zu öffnen. Daher muss er unbedingt unter den Blinden sein, um dieses Wunder vollbringen zu können. Er soll die Gefangenen aus dem Kerker führen – diejenigen, die zum niedrigsten Stand derer gehören, die in Haft sind. Dennoch geht er zu ihnen. So kommt doch: Ich werde zuerst gehen und euch ihm vorstellen.«

So etwa lauten die wenigen Worte der Frau – welch angemessene Formulierungen! Ich will nun noch ein paar Anmerkungen bezüglich dessen hinzufügen, was sie im Unterschied zu uns nicht wusste. Ich wüsste gern, wie ich etwas sagen muss, damit ich euch als Unbekehrte dazu brächte, zu Christus zu eilen. Aber wenn irgendetwas dazu dient, so ist es Folgendes: Stellt euch vor, ihr würdet in diesem Leben niemals zu Christus kommen und ohne ihn sterben. Gott gebe euch, dass ihr nicht sterbt, ohne auf ihn gehört und ihn angenommen zu haben. Aber wenn ihr bleibt, wie ihr seid, werdet ihr am letzten Tag durch den Schall einer furchtbaren Posaune aus dem Grab gerufen werden. Dabei wird der Schrei ertönen: »Kommt zum Gericht! Kommt zum Gericht! Kommt, macht euch bereit!«

Ob ihr wollt oder nicht, ihr müsst kommen. Dann werdet ihr einen Menschen auf dem großen weißen Thron als Richter der Nationen sitzen sehen. Wisst ihr, was er dann mit euch tun wird? Er wird euch alles sagen, was ihr je getan habt, wobei die entsprechenden Szenen an eurem geistigen Auge vorüberziehen werden. Und wenn eure eigenen Worten in euren Ohren klingen werden, werdet ihr furchtbar betrübt sein, und dann werdet ihr das bekannte Argument hören: »Dieser ist doch nicht etwa der Christus?« Aber er wird kein Retter für euch sein, denn ihr habt ihn verworfen. Er wird euch dann sagen: »Ich rief euch, aber ihr habt mich von euch gewiesen; ich habe meine Hände ausgestreckt, aber keiner hat sie beachtet.« Und immer noch werdet ihr die schreckliche Geschichte von all den Dingen sehen, die ihr je getan habt. Sie wird enden mit folgenden Worten: Ihr habt die Gnade abgelehnt, ihr habt Jesus verworfen, ihr habt euch von der Rettung abgewandt, ihr wolltet diesen Menschen als euren Retter nicht. Dadurch seid ihr dahin gekommen, dass eure Vergangenheit das Brennholz für eure ewige Pein im Feuersee sein wird. Gott schenke es, dass es für keinen der hier Anwesenden je so weit kommt!

Die blutflüssige Frau

Sie rührte Jesus an

»Sie sagte: Wenn ich nur sein Gewand anrühre, werde ich geheilt werden« (Markus 5,28).

Die wunderbare Heilung dieser Frau geschah, als unser Heiland auf dem Weg zu Jairus war, um dessen Tochter, die in den letzten Zügen lag, zu retten. Auch wenn diese Heilung an sich ein außergewöhnliches Wunder war, bin ich ziemlich sicher, dass sie in Verbindung mit Jairus und damit stand, wie der Herr mit ihm umgehen würde. Wenn ich die Erzählung richtig verstehe, stand der Glaube des Synagogenvorstehers in Gefahr, ernsthaft angefochten zu werden. Er war zu dem Heiland gekommen, um ihm zu sagen, dass seine Tochter im Sterben lag. Dabei flehte er ihn an, mitzukommen und sie zu heilen. Bevor er jedoch zu Hause ankam, erreichte ihn die Botschaft: »Deine Tochter ist gestorben, was bemühst du den Lehrer noch?« (V. 35). Um nun Jairus in seinem Glauben auf diesen Schock vorzubereiten, hatte unser Herr ihm die Gelegenheit gegeben, Zeuge eines besonderen Wunders an dieser Frau zu werden. Unser Herr hatte zu ihm gesagt: »Fürchte dich nicht, glaube nur! Und sie wird gerettet werden« (vgl. Lukas 8,50). Der ehrwürdige Bischof Hall sagt dazu: »Hier konnte Jairus sehen: Eine Frau, die am Rande des Todes stand, rührte nur den Saum seines Gewandes an und erhielt gleichsam das Leben zurück.« Es ist bemerkenswert, dass unser Herr mit der Heilung dieser Frau, die gerade zu dieser Zeit an einer schlimmen und unheilbaren Krankheit litt, in Jairus die Hoffnung darauf weckt, dass seine kleine zwölfjährige Tochter geheilt wird. Eine Frau, die todkrank war, wird geheilt, damit Jairus glauben kann, dass seine Tochter wieder zum Leben erweckt werden wird.

Liebe Brüder, wir wissen nie, inwieweit wir für andere Menschen gleichsam nebenher ein Segen sind, wenn Gott uns segnet. Es ist möglich, dass sogar unsere Bekehrung eine weitreichende und zugleich tiefe Auswirkung auf die Hinwendung anderer Menschen zu Christus hatte. Die göttliche Gnade freut sich über das persönliche

Glück, aber ihr Ziel geht über den privaten Vorteil des Einzelnen hinaus. Der Herr stärkt den Glauben eines anderen Gotteskindes, wobei es auch sein kann, dass er in einer überzeugten Seele Glauben wirkt, wenn er unseren Glauben annimmt sowie ehrt und uns rettet. Wir reden davon, dass wir zwei Fliegen mit einer Klappe schlagen, aber unser Heiland weiß, wie er zwei Seelen – ja, zweitausend Seelen – durch eine einzige Berührung seiner Hand segnen kann.

Schauen wir uns zunächst *die Patientin* an. Diese Frau litt an einer sehr schweren Krankheit, die ihr Leben dahinschwinden ließ. Sie war ausgezehrt und gesundheitlich am Boden, ihr Leben bestand nur noch aus fortwährendem Leiden und anhaltender Schwachheit. Doch *welch einen Mut und Kampfgeist zeigte diese Frau*. Sie war bereit, alle Umstände zu ertragen, um gesund zu werden. Sie muss eine wunderbare Lebensfreude besessen haben, denn wo andere auf dem Krankenbett gelegen hätten und schon längst verzweifelt gewesen wären, ging sie zwölf Jahre lang von einem Arzt zum anderen, um von ihrer Krankheit geheilt zu werden. Sie ließ sich durch nichts erschrecken oder entmutigen; solange sie atmen würde, wollte sie nicht aufgeben. Als sie schließlich den wahren Arzt gefunden hatte, stürzte sie sich in das dichteste Menschengewühl, nur um ihn irgendwie anzurühren. Sie bat niemanden darum, für sie Fürsprache einzulegen, sondern in ihrer Furchtlosigkeit und ihrem Mut – gepaart mit der angemessenen tiefen Demut – drängte sie sich durch die Menschenmenge, um zu dem Heil machenden Christus vorzudringen. Mit enormem Kraftaufwand und unbezwingbarem Elan wollte sie gesund werden. O dass doch die Menschen nur ein Zehntel dieser Willenskraft für die Errettung ihrer Seelen aufbringen würden!

Beachten wir auch *ihre aufs Ganze gehende Entschlossenheit*. Wenn sie schon sterben müsste, würde sie nicht aufgeben. Sie würde sich erst mit dem Unvermeidlichen abfinden, wenn sie alles getan hätte, um ihr Leben zu erhalten und wieder gesund zu werden. Zwölf Jahre lang hatte sie in verschiedener Hinsicht ausgeharrt und offensichtlich vielen furchtbaren Qualen getrotzt. Wir erfahren, dass sie von zahlreichen Ärzten vieles erlitten hatte. Es ist schon schlimm, wenn man von einem Arzt gequält wird, aber ihr war von vielen Ärzten großes Leid zugefügt worden. Von den Ärzten jener Zeit hatte man mehr zu befürchten als von den schlimmsten Krankheiten. Würde ich euch an dieser Stelle auszugsweise aus einem

Buch über Operationspraktiken jener Zeit vorlesen, würdet ihr erschaudern und mich bitten, es zu schließen. Jeder vernünftige Mensch würde lieber unter irgendeiner körperlichen Krankheit leiden, als sich den Händen eines Arztes jener Zeit anzuvertrauen. Wegen ihrer grässlichen Behandlungsmethoden waren sie berüchtigt. Die damaligen Mediziner hätten sehr gut in die Zeit der Inquisition gepasst, denn ihre Foltermethoden hatten den höchsten Grad der Perfektion erreicht. Trotzdem hielt die uns vorgestellte Heldin jede angeblich noch so wirksame Behandlung aus. Mittlerweile hatte sie ihr ganzes Geld ausgegeben, und als sie es zur Linderung ihrer Beschwerden am nötigsten brauchte, war nichts mehr übrig. Solange sie Geld besaß, sparte sie keinen noch so geringen Betrag. Es lohnt sich durchaus, die Entschlossenheit dieser Frau näher zu betrachten. Wenn es auf der Welt eine Heilung für ihre Krankheit geben würde, dann wollte sie diese unbedingt erlangen. Solange noch Leben in ihr war, sollte dieses Leben dem Tod irgendwie einen Strich durch die Rechnung machen und seinen Klauen das schon sicher geglaubte Opfer entreißen.

Ich freue mich, wenn ich in einer erweckten Seele solch eine Entschlossenheit sehe; doch wie selten kann man sie finden! Es macht mich glücklich, wenn ein Mensch – egal, wie wenig er etwas über den Heilsweg weiß – dennoch beschließt: »Wenn man Errettung erlangen kann, will ich errettet werden. Egal, was man durchleiden, was man aufgeben oder was man tun muss – wenn es irgendeinen Weg gibt, der zu meiner Errettung führt, dann will ich diesen Weg gehen. Nichts auf der Welt ist mir zu teuer; die härteste Selbstverleugnung soll für mich eine Kleinigkeit sein, wenn ich nur errettet werde.« Liebe Brüder, gewiss ist die Errettung unserer unsterblichen Seelen aller Anstrengung wert. Dieses Ziel sollten wir mit aller uns zur Verfügung stehenden Ausdauer und ganzer Entschlossenheit verfolgen. Wer weiß, wie viel die Seele wert ist? Was sollen wir dafür abwiegen? Verglichen mit unserem unsterblichen Geist ist das Feingold der Händler Dreck dagegen, wobei der Diamant und das kostbare Kristall als Vergleichswerte erst gar nicht genannt werden brauchen. Im Buch Hiob steht: »Haut für Haut! Alles, was der Mensch hat, gibt er für sein Leben« (vgl. Kap. 2,4); und das Lösegeld für die Seele ist wirklich wertvoll.

Ich bewundere auch *die wunderbare Zuversicht* dieser Frau. Sie glaubt immer noch, dass sie geheilt werden kann. Sie hätte diesen

Gedanken schon lange aufgeben müssen, wenn sie wie sonst üblich argumentiert hätte. Im Allgemeinen sehen wir nämlich mehrere Fälle in der Zusammenschau, wobei wir daraus eine bestimmte Schlussfolgerung ziehen. Wenn sie also die vielen Ärzte mit all ihrem Versagen berücksichtigt hätte, dann wäre sie möglicherweise zu dem Entschluss gekommen, dass ihr Fall hoffnungslos war. Sie hätte vielleicht gesagt: »Meine Krankheit ist unheilbar. Ich muss um Geduld und Tragkraft bitten, bis ich sterbe. Aber ich darf nicht länger davon träumen, geheilt zu werden.« Aber nein, diese zweifellos aufgeweckte Frau war zuversichtlich, wo andere schon längst verzweifelt wären. Etwas in ihr hielt sie aufrecht, und sie hoffte immer noch auf bessere Zeiten. Daher hüpfte ihr Herz vor Freude, als sie von Jesus hörte. Voller Hoffnung sagte sie: »Am Ende wird mir nun dieser Segen zuteil. Nachdem ich lange darauf gewartet habe, hat Gott ihn mir jetzt geschickt. Endlich ist er da, und ich werde ihn sofort in Anspruch nehmen. Jetzt ist die Sonne der Gerechtigkeit über mir aufgegangen. Unter ihren Flügeln wartet meine Heilung. Ich werde mich dem Licht dieser Sonne ganz aussetzen. Jetzt bin ich den Scharlatanen entkommen, und ich habe denjenigen gefunden, der wahrhaft heilen kann.«

Doch jetzt zum zweiten Punkt: Ich bitte euch, mit mir über *die Probleme* nachzudenken, *die dem Glauben dieser Frau entgegenstanden.* Wir müssen sie näher betrachten, um die wahre Kraft ihres Glaubens zu erkennen. Die Schwierigkeiten für ihren Glauben müssen in Folgendem bestanden haben:

Erstens stand ihr immer wieder vor Augen, *dass die Krankheit selbst unheilbar war und sie schon lange Zeit darunter litt.* Viele Krankheiten – frühzeitig behandelt – könnten weitaus erträglicher sein und möglicherweise sogar ganz beseitigt werden; aber jetzt war es für diese arme Leidende beinahe schon zu spät. Zwölf Jahre lang hatte sie gelitten – eine sehr lange Zeit im Leben eines Menschen, wenn ihm fortwährend alle Lebenskraft entzogen wird. Wer zwölf Jahre lang dahingesiecht ist und Blutungen gehabt hat, ist drauf und dran, die Hoffnung aufzugeben. Ist Heilung überhaupt möglich? Kann diejenige Krankheit, die zwölf Jahre lang den Körper geschwächt hat, beseitigt werden? Kann die unheilbare Kranke letztendlich geheilt werden? Wäre es nicht ganz normal, wenn die Frau große Zweifel hätte? Wäre es ein Wunder gewesen, wenn sie nach dieser langen auszehrenden Krankheit, die sie immer mehr schwächte und ihr allmählich jegliche Kraft raubte, eine Heilung für völlig unmöglich gehalten hätte? Achten wir jedoch auf ihre Haltung, die Bewunderung abnötigt: Sie schwankte nicht, sondern glaubte an Jesus.

Und darüber hinaus *erlitt sie immer wieder eine Enttäuschung nach der anderen,* sodass der furchtbare Glaubensfeind, der Zweifel, neue Argumente gewann. Vielleicht hat sie sich gesagt: »Ja, ich erinnere mich noch an den ersten Arzt, den ich aufsuchte. Er sagte mir, dass dies eine sehr kleine Sache sei. Wenn ich nur eine große Flasche seines ägyptischen Wundermittels kaufen würde, das er unter ungeheuer großem Kostenaufwand von den Gräbern der Pharaonen einführen ließ, wäre ich ganz schnell wieder gesund. Aber leider hat er mich nur von meinem Geld befreit. Dann versicherte mir ein anderer berühmter Professor, dass seine Pillen wirken würden. Ich müsste lediglich etwa dreihundert davon schlucken und sehr darauf achten, sie nur bei ihm zu kaufen, weil er allein das Geheimrezept besitze. Kein anderer könnte diese Originalmedizin herstellen. Er versicherte mir, dass es mir nach der dreihundertsten Packung wesentlich besser gehen würde. Aber es war nur vergeudete Zeit, wobei es mir immer noch nicht besser ging.«

Sie riskierte viel, aber alles nahm ein gleichermaßen trauriges Ende. Sie erinnerte sich an den ehrwürdigen alten Arzt, zu dem sie schon vor einigen Jahren ging. Er schüttelte seinen gelehrten Kopf und versicherte ihr, dass er noch nie jemandem mit einem schrecklicheren Leiden begegnet sei. Es sei für sie ein großer Glücksfall, dass sie zu ihm gekommen sei, denn es gäbe keinen anderen Mann in Palästina, der sich mit dieser Krankheit auskennen würde. Er war fest davon überzeugt, dass er sie von ihrem Blutfluss befreien könne, wenn sie nur täglich die Salbe aus dem Libanon nähme, die – hergestellt nach alter Rezeptur und seit vielen Jahren gemäß den Anregungen der Vertreter antiker Heilkunst angewendet – aus vorzüglichstem Zedernharz und dem besten Saft wohlriechender Heilkräuter zubereitet sei. Er sei ihr Glück, dass er ein wenig dieser beispiellosen Salbe übrig habe, die sie zu einem überaus angemessenen Preis haben könne, wenn man bedenke, was er dafür bezahlt hätte. Sie hatte die Salbe genommen, aber nur mehr Schmerzen und ein weiteres Leiden dazubekommen. Sie hatte einen hohen Preis bezahlt – nur um fortan zwei Krankheiten statt einer zu ertragen.

Sie hatte den Arzt gewechselt und war diesmal zu einem griechischen Mediziner gegangen, der alle seine Vorgänger rundweg als Dummköpfe verurteilte. Er sprach von einer solch komplizierten Behandlungsmethode, dass die arme Frau ihn überhaupt nicht verstehen konnte. Trotzdem vertraute sie ihm, denn sie glaubte, dies liege daran, dass sie die Dumme und er der große Gelehrte sei. Aber auch er versagte. Dann ging sie zu einem römischen Arzt – einem einfachen ungehobelten und pragmatischen Mann, der zwar kein Griechisch sprach, aber sein außerordentliches Können bei der Behandlung verwundeter Soldaten einsetzte, die er mehr schlecht als recht verarztete. Nachdem sie lange Zeit verschiedene Medikamente ausprobiert hatte, sagte er ihr, dass ihr nur noch eine Operation helfen könne, eine berühmte chirurgische Methode, die er selbst entwickelt hatte – ein einzigartiger Eingriff. Obwohl sich seine Operationsmethode im Falle vieler Leute als erfolglos erwiesen hatte, war er davon überzeugt, dass seine Behandlung die beste sei. Sie hatte diese viel gepriesene Operation abgelehnt, dafür aber viele andere ausgehalten, bis sie vor lauter schmerzenden Narben und Wunden an ihrem Körper, die sie im Haus ihrer sogenannten ärztlichen Freunde erhalten hatte, sich kaum noch bewegen konnte.

Wenn wir ihre lange Krankheitsgeschichte berücksichtigen, die ich hier in Kurzfassung erzählt habe, wäre es überhaupt kein Wunder gewesen, wenn sie gesagt hätte: »Ich kann keinem mehr trauen. Jetzt gebe ich auf. Lieber sterbe ich, als noch einmal eine solche Tortur zu ertragen. Lieber lasse ich dem Schicksal seinen Lauf, bevor ich mich jemals wieder in die Hände dieser betrügerischen ›Experten‹ begebe.« Sie aber ließ sich nicht entmutigen: Ihr Glaube war stärker als all ihre bitteren Erfahrungen, und sie glaubte an den Herrn. Wenn auch ihr jemals versucht habt, durch gute Werke, durch feierliche Handlungen, durch Gebete und Tränen das Heil zu erlangen, und in allen Punkten versagt habt, dann ist es nicht verwunderlich, dass ihr kaum glauben könnt, jemals errettet zu werden. Möge euer Glaube – wie der Glaube der Frau – ebenso über dem Wellenkamm aller Enttäuschungen schwimmen. Mögt auch ihr auf den allmächtigen Heiland hoffen.

Es gab noch ein weiteres Problem, das ihr im Weg stand: *Sie spürte deutlich ihre eigene Unwürdigkeit.* Wenn sie an Jesus dachte, dann war er in ihren Augen ein Mensch, der heilig sowie überaus mächtig war: Sie verehrte und vertraute ihm. Ich bin mir dessen sicher, denn obwohl sie so viel Mut aufbrachte, um ihn lediglich anzurühren, war sie doch so bescheiden, hinter ihm zu gehen, als wäre sie es nicht wert, gesehen zu werden. Offensichtlich hatte sie Angst, ihm gegenüberzutreten, denn ihr war klar: Er kennt meine Unwürdigkeit und könnte mich zurückweisen oder mir verbieten, mich ihm zu nähern. Nach dem jüdischen Zeremonialgesetz war sie eine unreine Frau, wobei die Schande ihrer Krankheit sie davon abhielt, ein Anliegen auszusprechen oder eine Bitte offen vorzutragen. Sie hatte großes Vertrauen in seine Macht und Gnade, aber sie hatte genauso viel Ehrfurcht vor seiner Reinheit. Daher hatte sie Angst, ihn durch ihre Berührung zu verärgern. Das muss ihr sehr schwergefallen sein, und sie fragte sich bestimmt: »Wie kann ich es wagen, mich ihm zu nähern? Den anderen Ärzten konnte ich mich nähern, denn sie waren bekanntlich meinesgleichen, aber im Blick auf ihn stelle ich fest, dass er ein Prophet ist – mächtig in Worten und Taten. Er ist ein Mann Gottes – ja, noch mehr. Wie kann ich es wagen, mich ihm zu nahen?« Wenn ihr niedergebeugt seid, weil ihr eure Sünde und eure Torheit spürt, dann möge der Heilige Geist euch zu dem Glauben führen, dass Jesus Christus imstande ist, euch heil zu machen.

Ich weiß nicht, ob ihr das andere Problem – nämlich *das fehlende Geld* und die Frage des weiteren Lebensunterhalts – überhaupt bewusst war. Für mich wäre es jedenfalls ein Problem. Uns wird berichtet, dass sie all ihre Habe – ihren ganzen Lebensunterhalt – ausgegeben hatte. Die Ärzte, die sie vorher aufgesucht hatte, wollten alle schnell bezahlt werden. Sie konnten sie zwar nicht von ihrer Krankheit befreien, aber sie befreiten sie doch von ihrem Vermögen. Die Krankheit blieb, aber ihr Hab und Gut war verloren. Alle Kraftanstrengungen, um gesund zu werden, brachten ihr nur Armut: Wie soll sie vor den großen Arzt treten, von dem sie so viel gehört hatte? Ich bin mir ziemlich im Klaren darüber, dass der Gedanke an seine Großherzigkeit und an die vielen unentgeltlichen Heilungen, die er vollbracht hatte, ihr bei der Überwindung dieses Problems eine Hilfe gewesen wäre, aber zahlreiche Menschen glauben noch immer, dass sie ihre Erlösung kaufen können. Bis heute müssen viele daran erinnert werden, dass Jesus seine Gnade denen zueignet, die ihm weder Geld noch irgendetwas anderes Wertvolles bringen können. Seine Bedingungen sind »ohne Geld und ohne Kaufpreis« (vgl. Jesaja 55,1), aber viele erweckte Seelen vergessen das.

Ihr wahrscheinlich allergrößtes Problem zu diesem Zeitpunkt war *ihre furchtbare Krankheit*. Wir lesen, dass es ihr nicht besser, sondern vielmehr schlechter ging. Vor der Behandlung war es ihr schon schlecht gegangen, aber die Ärzte hatten die Krankheit mit ihrer gallebitteren Medizin, den tiefen Schnitten und fürchterlichen Zugpflastern nur verschlimmert. Es ging ihr schlechter als jemals zuvor – schlechter, als wenn man der Natur freien Lauf gelassen hätte. Die Krankheit hatte ein furchtbares Stadium erreicht, und nach menschlichem Ermessen war ihr offenbar nicht mehr zu helfen. Ihr ging es so schlecht, dass sie nur noch herumkriechen konnte. Solch eine Krankheit verursacht normalerweise starke Depressionen, zermürbt das Innere des Leidenden und raubt ihm jegliche Energie. Wir hätten uns daher kaum gewundert, wenn diese Frau trotz ihrer Entschlossenheit gesagt hätte: »Nein, ich kann nicht mehr, ich füge mich meinem Schicksal. Mir bleibt nichts anderes mehr übrig, als mich niederzulegen und zu sterben. Mir geht es so schlecht, dass alle Versuche, wieder gesund zu werden, vergeblich sind.« Welch einen großartigen Glauben hatte sie doch, der stärker als ihre Schwachheit war, das Niedergedrücktsein ihrer Seele überwand und die Kraftlosigkeit besiegte, die sie beschlich. Sie glaubte, dass sich jetzt alles ändern würde, denn sie hatte es nicht mehr mit einem Betrüger zu tun, der sie enttäuschen würde, sondern mit dem Einen, den Gott gesandt und mit unvorstellbar großer Macht ausgestattet hatte. Er konnte sich ihres Falles annehmen – so schlimm er auch war.

Damit kommen wir jetzt wir zu unserem dritten Punkt, *zu jenem Punkt, an dem all ihre Schwierigkeiten zu schwinden begannen*. Als Erstes erfahren wir über sie, dass *sie von Jesus gehört hatte*. Markus teilt uns dazu Folgendes mit: »Als sie von Jesus gehört hatte« (vgl. 5,27). »Der Glaube (ist) aus der Verkündigung« (d. h., er kommt aus dem Gehörten; vgl. Römer 10,17 und die dortige Anmerkung der Revidierten Elberfelder). Was hatte sie von ihm gehört? Es ist in hohem Maße wahrscheinlich, dass sie von jener Begebenheit gehört hatte, die uns im Lukasevangelium (in Kap. 6,19) geschildert wird, wo es heißt: »Die ganze Volksmenge suchte ihn anzurühren, denn Kraft ging von ihm aus und heilte alle.« An einem einzigen Tag folgten unserem Herrn Angehörige einer großen Volksmenge, die ihn unbedingt anrühren wollten, denn jeder, der ihn berührte, war von jeglicher Krankheit geheilt. Welch ein wunderbarer Anblick muss das gewesen sein, als die Menschen darauf erpicht waren, gesegnet zu werden, sodass sie zu dem großen Arzt drängten! Das soll aber nicht heißen, dass unser Herr an einem Tag besser heilen konnte als an einem anderen, doch es gab gewisse Tage, an denen von seiner Person anscheinend mehr Kraft ausging als zu anderen Zeiten. Und dies stand meiner Meinung nach immer im Verhältnis zum Glauben der Menschen, die um ihn herum waren. Bei der im Lukasevangelium erwähnten Gelegenheit sahen die vielen Menschen, die an seine Heilkraft glaubten, wie er solche Wunder vollbrachte, sodass sie in großen Scharen zu ihm, dem Hochgelobten, eilten. Dabei wurden alle, die ihn anrührten, gesund. Manche sind der Meinung, dass sogar die Gesunden ihn anrührten und dadurch mehr Lebenskraft bekamen. Das würde mich nicht wundern: Zumindest in geistlichen Dingen ist dies tatsächlich der Fall. Die Frau hatte von all den wunderbaren Heilungen, die er vollbracht hatte, gehört und sagte sich: »Wenn ich ihn nur anrühre, werde ich geheilt sein. Denn wenn diese Berichte wahr sind, brauche ich ihn nur anzurühren, sodass auch ich vollkommen geheilt sein werde.« Offenbar glaubte sie, dass Christus die Quelle wunderbarer Kraft war, in gewisser Weise einer großen Batterie ähnlich, in der Elektrizität gespeichert ist und die reichlich Energie abgibt. Sie war keine besonders kluge Frau. Was sie vor allem kennzeichnete, war vielmehr ihre Tatkraft. Was unseren Herrn und sein Gewand betraf, machte sie einen großen Fehler, doch dies war von untergeordneter Bedeutung. Als sie daher an ihn dachte und seine Macht rühmte, reichte dies aus. Sie glaubte wirklich *an ihn*, und wenn du an Christus glaubst, wird dein Glaube dich retten, auch wenn dir tausend Dinge unklar sind. Wenn du wirklich an Jesus glaubst, dann werden all deine falschen Jesusvorstellungen ihn in keiner Weise daran hindern, dich zu segnen. Er wird sich weder gegen dich stellen noch den Wert deines Glaubens gering achten.

Der entscheidende Punkt ist folgender: Die arme Frau glaubte, dass Christus sie heilen würde, sobald sie ihn nur irgendwie flüchtig anrührte. Beachten wir den entscheidenden Satz in unserer Textstelle: »… wenn ich nur sein Gewand anrühre«. Es heißt nicht: »Ich brauche nur eines tun – sein Gewand anzurühren.« Es ging also nicht um die Tatsache, dass sie etwas anrührte, sondern darum, was sie anrührte: »Wenn ich *nur sein Gewand* anrühre: Wenn ich nicht so nahe an ihn herankomme, dass ich ihn selbst berühren kann, dann reicht es mir, wenn ich nur sein Gewand anrühre. Die Kraft, die ihm innewohnt, ist so groß, dass sie sogar noch bei der Berührung seiner Gewänder zu spüren ist. Und während er sie trägt, geht von ihnen diejenige Kraft aus, die ich brauche. Diese Kraft reicht selbst bis in die blaue Quaste, die er als Hebräer am Saum seines Gewands trägt. Ich bin sicher, wenn ich nur diesen Saum anrühre und nichts weiter tun kann, wird eine Verbindung zwischen ihm sowie mir hergestellt, und ich werde geheilt sein.« Welch ein herrlicher Glaube! Obwohl Christus nicht weniger verdient hatte, war es ein bemerkenswerter Glaube. Es war jener Glaube, den auch ich in seiner ganzen Fülle besitzen möchte. Die flüchtigste Berührung mit Christus, die den Körper geheilt hat, wird auch der Seele zugutekommen. Dabei reicht die geringste Verbindung aus. Komm nur zu Jesus, und das glückselige Werk wird vollbracht. Stelle die Verbindung her, und seine Kraft wird dir zuströmen. »Wenn ich nur sein Gewand anrühre, werde ich geheilt werden.«

Nun ist es aber immer etwas Glückseliges, wenn ein Mensch von Gott lernt, dass er von sich oder sogar von seinem Glauben wegschauen und nur an den Herrn Jesus denken soll, auf den sich unser Vertrauen eigentlich richtet. Ich bewundere die Zielstrebigkeit dieser Frau; sie sieht nur Jesus. Egal, was mit ihr geschehen würde – sie wusste, dass seine Kraft mit all ihren gesundheitlichen Problemen fertig werden würde. Und das Ergebnis hing weder von der Art noch von der Dauer ihrer Berührung, sondern nur von ihm allein ab. Von ihm sollte die Kraft ausgehen. Das war gewiss – ungeachtet dessen, wie leicht die Berührung auch sein würde. Dieser Glaube ist es wert, gestärkt zu werden. Wer alles andere vergisst und nur auf den Herrn Jesus Christus sowie seine Segen spendende Kraft schaut, handelt weise. Hier stehe ich als armer, verlorener Sünder. Wenn ich jedoch nur zu Jesus kommen kann, dann wird mir vergeben, sodass ich errettet bin. Hier stehe ich, gequält von menschlich unbeherrschbaren Leidenschaften, krank wegen dieser und jener Sünde. Aber wenn ich ihn nur berühren darf, dann ist seine heilende Kraft so überreich, dass im Augenblick der Berührung seine Kraft meiner geistlichen Krankheit zu Leibe rücken und sie für immer besiegen wird – ungeachtet dessen, wie schwer die Krankheit auch sein mag.

Viertens: Lasst uns über *ihren großen Erfolg* sprechen. Ich möchte euch nochmals daran erinnern, wie sie letztendlich zum Ziel kam. Sie hatte fest vor, den Herrn Jesus bewusst zu berühren. Über diesen Vorsatz muss ich einen Augenblick sprechen. Während sie sich durch die Menge drängte sowie hin und her gestoßen wurde, war sie nach meiner festen Überzeugung so schwach, dass sie einer Ohnmacht oder sogar dem Tod nahe war. Von jenen rauen Männern, die sich um den Heiland drängten, konnte sie kein Mitleid erwarten. Sie ist jedoch fest entschlossen, um jeden Preis sein Gewand anzurühren. Sie drängt sich von hinten durch, denn es ist ihr egal, wo sie Kontakt aufnehmen kann – Hauptsache, sie kann ihn anrühren. Im Gedränge verfängt sich das Gewand Christi, und als sie in seine Nähe kommt, sieht sie, wie eine Quaste vom hinteren blauen Saum seines Gewandes herabbaumelt. Jetzt ist ihre Zeit gekommen, sie muss lediglich *den Saum* berühren. Ihr Glaube ist so stark, dass ihr nur die Berührung des Saumes genügt. Denn dann ist zwischen ihr und dem Heiland eine Verbindung hergestellt – mehr braucht sie nicht. Sie streckt ihren Finger aus, und schon ist es geschehen. Wir müssen dennoch beachten, dass sie nicht geheilt wurde, weil sie gegen ihren Willen mit dem Herrn bzw. seinem Gewand in Berührung kam. Sie wurde nicht aus Versehen gegen ihn gestoßen, sondern die Berührung war eine aktive und keine passive Handlung. »Meister«, sagte einer der Apostel, »(du siehst), die Volksmengen drängen und drücken dich« (vgl. Lukas 8,45). Eine unvermeidliche und unfreiwillige Berührung war nichts Außergewöhnliches. Davon ging keinerlei besondere Wirkung aus. Aber als sie sein Gewand anrührte, war dies eine ganz persönliche, vorsätzliche und freiwillige Tat. Sie handelte in der Überzeugung, dass sie dadurch geheilt werden würde.

Darin besteht der Heil bringende Glaube. Nicht irgendein Kontakt zu Christus rettet Menschen. Vielmehr muss man sich dafür sensibilisieren lassen, zu ihm zu kommen. Wer persönlich, voller Entschlossenheit und aus Glauben Jesus Christus anrührt, wird gerettet. Glaube ist eine unabdingbar persönliche Angelegenheit. Der Heilige Geist hilft uns dabei, aber zugleich müssen wir selbst aktiv werden. Manch einer von euch sitzt still da und hofft, dass der Herr zu ihm kommt. Ihr wartet gleichsam am Teich Betesda darauf, dass ein Engel kommt, der das Wasser in Bewegung setzt und dergleichen Dinge mehr tut; aber das stimmt nicht mit dem Grundton dessen überein, was das Evangelium gebietet. Das Evangelium kommt nicht zu dir und sagt: »Wer darauf wartet, dass etwas passiert, soll errettet werden«, sondern es heißt: »Glaube an den Herrn Jesus Christus« (vgl. Apostelgeschichte 16,31; Schlachter 2000), denn »wer gläubig geworden und getauft worden ist, wird errettet werden« (vgl. Markus 16,16). Nur durch die persönliche, freiwillige und bewusste Glaubensentscheidung wirst du errettet werden. O ich bete zu Gott, dass einige hier befindliche Sünder, die sich ihrer Schuld wirklich bewusst sind, erweckt werden mögen, um an diesem Morgen den Glauben zu ergreifen. Ganz gleich, wie wenig du weißt, glaube an Jesus gemäß dem, was du im Blick auf ihn erkannt hast. Auch wenn du dich nur mit dem beschäftigen kannst, was du von der Schrift her über Christus weißt, gehört dieses wenige doch zu Christus. Wenn du es tust, rührst du gleichsam *ihn* an. Vielleicht kennst du nicht die tiefen Weisheiten Gottes oder die achtbaren Glaubenslehren, die unseren anbetungswürdigen Herrn ehren, doch was du weißt, reicht aus, damit du glauben kannst. Wenn du sagst: »Ich will dem Lamm Gottes vertrauen«, und du tust dies auch, dann hast du ihn angerührt und bist errettet. Ja, wenn es nur ein Gebet im Glauben ist, ein vertrauensvoller Seufzer, eine im Glauben vergossene Träne, dann hast du ihn wirklich angerührt, sodass du heil gemacht worden bist. Die Berührung im Glauben muss jedoch von dir aus geschehen und deine eigene Tat sein. Niemand wird im Schlaf errettet, keiner kann behaupten, lebendig gemacht worden zu sein, wenn er dies nicht durch den Leben schaffenden Schritt des Glaubens unter Beweis stellen kann. Genau dieser in Anspruch nehmende Glaube muss es sein, und diesen Glauben hatte die Frau.

Und sehen wir jetzt, welch großen Erfolg sie hatte. In dem Augenblick, da sie Christus anrührte, war sie schon geheilt. In einem Moment, so schnell wie ein Stromschlag, geschah die Berührung. Der Kontakt war hergestellt, und die Blutung hörte auf. Sogleich strahlte sie als vollkommen gesund Gemachte übers ganze Gesicht. Unmittelbare Rettung! Ich habe neulich davon gehört, dass jemand sagte, er habe von einer sofortigen Bekehrung erfahren, wisse aber nicht, was er davon halten solle. Dies ist doch wunderbar, wobei etwas Derartiges unter uns recht häufig vorkommt. Auf jeden Fall erfolgt geistliche Erweckung in einem Augenblick. Wie lang auch die Vorbereitungszeit sein kann, es gibt einen Zeitpunkt, an dem die bislang tote Seele zu leben beginnt. Es gibt einen Zeitpunkt, zu dem das Baby noch nicht geboren ist, und einen Moment, da es zur Welt kommt. Wir empfangen Vergebung oder werden anderenfalls verdammt. Es muss einen Zeitpunkt geben, da dem Menschen noch nicht vergeben worden ist, und einen Augenblick, da ihm vergeben wird. Diese Veränderung umfasst eine gewisse – wenn auch unmerklich kurze – Zeit. Ihr habt ganz recht, dass viele Wirkungen des Gewissens und dergleichen dem vorausgehen können, bis sie dahin führen, dass man das neue Leben tatsächlich annimmt. Das gibt diesem Werk den Anschein eines allmählichen Prozesses; aber die eigentliche Geburt, das göttliche Wirken, wodurch der Betreffende neues Leben in Christus bekommt, geschieht auf jeden Fall in einem Augenblick. Es vergeht einige Zeit, bis der Mensch versteht, wie viel Sünde in ihm ist, es dauert eine gewisse Zeit, bis er dem eigenen Ich entsagt, usw. Aber es gibt keinen Zeitraum, da der Mensch zwischen Tod und Leben ist; entweder ist er in Gott lebendig, oder er ist tot in der Sünde: Wenn er tot ist, dann ist er tot, und wenn er lebendig ist, lebt er, aber es gibt keinen Zustand dazwischen. Ein Mensch ist entweder erneuert worden, oder er ist nicht wiedergeboren; es gibt kein Grenzland bzw. kein neutrales Territorium zwischen den beiden Zuständen. Diese Frau wurde in einem Augenblick geheilt, und Gott kann auch euch retten, meine lieben Zuhörer, und zwar sofort. Möge er dies jetzt tun! Wenn ihr in diesem Moment glaubt, dann ist es geschehen.

Es mag Fälle geben, bei denen ein Mensch gesegnet wird und dies kaum merkt, aber diese Frau wusste, dass sie errettet war. Sie spürte innerlich, dass sie von ihrer Krankheit geheilt worden war. Wie groß ist doch die Freude der ersten Stunde, in der ein Mensch weiß, dass er errettet ist! Sie nimmt ihm fast die Luft zum Atmen. Und es ist gut, dass dieser Zustand mit seiner ganzen Leidenschaft und überschwänglichen Freude auf Erden nicht für immer anhält. Jener Lichtblitz, der heller als die Sonne ist! Dieser Freudentaumel, diese Flut, diese Lawine unbeschreiblicher Glückseligkeit, die alles vor sich her schiebt, bis jeder von uns schließlich sagen kann: »Ich bin gewiss, dass meine Sünden ausgetilgt sind; ich bin errettet, und das weiß ich in meinem tiefsten Inneren!« Ja, diese Freude ist unbeschreiblich. O du armer Sünder, rühre doch den Heiland an. Der Herr möge dich von allem eigenen Wesen befreien und dich jetzt dazu bringen, nur auf Jesus zu schauen. Dann wirst du sicher wissen, dass du von deiner Plage geheilt bist.

Christus selbst versicherte ihr als Nächstes, dass sie geheilt war, aber diese Zusicherung erhielt sie erst, als sie ein öffentliches Bekenntnis abgelegt hatte. Sie spürte, dass sie gesund gemacht worden war, aber sie fühlte sich sicherer, wenn sie im Hintergrund blieb. Der Herr Jesus Christus möchte, dass all seine Nachfolger hervortreten und sich nicht länger in der Menge verstecken. Diejenigen, die glauben, sollten auf das Bekenntnis ihres Glaubens hin getauft werden. Wer in seinem Herzen glaubt, sollte Christus auch mit seinem Mund bekennen. Daher wandte sich Christus um und sagte: »Wer hat mein Gewand angerührt?« (vgl. Markus 5,30). Als sie diese Frage hörte, wurde die neu entfachte Flamme ihrer Freude ein wenig gedämpft, weil sie fürchtete, alles zu verlieren, was sie sich gerade angeeignet hatte. Sie verlor ihren ganzen Mut. Daraufhin sagten die Jünger Jesu eilfertig zu ihm: »Du siehst, dass die Volksmenge dich drängt, und du sprichst: Wer hat mich angerührt?« (V. 31). Doch Jesus – wiederum umherblickend – sagte: »Es hat *mich* jemand angerührt.« Jemand hatte ihn selbst, nicht nur sein Gewand, angerührt. Ich bin sicher, dass diese arme Kreatur sogleich im Erdboden versinken wollte. Sie zitterte, als Jesus nach ihr Ausschau hielt. Diese glückseligen Augen sahen umher, bis er sie entdeckte. Als sie ihn anblickte, war sie bald nicht mehr so erschrocken wie vorher; aber sie fürchtete sich immer noch und zitterte. Sie kam, fiel vor ihm nieder und sagte ihm die ganze Wahrheit. Er richtete sie daraufhin sanft auf und sprach: »Tochter, dein Glaube hat dich geheilt. Geh hin in Frieden und sei gesund von deiner Plage« (V. 34). Jetzt hatte sie die Bestätigung ihrer Heilung durch die Worte aus Christi Mund sowie durch das, was sie in sich spürte. Gottes Geist gab jetzt ihrem Geist Zeugnis, dass sie wirklich geheilt war. Beachten wir nun, dass diejenigen unter euch, die das Zeugnis des Heiligen Geistes erlangen möchten, hervortreten, ihren Glauben bekennen und sagen sollen, was der Herr für sie getan hat: Dann wird der Heilige Geist eurem Geist als Siegel das Zeugnis geben, dass ihr wahrhaftig aus Gott geboren seid.

Wenn du, liebes Gotteskind, heute Morgen sehr deprimiert, innerlich erkaltet, mutlos und kraftlos bist, dann musst du nur Jesu Gewand anrühren, und es wird dir wieder warm ums Herz. Du wirst deinen ganzen Lebensmut und deine Lebenskraft sowie deine Freude zurückbekommen, wenn du dich nur deinem Herrn nahst. Und möglicherweise höre ich von dir die Worte: »Ich bin offenbar voller Zweifel, innerlich so niedergedrückt, so unglücklich. Nach meiner Überzeugung bin ich zwar bekehrt, aber ich kann mich nicht freuen.« Dann, lieber Bruder, musst du dich neu an deinem Herrn festhalten, denn wenn du nur sein Gewand anrührst, wirst du von der Krankheit des Zweifels wieder geheilt werden. Nahe dich nur

Jesus, deinem auferstandenen Herrn, indem du betest oder einen glaubensvollen Gedanken fasst. Und dann geschieht es. Vielleicht sagst du: »Ich fühle mich in meinem Werk als Christ so entmutigt und habe sogar den Eindruck, als müsste ich alles aufgeben. Ich habe lange Zeit keine Bekehrung anderer mehr erlebt. Daher kann ich mein Werk nicht mehr in der freudigen Gesinnung weiterführen, die ich früher hatte.« Lieber Bruder, damit fällst du in eine geistliche Lethargie, aber wenn du nur wieder deinen Herrn anrührst, wird du gesund gemacht werden. Hat dich der Herr Jesus nicht schon einmal geheilt? Er kann immer noch heilen. Seine Kraft ist nach wie vor die gleiche, wenn er sie austeilt. Kommt demnach zu ihm, ihr niedergeschlagenen Heiligen. Kommt jetzt, kommt immer wieder! Wenn irgendjemand von euch rückfällig geworden ist, völlig falschliegt und missmutig ist, wenn euer geistlicher Stoffwechsel erheblich gestört ist, wenn eure Knie schwach sind und eure Hände erschlaffen, wenn euer Haupt krank und euer Herz kraftlos ist, dann braucht ihr nur das Gewand eures Herrn anrühren, und ihr werdet vollkommen heil gemacht werden.

Und jedem unter euch, der befürchtet, kein Gotteskind zu sein, gilt: Schau her, ich zeige dir eine geöffnete Tür, und ich bete zu Gott, dass er dich befähigt, durch diese Tür zu gehen. Wenn du nur das Gewand des Erlösers anrührst, dann wirst du gesund gemacht werden. Ungeachtet dessen, welche Übertretung oder Missetat auf dir lastet oder welcher Sünde du schuldig geworden bist: Komm zu dem Lamm, das sein Blut vergossen hat, und dir wird vergeben werden. Du brauchst ihn noch nicht einmal anzurühren, denn *ein Blick* reicht aus, um neues Leben zu bekommen. Wenn du Jesus anschaust, hast du Verbindung zu ihm, sodass du errettet bist. »Wendet euch zu mir und lasst euch retten, alle ihr Enden der Erde!« (vgl. Jesaja 45,22). »Sie blickten auf ihn und strahlten, und ihr Angesicht wird nicht beschämt« (vgl. Psalm 34,6).

Die kanaanäische Frau (1)

Das Brot den Hündlein hinwerfen?

»Er antwortete und sprach: Es ist nicht schön, das Brot der Kinder zu nehmen und den Hunden hinzuwerfen. Sie aber sprach: Ja, Herr; doch es essen ja auch die Hunde von den Krumen, die von dem Tisch ihrer Herren fallen« (Matthäus 15,26.27).

»Und er sprach zu ihr: Lass zuerst die Kinder satt werden, denn es ist nicht schön, das Brot der Kinder zu nehmen und den Hunden hinzuwerfen. Sie aber antwortete und spricht zu ihm: Ja, Herr; auch die Hunde essen unter dem Tisch von den Krumen der Kinder« (Markus 7,27.28).

Die glänzendsten Edelsteine finden sich oft an den dunkelsten Orten. Christus hatte solch einen Glauben wie denjenigen dieser armen kanaanäischen Frau in Israel nicht gefunden. Die Grenzen und Randgebiete des Landes waren fruchtbarer als das Kernland, wo – bildlich gesprochen – mehr angebaut worden war. Am Rand des Feldes, wo der Bauer außer Unkraut nicht viel Ertrag erwartet, fand der Herr Jesus die beste Kornähre für seine Garbe. Mögen sich jene unter uns, die als seine Jünger nach ihm ernten, ermutigen lassen, dieselbe Erfahrung zu machen. Wir sollten nie eine Gegend für so heruntergekommen halten, als könnten sich dort keine Menschen bekehren. Außerdem sollten wir nie einen Personenkreis für so verdorben ansehen, als könnte keiner seiner Angehörigen gläubig werden. Lasst uns sogar bis an die Grenzen von Tyrus und Sidon gehen, auch wenn dieser Landstrich verflucht ist, denn sogar dort können wir irgendeinen Erwählten finden, der dazu ausersehen ist, ein Juwel in der Krone des Erlösers zu sein. Unser himmlischer Vater hat überall Kinder. Der Herr kann trotz geringer Erkenntnis, trotz spärlich vorhandener Freude und fehlender Ermutigung einen starken Glauben schenken, wobei der starke Glaube unter solchen Umständen den Sieg davonträgt und überwindet. Damit verherrlicht er die Gnade Gottes in doppelter Hinsicht. So war es bei dieser kanaanäischen Frau. Diese Frau hatte einen staunenswerten Glauben, obwohl sie nur wenig von dem, an den sie glaubte, gehört haben konnte. Vielleicht hatte sie ihn selbst nie gesehen, bis der Tag kam, da sie zu seinen Füßen niederfiel und sprach: »Herr, hilf mir!« (vgl. hier und im Folgenden Matthäus 15,25).

Unser Herr hatte ein scharfes Auge, sodass er Glauben allerorts wahrnehmen konnte. Wenn das Juwel im Schmutz lag, dann sah er sofort, wie es funkelte; und ein auserlesenes Weizenkorn unter den Dornen entging ihm nicht. Der Glaube hat auf den Herrn Jesus eine starke Anziehungskraft. Er freute sich über das ansehnliche Glaubensjuwel dieser Frau, und als er es betrachtete und Gefallen daran fand, entschloss er sich, dieses Juwel umzudrehen und das Licht von einer anderen Seite darauf fallen zu lassen, damit die verschiedenen Facetten dieses kostbaren Diamanten jeweils in ihrem Glanz aufleuchten und seine Seele erfreuen konnten. Deshalb prüfte er ihren Glauben durch sein Schweigen und seine entmutigenden Antworten, um zu erkennen, wie stark ihr Glaube sei. Die ganze Zeit jedoch freute er sich über ihren Glauben und hielt ihn insgeheim aufrecht. Nachdem er ihren Glauben genug geprüft hatte, brachte er ihn wie Gold hervor und setzte ihm mit unvergesslichen Worten sein eigenes königliches Siegel auf: »O Frau, dein Glaube ist groß. Dir geschehe, wie du willst« (vgl. Matthäus 15,28).

Ich hoffe, dass heute Morgen vielleicht eine arme Seele dahin gebracht wird, fest und beharrlich an den Herrn Jesus Christus zu glauben, so entmutigt sie angesichts entsprechender Umstände auch sein mag. Auch wenn sie noch keinen Frieden genießt und keine gnadenreiche Antwort auf ihre Gebete erfahren hat, vertraue ich doch darauf, dass heute Morgen dieser angefochtene Glaube durch das Beispiel der kanaanäischen Frau gestärkt werden möge.

Der Mund des Glaubens kann nicht zum Schweigen gebracht werden; denn wenn jemals der Glaube einer Frau so geprüft wurde, dass ihr das Beten äußerst schwerfiel, so war es der Glaube dieser Bewohnerin von Tyrus. Sie stieß auf ein Problem nach dem anderen und ließ sich dennoch nicht entmutigen, inständig für ihre kleine Tochter zu bitten, weil sie an Jesus als den großen Messias glaubte. Er war imstande, alle möglichen Krankheiten zu heilen. Dabei war sie fest entschlossen, ihn so lange anzuflehen, bis er ihrem beharrlichen Drängen nachgeben würde, denn sie war sicher, dass er den Dämon aus ihrem Kind austreiben könne.

Beachten wir, dass *der Mund des Glaubens nicht einmal durch das verschlossene Ohr und den verschlossenen Mund Christi zum Schweigen gebracht werden kann*. Er erwiderte ihr kein Wort. Ihr Flehen war sehr mitleiderregend. Sie kam und warf sich zu seinen Füßen nieder. Der Zustand ihres Kindes duldete keinen Aufschub. Obwohl ihr Mutterherz sehr empfindsam und ihr Schreien sehr durchdringend war, antwortete er ihr kein einziges Wort. Als wäre er taubstumm, ging er an ihr vorbei, doch sie wankte nicht. Sie glaubte an ihn – nicht einmal er konnte sie dazu bringen, an seiner Allmacht zu zweifeln, auch wenn er es durch sein Schweigen versuchte. Man kann nur schwer glauben, wenn das entsprechende Gebet anscheinend nicht erhört wird. Ich bete zu Gott, dass irgendein armer Suchender in diesem Raum glauben möge, dass Jesus Christus erretten kann und will. Der Betreffende möge so sehr davon überzeugt sein, dass er trotz seiner nicht erhörten Gebete vor Zweifeln bewahrt wird. Auch wenn du monatelang vergebens betest, solltest du niemals zulassen, dass dich ein Zweifel in Bezug auf den Herrn Jesus und seine Rettermacht beschleicht. Auch wenn du noch keinen Frieden hast, den der Glaube dir letztendlich zueignen wird, auch wenn du noch keine Gewissheit deiner Sündenvergebung erlangt hast, auch wenn noch kein Fünkchen Freude dein Herz erreicht hat, glaube trotzdem an den Herrn, der nicht lügen kann. »Er mag mich töten, ich harre auf ihn«, sagte Hiob.[93] Dieses Harren war Ausdruck eines herrlichen Glaubens. Es wäre schon großartig, wenn manche von euch sagen könnten: »Er mag mich schlagen, ich harre auf ihn.« Aber Hiob sagte: »Er mag mich töten.« Auch wenn er die Henkerstracht anlegen und mir entgegentreten würde, als wolle er mich vernichten, will ich trotzdem daran glauben, dass er voller Liebe ist: Er ist immer noch gut und gnädig, daran zweifle ich nicht. Deshalb will ich mich zu seinen Füßen niederwerfen, zu ihm aufschauen und auf die Gnade hoffen, die er zueignet. O hätten wir doch einen derartigen Glauben! O Seele, wenn du diesen Glauben hast, dann bist du – so wahr du lebst – errettet. Wenn sogar die scheinbare Weigerung des Herrn, dich zu segnen, deinen Mund nicht zum Schweigen bringen kann, dann ist dein Glaube von edler Art, während das Heil dir zugeeignet ist.

93 Vgl. Hiob 13,15 nach der Einheitsübersetzung, die sich hier mehr an der Bibelübersetzung des Originals orientiert als andere Bibelausgaben.

Als Nächstes *konnte ihr Glaube auch durch das Verhalten der Jünger nicht zum Schweigen gebracht werden.* Obwohl die Art, wie sie mit ihr umgingen, nicht die beste war, behandelten sie die Frau nicht ausgesprochen schlecht. Ihr Wesen glich kaum der Gesinnung ihres Herrn, denn sie schickten die Menschen, die zu ihm kommen wollten, oft wieder weg. Ihr Geschrei war ihnen lästig; sie aber folgte ihnen mit einer unbeschreiblichen Beharrlichkeit. Daher sagten sie: »Entlass sie! Denn sie schreit *hinter uns her*« (vgl. Matthäus 15,23). Diese arme Seele, sie schrie nicht hinter *ihnen*, sondern hinter ihrem Herrn her. Manchmal halten sich Christi Nachfolger für sehr wichtig, weil sie meinen, dass Menschen nur *sie* hören wollen, wenn diese sich drängen und zusammenkommen, um voller Eifer das Evangelium zu hören. Dabei würde sich niemand um ihr armseliges Gerede kümmern, wenn es nicht die Evangeliumsbotschaft wäre, die sie verkündigen sollen. Bei jedem anderen Thema hätte sich die Menschenmenge schon bald zerstreut. Obwohl den Jüngern das hartnäckige Geschrei der Frau lästig war, verhielten sie sich ihr gegenüber in gewisser Weise freundlich, denn sie wünschten sich offensichtlich, dass sie die erbetene Gabe erhalten möge. Sonst wäre nämlich die Antwort unseres Herrn nicht angemessen gewesen: »Ich bin nur gesandt zu den verlorenen Schafen des Hauses Israel« (vgl. hier und im Folgenden Kap. 15,23). Ihnen ging es nicht um die Heilung ihrer Tochter, sondern sie wollten nur ihre Ruhe haben. Deswegen bestand ihr Wunsch darin, die Frau unbedingt loszuwerden.

Auch wenn sie diese Kanaanäerin nicht so behandelten, wie Männer eine Frau, wie Jünger Jesu einen Suchenden oder wie Christen all ihre Mitmenschen behandeln sollten, ließ sie sich trotzdem nicht zum Schweigen bringen. Ich bin mir ziemlich sicher, dass Petrus mürrisch dreinblickte, und vielleicht wurde sogar Johannes ein wenig ungeduldig, denn er hatte von Natur aus ein hitziges Gemüt. Andreas, Philippus und die anderen hielten sie für sehr aufdringlich und anmaßend, aber die Frau dachte nur an ihre kleine Tochter zu Hause und an die furchtbaren Qualen, in die der Dämon sie brachte. Und so drängte sie sich bis zum Heiland vor, fiel ihm zu Füßen nieder und sagte: »Herr, hilf mir.« Abweisende, harte Worte und die Lieblosigkeit sowie Teilnahmslosigkeit der Jünger konnten sie nicht davon abhalten, denjenigen, an den sie glaubte, inständig zu bitten. Vielleicht sagst du als armer Sünder: »Ich sehne mich nach

Errettung, aber dieser oder jener in Ehren gehaltene Christ hat mich schlecht behandelt, er hat meine Aufrichtigkeit bezweifelt und die Echtheit meiner Buße infrage gestellt. Er hat mir allergrößtes Leid zugefügt. Es hat den Anschein, als ob ihm an meinem Heil nicht gelegen ist.« Das ist sehr deprimierend, aber wenn du im wahren Glauben zum Herrn kommst, dann wirst du dich von keinem unter uns – weder vom liebenswürdigsten noch vom wunderlichsten Jünger Jesu – daran hindern lassen, dein Anliegen einfach vor deinen Herrn zu bringen, bis er dir eine Antwort gewährt, die dir Frieden schenkt.

Ihr Mund des Glaubens wurde auch nicht durch die besondere Lehre zum Schweigen gebracht, der zufolge der Segen scheinbar nur einigen Bevorrechteten vorbehalten ist: Der Herr Jesus Christus sagte: »Ich bin nur gesandt zu den verlorenen Schafen des Hauses Israel.« Wenn man diese Lehre richtig versteht, verliert sie jegliche Schärfe, doch dieser Satz muss sich bleischwer in das Herz dieser Frau gesenkt haben. Sie hätte denken können: »Leider ist er nicht zu mir gesandt worden, sodass ich vergeblich dasjenige suche, was er den Juden vorbehalten hat.« Nun sollte aber die Lehre von der Auserwählung, welche die Schrift ganz gewiss lehrt, keine Seele davon abhalten, zu Christus zu kommen, denn wenn sie richtig verstanden wird, schenkt sie eher Ermutigung als Entmutigung. Dennoch hat die Lehre von der Auserwählung – nämlich die Tatsache, dass Gott Menschen schon vor Grundlegung der Welt auserwählt hat – oft eine bedrückende Wirkung auf die falsch Unterwiesenen. Wir haben schon arme Suchende traurig sagen hören: »Vielleicht gibt es für mich keine Gnade. Möglicherweise gehöre ich zu denen, für die kein Ratschluss der Gnade gefasst worden ist.« Sie sind versucht worden, mit Beten aufzuhören, weil sie befürchteten, dass sie nicht zum ewigen Leben vorherbestimmt seien. Liebe Seele, wenn du den Glauben der Auserwählten Gottes besitzt, dann werden dich keine auf Selbstverdammung abzielenden Schlussfolgerungen, die du aus den Geheimnissen Gottes ziehst, zurückhalten. Vielmehr wirst du an das glauben, was klar geoffenbart worden ist, und du wirst sicher sein, dass dies nicht den geheimen Ratschlüssen des Himmels widersprechen kann. Obwohl unser Herr nur zum Haus Israel gesandt war, gibt es doch auch ein Haus Israel nicht nach dem Fleisch, sondern nach dem Geist. Daher gehörte die Frau aus Syrophönizien ebenso dazu, selbst wenn sie aus ihrer Sicht davon ausgeschlossen war. Und auch du darfst zum Bereich derjenigen gehören, die Nutznießer jener gnadenreichen Bestimmung sind, selbst wenn dich deren Voraussetzungen jetzt beunruhigen. Auf jeden Fall musst du zu dir sagen: »In die Gnadenwahl sind auch jene eingeschlossen, die genauso Sünder waren, wie ich es gewesen bin. Warum sollte auch ich nicht dazugehören?« Wenn du so argumentierst, kommst du voran, indem du gegen Hoffnung auf Hoffnung hin glaubst und nicht zulässt, dass man irgendeine plausibel scheinende Schlussfolgerung aus der biblischen Lehre zieht, die dich daran hindert, an den erwählten Erlöser zu glauben.

Der Mund des Glaubens wurde in diesem Fall nicht einmal vom Gespür für die eingestandene Unwürdigkeit zum Schweigen gebracht. Christus sprach von Hunden: Er meinte damit, dass die Heiden für Israel wie Hunde seien; sie bestritt das keineswegs, sondern gab dies zu, indem sie sagte: »Ja, Herr.« Sie dachte, dass sie nur wert sei, mit einem Hund verglichen zu werden. Ich bin sicher, dass sie sich für zutiefst unwürdig hielt. Sie rechnete nicht damit, den erbetenen Segen aufgrund irgendeines eigenen Verdienstes zu bekommen; sie verließ sich vielmehr auf die Herzensgüte Christi und nicht auf die Rechtmäßigkeit ihres Anliegens. Außerdem vertraute sie auf seine überragende Macht und nicht auf die Macht ihrer inständigen Bitte. Auch wenn sie sich bewusst war, als arme Heidin zu den Hunden gezählt zu werden, ließ sie sich nicht von ihrem Bitten abbringen. Ungeachtet all dessen schrie sie: »Herr, hilf mir.« O Sünder, selbst wenn du in deinen Augen der schlimmste Sünder und gleichsam der Hölle entsprungen bist, solltest du dennoch beten und glaubensvoll um Gnade bitten. Wenn du dich so unwürdig fühlst, dass du dich am liebsten selbst zugrunde richten würdest, bitte ich dich trotzdem inständig: Rufe aus der Tiefe, aus dem Kerker des Selbsthasses zu Gott; denn deine Errettung hängt in keiner Weise oder Beziehung von dir bzw. von deiner früheren, jetzigen oder deiner möglichen künftigen Stellung in dieser Welt ab. Nicht *du* musst dich erretten, sondern du musst *von dir* errettet werden. Du musst deine Leere wahrnehmen, damit Jesus dich erfüllen kann; du musst all deine Unreinheit bekennen, damit Jesus dich reinwaschen kann; du musst deine eigene Nichtswürdigkeit eingestehen, damit Jesus alles für dich sein kann.

Darüber hinaus schwang in der Art und Weise, wie der Herr Jesus antwortete, etwas mit, das die Hoffnung der Frau hätte zunichtemachen und sie vom Gebet hätte abhalten können. Dennoch *gab es darin keinen noch so düster erscheinenden und bedrückenden Aspekt, der sie entmutigt hätte.* »Es ist nicht schön«, sagte der Herr Jesus, »es gehört sich nicht, es ist nicht recht, es ist wohl kaum berechtigt, das Brot der Kinder zu nehmen und den Hunden hinzuwerfen.« Vielleicht erkannte sie nicht alles, was er damit eventuell meinte, aber was sie sah, reichte aus, um kaltes Wasser auf die Flamme ihrer Hoffnung zu gießen. Dennoch wurde ihr Glaube nicht ausgelöscht. Es war ein Glaube jener unsterblichen Art, den nichts zugrunde richten kann: Denn sie war fest entschlossen, nicht damit aufzuhören, Jesus zu vertrauen und ihre dringende Bitte vor ihn zu bringen – ungeachtet dessen, was er meinte oder nicht meinte. Es gibt viele Dinge, die den Kern oder das Umfeld des Evangeliums betreffen, welche die Menschen wie durch einen Schleier sehen. Da sie missverstanden werden, stoßen sie suchende Seelen eher ab, als sie anzuziehen: Wie auch immer sie geartet sein mögen, wir müssen entschlossen sein, zu Jesus zu kommen – was immer es kosten mag. »Wenn ich umkomme, so komme ich um« (vgl. Ester 4,16). Außer dem großen Stein des Anstoßes, nämlich der Auserwählung, gibt es Wahrheiten und Tatsachen, welche die Suchenden ungebührlich hervorheben und falsch auslegen, bis sie tausend Probleme sehen. Die Erfahrung der Christen, die Wiedergeburt, die Erbsünde und viele andere derartige Dinge beunruhigen sie. Ja, es stellen sich tausend Löwen in den Weg, wenn eine Seele versucht, zu Jesus zu kommen. Derjenige jedoch, der Christus angemessen vertraut, darf sagen: »Ich fürchte mich vor keinen derartigen Dingen. Herr, hilf mir, und ich will dir dennoch vertrauen. Ich werde dir nahen, ich werde alle Hindernisse auf dem Weg zu dir überwinden und mich dir zu Füßen werfen in dem Wissen, dass du keinen, der zu dir kommt, hinausstoßen willst.«

Der Glaube streitet nie mit dem Herrn. Der Glaube betet vielmehr an. Beachten wir, dass Matthäus sagt: Sie »kam und warf sich vor ihm nieder.«[94] Ebenso fleht und bittet der Glaube. Nehmen wir zur Kenntnis, wie Markus sagt: »Sie bat ihn.« Außerdem schrie sie um Hilfe, nachdem sie gesagt hatte: »Erbarme dich meiner, Herr, Sohn Davids« (vgl. Matthäus 15,22). Der Glaube bittet inständig, lehnt

94 Als Ausdruck der Anbetung entsprechend dem Wortlaut der Bibelübersetzung, die dem Original zugrunde liegt.

sich aber nie auf, nicht einmal gegen die härtesten Dinge, die Jesus sagt. Wer an Gott glaubt, stimmt allem zu, was er sagt. Folglich ist jeder Gedanke an einen Zweifel ausgeschlossen. Echter Glaube vertraut absolut allem, was der Herr sagt, ob es nun eine Ermutigung oder Entmutigung ist. Echter Glaube bringt nie Einwände (»aber« bzw. »wenn«) oder auch nur Bedenken (»allerdings«) vor, sondern bleibt vielmehr dabei: »Du hast es gesagt, Herr, und deshalb ist es wahr; du hast es befohlen, Herr, und deshalb ist es recht.« Der Glaube geht nie darüber hinaus.

Beachten wir in unserem Text, dass *der Glaube allem zustimmt, was der Herr sagt*. Die Frau sagte: »Ja, Herr.« Was hatte er gesagt? »Du bist einem Hund gleich!« »Ja, Herr; das stimmt.« »Es wäre nicht recht, den Kindern das Brot wegzunehmen, um damit die Hunde zu füttern.« »Ja, Herr, das wäre nicht richtig, und ich möchte nicht, dass eines deiner Kinder um meinetwillen der Gnade beraubt wird.« »Deine Zeit ist noch nicht gekommen«, sagte Jesus, »die Kinder müssen *zuerst* gespeist werden; Kinder zu den Mahlzeiten und die Hunde nach dem Essen; jetzt ist Israels Zeit, und die Heiden mögen später folgen. Aber jetzt noch nicht.« Sie antwortet im Grunde: »Ich weiß es, Herr, und stimme damit überein.«

Sie wirft weder eine Frage auf, noch kritisiert sie die Gerechtigkeit des Herrn, der seine Gnade nach seinem souveränen Willen und Wohlgefallen austeilt. Sie gibt nicht auf wie so manche, welche die göttliche Souveränität infrage stellen. Hätte sie das getan, wäre das ein Beweis dafür gewesen, dass sie wenig oder gar keinen Glauben gehabt hätte. Ohne Gegenargument akzeptierte sie, dass es nicht richtig sei, das Brot den Kindern des Bundes wegzunehmen und es den unbeschnittenen Heiden zu geben: Sie wollte niemals, dass Israel ihretwegen beraubt würde. Da sie zu den Hunden gezählt wurde, lag ihr nicht daran, irgendeinen Ratschluss Gottes oder irgendeine Ordnung der göttlichen Haushaltung um ihretwillen umzustoßen oder zu ändern. Sie stimmte all den Anordnungen des Herrn zu. Das ist der Glaube, der die Seele rettet – der Glaube, der mit Gottes Gedanken übereinstimmt, selbst wenn dies scheinbar zum eigenen Nachteil ist. Dieser Glaube glaubt an die geoffenbarten Aussagen Gottes, ob sie nun angenehm oder furchtbar erscheinen. Er stimmt dem Wort Gottes zu, ob es Balsam für seine Wunden oder ein Schwert ist, das zuschlägt und schmerzhafte Hiebe versetzt. Wenn das Wort Gottes wahr ist, dann kämpfe, o Mensch, nicht dagegen an, sondern beuge dich vor ihm. Es ist vergeblich, zum lebendigen Glauben an Jesus Christus kommen oder Frieden mit Gott erlangen zu wollen, wenn man sich gegen alles stellt, was Gott bezeugt hat. Im Nachgeben liegt Sicherheit. Sage: »Ja, Herr«, und du wirst Errettung finden.

Beachten wir, dass sie nicht nur allem zustimmte, was der Herr sagte, sondern *ihn diesbezüglich sogar anbetete*. »Ja«, sagte sie, »aber du bist doch mein Herr. Du nennst mich zwar ›Hund‹, aber trotzdem bleibst du mein Herr: Du hältst mich für unwürdig, deine Liebesgaben zu erhalten, aber du bist mein Herr, und ich erkenne dich als solchen an.« Sie hat die gleiche Gesinnung wie Hiob: »Das Gute nehmen wir von Gott an, da sollten wir das Böse nicht auch annehmen?« (vgl. Hiob 2,10). Sie ist bereit, auch das Böse anzunehmen, und sagt: »Ob der Herr gibt, oder ob der Herr es mir verweigert, gelobt sei sein Name; er ist dennoch mein Herr.« O dies ist ein großartiger Glaube, der den streitsüchtigen Geist abgelegt hat und nicht nur dem Willen des Herrn zustimmt, sondern ihn angesichts dessen auch anbetet.

Und ihr stellt Folgendes fest: Als sie antwortete: »Ja, Herr«, *schlug sie nicht vor, dass man ihretwegen irgendetwas ändern solle*. »Herr«, sagte sie »du hast mich den Hunden zugeordnet.« Sie sagt nicht: »Zähle mich zu den Kindern«, sondern sie bittet nur, so behandelt zu werden, wie ein Hund behandelt wird. »Die Hunde essen die Krumen«, sagt sie. Ihr geht es nicht darum, dass ein Ratschluss geändert, eine Ordnung umgestoßen oder ein Beschluss aufgehoben wird: »Lass es, so wie es ist: Wenn es dein Wille ist, Herr, dann ist es auch mein Wille.« Sie erspäht allerdings dort einen Hoffnungsschimmer, wo sie nur dunkle Verzweiflung gesehen hätte, wenn bei ihr kein Glauben vorhanden gewesen wäre. Mögen auch wir solch einen Glauben wie sie haben und nie mit Gott streiten.

Jetzt komme ich zu einem interessanten Teil unseres Themas, nämlich zu dem Sachverhalt, dass *der Glaube* auch *Argumente vorbringt*, obwohl er nicht streitet: »Ja, Herr«, sagte sie, »dennoch essen die Hunde von den Krumen.« Das Argument dieser Frau war richtig und in jeder Beziehung logisch. Es war ein Argument, das von den Voraussetzungen ausging, die der Herr selbst genannt hatte. Wenn man mit jemandem argumentiert, dann sollten die Argumente des anderen bekanntlich die Grundlage der eigenen Beweisführung sein. Sie geht nicht dazu über, neue Voraussetzungen aufzustellen. Außerdem unterlässt sie es, die alten zu bestreiten und zu sagen: »Ich bin kein Hund.« Vielmehr sagt sie: »Ja, ich bin ein Hund.« Sie akzeptiert die Aussage des Herrn und gebraucht sie als treffliches *Argument, das unmittelbar bei ihm als Person ansetzt.* So etwas hatte es noch nie zuvor gegeben.

In der Argumentation der Frau steckt eine ungeheure Kraft. Ich will hier einflechten, dass die Übersetzer dem Text an dieser Stelle (d. h. in Matthäus 15,27) Gewalt angetan haben, indem sie das Wörtchen »doch« einsetzten. Es steht nämlich kein »Doch« im Griechischen, sondern ein ganz anderes Wort. Jesus sagte: »Es ist nicht schön, das Brot der Kinder zu nehmen und den Hunden hinzuwerfen.« »Nein«, sagte sie, »es ist nicht schön, dies zu tun, weil für die Hunde gesorgt wird, denn die Hunde essen die Krumen, die vom Tisch ihrer Herren fallen. Es wäre völlig unangemessen, ihnen das Brot der Kinder zu geben, weil sie ihr eigenes Brot haben. Ja, Herr, ich stimme zu, es ist nicht richtig, den Hunden das Brot der Kinder zu geben, weil sie schon ihr Teil haben, wenn sie die Krumen essen, die vom Tisch der Kinder fallen. Das ist alles, was sie brauchen, und alles, was ich wünsche. Ich bitte dich nicht darum, mir das Brot der Kinder zu geben. Ich bitte nur um die Krumen der Hunde.«

Betrachten wir einmal die Stärke ihrer Beweisführung, die in vielerlei Hinsicht zum Ausdruck kommt. Erstens: *Sie argumentierte mit Christus aus ihrer hoffnungsvollen Situation heraus.* »Ich bin ein Hund«, sagte sie, »aber, Herr, du bist den ganzen Weg nach Sidon gekommen; die Grenzen meines Landes sind ganz nah, und daher bin ich nicht wie ein Hund auf der Straße, sondern wie ein Hund unter dem Tisch.« Markus erzählt uns, dass sie sagte: »Auch die Hunde essen unter dem Tisch von den Krumen der Kinder.« Eigentlich will sie damit sagen: »Herr, du siehst meine Lage: Ich war ein Hund auf der Straße, weit weg von dir. Doch jetzt bist du gekommen und hast in unserem Grenzgebiet gepredigt, und ich hatte das Vorrecht, dich zu hören. Andere sind geheilt worden, und du vollbringst hier in diesem Haus Gnadentaten, während ich zuschaue. Auch wenn ich darum ein Hund bin, so doch ein Hund unter dem Tisch: Deshalb, Herr, gewähre mir die Krumen.« Verstehst du? Du gestehst ein, dass du ein Sünder bist, und zwar ein großer Sünder, aber du sagst: »Herr, ich bin ein Sünder, der das Evangelium hören darf, daher segne es an mir. Zwar bin ich ein Hund, aber ein Hund unter dem Tisch, darum behandle mich auch als solchen. Wenn eine

Predigt gehalten wird, um dein Volk zu trösten, dann bin ich da, um sie zu hören: Wann immer die Heiligen sich versammeln, um über die kostbaren Verheißungen zu sprechen und sich darüber zu freuen, dann bin ich zugegen, schaue auf und wünsche, ich wäre unter ihnen. Und nun Herr, da du mir die Gnade gewährt hast, das Evangelium zu hören, wirst du mich jetzt zurückweisen, da ich danach verlange, die Heilsbotschaft anzunehmen? Warum und wozu hast du mich so nahe kommen lassen, oder vielmehr, weshalb bist du mir so nahe gekommen, wenn du mich letztlich doch verstoßen willst? Ein Hund bin ich, aber immerhin ein Hund unter dem Tisch. Es ist ein Vorrecht, zu den Kindern zu gehören, auch wenn ich nur zu ihren Füßen liegen darf. Ich bitte dich inständig, guter Herr, da ich jetzt zu dir aufschauen und dich um diesen Segen bitten darf, verwirf mich nicht.« Ich denke, dass der Standpunkt der Frau überzeugend war, wobei sie ihn gut einsetzte.

Ihr nächstes Argument war *ihre Beziehung,* in der sie stand und *die ihr Mut machte.* »Ja, Herr«, sagte sie, »Ich bin ein Hund, aber die Hunde essen die Krumen, die von dem Tisch *ihrer Herren* fallen.« Beachten wir die Betonung, die Matthäus darauf legt: »... die Krumen, die von dem Tisch ihrer Herren fallen.« »Ich kann nicht sagen, dass du mein Vater bist, ich kann nicht aufschauen und das Vorrecht eines Kindes in Anspruch nehmen, aber du bist mein Herr, und Herren füttern ihre Hunde. Sie geben den Hunden, die von ihnen gehalten werden, zumindest die Krumen.« Die Bitte ähnelt sehr derjenigen, die sich dem verlorenen Sohn vor seiner Rückkehr aufdrängte. Er wollte zu seinem Vater sagen: »Mach mich wie einen deiner Tagelöhner« (vgl. Lukas 15,19). Sein Glaube war jedoch viel schwächer als der ihrige. »Herr, auch wenn ich nicht in einer Kindesbeziehung zu dir stehe, bin ich doch dein Geschöpf; du hast mich geschaffen, und ich blicke auf zu dir. Ich flehe dich an, mich nicht umkommen zu lassen: Auch wenn ich keinen Anspruch dir gegenüber erheben kann, so kann ich mindestens sagen, dass ich dir hätte dienen sollen. Daher bin ich dein Diener, selbst wenn ich davongelaufen bin. Wenn ich schon nicht nach dem Bund der Gnade zu dir gehöre, bin ich doch dein – wenigstens nach dem Bund der Werke. Und da ich dein Diener bin, bitte ich dich, mich nicht ganz abzuweisen. Jedenfalls bin ich von der Schöpfung her dein Eigentum; o schaue auf mich und segne mich. Die Hunde essen, was vom Tisch ihrer Herren fällt, gewähre mir das Gleiche.« Sie beruft sich auf die Beziehung eines Hundes zu seinem Herrn und gewinnt daraus mit erstklassigem Scharfsinn den bestmöglichen Vorteil. Wir tun gut daran, sie nachzuahmen.

Beachten wir auch, dass sie sich *auf ihre Verbindung mit den Kindern* beruft. Hier muss ich euch sagen, dass es aus meiner Sicht unseren Übersetzern leider nicht gelungen ist, die eigentliche Aussage dieses Verses eindeutig zu vermitteln. Sie bat für ihre *kleine* Tochter; und unser Herr sagte zu ihr: »Es ist nicht schön, das Brot der Kinder zu nehmen und den *kleinen* Hunden hinzuwerfen.« Das Wort umfasst eine Verkleinerungsform, wobei die Frau sofort darauf einging. Der Begriff »Hunde« hätte nicht halb so gut den Kern ihrer Aussage getroffen wie das Wort »Hündlein«, denn sie sagte: »Ja, Herr, doch es essen ja auch die Hündlein von den Krumen.«

Im Orient kommt ein Hund in der Regel nicht ins Haus; ja, Hunde werden sogar als unreine Geschöpfe angesehen, die unbeachtet und halbwild herumstromern. Das Christentum hat den Hund aufgewertet und ihn zum Gefährten des Menschen gemacht, so wie es einmal die gesamte Tierwelt achten wird. Dann werden die abscheulichen Eingriffe an lebenden Tieren und die Grausamkeiten brutaler Menschen Dinge sein, von denen man nur noch als Schrecken eines vergangenen barbarischen Zeitalters hört. Im Orient hat ein Hund einen ganz niedrigen Stellenwert unter den Lebewesen, er gilt als ein Geschöpf, das auf der Suche nach etwas Essbarem auf den Straßen herumstreunt und umherzieht und kaum besser als ein gezähmter Wolf ist. Daher lassen die Erwachsenen im Orient Hunde nicht als Gefährten gelten, indem sie Vorurteile gegen sie hegen. Aber die Kinder des Orients sind nicht so töricht und haben folglich mit den kleinen Hunden Umgang. Der Vater wird den Hund von sich fernhalten, aber seinem Kind ist eine solche Dummheit fremd, sodass es sich zum Spielen ein Hündlein sucht. Daher findet man unter dem Tisch kleine Hunde, die um des Kindes willen im Haus geduldet werden.

Ich glaube, die Frau hat folgendermaßen argumentiert: »Du hast mich und meine Tochter Hündlein genannt, aber kleine Hunde sind unter dem Tisch der Kinder; sie gesellen sich zu den Kindern, so wie ich heute mit deinen Jüngern zusammen war. Wenn ich auch nicht zu ihnen gehöre, war ich doch mit ihnen zusammen. Ich wäre froh, zu ihnen gehören zu können.« Von ganzem Herzen wünsche ich mir, dass hier irgendeine arme Seele dies verstehen und sagen möge: »Herr, ich kann nicht den Anspruch erheben, eines deiner Kinder zu sein, aber ich bin gern mit ihnen zusammen, wobei ich unter ihnen die glücklichsten Augenblicke erlebe. Manchmal beunruhigen und betrüben sie mich, wie kleine Kinder ihre Hündlein kneifen und ihnen wehtun, aber oft sind sie nett und freundlich zu mir. Sie sprechen mir tröstlich zu, beten für mich und sehnen sich nach meiner Errettung; Herr, wenn ich daher kein Kind bin, so nennst du mich doch Hündlein. Und da dies zutrifft, behandle mich doch wie ein Hündlein und schenke mir die Krume der Gnade, die ich suche.«

Ihre Argumentation geht noch weiter, denn *das Hündlein frisst mit dem vollen Einverständnis des Kindes von dessen Brotkrumen*. Wenn das Kind ein Hündlein zum Spielen hat, fragt man sich: Was tut das Kind dann beim Essen? Ja, natürlich gibt es hin und wieder dem Hündchen einen Happen, und das Hündchen seinerseits nimmt sich auch, so viel es darf. Wenn ein kleiner Hund während der Mahlzeiten bei den Kindern ist, dann bekommt er sicherlich von dem einen oder anderen der Spielkameraden ein paar Krumen ab. Niemand hat etwas dagegen, dass er frisst, was er erhaschen kann. Deshalb scheint die Frau zu sagen: »Herr, dort sind deine Kinder, die Jünger; sie behandeln mich nicht besonders gut. Kleine Kinder behandeln auch ihre Hündlein nicht immer so nett, wie es sich gehört; aber, Herr, auch sie wollen vorbehaltlos, dass ich den Segen erhalte, wonach ich trachte. Sie haben alles von dir; sie befinden sich in deiner Gegenwart; sie haben dein Wort; sie sitzen zu deinen Füßen; sie haben alle möglichen geistlichen Segnungen erhalten: Ich bin sicher, dass sie mir dieses so viel kleinere Geschenk nicht missgönnen. Auch sie wollen und sind damit einverstanden, dass meine Tochter von dem Dämon befreit wird, denn dieser Segen ist doch nur wie eine Brotkrume, verglichen mit dem, was sie haben. Mit diesen Worten, Herr, antworte ich auf deine Argumentation. Du sagst, dass erst die Kinder satt sein sollen, bevor man den Hunden Brot gibt. Aber, Herr, die Kinder sind satt und wirklich bereit, mir meinen Teil zu gönnen. Sie sind damit einverstanden, dass ich die Krumen bekomme; willst du sie mir nicht geben?«

Ich denke, ihre Bitte hatte noch eine weitere starke Seite – und zwar dahin gehend, *dass es an Vorrat mehr als genug gab*. Sie hatte ein großes Vertrauen zu Christus und glaubte an seine Macht. Daher sagte sie: »Herr, dein Argument ist nicht besonders überzeugend, wenn du beweisen willst, dass ich kein Brot haben soll, weil zu befürchten ist, es sei für die Kinder nicht genug da. Du hast nämlich so viel, dass sogar für die Hündlein Krumen abfallen, wenn die Kinder gespeist werden, und es gibt immer noch genug für die Kinder.« Wo man so arm ist, dass ja keine Brotkrumen herabfallen dürfen, da sollte man keine Hunde dulden. Wenn es jedoch der Tisch eines Königs ist, wo das Brot wenig geachtet wird und wo die Kinder sitzen und mehr als satt sind, da sollte es den Hündlein erlaubt sein, unter dem Tisch von den Abfällen zu essen. Dabei geht es nicht um das Brot, das der Herr herunter*wirft*, sondern um die Krumen, die zufällig herunter*fallen*. Und dies sind so viele, dass es genug für die Hunde gibt, ohne dass die Kinder eines Bissens beraubt werden. »Nein, Herr«, sagte sie, »ich möchte gar nicht, dass du deinen eigenen Kindern das Brot wegnimmst. Gott bewahre, dass so etwas meinetwegen geschieht; aber bei dir gibt es genug überreiche Liebe und Gnade für deine Kinder und doch noch immer genug für mich. Alles, worum ich bitte, ist nämlich nur eine Brotkrume im Vergleich zu dem, was du täglich anderen zueignest.«

Jetzt kommen wir zum letzten Punkt, der ihrem Argument Stärke verleiht. *Sie betrachtete die Dinge von Christi Standpunkt aus.* Sie sagte: »Wenn du, großer Herr, mich als Hund ansiehst, nun denn: Ich nehme dich in aller Demut bei deinem Wort und flehe dich an: Wenn ich für dich ein Hund bin, dann ist die Gewährung der von mir erbetenen Heilung meiner Tochter nur eine Krume für deine große Macht und Güte.« Sie benutzte in ihren Worten ebenfalls eine Verkleinerungsform (»ein Krümchen«). Die Hündlein essen die Krümchen, die vom Tisch der Kinder fallen. Was für ein kühner Glaube war dies! Für sie war die Gnade, die sie begehrte, kostbarer als alles andere; ihr war sie mehr wert als zehntausend Welten. Für den Sohn Gottes – das wusste sie – war sie jedoch nur ein Krümchen, so viel Macht hat er, um zu heilen, wobei er so voller Güte und voller Segen ist. Wenn ein Mensch einem Hund eine Krume gibt, dann hat er ein bisschen weniger, aber wenn Jesus dem größten Sünder Gnade zueignet, dann hat er darum nicht weniger, sondern er ist genauso reich an Herablassung, Gnade und Macht, um wie zuvor zu vergeben. Die Argumentation der Frau war enorm stark. Sie meinte es nicht nur ernst, sondern war auch weise. Am allerbesten war jedoch, dass sie einen wunderbaren Glauben hatte.

Ich werde diese Betrachtung der Beweisführung abschließen, indem ich sage, dass die Frau im Grunde genommen tatsächlich gemäß dem ewigen Ratschluss Gottes argumentierte; denn worin bestand die große Absicht des Herrn, als er seinen Kindern Brot gab? Anders ausgedrückt: Worauf zielte er ab, als er Israel die göttliche Offenbarung gewährte? Ach, es war schon immer sein Plan, dass durch die Kinder auch die Hunde das Brot erhalten sollten. Durch Israel sollte den Heiden das Evangelium gebracht werden. Sein Plan hatte schon immer darin bestanden, sein eigenes Erbteil zu segnen, damit man auf Erden seinen Weg erkennen und sein Heil unter allen Nationen bekannt werden möge (vgl. Psalm 67,3; Schlachter 2000). Diese Frau erkannte irgendwie – durch göttliche Eingebung – die Vorgehensweise Gottes. Obwohl sie das Geheimnis nicht erkannt hatte (zumindest wird uns das nicht klar gesagt), war dies doch die eigentliche Kraft ihrer Argumentation. Mit anderen Worten lautete sie folgendermaßen: »Durch die Kinder bekommen die Hunde etwas zu essen. Herr, ich bitte dich nicht, die Kinder nicht mehr zu speisen; ich bitte dich auch nicht, die Kinder schnell zu speisen. Sie sollen zuerst Essen bekommen, aber während sie essen, lass mich die Krümchen haben, die aus ihren gut gefüllten Händen fallen. Dann werde ich zufrieden sein.« Das ist ein kühnes Argument zu deinen Gunsten, du armer Sünder, der du herzukommst. Ich überlasse es dir und bete, dass der Geist Gottes dir helfen möge, es anzuwenden. Und wenn du es richtig gebrauchst, dann wirst du noch heute bei dem Herrn den Sieg davontragen.

Zu guter Letzt kommen wir zu folgendem Ergebnis: *Der Glaube hat den Kampf für sich entschieden.* Der Glaube dieser Frau *hat ein einzigartiges Lob verdient.* Jesus sagte: »O Frau, dein Glaube ist groß« (vgl. hier und im Folgenden Matthäus 15,28). Sie hatte noch nie etwas von den Prophezeiungen über Jesus gehört. Die Verhältnisse, in die sie hineingeboren wurde, ihre Erziehung und ihre Belehrung trugen nicht dazu bei, dass sie hätte gläubig werden können. Dennoch wurde sie zu einer vorbildlichen Gläubigen. Es war erstaunlich, dass es dazu kam, doch die Gnade vollbringt gern Wunder. Sie hatte den Herrn noch nie zuvor in ihrem Leben gesehen, sie war nicht wie die anderen monatelang mit ihm zusammen gewesen. Trotzdem gewann sie durch einen einzigen Blick auf ihn diesen großartigen Glauben. Es war erstaunlich, aber die Gnade Gottes ist immer staunenswert. Vielleicht hatte sie früher noch nie ein Wunder gesehen: Ihr ganzer Glaube konnte sich nur auf das stützen, was sie in ihrem eigenen Land gehört hatte. Demzufolge war der Messias der Juden gekommen, und sie glaubte, dass es der Mann aus Nazareth ist. Darauf verließ sie sich. Wir besitzen all unsere Vorteile und Möglichkeiten, und zwar dahin gehend, dass wir das ganze Leben Christi kennen und die Lehren des Evangeliums gemäß ihrer Offenbarung im Neuen Testament verstehen. Angesichts dessen sollte unser Glaube nach jahrelanger Beobachtung und Erfahrung viel stärker sein, als es der Fall ist. Beschämt uns nicht diese arme Frau, die wir mit ihren dürftigen Möglichkeiten und ihrem trotzdem so starken Glauben sehen, sodass Jesus selbst sie lobt und sagt: »O Frau, dein Glaube ist groß«?

Aber ihr Glaube siegte weiter und *gewann ein Lob für seine Vorgehensweise*, denn nach Markus sagte Jesus: »*Um dieses Wortes willen* geh hin! Der Dämon ist aus deiner Tochter ausgefahren« (vgl. hier und im Folgenden Kap. 7,29). Es scheint, als wollte er nicht nur ihren Glauben, sondern auch ihre Worte loben. Er freute sich so sehr über ihre weise, kluge, demütige und dennoch mutige Art, womit sie seine Worte gegen ihn selbst einsetzte. Der Herr, der den Glauben lobt, findet danach lobende Worte für die Früchte und Taten des Glaubens. Der Baum heiligt die Frucht. Erst wenn ein Mensch von Gott angenommen wird, kann auch die Tat des Menschen angenommen werden, und da die Frau aufgrund ihres Glaubens angenommen worden war, so waren auch die Folgen ihres Glaubens dem Herzen Jesu angemessen.

Der *Wunsch* der Frau *wurde* ebenso *erfüllt*: »Der Dämon ist aus deiner Tochter ausgefahren.« Und er fuhr sogleich aus. Sie musste nur nach Hause gehen, um dort ihre Tochter zu finden, die ruhig im Bett lag. Dies hatte sie nicht getan, seitdem sie von dem Dämon besessen war. Als unser Herr ihren Herzenswunsch in großartiger Weise erfüllte, erteilte er ihr gewissermaßen eine *Blankovollmacht*, indem er sagte: »Dir geschehe, wie du willst!« (vgl. Matthäus 15,28). Ich weiß nicht, ob der Herr die an diese Frau gerichteten Worte je zu einem anderen Menschen gesagt hat: »Dir geschehe, wie du willst!« Es hat den Anschein, als hätte der Herr der Herrlichkeit stillschweigend vor den siegreichen Glaubenswaffen einer Frau kapituliert. Möge der Herr euch und mich zu allen Zeiten unseres Kampfes befähigen, auf diese Weise durch den Glauben immer wieder zu überwinden.

Diese Frau ist eine Lehre für alle Außenstehenden. Sie gilt für alle unter euch, die sich für hoffnungslos verloren halten, und für euch, die ihr nie angehalten worden seid, das Haus Gottes zu besuchen. Vielleicht habt ihr fast euer ganzes Leben lang jegliche Glaubenspraxis vernachlässigt. Diese arme Frau kam aus Sidon. Sie stammte von einer Volksgruppe ab, der schon viele Jahrhunderte vorher der Untergang beschieden worden war; sie gehörte zur verfluchten Nachkommenschaft Kanaans. Trotz allem wurde sie infolge ihres Glaubens groß im Reich der Himmel. Daher gibt es keinen Grund dafür, warum jene, die man zu den Außenstehenden der Gemeinde Gottes zählt, nicht ganz in deren Mittelpunkt gerückt werden sollten, damit sie als helle Lichter inmitten der Gemeinde aufleuchten und brennen können. O ihr armen Ausgestoßenen und weit Entfernten, fasst euch ein Herz, seid mutig und kommt zu Jesus Christus, indem ihr euch ihm anvertraut.

Diese Frau ist zunächst einmal ein Vorbild für all jene, die denken, dass sie in ihrem Streben nach Errettung abgewiesen worden seien. Hast du gebetet und keinen Durchbruch erlebt? Hast du den Herrn gesucht, wohingegen du anscheinend unglücklicher als je zuvor bist? Hast du versucht, dich zu ändern und zu bessern, und geglaubt, alles in der Kraft Gottes zu tun, während du versagt hast? Vertraue dennoch demjenigen, dessen Blut seine Wirksamkeit nicht verloren hat, dessen Verheißungen immer noch wahr sind und dessen starker Arm nach wie vor retten kann. Umfasse das Kreuz. Wenn dir der Boden unter den Füßen schwindet, halte daran fest; auch wenn Stürme toben und alle Wasser über dir zusammenschlagen, auch wenn du denkst, dass sich Gott selbst gegen dich stellt: Klammere dich ans Kreuz! Dort ist deine Hoffnung. Dort kannst du nicht untergehen.

Das ist auch eine Lektion für jeden, der Fürbitte leistet. Diese Frau bat nicht für sich, sondern für jemanden anders. O wenn ihr inständig für einen Mitsünder bittet, dann tut dies nicht hartherzig. Betet vielmehr so, als geschähe es für eure eigene Seele und euer eigenes Leben. Nur derjenige Mensch wird als Bittsteller bei Gott den Sieg davontragen, der mit großem Ernst die entsprechende Angelegenheit auf seinem Herz trägt, sie zu seiner eigenen macht und unter Tränen um eine Antwort fleht, worüber er Frieden findet.

Erinnern wir uns zuletzt daran, dass diese ungemein beeindruckende Frau für jede Mutter ein Vorbild ist, denn sie betete für ihre kleine Tochter. Der mütterliche Instinkt macht die Schwächsten stark und die Ängstlichsten tapfer. Sogar unter den wilden Tieren und Vögeln ist der mütterliche Instinkt unglaublich mächtig. Ja, sogar das kleine, bei einem nahenden Schritt verängstigte Rotkehlchen bleibt bei seinen Jungen im Nest, wenn ein Eindringling näher kommt und Gefahr im Verzug ist. Aus Liebe zu ihren Kindern wird eine Mutter zur Heldin. Wenn du daher Gott anflehst und ihn um etwas bittest, solltest du mit der Liebe einer Mutter bitten, bis der Herr auch zu dir sagt: »O Frau, dein Glaube ist groß … Der Dämon ist aus deiner Tochter ausgefahren … Dir geschehe, wie du willst« (Verknüpfung von Matthäus 15,28 und Markus 7,29). Ich gebe den letzten Gedanken an Eltern als Ermutigung zum Beten weiter. Möge euch der Herr um Jesu willen dazu ermutigen.

Die kanaanäische Frau (2)

Kleiner Glaube und großer Glaube

»Kleingläubiger, warum zweifeltest du?« (Matthäus 14,31).

»O Frau, dein Glaube ist groß: Dir geschehe, wie du willst« (Matthäus 15,28).

Zwischen dem unscheinbarsten Glauben und dem Zustand des Unglaubens liegt eine große Kluft. Obwohl wir von den Gläubigen als Angehörigen eines einzigen Personenkreises (nämlich der Gemeinschaft der Glaubenden) sprechen, gibt es doch zwischen dem schwachen Glauben und dem starken Glauben eine große Distanz. Dank sei Gott dafür, dass man diese Distanz auf der einzigen sicheren Straße – der Straße des Königs – bewältigen kann. Den kleinen Glauben und den großen Glauben trennt keine große Kluft. Im Gegenteil: Der kleine Glaube muss nur auf der königlichen Straße reisen, dann wird er seinen stärkeren Bruder überholen und selbst »stark im Herrn« und »in der Macht seiner Stärke« werden (vgl. jeweils Epheser 6,10). Ich möchte einigen der langsamer Reisenden auf dem heiligen Weg neuen Schwung verleihen, will ihre Zweifel beseitigen und ihrem Glauben neue Impulse geben. Ich möchte, dass Herr Kleinmütig, Fräulein Furchterfüllt und Herr Verzagt[95] sowie die ganze Familie der Kraftlosen heute Morgen hoffnungsvoll Mut schöpfen und erkennen mögen, dass sie noch nicht die ganze Freude kennen, die der Herr für sie bereitet hat. Auch wenn ein kleiner Glaube errettet, steht noch mehr Glaube zur Verfügung: Ein Glaube, der Kraft, Freude sowie Ehre schenkt und sich nützlich macht, ist Ausdruck der größten Gnade, die man sich wünschen kann. Es steht geschrieben: »Er gibt … größere Gnade« (vgl. Jakobus 4,6), und daher hält Gott noch mehr für uns bereit. Ein kleiner

95 Im Original heißt es wörtlich: »Herr Kleinmütig, Frau Furchterfüllt und Fräulein Verzagt«. Die entsprechenden Bezeichnungen wurden hier so wiedergegeben, wie John Bunyan sie in seiner *Pilgerreise* gebraucht.

Glaube kann enorm wachsen, bis er die volle, süße Reife vollkommener Gewissheit erlangt hat und jeglicher Zweifel ausgeräumt ist.

Ich setze voraus, dass ihr die Geschichte von Petrus und die Begebenheit in Zusammenhang mit der kanaanäischen Frau noch gut im Gedächtnis habt. Lasst eure Bibeln aufgeschlagen: Möge der Geist Gottes eure Herzen öffnen und euch Verständnis schenken!

Zuerst *wollen wir den kleinen Glauben behutsam tadeln.*

Was soll ich zunächst einmal darüber sagen? Ich muss vor allem erwähnen, dass der kleine Glaube dort auftritt, wo wir größere Dinge erwartet haben. Der Mann, der wegen seines Kleinglaubens getadelt wird, ist Petrus. Petrus, dem der Herr eine so eindeutige Christuserkenntnis geschenkt hatte; Petrus, der Führer der zwölf Jünger; Petrus, der später der große Verkündiger zu Pfingsten war; Petrus, der von einigen Leuten in die Stellung eines Primas bzw. Papstes der apostolischen Kirche erhoben wurde, obwohl er eine solche Position nie in Anspruch nahm. Das ist Petrus, ein echter Stein aus dem Felsen, dem Fundament der Gemeinde; Petrus, dem der Meister die Schlüssel des Himmels übereignete und dem er den Auftrag gab: »Weide meine Lämmer«, »Hüte meine Schafe«, und: »Weide meine Schafe« (vgl. Johannes 21,15-17). Es ist Petrus, zu dem Jesus sagt: »Kleingläubiger«. Und meine lieben Brüder und Schwestern, stimmt es nicht, dass ihr – denen Christus lieb und teuer ist – große Gnade erlangt, große Vorrechte genossen und einen gnadenreichen Schutz erlebt habt sowie dahin gehend überaus bevorrechtet gewesen seid, dass ihr mit Christus Gemeinschaft gepflegt habt? Ihr solltet mittlerweile stark im Glauben sein. Doch dies ist nicht der Fall. Bald werdet ihr zu Hause sein; eure grauen Haare werden im Licht des himmlischen Landes silbern leuchten; fast könnt ihr den Gesang der Heiligen jenseits des schmalen Stromes hören. Nachdem euch Gott euer Leben lang so viel über Christus gelehrt hat und ihr so intensiv in seinen Dingen unterwiesen worden seid, solltet ihr Glaubensväter sein, während ihr noch immer Kinder im Glauben seid. Ihr solltet bereits Glaubensmütter der Christenheit sein, wohingegen ihr nach wie vor geistliche Säuglinge seid. Ist es nicht so? Das sollte nicht so sein. Ihr und ich – wir sind keine Kinder mehr. Ihr und ich – wir sind für unseren Herrn keine Fremdlinge mehr, denn der König hat uns schon oft in sein Festhaus geführt, und sein Banner über uns ist Liebe gewesen. Wir sollten beschämt sein, wenn wir immer noch über unseren kleinen Glauben klagen.

Wenn wir den kleinen Glauben weiterhin behutsam tadeln, erkennen wir, dass er sich zu sehr nach sichtbaren Zeichen sehnt. Ich glaube nicht, dass sich der Kleinglaube des Petrus erst hier plötzlich erwies. Vielmehr war er schon immer klein, und in dem Augenblick, da er den starken Wind bemerkte, wurde dieser Kleinglaube offensichtlich. Als er sagte: »Herr, wenn du es bist, so befiehl mir, auf dem Wasser zu dir zu kommen« (vgl. hier und im Folgenden Matthäus 14,28), war sein Glaube schwach. Warum wollte er auf dem Wasser laufen? Wieso brauchte er solch ein Wunder? Dies lag daran, dass sein Glaube klein war. Starker Glaube braucht keine Zeichen, keine Beweise und keine Wunder. Starker Glaube glaubt einfach an Gottes Wort und fragt nicht nach bestätigenden Wundern. Sein Vertrauen zu Christus besteht darin, dass er keine Zeichen droben am Himmel oder in der Tiefe des Meeres fordert. Der kleine Glaube mit seinen unverkennbaren Worten (»Wenn du es bist«) braucht Zeichen und Wunder, oder er gibt sich dem Zweifel hin. Freudiges Nachsinnen, bemerkenswerte Träume, einzigartige Fügungen Gottes, einmalige Gebetserhörungen, besondere Gemeinschaft – der kleine Glaube braucht das Außergewöhnliche, weil er sonst zusammenbricht. Der ständige Ruf des kleinen Glaubens lautet: »Gib mir ein Zeichen, das Gutes wirkt.« Der kleine Glaube gibt sich nicht mit dem Regenbogen zufrieden, den Gott in die Wolken gesetzt hat. Vielmehr will er, dass das ganze Firmament in allen himmlischen Farben erstrahlt. Er gibt sich nicht mit dem zufrieden, was den Heiligen üblicherweise zugedacht ist. Er will mehr haben, muss mehr tun und mehr verspüren als der Rest der Jünger. Weshalb konnte Petrus nicht einfach wie die restlichen Brüder im Boot bleiben? Das liegt doch auf der Hand: Weil sein Glaube schwach war, musste er das Boot Richtung Wasser verlassen. Erst wenn er mit seinem Meister gemeinsam auf dem Wasser gegangen war, wollte er glauben, dass die ihm entgegenkommende Gestalt wirklich Jesus war. Wie konnte er darum bitten, das zu tun, was sein göttlicher Herr tat? Er hätte doch damit zufrieden sein können, an der Erniedrigung seines Herrn Anteil zu haben. Er wagt sich weit vor, als er darum bittet, an einem Wunder des Allmächtigen teilzuhaben. Überkommen mich Zweifel, wenn ich nicht die Wunder tun kann, die mein Herr vollbringt? Doch dies gehört zu den Schwächen des Kleinglaubens: Er begnügt sich nicht damit, aus Christi Kelch zu trinken und mit seiner Taufe getauft zu werden; vielmehr möchte er an seiner Macht und an seinem Thron teilhaben.

Schwacher Glaube neigt dazu, die eigene Macht zu hoch einzuschätzen. Vielleicht sagt jetzt jemand: »O da bist du sicher im Irrtum. Besteht nicht der Fehler des schwachen Glaubens darin, sein eigenes Vermögen als zu gering einzuschätzen?« Liebe Brüder, kein Mensch kann seine Macht für zu gering halten, denn er selbst hat doch gar keine Macht. Der Herr Jesus Christus sagte: »Getrennt von mir könnt ihr nichts tun« (vgl. Johannes 15,5), und sein Zeugnis ist wahr. Wenn unser Glaube stark ist, dann sollen wir uns unserer Schwachheit rühmen, weil die Kraft Christi auf uns ruht. Wenn unser Glaube schwach ist, dann haben wir zu wenig Vertrauen gegenüber Jesus. Stattdessen ist unser Herz dann von einem übergroßen Maß an Selbstvertrauen erfüllt. Je mehr also unser Glaube an unseren Herrn abnimmt, desto höher wird die Meinung sein, die wir von uns selbst haben. Einer wendet möglicherweise ein: »Aber ich dachte, dass ein Mensch mit einem großen Selbstvertrauen einen großen Glauben hat.« Dieser Mensch besitzt jedoch gar keinen Glauben, denn Selbstvertrauen und Vertrauen zu Christus können in einem Herzen nicht nebeneinander bestehen. Petrus kommt auf den Gedanken, dass er auf dem Wasser zu seinem Meister gehen könne; er weiß nicht, ob die anderen dazu imstande sind, aber in seinem Fall ist er sich sicher. Jakobus, Johannes, Andreas und die anderen befinden sich im Boot: Petrus denkt überhaupt nicht daran, dass irgendeiner von ihnen auf dem Wasser gehen kann. Vielmehr ruft er: »Herr, wenn du es bist, so befiehl mir, auf dem Wasser zu dir zu kommen.« Selbstvertrauen ist keine Eigenschaft des Glaubens, sondern eine Brutstätte des Zweifels. Hätte er sich gekannt, dann hätte er vielleicht gesagt: »Herr, befiehl Johannes, auf dem Wasser zu dir zu kommen. Ich bin einer so großen Ehre unwürdig.« Aber nein: Obwohl schwach im Glauben, war er von sich fest überzeugt, sodass er wie immer eilig in den Vordergrund drängte. Viel zu schnell befand er sich auf einem Weg, der für seine zitternden Füße völlig ungeeignet war, und schon bald erkannte er seinen Fehler. Nur der schwache Glaube lässt es zu, eine hohe Meinung von sich zu haben. Der große Glaube verbirgt das eigene Ich unter den mächtigen Fittichen des Glaubens.

Beachten wir einen weiteren Punkt hinsichtlich des schwachen Glaubens: Er wird zu sehr von der Umgebung beeinflusst. Petrus kam anfangs ziemlich gut voran, bis er merkte, wie der starke Wind ungeheure Wellen verursachte, sodass er Angst bekam. Lassen sich nicht viele Christen zu sehr von ihrem Gefühl und ihren Beobachtungen leiten? Hören wir nicht oft, wie ein Jungbekehrter sagt: »Ich weiß, dass ich bekehrt bin, denn ich bin so glücklich«? Nun gut, aber macht nicht ein neues Kleid so manches Mädchen glücklich, während ein wenig Geld im Beutel einen Jugendlichen in freudige Stimmung versetzt? Ist das der beste Beweis, den du vorbringen kannst? Ja, wenn du überaus bekümmert bist, gibt es möglicherweise ein besseres Zeichen für deine Bekehrung als dein Glücksgefühl. Man sollte angesichts der Sünde trauern, dagegen ankämpfen und versuchen, sie zu überwinden. Dies ist ein sicheres Zeichen der Gnade und ein wesentlich zuverlässigeres Zeichen als die überströmende Freude. O Glaubender! Du bist glücklich im höchsten und besten Sinne des Wortes, wenn du Jesus vertraust; aber du wirst dein Glück schnell verlieren, wenn dein Glücksgefühl die Grundlage deines Glaubens wird. Glück ist ein Sachverhalt, der davon abhängt, wie und was passiert. Häufig ist es nur ein glücklicher Zufall und nicht mehr. Es hat allzu oft mit Zufällen zu tun. Aber der Glaube ruht in Christus. Es ist egal, was passiert, denn der Glaubende ist auch in Kummer und Leid glücklich, weil dieses Glück sich vollkommen auf Gott stützt. Die Grundlage des Glaubens ist das zuverlässige Wort und die Verheißung des Herrn – ganz gleich, was kommen mag.

Ein anderer sagt: »Ach, ich bin so schwach und so traurig. Selbst wenn ich beten will, bin ich niedergedrückt; ich kann nicht so beten, wie ich will.« Und deswegen zweifelst du an deiner Errettung, nicht wahr? Hängt deine Errettung von der Lebendigkeit deiner Gebete ab? Es ist ein Zeichen für schwachen Glauben, einmal himmelhoch jauchzend und dann wieder zu Tode betrübt zu sein. Wenn wir nach unseren Gefühlen leben, liebe Brüder, dann führen wir ein überaus erbärmliches Leben. Dann verweilen wir nicht im Vaterhaus, sondern sind wie Zigeuner, deren Zelte dem Wetter nicht standhalten können. Starker Glaube weiß, worauf er sich wahrhaft gründet. Da er erkennt, dass sein Fundament unveränderlich ist, schlussfolgert er, dass es jeden Tag gleich gut ist, denn er gründet sich auf Christus.

Schwacher Glaube vergisst als Nächstes die ihm fortwährend drohende Gefahr. Darüber hinaus hat er nicht gelernt, trotzdem zu vertrauen. Als Petrus auf dem Wasser ging, war es für ihn genauso gefährlich wie zu dem Zeitpunkt, da er zu sinken begann. Im

Grunde war er überhaupt nicht in Gefahr, denn Jesus, der ihn befähigte, auf dem See zu gehen, war immer nah bei ihm gewesen. Schwacher Glaube macht häufig diesen Fehler. Er weiß nicht, dass er immer und überall in großer Gefahr ist, wenn er auf sich schaut – wo es auch sein mag. Andererseits weiß er nicht, dass er ungeachtet dessen, wo er sich gerade befindet, nie gefährdet ist, wenn er auf seinen Herrn schaut. Angenommen, Petrus hätte Jesus vollkommen vertraut – ganz gleich, ob er auf den Wellen hätte gehen können, oder ob er in den Wogen versunken wäre. Er hätte dann das getan, was sein Meister ihm gesagt hatte, und der Wind hätte die Grundfeste seiner Sicherheit in keiner Weise in Mitleidenschaft ziehen können. Hätte er sich nur auf Jesus verlassen, dann hätte er seine Sicherheit niemals infrage gestellt.

Indem er sich der Gefahr bewusst ist, schwingt der schwache Glaube wie ein Pendel von einem in das andere Extrem und dramatisiert umgehend die bestehende Gefahr. In einem Moment schreitet Petrus über den See, im nächsten schon droht ihm der Tod durch Ertrinken. Merkwürdigerweise dachte er nie daran, dass er hätte schwimmen können. Wenn die Seele Christus vertraut, kann sie sich gar nicht mehr auf sich selbst verlassen. Wenn ein Mensch einmal erkannt hat, wie man auf dem Wasser geht, dann vergisst er, dass er im Wasser schwimmen kann. Das Selbstvertrauen weicht, wenn das Vertrauen zu Christus Raum gewinnt. Der Herr wollte, dass Petrus die eigene Schwachheit bewusst wurde. Petrus sollte eindeutig erkennen, dass seine Lage nur von seinem Glauben abhängig war und der Glaube seine ganze Kraft in dem Herrn Jesus fand. Als Petrus sinkt, ruft er: »Herr, rette mich!« (vgl. Kap. 14,30). Er ist mit seiner Weisheit am Ende. Petrus steht im Begriff, unterzugehen – zu ertrinken, während sein Herr danebensteht! Er wird sterben, wohingegen Jesus lebt. Oder? Er wird ums Leben kommen, wenn er das tut, was Jesus ihm geboten hat! Glaubst du wirklich, dass er untergehen wird? Es ist offensichtlich, dass die Angst davor ihn gepackt hat.

Ich habe in meiner Torheit geglaubt, dass ich angesichts von Drangsal und Not untergehen würde. Das ist Unsinn. Nachdem wir in besseren Zeiten die Glaubensfestigkeit eingebüßt haben, werden wir in dunklen Zeiten einen großen Teil dieses Glaubens verlieren, sodass wir befürchten, unterzugehen. Haben nicht einige von euch, die an die Lehre vom letztendlichen Ausharren der Heiligen glaubten, dennoch gesagt: »Eines Tages werde ich durch die Hand des

Feindes umkommen?« Ihr wisst doch, dass Christus zugesagt hat, euch zu bewahren. Weil ihr euch aber nicht völlig seinem Wort gemäß bewahrt, bildet ihr euch ein, dass er euch nicht bewahren wird. Ihr wisst, dass er euch niemals aufgeben wird, und dennoch steht so mancher von euch kurz davor, sich selbst aufzugeben und zu sagen: »Am Ende werde ich mich doch noch als abtrünnig erweisen.« Auf diese Art vergisst der kleine Glaube seinen Herrn. Einmal ist der kleine Glaube zu verwegen, ein anderes Mal zu ängstlich – und dies alles nur, weil er eine unklare Glaubensvorstellung hat.

Der kleine Glaube gebraucht unvernünftige Worte. Man denke an die Aussage unseres Herrn: »Kleingläubiger, warum zweifeltest du?« Der Glaube hat mit geistlicher Vernunft zu tun, während der Unglaube unvernünftig ist. Merken wir uns daher: Es ging um die Vertrauenswürdigkeit Christi an sich (und Petrus hatte diesen Sachverhalt durch seine Bereitschaft, aus dem Boot zu steigen und ihm auf dem Wasser entgegenzugehen, bewiesen). Doch wenn Christus überhaupt vertrauenswürdig war, dann hatte Christus auch völliges Vertrauen verdient. Man kann von einem Menschen nicht sagen: »Er ist ein vertrauenswürdiger Mensch, denn zuweilen kann man sich auf sein Wort verlassen.« Der Ausdruck »zuweilen« würde seiner Eigenschaft, vertrauenswürdig zu sein, widersprechen. Wenn man sich nicht immer auf ihn verlassen kann, ist er kein ehrlicher Mensch, der die Wahrheit sagt. Und angenommen, du sagst hinsichtlich der Verheißungen Gottes: »Ich glaube zumindest einigen davon. Daher erwarte ich, dass er mir angesichts *bestimmter* Schwierigkeiten hilft.« Mit solchen Worten wirfst du dem Herrn Unehrlichkeit vor. Es ist unlogisch und widersprüchlich, als Kleingläubiger an einen starken Christus zu glauben. Warum soll der Glaube ins Schwanken geraten, wenn die Verheißung felsenfest ist? Wieso soll der Glaube angesichts eines mächtigen Heilands schwach sein? Möge sich dein Glaube an dem Herrn orientieren, auf dem er ruht, und an dem Wort, woran du glaubst. Dann hast du ein gutes, festes und vernünftiges Fundament, das dem Gewissen und dem Verstand gerecht wird.

Somit habe ich den schwachen Glauben also sehr behutsam getadelt. Ich wollte dem Kleingläubigen kein einziges Haar krümmen. Dieser kleine Glaube ist etwas Glückseliges, und zwar nicht, weil er klein ist, sondern weil Glaube vorhanden ist. Wenn ich die Schwachheit des Glaubens ausmerzen und den Glauben stärken könnte – wenn man die Begrenztheit dieses Glaubens beseitigen und ihm Kraft verleihen könnte –, wie glücklich wäre ich dann!

Nun *soll der kleine Glaube aber auch in gleicher Weise gelobt werden*. Ich möchte ihn loben – nicht, weil er klein, sondern weil es biblischer Glaube ist. Wenn man mit dem kleinen Glauben behutsam umgeht, wird man ihn als Kostbarkeit erkennen.

Zunächst einmal ist es echter Glaube. Der Glaube, der mit Jesus anfängt und mit ihm endet, ist seinem Wesen nach wahrhaftig. Auch der kleinste Glaube an Jesus ist ein Geschenk Gottes; und er ist der »gleich kostbare Glaube« (vgl. 2. Petrus 1,1), auch wenn er kein starker Glaube ist. Wenn dein Glaube so groß wie ein Senfkorn ist, kannst du Wunder vollbringen. Vielleicht ist dein Glaube so klein, dass du dich sehr anstrengen musst, um ihn überhaupt zu finden. Wenn du ihn jedoch hast, hat er die gleiche Beschaffenheit wie der stärkste Glaube. So wie die höherwertige Münze besteht auch die Münze mit geringerem Wert aus Silber und ist natürlich genauso geprägt. Ein Tropfen Wasser hat die gleiche Beschaffenheit wie das Meer, ein Funke kann ebenso ein Feuer entzünden wie die Flammen des Vesuvs. Keiner weiß, was aus einem Glaubensfunken werden kann: Seht doch, er kann in tausend Seelen ein Feuer entfachen! Auch ein kleiner Glaube ist wahrer Glaube, denn unser Herr hat ja zu Petrus gesagt: »Glückselig bist du, Simon, Bar Jona; denn Fleisch und Blut haben es dir nicht geoffenbart, sondern mein Vater, der in den Himmeln ist« (vgl. Matthäus 16,17). Petrus besaß wahren Glauben, und doch war er kleingläubig. O mein lieber Zuhörer, wenn du glaubst, dass Jesus der Christus ist, dann bist du aus Gott geboren. Wenn du dich in deiner ganzen Schwachheit dem vollbrachten Werk Christi überlässt, dann ändert dein kleiner Glaube nichts an der Tatsache, dass du in seine starken Hände gefallen bist, die dich ganz sicher retten werden.

Beachten wir als Nächstes, dass der kleine Glaube sich nach den Geboten richtet und keinen Schritt ohne sie macht. Der kleine Glaube ruft aus: »Wenn du es bist, so befiehl mir, auf dem Wasser zu dir zu kommen.« Wenn Jesus sagt: »Komm«, dann antwortet der kleine Glaube »Siehe, ich komme!« Auch wenn der Gang des Betreffenden schwankt und seine Knie schwach sind, wird er dorthin gehen, wohin Jesus ihn ruft – ob es nun durch Fluten oder durch Flammen geht. Ich kenne einige Gotteskinder, die sich sehr selten über etwas richtig freuen. Trotzdem beneide ich sie fast um ihr empfindsames Gewissen. Beim geringsten Kontakt mit der Sünde schrecken sie sofort zurück. Darüber hinaus achten sie mit größter Sorgfalt auf die Gebote des Herrn. Das alles sind bewundernswerte Charaktereigenschaften. Ein gnadenreicher Lebenswandel ist schließlich viel kostbarer als ein bequemes Leben. Wenn das zarte Gewissen neben dem kleinen Glauben aufblüht, dann sind beide wie zwei Lilien voll zerbrechlicher Schönheit.

Der Kleinglaube des Petrus versuchte, erst auf dem Wasser zu gehen, als Jesus die Erlaubnis dazu gab. Petrus bat darum: »Befiehl mir … zu kommen.« Ich habe oft Männer und Frauen gesehen, die sehr verzagt waren und viel Angst hatten. Doch sie würden erst dann etwas für sich tun, wenn sie hinter sich die Stimme hören würden, die ihnen sagt: »Dies ist der Weg, den geht!« (vgl. Jesaja 30,21). Sie zögern so lange, bis sie die ganze Welt zurate gezogen haben; sie gehen kein Risiko ein, sondern flehen auf den Knien darum, geführt zu werden, denn sie befürchten, auch nur einen Schritt ohne die Zustimmung ihres Meisters zu wagen. Sie haben eine heilige Angst davor, etwas ohne die Erlaubnis des Herrn zu tun. Kleiner Glaube, wenn du so beschaffen und geartet bist, dann loben wir dich sehr!

Als Nächstes ringt der kleine Glaube darum, zu Jesus zu kommen. Petrus verließ das Boot nicht einfach nur, um auf dem Wasser zu gehen, sondern er wagte sich auf die Wellen, um zu Jesus zu gehen. Er wollte keinen Spaziergang auf dem Wasser unternehmen, sondern suchte die Gegenwart seines Herrn sowie die Gemeinschaft mit ihm. »Und Petrus stieg aus dem Boot und ging auf dem Wasser und kam auf Jesus zu« (vgl. Matthäus 14,29). Das war das Ziel, worauf er zustrebte – er wollte zu Jesus gehen. Ich weiß, dass einige von euch nur einen kleinen Glauben haben; aber ihr sehnt euch danach, näher bei Jesus zu sein. Jeden Tag verlangt ihr danach, indem ihr sagt: »Herr, offenbare dich mir. Offenbare dich in mir und mach mich dir ähnlicher.« Derjenige, der Jesus sucht, schaut in die richtige Richtung. Auch wenn du einen kleinen Glauben hast, bin ich dennoch froh, dass du trotz deiner Schwachheit darum ringst, näher zu deinem Herrn zu kommen. Ringe weiter, denn Jesus wird dir entgegenkommen; und wenn du zu sinken anfängst, weil du nicht vertraust, dann wird er dich emporziehen und dich wieder auf die Beine stellen.

Ich muss den kleinen Glauben nochmals loben, weil er sich eine Zeit lang großartig verhalten hat. Obwohl Petrus kleingläubig war, lief er von einer Welle zur nächsten, was vermutlich merkwürdig aussah. Ich kann mir vorstellen, wie erstaunt er war, als er aus dem Boot stieg und auf den Wellen stand, die unter seinen Füßen wie massives Glas waren. Dann macht er den ersten Schritt wie ein Kind, das laufen lernt, um daraufhin mit wachsendem Vertrauen den nächsten Schritt zu wagen. Auch wenn sich die Wellen unter seinen Füßen bewegen, steht er eine Zeit lang doch fest und sicher auf ihnen. Dem kleinen Glauben gelingt es, eine Weile keine Furcht zu zeigen. Der kleine Glaube hat wie Davids Schleuder den Riesen erschlagen. Wie der Dolch des linkshändigen Ehud brachte der kleine Glaube Befreiung. Daher lobe ich dich, du kleiner Glaube; denn du erlebst glückliche und gesegnete Zeiten und kannst auch für deine Siege dankbar sein, die du im Namen Jesu errungen hast. Wenn das bei dir doch immer so wäre, dann wäre dein Ruhm tatsächlich groß! Sogar jetzt kannst du Berge versetzen und Bäume entwurzeln.

Ich muss dem kleinen Glauben ein weiteres Lob aussprechen, weil er zum Gebet Zuflucht nimmt, wenn er in Schwierigkeiten steckt. Was macht Petrus, als er zu sinken anfängt? Petrus betet: »Herr, rette mich!« Der kleine Glaube weiß, wo seine Stärke liegt. Wenn er sich in Schwierigkeiten befindet, dann verlässt er sich nicht auf irgendeine menschliche Kraft oder auf Naturgewalten, sondern wendet sich sogleich dem Gebet zu. Der kleine Glaube schüttet sein Herz dem Herrn aus. Mir gefällt es, wenn ein Mensch in der Stunde seiner Not anfängt, sofort zu beten. Mit dieser normalen Reaktion gleicht er aufgescheuchten Vögeln, die eilig davonfliegen. Petrus griff nicht auf natürliche Hilfsmittel zurück. Er versuchte es erst gar nicht mit Schwimmen; er fing an zu beten: »Herr, rette mich.« O du kleiner Glaube, du bist großartig, wenn es um inständiges Bitten im Gebet geht. Vielleicht zwingt dich allein schon deine Schwachheit oft auf die Knie. Im Gebet bist du zwar nicht so beständig wie der starke Glaube, aber genauso überschwänglich.

Der schwache Glaube hat ein weiteres Lob verdient: Er ist immer sicher, weil Jesus nahe ist. Petrus war auf dem Wasser sicher, weil sich Christus auf dem Wasser befand. Auch wenn sein Glaube schwach war, wurde er nicht gerettet, weil er glaubte. Er wurde vielmehr durch die Kraft der gnadenreichen Hand gerettet, die sich nach ihm ausstreckte, als er begann, in der Flut zu versinken. Wenn du von ganzem Herzen an Christus glaubst, wenn er der Erste und der Letzte ist, auf den du vertraust, dann wird Jesus dich nicht untergehen lassen, auch wenn du voll Furcht und Zittern bist.

Eine Sache möchte ich noch zum Lob des Kleinglaubens sagen, nämlich den Tatbestand, dass ihn Jesus selbst als Glauben anerkannte. Er sagte zu Petrus: »Kleingläubiger«. Er tadelte ihn, weil der Glaube klein war, aber er freute sich zugleich, weil es überhaupt Glaube war. Mir gefällt der Gedanke, dass der Heilige Geist den Glauben hervorgebracht hat – nicht die Tatsache, dass unser Glaube klein ist, sondern unseren Glauben an sich, wie klein er auch sein mag. Unser Herr erkennt dasjenige, was für uns dem Unglauben verdächtig nahekommt, als Glauben an.

Aber jetzt möchte ich sagen, *dass ein großer Glaube weitaus lobenswerter ist.*

Manchmal findet man ihn dort, wo man ihn am wenigsten erwartet. Unser Herr erkannte ihn nicht im ansonsten mannhaften Petrus, sondern in der mitfühlenden Frau, die Jesus wegen ihres Kindes anflehte. Sie war eine Frau, aber sie hatte einen Glauben, der viele Männer beschämte. Sie kam aus Kanaan, wobei von ihrer Volksgruppe gesagt wurde: »Verflucht sei Kanaan« (vgl. 1. Mose 9,25). Dennoch hatte sie einen stärkeren Glauben als der Israelit Petrus, der die Schrift von Kindesbeinen an kannte. Diese Frau erlebte zu Hause eine große Not, weil der Teufel dort am Wirken war und ihre Tochter quälte. Es ist furchtbar, wenn der Teufel deinen Ehemann oder deine Tochter in seiner Gewalt hat und du nach Hause kommst; doch so manche Christinnen müssen dies ertragen. Trotz dieser schweren Prüfung und der Tatsache, dass es daheim keinen Trost gab, war sie eine Frau mit einem großen Glauben. Und warum sollten nicht auch wir ihr gleichen? Mein Bruder, auch wenn dein Zustand und deine Situation deinem Wachstum in der Gnade erheblich im Wege stehen, erhebt sich die Frage: Wieso solltest du nicht dennoch in Christus zur vollen Mannesreife gelangen? Der Herr Jesus kann es in dir vollbringen. Auch wenn dir scheint, als würden die eisigen Winde und der schlechte Boden deiner Umgebung dein Wachstum hindern, kann doch der große Gärtner dich so hegen, dass aus dir eine überaus ansehnliche Pflanze wird. Gott kann aus ungünstigen Umständen in seiner Gnade ein Wachstumsmittel werden lassen. Durch das heilige Zusammenwirken seiner Gnade und Allmacht kann er aus dem Bösen Gutes erstehen lassen. Ich lobe den großen Glauben mit besonderem Nachdruck überall dort, wo ich ihn erkenne, obwohl alles um ihn her gegen ihn spricht.

Als Nächstes muss der große Glaube dafür gelobt werden, dass er beharrlich den Herrn sieht. Die Frau kam zu Jesus, weil sie wollte, dass er ihre Tochter heilte. Zuerst antwortete er ihr mit keinem Wort. O die Qual spannungsgeladener Stille! Dann redet er mit seinen Jüngern über sie, als wäre sie ihm völlig gleichgültig, aber sie gibt nicht auf. Sie ist gekommen, damit ihre Tochter geheilt wird, und sie glaubt so sehr an den Herrn, den Sohn Davids, dass sie ein »Nein« als Antwort nicht akzeptiert. Weil sie erhört werden und die Gewährung ihres Anliegens durchsetzen will, bleibt sie bis zum Schluss beharrlich. O welch ein starker Glaube, welch ein ausharrender Glaube! Liebe Brüder, habt ihr ihn? Ihr Männer, gebraucht ihr ihn? Hier ist eine Frau mit solch einem Glauben, den sie in die Waagschale warf, bis sie das bekam, was sie wollte. Mögen auch wir ihn in überreichem Maße haben!

Großer Glaube sieht auch Licht in der schlimmsten Finsternis. Ich glaube nicht, dass Petrus halb so schwer versucht wurde wie diese Kanaanäerin. Wovor fürchtete sich Petrus? Vor dem Wind. Wovor hätte sie sich stattdessen fürchten können? Ja, natürlich vor den harten Worten Jesu. Wen versetzt denn der Wind in Schrecken? Wer würde nicht Angst davor haben, von Christus abgewiesen zu werden, wenn er dessen harte Worte hört? »Es ist nicht schön, das Brot der Kinder zu nehmen und den Hunden hinzuwerfen« (vgl. Matthäus 15,26). Ach, wenn unser Herr so mit irgendjemandem von uns gesprochen hätte, hätten wir uns wahrscheinlich nie wieder getraut, ihn um etwas zu bitten. Wir hätten vermutlich gesagt: »O nach diesem harten Urteil bin ich völlig außen vor.« Nicht so der starke Glaube. »Nein«, sagt sie, »er hat mich Hund genannt. Hunde haben in der Gesellschaft eine gewisse Stellung; kleine Hunde werden von ihren Besitzern im Kindesalter zur Essenszeit hereingeholt, damit sie eine Kruste oder ein paar Krumen abbekommen. Herr, ich möchte ein Hund sein und die Krumen erhalten, die mir zustehen; für mich als Empfängerin bedeutet es alles, aber für dich als Geber ist es nur ein Krümel.« Sie bittet ihn also weiter inständig in glaubensvoller Bereitschaft, als hätte er ihr eine Zusage und keine Abfuhr gegeben. Großer Glaube sieht die Sonne selbst um Mitternacht scheinen. Großer Glaube kann auch mitten im Winter eine Ernte einfahren und Flüsse in großen Höhen finden. Großer Glaube ist nicht auf das Sonnenlicht angewiesen: Er sieht dasjenige, was in anderem Licht unsichtbar bleibt. Großer Glaube stützt sich auf die Gewissheit, dass alles so geschieht, weil Gott es gesagt hat, und verlässt sich auf sein schlichtes Wort. Wenn der große Glaube nichts sieht, hört oder spürt, was das göttliche Zeugnis untermauern könnte, glaubt er Gott um seiner selbst willen, sodass alles für ihn in Ordnung ist. O liebe Brüder, hoffentlich werdet auch ihr diesen Zustand erreichen. Dann glaubt ihr Gott, selbst wenn eure Gefühle Gottes Verheißung der Lüge strafen und eure Lebensumstände sie als unwahr erscheinen lassen. Auch wenn all eure Freunde und Bekannten den Herrn der Lüge bezichtigen, möget ihr doch zu folgender Erkenntnis kommen: Gott soll vor allen als wahrhaftig, jeder Mensch aber als Lügner erwiesen werden. Wir wollen und werden Gottes Wahrhaftigkeit nicht infrage stellen. Seine sichere Verheißung muss gelten. Ein derartiger Glaube muss gelobt werden, wobei ihn auch unser Herr selbst lobte, als er sagte: »O Frau, dein Glaube ist groß!«

Großer Glaube betet und siegt. Und wie diese Frau den Sieg davontrug! Ihre Tochter wurde geheilt, während ihr selbst in großartiger Weise gewährt wurde, was sie wollte. »Dir geschehe, wie du willst!« Ich wünschte, dass auch wir solch einen mächtigen Glauben haben, wenn wir beten. Ein Mensch, der im Glauben betet, bekommt von Gott mehr geschenkt als zehn oder auch zehntausend Gläubige, die unbeständig sind und nicht glauben. Glaubt mir, man kann so beten, dass man alles, was man von Gott erbittet, auch bekommt. Du kannst in dein Kämmerlein gehen, das Betreffende erbitten und es bekommen; ja, dann kommst du aus deiner Abgeschiedenheit heraus und sagst: »Ich habe es.« Auch wenn du es noch nicht als Gut hast, worüber du dich unmittelbar freuen kannst, hat dein Glaube es ergriffen und erkannt, um es danach sogleich vertrauensvoll in Besitz zu nehmen. Ist nicht Luther in den Zeiten seiner größten Anfechtung oft aus seiner Kammer gekommen, indem er ausrief: »Vici, ich habe gesiegt«? Er rang im Gebet mit Gott und spürte danach, dass alles andere, womit er kämpfen musste, nichts dagegen war: Wenn er im Gebet den Himmel überwunden hatte, konnte er auch die Welt, den Tod und die Hölle besiegen. In all dem behält starker Glaube die Oberhand, um daraufhin zu neuen Siegen zu schreiten.

Die Frau hat eine außerordentliche Ehrfurcht vor Gott; aber sie zeigt ihm gegenüber auch eine wunderbare Vertrautheit. Wenn ihr hören könntet, was der starke Glaube mitunter Gott gegenüber auszusprechen wagt, dann hieltet ihr es für gottlos, aber hinsichtlich ihrer Worte traf dies überhaupt nicht zu. Aber dann offenbart Gott ihr das Geheimnis des Herrn, so wie er mit denen verfährt, die ihn fürchten. Dabei sagt der Herr: »Erbitte, was du willst, es wird dir zuteilwerden.« In diesem Augenblick besteht eine glückselige Freimütigkeit zwischen ihr und Gott, die wir nicht tadeln dürfen, sondern loben sollen. Wenn der Sohn dich im Gebet frei macht, dann bist du wirklich frei. Starker Glaube ist immer auf der Seite des Siegers. Er trägt die Schlüssel des Himmels an seinem Gürtel. Der Herr kann den inständigen Bitten eines unerschütterlichen Glaubens nichts verweigern.

Ich lobe den starken Glauben, weil Jesus, unser Herr, daran Freude hatte. Welch ein Wohlklang lag in seinen Worten: »O Frau, dein Glaube ist groß.« Es lag kein Lächeln auf seinem Gesicht, als er zu Petrus sagte: »Kleingläubiger«. Er war vielmehr bekümmert, dass sein Jünger so wenig Vertrauen zu ihm hatte. Aber jetzt erfüllte ihn Freude darüber, dass diese arme Frau solch einen wunderbaren Glauben hatte. Er schaut auf ihren Glauben, wie Juweliere einen berühmten Edelstein betrachten, der unendlich viel wert ist. Er sagte: »O Frau, dein Glaube ist groß. Dein Glaube hat mich fasziniert. Dein Glaube hat mich erstaunt. Dein Glaube hat mich erfreut.« Liebe Brüder, wir – ihr und ich – sehnen uns alle danach, etwas tun zu können, um unseren Erlöser zu erfreuen. Ich weiß, dass wir oft ausgerufen haben: »Was soll ich denn zum Lob meines Heilands tun?« Glaubt einfach an ihn. Glaubt seinen Verheißungen, ohne daran zu zweifeln. Euer Glaube soll stark sein. Euer Glaube soll nicht wanken. Euer Glaube an Jesus Christus soll allumfassend sein. Lebt weiterhin im Glauben an ihn, als gäbe es nichts anderes mehr, woran man glauben könnte. Glaubt an Christus Jesus für immer und ewig.

Wie reich wurde diese Frau beschenkt! Sie hatte ihren Herrn erfreut, während der Herr seinerseits ihr Freude zueignete: »Dir geschehe, wie du willst!« Sie ging als die glücklichste Frau unter dem Himmel davon. Gott hatte ihren Wunsch gewährt, sodass sie überglücklich und ganz von Freude erfüllt war.

Von welchen Nutzen könnten wir für andere sein, wenn wir einen starken Glauben hätten! Ihre Tochter war geheilt worden. Liebe Mutter, wenn du nur mehr glauben könntest, dann würde dein Kind schon bald Jesus kennen. Lieber Vater, wenn du mehr Glauben hättest, dann wäre dein Junge nicht so eine Qual für dich, wie es jetzt der Fall ist. Vertraue mehr auf deinen Gott, denn wenn du einen vertrauteren Umgang mit deinem himmlischen Vater pflegst, wird dies auf die Beziehung zwischen dir und deinen Kindern abfärben. Wenn du deinen Gott nicht ehrst, indem du ihm misstraust, dann verwundert es nicht, dass deine Kinder dich auch nicht ehren und dir ungehorsam sind. O lieber Verkündiger, wenn du nur mehr Glauben hättest, dann hättest du auch mehr bekehrte Seelen! Du Lehrer der Sonntagsschule, wenn du größeren Glauben hättest, dann würden mehr Kinder aus deiner Gruppe zum Heiland kommen: »(Herr), mehre uns den Glauben!« (vgl. Lukas 17,5). Ich hoffe, dass wir alle dies hier und jetzt von ganzem Herzen sagen.

Ich will zum Schluss folgende Frage stellen: Haben wir nicht allen Grund für einen starken Glauben an Christus? Haben wir nicht alle Ursache, ihn mit dem stärksten Glauben zu ehren? Ich habe euch doch einmal von John Hyatt und davon erzählt, dass er im Sterben lag. Da sagte jemand zu ihm: »Mr. Hyatt, können Sie Ihre Seele Christus jetzt anvertrauen?« Er erwiderte: »Auch wenn ich zehntausend Seelen hätte, würde ich ihm vertrauen.« Wir können sogar noch weiter gehen. Rechnete man alle Sünden, die Menschen seit Erschaffung der Welt und von Anfang an begangen haben, einem armen Sünder zu, dann wäre dieser Sünder gerechtfertigt, wenn er daran glauben würde, dass Christus diese Sünden wegnehmen kann. Wer oder was du auch bist, geh zu Jesus, bring ihm deine Lasten und lege sie ihm zu Füßen. Wirf all deine Sorgen auf ihn, denn er sorgt für dich. Und dann wird er wohl niemals zu dir sagen müssen: »Kleingläubiger, warum zweifeltest du?« O möge er doch oft mit Freude über dich ausrufen: »O … dein Glaube ist groß. Dir geschehe, wie du willst!«

Die zusammengekrümmte Frau

Von Jesus geheilt

»Er lehrte aber am Sabbat in einer der Synagogen. Und siehe, da war eine Frau, die achtzehn Jahre einen Geist der Schwäche hatte; und sie war zusammengekrümmt und gänzlich unfähig, sich aufzurichten. Als aber Jesus sie sah, rief er ihr zu und sprach zu ihr: Frau, du bist gelöst von deiner Schwäche! Und er legte ihr die Hände auf, und sofort wurde sie gerade und verherrlichte Gott« (Lukas 13,10-13).

Ich glaube, dass die Schwäche dieser Frau nicht nur körperlich, sondern auch seelischer Art war: Ihre äußerliche Erscheinung war das Zeichen für ihre tiefe und lang anhaltende Depression. Ihr Körper war zusammengekrümmt, während ihr Geist von Traurigkeit niedergebeugt war.

Körper und Seele sind eng miteinander verbunden, aber das wird – wie in ihrem Fall – nicht immer so deutlich sichtbar; wenn es so wäre, böte sich uns überall ein trauriger Anblick. Stellt euch einen Moment lang vor, was mit der Gesamtheit der hier Versammelten passieren würde, wenn unsere äußerliche Gestalt unseren inneren Zustand wiedergeben würde. Wenn uns jemand – mit den Augen unseres Heilands – anschauen würde und an der äußeren Erscheinung das Innere erkennen könnte, stände die Frage im Raum: Wie würden wir alle aussehen? Es wäre ein sehr erbärmlicher Anblick, denn in so mancher Kirchenbank würden tote Menschen sitzen, die zwar den Anschein des Lebens besitzen und dem Namen nach leben, für geistliche Angelegenheiten jedoch tot sind. Mein Freund, du würdest zittern, wenn du dich neben einer Leiche wiederfändest. Die Leiche würde nicht zittern, sondern bliebe weiterhin gleichgültig sitzen. Genauso tun es gewöhnlich gottlose Menschen, obwohl die kostbare Wahrheit des Evangeliums in ihre Ohren dringt – in Ohren, die etwas vernehmen, aber letztlich vergeblich hören. Selbst in denjenigen Fällen, wo geistliches Leben vorhanden ist, wäre der Anblick insgesamt nicht sehr schön. Vielleicht würden wir hier einen Blinden sehen und dort einen Verstümmelten; oder einen Dritten, der so zusammengekrümmt ist, dass er gar nicht mehr aufrecht gehen kann.

Geistliche Missbildung nimmt viele Formen an, wobei der Anblick hinsichtlich jeder Form äußerst unangenehm ist. Aber verlassen wir die Vorstellungen von einem solchen Schauplatz mit dem tröstenden Gedanken, dass Jesus unter uns ist, obwohl wir kranke Menschen sind und er nichts sieht, was sein Auge erfreuen könnte, wenn er uns nach dem Gesetz beurteilt. Da aber seine Gnade Wohlgefallen daran findet, menschliche Not zu lindern, kann er hoffnungsvoll auf die Tausenden leidenden Seelen der hier Versammelten sehen.

Diese arme, in unserem Text beschriebene Frau, die am Sabbat in jener Synagoge war, fiel wahrscheinlich überhaupt nicht auf. Aufgrund ihrer besonderen Krankheit war sie sehr klein geworden. Sie war fast auf die Hälfte ihrer ursprünglichen Größe zusammengeschrumpft, und daher ging sie – wie andere sehr kleine Personen – in einer Menschenmenge beinahe unter. Ein so zusammengekrümmter Mensch wie sie hätte herein- und herausgehen können, ohne groß von irgendjemandem unter denen beachtet zu werden, die sich an dieser Versammlungsstätte eingefunden hatten. Aber ich kann mir vorstellen, dass unser Herr auf einer etwas erhöhten Plattform stand, als er in der Synagoge lehrte, denn er war vermutlich dorthin gegangen, wo man ihn besser sehen und hören konnte. Aus diesem Grund konnte er sie leichter sehen als andere. Jesus hält sich stets dort auf, von wo aus er diejenigen sehen kann, die niedergebeugt sind. Sein scharfes Auge hat nie sein Ziel verfehlt. Die Frau, diese arme Seele, wurde naturgemäß von allen Menschen in dieser Gemeinschaft am wenigsten beachtet. Unser Herr schenkte ihr jedoch am meisten Beachtung, denn die gnadenreichen Augen unseres Herrn schauten zwar jeden an, aber sein Blick blieb an ihr haften. Seine liebevollen Augen schauten sie so lange an, bis die Tat der Liebe vollbracht war.

Vielleicht gibt es jemanden in der Versammlung heute Morgen, der am wenigsten beachtet wird, aber vom Heiland schon wahrgenommen wurde; denn er sieht nicht mit den Augen eines Menschen, sondern beobachtet vor allem jene, die von den Menschen am wenigsten Aufmerksamkeit erhalten. Keiner kennt dich, keiner kümmert sich um dich; was dir insgeheim Not macht, weiß keiner, und du wirst es auch nicht um alles in der Welt preisgeben.

Du fühlst dich allein gelassen. Gib die Hoffnung jedoch nicht völlig auf, denn du hast noch einen Freund. Eine ungemein große Freude ist in der Tatsache begründet, dass unser Herr an jenem Sabbattag in der Synagoge den Menschen bemerkte, der am wenigsten beachtet wurde. Daher vertrauen wir darauf, dass er dies auch heute tun wird. Dabei wird sein strahlender Blick auf dich – ja, gerade auf dich – gerichtet sein.

Der erste Punkt unserer Betrachtung ist *das Niedergebeugtsein der Leidenden*. Wir lesen von dieser Frau, dass sie »einen Geist der Schwäche hatte; und sie war zusammengekrümmt und gänzlich unfähig, sich aufzurichten.« Als Erstes bemerken wir dazu, dass *sie all ihre natürliche Lebhaftigkeit verloren hatte*. Ich kann mir vorstellen, dass sie als kleines Mädchen – fröhlich und immer ein Lachen auf ihrem Gesicht – leichtfüßig wie ein junges Reh umherlief. Dabei blitzten ihre Augen vor Freude, wie sie Kindern normalerweise eigen ist. Sie war als Jugendliche aufgeweckt sowie anmutig, und wie alle anderen Menschen um sie her ging sie aufrecht. Am Tag konnte sie die Sonne sehen und nachts die funkelnden Sterne. Sie freute sich an allem in ihrer Umgebung und war allezeit vergnügt. Aber allmählich befiel ihren Körper ein Gebrechen, das sie zunehmend zermürbte. Es handelte sich wahrscheinlich um eine Schwäche des Rückgrats: Entweder versteiften sich zunehmend ihre Muskeln und Bänder, bis sie ganz zusammengekrümmt war und sie nur noch sich bzw. den Erdboden sehen konnte; oder ihre Muskeln begannen zu erschlaffen, sodass sie nicht mehr aufrecht stehen konnte und ihr Körper immer mehr nach vorn fiel. Ich nehme an, dass einer dieser beiden Fälle womöglich die Ursache für ihre gebeugte Haltung bildete, aufgrund derer sie völlig außerstande war, sich aufzurichten.

Auf jeden Fall hatte sie achtzehn Jahre lang die Sonne nicht mehr gesehen. Achtzehn Jahre lang hatte keinen Stern bei Nacht ihr Auge mehr erfreut; ihr Gesicht sah nur den staubigen Boden, während sie sich nur noch im Dämmerlicht des Lebens bewegte: Sie lief so, als suche sie nach einem Grab, und ich zweifle nicht daran, dass sie oft dachte, es wäre ein Glück, wenn sie ein solches finden würde. Sie war wirklich so eingeengt, als hätte man sie an Eisenketten gefesselt und in ein Gefängnis aus dicken, steinernen Mauern geworfen. Wir kennen etliche unter den Kindern Gottes, die in diesem Augenblick weithin in der gleichen Lage sind. Sie werden ständig niedergebeugt, und obwohl sie an glücklichere Zeiten zurückdenken, dient die Erinnerung nur dazu, ihre gegenwärtige düstere Stimmung zu verstärken. Manchmal singen sie in Moll:

O Vater, wunderbar,
schau gnädig auf dein Kind!
Ich suche deine Gegenwart,
die mich mit Freude füllt.

Entzünd das Feuer neu!
Es brannte einst für dich;
die erste Liebe bring zurück,
o Herr, entflamme mich!

Sie haben kaum Gemeinschaft mit Gott; selten oder nie blicken sie auf das Angesicht des viel Geliebten. Sie versuchen, im Glauben auszuharren, und obwohl ihnen dies gelingt, haben sie kaum Frieden, selten Trost, wenig Freude. Sie haben die Krone und Blüte geistlichen Lebens verloren, obgleich dieses Leben noch vorhanden ist.

Diese arme Frau wurde sowohl körperlich als auch von ihren Depressionen niedergebeugt. Sie schien sich immer mehr zusammenzukrümmen. Sie ging gebückt durchs Leben, und infolge der auf ihr lastenden Jahre verkrümmte sie zusehends. Sie konnte nur noch den Boden anschauen; sie sah weder den Himmel noch sonst irgendetwas Helles. Ihre Blicke waren auf Staub und Tod fixiert. Genauso gibt es auch einige unter den Gotteskindern, deren Gedanken bleischwer auf ihrem Geist lasten und deren Gefühle eine tiefe Furche ziehen, indem sie sich immer weiter in ihre Seele eingraben. Man kann ihnen keine Freude bereiten, aber sie umso schneller ängstigen; sie verstehen es, auf seltsame Art den Saft des Leidens aus den Trauben Eschkols zu pressen. Wo andere Menschen vor Freude springen würden, sind sie vom Leid gebeugt, denn sie ziehen die unheilvolle Schlussfolgerung, dass freudige Dinge nicht für ihresgleichen bestimmt sind. Wenn es einen schwer verständlichen Abschnitt im Wort Gottes gibt, stoßen sie beim Lesen gewiss darauf, indem sie sagen: »Das gilt mir.« Hat ein Teil der Verkündigung aus Donnerworten bestanden, dann können sie sich an jede Silbe erinnern. Obwohl sie sich wundern, warum der Prediger sie so gut kennt, sind sie sicher, dass er mit jedem Wort sie gemeint hat. Wenn irgendetwas nach Gottes Fügung passiert (ihren Umständen entweder zuwider oder förderlich), deuten sie es nicht als Zeichen, das Gutes ankündigt – ganz gleich, ob dies aus rationaler Sicht möglich wäre oder nicht. Vielmehr gelingt es ihnen, es zu einem Zeichen des Bösen umzudeuten. »All dies ist gegen mich«, sagen sie, denn sie sehen nur zu Boden, wobei es für sie lediglich Angst und Not gibt.

Wir kennen gewisse gescheite, aber auch ziemlich gefühllose Leute, die diesen Menschen Vorwürfe machen und sie wegen ihrer Verzagtheit tadeln. Dies führt uns zum nächsten Punkt, nämlich zu dem Sachverhalt, dass die Frau sich selbst nicht aufrichten konnte. Sie zu tadeln, hätte keinen Zweck gehabt. Vielleicht hatte mal eine von den älteren Schwestern zu ihr gesagt: »Liebe Schwester, du solltest dich mehr aufrecht halten; du solltest nicht so gebückt gehen; du verlierst ganz deine Figur, und wenn du nicht achtgibst, dann wirst du bald missgestaltet sein.« Ja, meine Güte, welch einen guten Rat können manche Menschen geben! Für gewöhnlich ist ein Ratschlag umsonst zu haben, und so viel ist er in den meisten Fällen auch wert, und zwar nichts. Wer niedergedrückten Menschen Ratschläge gibt, handelt im Allgemeinen unweise, tut ihnen weh und verschlimmert ihren depressiven Zustand. Gelegentlich wünsche ich mir, dass jene, die mit ihren Ratschlägen so schnell sind, selbst ein wenig leiden müssten, denn dann würden sie vielleicht weise genug sein, ihre Zunge im Zaum zu halten. Was hilft es einem blinden Menschen, wenn man ihm sagt, er solle sehen? Was nützt es jemandem, der nicht aufrecht gehen kann, wenn er hört, dass er sich aufrichten und nicht mehr so sehr nach unten schauen soll? Damit verschlimmert man nur unnötig das betreffende Elend. Manche Menschen, die vorgeben, Tröster zu sein, gehören eher zu denen, die anderen seelische Qualen bereiten. Ein geistliches Leiden ist genauso Ausdruck wahrer Not wie eine körperliche Krankheit. Wenn Satan eine Seele bindet, dann ist sie wirklich so gebunden wie ein von seinem Besitzer gefesselter Ochse oder Esel. Das betreffende Tier kann nicht freikommen, weil es angebunden ist. Und das entsprach dem Zustand dieser armen Frau. Möglicherweise rede ich zu einigen, die tapfer versucht haben, sich zusammenzunehmen, um ihren Geist unter Kontrolle zu bringen: Sie sind in einen anderen Ort gezogen oder haben sich in die Gemeinschaft von Christen begeben. Sie haben andere Christen um Trost gebeten, sie haben häufig Gottesdienste besucht und trostreiche Bücher gelesen; aber sie sind immer noch gebunden – das ist unbestreitbar. So wie Essig, das auf Natron geschüttet wird, ist es, wenn jemand einem traurigen Herzen Lieder singt (vgl. Sprüche 25,20). Einem zerbrochenen Geist die kostbarsten Freuden aufzuzwingen, ist völlig unangemessen. Einige Not leidende Seelen sind so krank, dass sie vor jeder Speise ekelt und sie den Pforten des Todes nahe sind (vgl. Psalm 107,18). Wenn sich einer meiner Hörer in dieser Notlage befindet, braucht er trotzdem nicht zu verzweifeln, denn Jesus kann jene aufrichten, die am meisten niedergebeugt sind.

Vielleicht war das Schlimmste im Falle dieser armen Frau, dass sie achtzehn Jahre lang leiden musste. Ihre Krankheit war mittlerweile chronisch und erwies sich als sehr hartnäckig. Achtzehn Jahre! Das ist eine sehr lange Zeit! Achtzehn Jahre Glück! Die Jahre fliegen dahin wie Merkur mit seinen Flügelschuhen; sie kommen und sind schon wieder vorbei. Achtzehn Jahre glückliches Leben – was für eine kurze Zeitspanne! Aber achtzehn Jahre voller Schmerzen, achtzehn Jahre, in denen ein Mensch gebeugt und niedergedrückt einhergehen muss, achtzehn Jahre, in denen der Körper des Betreffenden zunehmend eher einem Tier ähnelt als einem Menschen, wie lange muss das gedauert haben! Achtzehn lange Jahre – jedes Jahr mit zwölf eintönigen Monaten, die man wie eine Kette hinter sich herzieht! Die Frau war achtzehn Jahre lang vom Teufel gebunden gewesen: Was für ein Leid umfasste dies! Kann ein Kind Gottes achtzehn Jahre lang verzweifelt sein? Ich muss sagen: »Ja«. Es gibt das Beispiel von Mr. Timothy Rogers[96], der ein wirklich wunderbares Buch über Schwermut im Glaubensleben geschrieben hat. Er war – wenn ich mich recht entsinne – achtundzwanzig Jahre lang verzweifelt: Er selbst erzählt die Geschichte, wobei es keinen Zweifel hinsichtlich seiner Glaubwürdigkeit geben kann. Unter christlichen Biografien sind ähnliche Fälle allgemein bekannt. Viele Jahre lang sind verzweifelte und schwermütige Menschen im düsteren Kerker der Hoffnungslosigkeit eingeschlossen gewesen, und doch sind ihnen letztendlich auf einzigartige Weise die Freude und der Trost wieder zuteilgeworden. Wer achtzehn Jahre lang verzweifelt und verzagt ist, durchleidet Furchtbares. Aber daraus gibt es einen Ausweg, denn obwohl der Teufel achtzehn Jahre braucht, um eine Kette zu schmieden, braucht unser hochgelobter Herr nicht einmal achtzehn Minuten, um sie zu lösen. Achtzehn Jahre Schwer-

96 (1658-1728), presbyterianischer Prediger.

mut beweisen nicht, dass Jesus außerstande ist, die Gefangenen zu befreien; sie müssen ihm nur die Gelegenheit bieten, damit er seine gnadenreiche Macht offenbaren kann.

Beachten wir außerdem, dass diese arme Frau, die sowohl geistig als auch körperlich niedergebeugt war, oft die Versammlungs- und Gebetsstätte besuchte. Als unser Herr in der Synagoge war, befand sie sich ebenso dort. Sie hätte auch sagen können: »Es ist für mich äußerst mühsam, zu dieser Versammlungsstätte zu kommen. Ich habe damit einen hinreichenden Grund für mein Fernbleiben.« Nein, sie kam trotzdem. Liebes Gotteskind, der Teufel hat dir vielleicht gelegentlich schon eingeflüstert, dass es vergebens ist, weiter dorthin zu gehen, wo du Gottes Wort hörst. Tue es dennoch. Er weiß, dass du seinen Händen am ehesten entkommen wirst, solange du das Wort hörst. Daher wird er – wenn er kann – dich davon fernhalten. Es geschah während einer Zusammenkunft an dieser Gebetsstätte, dass diese Frau befreit wurde, und diese Befreiung kannst du ebenfalls dort finden.

Trotzdem war sie aber auch eine Tochter Abrahams. Der Teufel hatte sie zwar wie einen Ochsen oder einen Esel gebunden, doch dieses stellungsmäßige Vorrecht konnte er ihr nicht nehmen. Sie war immer noch eine Tochter Abrahams – eine gläubige Seele, die nach wie vor demütig auf Gott vertraute. Als der Retter sie heilte, sagte er nicht: »Deine Sünden sind dir vergeben.« Ihr Leiden war auf keine besondere Sünde zurückzuführen. Er sprach sie nicht wie diejenigen an, deren Gebrechen sündenbedingt war, denn alles, was sie angesichts ihres ganzen Niedergebeugtseins brauchte, war Trost und keine Zurechtweisung. Ihr Herz befand sich in der rechten Stellung zu Gott. Davon bin ich überzeugt, denn im Augenblick ihrer Heilung begann sie, Gott zu verherrlichen. Das beweist, dass ihre Seele bereit war, Gott zu preisen, und dass sie auf diesen glücklichen Moment nur gewartet hatte. Indem sie immer wieder zum Haus des Herrn hinaufging, verspürte sie einen gewissen Trost, obwohl sie achtzehn Jahre lang niedergebeugt war. Wohin hätte sie sonst gehen sollen? Was hätte es ihr gebracht, zu Hause zu bleiben? Ein krankes Kind ist am besten im Haus des Vaters aufgehoben, und ihr ging es dort am erträglichsten, wo man regelmäßig betete.

Ich möchte euch zweitens darauf hinweisen, dass *bei diesem Leiden Satan seine Hand mit im Spiel hatte*. Das hätten wir nicht gewusst, wenn unser Herr uns nicht mitgeteilt hätte, dass es Satan war, der die arme Frau achtzehn Jahre lang gebunden hatte. Er muss sie sehr raffiniert gebunden haben, damit der Knoten die ganze Zeit über hielt, denn sie schien nicht satanisch besessen gewesen zu sein. Wenn ihr die Evangelien lest, wird euch auffallen, dass unser Herr einem vom Teufel besessenen Menschen nie die Hände auflegte. Sie war zwar nicht von Satan besessen, aber er war irgendwann einmal vor achtzehn Jahren über sie hergefallen und hatte sie gebunden. So wie ein Mensch ein Tier im Stall festbindet, war sie die ganze Zeit über gebunden – außerstande, sich zu befreien. Der Teufel kann in einem Augenblick einen Knoten binden, den wir – du und ich – in achtzehn Jahren nicht lösen können. In diesem Fall hatte er sein Opfer so fest gebunden, dass sie sich weder selbst helfen noch irgendein anderer ihr beistehen konnte: Auf die gleiche Weise kann er – wenn es ihm erlaubt wird – in sehr kurzer Zeit und mit fast allen Mitteln auch irgendein Kind Gottes binden. Vielleicht kann ein Wort eines Predigers, der nie beabsichtigt hatte, jemanden traurig zu machen, ein Herz in tiefes Unglück stürzen. Ein einziger Satz aus einem guten Buch oder ein missverstandener Schriftabschnitt kann der hinreichende Grund dafür sein, dass ein Gotteskind in Satans Falle gerät und lange Zeit in seinen Fesseln liegt.

Dadurch, dass Satan die Frau gebunden hatte, sah sie nur noch sich und den Erdboden. Die schreckliche Art und Weise, wie man ein Tier binden kann, ähnelt ein wenig ihrer Gebundenheit. Ich habe einmal gesehen, wie man den Kopf eines bedauernswerten Tieres an seinen Knien oder Füßen angebunden hat. So ähnlich hatte auch Satan die Frau niedergebeugt und festgebunden. Genauso ist es bei einigen Gotteskindern, deren Gedanken ausnahmslos um das eigene Ich kreisen: Sie haben ihre Augen nach innen gerichtet, sodass sie nur auf sich schauen und lediglich das sehen, was in ihrer eigenen kleinen Welt vor sich geht. Sie klagen immer nur über die eigenen Gebrechen, sie betrauern stets das eigene Verderben und beargwöhnen jederzeit die eigenen Gefühle. Ihre Gedanken drehen sich einzig und allein um ihre eigene Situation. Wenn sie schon einmal ihre Blickrichtung ändern und etwas anderes ansehen, dann nur, um auf die unter ihnen liegende Welt zu schauen und über diese arme Welt mit ihren Leiden, ihren Nöten, ihren Sünden und ihren Enttäuschungen zu stöhnen. Auf diese Weise sind sie an sich selbst und an die Welt gebunden. Sie können weder ihrer Bestimmung gemäß auf Christus schauen, noch kann das Licht seiner Liebessonne sie ganz bescheinen. Sie trauern ohne Sonnenlicht, vor lauter Sorgen und Lasten niedergedrückt. Unser Herr gebraucht das Bild von einem angebundenen Ochsen oder einem Esel, wobei er sagt, dass der Eigentümer sogar am Sabbat die Tiere losbindet, um sie zu tränken.

Diese arme Frau wurde davon abgehalten, Anteil an dem zu haben, was ihre Seele brauchte. Sie glich einem Esel oder einem Ochsen, der nicht zum Wassertrog gehen kann. Sie kannte die Verheißungen, sie hatte sie an jedem Sabbat gehört; sie ging in die Synagoge und hörte von demjenigen, der kommen sollte, um die Gefangenen zu befreien. Sie konnte sich jedoch nicht über die diesbezügliche Verheißung freuen oder die Freiheit in Anspruch nehmen. Genauso geht es vielen Kindern Gottes, die an das eigene Ich gebunden sind und nicht zur Wasserstelle kommen können. Sie können nicht vom Wasser des Lebens trinken und auch keinen Trost in der Schrift finden. Sie wissen, wie kostbar das Evangelium ist und wie trostreich die Segnungen des Bundes sind, aber sie können sich weder am Zuspruch noch am Segen erfreuen. Ach, dass sie es nur könnten! Sie seufzen und weinen, aber sie fühlen sich gebunden.

Doch in diesem Fall gibt es Rettung. Obwohl Satan der armen Frau viel angetan hatte, konnte er darüber hinaus nichts tun. Du kannst sicher sein: Wenn Satan ein Kind Gottes schlägt, dann holt er stets gehörig aus. Er kennt weder Gnade, noch hält ihn irgendeine andere Rücksichtnahme zurück. Als der Herr Hiob eine Zeit lang in die Hände Satans gab, versetzte Satan Hiob harte Schläge, was seinen Besitz anging. Er verschonte nichts – weder Tier noch Kind, weder Schaf noch Ziege, Kamel oder Ochse. Dabei schlug er allerorts mächtig zu und vernichtete Hiobs ganzen Besitz. Als er zum zweiten Mal zuschlagen durfte, ging er dazu über, Hiobs Körper anzutasten. Der Teufel gab sich mit nichts anderem zufrieden, als Hiob vom Scheitel bis zur Sohle mit Beulen und Geschwüren zu schlagen. Es hätte gereicht, wenn er nur einen Teil seines Körpers gequält hätte, aber damit begnügte er sich nicht. Er musste seine ganze Wut auslassen.

Wie es in Hiobs Fall eine Grenze gab, war Satans Handlungsfreiheit jedoch auch hier eingeschränkt. Er hatte diese Frau gebunden, aber er durfte sie nicht töten. Er hatte sie zwar so gebunden, dass sie nur noch das Grab vor sich sah, aber er konnte sie nicht ins Grab bringen. Er hätte sie zwar noch weiter quälen können, bis sie vollends gekrümmt gewesen wäre, aber er konnte nicht ihr armes, schwaches Leben nehmen: Mit seiner ganzen höllischen Verschlagenheit konnte er sie nicht vor der Zeit töten.

Genauso wenig kann der Teufel dich zugrunde richten, o Kind Gottes. Er kann dich schlagen, aber er kann dich nicht töten. Diejenigen, die er nicht zugrunde richten kann, ängstigt er, und dabei empfindet er hämische Freude. Er weiß, dass er dich nicht vernichten kann, weil du außer Reichweite seiner heimtückischen Waffen stehst; aber wenn er dich nicht mit einem Schuss verwunden kann, wird er wenigstens versuchen, dir mit seinem Schießpulver Furcht einzujagen. Wenn er den Betreffenden nicht töten kann, wird er ihn binden, als ginge es zur Schlachtung. Er weiß, eine arme Seele in abgrundtiefe Todesangst zu versetzen, indem sie den wirklichen Tod fürchtet. Aber die ganze Zeit über war Satan völlig außerstande, diese arme Frau ihrer wahren Stellung nach anzutasten: Sie war eine Tochter Abrahams, als der Teufel sie vor achtzehn Jahren erstmalig angriff; und jetzt nach achtzehn Jahren, da der Feind ihr schlimm zugesetzt hatte, befand sie sich noch immer in dieser Stellung. Und du, mein lieber Bruder, meine liebe Schwester, wenn dir achtzehn Jahre lang die Liebe des Herrn nicht zum Trost geworden ist, so bist du doch sein geliebtes Kind. Vielleicht hat er dir nie irgendein Zeichen seiner Liebe gewährt, womit du wirklich etwas anfangen konntest. Und möglicherweise würdest du dich infolge deiner Verwirrung oder Verstörtheit weiterhin die ganze Zeit über bitter anklagen. Dennoch ist dein Name in Christi Hände eingezeichnet, wo niemand ihn auslöschen kann. Du gehörst zu Jesus, und keiner kann dich aus seinen Händen reißen. Der Teufel mag dich zwar fest binden, aber die ewige Liebe, mit deren Bändern Christus dich bis zum Ende halten soll und halten wird, ist viel stärker.

Sogar durch das Wirken des Teufels wurde diese arme Frau dafür zubereitet, Gott zu verherrlichen. Keiner in der Synagoge konnte Gott so verherrlichen wie sie, als sie schließlich von ihrem Leiden befreit wurde. Jedes einzelne Jahr der letzten achtzehn Jahre trug dazu bei, ihren dankerfüllten Lobpreis zu verstärken. Je größer ihr Leid war, desto lieblicher war nun ihr Dankeslied. Ich wäre gern an jenem Morgen dort gewesen, um ihre ganze Geschichte von der frei machenden Kraft des Christus Gottes zu hören. Der Teufel muss gespürt haben, dass er sie fortan in keiner Weise mehr plagen konnte. Er muss bereut haben, dass er sie all die achtzehn Jahre lang nicht in Ruhe gelassen hatte, denn jetzt konnte sie die Geschichte von der wunderbaren Macht Jesu noch viel eindrucksvoller erzählen.

Ich möchte euch drittens darauf aufmerksam machen, *wie der Heiland als Befreier wirkte*. Wir haben gesehen, dass die Frau vom Teufel gebunden worden war, aber jetzt kommt der Befreier. Das Erste, das wir von ihm lesen, ist die Tatsache, dass er sie sah. Als er sich umschaute und seine Augen von einem zum anderen wanderten, sah er in jedes Herz. Zum Schluss sah er die Frau. Ja, genau sie hatte er gesucht; er wusste alles über sie. Er kannte ihr ganzes Wesen und ihr ganzes bisheriges Leben – jeden Gedanken ihres Herzens und jede Sehnsucht ihrer Seele. Obwohl ihm niemand gesagt hatte, dass sie seit achtzehn Jahren gebunden war, war ihm diesbezüglich alles bekannt: Er wusste, wie es zu ihrem Gebundensein kam, was sie die ganze Zeit durchlitten hatte, wie sie um Heilung gebeten hatte und wie sehr ihr Gebrechen noch immer auf ihr lastete. In einer Minute hatte er ihre ganze Geschichte erfasst und ihre Situation verstanden. Er sah sie. Ach, wie vielsagend muss sein suchender Blick gewesen sein! Unser Herr hatte wunderbare Augen; alle Maler der Welt werden nie imstande sein, ein wirklichkeitsgerechtes Bild von Christus darzustellen, weil sie seine ausdrucksstarken Augen nicht wiedergeben können. Der Himmel ruhte in seinen Augen; sie waren nicht nur hell und durchdringend, sondern auch so beschaffen, dass sie die härtesten Herzen erweichen konnten. Darin lag eine unwiderstehliche Warmherzigkeit, eine Vertrauen einflößende Kraft. Ich bin sicher, dass unserem Herrn, als er die arme Frau anschaute, die Tränen in die Augen stiegen. Seinen tränenfeuchten Augen bekundeten jedoch nicht nur Mitleid, denn er wusste, dass er sie heilen konnte, und er freute sich schon darauf, dies zu tun.

Als er sie erblickt hatte, rief er sie zu sich. Kannte er ihren Namen? O ja, er kennt alle unsere Namen, und daher ruft er jeden persönlich und unüberhörbar. »Ich habe dich bei deinem Namen gerufen«, sagt er, »du bist mein« (vgl. Jesaja 43,1). Und seht, das arme Geschöpf kommt den Gang entlang; diese bedauernswerte Gestalt bewegt sich, obwohl sie völlig niedergebeugt ist. Sieht sie überhaupt noch wie eine Frau aus? Man kann kaum ihr Gesicht erkennen, aber sie geht zu dem, der sie gerufen hat. Sie konnte nicht aufrecht stehen, aber sie durfte so, wie sie in ihrem Gebeugtsein und ihrer Schwachheit war, zu ihm kommen. Ich freue mich über die Art, wie mein Herr Menschen heilt, denn er kommt zu ihnen – dorthin, wo sie sind. Er sagt ihnen nicht, dass er den Rest vollbringen wird, wenn sie etwas Bestimmtes tun. Vielmehr beginnt und vollendet er es. Er bittet jeden inständig, so wie er ist, zu ihm zu kommen.

> So wie ich bin, blind, arm und irr,
> such ich, was mir gebricht, bei dir:
> Licht, Reichtum, deiner Gnade Zier,
> o Gottes Lamm, ich komm, ich komm!

Als die Frau zu Jesus kam, sagte der Heiland als der große Befreier zu ihr: »Frau, du bist gelöst von deiner Schwäche!« Inwiefern konnte das wahr sein? Schließlich ging sie noch immer gebeugt einher. Er meinte damit, dass der Bann Satans von ihr genommen und die Macht, die sie gebunden hielt, gebrochen war. In dem Augenblick, da Jesus es aussprach, glaubte sie dies aus tiefstem Herzen, auch wenn sich gegenüber ihrem vorherigen Zustand äußerlich überhaupt nichts verändert hatte.

O könnten auch einige von euch, die doch Gottes geliebte Kinder sind, daran glauben, dass das Ende ihrer Finsternis gekommen ist! Könntet ihr daran glauben, dass eure achtzehnjährige Leidenszeit vorüber und die Zeit des Zweifels sowie des Niedergebeugtseins vorbei ist! Ich bete dafür, dass Gott euch Gnade schenken möge. Dann könnt ihr erkennen, dass das Licht für euch bestimmt ist, als heute Morgen im Osten die Sonne aufleuchtete. Seht, ich bin heute gekommen, um euch die frohe Botschaft des Herrn zu verkünden. Kommt heraus, ihr Eingekerkerten, hüpft umher, ihr Gefangenen, denn Jesus will euch heute frei machen.

Die Frau wurde befreit, aber sie konnte die Freiheit nicht wirklich genießen, und ich will euch gegenüber einiges zu dem entsprechenden Grund sagen. Unser Herr wollte sie dann auf seine Art vollkommen heilen: Er legte ihr die Hände auf. Da sie nicht stark genug war, legte er ihr die Hände auf, und damit – so denke ich – strömte seine Lebenskraft in sie. Nachdem der warme Strom seiner unendlich großen Macht und Lebenskraft sie erfüllt hatte, wich die Schwachheit aus ihrem gebeugten Körper. Er belebte sie so, dass sie sich selbst aufrichten konnte. Die Tat der Liebe war vollbracht: Jesus selbst war der Handelnde. Ihr lieben Trauernden, wenn wir euch doch nur dazu bringen könnten, nicht mehr nur an euch, sondern vor allem an den Herrn Jesus zu denken und von euch sowie euren Sorgen wegzuschauen, um auf ihn zu sehen: Wie sehr würde sich dann eure Situation ändern! Wenn er doch nur seine Hände auf euch legen könnte, diese liebevollen durchbohrten Hände, die euch erkauft haben, diese mächtigen Hände, die Himmel und Erde euretwegen regieren, diese glückseligen Hände, die ausgestreckt sind, um Sünder inständig zu bitten, diese kostbaren Hände, die euch auf ewig an sein Herz drücken werden. Wenn ihr das alles empfinden und dabei an ihn denken würdet, dann würdet ihr schon bald eure frühere Freude zurückgewinnen. Dann würde euer Geist wieder frei werden, und der Kummer eurer gebeugten Seele würde wie ein nächtlicher Traum vergehen und für immer vergessen sein. O möge der Geist des Herrn es vollbringen!

Ich will hier nicht verweilen, sondern möchte euch jetzt auf *die Befreiung der Gebundenen* hinweisen. Uns wird gesagt, dass sie von ihrem Leiden befreit wurde, und zwar in einem Augenblick. Worauf ich euch nun also hinweisen will, ist die Tatsache, dass sie sich selbst aufrichten musste – sie tat und vollbrachte es selbst. Es wurde kein Druck oder Zwang auf sie ausgeübt. Sie richtete sich zwar von selbst auf, und doch wurde sie gerade gemacht. Sie war dahin gehend passiv, dass ein Wunder an ihr vollbracht wurde. Aber sie war auch aktiv beteiligt, denn als sie dazu befähigt wurde, richtete sie sich selbst auf. Welch ein wunderbares Zusammentreffen des aktiven und passiven Geschehens bei der Errettung von Menschen findet sich hier!

Der Arminianer[97] sagt zu dem Sünder: »Nun, lieber Sünder, du bist ein Mensch mit einem freien Willen. Du kannst dich für jenes oder dieses entscheiden.« Der Calvinist sagt: »Du hast zwar als Sünder einen freien Willen, aber du bist außerstande, etwas von dir aus zu tun. Gott muss in dir sowohl das Wollen als auch das Vollbringen wirken.« Wie sollen wir mit diesen beiden Lehren umgehen? Schon vor Jahrhunderten stritten deren Vertreter äußerst heftig miteinander. Wir wollen sie jetzt nicht miteinander streiten lassen, doch es erhebt sich die Frage: Was sollen wir mit ihren Behauptungen anfangen? Wir wollen beide sprechen lassen und dasjenige glauben, was in ihren Zeugnissen der Wahrheit entspricht.

---

97 Hier geht es um den Verfechter einer theologischen Richtung, der stärker die Entscheidungsfreiheit des Menschen und weniger die göttliche Souveränität bei der Erwählung des Menschen betont. Calvinisten vertreten theologisch genau entgegengesetzte Standpunkte.

Stimmt die Aussage des Arminianers, nämlich dahin gehend, dass der Sünder sich bemühen muss, weil er sonst niemals errettet werden kann? Zweifelsohne trifft sie zu. Sobald der Herr geistliches Leben zueignet, ist geistliches Handeln gefragt. Niemand wird ohne freie Entscheidung in den Himmel gezerrt oder im Schlaf auf einem weichen Federbett dorthin getragen. Gott geht mit uns als mit verantwortungsvollen, intelligenten Wesen um. Das ist wahr, und warum sollte man dies leugnen?

Was meint nun aber der Calvinist dazu? Er sagt, dass der Sünder von der Sünde gebunden und von sich aus unfähig ist, sich davon zu befreien. Wenn er es dennoch tut, dann vollbringt letztlich Gott das ganze entsprechende Werk, und dafür gebührt dem Herrn die ganze Ehre. Entspricht das nicht auch der Wahrheit? »O«, sagt der Arminianer, »ich habe nie geleugnet, dass dem Herrn die Ehre gebührt. Ich werde mit dir gemeinsam zur Ehre des Herrn ein Loblied singen, so wie ich mich mit dir im Gebet um das machtvolle göttliche Eingreifen vereint habe.« Alle Christen sind echte Calvinisten, wenn sie zum Singen und Beten zusammenkommen, aber es ist bedauerlich, etwas als Lehre anzuzweifeln, das wir auf unseren Knien und in unseren Liedern bekennen. Es ist in jeder Beziehung wahr, dass nur Jesus allein den Sünder rettet, und es ist genauso wahr, dass der Sünder glauben muss, damit er errettet wird. Der Heilige Geist hat noch nie die Aufgabe übernommen, für einen Menschen zu glauben: Ein Mensch muss sich für den Glauben entscheiden und selbst Buße tun, oder er ist verloren. Dennoch gibt es aber in dieser Welt kein Körnchen echten Glaubens oder echter Buße ohne das Wirken des Heiligen Geistes. Ich werde diese Probleme nicht erklären, weil es keine wirklichen Probleme sind, wenn man von der Theorie absieht. Es sind einfach nur Fakten des praktischen, alltäglichen Lebens. Die arme Frau wusste jedenfalls genau, wem die Krone gebührte. Sie sagte nicht: »Ich habe mich aufgerichtet.« Nein, sondern sie verherrlichte Gott und schrieb das ganze Werk – ihre Heilung – seiner gnadenreichen Macht zu.

Die bemerkenswerteste Tatsache besteht darin, dass sie sofort geheilt war; denn außer ihrer gebeugten Haltung musste noch etwas überwunden werden. Nehmen wir an, irgendein Mensch hätte achtzehn Jahre lang unter einer Missbildung der Wirbelsäule, an einer Nerven- oder einer Muskelkrankheit gelitten. Und dann wäre plötzlich die Ursache für seine Erkrankung vollständig verschwunden. Wie würde sich dies auswirken? Ach, die Auswirkungen dieser Krankheit wären immer noch da, weil der Körper nach so langer Zeit in dieser Stellung bleiben würde. Ihr habt zweifellos schon einmal von den Fakiren und anderen derartigen Leuten in Indien gehört. Weil ein Mann ein Gelübde abgelegt hat, hält er jahrelang seine Hand hoch, doch wenn die Jahre der Selbstkasteiung dann vorüber sind, kann er sie nicht mehr an sich ziehen: Die Hand ist erstarrt und unbeweglich. Im Falle dieser Frau wurde die Ursache, um derentwillen ihr armer gebeugter Körper gebunden war, beseitigt, und gleichzeitig wurde die sich daraus ergebende Starre gelöst. Als sie sich daraufhin sogleich erhob und aufrecht dastand; war dies ein doppelter Erweis der wunderwirkenden Macht. O mein armer angefochtener Freund, wenn der Herr dir jetzt begegnet, dann wird er nicht nur die unmittelbare und eigentliche Ursache für deine Traurigkeit wegnehmen, sondern auch dein Hang zur Schwermut als solcher wird weichen. Die Spurrinnen auf der Straße des Leids, die durch dein langes Verharren in der Traurigkeit entstanden sind, werden aufgefüllt werden, und du wirst stark im Herrn und in der Macht seiner Stärke sein.

Als vollkommen Geheilte erhob sich die Frau, um Gott zu verherrlichen. Ich hätte gern den heuchlerischen Vorsteher der Synagoge gesehen, als er ärgerlich seine Rede hielt: Dann hätte ich ebenfalls gern gesehen, wie der Herr ihn ganz und gar zum Schweigen brachte; aber besonders gern hätte ich diese bislang bedauernswerte Frau gesehen, als sie aufrecht stehen konnte sowie den Herrn lobte und pries. Was hat sie gesagt? Das wird nicht berichtet, aber wir können es uns gut vorstellen. Vielleicht hat sie Folgendes gesagt: »Seit achtzehn Jahren gehe ich hier ein und aus. Ihr habt mich gesehen und wisst, welch armes, elendes und erbärmliches Geschöpf ich war. Aber Gott hat mich in einem Augenblick aufgerichtet. Gepriesen sei sein Name, ich kann wieder aufrecht gehen.« Mit den Worten ihres Mundes konnte sie nicht einmal die Hälfte von dem ausdrücken, was sie sagen wollte. Kein Berichterstatter hätte dies wiedergeben können. Sie sprach mit ihren Augen genauso wie mit ihren Händen – ja, mit jedem Glied ihres Körpers. Ich denke, dass sie umherlief, um zu sehen, ob sie auch wirklich aufrecht gehen konnte, und um sicher zu sein, dass das Ganze keine Täuschung war. Sie muss eine einzige Verkörperung der Freude einer Geheilten gewesen sein, und mit jeder Bewegung lobte sie Gott vom Scheitel bis zur Sohle. Im ganzen Universum gab es niemanden, der diesen Lobpreis besser hätte ausdrücken können als diese Frau. Sie war wie neugeboren, von ihrem langen Todesleiden befreit und mit Freude über das neu geschenkte Leben erfüllt. Sie hatte allen Grund, Gott zu verherrlichen.

Fünftens: Denken wir darüber nach, warum wir erwarten können, dass der Herr Jesus auch heute das Gleiche tun kann wie vor mehr als 1900 Jahren. Welchen Grund hatte er, diese Frau zu befreien und zu heilen? Nach seiner eigenen Aussage war es zuallererst Menschenliebe. Er sagt: »Wenn in deinem Stall ein Ochse oder Esel angebunden steht und du siehst, dass er Durst hat, dann bindest du ihn doch auch von der Krippe los, um das arme Geschöpf zum Tränken an den Fluss oder zum Wassertrog hinabzuführen. Keiner von euch würde einen angebundenen Ochsen verdursten lassen.« Das ist ein gutes Argument, aufgrund dessen wir folgern, dass Jesus den Leidtragenden helfen will. Du angefochtene Seele, würdest du nicht auch einen Ochsen oder einen Maulesel befreien, wenn du siehst, wie das Tier leidet? Du sagst: »Ja«. Und glaubst du, dass der Herr nicht auch dich befreien will? Bist du etwa barmherziger als der Christus Gottes? Komm schon, denke nicht so gering von meinem Herrn. Wenn dein Herz Mitleid mit einem Esel hat, stellt sich die Frage: Bist du wirklich der Meinung, dass sein Herz dann kein Mitleid mit dir hätte? Er hat dich nicht vergessen. Er denkt noch immer an dich. Sein liebevolles Wesen als Mensch veranlasst ihn, dich zu befreien.

Darüber hinaus gab es einen besonderen Aspekt. Er sagt diesem Synagogenvorsteher, dass ein Mann seinen Ochsen oder seinen Esel losbinden würde. Möglicherweise denkt dieser, dass es nicht seine Aufgabe ist, hinzugehen und etwas zu lösen, das einem anderen gehört, aber weil es sein eigener Esel oder Ochse ist, wird er ihn losbinden. Und glaubst du, meine liebe Seele, dass der Herr Jesus nicht auch dich lösen will? Er hat dich mit seinem Blut erkauft, sein Vater hat dich ihm gegeben, er hat dich mit ewiger Liebe geliebt: Wird er dich dann nicht lösen? Du bist sein Eigentum. Weißt du nicht, dass er sein Haus fegt, um die verlorene Drachme zu finden, und dass er über Berg und Tal läuft, um sein verlorenes Schaf zu finden? Und wird er nicht kommen, um seinen armen angebundenen Ochsen oder Esel zu lösen? Wird er nicht seine gebundene Tochter befreien? Ganz gewiss wird er dies tun.

Dann gab es noch einen Streitpunkt, der den Heiland zum sofortigen Handeln veranlasste. Er sagt: »Diese aber, die eine Tochter Abrahams ist, die der Satan gebunden hat.« Wenn ich also wüsste, dass der Teufel irgendetwas gebunden hätte, dann bin ich sicher, dass ich versuchen würde, dies zu lösen, nicht wahr? Wir können sicher sein, dass sich Unheil anbahnt, wenn der Teufel am Werk ist. Daher ist es eine gute Tat, sein Werk zunichtezumachen. Aber Jesus Christus kam in diese Welt mit dem Ziel, die Werke des Teufels zu vernichten; und als er die Frau sah, die wie ein Ochse gebunden war, sagte er: »Ich werde sie lösen – und sei es nur mit dem einen Ziel, das Werk des Teufels zunichtezumachen.« Und jetzt, mein lieber angefochtener Freund, wenn dein Leid auf den Einfluss Satans zurückzuführen ist, dann wird Jesus Christus in deinem Fall den Teufel besiegen und dich befreien.

Denken wir an die beklagenswerte Lage dieser Frau. Einem Ochsen oder einem Esel, der an der Krippe angebunden ist und kein Wasser bekäme, ginge es schon bald sehr schlecht. Das arme Geschöpf, wie bedauernswert! Hörst du das Brüllen des Ochsen, weil ihm der Durst Stunde um Stunde mehr zusetzt? Hättest du kein Mitleid? Und glaubst du, dass der Herr kein Mitleid mit seinen armen, angefochtenen, versuchten und leidgeprüften Kindern hat? All die Tränen, sollen sie umsonst vergossen sein? All die schlaflosen Nächte, sollen sie außer Acht gelassen werden? Dieses gebrochene Herz, das zwar gern an die Verheißung glauben würde, es aber nicht kann, soll sein Flehen niemals erhört werden? Hat der Herr vergessen, gnädig zu sein? Hat er sein Zorn dazu geführt, dass sein Herz nicht mehr voller Barmherzigkeit ist? Nein, er wird sich an deinen beklagenswerten Zustand erinnern und dein Seufzen hören, denn er gießt all deine Tränen in seinen Schlauch (vgl. Psalm 56,9).

Zuallerletzt gab es noch einen Grund dafür, warum das Herz Christi angerührt wurde. Es war der Sachverhalt, dass sie achtzehn Jahre unter diesem Zustand gelitten hatte. »Daher«, sagte er, »soll sie sofort gelöst werden.« Die Worte des Synagogenvorstehers kann man wohl so verstehen: »Nachdem sie achtzehn Jahre lang gebunden gewesen war, kann sie auch noch bis morgen – diesen einen Tag nur – warten.« »Nein«, sagt Christus, »wenn sie achtzehn Jahre lang gebunden war, dann soll sie keine Minute länger warten; sie hat schon genug gelitten. Sie soll sogleich befreit werden.«

Ziehe daher aus der Dauer deines Verzagtseins nicht den Schluss, dass es nie zu Ende geht, sondern folgere daraus, dass du kurz vor deiner Befreiung stehst. Weil die Nacht so lang gewesen ist, muss die Morgendämmerung umso näher sein. Du bist schon so lange gequält worden, dass du kurz vor dem Ende deiner Prüfungszeit stehst, denn dem Herrn gefällt es nicht, wenn die Menschenkinder gepeinigt werden oder betrübt sind. Fass dir daher ein Herz und sei guten Mutes. O möge doch mein göttlicher Meister jetzt kommen, um das zu tun, was ich mir zwar sehnlichst wünsche, aber selbst nicht bewirken kann: Möge er jedes hier versammelte Gotteskind vor Freude hüpfen lassen. Freut euch am Herrn, ihr Gerechten, und jubelt alle, ihr von Herzen Aufrichtigen (vgl. Psalm 32,11), denn der Herr befreit die Gefangenen. Möge er jetzt viele befreien.

Maria von Betanien

Ein Beispiel

»Sie hat ein gutes Werk an mir getan« (Markus 14,6).

Heute spreche ich über diese glückselige Frau in dem hoffnungsvollen Verlangen, dass wir – du und ich – ihr unvergessliches Beispiel nachahmen mögen. Ich will zunächst auf nichts anderes eingehen als auf die Bedeutung dessen, was unser Herr nach meiner Erkenntnis meinte, als er sagte: »Sie hat ein gutes Werk an mir (oder: in mir) getan.« Der Vers könnte auch anders wiedergegeben werden, selbst wenn die Übersetzer diese Formulierung nicht gern benutzen, und zwar wie folgt: »Sie hat ein schönes Werk – ein vortreffliches Werk – an mir getan.« »Ein Werk der Schönheit schenkt bleibende Freude.«[98] Ihre Tat war ein schönes Werk, das der Gemeinde Gottes für immer Freude bereiten wird, weil man sich – in Verbindung mit der Predigt des Evangeliums Christi – fortwährend an sie erinnern wird. Solange nämlich die Heilsbotschaft verkündigt wird, bleibt diese Maria von Betanien aufgrund ihrer Tat in Erinnerung.

Was war so schön an ihrer Tat? War es die Tatsache, dass sie das Alabasterfläschchen zerbrach und das Salböl ausgoss? Was war daran so schön? Ich werde versuchen, euch die entsprechenden Aspekte zu zeigen.

In ihrer Liebestat lagen sieben Schönheiten, wobei der erste und wichtigste Aspekt vielleicht darin bestand, dass *ihre Tat ganz der Verherrlichung Jesu diente.* Indem sie das Öl auf sein Haupt goss, wollte sie ihn persönlich ehren; jeder Tropfen des Salböls war für ihn gedacht und sollte ihn als Person ehren.

Sie dachte nicht so sehr an seine Taten der Liebe oder seine Worte der Wahrheit, sondern eher an sein unübertroffenes und höchst kostbares Wesen. Sie hatte seine Liebestaten gesehen, als er Lazarus auferweckte; sie hatte seine Worte der Wahrheit gehört, als sie ihm zu Füßen saß: Aber jetzt empfand sie nur Bewunderung und

98 Das Original dieses Zitats geht auf den englischen Dichter John Keats (1795-1821) zurück.

Verehrung für ihn, den Hochgelobten. Sie hatte die Flasche mit dem kostbaren Öl dabei, um sie ihm als Opfer darzubringen – ihrem Lehrer, ihrem Freund, ihrem Herrn und demjenigen, der ihr alles bedeutete. Es wurde vorgeschlagen, dass sie das Öl hätte verkaufen und den Erlös den Armen hätte geben können. Sie sehnte sich jedoch danach, ihm unmittelbar – und nicht auf indirektem Weg – ein Opfer zu bringen. Zweifellos hatte sie die Gaben für die Armen nicht vernachlässigt, aber sie spürte, dass sie das Verlangen ihres Herzens nicht gestillt hätte, wenn Almosen jetzt wichtiger gewesen wären. Ihr Herz war voller Dank demjenigen gegenüber, der um ihretwillen der Ärmste der Armen geworden war. Sie wollte ihm etwas geben – etwas, das Demjenigen gebührte, der nach ihrem Verständnis so einzigartig war, etwas, das von der Zeit und den Umständen her ihm angemessen war.

Ich denke, diese heilige Frau wusste mehr über unseren Herrn als all seine Apostel zusammengenommen. Ihre Augen hatten hinter den Vorhang geschaut. Ihr dürft nämlich nicht vergessen, dass er nur einen oder zwei Tage später im Triumphzug wahrhaft königlich in Jerusalem einzog. Sollte er deshalb nicht zuerst gesalbt werden? Und wer sollte ihn öffentlich mit Öl zum König salben, wenn nicht diese hingegebene Frau? Sie war gekommen, um ihn zum König zu salben, bevor er als solcher auf den Straßen der Hauptstadt Israels einziehen würde. Ihr Salböl aus echter, kostbarer Narde sollte jedenfalls nur für ihn ausgegossen werden. In diesem Augenblick vergaß sie die Armen ebenso wie die Jünger. Marta diente bei Tisch, indem sie die Jünger und den Herrn bewirtete; aber Maria hatte all ihre Gedanken auf Jesus gerichtet. Sie sah »niemand mehr bei sich außer Jesus allein« (vgl. Markus 9,8). Welch eine außergewöhnliche und glückselige Schau! Was sie tat, war nicht für Jesus *und* den engeren Jüngerkreis (Petrus, Jakobus und Johannes) bestimmt, sondern allein für denjenigen, der wahrhaft einzigartig ist. Er steht über allen und übertrifft alle anderen, denn nur ihm gebührt alle Ehre. Weil sie ihn mehr als alle anderen mit einer beispiellosen Liebe liebte, musste ihr Herz dies mit einer Liebestat, die völlig, ausschließlich und allein ihm galt, zum Ausdruck bringen.

Es geht also um ein schönes Werk, wie wir im Text gelesen haben. So kann ein schönes Werk auch in deinem und meinem Leben aussehen: Nachdem wir entsprechend unseren Möglichkeiten uns um die Bedürftigen gekümmert und gegenüber unseren Mitmenschen unsere Pflicht getan haben, spüren wir, dass wir etwas für Jesus – und zwar ausschließlich für unseren Herrn – tun müssen. Fragst du mich, was du für ihn tun sollst? Nein, liebe Schwester, ich kann es dir nicht sagen; dein eigenes Herz muss dich auf den entsprechenden Gedanken bringen, so wie deine eigenen Hände ihn auch ausführen müssen. »O«, ruft ein Bruder, »was nun?« Ich kann es dir nicht sagen. Alles, worauf es jetzt ankommt, hängt vom geheiligten Einfallsreichtum deines Geistes ab, der etwas für den Herrn ersinnt, weil er dein Ein und Alles ist. Man hätte den Wert der Tat dieser heiligen Frau ein wenig beeinträchtigt, wenn man ihr befohlen hätte, das Alabasterfläschchen zu holen und das Öl auf sein Haupt auszugießen: Ihre Liebe als ihr Motiv war besser als ein formelles Gebot. Ihre Tat wäre nicht einmal halb so viel wert gewesen, wenn Simon[99] ihr gesagt hätte: »Ich habe nicht genug Salböl, um unsere Gäste zu salben; hole ein Fläschchen von zu Hause.« Das eigentlich Rühmenswerte an ihrer Tat bestand darin, dass ihr eigenes Herz sie aus freien Stücken dazu trieb, etwas zu tun, das ausschließlich Jesus galt.

Sie musste es persönlich tun, nicht irgendein von ihr Beauftragter; und sie musste dieses Werk an ihm selbst vollbringen – unverkennbar, unmittelbar und öffentlich. Vielleicht konnten andere das Nardenöl riechen. Das wollte sie gar nicht verhindern, aber dieses wohlriechende Salböl war nicht für die Umstehenden, sondern einzig und allein für ihn gedacht: Sie goss es auf sein Haupt ebenso wie auf seine Füße; sie salbte ihn vom Kopf bis Fuß mit diesem Zeichen ihrer tiefen und ehrfurchtsvollen Dankbarkeit sowie ihrer grenzenlosen Liebe: Sie war ganz von ihm, ihrem Herrn und Gott, erfüllt. Und so gehörte ihr bereitwilliges Opfer nur ihm – ihm allein. Welch eine Freude ist es doch, etwas für denjenigen tun zu dürfen, dessen große Liebe uns festhält! Ich spüre, wie ich mich am liebsten sogleich in die Stille zurückziehen und diesen besonderen glückseligen Zustand genießen würde.

Ja, meine Güte, wie wenig besitzt ihr doch in dieser berechnenden Zeit von dieser Hingabe! Statt »alles für Jesus« zu tun, tun wir selten etwas für ihn! Wenn ihr eure geistlichen Lieder singt, erklingt dann ein Loblied »für Jesus«? Wenn ihr betet, betet ihr zu Jesus und

99 Hier ist nicht Simon Petrus, sondern Simon, der ehemals Aussätzige, gemeint, der Gastgeber dieses Mahls war (vgl. Markus 14,3).

an Jesus gewandt? Steht denn nicht geschrieben: »Man soll beständig für ihn beten, den ganzen Tag ihn segnen« (vgl. Psalm 72,15)? Mein Herz sehnt sich jetzt danach, dasjenige zu erkennen, was ich tun muss, um diese Frau nachahmen zu können. Ihre Flasche mit dem sehr kostbaren Nardenöl war »allein für Jesus« bestimmt. O ihr Geliebten meines Herrn, die ihr in seinem kostbaren Blut reingewaschen seid, die ihr ihm alles verdankt, denkt jetzt an seine beispiellose Herrlichkeit, und wenn ihr in jenes den Himmel widerspiegelnde Gesicht schaut, dann sagt euch: »Was können wir für ihn tun – vollkommen, direkt und persönlich nur für ihn?«

Die zweite Schönheit ihres Werkes lag in Folgendem: *Es war eine Tat aus reiner Liebe,* aus reiner Liebe zu Jesus. Es gibt noch eine andere Frau, die ebenfalls unter ihresgleichen gesegnet war. Ich meine die Sünderin (in Lukas 7). Auch sie kam, brachte ein Alabasterfläschchen und tat fast das Gleiche wie diese Maria von Betanien. Aber sie tat etwas, das Maria nicht tat: Ihre Tränen vermischten sich mit dem Öl: Sie benetzte Jesu Füße mit ihren Tränen und trocknete sie mit den Haaren ihres Hauptes. Dasjenige, das sie tat, war auf seine Art schön, doch die Schönheit in Marias Werk zeigt sich auf andere Weise. Diesbezüglich gibt es einen Unterschied: Als Maria es vollbrachte, hat sie sich scheinbar nicht an irgendeine persönliche Sünde erinnert, auch wenn dieser Gedanke ohne jeden Zweifel in ihrem Herzen war und sie deshalb ihren Herrn angesichts seines Vergebungsreichtums umso mehr anbetete. Maria hatte zu Jesu Füßen gesessen und damit das gute Teil erwählt; die Frage der Sündenvergebung war bei ihr schon vor einiger Zeit geklärt worden. Obwohl sie jetzt dafür und auch für die Auferweckung ihres geliebten Bruders Lazarus zutiefst dankbar ist, scheint diese Dankbarkeit ganz in den tiefgründigeren Gedanken ihrer Seele aufzugehen, denn sie hatte den Zustand einer alles verzehrenden Liebe zu Jesus erreicht. Sie hätte diese Art der Liebe nie kennengelernt, wenn sie nicht gelernt hätte, zu seinen Füßen zu sitzen. Diese lange Zeit zu seinen Füßen hat auf den menschlichen Verstand eine wunderbare Auswirkung: Dadurch treten sogar Dinge, die an sich gut sind, zugunsten von Angelegenheiten, die auf einer höheren Ebene liegen und weniger mit dem eigenen Ich zu tun haben, in den Hintergrund.

Es ist etwas Glückseliges, Christus zu lieben, weil wir durch ihn der Hölle entkommen; es ist etwas Glückseliges, Christus zu lieben, weil er allen Gläubigen Zugang zum Reich der Himmel schenkt. Die Glückseligkeit ist jedoch noch größer, wenn man sich selbst vergessen und voller Freude über seine unbeschreiblichen Vollkommenheiten nachsinnen kann – über ihn, vom dem der Himmel und die Erde sagen, dass er hervorragend unter Zehntausenden und alles an ihm begehrenswert ist (vgl. Hoheslied 5,10.16). »Wir lieben (ihn), weil er uns zuerst geliebt hat« (vgl. 1. Johannes 4,19). Das ist unser Fundament, das immer bestehen bleibt. Aber auf dieses Fundament legen wir Schicht um Schicht kostbare Steine der Liebe – und zuletzt den krönenden Schlussstein unserer unaussprechlichen Liebe zu unserem großartigen Herrn. Er selbst hat unsere Herzen gewonnen und unseren Geist im Sturm erobert. Nun müssen wir etwas tun, dass unsere Liebe zu ihm ausdrückt. Diese Liebe umfasst nicht nur ein Zeichen der Dankbarkeit für alle Wohltaten seiner Hand, sondern eine tiefe Zuneigung, weil er als Person wunderbar und anbetungswürdig ist.

Liebe Freunde, sagt doch, spürt ihr zu dieser Stunde jene Art der Liebe in euren Herzen? Empfindet ihr gar, wie Christus die Unwandelbarkeit eures Verständnisses in jeder Beziehung gewonnen und wie er jede eurer Gefühlsregungen völlig in seidene Fesseln gebunden hat? Infolgedessen wollt ihr etwas tun, das nur dieses eine Ziel hat: Ihr möchtet eure Liebe zu ihm zum Ausdruck bringen – zu demjenigen, der euch in euren jetzigen Stand versetzt hat. Gebt diesem Gefühl nach, krönt es mit Taten, tut dies euer Leben lang.

Die dritte Schönheit der Tat bestand in Folgendem: *Sie war Ausdruck eines beträchtlichen Opfers.* Die damit verbundenen Kosten waren für die Frau nicht unbedeutend, denn sie war weder eine Königin noch eine Prinzessin. Ich habe Judas zumindest die Tatsache zu verdanken, dass er den Preis jenes Fläschchens mit dem kostbaren Salböl erwähnte. Er wollte ihr damit einen Vorwurf machen, aber wir sollten seine Zahlen stehen lassen. Je mehr er den Beweggrund dieser Tat auf Geldverschwendung zurückführt, desto mehr achten wir Maria. Keiner von uns – weder du noch ich – hätte gewusst, was es gekostet hat, wenn Judas als Verwalter der Jüngerkasse nicht erwähnt hätte, dass »dies hätte teuer verkauft … werden können« (vgl. Matthäus 26,9). Wie sehr schwang in diesem Wort »teuer« doch sein Groll mit! Er berechnete den Wert mit dreihundert Denaren. Er gab ihn sogar in Münzen an, weil seine verkommene Seele nach jedem kleinen Geldbetrag gierte, der in die

Jüngerkasse eingelegt wurde. O welch ein Geiz angesichts der Tatsache, dass jemand ein Vermögen für denjenigen gibt, dem das Silber und Gold gehört! Trotzdem gefällt mir seine Berechnung, denn sie ist dahin gehend aufschlussreich, dass ein römischer Denar einem damaligen Tageslohn entsprach. Wenn wir nun dafür als heutigen Durchschnittswert 100 Euro nehmen, kommen wir insgesamt auf etwa 25000 Euro. Das war eine hohe Summe Geldes für eine Frau, die in einfachen Verhältnissen in Betanien lebte. Auch wenn die Umrechnung in heutige Verhältnisse manches unberücksichtigt lässt und Geld damals einen anderen Wert hatte als heute, war es für sie eine große Summe, die sie für eine einzige Liebestat ausgab.

Ihr Geschenk war kostbar, aber der Herr Jesus hatte von all seinen Dienern das Beste zum höchsten Preis verdient. Darüber hinaus gab es eine Frau, die als Dienerin des Herrn eigentlich einen höheren Preis bezahlte als Maria: Die Betreffende – die Witwe im Tempel – legte nur zwei Scherflein ein, aber sie gab bekanntlich alles, was sie besaß. Ich weiß nicht, wie viel Maria hatte, aber ich bin überzeugt davon, dass es so ziemlich alles war, was sie besaß. Außerdem war ihr alles, was sie zurücklegen konnte, für den Herrn Jesus Christus offenbar immer noch viel zu wenig. Wenn sein Haupt hätte gesalbt werden sollen, dann hätte man eine große Menge gewöhnliches Olivenöl in Betanien holen können. Der Ölberg lag ganz in der Nähe. Aber der Gedanke daran, gewöhnliches Olivenöl auf sein Haupt auszugießen, wäre ihr nie gekommen; sie musste ein kaiserliches Salböl finden, ein Salböl, das auch der oberste römische Herrscher akzeptiert hätte. Wenn man Jesus hätte salben wollen, dann wäre es möglich gewesen, das Salböl auf den Märkten Jerusalems zu einem angemessenen Preis zu kaufen. Warum musst du, Maria, das »sehr kostbare« Salböl kaufen und so viel Geld für etwas ausgeben, dessen irdischer Wert zeitlich äußerst begrenzt ist und dessen Wohlgeruch sich bereits nach einer halben Stunde verflüchtigt, weil der Wind ihn davongetragen hat? Aber das Rühmenswerte am Dienst für Christus liegt darin, ihm das Beste vom Besten zu geben!

Wenn wir ihm in der Verkündigung dienen, dann verdient er die besten Predigten, die ein menschlicher Geist hervorbringen oder eine Zunge halten kann. Wenn unser Dienst der Bibelunterricht ist, dann verdient er es, dass wir dies mit größtmöglicher Liebe tun und seinen Lämmern die beste Weide geben. Oder wenn wir ihm mit dem geschriebenen Wort dienen, dann verfassen wir keine Zeile, die gelöscht werden müsste; und wenn wir ihm mit Geld dienen, dann sollten wir in aller Großzügigkeit von dem, was wir haben, das Beste geben und freigebig sein. Gib dem Herrn großherzig und reichlich – was immer es ist, das er uns anvertraut hat, ob es nun finanzielle Mittel oder Begabungen, Zeit oder Worte sind, ob die klingende Münze in der Geldbörse, der frische Mut eines liebenden Herzens oder die Arbeit einer emsigen Hand. Geben wir unserem viel Geliebten das Beste, das wir haben, und er wird es als schön bezeichnen.

Denken wir als Nächstes daran, worin das Schöne an Marias Tat ebenfalls lag: *Sie hatte alles vorbereitet.* Von Johannes wird uns mitgeteilt, was wir sonst nicht gewusst hätten: »Möge sie es aufbewahrt haben für den Tag meines Begräbnisses!« (vgl. hier und im Folgenden Kap. 12,7). »Aufbewahrt«. Es war daher nicht so, dass ihr plötzlich eine Idee kam, als sie Jesus bei dem Abendessen sah. Sie eilte nicht spontan zu ihrem Schrank, um das kleine Alabasterfläschchen mit dem Nardenöl herauszuholen. Und sie zerbrach es nicht in einer leidenschaftlichen Gefühlsregung, um diese Tat in Augenblicken des besonneneren Nachdenkens womöglich zu bereuen. Im Gegenteil: Jetzt konnte sie den über Monate und Wochen gehegten Gedanken ausführen. Wir kennen warmherzige Brüder und Schwestern, die infolge gewisser Beweggründe und Impulse sowohl mit Worten als auch mit Taten und Spenden Großartiges leisten, obwohl sie niemals daran gedacht haben, diese Dinge zu tun, als sie in die Gemeinde kamen. Ich möchte ihnen keinen Vorwurf machen, sondern sie eher dafür loben, dass sie den gnadenreichen Impulsen ihres Herzens gehorchen; aber es ist nicht die beste Art und Weise, unserem stets gepriesenen Herrn zu dienen. Im Affekt begangene Handlungen sind nicht immer tauglich. Marias Tat ging nicht auf Gedankenlosigkeit zurück. Sie wurde auch nicht mit der ungestümen Kraft einer Frau voll außergewöhnlichen Eifers vollbracht. Nein, sie hatte alles vorbereitet. Sie hatte dieses kostbare Salböl mit Bedacht aufbewahrt, bis der geeignete Zeitpunkt gekommen war, um es höchst zweckentsprechend einzusetzen.

Ich bin persönlich davon überzeugt, dass sie, als sie zu Jesu Füßen saß, viel mehr lernte, als irgendeiner der Jünger je durch Jesu Predigten in der Öffentlichkeit gewonnen hatte. Sie hatte gehört, wie er sagte, dass der Sohn des Menschen den Schriftgelehrten und Pharisäern ausgeliefert werden würde. Danach würden sie ihn anspeien, geißeln und töten, bevor er am dritten Tag wiederauferstehen würde. Das glaubte sie. Sie bedachte dies sorgfältig und sann darüber nach. Dabei erfasste sie mehr von dessen Bedeutung, als dies hinsichtlich aller Apostel der Fall war. Sie sagte sich: »Er wird als Opfer durch die Hand gottloser Menschen sterben, daher will ich ihm besondere Ehre erweisen.« Ich halte es durchaus für möglich, wenn sie in diesem Licht anfing, das Alte Testament zu lesen. »Dies ist derjenige, den Gott gesandt hat und auf den die Ungerechtigkeiten von uns allen gelegt wurden. Er wird dem Gericht übergeben werden und die Sünde vieler tragen.« Dann dachte sie bei sich: »Wenn dem so ist, werde ich das Salböl bereithalten, um ihn für sein Begräbnis zu salben.« Vielleicht lief ihre Absicht darauf hinaus, denn der Herr selbst deutete die Tat so. Auf jeden Fall dachte sie: »Ach, ich tue es für meinen Herrn! Wenn er stirbt, muss er einbalsamiert werden, und ich werde bereit sein, bei seiner Grablegung zu helfen.« Daher bewahrte sie das Öl auf.

»Möge sie es aufbewahrt haben für den Tag meines Begräbnisses.« Es liegt eine wunderbare Schönheit in einer Tat, die das Ergebnis einer langen, von Liebe geprägten und sorgfältigen Überlegung ist. Eine gute Tat duldet keinen Aufschub, sondern sollte sofort ausgeführt werden. Wenn aber eine solche Tat doch einmal aufgeschoben werden muss, dann sollte man sogleich entsprechende Vorkehrungen treffen, um im geeigneten Augenblick handlungsbereit zu sein. Wenn ein Mensch spürt, dass die Zeit noch nicht reif ist, er aber bereit sein will, wenn der Zeitpunkt gekommen ist, beweist das, dass sein Herz von einer grenzenlosen, allumfassenden Liebe bestimmt wird. Deshalb singen wir:

O was soll ich tun,
den Heiland zu ehrn,
wie kann ich aufs Neu
sein Lob jetzt vermehrn?

Und es wäre gut, wenn wir uns fortwährend an diesen Vers erinnern. Jeder möge jetzt in seinem Herzen beschließen: Ich werde meinem Herrn nicht die noch unreife Frucht einer impulsiven Tat oder etwas darbringen, das mich nichts kostet, sondern ich werde darüber nachdenken, was ich für ihn tun kann. In welcher Hinsicht ist so etwas nötig? Wie und an welcher Stelle kann ich ihn ehren, wo diese Ehre ihm sonst nicht zuteilwird? Ich werde darüber nachdenken und nachsinnen sowie es im Herzen bewegen, um es dann auszuführen. Das Letztgenannte möchte ich als Verkündiger mit Nachdruck wiederholen: O viele von uns haben es sich nämlich angewöhnt, einen großartigen Gedanken zu haben, und wenn es um dessen Umsetzung geht, verflüchtigt er sich, ohne auch nur das geringste praktische Ergebnis zu hinterlassen! Diese heilige Frau hatte nicht nur geplant und bedacht, sondern sie vollbrachte auch heilige Taten. Sie konnte ihr Alabasterfläschchen so lange wie nötig bei sich aufbewahren, und trotzdem ließ sie sich nicht zu der Überlegung verleiten, es ganz für sich zu behalten. Sie erlaubte ihrem Herzen, das Vorhaben abzuwägen; und je mehr sie es bedachte, desto mehr reifte in ihr der Entschluss, zu handeln – es zur rechten Zeit auszuführen. Als sie glaubte, dass die richtige Stunde gekommen war, zögerte sie keinen Augenblick. Nachdem sie alles sorgfältig überlegt hatte, handelte sie ebenso umgehend. Das Passahfest kam immer näher; es sollte in sechs Tagen stattfinden, und so brachte sie das herbei, was sie in Reserve hatte. Glückselig sind die Dienste zum rechten Zeitpunkt, die das Ergebnis des ernsthaften Bemühens sind, den Herrn auf bestmögliche Art zu ehren.

Wie wunderbar ist es, eine recht arme Frau in unseren Tagen zu sehen, die das Wenige, das sie hatte, jahrelang sparte, bis sie einen im Geheimen gefassten Entschluss verwirklichen konnte, wodurch Jesus verherrlicht werden würde.[100] Es fällt auf, dass wir – du und ich – eine Frau in bescheidenen Verhältnissen sehen, die auf all die Annehmlichkeiten des Lebens verzichtete und so viel gespart hat, dass damit für die Kinder eines Waisenhauses gesorgt werden könnte. Dies sollte nach ihren Worten aber nicht um der Kinder willen, sondern um Christi und um seiner Verherrlichung willen geschehen. Das Stockwell Orphanage[101] ist das Alabasterfläschchen, das eine gottesfürchtige Frau ihrem Herrn gab. Ihr Andenken bleibt im Segen.[102] Es ist mit einem duftenden Wohlgeruch verbun-

100 Es handelt sich um Mrs. Hillyard, eine Pastorenwitwe, welche die für damalige Verhältnisse ungewöhnlich hohe Summe von 20000 Pfund für die Gründung und Unterhaltung des nachfolgend erwähnten Waisenhauses spendete.

101 Von Spurgeon 1866/67 gegründete Betreuungseinrichtung für Waisenkinder in Stockwell, einem Stadtteil von London.

102 Spurgeon hielt diese Predigt im November 1884, mehrere Jahre nach dem Heimgang von Mrs. Hillyard.

den, dessen man sich zu dieser Stunde auf der ganzen Welt zur Verherrlichung des von ihr geliebten Herrn erinnert. Solch eine mit Bedacht vollbrachte Tat nennt Jesus ein gutes Werk. Lasst uns solche guten Werke in überströmender Weise tun. Vielleicht sagt jemand: »Es wird zwangsläufig zu einer Entscheidung kommen – ich sollte für Gott und seine Wahrheit einstehen. Anderenfalls wird dies ein ernster Verlust für mich sein.« Und wenn der Betreffende dann darüber nachsinnt und die nächste entsprechende Gelegenheit kaum erwarten kann, ist dies eine schöne Sache. Wie wunderbar, wenn jemand die Gesinnung des Herrn Jesus (»Ich habe ... eine Taufe, womit ich getauft werden muss, und wie bin ich bedrängt, bis sie vollbracht ist!« [vgl. Lukas 12,50]) nachahmt! Mutige, aufopferungsvolle Entscheidungen für die Wahrheit zu treffen, ist eine wunderbare Sache, wenn deren Ausführung gut durchdacht ist und sie mit großem Eifer umgesetzt werden. Möge Gott uns eine gute Mischung von Besonnenheit und spontanem Handeln, Vernunft und Liebe geben, damit wir ihm sowohl mit unserem Verstand als auch mit ganzem Herzen dienen!

Es liegt eine fünfte Schönheit in ihrer Tat. *Maria vollbrachte ihre große Tat, ohne ein Wort zu sagen.* Liebe Schwestern, erlaubt mir, diese heilige Frau für ihre Weisheit und ihr angemessenes Schweigen bei ihrer gnadenreichen Tat zu loben. Sie sprach vorher nicht darüber, sie sagte kein Wort, als sie handelte, und sie sagte auch nichts danach. Marta war sowohl die viel Beschäftigte als auch diejenige, die oft das Wort ergriff. Wenn ihr dagegen dasjenige sucht, was Maria sagte, werdet ihr wohl nur folgendes Wort finden: »Herr, wenn du hier gewesen wärest, so wäre mein Bruder nicht gestorben« (vgl. Johannes 11,32). Selbst diese wenigen Worte aus ihrem Mund sind demjenigen entlehnt, was Marta zuvor gesagt hatte. Marta redete viel mehr; aber Maria war ganz damit zufrieden, so wenig Worte wie möglich zu gebrauchen. Sie dachte viel nach, saß lange zu Jesu Füßen und lernte dabei viel, aber sie redete nicht viel. Als die rechte Zeit gekommen war, vollbrachte Maria ein großes Werk. Es ist nämlich sehr merkwürdig, dass Maria als die Denkerin mehr als Marta, die viel Beschäftigte, leistete, obwohl Marta besser abschneidet, wenn wir allgemein über Arbeit reden. Christus sagte: »Sie hat ein gutes Werk an mir getan.« Das sagte er über Marta nie, so lobenswert Martas Dienst auch war. Er tadelte vielmehr ein wenig die ältere Schwester, weil sie so sehr mit dem Bedienen bei Tisch beschäftigt war; während er Marias Tat lobte, sodass man sich nach seinen Worten fortan allezeit daran erinnern würde. Auch wenn sie nach allgemeinem Urteil nicht zu den viel Beschäftigten gezählt wird, nimmt sie im Reich der guten Taten eine überragende Stellung ein.

Ich möchte euch nochmals darauf hinweisen, dass sie kein Wort sagte. Man kann tatsächlich etwas verderben, wenn man um ein Vorhaben viel Aufhebens macht, bevor man zur Tat schreitet. »Der Berg kreißte und gebar eine Maus.« Und dann sind die Leute ziemlich erstaunt, wenn die Maus geboren ist und nichts als diese kleine Kreatur nach furchtbaren Wehen das Licht der Welt erblickt hat. Es kann überdies passieren, dass wir nach unserer Tat ungemein viel darüber reden. Dann können wir alles verderben. Es hat den Anschein, als ob wir der ganzen Welt etwas über uns mitteilen sollten; wohingegen die Freude und das Glück des Ganzen nicht darin liegen, dass wir gesehen werden. Vielmehr besteht es darin, dass wir den Meister mit dem Öl unserer Selbsthingabe salben, bis sich dessen Wohlgeruch allerorts ringsumher verbreitet und wir danach wieder in die uns angemessene Stellung im Hintergrund zurücktreten. Im Stillen vollbrachte Taten der Liebe sind gleichsam ein Wohlklang in Jesu Ohren. Beweihräuchert euch nicht selbst, weil Jesus sonst gewarnt ist und entschwindet.

Wenn wir alle mehr tun könnten und weniger reden würden, dann wäre das ein Segen – zumindest für uns und vielleicht auch für andere. Bemühen wir uns darum, dass unser Dienst für den Herrn immer mehr im Verborgenen liegt; so sehr auch der das stolze Wunsch besteht, bei den Menschen aufzufallen. Streben wir danach, dies zu vermeiden.

»Ich würde gern wissen«, sagt vielleicht jemand, »wie heiliger Dienst aussieht.« Da antworte ich dir: »Geh ans Werk, tue es und ziehe nicht Fleisch und Blut zurate.« »Ich habe meine Arbeit getan, und jetzt würde ich gern wissen, wie du darüber denkst.« Du solltest dich davon lösen, von den nichtigen Meinungen anderer Leute abhängig zu sein; was kümmert es dich, was dein Mitknecht denkt? Du stehst oder fällst deinem eigenen Herrn. Wenn du etwas Gutes getan hast, solltest du es wieder tun. Ihr kennt doch die Geschichte von dem Mann, der zum Feldherrn geritten kommt und sagt: »Herr, wir haben eine feindliche Kanone genommen.« »Geh und erobert eine weitere«, sagte daraufhin der Offizier in nüchternem Ton. Das ist der beste Rat, den ich einem Freund geben kann, der von seinem eigenen Erfolg in Hochstimmung versetzt wird. Es gibt noch so viel zu tun, dass wir keine Zeit haben, darüber nachzudenken, was wir getan haben. Wenn wir einen heiligen Dienst vollbracht haben, sollten wir zum zweiten und dritten Mal ans Werk gehen. Lasst uns damit fortfahren und stets dafür beten, dass dem Herrn unser beharrlicher Dienst wohlgefällig ist.

Die nächste und sechste Schönheit des Werkes Marias bestand darin, dass *sie es im Blick auf den Tod unseres Herrn vollbrachte.* Die Jünger schreckten davor zurück, an dieses traurige Thema zu denken. Petrus sagte: »Gott behüte dich, Herr! Dies wird dir keinesfalls widerfahren« (vgl. Matthäus 16,22). Doch Maria ließ sich von dem Gedanken an seinen Tod nicht abschrecken, sondern nahm mit ihrem Werk darauf Bezug. Die Gedanken ihres Herzens kamen dem, was im Herzen ihres Herrn war, sehr nahe, wobei sie tiefe Einblicke in sein wunderbares Vorhaben hatte. Ich bin mir nicht sicher, inwieweit sie sich dessen bewusst war, dass sich ihre Tat – die Salbung des Herrn – auf seine Grablegung bezog, aber die entsprechende Tatsache bleibt bestehen. Mir scheint, dass der beste und liebevollste Dienst, den Christen für ihren Herrn Jesus tun können, derjenige ist, der das Zeichen seines Blutes – das Zeichen des Kreuzes – trägt. Die beste Predigt lautet folgendermaßen: Wir »predigen … Christus als gekreuzigt« (vgl. 1. Korinther 1,23). Über dem besten Wandel steht das Motto: »Wir sind mit Christus gekreuzigt.« Der beste Mensch ist derjenige, dessen eigener Wille gekreuzigt ist. Der beste Lebensstil besteht darin, den Gekreuzigten nachzuahmen. Mögen wir uns ihm ganz hingeben! Je mehr wir im Leben auf das unsagbare Leid unseres Herrn schauen und verstehen, wie umfassend er unsere Sünde weggetan hat, desto mehr Heiligkeit bringen wir hervor. Je mehr wir dort verweilen, wo die Schreie von Golgatha zu hören sind und wo wir Himmel, Erde und Hölle sehen können, die durch seine bewundernswürdige Liebe in Bewegung versetzt wurden, desto mehr wird unser Leben von seiner Gesinnung zeugen. Nichts kann einen Menschen so sehr beleben wie der sterbende Heiland. Komm ganz nah zu Christus, sei dir tagtäglich seiner Gegenwart bewusst, und du wirst rechte königliche Taten vollbringen. Kommt, lasst uns der Sünde den Todesstoß versetzen, denn Christus wurde getötet. Kommt, lasst uns all unseren Stolz begraben, denn Christus wurde ins Grab gelegt. Kommt, lasst uns zu einem neuen Leben erstehen, denn Christus ist auferstanden. Lasst uns mit unserem gekreuzigten Herrn und seinem großen Ziel vereint sein; lasst uns mit ihm leben und mit ihm sterben, und dann wird jede Tat in unserem Leben wunderbar sein.

Für mich liegt die siebte Schönheit ihrer Tat in Folgendem: Vielleicht denkt ihr, dass dieser Sachverhalt ein wenig an den Haaren herbeigezogen ist, aber ich muss ihn erwähnen, denn er rührt mein Herz an. Ich glaube, dass *Maria mit der Salbung des Heilands einen kleinen Einblick in seine Auferstehung aus den Toten* und in sein Leben danach *hatte*. Denn ich möchte euch fragen: Warum balsamieren die Nationen ihre Toten überhaupt ein? Wieso sollten sie nicht einfach verbrannt werden? Es gibt etwas Geheimnisvolles, das den gewöhnlichen Christen bei dem Gedanken an die Verbrennung erschaudern lässt. Das hat sicherlich mit den Gewohnheiten unserer Zivilisation zu tun: Ein Mensch in seinem natürlichen Empfinden begehrt weder den Ofen noch die Flamme; wir ziehen es vor, wie unsere Väter unter einem grünen Hügel bestattet zu werden. Viele Völker des Altertums, insbesondere die Ägypter und Angehörige anderer orientalischer Länder, salbten die Körper der Verstorbenen sorgfältig mit kostbaren, wohlriechenden Ölen. Danach wurden diese mit Harzen eingerieben und in feine Leinen gewickelt. Wozu? Weil die Betreffenden irgendeine dunkle Ahnung hinsichtlich eines Lebens im Jenseits hatten. Noch lange nach dem Sündenfall blieb im Menschen ein schwacher, undefinierbarer Glaube an die Unsterblichkeit zurück. Diese Wahrheit wurde so allumfassend anerkannt, dass das Alte Testament sie für selbstverständlich hält. Die Existenz Gottes und die Unsterblichkeit der Seele gehören zur Grundlage der alttestamentlichen Lehre. Die Anschauung, dass der Leib nach dem Tod weiterlebt, wurde allgemein akzeptiert, auch wenn die entsprechenden Vorstellungen mehr oder weniger klar waren. Unsterblichkeit wurde nicht einfach erfunden, sondern vielmehr vorausgesetzt. Diejenigen, die diese Lehre ablehnen, fallen in eine Finsternis zurück, die sogar schlimmer ist als jene, in der sich die Heiden befanden. Warum balsamierte der ägyptische König seinen Vater ein, indem er die dafür erforderlichen Essenzen gebrauchte? Doch nur deshalb, weil er der Meinung war, dass es irgendwie ein Leben danach gebe und er sich um dessen Körper kümmern müsse.

Marias Gedanken erreichten eine größere Tiefe und Klarheit, denn sie erwartete, dass etwas mit dem glückseligen Leib Christi geschehen würde, nachdem er gestorben war: Und daher musste sie ihn salben – und zwar mit dem kostbarsten Öl, das sie für seine Grablegung bekommen konnte. Lasst euren Dienst für den Herrn Jesus in jedem Fall einen Dienst für den auferstandenen Christus sein. Kommt nicht hierher, um jemanden anzubeten, der vor Jahren gestorben ist – einen Helden der Vergangenheit. Betet vielmehr Jesus an, der in alle Ewigkeit lebt!

Er lebt, dein großer Erlöser lebt.

Er wird ganz gewiss persönlich kommen, um seine Heiligen zu belohnen; und bevor er kommt, sieht er, was du tust. Jemand sagt vielleicht: »Wir leben unter der Aufsicht eines großen strengen Zuchtmeisters.« Ich halte nichts von diesem Titel. Ich habe keinen strengen Zuchtmeister. Vielmehr besteht die Triebkraft meines Lebens darin, dass ich im Licht dessen lebe, den ich zwar noch nicht gesehen habe, aber dennoch liebe, weil er mich geliebt und sich für mich hingegeben hat. Wenn das euch nicht belebt, was dann? Wenn dies euch nicht antreibt, unermüdlich in heiligem Dienst für ihn zu eifern, was dann? Unser Herr Jesus Christus lebt. Lasst uns eine Möglichkeit finden, wie wir sein geliebtes und ehrwürdiges Haupt salben und ihn, der für uns die Dornenkrone trug, krönen können. Wir dürfen wissen, dass er lebt und wir in ihm leben. Mit unserem ganzen Sein stellen wir uns ihm zur Verfügung, indem wie es für lauter Freude halten, um seinetwillen alles zu geben und uns für ihn zu verzehren.

Ich will euch nicht aufrütteln, meine lieben Glaubensgeschwister, irgendetwas für Christus zu tun, denn ich möchte euch nicht der Freiheit berauben, ihm euer Leben aus Liebe zu widmen. Ich will euch nicht bedrängen, ihm mehr zu dienen, denn der Dienst eines Menschen, der unter Druck gesetzt wurde, ist nie so wertvoll wie der Dienst, den Freiwillige in freudiger Ergebenheit tun. Dennoch wünschte ich mir als derjenige, der euch liebt, dass eure Liebe zum Herrn immer mehr wächst. Es ist so wunderbar, Christus zu gehören. Je mehr wir uns nämlich ihm ausliefern, desto freier sind wir. Mir gefällt, was Paulus sagt, als er sich selbst als Knecht Christi, als Sklave Jesu, bezeichnet. Er sagt voller Jubel: Mir »mache … keiner Mühe! Denn ich trage die Malzeichen Jesu an meinem Leib« (vgl. Galater 6,17). Dabei rühmte er sich offenbar dessen, dass er sich als denjenigen Knecht sah, dem das Siegel seines Herrn aufgedrückt worden war. Er war geschlagen und ausgepeitscht worden, und auf seinem Rücken trug er die Male der Geißelung. Daher pflegte er, mit einem Lächeln im Gesicht sich zu sagen: »Das sind die Malzeichen meines Herrn. Mir ist sein Namenssiegel aufgedrückt worden.« O kostbarer Dienst! Auch wenn es Sklavendienst wäre, würde er uns eine Freude sein. Ich will meinem Herrn nichts vorenthalten – weder ein Haar meines Hauptes noch einen einzigen Blutstropfen; ich kann nicht anders. Ich bin sein Eigen mit Haut und Haaren; ich gehöre ihm ganz. Wenn ich wählen könnte, dann wäre meine Freiheit – und ich spreche für euch alle – die Freiheit, nie mehr zu sündigen: Es wäre die Freiheit, das zu tun, was Christus gebietet – nur das allein. Ich würde meinen freien Willen zugunsten seines kostbaren Willens drangeben und ihn wie nie zuvor wiederfinden, indem ich ihn völlig seinem Gebot unterstellt habe.

Ich will mich daher nicht so sehr in den heiligen Bereich eurer Herzensliebe zum Herrn einmischen, als sollte ich euch sagen, was ihr für Jesus tun könnt. So wie aus einer Traube der beste Saft fließt, wenn man den geringsten Druck ausübt, so ist der Dienst, der aus freien Stücken getan wird, der beste. Ich will euch weder unter Druck setzen noch herausfordern oder zwingen. Vielmehr sollt ihr selbst eifrig sein. Sagt selbst zum Herrn: »Zieh mich dir nach, lass mich eilen« (leicht abgewandeltes Zitat aus dem Hohenlied 1,4). Hat nicht jeder von euch sein eigenes Motiv, seinen Herrn mehr als jeder andere seiner Erlösten zu lieben? Es sei nochmals gesagt: Ich will euch nicht eure heiligen Geheimnisse entlocken, sondern ihr sollt mit eurem Herzen und mit eurem Herrn zurate gehen. Möge der Heilige Geist das Wort segnen!

Eine Sünderin

Ein gnadenreiches »Geh hin«

»Dein Glaube hat dich gerettet. Geh hin in Frieden« (Lukas 7,50).

Mein Thema wird sich hauptsächlich um diesen segensreichen Abschied drehen: »Geh hin in Frieden.« Für diejenige, die erst kurz zuvor gesegnet wurde, hörte sich das Wort (»Geh hin«) traurig an; denn sie wäre lieber lebenslang bei ihrem Herrn voller Vergebung geblieben. Aber das hinzugefügte Wort *Frieden* verwandelte den Wermut in Honig, denn jetzt hatte sie, die so lange von ihren Sünden geplagt und heimgesucht worden war, Frieden. Nachdem sie seine Füße mit ihren Tränen benetzt hatte, erhob sie sich mit dem Vorsatz, in die Fußstapfen einer Gläubigen zu treten. Damit hatte sie ihre Bestimmung – nämlich die Errettung – erlangt.

In diesem Beispiel nahm unser Herr eine Bußfertige aus der beengten Atmosphäre selbstgerechter Wortklauberei heraus, um sie somit vor einem Konflikt zu bewahren, dem sie nicht gewachsen gewesen wäre. Für mich bedeutet dieser Segen aber noch mehr. Unser göttlicher Herr hatte gesehen, wie diese arme Sünderin so viel Liebe für ihn empfand, als sie seine Füße mit ihren Tränen benetzte und mit ihren Haaren trocknete. Angesichts dessen wollte er – wie mir scheint – dem Pharisäer[103] anhand eines Gleichnisses den Grund für die Größe ihrer Liebe erklären, als er zu ihr sagte: »Geh hin in Frieden.« Er wollte sie mit diesem Wort nicht nur für den Augenblick aufmuntern, sondern es sollte sie in ihrem ganzen weiteren Leben begleiten. Sie brauchte kein Unglück mehr zu fürchten, auch nicht im finsteren Tal, denn sie würde noch immer die tröstliche Stimme hören: »Geh hin in Frieden.« Was für ein Wohlklang muss dies für sie gewesen sein! Und wie lieblich klingt es immer noch!

Betrachten wir zunächst einmal *diese wunderbare Zusicherung*. Die bußfertige Frau konnte deswegen in Frieden gehen, weil sie er-

---

103 Hier und im Folgenden ist der Pharisäer Simon, der Gastgeber bei diesem Geschehen, gemeint (vgl. Lukas 7,36.40).

rettet worden war. Der Heiland hatte ihr nämlich versichert: »Dein Glaube hat dich gerettet.«

Sie war durch den gleich kostbaren Glauben (vgl. 2. Petrus 1,1) errettet worden wie wir, durch den auch uns das Heil zugeeignet wird. Dadurch, dass sie an Christus glaubte, wurde sie errettet: Ebenso geschieht dies bei uns. Sie hatte jedoch etwas, das einige von euch zweifelsohne auch sehr gern besitzen würden: *Der Herr selbst hatte ihr die Zusicherung gegeben, dass sie errettet war.* Ich höre schon manch einen sagen: »Ich würde sicherlich auch in Frieden gehen, wenn der Herr Jesus mir erscheinen und ich aus seinem eigenen Mund die Worte hören würde: ›Dein Glaube hat dich gerettet.‹« Es ist ganz natürlich, so zu denken; es muss wunderbar gewesen sein, einen Segen unmittelbar aus dem Mund unseres Königs, des Heilands, zu empfangen. Dennoch, meine lieben Freunde, dürfen wir unser Vertrauen nicht nur von einem einzigen Begleitumstand abhängig machen. Ein bloßer Begleitumstand besteht nämlich darin, ob Christus leibhaftig vor dir stehen und sagen würde: »Dein Glaube hat dich gerettet«, oder ob er es durch sein unfehlbares geschriebenes Wort zu dir sagt. Für meinen Glauben macht es grundsätzlich keinen Unterschied, ob mein ehrwürdiger Vater morgens in meinem Garten zu mir spricht, wenn ich ihm dort begegne und seine Stimme höre, oder ob ich per Post einen handgeschriebenen Brief von ihm bekomme, in dem er mir genau das Gleiche sagt, was er mir von Angesicht zu Angesicht gesagt hätte. Ich verlange nicht von ihm, dass er jedes Mal den Berg zu meinem Haus hinaufkommt, um mir alles mitzuteilen, was er mir sagen will: Ich wäre in meinen eigenen Augen ein Idiot, wenn ich so dächte. Wenn ich sagte: »Lieber Vater, du hast mir in deinem Brief versichert, dass du mich liebst; aber irgendwie kann ich es erst glauben, wenn du persönlich vor mir stehst, meine Hand nimmst und mir versicherst, dass du es gut mit mir meinst«, würde er sicher zu mir sagen: »Mein lieber Sohn, was plagt dich? Du musst verrückt sein. Ein solch kindisches Verhalten ist mir bei dir früher nie aufgefallen: Mein eigenhändig geschriebener Brief hat dir doch immer genügt. Ich kann kaum fassen, dass du mir erst glauben kannst, wenn ich persönlich vor dir stehe und du mich mit deinen eigenen Ohren hörst.« Was ich also meinem irdischen Vater nicht antun würde, tue ich erst recht nicht meinem himmlischen Heiland an. Mir reicht es vollkommen, das zu glauben, was er mir schreibt; und wenn es so in seinem Buch steht, dann ist es für mich genauso wahr und sicher, wie wenn er tatsächlich vom Himmel gekommen wäre und zu mir gesprochen hätte oder mir in einem Nachtgesicht erschienen wäre. Dies ist doch eine logische Schlussfolgerung, oder? Stimmt ihr mir da nicht sogleich zu?

»Ja«, sagt ihr »bis dahin stimmen wir dir zu, mein Lieber; aber *er sprach mit ihr persönlich.* Wenn er uns diese Zusicherung ebenso gegeben hätte, dann hätten wir überhaupt keine Zweifel mehr, sondern würden unseren Weg in Frieden gehen. Siehst du, es hat nicht nur damit zu tun, dass Jesus selbst sagte: ›Dein Glaube hat *dich* gerettet‹, sondern er schaute sie auch an und wandte sich ihr zu. Da wusste sie, dass sie gemeint war. Es gab keinen Zweifel im Blick darauf, wem die Zusage galt. Es waren auch andere Menschen in dem Raum, aber er sagte es nicht zu Simon; er sagte es nicht zu Petrus; er sagte es nicht zu Jakobus und nicht zu Johannes. Sie erkannte an seinem Blick, dass sie gemeint war, und nur sie allein, denn sie war die einzige Person, die gehen sollte. Folglich war sie die Einzige, die ›in Frieden‹ entlassen wurde. Unser Herr sprach in der Einzahl und sagte: ›*Dein* Glaube hat *dich* gerettet.‹ Auf diese Weise soll es auch mir deutlich werden.«

Ja, aber aus meiner Sicht ist dies auch ein bisschen unlogisch, nicht wahr? Wenn nämlich mein Vater (um bei meinem Beispiel zu bleiben) zu mir und zu meinen Brüdern sowie meinen Schwestern sagte: »Liebe Kinder, ich meine es gut mit euch und habe für eure künftigen Bedürfnisse vorgesorgt«, so denke ich nicht, dass ich dann wenig später zu ihm sagen würde: »Also, Vater, ist dir bewusst, dass ich dir nicht glaube und ich mich auch nicht über deine Worte freue, weil du nicht nur mit mir, sondern auch mit anderen darüber gesprochen hast? Ich nehme deine Liebesbekundung durchaus nicht für bare Münze, weil sie auch meinen Brüdern und Schwestern gilt. Du hast nicht mich allein angesprochen, sondern auch die anderen; und du hast zu all meinen Brüdern und Schwestern geredet wie auch zu mir. Aus diesem Grund bin ich der Meinung, dass ich mich nicht richtig über deine liebevollen Zusagen freuen kann.« Ich wäre doch der dümmste Mensch auf Erden, wenn ich so etwas sagen würde und mein Vater würde langsam denken, dass sein Sohn für die Irrenanstalt reif sei. Wenn er es nicht auf mein liebloses Herz zurückführen würde, dann bestimmt darauf, dass ich schwachsinnig geworden bin. Wenn mein Vater zu all seinen Kindern das Gleiche sagt, was er mir mitteilt, dann entspricht das doch am ehesten der Wahrheit, statt in irgendeiner Weise unglaubwürdig zu sein. Daher schöpfe ich Trost und Zuspruch aus der Tatsache, dass seine Liebeszusagen den Vielen und nicht nur dem Einzelnen gelten. Sicher, es sollte nicht schwieriger sein, zu glauben, dass Gott mit mir und tausend anderen in seiner Gnade handelt, als wenn ich der Einzige wäre, mit dem er seinen Plan verfolgt und dem seine Liebe gilt. Ist es nicht so?

Dann sagt jemand: »Ja, aber du hast es immer noch nicht verstanden. Ich will wissen, ob ich zu dieser Gemeinschaft der Vielen gezählt werde. Ich möchte Klarheit darüber haben, ob ich wirklich zu denen gehöre, die Jesus in seinem Wort anspricht.« Mein besorgter Freund, du wirst es wissen; und du wirst dir dessen ganz sicher sein. Es steht nämlich geschrieben: »Jeder, der … an ihn glaubt, (hat) ewiges Leben« (vgl. Johannes 6,40). Man muss nämlich nie zunächst fragen: Inwieweit glaubst du an ihn? Die Hauptsache besteht vielmehr darin, ob du ihm Vertrauen schenkst. Du kannst schnell feststellen, ob du ihm wirklich vertraust oder nicht. Wenn du ihm vertraust, dann gehörst du ihm, und jede Verheißung seines Bundes ist für dich bestimmt. Du hast Glauben, und wenn es zu den Grundsätzen des Herrn gehört, dass der Glaube rettet, dann trifft diese Aussage jederzeit auf die ganze Welt und auf jeden Ort zu, bis das gegenwärtige Zeitalter zu Ende geht und die Menschheit in jenen Zustand eingegangen ist, in dem jeder das ihm Gebührende erhält und kein Evangelium des Glaubens mehr verkündigt wird. »Dein Glaube hat dich gerettet.« Wenn du grundsätzlich glaubst und es im Glauben erfasst, dass Jesus der Christus ist, dann bist du aus Gott geboren. Du musst zum Herrn Jesus sagen können:

> Ich vertraue nur auf dich,
> all meine Hilfe kommt nur von dir.

Dies ist der Glaube, und Jesus bezeugt: »Dein Glaube hat dich gerettet.« Weil der unfehlbare Zeuge dies also zu all denen sagt, die Glauben haben, solltet ihr das auf keinen Fall anzweifeln. Es stimmt, dass ihr seine Stimme nicht hört, denn er sagt es eher durch das geschriebene Wort, als es euch mündlich mitzuteilen; aber dies beeinflusst gewiss nicht euren Glauben. Wir glauben einem wahrhaftigen Menschen – ungeachtet dessen, ob er schreibt oder spricht. Hätten wir die Wahl, dann würden wir sogar das vorziehen, was er wohlüberlegt aufgeschrieben hat. Denn das bleibt bestehen, auch wenn die Stimme schon nicht mehr zu hören ist. Den größten Gewinn haben wir, wenn wir die Aussagen unseres Herrn immer wieder lesen und von allen Seiten betrachten. Dann erkennen wir, dass seine Verheißungen für alle Zeiten zuverlässig und wahr sind. Dein Glauben wird mehr gefestigt, wenn du sie in einem Abschnitt seines Wortes lesen kannst, als wenn der Heiland heute Nacht zu dir käme und sagte: »Deine Sünden sind dir vergeben. Dein Glaube hat dich gerettet.« Das niedergeschriebene Wort ist stärker als die Stimme.

»Nein«, sagst du, »das sehe ich nicht so.« Dann sieh dir Petrus an: Er war mit Christus auf dem Berg der Verklärung, und nichts konnte seine Gewissheit ins Wanken bringen, dass er sich dort inmitten der himmlischen Herrlichkeit befunden hatte. Dennoch sagt Petrus über das von Gott inspirierte Wort: Wir »besitzen … das prophetische Wort umso fester« (vgl. 2. Petrus 1,19). Er glaubte, dass sogar die Erinnerung an jene Vision, die er ganz sicher gesehen hatte, ihm im Vergleich zu dem für immer inspirierten Wort Gottes nicht so viel Gewissheit gab. So sollst auch du denken. Wenn ich heute Abend genau wüsste, dass ich zu irgendeinem Zeitpunkt in meinem Leben den Herrn gesehen und er dabei mit mir gesprochen hätte, dann wäre der Ort, wo dies geschah, mir außerordentlich kostbar und heilig. Ich bin mir jedoch sicher: Wenn ich niedergedrückt wäre und die Dunkelheit meine Seele beschliche – wie das manchmal der Fall ist –, würde ich mir sicher sagen: »Das hast du doch gar nicht wirklich erlebt. Es war nur eine Illusion, ein Hirngespinst oder eine Wahnvorstellung, weiter nichts.« Aber, meine Lieben, wenn ich dieses Buch nehme und seine glückseligen Verse vor mir habe, dann weiß ich, dass ich nicht getäuscht werde. Dort steht geschrieben: »So hat Gott die Welt geliebt, dass er seinen eingeborenen Sohn gab, damit jeder, der an ihn glaubt, nicht verlorengeht, sondern ewiges Leben hat« (vgl. Johannes 3,16). Ich bin mir dessen sicher, und das glaube ich gewiss. Daher weiß ich, dass ich errettet bin. Anhand dieser Bibelstelle weiß ich es ganz genau: Ich möchte darauf verweisen und dann sagen: »Herr, ich weiß, dass du nicht lügen kannst. Ich habe niemals infrage gestellt, dass dies dein Buch ist. Welche Zweifel mich auch sonst gequält haben, daran habe ich nicht gezweifelt. Du hast in meine Seele gesprochen und es mir klargemacht. So wie ich weiß, dass ich lebe, bin ich mir sicher, dass dies dein Buch ist. Du hast gemäß den Verheißungen deiner Heiligen Schrift meine Zweifel besser ausgeräumt und meiner Seele eine größere Gewissheit der ewigen Errettung geschenkt, als wenn du mir persönlich erschienen wärst und zu mir gesprochen hättest.«

Das geschriebene Wort ist hundertprozentig zuverlässig! Wenn du glaubst, dann bist du errettet. Das ist so sicher, wie du lebst. Wenn du glaubst, dann mögen Himmel und Erde vergehen, aber das Wort des Herrn wird für dich immer gültig sein. »Jeder, der … an ihn glaubt, (hat) ewiges Leben« (vgl. Johannes 6,40). Er besitzt das ewige Leben. Unser Herr hat es so ausgedrückt: »Wer gläubig geworden und getauft worden ist, wird errettet werden« (vgl. Markus 16,16). »Wenn du mit deinem Mund Jesus als Herrn bekennen und in deinem Herzen glauben wirst … (wirst) du errettet werden« (vgl. Römer 10,9). Es gibt kein »Aber« oder keine anderen Einschränkungen hinsichtlich dieser Verheißungsworte. Errettung wird als etwas Gegenwärtiges zugeeignet, das von ewiger Art und auf jeden Fall sicher ist. Warum sollten wir uns darüber Sorgen machen und uns diesbezüglich aufreiben? So ist es, und aus dieser Tatsache schöpfen wir unseren Trost. Entweder müssen wir dieses Bibelbuch wegwerfen, indem wir anfangen, uns den »Stufen der Inspiration« und dem ganzen widerlichen Unsinn zuzuwenden[104], oder aber wir sind uns unserer Hoffnung völlig sicher und freuen uns daran. Ich garantiere dir, solange du fest daran glaubst, dass das Wort Gottes zuverlässig ist und die Wahrheit bezeugt, wirst du wissen, dass du errettet bist! Wenn dieses Buch wahr ist, dann ist jeder Gläubige in Jesus genauso in Sicherheit wie Jesus selbst. Wenn du sagst: »Ich glaube, aber ich befürchte, dass ich nicht errettet bin«, dann bedeutet das – indirekt ausgedrückt –, dass du überhaupt keinen Glauben hast. Wenn du nämlich glaubst, dann glaubst du, dass Gott die Wahrheit sagt, und sein Zeugnis lautet folgendermaßen: »Gott (hat) uns ewiges Leben gegeben … und dieses Leben ist in seinem Sohn« (vgl. 1. Johannes 5,11). Das beinhaltet das Zeugnis des großen Vaters und das Zeugnis des ewigen Geistes – ein Zeugnis, das wir nicht infrage stellen dürfen. Du magst zweifeln, ob du glaubst oder nicht; aber angenommen, du vertraust dem Herrn Jesus wirklich und aufrichtig. So gewiss, wie die Wirkung der Ursache folgt, ist es dann sicher, dass auf deinen Glauben (die Ursache) die Er-

104 Spurgeon bezieht sich hier wahrscheinlich auf den Quäkerglauben, in dessen Zentrum die »Vorstellung des Lichtes« steht.

rettung (die feststehende Wirkung) folgt. »Dein Glaube hat dich gerettet. Geh hin in Frieden.«

Höre auf, dir Sorgen zu machen. Geh in Frieden. Lass die Zweifel hinter dir. Fahre mit deiner Arbeit fort, denn das Werk der Errettung ist vollbracht. Du bist eine errettete Seele. Geh, freue dich über dein vollbrachtes Heil und zweifle nicht mehr. »Was schreist du zu mir?«, sagte Gott zu Mose. »Befiehl den Söhnen Israel, dass sie aufbrechen!« (vgl. 2. Mose 14,15). Warum stellst du es infrage, indem du noch zweifelst? Brich auf, um dich über das freuen zu können, was Gott für dich bereitet hat. Da du nun errettet und in Christus gerechtfertigt bist, solltest du nun nach Heiligung und nach all den anderen Segnungen des Gnadenbundes streben, die dir in Christus Jesus, deinem Herrn, bereitliegen. Die Verheißung ist zuverlässig. Sei gewiss, dass es so ist. Mögest du in vollkommenem Seelenfrieden das Gute, das Gott dir schenkt, genießen.

Wir kommen nun zum zweiten Punkt und hören *die mit Bedacht ausgesprochene Anordnung* unseres Herrn. In seiner Weisheit und liebevollen Zuwendung schickte er diejenige, der seine vergebende Liebe galt, fort, indem er zu ihr sagte: »Geh hin in Frieden.« Möge der Heilige Geist dies an uns segnen!

Diese Anordnung lässt sich in zwei Teile gliedern. Zuerst heißt es: »Geh«, und dann: »Geh hin in Frieden.«

Zunächst beschäftigt uns das »Gehen«. Mit »gehen« können zwei Dinge gemeint sein; einmal »weggehen von« und einmal »hingehen zu«. Wovon sollte sie weggehen? Zuerst einmal sollte sie von diesen Nörglern fortgehen. Simon und die anderen Pharisäer haben so viele Einwände, dass sie einem Bienenschwarm gleichen, der mit seinen Stacheln den Ahnungslosen überfällt. In ihren Herzen stieg jeweils der gleiche Gedanke auf: »Wer ist dieser, der auch Sünden vergibt?« (vgl. V. 49). Sie wagten es sogar, das Wesen des einzig Vollkommenen infrage zu stellen und andeutungsweise seine Lauterkeit zu beargwöhnen, weil er dieser Frau erlaubte, sich ihm so weit zu nähern und seine Füße mit ihren Tränen zu benetzen. Daher sagt der Heiland zu ihr: »Geh«. Das war kein guter Ort, wo eine kindliche Liebe auf Dauer bleiben konnte. Ihre Seele wäre unter die Löwen gefallen. Jesus will damit scheinbar sagen: »Bleibe nicht unter diesen Nörglern, die dich nur quälen. Dein Glaube hat dich gerettet; geh. Du hast einen großen Segen erlangt. Geh damit nach Hause.«

Ich denke oft, dass es Ausdruck größter Weisheit wäre, wenn ein Kind Gottes in Gesellschaft, die zunehmend seinen Herrn angreift oder seinen Glauben heftig kritisiert, auf die Spötter einfach nicht eingeht und sich von ihnen abwendet, indem es sie ihrem Spott überlässt. Der Heiland sagt nicht zu der Frau: »Augenblick mal, höre erst einmal darauf, was Simon zu sagen hat. Liebe Frau, du hast meine Füße mit Tränen benetzt, während hier ein hochintelligenter Mann steht – ein Pharisäer, der Lektionen voller Gelehrsamkeit weiterzugeben hat; höre ihm erst einmal zu. Du musst alles prüfen; deshalb warte und höre ihn an. Und hier sind noch weitere vornehme Herren, die etwas dagegen haben, dass ich dir deine Sünden vergebe; und ihre Einwände entspringen tiefsinnigen Überlegungen. Höre sie an, und dann werde ich ihre Fragen beantworten und deiner Seele Ruhe geben.« Nein, der Heiland sagt: »Geh, geh hin, geh hin in Frieden. Du hast Frieden. Lass dich nicht aufhalten, bis du ihn verlierst. Du hast Trost und Freude bekommen: Lass dich dessen nicht berauben.« Wir sind am sichersten aufgehoben, wenn wir uns von der Gesellschaft fernhalten, deren größtes Ziel es ist, uns unseren Glauben zu rauben. »Dein Glaube hat dich gerettet. Geh heim. Lass sie allein. Geh in Frieden.«

Er wollte nicht nur, dass sie sich von diesen Männern entfernte. Bestimmt meinte er auch: »Verlasse die Öffentlichkeit, in die du dich unfreiwillig begeben hast.« Wäre unser Heiland wie irgendeine großartige Person unserer Zeit gewesen, dann hätte er gesagt: »Tritt vor all diese Männer und erzähle, was du erlebt hast. Ich möchte, dass du in dieser Woche zu einem halben Dutzend Versammlungen kommst, wobei du bei allen eine Rede halten musst.« War das nicht eine großartige Frau, welche die Füße des Heilands mit Tränen benetzte und mit den Haaren ihres Hauptes trocknete? Sie hätte auf ihre Augen und Haare zeigen und ihre gnadenreiche Geschichte erzählen können. Wer weiß schon, ob nicht etliche von dieser Erzählung beeindruckt worden wären? Der Heiland sagte zu Frau, die in jeder Beziehung bewegt sowie dankbar war: »Dein Glaube hat dich gerettet. Geh hin in Frieden.« Damit meinte er im Grunde: »Es gibt gewisse andere Frauen, zu denen du sprechen kannst. Du wirst weitere arme Sünderinnen treffen, denen du in der Stille von meiner Gnade erzählen kannst, die reich an Vergebung ist. Aber in deinem Fall kommt die ureigenste Schönheit deines Wesens im stillen Wandel deines zukünftigen Lebens zum Ausdruck. ›Dein Glaube hat dich gerettet.‹ Mehr brauchst du nicht. Durch deine großartige liebevolle Handlung bist du auf diesen Schauplatz des Geschehens gekommen; versuche jedoch nicht, die öffentliche Aufmerksamkeit auf dich zu ziehen. Strebe nicht danach, dich als mutig und heldenhaft zur Schau zu stellen, sondern geh in Frieden.« Fast war es, als sagte er: »Füge dich wieder in deine Familie ein. Nimm deinen Platz bei den anderen Schwestern ein. Ziere meine Lehre mit deiner künftigen Reinheit. Mögen alle Menschen sehen, welch eine Veränderung in dir vollbracht worden ist. Vielleicht wird nämlich gerade diejenige Schwäche, aufgrund derer du zu einer Sünderin wurdest, dich sogar als Heilige in Gefahr bringen. Daher bitte ich dich nicht, hierzubleiben, um dich meinen Jüngern anzuschließen und mir öffentlich durch die Straßen zu folgen. Doch dein Glaube hat dich gerettet. Geh hin in Frieden.«

Aus meiner Sicht lehrte der Herr hier eine großartige und gewichtige Weisheit, die von einigen unter den führenden Persönlichkeiten der Gemeinde Gottes übernommen werden sollte. Ja, meines Erachtens sollte ich sogar noch etwas weiter gehen und sagen, dass der Heiland die Frau sogleich aus ihrem hohen Dienst, den sie einmal in ihrem Leben ausgeführt hatte, entließ. Sie benetzte seine Füße mit Tränen und trocknete sie mit den Haaren ihres Hauptes. Dies war Ausdruck einer Liebestat voller Innigkeit. Es war eine Tat, woran man sich immer und überall erinnern sollte. Und wir tun gut daran, ihre Bußfertigkeit, ihren heldenhaften Mut sowie ihre Liebe zu Christus nachzuahmen. Doch gleichzeitig können wir nicht immer Heldentaten vollbringen: Das Leben besteht weitgehend aus ganz gewöhnlichen Handlungen. Es wäre einfach nicht möglich, immer Füße mit Tränen zu benetzen oder Zöpfe zu entflechten, damit man sie als Handtuch benutzen konnte. Manche Menschen haben das Problem, immer Außergewöhnliches und Erhabenes leisten zu wollen. Aber oft versagen sie schon beim ersten Schritt und machen sich lächerlich. Sie wollen stets nach außen hin Wirkung erzielen. Sie hören von einer einmaligen Tat, die ein Auserwählter vollbracht hat. Nun wollen sie es ihm gleichtun, und das immer wieder. O meine Schwester! Es kann eine Zeit kommen, wo du für Christus eintreten musst, und zwar öffentlich vor vielen Menschen. Morgen solltest du aber lieber nach Hause gehen und dich um deine Kinder kümmern und deinem Ehemann ein glückliches Heim bereiten. Du wirst Christus gleichermaßen verherrlichen, ob du Strümpfe stopfst und die Socken der Kleinen flickst, oder ob du ihm die Füße mit Tränen benetzt. Du machst einen großen Fehler, wenn du Frömmigkeit nicht ins Alltagsleben einbringst; diese Frömmigkeit hilft dir, aus der harten tagtäglichen Arbeit einen Gottesdienst zu machen. Wir brauchen Menschen, die mit der Axt und dem Hobel oder hinter der Ladentheke bzw. als Schreibkraft Gott dienen können. Solche Menschen brauchen wir; aber es gibt viele, die sich unbedingt in die Stellung besonders Beachteter aufschwingen und erstaunliche Taten vollbringen wollen. Haben sie erst einmal damit angefangen, werden sie in ihrem ganzem weiteren Leben davon umhergetrieben, und es hat den Anschein, als wären sie außerstande, die Zehn Gebote schlicht zu halten und einfach Jesus nachzufolgen. Ich wünschte, dass jene, die am meisten schillern und glänzen wollen, die Stimme des Herrn Jesus hören würden, die zu ihnen sagt: »Geht hin in Frieden.« »Hört auf, die öffentliche Aufmerksamkeit auf euch ziehen zu wollen. Beugt euch vielmehr dem sanften Druck der Familienpflichten.«

Glaubt ihr nicht, dass er sogar meinte, ihre einmalige Gemeinschaft mit ihm, an der sie sich erfreut hatte, sollte jetzt aufhören? Sie war ihm sehr nahe gewesen; wahrscheinlich würde sie ihm nie wieder so nahe sein. In geistlicher Hinsicht schon, aber gewiss nicht körperlich. Es kann passieren, dass jene, die ein Leben der Beschaulichkeit führen – und es gibt kein Leben auf einer höheren Ebene –, dazu neigen, angesichts dessen das praktische Leben zu vergessen. Aber das muss nicht so sein. Wir müssen sowohl das tun, was der Herr uns gebietet, als auch zu seinen Füßen sitzen. Mich drängt es, eine Geschichte zu erzählen, die den meisten von euch zweifellos bekannt ist. Sie handelt von dem berühmten Gottesmann, der in seiner Kammer saß und dachte, er hätte den Herrn Jesus gesehen. In diesem Glauben fing er an, ihn mit großer Freude anzubeten. Aber plötzlich erklang die Türglocke des Klosters, wobei es seine Aufgabe war, an der Tür zu stehen und den Hungernden Brot auszuteilen. Innerlich focht er einen kleinen Kampf im Blick darauf aus, was jetzt dran war: Sollte er bei seinem Herrn bleiben oder an die armen Bettler Brot verteilen? Schließlich kam er zu dem Entschluss, dass er seine Pflicht tun musste, auch wenn es auf Kosten der höchsten geistlichen Glückseligkeit geschah. Er ging hinaus und teilte das Brot aus. Als er zurückkam, war die Vision zu seiner großen Freude noch immer da, und eine Stimme sagte zu ihm: »Wenn du geblieben wärst, wäre ich gegangen. Aber weil du gegangen bist, bin ich geblieben, um Gemeinschaft mit dir zu haben.« Wir dürfen den Weg der Pflicht nicht verlassen, und keine geistliche Freude kann uns davon befreien. Biete Gott niemals etwas an, was auf Kosten eines anderen geht. »Dein Glaube hat dich gerettet. Geh hin in Frieden.« Denke nicht, dass du den ganzen Tag über in der Bibel lesen oder den ganzen Abend im Gebet zubringen müsstest. Alles hat seine Zeit (vgl. Prediger 3,1). Räume jedem heiligen Dienst seinen Platz ein, damit dein Leben zu einem schönen Mosaik aus schillernden Farben wird, das vollkommen nach dem göttlichen Muster gestaltet ist. Damit strebst du nach Vervollkommnung deines Wesens. »Dein Glaube hat dich gerettet. Geh in Frieden, erledige ohne Überdruss deine nächste Aufgabe und dann die übernächste.«

Das führt mich zum nächsten Punkt. Wohin sollte sie jetzt gehen? Es scheint mir, als ob der Heiland ihr sagen wollte: »Geh jetzt nach Hause. Du warst eine gefallene Frau: Dein Platz ist dein Zuhause. Geh heim zu deiner Mutter und deinem Vater oder zu anderen Verwandten. Geh nach Hause und erledige deinen Haushalt. Bleibe bei deiner Arbeit. Geh dahin, wo immer auch dein Platz ist. Weil du deine täglichen Pflichten vernachlässigt hast, wurdest du versucht; lass dich wieder gebrauchen und kehre in die festen Ordnungen deines Alltags zurück. Das wird dir Sicherheit geben. Du wirst weniger in der Gefahr stehen, verleitet zu werden, wenn dein Kopf, dein Herz und deine Hände mit Arbeit beschäftigt sind.«

Meinte er nicht: »Geh in deinen normalen Alltag zurück, wo du dich bewähren sollst«? Hältst du dich für etwas Besonderes – für eine Art Heiligen, der in der Luft schweben oder auf Rosen gebettet sein muss? Hänge nicht solchen Fantasien nach. Ich habe von gewissen Chinesen gehört, die Schuhe verkaufen, mit denen man auf Wolken gehen kann; und ich glaube, dass manche Menschen solch bemerkenswerte Dinge gekauft haben, denn sie verbringen ihr Leben in einem Wolkenkuckucksheim, indem sie wie Träumer auf hohen Stelzen ihrer unwirklichen Fantasien wandeln. Habe keine hohe Meinung von dir. Du bist ein ganz gewöhnlicher Mensch – ob Mann oder Frau. Tue deine Pflicht wie deine Mitchristen und fühle dich anderen gegenüber nicht überlegen. Die schlimmsten Menschen auf der Welt, mit denen man zusammenarbeitet, sind diejenigen, die sich für etwas Besseres halten. Menschen, die sich für wichtig halten, sind ganz und gar unbedeutend. Wie arm sind sie dran!

Es ist nicht die Gnade Gottes, die dir den Kopf verdreht, sondern deine eigene dumme Einbildung.

Geh und erledige deinen weiteren Dienst: »Geh in Frieden. Es gibt einige, denen du von meiner Liebe erzählen kannst. Und wie du davon erzählen wirst! Du hast meine Füße mit deinen Tränen benetzt; geh jetzt und lass diese deine Tränen über andere verlorene Seelen, die dir in deinem früheren Zustand gleichen, fallen. Geh und zeige ihren Herzen meine Liebe, indem du sie liebevoll ansiehst und mit ihnen sprichst. Wandle dein Leben lang in Frieden und tue für mich all das, was ich dir auf deinem Weg begegnen lasse.« Das, so glaube ich, meinte unser Herr. Bleibt nicht einfach hier sitzen, nur um zu genießen, sondern erhebt euch und verherrlicht den Namen eures Erlösers. Geht hin!

Aber dann gibt es noch einen weiteren Punkt. Er sagte auch: »Geh hin in Frieden.« Ich wünschte, dass jeder unter uns, der den Herrn liebt, fortan seine Lebensreise in Frieden fortsetzt. Möge seine vergebende Liebe uns angesichts all unserer Sünden Frieden geben! O du Begnadigte, du liebst so viel, weil dir so viel vergeben worden ist. Mögen all deine Gedanken in Liebe münden und die Furcht völlig weichen! Mach dir keine Sorgen wegen deiner Vergangenheit – deiner dunklen, schändlichen Vergangenheit. Die Hand, die durchbohrt wurde, hat all das ausgetilgt. Der erhabene Herr hat dir aus freien Stücken all deine Schuld vergeben. Sei nicht länger beunruhigt. Geh in Frieden. Welch eine Erleichterung ist es doch, von der Sündenlast befreit zu sein! Welche eine Ruhe schenkt die Gewissheit, dass deine Sünden vergeben sind, weil Gottes Wort es sagt. Das ist ein Friede, der allen Verstand übersteigt.

Mit seinen Worten (»Geh hin in Frieden«) bezog sich unser Herr auch auf alle Kritik seitens der Menschen, die auf dich geschaut haben. Beachte sie nicht. Kümmere dich nicht um sie. Was haben sie mit dir zu tun? Es genügt dem Diener, wenn ihn sein Herr annimmt: Er braucht sich nicht darum zu kümmern, was andere über seinen Dienst sagen. Dein Glaube hat dich gerettet. Vergiss all die unfreundlichen Dinge, die sie gesagt haben, und sei nicht bekümmert wegen der herzlosen Reden, die sie vielleicht noch halten. Geh in Frieden und lass dich vom allgemeinen Gerede nicht beunruhigen.

Und dann meinte er aus meiner Sicht mit seinen Worten (»Geh hin in Frieden«) auch, dass man nun über allem, was man getan hat, Frieden hat. Ich weiß, wie sehr man einen derartigen Zuspruch braucht. Diese Frau hatte etwas sehr Außergewöhnliches getan, als sie mit ihren Tränen Christi Füße benetzte und sie mit den Haaren ihres Hauptes abtrocknete. Als sie danach davonging, hat sie sich vielleicht gefragt: »Wie konnte ich so kühn sein? Bin ich nicht unangenehm aufgefallen? Wie konnte ich das tun? Wie muss ich ausgesehen haben, als ich seine Füße benetzt habe? Ich, eine solche Sünderin wie ich, habe das dem Hochgelobten und Heiligen angetan! Ich fürchte, dass er verärgert ist, weil ich mich so ungehörig benommen habe!« Hast du nicht auch schon einmal etwas Mutiges für Christus getan und dich danach genauso gefühlt? Du sagst: »Ich war ziemlich unverschämt, als ich mich so in den Vordergrund drängte.« Und der ehrenwerte junge Mann, der gerade zum ersten Mal gepredigt hat, meint: »Na ja, diesmal hat es geklappt, aber ich werde dies nicht nochmals in Angriff nehmen, denn ich bin sicher, dass ich für dieses heilige Werk nicht geeignet bin.« Daher sagte der Herr zu dieser Frau: »Geh hin in Frieden. Ich habe dich und deinen Liebesdienst angenommen. Mach dir keine Sorgen angesichts dessen, was du getan hast. Es war für mich eine wunderbare Tat deiner großen Liebe, die ihren Wohlgeruch verströmt hat. Sei wegen deiner Tat nicht beunruhigt. Du hast das Richtige getan. Dein Glaube hat dich gerettet. Geh hin in Frieden.« Ich wünsche uns den gleichen Frieden – Frieden über dem, was wir für unseren Herrn getan haben, Frieden über unseren Sünden, die uns vergeben sind, und Frieden über aller menschlichen Kritik.

»Geh hin in Frieden.« Ach, mögen wir doch von jetzt an diese heilige innere Ruhe haben! Wir sind so schnell geneigt, uns Sorgen zu machen. Ich kenne einige ehrenwerte Brüder, denen gefriert vor lauter Sorge das Blut in den Adern; sie leiden viel und beunruhigen dabei andere Menschen. Ich kenne einige Schwestern: Sie sind in jeder Beziehung aufrichtig, aber über Gebühr furchtsam. Sie sagen, dass sie »nervös« sind. Dies mag der Fall sein, und wenn dem so ist, habe ich ihm nichts hinzuzufügen. Aber ach, könnten wir sie nur von diesem labilen nervlichen Zustand befreien! Ich wünschte, dass sie zur Ruhe kämen! Ich bewundere die Mitglieder der Quäker[105] für diese Tugend, die man ihnen mehr als fast alle anderen ansieht: Sie

105 Die offizielle Bezeichnung dieser in der Mitte des 17. Jahrhunderts in England gegründeten Glaubensgemeinschaft lautet *Society of Friends* (Religiöse Gesellschaft der Freunde). Das Wort Quäker leitet sich vom englischen Verb *to quake* (beben, zittern) ab.

scheinen so ausgeglichen, selbstbeherrscht und gleichmütig zu sein. Sie sind vielleicht ein bisschen langsam, aber gleichzeitig sind sie so sicher, so unerschütterlich, standfest und ruhig. Manche von uns handeln dagegen mitunter allzu vorschnell. Wenn wir nur mit ein wenig mehr Bedacht handelten, dann wären wir schneller. Wenn wir unsere Angelegenheiten ganz Gott übergeben würden, könnte unser Friede einem ruhig dahinfließenden Strom gleichen.

Ich möchte behaupten, dass diese aufrichtige Frau dachte, sie sollte ein Wort für den Herrn einlegen. Als sie sagten, dass er keine Sünde vergeben könne, hätte sie da nicht gern gesagt: »Aber er hat meine Sünden vergeben und mein Wesen verändert. Wie könnt ihr es wagen, so zu reden?« Aber der Heiland sagte: »Geh«. Sie sollte nicht streiten. Dank sei Gott dafür, dass nicht jedes Gotteskind dazu berufen ist, mit Gegnern des Glaubens zu streiten: Denjenigen unter uns, die von Jugend an im geistlichen Kampf stehen, missfällt es, Streitigkeiten auszutragen. Wir wünschen uns, dass wir wie diese vom Herrn angenommene Frau von der Kriegsführung befreit werden. Sie konnte sich darüber freuen, dass sie dieser heiligen Kampfesverpflichtung entkommen war. So mancher Stoß und Schlag blieb ihr damit erspart; und als ihr Herr sie vom Schlachtfeld schickte, konnte sie ganz und gar glücklich nach Hause gehen.

Sie hätte den glückseligen Seelenzustand, in dem sie sich befand, verlieren können. Dann wären ihr tiefe Wunden geschlagen worden. Sie ging ganz in Liebe auf, und darin wollte ihr Herr sie halten. Er scheint sagen zu wollen: »Du bist zu kostbar, als dass man dich in der Schlacht übel zurichten und arg verletzen dürfte. Geh, geh in Frieden. Liebe Seele, du bist so voller Liebe für mich. Daher möchte ich nicht, dass du durch Kämpfe, Streitigkeiten und Auseinandersetzungen belastet wirst. Geh in Frieden.« Ich meine sogar, dass es für sie nicht gut gewesen wäre, wenn sie sich auf ein Gefecht eingelassen hätte, wofür sie überhaupt nicht geeignet war. Wenn sie das Wort ergriffen und etwas gesagt hätte, dann hätten sich die unbarmherzigen Pharisäer nur darüber lustig gemacht. Daher sagte er zu ihr: »Geh hin in Frieden.« Warum sollte ihre Schwachheit ihnen Anlass für einen unheiligen Triumph geben? Alle aufrichtigen Herzen sind für Streitereien nicht geeignet. Weil außerdem der Herr ihr Anwalt war, brauchte sie gar nicht zu sprechen. Daher sagte er: »Ich werde mit ihnen fertig, auch wenn du nicht da bist. Geh hin in Frieden.« Wenn wir im Glauben etwas unserem Herrn überlassen, dann ist es unsere heilige Pflicht, ganz in Ruhe nach Hause zu gehen. Es besteht kein Zweifel daran, dass sie durch ihr Weggehen in Frieden einen größeren Dienst vollbracht hat, als wenn sie sich auf die Reden dieser gottlosen Männer eingelassen hätte. Ein ruhiges, glückliches Leben ist oft das vornehmste Zeugnis, das wir für Christus ablegen können. Daher sage ich zu allen, die den Herrn lieben, dass es Zeiten geben wird, in denen er zu uns sagen wird: »Lass dich nicht auf diesen Konflikt, auf diesen Aufruhr und auf dieses Durcheinander ein. Dein Glaube hat dich gerettet. Geh hin in Frieden.«

Zum Schluss muss ich noch Folgendes sagen: Es gibt viele arme Seelen, die darüber reden, dass sie zu Christus kommen, aber sie sind noch nicht gerettet. Sie hören immer etwas über den Glauben und denken darüber nach, doch es ist eine unbestreitbare Tatsache, dass sie gar nicht glauben. Belasst es also nicht beim bloßen Hören. Debattiert nicht über den Glauben, sondern glaubt einfach. Vertraut Jesus Christus einfach, ohne euch weiter Gedanken über euer Vertrauen zu machen. Seht es einfach als Tatsache an, die geschehen ist, und nicht als Sachverhalt, der noch Wirklichkeit werden muss. Möge Gott euch jetzt helfen, an Jesus zu glauben, sodass ihr die Brücke des Glaubens zum goldenen Ufer überqueren könnt, wo Jesus selbst ist!

Maria und Marta

Der Meister in ihrem Haus

»Sie … rief heimlich ihre Schwester Maria und sprach: Der Meister ist da und ruft dich« (Johannes 11,28; Schlachter 2000).

Weil Marta ihrer Schwester Maria hier das Wort »der Meister« ins Ohr flüsterte, bezeichneten meiner Vermutung nach die beiden unseren Herrn in dessen Abwesenheit stets so. Vielleicht wurde er auch von allen Jüngern so genannt, denn Jesus sagte: »Ihr nennt mich Meister und Herr, und ihr sagt es mit Recht, denn ich bin es« (vgl. Johannes 13,13; Schlachter 2000). Oft kommt es vor, dass wir anderen Menschen, die wir lieben, besondere Namen geben, die unsere Achtung vor ihnen ausdrücken sollen. Statt immer ihren offiziellen Titel oder ihren eigentlichen Namen zu benutzen, gebrauchen wir gern einen bestimmten Namen, der uns glückliche Momente ins Gedächtnis ruft oder uns an liebenswerte Charakterzüge erinnert und den wir daher so gern aussprechen. Ich nehme darum an, dass die meisten Jünger Jesus »den Meister« nannten, wobei viele von ihnen diesen Ausdruck mit dem Wort »Herr« verbanden.

Ich denke, dass der Gebrauch dieses Namens typisch für Maria war, denn es war *ihr* Name für den Herrn. Ich glaube sogar, dass sie ihn als *»meinen* Meister« bezeichnete, nur konnte Marta hier natürlich nicht sagen: »Dein Meister ist da.« Dies hätte nämlich ihre eigene Loyalität gegenüber Jesus infrage gestellt. Vielleicht kam sie auch von ihrer inneren Verfassung her nicht auf den Gedanken, »unser Meister« zu sagen. Sie hätte sich immerhin daran erinnern können, dass er der Herr über viele andere war, und insgeheim hoffte sie, dass er auch der Herr über den Tod sei.[106] Daher sagte sie *»der* Meister«. Der Titel war unmissverständlich: *»Der* Meister ist da.«

Es ist sehr bemerkenswert, dass alle mit der gleichen Geisteshaltung wie Maria diesen Titel »Meister« immer bevorzugt ge-

106 Der Leitvers dieser Predigt ist dem Geschehen unmittelbar vor der Auferweckung des Lazarus entnommen.

braucht haben, insbesondere aber der mystische Lyriker George Herbert[107], der den Herrn sehr liebte. Dieser virtuose Verfasser wohlgesetzter Verse benutzte stets die Bezeichnung »mein Meister«, wenn er den Namen Jesu erwähnte. Er hat uns das wunderbare Gedicht »The Odour« (»Der Wohlgeruch«) hinterlassen, das mit folgenden Zeilen beginnt:

> Wie lieblich klingt *mein Meister* doch,
> *mein Meister.*

Beachten wir jedoch, dass das Wort auch mit »Lehrer« übersetzt werden kann. Es geht um einen geachteten und vollmächtigen Lehrer, denn genau darin besteht die Bedeutung dieses Begriffs. Ich bin froh, dass ich Meister sagen kann, weil wir mit diesem Wort Hochachtung zum Ausdruck bringen. Darüber hinaus wird der Direktor einer Schule oder einer höheren Bildungseinrichtung in der englischsprachigen Welt noch immer als Master bezeichnet. Hätte im vorliegenden Vers jedoch gestanden: »Der Lehrer ist da« (vgl. z. B. Revidierte Elberfelder), dann hätte dies eher den Kern getroffen.

Ich möchte zuerst kurz darüber sprechen, wie überaus angemessen dieser Titel in seiner Anwendung auf unseren Herrn ist.

Er ist tatsächlich der Meister, der Lehrer. Was wäre, wenn ich den Meister als *Lehrer par excellence* bezeichnen würde? Für diese Stellung ist er besonders geeignet. Um ein unvergleichlicher Lehrer zu sein, braucht ein Mensch einen meisterhaften Verstand. Einen Menschen mit meisterhaftem Verstand erkennt man an seiner angeborenen Überlegenheit und daran, dass er sich an die Spitze kämpft. Ich will nichts über die moralischen Qualitäten Napoleons sagen, aber seine geistigen Vorzüge konnten unter den einfachen Soldaten nicht lange unentdeckt bleiben; alles lief darauf hinaus, dass er ein Feldherr und Eroberer wurde. Genauso mussten auch ein Cromwell oder ein Washington Menschen werden, die Führungspositionen in der Gesellschaft einnahmen, weil sie einen meisterhaften Verstand hatten. Solche Männer durchschauen alles sehr schnell; sie haben eine unglaublich große Auffassungsgabe und die Fähigkeit, das Vertrauen anderer zu gewinnen, sodass es nicht lange

107 (1593-1633), Vertreter einer religiösen Lyrik im England des 17. Jahrhunderts, die auch als »Metaphysical Poetry« bezeichnet wurde.

dauert, bis sie im Einvernehmen mit allen anderen in ihrem Umfeld eine Führungsrolle übernommen haben. Ein Lehrer par excellence kann kein Mensch mit einem beschränkten geistigen Format sein. Ein solcher Mensch könnte sich zwar auf den Stuhl des Lehrers setzen, aber jeder wird erkennen, dass er dort fehl am Platze ist; und niemand wird ihn als seinen Meister anerkennen. Es gibt viele Maler, aber nur einige wenige Raffaels oder Michelangelos – wenige, die eine neue künstlerische Richtung ins Leben rufen und damit ihren Namen verewigen konnten. Es haben schon viele Sänger gelebt, aber nur wenigen gelang es, wohlgesetzte Worte in klangvolle Melodien zu kleiden und entsprechende musikalische Werke immer wieder aufzuführen. Es gab bereits viele Philosophen, aber einen Sokrates oder einen Aristoteles findet man nicht jeden Tag; denn große Lehrer müssen ein überdurchschnittlich großes geistiges Format besitzen, und das ist sehr selten. Der Lehrer aller Lehrer, der Meister aller Lehrer, muss einen großartigen und wunderbaren Geist besitzen und andere Menschen um Haupteslänge überragen.

Solch eine Persönlichkeit sah Maria in ihrem Herrn Jesus Christus. Wir tun es ihr gleich und beanspruchen daher für unseren Herrn den Titel »der Meister«. Hier haben wir den allwissenden und unfehlbaren Gott selbst vor uns, aber auch gleichzeitig den vollkommenen Sohn des Menschen mit seinen unübertroffenen Eigenschaften, ausgestattet mit vollkommener Güte und Freundlichkeit, hinsichtlich derer es weder ein Übermaß noch irgendeinen Mangel gibt. Sein Wesen war und ist so vollkommen und doch so menschlich, sowohl überaus männlich als auch wunderbar weiblich. In Jesus kamen die ganze Zartheit und das ganze Mitgefühl einer Frau – gepaart mit der Kraft und dem Mut eines Mannes – zum Ausdruck. Seine Liebe trug weibliche, aber nicht weibische Züge; sein Herz zeichnete sich durch Mannhaftigkeit, aber nicht durch Härte und Sturheit aus. Er war ganzer Mensch, der vollkommene und sündlose Sohn des Menschen.

Unser Herr war ein Mensch, der alle, die in seine Nähe kamen, beeindruckte. Entweder hasste man ihn ungemein, oder man liebte ihn auf innigste Weise. Wo immer er war, trat er als der Fürst unter den Söhnen der Menschen in Erscheinung. Der Teufel erkannte ihn in seiner Stellung und versuchte ihn mehr als alle anderen. Er sah in ihm einen Feind, der ihm in jeder Hinsicht gewachsen war. Als der Herr in der Wüste war, trat er ihm entgegen, um ihn auf die Probe zu stellen. Dabei hoffte er, das Menschengeschlecht bezwingen zu können, indem er dessen Haupt besiegte. Sogar die Schriftgelehrten und Pharisäer, die jeden verachteten, der die Säume seines Gewandes nicht verbreiterte, konnten diesem Mann nicht verächtlich begegnen. Sie konnten ihn hassen, aber ihr Hass war Ausdruck der unbewussten Ehrfurcht, die das Böse zwangsläufig der allerhöchsten Gütigkeit und Größe erweisen muss. Jesus konnte nicht ignoriert und übersehen werden, denn seine Kraft war allgegenwärtig, wo immer er auch war. Er ist ein Meister, ja, »der Meister«. Von ihm als Mensch ging so viel Herrlichkeit aus, dass er über alle anderen Menschen hinausragte – wie ein mächtiger Gipfel in den Alpen, der die kleineren Hügel überragt und dessen Schatten über allen Tälern in der Tiefe liegt.

Um jedoch ein Lehrer par excellence zu sein, muss ein Mensch nicht nur einen meisterhaften Verstand, sondern auch ein meisterhaftes Wissen bezüglich dessen haben, was er lehren will. Dabei sollte er dieses Wissen am besten aus eigener Erfahrung gewinnen und nicht durch Belehrung erwerben. Und dies war bei unserem Herrn Jesus der Fall. Er kam, um uns die Kunst des Lebens zu lehren. Bei alledem war er selbst das Leben; er erlebte alle Phasen des Lebens und wurde wie wir in allen Punkten versucht, blieb dabei aber ohne Sünde. Die Höchsten waren ihm nicht zu hoch und die Geringsten nicht zu gering, sondern er ließ sich auf die Ebene ihrer Schwachheiten und Leiden herab. Es gibt kein dunkles Tal der Schwermut, das seine Füße nicht betreten haben, noch irgendeinen hohen Gipfel der Freude, den er nicht erklommen hat. Freude und Leid unseres Herrn Jesus Christus waren gleichermaßen wundersam. Er führt die Angehörigen seines Volkes durch die Wüste. Wie Hobab in alter Zeit weiß er, wo sie in der Wüste haltmachen sollten, und er kennt alle Wege, auf denen sie dahinziehen müssen, um ins Gelobte Land zu kommen. Er wurde »durch Leiden vollkommen« gemacht (vgl. Hebräer 2,10). Er lehrt uns keine rein theoretische Wahrheit, sondern etwas, das er selbst während seines Menschseins durchlebt hat. Das Heilmittel, das er uns übereignet, hat er geprüft. Wenn uns Bitterkeit zugedacht ist, dann hat er den ganzen bitteren Kelch leeren müssen. Gibt es in seinem Kelch etwas Wohlschmeckendes, dann lässt er uns an seiner Freude teilhaben; alles, was mit diesem Leben und einem gottgemäßen Wandel zu tun hat – die ganze Lehre von der Errettung, von den Pforten der Hölle bis hinauf zum Thron Gottes –, versteht er sehr gut, denn er hat es am eigenen Leib erfahren.

Darüber hinaus hatte unser großer Meister, als er hier auf Erden weilte, eine meisterhafte Art als Lehrer. Dies ist auch notwendig, denn nicht jeder Mensch mit einem großen Wissen und einem großen Verstand kann andere unterweisen. Dazu ist eine Lehrbefähigung erforderlich. Wir wissen, dass es Menschen gibt, die etwas so kompliziert erklären, dass keiner sie versteht. Wenn sie etwas zu sagen haben, dann vermitteln sie es in der ihnen eigenen Fachsprache, die vielleicht sie und einige wenige ihrer Schüler verstehen, aber für ganz gewöhnliche Menschen hört es sich wie Chinesisch an. Glücklich darf sich derjenige Lehrer schätzen, der das, was er selbst versteht, auch so lehrt, dass andere ihn verstehen können. Mir gefällt, was der alte Cobbett[108] gesagt hat: »Ich rede nicht nur so, dass man mich verstehen kann, sondern so, dass mich keiner missverstehen kann.« Und genauso lehrte auch Christus seine eigenen Jünger: Wenn sie zu seinen Füßen saßen, erklärte er die Wahrheit so unmissverständlich, dass sogar die Fischer es verstanden, selbst wenn sie einfältig gewesen wären. Mit schlichten Gleichnissen und Ausdrücken, die jedes Ohr und Herz gewannen, erklärte er himmlische Wahrheiten anschaulich und einleuchtend anhand alltäglicher Vorgänge, nachdem der Geist Gottes die betreffenden Menschen dazu fähig gemacht hatte, die Wahrheit zu erkennen.

Außerdem lehrte er nicht nur eindeutig, sondern auch mit großer Liebe. Er erklärte seinen Jüngern die Dinge so behutsam, dass es ein Vergnügen gewesen sein muss, als Unwissender in seiner Gegenwart zu sein, um sich unterweisen zu lassen. Es muss eine noch größere Freude bereitet haben, zu lernen – auf eine solche Art und Weise zu lernen. Die Art, wie er lehrte, war ebenso wunderbar, wie die Wahrheit, die er lehrte. Alle, die in die Schule Christi kamen, fühlten sich zu Hause und waren mit ihrem Meister zufrieden. Sie wussten: Wenn es etwas zu lernen gab, dann mussten sie sich zu seinen Füßen befinden.

Während der Meister lehrte, schenkte er ein gewisses Maß des Heiligen Geistes – nicht das ganze Maß, denn das sollte bis zu dem Tag aufbewahrt werden, da er in den Himmel aufgefahren war und

108 Damit ist wahrscheinlich William Cobbett (1763-1835), ein englischer Schriftsteller, gemeint.

die Glieder der Gemeinde mit dem Heiligen Geist getauft werden sollten. Er gab jedoch jedem seiner Jünger ein gewisses Maß des Geistes Gottes, damit sie die Wahrheit nicht nur mit ihren Ohren hörten, sondern auch in ihren Herzen verstanden. Als Lehrer stehen wir Christus weit nach, denn auch dann, wenn wir unser Bestes gegeben haben, können wir doch nur die Ohren der Zuhörer erreichen. Wir können den Heiligen Geist nicht zueignen, aber der Herr kann es; und wenn der Geist heute von Christus her kommt, von dem Seinen nimmt (vgl. Johannes 16,14) und es uns offenbart, dann erkennen wir umso mehr, wie meisterhaft unser Herr uns alles lehrt. Wir erkennen dann, welch ein unvergleichlicher Lehrer Jesus ist, der selbst seine Lektionen schreibt, jedoch nicht auf eine Schultafel, sondern auf die fleischerne Tafel des Herzens. Er gibt uns das Lehrbuch – nein, er selbst ist gleichsam das Lehrbuch. Er erteilt uns Unterricht – ja, er selbst ist der Unterricht. Er selbst erfüllt vor unseren Augen alle Aufgaben, die er von uns erwartet, damit wir, wenn wir ihn kennen, wissen, worin seine Lehre besteht. Wenn wir ihn nachahmen, dann haben wir die von ihm gegebenen Gebote gehalten. Die Art, wie unser Herr selbst alle Gebote verkörpert, ist wahrhaftig königlich, wobei ihm diesbezüglich keiner gleichkommt. Lernen Kinder nicht weitaus mehr durch vorbildliches Handeln als durch Vorschriften? Und dies entspricht dem, wie uns unser Meister lehrt. In einem wunderbaren Bibelvers heißt es: »Niemals hat ein Mensch so geredet wie dieser Mensch« (vgl. Johannes 7,46). Dieser Vers könnte von einem anderen in den Schatten gestellt werden: »Niemals hat ein Mensch so gehandelt wie dieser Mensch.« Die Taten und Worte dieses Mannes stimmen nämlich miteinander überein; die Taten sind die konkrete Umsetzung seiner Worte, geben ihnen Leben und helfen uns, sie zu verstehen.

Meine lieben Freunde: Wenn ich es nicht schon verdeutlicht habe, muss ich darüber hinaus noch erwähnen, dass Jesus als Lehrer auf alle, die in seine Nähe kamen, einen beeindruckenden Einfluss ausübte. Die Menschen sahen nicht nur, sondern sie spürten auch (und zwar die von ihm ausgehende Wirkung); sie wussten nicht nur, sondern liebten auch; sie schätzten nicht nur seine Lehren, sondern sie verehrten ebenso den Lehrer. Welch ein Meister war doch dieser Christus, der selbst diejenige Macht verkörperte, welche die Sünde bezwang und letztendlich wegnahm. Er gab den Menschen die Kraft, in ihm ein neues Leben zu beginnen, es aufrechtzuerhalten und zur Vollkommenheit zu bringen. Wenn dich jemand lehrt, den du sehr gern hast, dann ist der Unterricht leicht. Kein Kind lernt besser als von einer Mutter, die von ihrer Veranlagung her begabt ist, es zu unterweisen. Sie weiß, wie sie die Lektionen ansprechend vermittelt, indem sie die Unterweisung mit ihrer eigenen Zuneigung versüßt. Dann ist das Lernen zwar weiterhin eine Pflicht, aber genauso eine Freude.

Aber keine Mutter konnte jemals das Herz ihres Kindes so gewinnen (und es gab bestimmt viele liebevolle und zärtliche Mütter), wie Jesus das Herz Marias gewann. Oder darf ich sagen: wie Jesus dein und mein Herz gewann, wenn in deinem Herzen wie in dem meinen die rechten Empfindungen gegenüber dem Herrn zu finden sind. Wir wollen gar nicht, dass er beweist, was er sagt, denn seine Liebe ist der Beweis und die Erklärung. Seine Liebe umfasst die Logik, die uns alles erklärt. Mit ihm diskutieren wir nicht, denn was er für uns getan hat, ist die Antwort auf alle Fragen, die wir stellen könnten. Wenn er uns etwas sagt, was wir nicht verstehen, dann glauben wir ihm einfach. Wir bitten stets um Verständnis, aber wenn er »Nein« sagt, dann geben wir uns damit zufrieden und lassen das entsprechende Geheimnis stehen. Wir lieben ihn – ungeachtet dessen, ob wir etwas verstehen oder nicht, wenn das sein Wille sein sollte. Wir glauben, dass er auch dann zu uns redet, wenn er schweigt. Weil wir ihn lieben, hat er solch eine Wirkung auf uns, dass wir seine Lehren wertschätzen und sogleich aufnehmen. Je besser wir ihn kennen, umso mehr nimmt er auf seine unbeschreiblich herrliche Art Einfluss auf unser Wesen. Umso mehr überlassen wir ihm all unsere Vorstellungskraft, unsere Gedanken und unseren Verstand – ja, alles.

Die Menschen halten uns deshalb vielleicht für Narren, aber wir haben zu Jesu Füßen gelernt, dass »die Welt durch die Weisheit Gott nicht erkannte« (vgl. 1. Korinther 1,21). Außerdem wissen wir, dass wir nur in das Reich der Himmel kommen, wenn wir uns bekehrt haben und kleinen Kindern gleich geworden sind. Daher geraten wir nicht aus der Fassung, wenn die Welt uns für kindisch und leichtgläubig hält. Die Welt wird immer hartherziger und verrückter, während wir immer mehr Kindern gleichen und weiser werden. Wir glauben, dass wir unserem Herrn Jesus in allem ähnlicher werden müssen. Dies ist das sicherste und beste geistliche Wachstum. Und wenn wir ihm nichts vorenthalten haben und auf einer noch niedrigeren Stufe sogar absolute Nichtse geworden sind, dann sind wir in der Schule Jesu zur vollen Mannesreife gelangt und haben eine hohe Stufe wahrer Gelehrsamkeit erreicht. Dabei kennen wir die Liebe Christi, die alle Erkenntnis übersteigt.

Nachdem ich jetzt bewiesen habe, dass unser geliebter Herr zu Recht den Titel »Meister« trägt, möchte ich noch hinzufügen, dass einzig und allein er von seiner Stellung her der Meister der Gemeinde ist.

Für die christliche Gemeinde ist das Wort Christi, die Bibel, die einzige Lehrautorität. Das inspirierte Buch, das er uns hinterlassen hat, verlangt von uns, niemals einen Buchstaben wegzulassen noch je eine Silbe hinzuzufügen. Die Bibel ist der Leitfaden für Bürger des Reiches Gottes, unser bevollmächtigtes Glaubensbekenntnis und unser festgelegter Glaubensmaßstab. Ich habe viele sagen hören, dass es drei Gottheiten gebe, aber ich glaube, dass es schon immer nur eine Gottheit gab und es auch künftig nur eine geben wird. Damit ist Jesus Christus gemeint, denn in ihm »wohnt die ganze Fülle der Gottheit leibhaftig« (vgl. Kolosser 2,9). Für die wahre christliche Gemeinde ist Christus der dreieinige Gott. Einige Kirchen gehen von anderen Maßstäben aus, aber wir kennen nur denjenigen Maßstab, den unser Meister gelehrt hat. Er sagt: »Ich, wenn ich … erhöht bin, werde alle zu mir ziehen« (vgl. Johannes 12,32). Wir fühlen uns zu keinem anderen Meister hingezogen. Er ist der Maßstab: Ihm »gehört der Gehorsam der Völker« (vgl. 1. Mose 49,10).

Wir gehören nicht zu denjenigen, die Martin Luthers Lehren als letzte Instanz ansehen. Gott sei gepriesen für Martin Luther! Möge Gott uns davor bewahren, irgendetwas Schlechtes über ihn zu sagen. Aber wurden wir auf Martin Luther getauft? Ich denke nicht. Manche bewegen sich keinen Millimeter von Johannes Calvin weg, den ich von allen sterblichen Menschen zuerst lobe; aber dennoch ist Johannes Calvin nicht unser Meister, sondern nur ein fortgeschrittener Schüler in der Schule Christi. Solange er in seiner Lehre christusgemäß lehrt, sind seine Aussagen maßgebend, aber wo sich Calvin von Jesus abwendet, sollte man ihm genauso wenig folgen wie Voltaire. Es gibt Brüder, die sich in allem nur nach den Äußerungen John Wesleys richten. »Was hätte Mr. Wesley dazu gesagt?«, lautet die Frage, die bei ihnen zählt. Wir denken, dass es unwichtig ist, was er diesbezüglich gesagt hätte, oder was er hinsichtlich der Unterweisung von Christen tatsächlich gesagt hat, nachdem er schon vor so langer Zeit heimgegangen ist. Weitaus besser ist es, wenn wir herausfinden, was Jesus in seinem Wort sagt. Wesley war eine der größten kirchengeschichtlichen Persönlichkeiten, die je gelebt haben, aber er ist nicht unser Meister. »*Einer* ist unser Meister, der Christus« (vgl. eine ähnliche Formulierung in Matthäus 23,10). Ich bete zu Gott, dass alle Christen dafür einstehen mögen. Dann würden wir singen:

> Aller Menschenruhm muss weichen,
> bald schon wird er ganz vergehn.
> Jesu Nam ist ohnegleichen,
> ewiglich bleibt er bestehn.

Er ist der einzige Lehrer und der alleinige Gesetzgeber. Eine Kirche hat das Recht, das Gesetz Christi auszuführen, aber kein Recht, Gesetze zu erlassen. Die Diener Christi sind verpflichtet, die Anordnungen Christi auszuführen. Wenn sie dies tun, dann ist das, was auf Erden gebunden ist, auch im Himmel gebunden. Wenn sie sich jedoch an irgendwelche anderen, von diesem Bibelbuch abweichenden Richtlinien gehalten haben, dann sind ihre Gesetze es nur wert, verachtet zu werden; welche Gesetze es auch sein mögen – sie sind für kein christliches Herz verbindlich. »Wenn … der Sohn euch frei machen wird, so werdet ihr wirklich frei sein« (vgl. Johannes 8,36). »Für die Freiheit hat Christus uns frei gemacht. Steht nun fest und lasst euch nicht wieder durch ein Joch der Sklaverei belasten« (vgl. Galater 5,1).

Lasst uns zweitens aber nun darüber nachdenken, *auf welche eigentümliche Weise Maria Christus als den Meister anerkannte.*

Wie zollte sie ihm diese Anerkennung? *Sie wurde seine Schülerin:* Sie saß ehrfurchtsvoll zu seinen Füßen. Meine Lieben, wenn er unser Meister ist, dann lasst uns das Gleiche tun. Lasst uns jedes Wort Jesu auf die Goldwaage legen. Wir wollen es lesen, beachten, davon lernen, es in uns aufnehmen und geistlich verarbeiten. Ich befürchte, dass wir unsere Bibel nicht so lesen, wie wir es tun sollten. Oder wir messen nicht allen Nuancen, die unser Meister in seine Aussagen gelegt hat, die gebührende Bedeutung bei. Ich würde gern ein Bild sehen, auf dem Maria zu erkennen ist, wie sie zu Füßen des Meisters sitzt. Große Künstler haben Maria, die Mutter Jesu, schon so oft gemalt, dass sie diese Maria einmal zur Abwechslung malen könnten, wie sie fest und innig auf ihn schaut, alles in sich aufnimmt und jedes Wort bewahrt; wie sie manchmal von einem neuen Gedanken oder einer neuen Lehre erstaunt ist und dann wieder forschend wartet, bis ihr Gesicht vor unaussprechlicher Freude zu strahlen beginnt, wenn das neue Licht ihr Herz durchdringt. Als achtsame Jüngerin bewies sie, dass Jesus wirklich ihr Meister und Lehrer war.

Beachten wir dann, dass *sie keines anderen Schülerin war*, sondern nur von ihm unterwiesen wurde. Ich weiß nicht, ob damals Gamaliel schon öffentlich in Erscheinung getreten war; sie saß jedenfalls nicht zu seinen Füßen. Ich möchte sogar sagen, dass es einen gewissen Rabbi Ben Simon oder andere berühmte Gelehrte jener Zeit gab, aber Maria verbrachte keine einzige Stunde mit ihnen. Jeden Augenblick, den sie opfern konnte, verbrachte sie in freudiger Erwartung zu Füßen eines weitaus geliebteren Rabbis. Ich frage mich, ob sie ein wenig schwerhörig war und daher so nah bei dem Lehrer saß – aus Angst, ihr könnte ein Wort entgehen! Weil sie vielleicht fürchtete, dass sie es nicht so schnell verstehen würde, rückte sie so nahe an den Verkündiger heran wie jene anderen, die ein bisschen schwerhörig sind; jedenfalls befand sich ihr Lieblingsplatz zu seinen Füßen. Da wir als Zuhörer innerlich immer ziemlich träge sind, zeigt uns dies, dass es gut ist, ganz in der Nähe Jesu zu bleiben, wenn wir seine Worte vernehmen, und Zwiesprache mit ihm zu halten, während wir zuhören. Maria suchte sich keinen anderen Lehrer, um mal etwas Abwechslung zu haben. Nein, der Meister, ihr Meister, ihr einziger Meister, war der Nazarener, den andere verachteten, den sie aber ihren Herrn nannte.

Sie war eine lernwillige Schülerin, denn »Maria … hat das gute Teil erwählt« (vgl. Lukas 10,42), sagte Jesus. Niemand schickte sie, damit sie zu Jesu Füßen sitzen konnte. Vielmehr wurde sie von Jesus angezogen, und sie konnte nicht anders, als zu ihm zu kommen, aber sie war sehr gern bei ihm. Sie war eine bereitwillige und beglückte Zuhörerin. Schulkinder lernen immer schnell, wenn sie lernen wollen. Wenn sie zum Schulbesuch gezwungen werden, lernen sie vergleichsweise wenig; wenn sie aber von sich aus gehen wollen und den Lehrer lieben, erzielen sie rasch Lernfortschritte. Glücklich schätzen kann sich jeder Lehrer, der vor einer Klasse steht, die ihn für den Unterricht ausgewählt hat.

Maria nannte ihn gern »den Meister«, denn sie schenkte ihm mit ganzer Hingabe und Begeisterung ihre volle Aufmerksamkeit.

Und beachten wir auch, dass sie, nachdem sie Christus als ihren Meister angenommen hatte, *stets an ihm festhielt*. Ihre Entscheidung wurde ihr nicht abgenommen, und sie machte sie auch nicht rückgängig. Eines Tages war Marta sehr verärgert. Wie konnte sie sich um das Gebratene und Gekochte gleichzeitig kümmern? Inwiefern konnte man von ihr erwarten, dass sie zudem noch den Tisch deckte und nach dem Feuer in der Küche sah? Warum konnte Maria nicht helfen? Ich zweifle nicht daran, dass Marta dabei ziemlich finster dreinblickte. Das spielte jedoch keine Rolle. Maria blieb ruhig sitzen. Vielleicht bemerkte sie nicht einmal Martas Miene. Ich bin sicher, dass es so war, denn Heilige haben in der Gegenwart der Herrlichkeit Christi keinen Blick mehr für den Gesichtsausdruck anderer Menschen. Es gibt etwas im Wesen Christi, das deine Aufmerksamkeit fesselt. Er nimmt dich ganz gefangen und lässt dich sogleich alles andere um dich her vergessen. Wenn er zieht, dann zieht er nicht nur *alle Menschen* an, sondern zieht vielmehr *den ganzen Menschen* zu sich. Daher saß Maria ruhig dort und hörte weiter zu. Kinder, die immer – nicht nur manchmal – über ihren Büchern sitzen und lernen, eignen sich auch etwas an. Auf diese Weise erkannte Maria an, dass der Herr Jesus Christus ein unvergleichlicher Lehrer war, und so schenkte sie ihm ihre ungeteilte Aufmerksamkeit, die einem Lehrer par excellence zusteht.

Sie kam voller Demut zu ihm. Selbst wenn sie zu seinen Füßen saß, weil sie in seiner Nähe sein wollte, saß sie auch dort, weil sie zutiefst demütig war. Weil sie eine Demutsgesinnung besaß, war es für sie die höchste Ehre, auf dem niedrigsten Platz zu sitzen. Diejenigen, die am geringsten von sich selbst denken, lernen am meisten von Christus. Wenn ein Platz zu seinen Füßen aus unserer Sicht zu gut für uns ist oder wir zumindest mehr als zufrieden damit sind, dann wird seine Rede wie Regen träufeln und wie Tau rieseln (vgl. 5. Mose 32,2). Dann werden wir zarten Kräutern gleichen, die durch das belebende Nass seiner Worte wunderbar erquickt werden, sodass unsere Seelen zur Reife kommen.

Jetzt komme ich zu meinem dritten Punkt, nämlich dazu, *welch einen besonderen Wohlklang dieser Name für uns hat*: *»der Meister«*, *»mein Meister«* oder *»mein Lehrer«*. Ich habe diesen Namen in mein Herz geschlossen, weil *Jesus Christus als mein Heiland auch mein Lehrer ist.*

Wenn sich keine Seele bekehrt, dann wird das Werk zur Last, und das Herz ist schwer. Es ist jedoch wunderbar, wenn du dann zu deinem Meister gehen kannst, um ihm alles zu sagen. Wenn Seelen jedoch zum Glauben kommen und du dich von Herzen freust, dann ist es Ausdruck von Glückseligkeit und Angemessenheit, deinem Meister alle Ehre zu geben. Es muss merkwürdig sein, Botschafter des eigenen Staates in einem fernen Land zu sein, wo es keinen Telegrafen gibt und wo der Botschafter auf eigene Verantwortung handeln muss. Es muss eine schwere Last für ihn sein. Aber Gott sei gepriesen, zwischen jedem wahren Diener Gottes und seinem Meister gibt es eine stehende Kommunikationsleitung; er muss nie irgendetwas in eigener Sache tun. Er kann handeln wie die Johannesjünger, die zu Jesus gingen, nachdem sie den verstümmelten Leib des Täufers entgegengenommen hatten. Das sollten wir tun. Es gibt Schwierigkeiten in allen Gemeinden, Probleme in allen Familien und Sorgen in allen Geschäftsbereichen, aber es ist gut, wenn man als Knecht zu seinem Meister gehen kann und weiß: »Er – nicht ich – trägt für alles die Verantwortung: Ich muss nur das tun, was er mir sagt.« Wenn wir uns erst einmal über die Gebote unseres Herrn hinwegsetzen, liegt die Verantwortung auf uns, und dann fangen unsere Sorgen erst an. Aber wenn wir unserem Herrn folgen, können wir nicht vom rechten Weg abkommen.

Und ist das, meine lieben Freunde, nicht ein wunderbarer Name, den ihr anrufen könnt, wenn ihr Kummer habt? Vielleicht befinden sich einige von euch jetzt in Not. Wie schnell weicht eure Furcht, wenn ihr erkennt, dass derjenige, der die Not und Sorgen schickte, der Lehrer ist, der euch anhand dessen etwas lehrt. Es ist der Meister, der berechtigt ist, jede Art des Unterrichts nach Belieben zu wählen. In unseren Schulen lernt man viel anhand dessen, was an der Tafel steht, während man in der Schule Christi viel durch Bedrängnis und Leid lernt. Diesbezüglich gibt es die Geschichte von dem Gärtner. Obwohl ihr sie bereits mehrfach gehört habt, möchte ich sie nochmals wiederholen. Der Gärtner hatte sich sehr um eine erstklassige Rose gekümmert. Eines Morgens, als er in den Garten kam, war sie nicht mehr dort. Er beschimpfte die anderen Mitarbeiter und war sehr bekümmert, bis jemand sagte: »Ich habe heute Morgen den Meister im Garten gesehen, und ich glaube, er hat die Rose mitgenommen.« »O«, sagte der Gärtner, »wenn der Meister sie genommen hat, dann bin ich beruhigt.« Hast du ein liebes Kind oder deine Frau bzw. einen Freund verloren? *Er* war es, der deine Blume nahm. Sie gehörte ihm. Willst du das, was Jesus haben möchte, behalten? Zuweilen werden wir gebeten, für das Leben aufrichtiger Menschen zu beten, und ich denke, dazu sind wir auch berechtigt. Aber ich habe nicht immer im Glauben gebetet, weil es mir mitunter vorkam, dass Christus in die eine Richtung zog und ich in die andere. Ich sagte: »Vater lass sie hier bei uns«, wohingegen Jesus sagte: »Vater, ich will, dass sie dort sind, wo ich bin.« Damit war es nicht möglich, kräftig zu ziehen. Wenn du spürst, dass Christus in die andere Richtung zieht, solltest du sofort nachgeben. Sage dann: »Der Meister soll es haben. Der Diener kann sich nicht gegen den Meister stellen.« »Er ist der HERR; er tue, was in seinen Augen gut ist« (vgl. 1. Samuel 3,18). »Ich verstummte in Schweigen … (ich) mache meinen Mund nicht auf, denn du, du hast gehandelt« (vgl. Psalm 39,2.10).

Unser Meister lernte diese Lektion, die er uns lehrt, am eigenen Leib. Seine folgende Aussage ist höchst beachtenswert: »Ich preise dich, Vater, Herr des Himmels und der Erde, dass du dies vor Weisen und Verständigen verborgen hast und hast es Unmündigen geoffenbart. Ja, Vater, denn so war es wohlgefällig vor dir« (vgl. Lukas 10,21). Es gefiel Gott, die Weisen und die Verständigen zu übergehen, und daher gefiel es auch Christus. Es ist gut, wenn unsere Herzen dem Herz jenes armen Hirten gleichen, zu dem ein vornehmer Herr einmal sagte: »Ich wünsche Ihnen einen guten Tag.« Darauf der Hirte: »Ich habe niemals einen schlechten Tag gehabt.« »Wie kann das sein, mein Lieber?«, fragte der Herr. »Gott entscheidet, wie der Tag wird, und daher sind alle gut.« »Na schön«, sagte der Herr, »aber manche Tage gefallen Ihnen doch besser als andere?« »Nein«, erwiderte der Hirte, »was Gott wohlgefällig ist, gefällt auch mir.« »Aber können Sie nicht wählen?«, fragte der Herr. »Doch, ich entscheide mich dafür, dass Gott für mich entscheidet.« »Aber haben Sie nicht die Wahl, ob Sie leben oder sterben wollen?« »Nein«, sagte der Hirte, »denn wenn ich hier bin, ist Christus bei mir, und wenn ich im Himmel bin, dann werde ich bei ihm sein.« »Aber angenommen, Sie müssten sich entscheiden?« »Ich würde Gott bitten, für mich zu entscheiden«, erwiderte der Hirte. Wie wunderbar einfach ist doch diese Gesinnung, die alles Gott überlässt. Dann kann man sagen:

> Alles, was der Herr gibt, ist recht,
> entwöhnt von allem, was die Welt bietet.

Und dann hat diese Aussage (»Jesus, mein Meister«) Vollkommenheit erreicht. Meine lieben Freunde, es sei nochmals gesagt: Ist es nicht wunderbar, Jesus als Meister zu bezeichnen, weil wir dann eine Stellung einnehmen, in die wir leicht gelangen können und die dennoch so herrlich ist? Welch eine Ehre ist es, ihn Bräutigam zu nennen – eine Bezeichnung, die ein so inniges Verhältnis zum Sohn Gottes ausdrückt! *Freund* ist ein vertrauter und ehrenwerter Titel, doch ihn *Meister* zu nennen, ist oft leichter, aber genauso wunderbar. Der ihm geweihte Dienst ist für uns nämlich reine Freude, wenn wir keinen höheren Platz einnehmen. Wir können nur darum bitten, in der rechten Herzenshaltung zu sein, damit wir imstande sind, die Gebote des Herrn auszuführen. Jetzt sind wir Söhne und keine Sklaven, und daher ist unser Dienst andersgeartet, als er es früher war; trotzdem ist dieser Dienst eine Freude. Was wird im Himmel sein? Was gibt es dort außer ewigem Dienst? Hier dienen wir, um zur Ruhe zu kommen; dort werden wir in die Ruhe eingehen, während wir dienen. Die Ruhe der Gläubigen ist der vollkommene Gehorsam ihrer völlig geheiligten Seelen. Sehnt ihr euch nicht danach? Wird im Himmel nicht eine eurer größten Freuden in dem Wissen bestehen, dass ihr seine Knechte seid? Die Verherrlichten werden als seine Knechte im Himmel bezeichnet. »Seine Knechte werden ihm dienen, und sie werden sein Angesicht sehen; und sein Name wird an ihren Stirnen sein« (vgl. Offenbarung 22,3-4). Hätten wir die Sünde bereits völlig hinter uns, würden wir schon jetzt im Himmel sein; die Erde wäre der Himmel für uns.

Ich möchte, dass ihr heute von hier weggeht mit diesem wunderbaren Wort auf eurer Zunge: »mein Meister«, »mein Meister«. Ihr werdet keinen größeren Wohlklang hören. Geht und lebt gemäß eurer Bestimmung als Knechte. Lasst ihn wirklich euren Herrn und Meister sein, denn er sagt: »Wenn ich Herr bin, wo ist meine Ehre?« (vgl. eine ähnliche Formulierung in Maleachi 1,6). Redet gut von ihm, denn Knechte sollten gut von ihrem Meister reden, und kein Knecht hatte je einen so in Ehren gehaltenen Meister, wie er es ist.

Töchter Jerusalems

»Weint nicht über mich«

»Es folgte ihm aber eine große Menge Volks und Frauen, die wehklagten und ihn bejammerten. Jesus wandte sich aber zu ihnen und sprach: Töchter Jerusalems, weint nicht über mich, sondern weint über euch selbst und über eure Kinder! Denn siehe, Tage kommen, an denen man sagen wird: Glückselig die Unfruchtbaren und die Leiber, die nicht geboren, und die Brüste, die nicht gestillt haben! Dann werden sie anfangen, zu den Bergen zu sagen: Fallt auf uns!, und zu den Hügeln: Bedeckt uns! Denn wenn man dies tut an dem grünen Holz, was wird an dem dürren geschehen?« (Lukas 23,27-31).

Könnt ihr euch diese Szene vorstellen? Jesus wird von Pilatus den Juden übergeben, damit sie mit ihm machen, was sie wollen. Mit dem Kreuz auf seinen Schultern wird er dann von einer kleinen Schar Soldaten durch die öffentlichen Straßen der Stadt hinausgeführt. Vielleicht dachten sie, dass er aufgrund der durchwachten Nacht zu erschöpft und infolge der bei der Geißelung zugefügten Schmerzen zu entkräftet sei, denn sie befürchteten, dass er auf der Straße sterben könnte. Deshalb packten sie mit grausamer Barmherzigkeit einen aus der Menge, der sein Mitleid zu laut hinausgeschrien hatte. Sie verpflichteten ihn, den Henkern Hilfsdienste zu leisten, indem sie ihn zwangen, das Hinrichtungswerkzeug zu tragen.

Ihr seht die hochmütigen Schriftgelehrten und die lästernde Menschenmenge; aber Mittelpunkt und Gegenstand dieses Schauspiels war unser Herr selbst, Jesus von Nazareth, der König der Juden. Es gibt kein Bild von ihm; alle Vorhaben derer, die je versucht haben, ihn zu malen, sind weitgehend misslungen, denn sein Gesicht spiegelte Majestät und Sanftmut, Liebe und Demut, Heiligkeit und Leid zugleich wider. Man könnte all dies unmöglich zusammen auf einer Leinwand oder mit Worten wiedergeben. Sein Körper war mit Wunden übersät, die von der grausamen Behandlung zuvor zeugten. Er war gegeißelt worden, und jeder konnte es sehen; sein eigenes Gewand, das sie ihm umgehängt hatten, konnte die Verletzungen nicht verdecken, die ihm die römischen Geißeln zugefügt hatten. Die Spuren der Dornenkrone waren auf seiner Stirn sichtbar, wobei auch die Soldaten mit ihrer rohen Behandlung dazu beigetragen hatten, dass sein Gesicht und sein Körper nicht wiederzuerkennen waren: »Sein Aussehen (war entstellt), mehr als das irgendeines Mannes, und seine Gestalt mehr als die der Menschenkinder« (vgl. Jesaja 52,14).

Und jetzt wird er weggeführt, um den schändlichen Tod am Kreuz zu erleiden. Es gab einige dort, die sich darüber freuten, dass ihr Opfer endlich in ihrer Gewalt war und die redegewandte Zunge, die ihre Scheinheiligkeit aufgedeckt hatte, nun durch den Tod zum Schweigen gebracht wurde. Es waren aber auch gefühllose Römer dort, in deren Augen ein menschliches Leben wenig zählte. Und überall war die brutale Meute versammelt, deren Angehörige bestochen worden waren, um ihren besten Freund lauthals zu verrufen.

Aber nicht alle der dort Anwesenden waren so grausam. Es gab einige, die ihren Protest durch Schreien und Klagen hervorbrachten. Um das Geschlecht zu ehren, wird erwähnt, dass es Frauen waren. Sie beweinten ihn nicht leise, sondern sie begannen, laut und deutlich hörbar zu klagen und zu jammern, als wären sie auf der Beerdigung eines guten Freundes, oder als erwarteten sie den Tod eines geliebten nahestehenden Menschen. Eine weinende Frau berührt die meisten von uns sehr, aber die gefühllosen Herzen der römischen Legionäre blieben davon unbeeindruckt; das Wehklagen einer Frau war für sie nichts weiter als das Ächzen des Windes in den Bäumen des Waldes: Dennoch müssen einige von ihnen, die nicht so hart und erbarmungslos waren und deren Seelen sich irgendwie mit ihnen verbunden fühlten, betroffen gewesen sein. Aber Einer, der Barmherzigste unter allen, war besonders betroffen. Es war der Eine, dessen Ohr äußerst empfindsam auf jeden Klang reagierte, worin Leid zum Ausdruck kam. Zwar hatte er Herodes keine Antwort gegeben, und Pilatus hatte er nur ein paar Worte erwidert. Zwar hatte er alle Spöttereien und Geißelungen still wie ein Schaf vor seinen Scherern ertragen. Dennoch blieb er stehen, auf die Schar der Weinenden umherblickend. Bemitleidenswert, aber doch in ganzer Erhabenheit, brach er sein Schweigen, indem er zu ihnen sagte: »Weint nicht über mich, sondern weint über euch selbst und über eure Kinder.« So bot sich diese Szene dar.

Was die Worte als solche angeht, so sind sie besonders beachtenswert, weil sie die letzte zusammenhängende Rede des Heilands vor seinem Tod beinhalten. Alles, was er später sagte, war eher bruchstückhaft und umfasste dem Wesen nach hauptsächlich Gebete. Es waren an Johannes und seine Mutter sowie an den sterbenden Verbrecher gerichtete Sätze und nur ein oder zwei Worte, die er hinabschauend hervorbrachte, aber meistens stöhnte er nur Satzfetzen, die auf den Flügeln starker Sehnsucht himmelwärts emporstiegen. Dies war seine letzte Rede, eine kurze Abschiedspredigt, die inmitten einer von tiefer Trauer und heiligem Ernst geprägten Umgebung gehalten wurde. Sie hielt Tränen zurück und ließ sie gleichzeitig fließen. Aus unserer Sicht sind seine Worte – zumal aufgrund der Situation – schwerwiegend und Ausdruck großen Ernstes. Aber auch abgesehen davon waren die weitergegebenen Wahrheiten als solche von äußerster Wichtigkeit und sehr ernst. Diese letzte Rede unseres Herrn vor seinem Tod kündete gegenüber der Welt, die ihn verwarf, unheilvoll von tausend Kümmernissen für die Menschen, die er liebte. Es waren Leiden, die nicht einmal er abwenden konnte, weil sie ihn als Mittler und die Gnade, die er ihnen mit seinem Kommen erweisen wollte, abgelehnt hatten. »Töchter Jerusalems«, sagte er, »weint nicht über mich, sondern weint über euch selbst und über eure Kinder.« Nur einige Tage zuvor hatte er ihnen selbst ein Beispiel gegeben, indem er über die dem Untergang geweihte Stadt weinte und ausrief: »Jerusalem, Jerusalem, die da tötet die Propheten und steinigt, die zu ihr gesandt sind! Wie oft habe ich deine Kinder versammeln wollen, wie eine Henne ihre Küken versammelt unter ihre Flügel, und ihr habt nicht gewollt!« (vgl. Matthäus 23,37).

Selbst wenn man seine Worte oberflächlich betrachtet, erkennt man, dass sie zweifellos seinem Stil entsprechen und seine Handschrift tragen. Wer sonst hätte so gesprochen? Ihr könnt sicher sein, dass dieser Abschnitt authentisch ist, denn er ist in jeder Hinsicht unnachahmlich christusgleich. Seht doch, wie selbstlos er war; denn für sich wollte er noch nicht einmal Tränen des Mitleids. Gab es keinen Grund zum Trauern? Natürlich gab es Grund genug, und trotzdem sagt er: »Weint nicht über mich, sondern weint über euch selbst.« Es ist, als ob sich all seine Gedanken nicht um ihn, sondern nur um den Kummer anderer Menschen drehten. Es ist, als wollte er, dass man keine Träne um ihn, sondern um das Leid weinte, das ihn mehr schmerzte als seine eigenen Wunden. Achten wir auch darauf, wie majestätisch seine Rede war, obwohl er sich in solch tiefer Not befand. Ihr könnt erkennen, dass er aufgrund all seiner Schmerzen und Leiden es sicher verdient hat, beweint zu werden. Er lässt sich jedoch nicht davon überwältigen, sondern seine königliche Seele herrscht vielmehr in der Zukunft, wobei er als König sein Zepter und seinen Richterstuhl vorwegnimmt und das Schicksal derer voraussagt, die ihn jetzt beschimpfen. Hier zeigt sich keine feige Seele, kein Eingeständnis einer Niederlage, kein Mitleidsgesuch, kein Schatten des geringsten Grolls, sondern im Gegenteil ein erhabener Geist der Stärke. Mit seinen ruhigen, in die Zukunft schauenden Augen blickt er weit über die Jahre hinaus und sieht, wie Jerusalem belagert und erobert werden wird. Er spricht, als höre er die schrecklichen gellenden Schreie, die den Einfall der Römer in die Stadt und die Tötung von Jung und Alt, von Frauen und Kindern verkünden. Ja, beachten wir ebenso, wie sein durchdringender Blick noch weiter reicht: Er sieht und beschreibt den Tag, an dem er auf dem Richterthron sitzen wird. Er wird alle Menschen vor die Schranken des Gerichts rufen, und die Gottlosen werden aufgrund der Erscheinung seines Antlitzes erschrecken – des Angesichts dessen, der vor seinen Feinden jetzt völlig entkräftet war. Dann werden sie sich wünschen, dass die Berge auf sie fallen und die Hügel sie vor seinem Antlitz bedecken mögen. Er redet so, als sei er sich der königlichen Würde bewusst, die in jenen furchtbaren Tagen auf ihm liegen wird. Und gleichzeitig ist er voller Mitleid gegenüber jenen, die durch ihre Sünden ein so schreckliches Schicksal über sich bringen. Eigentlich sagt er: »Weint um jene, für die es besser gewesen wäre, wenn sie nie geboren worden wären, und die sich nichts sehnlicher wünschen, als vernichtet zu werden.« Er trocknet die Tränen, die für ihn vergossen werden. Stattdessen will er, dass die Frauen für die unbußfertigen Sünder, die bei seiner Wiederkunft mit unbeschreiblichem Entsetzen erfüllt sein werden, die Schleusen ihrer Seelen öffnen mögen, um der ganzen Flut ihrer Betrübnis freien Lauf zu lassen.

Er sagte zu den weinenden Frauen: »*Weint nicht.*« Es gibt einige kaltherzige, berechnende Bibelausleger, die sagen, dass unser Herr diese Frauen wegen ihrer Tränen tadelte. Sie behaupten, dass ihr Kummer unangebracht oder doch zumindest alles andere als lobenswert gewesen sei. Ich glaube, sie bezeichnen das Empfinden dieser gutherzigen Seelen als »sentimentales Mitleid«. Es gibt nichts Schlimmeres als einen gefühlskalten Bibelausleger, der sich an jedem Buchstaben festbeißt, und an der grammatischen Bedeutung jeder Silbe herumkrittelt, alles mit seinem Lexikon übersetzt, aber nie seinen gesunden Menschenverstand einsetzt oder zumindest nie sein Herz sprechen lässt. Diesen Frauen soll ein Vorwurf gemacht werden? Nein, *gesegnet* sind und bleiben sie. Ihr Verhalten war der einzige Lichtblick auf dem furchtbaren Leidensweg; denkt nicht im Entferntesten daran, dass Jesus jene, die um ihn weinten, hätte tadeln können. Nein, nein, tausendmal nein! Diese einfühlsamen Frauen sind das genaue Gegenteil der Hohenpriester in ihrer abgrundtiefen Bosheit und der rücksichtslosen Menge, die erbittert schrie: »Kreuzige, kreuzige ihn!« (vgl. hier und im Folgenden Lukas 23,21). Nach meinem Eindruck zeugt ihr Verhalten von einem großartigen Mut, als sie es wagten, demjenigen ihr Mitleid zu zeigen, den alle anderen wie entfesselt in den Tod hetzten. Sich inmitten der brüllenden Menge (»Kreuzige, kreuzige ihn«) für ihn einzusetzen, zeugte von großer Unerschrockenheit; diese Frauen waren Heldinnen und weitaus mutiger als jene, die sich auf die Beute stürzten. Weil ihr Klagegeschrei ihr Mitleid für den zum Tode Verurteilten ausdrückt, hat es unser Lob und nicht unsere Kritik verdient. Unser Herr nahm das von ihnen bekundete Mitleid an, und nur weil er so unglaublich selbstlos war, sagte er: »Spart euch euren Kummer für andere Leiden auf.« Er sagte dies nicht, weil sie im Unrecht waren, sondern aus folgendem Grund: Es gab etwas, das noch notwendiger war, als ihn zu beweinen. Wir alle haben schon gespürt, wie nahe es uns ging, wenn wir gemeinsam das folgende wunderbare Passionslied gesungen haben:

Wo Jesus einst gekreuzigt ward,
da hat sich Gott mir offenbart.
Er gab sein Blut auf Golgatha,
ich fand mein Heil und Leben da.

O Golgatha, du Trauerort,
wo Jesus einst sein Blut vergoss!
O Golgatha, du Rettungsort,
wo mir des Heiles Quelle floss!

Die Erde bebt, der Tag entweicht;
im Todesschmerz mein Herz erbleicht.
»Es ist vollbracht!« O bittrer Schrei!
Der Vorhang riss, der Weg steht frei!

Ist´s möglich denn, o Jesus mein,
dass du für mich ertrugst die Pein?
Herz, nie vergiss, was dort geschah
am Kreuzesstamm, auf Golgatha.

Wer unter uns kann denn jene tadeln, die Worte wie die folgenden singen:

Vor Scham möcht ich mein Angesicht
verhüllen allezeit,
und weinen, bis mein Auge bricht,
voll heißer Dankbarkeit.

Es war nicht falsch, dass diese Frauen weinten. Daher wollen wir im Folgenden feststellen, dass sie guten Grund und das Recht hatten, so bekümmert zu sein. Ihr Weinen hatte einen Grund. Sie sahen sein Leid, seine Einsamkeit und die Tatsache, dass er zu Tode gehetzt wurde. Sie konnten nichts weiter tun, als zu klagen. Seht seine blutigen Schultern, seine aufgerissenen Schläfen, vor allem aber achtet auf sein stilles und unvergleichlich gottähnliches Antlitz, von heiliger Betrübnis entstellt. Jeder, der noch irgendwie Erbarmen gekannt hat, muss gewiss geweint haben. Es gab Grund genug, um mit ihm, der so sehr litt und noch mehr leiden würde, der sanft war und sich dem Leiden nicht widersetzte, tiefstes Mitleid zu empfinden. Weil er sanftmütig und von Herzen demütig war, erwiderte er keinen einzigen grimmigen Blick, auf kein einziges böses Wort antwortete er im gleichen Ton. Er glich einem Lamm inmitten von Wölfen oder einer Taube, die von Tausenden Falken umgeben ist; er war wie ein schneeweißes Reh inmitten einer bellenden Hundemeute. Niemand zeigte Mitleid, und keiner kam zu Hilfe; sollten wir dann kein Mitgefühl haben? Nein, ihr Frauen, ihr habt gut daran getan, Tränen zu vergießen: Ihr konntet gar nicht anders, denn ihr wart Mütter von Kindern und hattet ein liebevolles Herz. Was hättet ihr tun können, als um ihn zu weinen – um den, der so demütig, so sanft, so selbstlos war und sich allem unterwarf, das man ihm antat. Es war gewiss der Gipfel der Niedertracht, dass man ihn, der selbst im Leben so viel leiden musste, zu Tode hetzte. Und überdies war er unschuldig und ohne jede Sünde. Was hatte er Unrechtes getan? Seine Feinde konnten die Frage des Pilatus nicht beantworten:

»Was hat dieser denn Böses getan?« (vgl. z. B. Lukas 23,22). Er war ohne Schuld, sie konnten nichts Derartiges an ihm finden. Schon allein sein Anblick zeigte, dass er der reinste aller Menschen war, während es um ihn her nur Sünde und Selbstgefälligkeit gab. Er allein verkörperte Heiligkeit und Wahrheit. Weshalb sollten sie ihn dann unter Missetätern wegführen und diese glückseligen Hände sowie Füße an das Fluchholz nageln, indem sie ihn ans Kreuz schlugen? Er war nicht nur unschuldig und untadelig, sondern darüber hinaus auch außerordentlich gütig und freundlich – ja, noch mehr, seine Liebe zu allen Menschen war unendlich groß. Sogar in seinem tiefsten Leid strahlte sein Antlitz vor lauter Güte wie die Sonne. Als er seine Feinde ansah, lag etwas Königliches, aber auch Mitgefühl in seinem Blick: »Vater, vergib ihnen! Denn sie wissen nicht, was sie tun« (vgl. Lukas 23,34), kam es von seinen zitternden Lippen. Er würde ihnen keinen Schaden zufügen, er bestimmt nicht; er würde sie nicht verfluchen, obwohl sein Fluch sie vernichtet hätte. Er betrachtete sie nicht mit Missfallen, obwohl ein solcher Blick seine Befreiung bedeutet hätte; er war zu gut, um Böses mit Bösem zu vergelten.

Diese Frauen erinnerten sich daran, welches Leben er geführt hatte: Er hatte die Hungrigen gespeist – vielleicht waren einige von denen darunter, die von den Broten und Fischen gegessen hatten. Er hatte ihre Kinder geheilt, ihre Toten auferweckt und ihre Freunde von unreinen Geistern befreit. Er hatte in aller Öffentlichkeit auf den Straßen gepredigt und niemals Feindseligkeit, sondern immer Sanftmut und Liebe gelehrt. Er war bekannt und beliebt gewesen und stand einmal an der Spitze der Menschenmenge, hatte aber seine Macht nie für selbstsüchtige Zwecke missbraucht. Er war wie ein König durch ihre Straßen geritten, aber die dabei von ihm ausgehende Pracht war einfach und schlicht gewesen: Er war auf einem Esel geritten, auf dem Fohlen einer Eselin, und Kinder hatten ihn begleitet. Dabei waren keine Kriegsposaunen, sondern nur die Rufe der Kinder zu hören gewesen: »Hosanna! Gepriesen sei, der da kommt in dem Namen des Herrn« (vgl. Markus 11,9). Warum sollten sie ihn kreuzigen? Er hatte nur Gutes getan. Seine königliche Gegenwart schien auf die Frauen zu wirken, sodass sie einander fragten: »Was hat er getan, dass sie ihn töten? Für welche seiner Taten richten sie ihn hin?« Er, der Freund aller Einsamen, wieso sollte er sterben? Es sei nochmals gesagt: Ich kann die Tränen dieser Frauen nur loben. Es verwundert kaum, dass sie weinten und klagten, als sie ihn, den Unschuldigen, auf dem Weg zur Hinrichtungsstätte sahen.

Ich denke auch, dass dieses Weinen der Frauen sehr verheißungsvoll war. Natürlich war ihr Verhalten der Gefühllosigkeit oder Grausamkeit vieler anderer aus der bunt zusammengewürfelten Menge weit überlegen. Ihr Weinen ließ eine gewisse Weichherzigkeit erkennen, und Weichherzigkeit – obwohl sie etwas ganz Natürliches sein kann – dient womöglich oft als Grundlage, worauf bessere, gottgefälligere und geistlichere Empfindungen ruhen können. Man gibt zu bedenken, dass Menschen weinen, wenn sie – abgesehen vom Leid Jesu – die Leidensgeschichten anderer Menschen hören, und darüber bin ich froh: Denn sollten sie nicht mit den Weinenden weinen (vgl. Römer 12,15)? Man bringt weiterhin vor, dass dieses natürliche Mitleid in vielen Fällen durch die Fähigkeit des Redners bedingt sein kann, aber manchmal ohne jeden Zweifel auch auf die gottesdienstliche Musik zurückzuführen ist. Ich weiß, dass dem so ist. Ich werde euch im Folgenden zeigen, dass rein gefühlsbetontes Mitleid nicht annähernd hinreicht, wenn ihr auf die Verkündigung reagiert. Trotzdem wäre ich traurig, wenn ich mich selbst als denjenigen sähe, der ohne jegliche Gefühlsregung an die Leiden Jesu denken könnte, während ich aufgrund des Leids anderer Menschen betroffen sein würde. Ich wäre zutiefst bestürzt, wenn es wirklich wahr wäre, dass ihr alle, besonders ihr Frauen, so hartgesotten wärt, dass es euch nicht das Herz erweicht, wenn ihr an das Leiden und Sterben Jesu von Nazareth denkt. Dieses Gefühl ist in jedem Fall so weit berechtigt, denn würdet ihr nicht so empfinden, dann hättet ihr jede Menschlichkeit verloren und besäßet ein Herz aus Stein. Es zeugt von Hoffnung, weil es eine Tür öffnet, durch die etwas Besseres eintreten kann. Diese Empfindsamkeit ist eine natürliche Veranlagung, die durch etwas weitaus Größeres veredelt werden kann. Derjenige, der um die Leiden Christi weinen kann, ist möglicherweise bald auf dem Weg, der dazu führt, dass der Betreffende über die Sünde weint, die diese Leiden verursachten. Er kann sich auch auf dem direkten Weg befinden, auf dem er dem Gebot Christi gemäß imstande ist, über jene anderen Leiden und Nöte zu klagen, die sündenbedingt über ihn und die eigenen Kinder hereinbrechen. Ich will die Gefühle gegenüber Christus nicht übertreiben, noch möchte ich euch bitten, über den Tod Jesu nur zu wehklagen, denn er ist auch ein Ursprung der Freude.

Nach all dem Gesagten möchte ich noch erwähnen, dass es für unseren Herrn angemessen war, diesen Schmerz zu unterdrücken. Denn schließlich ist dieser Schmerz – auch wenn er von der schöpfungsmäßigen Veranlagung her angebracht ist – lediglich etwas Natürliches und reichte nicht an geistliche Vortrefflichkeit heran. Wenn ihr die Geschichte über Christi Tod hört und weint, stellt dies nicht unter Beweis, dass der Heilige Geist an euren Herzen wirkt. Ihr wärt nämlich wahrscheinlich noch mehr betroffen gewesen, wenn ihr gesehen hättet, wie ein Mörder gehängt wird. Es ist kein Beweis dafür, dass ihr wirklich errettet seid, denn immer, wenn ihr die Einzelheiten bezüglich der Kreuzigung hört, werdet ihr innerlich zutiefst betroffen sein. Wie ich schon gesagt habe, ist es gut, dass ihr ergriffen seid, denn es ist gut in natürlicher, nicht aber in geistlicher Hinsicht. Diese natürlichen Mitleidsbekundungen wollen wir nicht so sehr rühmen, damit ihr euch ihnen nicht fortwährend hingebt. Unser Herr tat gut daran, ihnen gesunde Grenzen zu setzen.

Außerdem ist ein solches Gefühl im Allgemeinen von kurzer Dauer. Rein emotionale Tränen wegen der äußerlich sichtbaren Leiden Christi trocknen schnell und sind schnell vergessen. Wir wissen nicht, ob irgendeine dieser Frauen sich jemals zu unserem Herrn bekehrt hat. Ob sich jemand von denen, die im Obersaal versammelt waren, unter den Weinenden befand, ist uns ebenfalls nicht bekannt. Diese Frauen waren aus Jerusalem, während diejenigen, die als Jüngerinnen Christi für ihn gesorgt hatten und unter seinem Kreuz standen, gewöhnlich aus Galiläa stammten. Sehen wir uns diesbezüglich Matthäus 27,54 und 27,56 an. Ich befürchte, dass die meisten dieser Mitleidenden in Jerusalem schon am nächsten Tag ihre am Karfreitag vergossenen Tränen vergessen hatten. Vielleicht irre ich mich, aber anhand der bloßen Tatsache, dass sie die Bestimmung des Heilands beklagten, lässt sich nicht beweisen, ob sie zu seinen wiedergeborenen Nachfolgern gehörten. Die morgendliche Wolke und der Tau in der Frühe sind passende Sinnbilder für derartige vergängliche Gefühle.

Solch ein Weinen hat auch auf die moralische Gesinnung keinen Einfluss; es hat keine Wirkung auf Geist und Verstand und verändert nicht den Charakter. Es veranlasst den Betreffenden auch nicht dazu, die Sünde abzulegen, noch bewirkt es einen echten und rettenden Glauben an Jesus Christus. Es sind schon viele überflüssige Tränen bei machtvollen Verkündigungen geflossen; sobald der Prediger aufhört, ist die Betrübnis vorbei. Das Innerste des Menschen wurde von der Gnade Gottes nicht berührt, es war alles nur oberflächliche Selbsttäuschung.

Das Schlimmste daran ist, dass solch ein Gefühl oft in die Irre leitet, denn der betreffende Mensch denkt gern: »Es muss doch etwas Gutes in mir stecken, denn ich musste bei der Predigt so viel weinen und es schmerzte mich sehr, als ich hörte, wie Christus ans Kreuz geschlagen wurde!« Ja, und so wiegst du dich vielleicht in dem Glauben, dass du unter dem Einfluss des Heiligen Geistes stehst, während es letztendlich nur ein ganz normales menschliches Gefühl ist.

Dieses Gefühl könnte auch einer weitaus größeren Sache im Wege stehen. Jesus wollte nicht, dass diese Frauen dieses eine Geschehen beweinten, weil sie in Zukunft Tränen um etwas anderes vergießen sollten, das viel beweinenswerter wäre. Ihr müsst wegen des Todes Christi nicht mal ein Zehntel eurer Tränen vergießen, denn er musste infolge eurer Sünden sterben. Ihr braucht nicht die Kreuzigung zu beweinen, sondern weint vielmehr angesichts eurer Übertretungen, denn eure Sünden brachten den Erlöser an das Fluchholz. Über den sterbenden Retter zu weinen, heißt, über das Heilmittel zu weinen; es wäre weiser, die Krankheit zu beklagen. Über den sterbenden Retter zu weinen, bedeutet, das Messer des Arztes mit Tränen zu benetzen; es wäre besser, das ausbreitende Geschwür zu beklagen, das dieses Messer wegschneiden muss. Wer über den Herrn Jesus bei seinem Kreuzesgang weint, vergießt Tränen um etwas, das Gegenstand der höchsten Freude ist, die Himmel und Erde jemals gekannt haben. Eure Tränen sind dort kaum nötig; sie sind Ausdruck natürlicher Empfindungen, aber aufgrund einer tieferen Weisheit werdet ihr sie alle abwischen, bis ihr angesichts seines Sieges über Tod und Grab vor Freude lobsingen werdet. Wenn wir weiterhin trauern müssen, dann lasst uns darüber klagen, dass wir das Gesetz gebrochen haben, dessen Rechtmäßigkeit er unter Schmerzen erwiesen hat. Lasst uns darüber wehklagen, dass die Strafe, die er bis zum Tod auf sich nahm, uns hätte gelten müssen. Jesus wollte, dass diese Frauen nicht so sehr auf seine sichtbaren Leiden als vielmehr auf die verborgene innere Ursache dieser äußerlichen Leiden schauen, nämlich auf die Übertretungen und die Ungerechtigkeit seines Volkes, die ihm den Tod am Kreuz brachten und ihn den Feinden auslieferten.

Jetzt kommen wir von »Weint nicht« zu »*Weint*«. Auch wenn Jesus einen Tränenkanal schließt, öffnet er einen anderen, der zugleich größer ist.

Als er sagte: »Weint über euch selbst«, meinte er damit zunächst, dass sie über die Sünde weinen und klagen sollten, die ihn dorthin gebracht hatte, wo er sich jetzt befand. Er war ja gekommen, um wegen dieser Sünde zu leiden. Ferner wollte er, dass sie weinten, weil infolge dieser Sünde noch größeres Leid über sie und ihre Kinder hereinbrechen würde. Kurz bevor er diese eindrucksvollen Worte sagte, hatten die Männer, die Väter und die Söhne dieser Frauen bekanntlich laut geschrien: »Kreuzige, kreuzige ihn.« Und als Pilatus daraufhin Wasser genommen und seine Hände darin gewaschen hatte, um seine vorgebliche Schuldlosigkeit am Blut Jesu zu zeigen, hatten die Feinde Jesu mit ihrer Tat einen Fluch über ihre Nation und ihre Söhne in künftigen Zeiten gebracht. Die Angehörigen des Volkes riefen nämlich: »Sein Blut komme über uns und über unsere Kinder!« (vgl. Matthäus 27,25). Auch wenn diese Frauen klagten und trauerten, hatten doch die Männer, die im Namen des Volkes vor Pilatus auftraten, über sie und das übrige Volk die Donnerschläge des göttlichen Zorns gebracht. Darauf verweist Jesus, als er sagt: »Weint wegen der Sünden des Volkes, weint wegen des Fluches, der ganz sicher über euch als Nation kommen wird, weil ihr den Gerechten tötet.«

Ja, seine Worte hatten sogar noch einen tieferen Sinn, denn alle um ihn her haben in gewisser Weise seinen Tod verschuldet; und wir – du und ich – sowie alle übrigen Menschen sind nach unseren Maßstäben schuld an der Kreuzigung des Heilands. Ach, liebe Brüder und Schwestern, genau aus diesem Grund sollten wir weinen, weil wir das göttliche Gesetz übertreten haben und nur errettet werden konnten, weil Jesus Christus für uns gestorben ist. Wenn wir noch nicht an Jesus Christus glauben würden, dann müssten wir alle wehklagen, denn unsere Sünde läge in diesem Augenblick noch auf uns. O ihr Seelen, ihr braucht nicht den sterbenden Christus zu bemitleiden, sondern solltet Mitleid mit euch selbst haben. Eure Sünde beschwert euch, und eure Kinder wachsen auf, ohne bekehrt zu sein. Durch euer Beispiel lassen sie Verhärtung in der Auflehnung gegenüber Gott erkennen, und auch ihre Sünde liegt noch auf ihnen. Dies ist allemal Grund genug, euren Zustand zu beweinen. Und nun zu euch Gläubigen, die ihr von der Sünde befreit worden seid und um Christi Namens willen Vergebung empfangen habt. Klagt dennoch darüber, dass ihr gesündigt habt. In die Freude über eure Schuldvergebung mische sich die Trauer darüber, dass Christus mit der von euch aufgehäuften Last beschwert wurde und die Strafe tragen musste, die ihr verdient habt. Überall gibt es die Sünde, angesichts derer man trauern muss. Aufseiten der Gotteskinder ist es eine sich letztlich segensreich auswirkende Traurigkeit, während es eine bittere Trauer unter jenen ist, die bis jetzt weder Anteil noch Anrecht an den Auswirkungen des Leidens Christi haben, obwohl sie dieses Verbrechen – den Mord am Sohn Gottes – mitverschuldet haben.

Ich bitte euch jetzt, nochmals darauf zu achten, warum unser Herr ihnen gebot, Tränen zu vergießen. Dies war erstens in ihren Sünden und dann auch in der bevorstehenden Strafe wegen ihrer Sünden begründet. Die Strafe für die Sünde der Juden als Volk sollte die Zerstreuung dieser Nation und die vollkommene Zerstörung ihrer heiligen Stadt sein. Deshalb war es angemessen, dass unser Heiland all dies mit furchtbaren Worten beschrieb, denn in der ganzen Geschichte findet sich unter dem Himmel kein schlimmeres Geschehen als die Belagerung und Zerstörung Jerusalems. Ich muss euch keinen Überblick über die entsprechenden Ereignisse geben, weil euch diese leidvollen Begebenheiten wohlbekannt sind. Damals war es, als kämen alle Schrecken zusammen und erreichten ihren furchtbaren Höhepunkt. Nichts konnte dies übertreffen; ich bezweifle, ob es jemals etwas Gleichartiges gab. Aber wie ich schon angedeutet habe, sah unser Herr über die Zeit hinaus, da römische Schwerter gezückt und die Juden niedergemetzelt wurden. Bei seinen Predigten weiß man oft nicht, ob er von der Belagerung Jerusalems oder vom Tag des Letzten Gerichts spricht, denn das erstgenannte Ereignis umfasste in seinen Gedanken eine Vorschattung, eine Quasi-Erfüllung und einen Typus des letzteren. Daher schienen die beiden in seinen Reden oft zu einem Ereignis zu verschmelzen. Wenn er zu uns – zu dir und mir – spricht, meint er nicht das besiegte Jerusalem, sondern jenen Tag des Zorns, den schrecklichen Tag, am dem keiner von uns Menschen zu bestehen vermag. Diesbezüglich wird es genug Grund zum Weinen geben, denn wenn dieser Tag kommt, dann werden sich einige Menschen in einem Zustand befinden, in dem sie sich wünschen, dass sie nie geboren worden wären. Wenn der furchtbare Satz aus dem Munde des Richters kommt: »Geht von mir, Verfluchte, in das ewige Feuer, das bereitet ist dem Teufel und seinen Engeln« (vgl. Matthäus 25,41), werden sie die Unfruchtbaren, die kinderlos geblieben sind, und die Brüste, die nicht gestillt haben, glückselig preisen. Dann werden unbußfertige Sünder voll Bitterkeit ausrufen: »Verflucht sei der Tag, an dem ich geboren wurde; der Tag, an dem meine Mutter mich gebar, sei nicht gesegnet! Verflucht sei der Mann, der meinem Vater die frohe Botschaft brachte und sagte: ›Ein Sohn ist dir geboren‹, und der ihn damit hoch erfreute!« (vgl. Jeremia 20,14-15). Sie werden vor Schmerz die Hände ringen, ihr Dasein verfluchen und wünschen, dass sie nie das Licht der Welt erblickt hätten.

Weiterhin sagte unser Herr mit herzerweichender Stimme, aber voller Kummer, dass sie ihre Tränen für diejenigen aufbewahren sollten, die sich schon bald wünschten, vernichtet zu werden, aber deren Wunsch nicht erfüllt werden würde. »Dann werden sie anfangen, zu den Bergen zu sagen: Fallt auf uns!, und zu den Hügeln: Bedeckt uns!« Fielen die Berge auf sie, würden sie von ihnen zermalmt werden, und das würden sie sich wünschen. Stürzten die Hügel herab, würden sie von ihnen im tiefen Abgrund begraben werden. Sie würden lieber auf ewig im Innersten der Erde eingeschlossen sein, als dem Großen Richter ins Angesicht schauen zu müssen. Sie bitten darum, vollständig vernichtet zu werden. Lieber wollen sie lebendig begraben sein, als die Strafe für ihre Sünden spüren zu müssen. Dann wird das Wort des Herrn erfüllt werden, das an seinen Knecht Johannes gerichtet war: »Und in jenen Tagen werden die Menschen den Tod suchen und werden ihn *nicht* finden und werden zu sterben begehren, und der Tod flieht vor ihnen« (vgl. Offenbarung 9,6). Die Gottlosen werden nicht vernichtet werden. Dies wäre ein zu großes Geschenk für sie. Die Erde wird kein Mitleid mit den Menschen haben, die sie zugrunde gerichtet und ihren Herrn verworfen haben. Wenn ihr also weint, weil Jesus in den Tod geht, dann spart eure Tränen für jene auf, für die der Tod nur der Anfang jener furchtbaren Zustände ist! Wenn du um denjenigen trauerst, zu dem man sagte: »Glückselig der Leib, der dich getragen, und die Brüste, die du gesogen hast« (vgl. Lukas 11,27), dann solltest du noch mehr Tränen für jene haben, welche die Stunde verfluchen werden, in der sie empfangen wurden.

Im Folgenden zieht unser Herr dann einen wunderbaren Vergleich und zeigt den Gegensatz zwischen seinen Leiden und den

Leiden derer, die beklagt werden sollen, denn er sagt: »Wenn man dies tut an dem grünen Holz, was wird an dem dürren geschehen?« Ich nehme an, dass er damit Folgendes meinte: »Wenn ich als derjenige, der nicht gegen den Kaiser aufbegehrt, so leiden muss, wie sehr werden jene leiden müssen, die bei der Belagerung Jerusalems als tatsächliche Rebellen von den Römern gefangen genommen werden?« Und er wollte damit auch sagen: »Wenn ich, der ich wirklich vollkommen unschuldig bin, dennoch so getötet werde, was wird mit den Schuldigen geschehen?« Wenn bei einem Feuer im Wald die grünen, im Saft stehenden Bäume wie den Flammen übergebene Stoppeln knistern, wie werden dann erst die alten, dürren Bäume brennen, die morschem Zunderholz gleichen und nur noch dazu taugen, Brennholz für den Ofen zu sein. Wenn schon Jesus leidet, der keine Sünde kennt, sondern dessen Leben von Unschuld und Heiligkeit durchtränkt ist wie das grüne Holz vom Saft – wie sehr werden dann diejenigen leiden, die schon lange tot in Sünden und vor lauter Ungerechtigkeit bis ins Mark verdorben sind? Petrus sagte dazu an anderer Stelle: »Denn die Zeit ist gekommen, dass das Gericht anfange beim Haus Gottes; wenn aber zuerst bei uns, was wird das Ende derer sein, die dem Evangelium Gottes nicht gehorchen? Und wenn der Gerechte mit Not errettet wird, wo wird der Gottlose und Sünder erscheinen?« (vgl. 1. Petrus 4,17-18).

Wohlgemerkt, die Leiden unseres Herrn haben sich, auch wenn sie in mancher Hinsicht unvorstellbar schmerzlich waren, doch in einigen Punkten erheblich von dem Elend verlorener Seelen unterschieden. Denn erstens wusste unser Herr, dass er unschuldig war, und daher hielt ihn seine Gerechtigkeit aufrecht. Wie sehr er auch leiden musste – er wusste, dass er nichts davon verdient hatte: Er hatte weder Gewissensbisse noch Schuldgefühle. Der Stachel künftiger Strafe wird dagegen die unbestreitbare Überzeugung sein, dass sie wirklich verdient ist.

Die letztendlich Unbußfertigen werden von ihren eigenen Leidenschaften, die mit höllischer Macht in ihnen toben, gequält. Aber im Wesen unseres Herrn gab es nichts dergleichen. Es fand sich in ihm weder Böses, noch begehrte er das Böse; es gab weder Eigensucht noch Auflehnung des Herzens, Zorn oder Unzufriedenheit. Ein Mann, den keine böse Begierde umtreibt, kann nicht jene heftigen Schmerzen und unbeherrschbaren Qualen der in Unerlösten tobenden Sünde kennen, welche die Seele zugrunde richten. Stolz,

Ehrgeiz, Habgier, Arglist und Rache geben dem Höllenfeuer neue Nahrung. Der Betreffende wird nicht vom Teufel und den Dämonen, sondern vom eigenen Ich gepeinigt, während im Wesen unseres göttlichen Herrn nichts davon zu finden war. Es sei nochmals gesagt, verlorene Seelen hassen Gott und lieben die Sünde, aber Christus liebte Gott zu jeder Zeit und hasste die Sünde. Wer also das Böse liebt, bringt sich ins Elend; Sünde in ihrem unverhüllten Zustand und als richtig erkannter Sachverhalt ist die Hölle. Auf die Liebe zum Bösen, der die Seele verhaftet ist, geht der Zustand ewiger Verlorenheit des Menschen zurück. Obwohl Jesus als der Heilige unbeschreiblich viel leiden musste, konnte er jedoch die heftigen Schmerzen, die aus der Tatsache entstehen, dass man das Gute hasst und das Böse liebt, nicht spüren. Er glich dem grünen Baum, wohingegen die Gottlosen wie die dürren Bäume waren.

Unser Herr Jesus wusste, dass jeder Schmerz, den er erlitt, dem Wohl anderer diente: Freudig erduldete er alles, weil er sah, dass er dadurch eine unzählbare Menge von Menschen vor dem Hinabfahren in den Abgrund erlöste: Aber es gibt keine erlösende Macht hinsichtlich der Leiden der Verlorenen. Ihr Leiden hilft niemandem, auch ist darin keine wohlwollende Absicht zu erkennen.

Unser Herr hatte eine Belohnung zu erwarten, weil er das Kreuz erduldete und die Schande nicht achtete; aber die endgültig Verdammten haben weder Aussicht auf Belohnung noch auf die Hoffnung, dass sie ihrem Gericht entgehen. Wie können sie auch beides erwarten? Jesus war voller Hoffnung, sie sind voller Verzweiflung. »Es ist vollbracht« (vgl. Johannes 19,30), galt in seinem Fall, aber für sie gibt es keine derartigen Worte (»Es ist vollbracht«).

Ihre Leiden sind obendrein selbst verschuldet, denn sie selbst haben gesündigt. Er erduldete Qualen wegen der Übertretungen anderer, und er war bereit, sie zu erretten. Ihre Leiden sind selbst gewählt, denn sie ließen sich nicht dazu bewegen, ihre Sünden aufzugeben. Er musste jedoch aus lauter Liebe sein Blut vergießen – der Kelch konnte nicht an ihm vorübergehen, wenn sein Volk erlöst werden sollte. Die Verlorenen haben sich ihre Qualen selbst zugefügt.

Jetzt, meine lieben Freunde, denke ich, dass ich genug über diese schmerzliche Angelegenheit gesagt habe. Ich wollte euch versichern, dass der Tod Christi die schrecklichste Warnung für unbußfertige Menschen ist, die es irgend gibt. Wenn nämlich Gott seinen eigenen Sohn nicht schonte, dem nur zugerechnete Sünde auferlegt wurde, wird er dann Sünder schonen, die tatsächlich gesündigt haben und selbst schuldig geworden sind? Wenn er den, der nur den Platz des Sünders einnahm, in den Tod gehen ließ, wird er dann den unbußfertigen Sünder ungestraft lassen? Wenn der, der immer den Willen seines Vaters tat und bis zum Tod gehorsam war, von Gott verlassen wurde, was wird dann mit jenen geschehen, die Christus verwerfen und als Feinde des Höchsten durchs Leben gehen? Das ist der eigentliche Grund dafür, warum man weinen sollte. Ich möchte es mit großem Ernst sagen – möge Gott mir dabei helfen, dass ihr es versteht: Der furchtbarste Gedanke besteht darin, dass vielleicht wir selbst in unserem Zustand als Schuldige vor Gott stehen und dem Gericht entgegeneilen, das Christus vorhergesagt hat. Welch eine schreckliche Aussicht! Und dennoch gilt: Wenn unser Herz nicht erneuert wurde und wir an Jesus Christus nicht gläubig geworden sind, dann wird dies ganz sicher unser Schicksal sein.

Denkt auch an eure Kinder, die heranwachsen und bereits imstande sind, etwas zu verstehen. Sie sind zunehmend für ihre Taten selbst verantwortlich. O wenn sie so wie bisher weiterleben und in ihrem jetzigen Zustand sterben, dann würdet ihr wünschen, dass sie euch nie anvertraut worden wären und niemals euren Namen trügen. Denkt daran und weint! Liebe Freunde, wenn der Herr euch die rechte Herzenshaltung gibt, dann würdet ihr kaum an den Zustand eines unbekehrten Menschen denken, ohne größtes Mitleid zu empfinden. Ihr würdet keinen einzigen Fluch in der Öffentlichkeit hören, ohne dass euch die Tränen kämen. Hört nicht auf, für eure Söhne und Töchter zu beten, bis sie am Fels der Ewigkeit angekommen und dahin gehend gesichert sind, dass sie keinen anderen Felsen mehr brauchen, um sich zu verbergen, wenn der Tag anbricht, an dem Christus wiederkommen wird.

Ich flehe euch an, meine lieben christlichen Freunde, bittet um Erbarmen gegenüber Sündern – ja, gegenüber allen Sündern. Erweist euer Erbarmen, indem ihr inständig betet, unaufhörlich bemüht seid und gegenüber den Umherirrenden euer heiliges Mitgefühl bekundet.

Die Frau des Pilatus

Ihr Traum

»Während er aber auf dem Richterstuhl saß, sandte seine Frau zu ihm und ließ ihm sagen: Habe du nichts zu schaffen mit jenem Gerechten! Denn im Traum habe ich heute um seinetwillen viel gelitten« (Matthäus 27,19).

Wir verlassen den Herrn für eine Weile, um jetzt den Traum von Pilatus′ Frau zu betrachten, von dem in der Heiligen Schrift nur ein einziges Mal die Rede ist, und zwar bei Matthäus. Ich weiß nicht, weshalb nur dieser Evangelist damit beauftragt worden ist, davon zu berichten. Womöglich hat er als Einziger davon erfahren. Dieser eine Bericht ist jedoch für unseren Glauben ausreichend, wobei er lang genug ist, um uns Stoff zum Nachsinnen zu geben. Wir nehmen die Geschichte als vom Heiligen Geist beglaubigten Bericht an.

Während seiner gesamten Amtszeit hat sich Pilatus groben Fehlverhaltens schuldig gemacht. Er war gegenüber den Juden ein ungerechter und skrupelloser Regent. Galiläer wie auch Samariter bekamen die Gewalt seiner Waffen zu spüren, denn er zögerte nicht, sie selbst bei den leisesten Anzeichen eines Aufstands niedermetzeln zu lassen. Bei großen Zusammenkünften der in Jerusalem und Umgebung wohnenden Juden ließ er mit Dolchen bewaffnete Männer in die Menschenmengen schicken, um ihm missliebige Personen aus dem Weg zu räumen. Pilatus war auf Vorteil aus, während seine Gesinnung von Stolz bestimmt wurde. Zu jener Zeit, als Jesus von Nazareth vor ihn gebracht wurde, war eine Beschwerde gegen ihn an Kaiser Tiberius gegangen. Pilatus befürchtete, wegen seiner Schindereien, Erpressungen und Morde zur Rechenschaft gezogen zu werden. Seine Sünden fingen zu jener Zeit an, ihm übel zuzusetzen. Der Psalmist drückte es folgendermaßen aus: »Die Sünde derer, die mich hintergehen, (umringt) mich« (vgl. Psalm 49,6).

Eine schreckliche Folge des Sündenfluchs ist dessen Macht, die einen Menschen zwingt, immer weitere Freveltaten zu begehen. Die Verfehlungen des Pilatus heulten jetzt um ihn her wie ein Wolfsrudel. Er konnte ihnen weder entgegentreten, noch besaß er die Gnade, um zu der einen großen Zufluchtsstätte zu fliehen. Aber seine Ängste trieben ihn zur Flucht vor ihnen. Und offenbar gab es für ihn keinen anderen Weg als denjenigen, noch schlimmere Gräuel zu verüben. Er wusste, dass Jesus ohne jede Schuld war. Da aber die Juden mit Geschrei seinen Tod forderten, sah er sich gezwungen, ihren Forderungen Folge zu leisten. Anderenfalls hätten sie erneute Anklagen gegen ihn vorgebracht, nämlich dahin gehend, dass er gegenüber der Oberhoheit des Kaisers nicht loyal sei, da er einen hatte entkommen lassen, der sich selbst als König bezeichnete. Hätte Pilatus sich gerecht verhalten, so hätte er die Hohenpriester und Schriftgelehrten nicht fürchten müssen. Unschuld ist tapfer, Schuld jedoch ist feige. Seine alten Sünden holten Pilatus ein und entlarvten seine Schwäche angesichts der niederträchtigen Meute, die er anderenfalls von seinem Richterstuhl vertrieben hätte.

Jesu Verhalten und seine Worte hatten Pilatus beeindruckt. Ich meine zunächst Jesu Verhalten, denn seine beispiellose Sanftmut muss dem Statthalter als ein für einen Gefangenen ganz ungewöhnlicher Sachverhalt aufgefallen sein. Bei gefangenen Juden hatte er bisher nur den grimmigen Mut der Fanatiker erblickt; aber in Christus fand sich kein Fanatismus. Er hatte auch bei vielen Gefangenen die von erbärmlicher Furcht geprägte Gesinnung bemerkt, die alles tut oder sagt, um nur ja den Kopf aus der Schlinge zu ziehen. Aber nichts davon hatte er bei unserem Herrn gesehen. Bei ihm sah er nur eine ungewöhnliche, mit majestätischer Würde gepaarte Milde und Demut. Er bemerkte Unterwerfung in Verbindung mit Unschuld. Das ließ Pilatus erkennen, wie Ehrfurcht gebietend Güte ist. Er war beeindruckt – er kam nicht umhin, von diesem einzigartigen Leidenden beeindruckt zu sein. Er spürte, dass er sich in einer ganz außergewöhnlichen Position befand, aufgrund derer er einen verurteilen sollte, dessen vollkommene Unschuld ihm bewusst war. Was seine Pflicht war, das wusste er, darüber konnte kein Zweifel bestehen. Aber Pilatus galt Pflicht nichts im Vergleich zu seinen eigenen Interessen. Er hätte den Gerechten verschont – unter der Bedingung, dass er sich selbst dabei nicht in Gefahr gebracht hätte. Aber feige, wie er war, zwangen ihn seine Ängste, unschuldiges Blut zu vergießen.

Es geht hier um ebenjenen Augenblick, da er schwankte und den Juden die Wahl zwischen Barabbas und Jesus von Nazareth ließ. Ja, in genau diesem Augenblick setzte er sich auf seinen Richterstuhl, um ihre Wahl abzuwarten. Da sandte Gott ihm eine Warnung – eine Warnung, die für alle Zeiten klarstellen würde: Sollte er Jesus verurteilen, täte er dies aus freiem Willen und mit den eigenen blutbefleckten Händen. Und obgleich Jesu Tod durch göttlichen Ratschluss vorherbestimmt und vorhergesehen war, so war seine Kreuzigung und Ermordung doch das Werk niederträchtiger Hände. Pilatus sündigte also ganz bewusst. Die Warnung erhielt Pilatus von seiner eigenen Frau, die am Morgen einen Traum gehabt hatte: eine Vision voller Geheimnisse und Schrecknisse, die ihn davor warnten, an diesen gerechten Menschen Hand anzulegen. »Denn im Traum habe ich heute um seinetwillen viel gelitten«, sagte sie.

Richten wir nun als Erstes unser Augenmerk auf *das Ineinandergreifen der Vorsehung Gottes und des Wirkens Gottes.* Ich bezeichne es als das Wirken Gottes, wenn Menschen vor der Sünde gewarnt werden, und ich bitte euch nun, darauf achtzugeben, wie die Vorsehung arbeitet, um uns Schutzvorkehrungen und Warnungen der göttlichen Gnade deutlich zu machen.

Betrachten wir zuerst einmal, wie Gottes Vorsehung diesen Traum schickt. Wenn es irgendetwas unter der Sonne gibt, was außerhalb jeder Gesetzmäßigkeit steht und ein reines Zufallsprodukt ist, so ist dies sicher ein Traum. Gewiss, in alter Zeit gab es Träume, durch die Gott zu Menschen in prophetischer Hinsicht sprach. Aber gewöhnlich beinhalten sie ein buntes Durcheinander der Gedanken, ein Gewirr geistiger Zustände, einen chaotischen Tanz. In den Träumen, welche die Ehefrau eines römischen Statthalters üblicherweise hatte, ging es wohl weniger um Empfindsamkeit und um Gewissensdinge, wobei sie aller Wahrscheinlichkeit nach auch nichts mit Gnade zu tun hatten. Normalerweise sind Träume Phänomene, in deren Verlauf Vorstellungen höchst regellos auftreten, und dennoch scheinen sie vom Herrn angeordnet zu sein. Ich kann gut verstehen, dass jedes Wassertröpfchen, das versprüht wird, wenn eine Woge gegen die Klippen brandet, seine vorherbestimmte Bahn hat, was auch für die Sterne des Himmels gilt. Doch die Gedanken der Menschen sind scheinbar keinerlei Gesetzen unterworfen. Dies betrifft insbesondere die Gedanken von Menschen, die in tiefen Schlaf gesunken sind. Wollte man den Verlauf eines Traums im Voraus bestimmen, könnte man genauso gut den Flug eines Vogels vorhersagen. Solche wilden Fantasien sind unkontrolliert und unkontrollierbar. Vielerlei kann auf ganz natürliche Weise zur Entstehung eines Traums beitragen. Oftmals bewirkt unser körperlicher Zustand oder eine Gemütserregung die Form unseres Traums. Zweifellos können Träume durch das, was in das Schlafzimmer eines Hauses dringt, verursacht werden. Eine leichte Erschütterung des Bettes, hervorgerufen durch einen vorbeifahrenden Wagen, oder die schweren Schritte einer Gruppe von Menschen bzw. die Tatsache, dass ein Hausangestellter über den Boden schlurft oder sogar eine Maus hinter der Wandverkleidung umherrennt – dies alles kann Auslöser eines Traums sein und ihn prägen. Irgendeine Kleinigkeit, die zu dieser Zeit auf die Sinne einwirkt, kann in dem schlummernden Geist eine wahre Flut seltsamer Gedanken hervorbringen. Was auch immer im Falle dieser Frau am Werk war, die Vorsehung war dennoch bei alledem dabei. Und ihr Geist wanderte, von eigenen Vorstellungen gänzlich frei, genau in den Bahnen des Willens Gottes, um den göttlichen Zweck zu erfüllen. Pilatus musste gewarnt werden, damit sein Urteil seine ganz persönliche Tat und Entscheidung war; und diese Warnung wurde ihm durch den Traum seiner Frau gegeben. Auf diese Weise wirkt die Vorsehung.

Beachten wir nun als Nächstes, wie Gottes Vorsehung es bewerkstelligte, dass dieser Traum große seelische Leiden hervorrief. »Im Traum habe ich heute um seinetwillen viel gelitten!« Ich weiß nicht, welche Vision vor ihrem inneren Auge vorüberzog, aber es war etwas, das ihr schreckliche Qualen verursachte. Ein Künstler der Neuzeit hat ein Bild von dem gemalt, was seiner Vorstellung nach in diesem Traum passiert ist, aber ich werde nicht versuchen, mich an dasjenige zu halten, was der Fantasie jenes großen Mannes entsprungen ist. Möglicherweise ist der Frau des Pilatus in ihrem Traum bewusst geworden, wie furchtbar der Anblick des Dornengekrönten und der Geißelung oder gar der Kreuzigung und der Todesqualen ist. Ganz sicher kann ich mir nichts vorstellen, was mehr als ein Blick auf seinen Tod dazu angetan wäre, das Herz um des Herrn Jesu willen viel leiden zu lassen. Während des Kreuzesgeschehens sammelt sich Leid genug an, um zahlreichen Menschen eine schlaflose Nacht zu bereiten, solange sie noch eine empfindsame Seele besitzen.

Oder der Traum war vielleicht ganz anderer Art. Sie könnte eine Vision des Gerechten gehabt haben, der auf den Wolken des Himmels erschien. Im Geist hat sie ihn möglicherweise auf dem großen weißen Thron dargestellt gesehen – genau Denjenigen, den ihr Ehemann gerade zum Tode verurteilen wollte. Vielleicht hat sie ihren Mann gesehen, wie er den Urteilsspruch empfangen sollte, seinerseits nun Gefangener und vor Gericht gestellt von dem Gerechten, der seinerzeit vor ihm angeklagt worden war. Dann ist sie womöglich aufgewacht, aufgeschreckt durch den Schrei ihres Mannes, als er rücklings in den bodenlosen Abgrund stürzte. Was auch immer es war, sie durchlitt in dem Traum wiederholt quälende Gefühle und wachte erschrocken und bestürzt auf. Das Entsetzen der Nacht lastete auf ihr und drohte, zum Schrecken für den Rest ihres Lebens zu werden. Deswegen eilte sie, um ihren Mann von einem weiteren Vorgehen gegen Jesus abzuhalten.

Ebenso bemerkenswert ist es, dass sie überhaupt ihrem Mann die Nachricht geschickt hat: »Habe du nichts zu schaffen mit jenem Gerechten.« Die meisten Träume vergessen wir ganz; ein paar vermerken wir als bedeutsam, wobei nur ab und zu ein Traum einen solchen Eindruck bei uns hinterlässt, dass wir uns noch Jahre später daran erinnern. Unter euch hat wohl kaum jemand einen Traum gehabt, der ihn dazu veranlasst hätte, einem Richter eine Nachricht zu schicken. Auf solch ein Vorhaben würde man höchstens in einem dringenden Fall kommen. Auch wenn der Richter euer Gatte wäre, müsstet ihr doch wohl unter einem starken Druck stehen, bevor ihr ihn mit euren Träumen stören würdet, während er mit wichtigen öffentlichen Angelegenheiten beschäftigt wäre. Meistens kann der Traum noch warten, bis die Arbeit erledigt ist. Der Eindruck auf diese Römerin war jedoch so stark, dass sie nicht darauf wartet, bis ihr Gemahl nach Hause kommt, sondern sofort nach ihm schickt. Ihr Rat duldet keinen Aufschub: »Habe du nichts zu schaffen mit jenem Gerechten.« Sie muss ihn jetzt warnen, bevor er ihn geißeln lässt oder gar seine Hände mit Blut befleckt hat. Es heißt nicht: »Habe ein bisschen mit ihm zu schaffen, geißle ihn und lass ihn frei«, sondern: »Habe du nichts mit ihm zu schaffen. Sage ihm weder ein unfreundliches Wort, noch füge ihm irgendeine Verletzung zu! Rette ihn vor seinen Feinden! Wenn er denn sterben muss, so lass es durch die Hand eines anderen und nicht durch deine geschehen! Mein Gatte, mein Gatte, ich bitte dich, lass ihn in Frieden.« Sie verleiht ihrer Nachricht große Eindringlichkeit. Es zeugt von einer wunderbaren Vorsehung Gottes, dass diese Frau dazu bewegt wurde, ihrem starrsinnigen Mann eine so überzeugende Nachricht zu schicken, worin sie ihre flehentliche Bitte zum Ausdruck brachte, diesen gerechten Mann freizulassen.

Bezüglich dieser göttlichen Fügung möchte ich euch nochmals auf den besonderen Zeitpunk hinweisen, zu dem sie ihre Warnung überbringen ließ. Offenbar war es ein Traum, den sie gegen Morgen hatte: »Im Traum habe ich heute … viel gelitten.« Der Tag war noch nicht lange angebrochen – es war noch früh am Morgen. Die Römer hatten die abergläubische Vorstellung, dass Morgenträume wahr seien. Ich nehme an, dass sie diesen Traum hatte, nachdem ihr Mann weggegangen war. Wenn es mir gestattet ist, möchte ich Folgendes bemerken; es ist natürlich keine Tatsache, sondern nur eine Vermutung, die mir am wahrscheinlichsten erscheint: Sie war eine geliebte Gattin, kränkelte aber gelegentlich; deshalb brauchte sie mehr Zeit zum Ausschlafen als ihr Mann. Als er nun seine Liegestatt verlassen hatte, war sie noch einmal eingeschlafen. Und weil sie eine empfindsame Frau war – und es daher umso wahrscheinlicher war, dass sie träumte –, erwachte sie aus ihrem Morgenschlaf mit einem niederdrückenden Gefühl des Schreckens, das sie nicht abschütteln konnte. Pilatus war bereits gegangen. Man sagte ihr, dass er im Gerichtsgebäude sei. Sie fragte ihre Dienerinnen, warum er denn schon so früh dort sei, und erhielt die Antwort, es habe ein ungewöhnliches Geschrei auf dem Vorplatz gegeben. Die Hohenpriester und die Volksmenge der Juden hätten sich nämlich dort versammelt, und der Statthalter sei zu ihnen hinausgegangen. Möglicherweise hat sie dabei von ihnen erfahren, dass Jesus von Nazareth als Gefangener hergebracht worden war und die Priester Pilatus bedrängten, er solle Jesus hinrichten, obwohl die Dienerinnen den Statthalter hatten sagen hören, er fände keine Schuld an ihm.

»Geh«, sagte sie zu ihrer Magd, »rufe einen der Wächter und befiehl ihm, sofort zu meinem Mann zu gehen, um ihm zu sagen, was ich dir auftrage. Er soll es laut sagen, damit einige der herzlosen Juden es hören können und von ihrem schändlichen Vorhaben ablassen: Er soll sagen, dass ich meinen Mann inständig bitte, er möge mit diesem gerechten Mann nichts zu schaffen haben, denn ich habe heute Morgen in einem Traum um seinetwillen viel gelitten.« Die Warnung kam – wie wir sagen würden – gerade noch rechtzeitig, wenngleich sie leider vergeblich war! Diese Pünktlichkeit der Vorsehung ist bewundernswert. »Gott kommt nie zu früh und nie zu spät.« Es soll offenbar werden, dass hinsichtlich seines Tuns an ebenjenem Tag, den sein prophetischer Plan dazu bestimmt hat, alles zur Erfüllung kommt.

So viel zur Vorsehung – ich glaube, ihr werdet mir alle beipflichten, dass mein Gesichtspunkt erwiesen ist: Die Vorsehung und die Gnade Gottes wirken immer zusammen. Es gibt einen großen Schriftsteller, der zwar in göttlichen Dingen wenig bewandert ist, uns aber gleichwohl berichtet, dass er in der Welt eine Kraft beobachtet, die Gerechtigkeit bewirke. Genau, so ist es! Dies ist treffend ausgedrückt, denn diese Kraft ist die wichtigste überhaupt. Wenn wir – du und ich – in die Öffentlichkeit gehen, um die Menschen vor der Sünde zu warnen, so sind wir nicht allein, weil uns die gesamte Vorsehung den Rücken stärkt. Wenn wir Christus als gekreuzigt predigen, dann arbeiten wir mit Gott zusammen; Gott wirkt zusammen mit uns wie auch durch uns. Alles, was geschieht, führt zu dem Ziel, wofür wir arbeiten, wenn wir danach streben, Menschen von Sünde und Gerechtigkeit zu überführen.

Da, wo der Geist Gottes ist, sind alle Kräfte der Natur und der Vorsehung aufgeboten. Der Untergang von Weltreichen, der Tod von Despoten, die Aufstände von Völkern, das Schließen oder Brechen von Verträgen, furchtbare Kriege und Verderben bringende Hungersnöte – all das wirkt auf dieses große Ziel hin. Ja, auch familiäre Angelegenheiten wie der Tod eines Kindes, die Erkrankung der Ehefrau, der Verlust des Arbeitsplatzes, Armut in der Familie und tausend andere Dinge haben immerzu auf die Besserung der Menschen hingewirkt und werden es weiterhin tun. Und indem wir – du und ich – unsere armselige Schwachheit dem Zusammenwirken mit Gott zur Verfügung stellen, marschieren wir gemeinsam mit allen Mächten des Universums. Lasst euch also dadurch trösten! O ihr Mitarbeiter Jesu, die ihr vieles um seinetwillen erleidet, seid guten Mutes, denn die Sterne auf ihren Bahnen kämpfen für die Diener des lebendigen Gottes, und die Steine auf dem Feld sind im Bunde mit euch.

Als Zweites entnehme ich dieser Geschichte, wie Gott Zugang zum Gewissen eines Menschen findet. Wie soll man Pilatus erreichen? Wie soll man ihm eine Warnung zukommen lassen? Er hat der Stimme Jesu und seinem Anblick widerstanden – könnte man nicht Petrus holen, damit er Pilatus ins Gewissen redet? Aber Petrus hat seinen Meister verleugnet. Könnte Johannes nicht hinzugezogen werden? Sogar er hat seinen Herrn im Stich gelassen. Wo soll man einen Boten finden? Er soll sich mithilfe eines Traums finden lassen. Gott kann Zugang zu den Herzen von Menschen finden, wie verhärtet sie auch sein mögen. Gib die Betreffenden niemals auf, lass die Hoffnung nicht fahren, dass du sie noch aufrütteln kannst. Ich glaube nicht, dass ein Traum derart auf mein Denken einwirken könnte, dass es mich so beeinflussen würde. Aber es gibt Gemüter, die in dieser Beziehung offen sind, und über sie kann ein Traum Macht haben. Gott kann sich sogar des Aberglaubens bedienen, um seine segenbringenden Ziele zu erreichen. Neben Pilatus sind schon viele durch Träume gewarnt worden.

Noch besser ist, dass Pilatus durch den Traum seiner Frau zugänglich war. Von Henry Melvill[109] gibt es eine wunderbare Abhandlung über dieses Thema. Er versucht, darin zu zeigen, dass Pilatus wahrscheinlich lange nicht so beeindruckt worden wäre, wenn er diesen Traum selbst gehabt hätte. Doch nun hat ihn seine Frau gehabt. Melvill stellt eine Vermutung auf, die niemand bestreiten kann: Demzufolge hatte Pilatus eine Frau, die ihm in großer und inniger Zuneigung verbunden sowie ihm lieb und teuer war. Die eine kurze Erzählung, die wir von ihr haben, geht gewiss in diese Richtung; es ist ganz offensichtlich, dass sie ihrem Gatten herzlich zugetan war und aus diesem Grund verhindern wollte, dass er mit Jesus ungerecht verfahren würde. Wenn ihm also eine Warnung von seiner Frau überbracht wurde, dann bedeutete dies, dass sein Gewissen aufgrund seiner Liebe zu ihr erreicht wurde.

Wäre seine geliebte Frau bekümmert gewesen, hätte dies sicher schwer auf ihm gelastet: Er wollte nicht, dass sie unglücklich war. Er wollte seine Angebetete vor jedem Windhauch abschirmen und ihr alle erdenklichen Annehmlichkeiten zukommen lassen. Wenn sie bittet, lenkt er gern ein: Es beunruhigt ihn deshalb sehr, dass sie leidet. Sie leidet so sehr, dass sie ihm eine Nachricht zukommen lässt; sie leidet um den einen Gerechten, für den ihr persönlicher Einsatz allemal lohnt und von dem Pilatus selbst weiß, dass er ohne Schuld ist. O Claudia Procula[110], falls dies dein Name war, der Herr der Gnade hat wohl daran getan, seine Nachricht deinen überzeugenden Lippen anzuvertrauen, denn durch dich würde sich ihr Einfluss verzehnfachen.

109 (1798-1871), anglikanischer Geistlicher und Autor.

110 Während das Matthäusevangelium ihren Namen nicht nennt, wird er in einigen Versionen des nicht inspirierten Nikodemus-Evangeliums mit »Procula« angegeben. Erst viel später wurde »Claudia« hinzugefügt.

Der Überlieferung zufolge war diese Frau später eine Christin, und die griechische Kirche hat ihr in ihrem Kalender einen Platz als Heilige zugewiesen. Dafür haben wir keinen Beweis; unser gesamtes Wissen beschränkt sich darauf, dass sie mit Pilatus verheiratet war und ihren Einfluss als Ehefrau benutzte, um ihren Mann von seinem Verbrechen abzuhalten. Wie oft hat eine empfindsame, leidende und liebevolle Frau große Macht über einen groben, harten Mann ausgeübt! Weil dies dem Allweisen bekannt ist, spricht er zu sündigen Menschen oft mittels dieser einflussreichen Instanz. Er lässt eine Frau in der Familie zum Glauben kommen, um sie dann zur Missionarin für die Übrigen zu machen. So redet er also mit etwas Besserem als mit Menschenzungen oder mit Engelszungen, weil er die Liebe selbst sprechen lässt. Zuneigung hat mehr Macht als Zungenfertigkeit. Aus diesem Grund, mein Freund, sandte Gott dir für eine kleine Weile jenes liebe Mädchen, das mit dir kindlich-unbekümmert über den Heiland sprach. Jetzt ist die Kleine in den Himmel gekommen, aber der Wohlklang ihrer kleinen Loblieder klingt dir noch immer in den Ohren. Auch das, was sie von Jesus und den Engeln erzählte, ist dir nach wie vor geläufig. Sie ist heimgerufen worden, aber Gott sandte sie dir für einige Zeit, um dich zu ihm hin zu ziehen und dich für den rechten Weg zu gewinnen. Auf diese Weise gebot er dir, von der Sünde zu lassen und dich Christus zuzuwenden.

Und deine liebe Mutter, die jetzt vor Gottes Thron steht – erinnerst du dich, was sie zu dir sagte, als sie im Sterben lag? Schon viele Male hast du mich gehört, aber noch nie hast du von mir eine Predigt gehört wie die Rede, die deine Mutter auf dem Sterbebett hielt. Du wirst sie niemals ganz vergessen oder ihre Macht von dir abschütteln können. Hüte dich davor, damit so nachlässig umzugehen. Für Pilatus war die Nachricht seiner Frau Gottes letzte Aufforderung; Gott warnte ihn danach nicht noch einmal, und selbst Jesus stand schweigend vor ihm. Dass Gott gerade die Ehefrau auswählte, war zweifellos Ausdruck seiner unendlich großen Weisheit und liebevollen Zuwendung. Damit hätte Pilatus in seiner von Verbrechen gekennzeichneten Laufbahn womöglich aufgehalten und dazu bewegt werden können, einen Akt der Gerechtigkeit auszuführen, wodurch er das schrecklichste aller Verbrechen verhindert hätte.

So können wir daraus also sicher schließen, dass der Herr seine Sendboten hat, wo der Stadtmissionar nicht hinkommt. Er schickt die kleinen Kinder, damit sie singen und beten, wo der Prediger niemals gehört wird. Er bewegt die gottgemäß lebende Frau dazu, mit ihren Lippen und durch ihr Leben das Evangelium zu verkündigen, wo man die Bibel nicht liest. Er schickt das liebenswürdige Mädchen, damit es heranwächst und einen Bruder oder den Vater gewinnt, wo es keiner anderen Stimme vergönnt ist, von Jesus und seiner Liebe zu erzählen. Wir danken Gott dafür, dass dies der Fall ist; es gibt Hoffnung für die Familien dieser gottlosen Stadt – Hoffnung sogar für diejenigen, die von den Kirchenglocken vergeblich zum Gottesdienst gerufen werden. Sie werden die häuslichen Prediger hören, sie müssen sie hören – jene Boten, die an ihre Herzen rühren.

Und ich möchte noch hinzufügen, dass Gott dort, wo er keinen Traum und keine Ehefrau gebraucht, dennoch das Gewissen von Menschen ansprechen kann – nicht mit sichtbaren Mitteln, sondern mit Gedanken, die unversehens kommen und in der Seele haften bleiben. Lang verborgene Wahrheiten brechen plötzlich hervor, und wenn der Mensch unmittelbar vor der sündigen Tat steht, wird ihm dadurch Einhalt geboten – gerade wie Bileam, dem sich der Engel in den Weg stellte. Brüder und Schwestern, gebraucht alles, was sich euch bietet, wenn es um das Wohl der Menschen geht. Gebraucht nicht nur nüchterne Argumente und fundierte Lehrmeinungen, sondern zögert nicht, auch einmal einen Traum, der euer Herz angerührt hat, dort wiederzugeben, wo er etwas bewirken kann. Jede Waffe darf in diesem Krieg benutzt werden. Gebt aber acht, dass ihr – und zwar ohne Ausnahme – die Seelen der Menschen sucht. Ihr, die ihr Ehefrauen seid, solltet euch zu diesem heiligen Werk ganz besonders aufrütteln lassen. Haltet vor einem gottlosen Ehemann niemals das Wort zurück, das ihn vielleicht zur Abkehr vom Irrtum auf seinen Wegen bringen kann. Und ihr, liebe Kinder, sowie ihr Schwestern, die ihr von der sanfteren Art seid, zögert nicht, auf eure Weise in der Stille Jesu Boten zu sein, wo immer ihr hingestellt seid. Und was uns alle betrifft, so lasst uns darauf achten, dass wir jede Gelegenheit wahrnehmen, die Sünde im Zaum zu halten und Heiligkeit hervorzubringen. Lasst uns die Gottlosen unverzüglich warnen, denn vielleicht hat der Betreffende, zu dem wir geschickt werden, die folgenschwere Tat noch gar nicht ausgeführt. Treten wir in den Riss, solange es noch Raum zur Buße gibt.

Als Drittes haben wir nun die beklagenswerte Aufgabe, den häufigen Misserfolg selbst der besten Maßnahmen zu betrachten. Ich habe mir erlaubt, Folgendes zu sagen: Dadurch, dass die Frau des Pilatus dazu gebracht wurde, ihm ins Gewissen zu reden, wurde – vom menschlichen Standpunkt aus gesehen – sein Gewissen am besten angesprochen. Er würde nur wenige anhören, ihr aber würde er Gehör schenken; und trotzdem war ihre Warnung vergeblich. Worin bestand der Grund?

Erstens spielte Eigennutz – ein nicht zu unterschätzender Aspekt – mit hinein. Pilatus fürchtete, seine Stellung als Statthalter zu verlieren. Die Juden hätten wütend reagiert, wenn er ihren gnadenlosen Forderungen nicht nachgekommen wäre. Sie hätten sich bei Tiberius beschweren können, und er hätte seinen lukrativen Posten verloren. Derartige Dinge legen halten manchen von euch als unter die Sünde Verkauften in diesem Augenblick gefangen. Ihr könnt es euch nicht erlauben, wahrhaftig und rechtschaffen zu sein, weil der Preis zu hoch wäre. Ihr kennt den Willen des Herrn; ihr wisst, was richtig ist, aber ihr kehrt euch von Christus ab, indem ihr ihn hinhaltet. Und möglicherweise werdet ihr für euer Festhalten an sündigen Gewohnheiten den entsprechenden Lohn erhalten. Ihr fürchtet euch davor, dass das Bekenntnis, ein wahrer Christ zu sein, es mit sich bringen könnte, sich das Wohlwollen eines Freundes oder die Gunst eines Gottlosen bzw. das Lächeln eines einflussreichen, weltlich gesinnten Menschen zu verscherzen. Das könnt ihr euch nicht leisten. Ihr berechnet, was es euch kosten würde, und haltet es für zu teuer. Ihr beschließt, die Welt zu gewinnen, selbst wenn ihr eure Seele verliert! Und was dann? Ihr werdet reich zur Hölle fahren! Welch ein trauriger Endzustand! Seht ihr irgendetwas Wünschenswertes in dem, was ihr dann erreicht habt? O wenn ihr doch eure Gewohnheiten überdenken und auf die Stimme der Weisheit hören würdet!

Der nächste Grund, warum das eindringliche Bitten seiner Frau keinen Erfolg hatte, bestand in der Tatsache, dass Pilatus ein Feigling war. Ein Mann, der Legionen hinter sich hatte und sich dennoch vor dem jüdischen Mob fürchtete. Er fürchtete sich davor, einen armen Gefangenen laufen zu lassen, von dem er wusste, dass er unschuldig war. Er fürchtete sich, weil ihm klar war, dass sein Gebaren einer Überprüfung nicht standhalten würde. Moralisch gesehen war er ein Feigling! Zahllose Menschen kommen in die Hölle, weil sie nicht den Mut haben, ihren Weg in den Himmel zu erkämpfen. »Den Feigen und Ungläubigen … ist ihr Teil in dem See, der mit Feuer und Schwefel brennt, das ist der zweite Tod« (vgl. Offenbarung 21,8). So heißt es im Wort Gottes. Sie haben Angst davor, dem Lachen eines Narren entgegenzutreten und eilen damit der ewigen Schande zu. Sie könnten es nicht ertragen, sich von alten Gefährten loszureißen, und stacheln einander zu spöttischen Bemerkungen und gottlosen Witzen an. Und so bleiben sie mit ihren Gefährten zusammen und gehen mit ihnen zugrunde. Sie haben nicht den Mut, »Nein« zu sagen und gegen den Strom zu schwimmen. Sie sind solch feige Kreaturen, dass sie lieber für immer verlorengehen, als ein wenig Spott auszuhalten.

Doch während Pilatus einerseits feige war, so war er andererseits auch anmaßend. Er, der sich wegen der Leute fürchtete und Angst davor hatte, das Richtige zu tun, wagte es dennoch, die Schuld für den Mord an dem Unschuldigen auf sich zu laden. O wie feige war Pilatus, als er Wasser nahm und die Hände darin wusch, als ob er das Blut mit Wasser hätte abwaschen können! Daraufhin sagte er: »Ich bin schuldlos« an seinem Blut, was eine Lüge war, »seht *ihr* zu« (vgl. jeweils Matthäus 27,24). Mit diesen letzten Worten brachte er das Blut über sich selbst, denn er übergab seinen Gefangenen ihrem Willen. Ohne seine Zustimmung hätten die Juden nicht Hand an Jesus legen können. O diese Dreistigkeit des Pilatus, im Angesicht Gottes einen Mord zu begehen und die Verantwortung dafür abzustreiten! Es gibt eine eigentümliche Mischung von Feigheit und Mut bei vielen Leuten; sie fürchten sich vor einem Menschen, aber nicht den ewigen Gott, der sowohl den Leib als auch die Seele in der Hölle verderben kann. Aus diesem Grund werden Menschen nicht errettet, auch wenn die besten Schritte unternommen werden, denn sie sind überheblich und wagen es, dem Herrn zu trotzen.

Darüber hinaus war Pilatus wankelmütig: Er hatte zwei Herzen in seiner Brust. Er hatte ein Herz für das, was recht ist, denn er versuchte, Jesus freizulassen. Er hatte aber auch ein Herz für alles, was Gewinn versprach, da er nicht das Risiko eingehen wollte, seinen Posten zu verlieren, indem er den Unmut der Juden heraufbeschwor. Um uns her befinden sich viele, die wankelmütig sind. Solche sind auch heute Morgen hier; aber wo waren sie gestern Abend? Ihr werdet durch die heutige Predigt angerührt sein! Welchen Einfluss aber wird morgen eine unanständige Rede oder ein Lied zweideutigen Inhalts auf euch haben? Viele Menschen fahren zweigleisig: Sie scheinen aufrichtig gesinnt zu sein, aber weitaus größer ist ihre Gier nach Vergnügen oder Gewinn. Sie wollen nichts aufs Spiel setzen und gehen indessen ein schreckliches Risiko ein: Sie laufen Gefahr, aus der Gegenwart Gottes vertrieben zu werden – dorthin, wo es keine Hoffnung mehr gibt. O wenn ich doch wie der von Gott gesandte Donner reden könnte, der die Felsen in Stücke zerschlägt: Gerade so wollte ich die Menschen vor diesen gefährlichen Übeln warnen, die sich den Bestrebungen der Gnade in den Weg stellen. Hier wählt ein Mann – wenngleich von der eigenen Frau mit innigster Liebe beschworen, er möge dem kommenden Zorn entfliehen –, letztendlich selbst sein Verderben.

Zum Schluss haben wir einen Punkt, der noch furchtbarer ist: *die ewige Verdammnis all derer, die auf diese Weise sündigen.* Die Schuld von Pilatus war also unverzeihlich. Er verurteilte den gerechten Sohn Gottes vorsätzlich und aus freien Stücken zum Tode, obwohl er Kenntnis davon hatte, dass dies Gottes Sohn war, und wusste, dass dieser ein »Gerechter« war, nachdem er selbst Jesus vernommen und dies auch von seiner Frau erfahren hatte.

Beachten wir, dass die Nachricht, die er erhielt, ganz und gar eindeutig war. Obwohl sie in einem Traum überbracht wurde, hatte sie nichts an sich, was einen Traum hätte vermuten lassen. Sie war so deutlich, wie man dies mit Worten ausdrücken kann: »Habe du nichts zu schaffen mit jenem Gerechten! Denn im Traum habe ich heute um seinetwillen viel gelitten.« Sehenden Auges verurteilte er den Herrn. Auf welch furchtbare Art und Weise hat er damit gesündigt! O meine lieben Freunde, spreche ich gerade jemanden hier an, der beabsichtigt, irgendeine überaus sündige Tat zu vollbringen, obwohl er kürzlich von Gott eine Warnung erhalten hat? Ich möchte noch eine Warnung hinzufügen. Im Namen des hochgelobten Gottes und des übel zugerichteten Heilands bitte ich dich inständig: Wenn du dich selbst liebst und du diejenige Person liebst, von der du die Warnung vielleicht bekommen hast, so halte ein und bezwinge deine Hand! Begehe nicht diese abscheuliche Tat! Du weißt es besser. Du hast die Warnung nicht auf geheimnisvolle, undurchsichtige Weise erhalten. Vielmehr erreicht sie dich auf direktem Weg und in unmissverständlichen Worten. Gott hat dir ein Gewissen gegeben, und er hat dieses Gewissen erleuchtet, damit es ganz klar und verständlich zu dir reden kann. Die Predigt heute Morgen gebietet dir Einhalt auf dem Weg der Sünde. Sie stellt dich wie ein Wächter am Wegesrand, der dich mit angeschlagener Waffe zum Stehenbleiben auffordert. Wenn du dich auch nur ein wenig bewegst, so bringt es deine Seele in Gefahr. Hört ihr mich alle? Werdet ihr wohl die Tatsache, dass euch vom Himmel her ins Gewissen geredet wurde, beachten? O wenn ihr doch eine Weile innehalten und hören würdet, was Gott euch sagen wird, wenn er euch nachdrücklich bittet, ihr möget euch heute Christus ergeben. Genau wie damals bei Pilatus könnte es für euch heißen: jetzt oder nie.

Darüber hinaus sündigte Pilatus nicht nur nach einer deutlichen Warnung – nach einer Warnung, die ihm die Abscheulichkeit der Sünde verdeutlichte. Nein, er versündigte sich auch, nachdem sein Gewissen aufgrund seiner innersten Regungen angerührt und angesprochen worden war. Es ist eine furchtbare Sache, wenn man sich mit seiner Sünde dem Gebet der Mutter entgegenstellt. Ach, sie war deine Mutter, aber der Tod hat sie fortgenommen. Bevor sie abgeschieden ist, hat sie dich angefleht, ihr in den Himmel zu folgen. Und dabei sang sie ihr kleines Lied:

Ja, wir sammeln uns am Strome.

Willst du dein kleines Kind von dir wegstoßen, als wärst du Herodes, der die Unschuldigen umbrachte? Und alles nur dafür, um auf immer verdammt und durch eigene Hand zugrunde gerichtet zu werden? Es ist schwer für mich, so zu euch zu reden. Wenn es irgendeinem unter euch deutlich wird, dann wird ihm das Zuhören sehr schwerfallen: In der Tat hoffe ich, es möge ihm so schwerfallen, dass er schließlich sagen wird: »Ich will mich der Liebe ergeben, die mich mit solch liebevollen, flehentlichen Bitten bestürmt.«

Ich denke mir – und dies wird wohl kein reines Fantasiegebilde sein –, dass am Tag des Weltgerichts Jesus auf dem Richterstuhl sitzen und Pilatus dastehen wird, um für all seine Taten während seines Erdenlebens gerichtet zu werden. Dann wird seine Frau als Zeugin der Anklage unverzüglich gegen ihn aussagen, um ihn zu verurteilen. Ich kann mir vorstellen, dass es am Tag des Weltgerichts viele derartige Szenen geben wird. Dann werden diejenigen, die uns am meisten geliebt haben, die am stärksten belastenden Zeugnisse gegen uns vorbringen, falls wir noch immer in der Sünde verharren. Ich weiß noch, wie es mich als jungen Burschen traf, als meine Mutter, nachdem sie vor ihren Kindern den Heilsweg dargelegt hatte, zu uns sagte: »Wenn ihr Christus abweist und ins Verderben geht, dann kann ich nicht für euch sprechen und sagen, ihr wäret unwissend gewesen. Nein, ich muss dann zu eurer Verdammung Amen sagen.« *Das* konnte ich nicht ertragen! Würde meine Mutter Amen sagen, wenn ich verdammt würde? Und dennoch, Frau des Pilatus, was bleibt dir anderes übrig? Wenn alle die Wahrheit sagen müssen, was kannst du sagen – abgesehen von der Tatsache, dass du deinen Mann liebevoll und ernstlich gewarnt hast und er trotz allem den Heiland seinen Feinden ausgeliefert hat?

O meine Seele geht euch voller Mitleid nach. »Kehrt um, kehrt um … Warum wollt ihr sterben?« (vgl. Hesekiel 33,11). Weshalb wollt ihr euch gegen den Heiland versündigen? Gott gebe, dass ihr euch eurer Rettung nicht verweigern, sondern euch Christus zuwenden und ewige Erlösung finden mögt. »… damit jeder, der an ihn glaubt, ewiges Leben habe« (vgl. Johannes 3,15).

Die beiden Marias

Zwei Frauen am Grab

»Es waren aber dort Maria Magdalena und die andere Maria, die dem Grab gegenüber saßen« (Matthäus 27,61).

Maria Magdalena und die andere Maria waren die Letzten am Grab des Heilands. Sie hatten sich zu Josef und Nikodemus gesellt, welche die traurige, aber ehrenvolle Aufgabe übernommen hatten, den Leib ihres Herrn in das stille Grab zu legen. Nachdem die heiligen Männer nach Hause gegangen waren, blieben die beiden Frauen noch in der Nähe des Grabes. Vielleicht saßen sie irgendwo im Garten oder auf einem nahe gelegenen Felsvorsprung, um in trauriger Abgeschiedenheit abzuwarten. Sie hatten gesehen, wo und wie man den Leib hingelegt hatte. Sie hatten alles in ihren Kräften Stehende getan, und trotzdem blieben sie als Wachende sitzen: Die Liebe hat niemals genug getan; sie verlangt inständig danach, dienen zu können. Sie konnten ihren Blick kaum von der Stelle abwenden, wo ihr kostbarster Schatz lag, und sie würden den heiligen Leib ihres viel geliebten Herrn erst verlassen, wenn sie dazu gezwungen waren.

Maria, die Mutter Jesu, war von Johannes in sein Haus gebracht worden. Sie hatte einen zu großen Schock erlitten, als dass sie hätte beim Grab bleiben können, denn in ihrem Leben waren die Worte in Erfüllung gegangen: »Aber auch deine eigene Seele wird ein Schwert durchdringen« (vgl. Lukas 2,35). Sie hatte in ihrer Weisheit den anderen die traurige Aufgabe, die außerhalb ihrer Macht lag, überlassen. Außerordentlich weise war auch, dass sie von dieser Stunde an bis zu ihrem Tod bescheiden im Hintergrund blieb. Das ehrte sie und ließ sie zu einer Gesegneten unter den Frauen werden. Die Mutter der Zebedäussöhne, die sich lange am Grab aufgehalten hatte, war ebenfalls nach Hause gegangen. Weil sie die Mutter von Johannes war, ist es nämlich sehr wahrscheinlich, dass Johannes bei ihr wohnte und Maria mit in ihr Haus gebracht hatte: Daher brauchte man sie als Gastgeberin zu Hause, damit sie ihrem Sohn helfen konnte. Auf diese Weise gehorchte sie dem letzten Wunsch ihres sterbenden Herrn, der

– auf Johannes und seine Mutter blickend – sagte: »Siehe, deine Mutter« (vgl. Johannes 19,27).[111] Nachdem somit alle gegangen waren, blieben die beiden Marias zum Zeitpunkt des Sonnenuntergangs als die einzigen Wächter am Grab Christi übrig. Weil sie noch einiges für seine Grablegung erledigen mussten, rief die Pflicht sie woandershin, doch zuvor blieben sie, solange sie konnten – sie waren die Letzten und würden als Erste zurückkommen.

Wir wollen uns jetzt bei den Frauen aufhalten und über die ungewöhnliche Rolle der Frauen nachdenken, die »dem Grab gegenüber saßen«. Ich denke, dass dies ungewöhnlich war, denn diese zwei Frauen waren die Einzigen dort, und genauso wenige Predigten gibt es über die Grablegung unseres Erlösers. Tausende Predigten sind über seinen Tod und die Auferstehung gehalten worden, und darüber freue ich mich sehr, wenngleich ich mir wünschte, dass es noch Tausende mehr geben möge. Die Grablegung unseres Herrn verdient jedoch eine größere Aufmerksamkeit, als ihr im Allgemeinen entgegengebracht wird. »Gekreuzigt, gestorben *und begraben*«, so heißt es im Glaubensbekenntnis. Daher müssen diejenigen, die dies zusammenfassten, seine Grablegung als bedeutsame Wahrheit angesehen haben; und dies ist tatsächlich der Fall. Sie war die natürliche Folge und das Siegel seines Todes und bezog sich somit auf das vorherige Geschehen. Und sie war die richtige und angemessene Vorbereitung für seine Auferstehung und stand so in Verbindung mit dem nachfolgenden Geschehen. Kommen wir also und setzen wir uns jetzt mit den heiligen Frauen »dem Grab gegenüber« hin. Dort wollen wir singen:

So ruhest du, o meine Ruh,
in deiner Grabeshöhle
und erweckst durch deinen Tod
meine tote Seele.

Man senkt dich ein nach vieler Pein,
du meines Lebens Leben;
dich hat jetzt ein Felsengrab,
Fels des Heils, umgeben.

111 Obwohl dieses Wort zunächst an Johannes gerichtet war, wird hier seine Mutter Salome als diejenige gesehen, die als vermutliche Hausherrin dazu beitragen konnte, dass der entsprechende Auftrag (die Aufnahme Marias in ihr Haus) ausgeführt wurde.

Ach, bist du kalt, mein Trost und Halt!
Das macht die heiße Liebe,
die dich in das kalte Grab
durch ihr Feuer triebe.

Stellen wir uns einmal vor, wie wir in dem Garten sitzen und auf den Eingang des Grabes Jesu mit dem großen Stein blicken, dann *staunen wir* zuallererst *darüber, dass er überhaupt ein Grab hatte*. Wir fragen uns, wie dieser Stein ihn, der doch der Abglanz der Herrlichkeit seines Vaters ist, verbergen konnte. Wie konnte der Inbegriff des Lebens unter den Toten liegen; wie konnte derjenige, der die ganze Schöpfung in seiner mächtigen Rechten hält, selbst nur eine Stunde lang begraben sein? Voller Staunen sollten wir zunächst in Ruhe darüber nachdenken, was sein Grab bezeugt. Es beweist, dass er wirklich tot war. Diese liebevollen Frauen konnten sich unmöglich irren; sie hätten sofort gesehen, wenn man ihn lebendig begraben hätte, auch wenn manche dies gern getan hätten. Dafür, dass unser Herr wirklich gestorben war, gibt es in Zusammenhang mit seiner Grablegung viele Beweise. Als Josef von Arimathäa zu Pilatus ging und ihn um den Leib Jesu bat, wäre es ausgeschlossen gewesen, dass der römische Statthalter ihm den Leib gegeben hätte, wenn der Tod Jesu nicht festgestanden hätte. Der Hauptmann, ein befehlsgewohnter Mann, der alles sehr genau nahm, bescheinigte, dass Jesus tot war. Der Soldat, der dem Hauptmann unterstellt war, hatte mit einer überaus stichhaltigen Überprüfung die Tatsache seines Todes zweifelsfrei festgestellt, denn er hatte mit einem Speer seine Seite durchbohrt, und sogleich kamen Blut und Wasser heraus. Pilatus hätte den Körper eines verurteilten Menschen nicht herausgegeben, wenn er nicht ganz sicher gewesen wäre, dass die Hinrichtung wirklich stattgefunden hatte. Er ließ den Tod feststellen und befahl, den Leib Josef zu übergeben. Sowohl Josef von Arimathäa und Nikodemus als auch alle Freunde, die bei der Grablegung mithalfen, waren zweifellos davon überzeugt, dass er tot war. Sie kümmerten sich um den leblosen Leib, indem sie ihn in feine Leinentücher wickelten, die mit wohlriechenden Ölen getränkt waren. Auf diese Weise balsamierten sie den geliebten heiligen Leib ein. Sie waren sich schmerzlich bewusst, dass ihr Herr tot war. Sogar seine Feinde waren sich ganz sicher, dass sie ihn getötet hatten: Sie hegten niemals den Verdacht, dass vielleicht noch irgendein Lebenszeichen in ihm war und er wieder belebt werden könnte, denn ihr erbitterter Hass ließ keinen Zweifel in diesem Punkt zu. Sie wussten, dass Jesus von Nazareth gestorben war, und sei es auch nur, um ihre eigene, von Misstrauen geprägte Bosheit zu befriedigen. Sie gingen auch nicht besorgt zu Pilatus, weil sie mehr Beweise für den Tod Jesu haben wollten. Vielmehr wollten sie mit ihrem Gang zum Statthalter verhindern, dass die Jünger den toten Leib stahlen, um dann sagen zu können, er sei aus den Toten auferstanden.

Ja, Jesus starb buchstäblich, er war tatsächlich tot. Sein Leib aus Fleisch und Bein wurde wirklich in das Grab gelegt, das Josef gehörte. Es war kein Phantom, das gekreuzigt wurde, so wie gewisse Ketzer früherer Tage fantasierten. Jesus war wahrer Mensch und hat die bitteren Todesschmerzen wirklich erlitten. Daher ist es eine Tatsache, dass er in die Leinentücher eingehüllt dalag – so reglos wie der ihn umgebende Felsen, aus dem die Gruft gehauen war. Erinnert euch an Folgendes, wenn ihr an den Tod eures Herrn denkt: Falls er nicht vorher wiederkommt, wird der Tag anbrechen, an dem wir – ihr und ich – wie einst unser Herr unter den Toten liegen werden. Während wir jedoch auf das Grab Jesu schauen und uns vergewissern, dass unser großer Herr und Meister starb, verschwindet jeder Schreckensgedanke, und wir zittern nicht mehr vor Angst: Wir spüren, dass wir sicher dorthin gehen können, wohin Christus schon zuvor gegangen ist.

Und während wir uns so dem Grab gegenüber hinsetzen, wird uns als Nächstes bewusst, dass dieses Grab beweist, wie sehr er mit uns verbunden ist. Sein Grab befand sich in der Nähe der Stadt und nicht auf irgendeiner einsamen Bergspitze, wo kein Mensch hinkam. Sein Grab war dort, wo man es sehen konnte; es war ein Familiengrab, das Josef ohne Zweifel für sich und seine Familie vorgesehen hatte. Jesus wurde in eine Familiengruft gelegt, wo ein anderer einmal beerdigt werden sollte. Wo wurde Mose beigesetzt? Keiner weiß bis heute, wo sich sein Grab befindet. Aber wo Jesus bestattet wurde, wussten seine Freunde sehr gut. Er wurde weder in einem feurigen Wagen hinweggenommen, noch wurde über ihn gesagt, dass Gott ihn weggenommen hatte. Vielmehr wurde er in das Grab gelegt, »wie es bei den Juden zu bestatten Sitte ist« (vgl. Johannes 19,40). Jesus fand sein Grab unter den Menschen, die er erlöst hatte. In der Nähe der bekannten Hinrichtungsstätte befand sich ein Garten, und in diesem Garten legten sie ihn in ein Grab, das für andere bestimmt war. So ist die Grabstätte unseres Herrn als ein Grab unter vielen gewissermaßen zwischen unseren Häusern und Gärten zu finden.

Es ist schon sehr viel über das Grab, in dem Jesus lag, gesagt worden. Es war ein neues Grab, worin zuvor noch kein Leichnam gelegen hatte. So wie er von einer Jungfrau geboren worden war, wurde er auch in einem jungfräulichen Grab, worin noch kein Mensch gelegen hatte, beigesetzt. Weil es ein Felsengrab war, konnte niemand bei Nacht nach ihm graben oder einen Tunnel in die Erde treiben. Es war ein geliehenes Grab, Jesus war so arm, dass er kein eigenes Grab hatte. Sein Reichtum zeigte sich jedoch in der Herzensliebe derer, die er gewonnen hatte, sodass dieses Grab ihm aus freien Stücken zur Verfügung gestellt wurde. Dieses Grab, das er durch seinen vorübergehenden Aufenthalt so unbeschreiblich geehrt hatte, gab er Josef zurück. Ich weiß nicht, ob Josef es jemals für irgendeinen aus seiner Familie benutzt hat; aber ich sehe keinen Grund dafür, warum er es nicht hätte tun sollen. Gewiss zahlt unser Herr, wenn er etwas geliehen hat, sofort zurück, wobei er noch eine Zulage gibt: Er füllte Simons Boot mit Fischen, während er es als Kanzel benutzte. Auch heiligte er die Felsengruft, worin er eingeschlossen war, und hinterließ sie im Blick auf den Nächsten, der darin ruhen sollte, mit einem duftenden Wohlgeruch. Wir brauchen vor dem Grab keine Angst zu haben, denn Jesus ist dort gewesen. Als dem Grab gegenüber Sitzende werden wir mutig, sodass wir wie Ritter vom Heiligen Grab bereit sind, dem Tod zu trotzen. Manchmal sehnen wir uns fast danach, dass der Abend des Lebens kommen möge und wir bei Gott ruhen können – in der Kammer, wo er seinen Geliebten Schlaf schenkt.

Beachten wir nun, dass das Grab unseres Herrn in einem Garten lag, denn dies ist in typologischer Hinsicht ein Zeugnis dafür, dass noch bessere Dinge zu erwarten sind. Auf der anderen Seite der Gartenmauer konnte man eine kleine, nahe gelegene Anhöhe mit einem trostlosen Namen erblicken. Sie diente einem traurigen Zweck, weil sie die Hinrichtungsstätte Jerusalems war – Golgatha, die Schädelstätte, wo das Kreuz stand. Diese karge Anhöhe war ein Ort des Schreckens. Aber um die Grabstätte des Heilands wuchsen Kräuter, Pflanzen und Blumen. Um seine Grabstätte blüht noch immer ein geistlicher Garten. Die Wüste und das dürre Land werden sich seinetwegen freuen, und die Steppe wird frohlocken und wie eine Narzisse aufblühen (vgl. Jesaja 35,1). Er hat uns ein anderes Paradies bereitet, und er selbst ist darin die kostbarste Blume. Der erste Adam sündigte in einem Garten und riss unser menschliches Wesen ins Verderben; der zweite Adam ruhte in einem Garten und brachte alles zurück, was uns verloren gegangen war. Der in der Erde verborgene Heiland hat den über dem Erdboden ausgesprochenen Fluch aufgehoben; fortan ist er um seinetwillen gesegnet. Jesus starb für uns, damit unsere Herzen und unser Leben zu fruchtbaren Gärten des Herrn werden.

Wenn wir dem Grab gegenüber sitzen, besteht der vielleicht allerbeste Gedanke darin, dass es jetzt leer ist und somit die Gewissheit unserer Auferstehung bezeugt. Die beiden Marias müssen diese Tatsache beweint haben, denn bevor sie das Grab verließen, war noch der Leib des toten, aber gleichwohl so Geliebten darin gewesen. Sie hätten sich darüber freuen müssen, als sie bei ihrer Rückkehr das Grab leer vorfanden, aber sie kannten noch nicht die Botschaft des Engels: »Er ist nicht hier, denn er ist auferstanden« (vgl. Matthäus 28,6). Unser Christus ist nicht mehr tot; er lebt für immer, um sich für uns zu verwenden. Die Bande des Todes konnten ihn nicht festhalten. Es war nichts Verwesliches an ihm, sodass sein Leib den Ort der Verwesung nach seinem Grabesaufenthalt verließ, um in einem neuen Leben zu wandeln. Das Grab ist leer, und der Grabesüberwinder ist in die Herrlichkeit hinaufgestiegen und hat die Gefangenen gefangen geführt (vgl. Epheser 4,8). Während ihr dem Grab gegenüber sitzt, sollten eure Herzen getröstet sein: Was den Tod angeht, so ist dessen Stachel für immer weggenommen worden. Es wird eine Auferstehung geben. Dessen könnt ihr gewiss sein, denn wenn die Toten nicht auferstehen, dann ist auch Christus nicht auferstanden. Der Herr ist jedoch tatsächlich auferstanden, und seine Auferstehung bedingt, dass alle, die ihm gehören, wie er ebenfalls auferstehen werden.

Aber mir drängt sich noch ein weiterer Gedanke auf: Kann ich Christus in jeder Beziehung so folgen wie diese beiden Frauen? Oder anders gesagt: Kann ich noch immer an ihm festhalten, obwohl – soweit es Verstand und Vernunft betrifft – seine Sache scheinbar zu Ende ist, begraben in einer Felsengruft? Kann ich – wie Josef und Maria Magdalena – Jünger eines toten Christus sein? Könnte ich ihm gar bis zu dem Punkt seiner tiefsten Erniedrigung folgen? Ich möchte dies in praktischer Hinsicht anwenden. Im Laufe der

Geschichte der Gemeinde Gottes haben sich die Feinde Gottes nicht nur einmal darüber gefreut und es laut hinausposaunt, dass sich das Evangelium der Vergangenheit als falsch herausgestellt habe und man es für tot und begraben betrachten müsse. Ich für meinen Teil komme mir vor, als würde ich gegenüber ebenjenem Grab der Wahrheit sitzen. Ich halte an der alten Lehre fest, ob sie nun verleumdet und abgelehnt wird, oder ob sie wieder ihre Macht erweisen wird, wovon ich fest überzeugt bin. Zweifellos wollen Skeptiker die Wahrheit in ihre Fesseln legen, sie geißeln und ihr den Todesstoß versetzen, indem sie behaupten, dass sie tot sei. Dabei sind sie bestrebt, die Wahrheit verächtlich zu begraben. Dennoch hat der Herr zahlreiche Menschen in der Gesinnung des Josef und Nikodemus, die dafür sorgen, dass die Wahrheit geehrt wird. Sie werden das verschmähte Glaubensbekenntnis gleichsam in Leinentücher mit wohlriechenden Essenzen wickeln und in ihren Herzen bewahren. Wir werden zwar trauernd dasitzen, aber nicht verzweifeln. Vielmehr werden wir warten, bis der Stein weggerollt wird und Christus in seiner Wahrheit aufersteht und sich für alle sichtbar als Sieger erweist.

Zweitens: Wir sitzen hier *und freuen uns über die Ehre, die er uns mit seiner Grablegung schenkt*. Christi Grablegung war – unter einigen Gesichtspunkten betrachtet – der tiefste Punkt seiner Erniedrigung: Er musste nicht nur einen Augenblick lang sterben, sondern auch für eine Weile im Herzen der Erde begraben sein. Demgegenüber war die Grablegung unseres Herrn – unter anderen Aspekten gesehen – der erste Schritt zu seiner Verherrlichung: Sie war ein Wendepunkt in seiner großen Laufbahn. Ich konnte einmal einen Blick auf das Werk eines in unserer Nähe (nämlich in Lambeth) wirkenden Künstlers[112] werfen, das Mr. Doulton öffentlich ausstellte. Es ist ein schönes Kunstwerk aus Terrakotta und zeigt die Kreuzabnahme Christi. Ich wünschte, dass ich mehr Zeit gehabt hätte, um es näher betrachten zu können, aber selbst dieser flüchtige Blick hat mich schon fasziniert. Der Künstler zeigt einen römischen Soldaten an der Spitze des Kreuzes, wie er das Pergament abnimmt, worauf die Anklage stand; er rollt es auf, um es für immer wegzulegen. Ich dachte daran, dass die gegen ihn gerichtete Anklageschrift weggenommen

112 Die Londoner Stadtteile Lambeth und Newington, wo sich Spurgeons *Metropolitan Tabernacle* befand, liegen in unmittelbarer Nachbarschaft zueinander.

wurde, so wie er auch den Schuldschein wegnahm, der gegen uns ausgestellt war. Der römische Soldat wird somit als derjenige dargestellt, der von Amts wegen die Anklage entfernte, die einst über dem Haupt des Hochgelobten angenagelt worden war. Es gibt keine Anklage gegen ihn mehr; er starb, und das Gesetz wurde erfüllt. Es kann nicht mehr den Mann anklagen, der dessen Strafe auf sich genommen hat. Ein anderer Soldat auf dem Kunstwerk zieht mit einer Zange die großen Nägel aus den Händen. Der heilige Leib ist nun frei. Das Gesetz kann keine Forderung mehr stellen und ist aller Zugriffsmöglichkeiten auf ihn beraubt. Ein Jünger – kein Soldat – hat auf der anderen Seite eine Leiter aufgestellt und schneidet mit einer Schere die Dornenkrone auf. Aus meiner Sicht hat dies der Künstler gut dargestellt, denn von jetzt an ist es uns eine Freude, dem Namen Jesu alle Schande zu nehmen und ihn auf andere Weise zu krönen. Dann hat der Künstler einige seiner Jünger dargestellt, die den Leib vorsichtig halten, während die Soldaten ihn langsam vom Kreuz losmachen. Daneben steht Josef von Arimathäa mit seinen langen Leinentüchern bereit, um den Leib entgegenzunehmen. Es sind dort auch Krüge mit kostbarer Myrrhe und wohlriechenden Ölen aufgestellt, wobei die dabeistehenden Frauen bereit sind, deren Deckel zu öffnen und den heiligen Leib mit den wohlriechenden Essenzen einzubalsamieren. Jedes Teil des Kunstwerks ist inhaltsvoll und hat eine lehrreiche Bedeutung. Der Künstler hat dafür großes Lob verdient: Keine andere Darstellung hat mir mit größerer Anschaulichkeit die Kreuzabnahme Jesu gezeigt. Die Nägel sind alle herausgezogen, der Leib hängt nicht mehr am Kreuz. Jesus ist abgenommen und wird nicht mehr angespien, verachtet und verworfen. Vielmehr wird sein Leib von seinen Freunden vorsichtig gehalten, denn alles, was mit Schande und Leiden zu tun hat, gehört der Vergangenheit an, und die Strafe ist ein für alle Mal bezahlt. Was wurde aus dem Holzkreuz? Ihr werdet feststellen, dass es in der Schrift gar nicht mehr erwähnt wird. Wie es aussieht, sind die sich darum rankenden Legenden alle falsch. Das dornenreiche Kreuz ist für immer verschwunden; weder Marterholz, Nägel und Speer noch Dornenkrone sind mehr zu finden, nichts davon wird mehr gebraucht. Jesus, unser Herr, ist in seine Herrlichkeit eingegangen, denn durch sein Opfer hat er die Errettung der Seinen für immer verbürgt.

Kommen wir jedoch zu seiner Grablegung zurück. Meine Lieben, es gab vieles dabei, was für die Beteiligten ehrenhaft war. Betrachten wir zuerst einmal, was aus den Zaghaften und Furchtsamen wurde. Josef von Arimathäa bekleidete die hohe Stellung eines angesehenen Ratsherrn, aber er war zugleich ein heimlicher Jünger. Auch Nikodemus war ein Oberster der Juden. Wohl hatte auch er sich gelegentlich für Jesus eingesetzt (vgl. Johannes 7,50-52), und zwar wie Josef (denn uns wird gesagt, dass er in ihren Rat und in ihre Tat nicht eingewilligt hatte; vgl. Lukas 23,51). Doch erst jetzt zeigte er Mut, sich öffentlich zu Jesus zu bekennen. Vorher war er in der Nacht zu Jesus gekommen, jetzt kam er bei Tageslicht. Wir wären wohl der Meinung gewesen, dass diese Männer, als es um die Sache des Heilands am schlimmsten stand, sich verborgen gehalten hätten. Aber das war nicht der Fall. Jetzt, wo alles aussichtslos schien, ließen sie ihren Glauben an Jesus erkennen und bewiesen Mut, um ihren Herrn zu ehren. Lämmer können zu Löwen werden, wenn das Lamm getötet wird. Kühn ging Josef zu Pilatus und bat ihn um den Leib Jesu. Für den toten Christus riskiert er, seine Stellung und sogar sein Leben zu verlieren. Er bittet nämlich um den Leib eines angeblichen Verräters, und Pilatus hätte auch ihn hinrichten können. Oder andere Mitglieder des Hohen Rats hätten über ihn zornig werden und sich feierlich verschwören können, ihn zu töten, weil er dem Nazarener, »jenem Verführer« (so ihre Bezeichnung; vgl. Matthäus 27,63), die Ehre gibt. Josef kann für Jesus alles wagen, obgleich er weiß, dass er tot ist.

Genauso unerschrocken ist Nikodemus, denn er steht öffentlich mit hundert Pfund wohlriechenden Harzen unter dem Kreuz und macht sich nichts daraus, dass irgendjemand über seine Tat vielleicht Bericht erstattet. Ich bin guten Mutes, dass die heftigen Angriffe, die in dieser Zeit gegen das Evangelium vorgetragen werden, dazu beitragen, auch heute noch in vielen stillen und zurückgezogen lebenden Menschen Tatkraft und Mut zu wecken. Derartige Werke des Bösen können selbst die Steine zum Schreien bringen. Vielleicht lassen einige derjenigen, die sich zu anderen Zeiten öffentlich für Jesus eingesetzt und gewöhnlich den Kampf geführt haben, den Kopf sinken und verstummen. Aber jene, die sich hinten eingereiht hatten und Jesus im Geheimen folgten, werden nach vorn kommen, sodass wir angesehene und einflussreiche Menschen erleben werden, die ihren Herrn öffentlich bekennen. Josef und Nikodemus veranschaulichen beide die ernste Wahrheit, dass die Reichen es schwer haben, in das Reich Gottes zu kommen. Aber sie zeigen uns auch, dass sie sich besonders auszeichnen, wenn sie sich doch hineinwagen. Sie kommen als Letzte und bleiben auch bis zum Schluss. Welch mutige Herzen, die für Jesus bei seiner Grablegung eintreten. Als diejenigen, die »dem Grab gegenüber« sitzen, schöpfen wir Trost aus dem Anblick der Freunde, die dem Herrn in seinem Tod die gebührende Ehre erwiesen.

Ich möchte daran erinnern, dass die Grablegung des Herrn auch die Eintracht liebender Herzen offenbarte. Das Grab wurde zum Treffpunkt der alten und der neuen Jünger – derjenigen, die den Herrn schon lange begleitet hatten, und derer, die sich erst seit Kurzem zu ihm bekannten. Maria Magdalena und die andere Maria waren dem Herrn schon seit Jahren nachgefolgt und hatten ihm mit ihrer Habe gedient; aber Josef von Arimathäa war, was sein öffentliches Bekenntnis zu Christus betraf, wie Nikodemus ein neuer Jünger. Bei der Grablegung waren alte und neue Nachfolger im Liebeswerk für ihren Herrn vereint. Gemeinsame Trauer und gemeinsame Liebe vereinen uns auf wunderbare Weise. Maria Magdalena mit der in ihrer Buße erwiesenen Liebe und die andere Maria mit ihrer starken Bindung zu ihrem Herrn tun sich mit dem Rabbi und dem Ratsherrn zusammen, deren tiefe Liebe gegenüber dem Mann aus Nazareth jetzt sichtbar wird. Diese kleine Schar, diese kleine Arbeitsgruppe, die sich um den Leib unseres Herrn versammelte, versinnbildlichte die ganze christliche Gemeinde. Wenn sie einmal erweckt sind, vergessen Gläubige alle Unterschiede und Stufen geistlicher Stellung. Jeder ist dann darauf bedacht, seinen Teil zur Ehre des Herrn beizutragen.

Beachten wir auch, dass der Tod des Heilands eine überaus große Freigebigkeit auslöste. Die einhundert Pfund schweren wohlriechenden Essenzen und das feine Leinen wurden von den Männern bereitgestellt. Dann bereiteten die heiligen Frauen die Kräuteressenzen bei jenem Vorgang zu, der während der Grablegung des Herrn vielleicht der wichtigste war. Dabei wickelten sie den Leib unter Beigabe wohlriechender Öle völlig ein, so wie es der jüdischen Begräbnissitte entsprach. Mit allem, was sie brachten, wollten sie ihre Verehrung zeigen. Ein sehr aufmerksamer Autor stellt fest, dass die Tücher, in die unser Herr eingewickelt war, nicht einfach als grobes Grabtuch, sondern als feines Leinen bezeichnet werden. Es ist offenbar bedeutsam, dass es Leinen war, so dieser Autor. Er erinnert uns an Folgendes: Wenn wir von den Gewändern der Priester in den Mosebüchern lesen, stellen wir fest, dass jedes Kleidungsstück aus Leinen sein musste. Durch den ausschließlichen Gebrauch von Leinen für die in seinem Grab verwendeten Tücher wird somit das Priestertum unseres Herrn angedeutet. Der Apostel und Hohepriester unseres Bekenntnisses schlief in seinem Grab in reinen weißen Leinen, so wie er sich nach der Auferstehung seinen Knechten[113] in einem bis zu den Füßen reichenden Gewand offenbart.

»Man gab ihm bei Gottlosen sein Grab, aber bei einem Reichen ist er gewesen in seinem Tod« (vgl. Jesaja 53,9); darin lag seine Ehre. Obwohl er von rohen Soldaten getötet worden war, wurde er von liebevollen Frauen in sein Grab gelegt. In Ehren gehaltene Menschen halfen mit, den heiligen Leib des von ihnen so Geliebten sanft aufzunehmen und ehrfurchtsvoll an die dafür vorgesehene Stelle im Grab zu legen. Und sein Grab durfte nicht unbewacht bleiben. Als nämlich kaiserliche Soldaten zur Bewachung der Liegestatt des Friedefürsten abkommandiert wurden, erwiesen sie ihm dadurch – wenn auch ungewollt – Ehre. Er schlummert wie ein König, bis er bei Tagesanbruch als König aller Könige aufwacht.

Mir gefällt es sehr, wenn ich sehe, wie unserem Herrn diese ganze Ehre zuteilwird, als er den Punkt seiner tiefsten Erniedrigung erreicht hat – nämlich als Toter und Begrabener. Werden auch wir unseren Herrn ehren, wenn andere ihn verachten? Werden auch wir an ihm festhalten – ganz gleich, was kommen mag? Wir werden keine Angst haben, sondern still stehen und die Rettung Gottes sehen, oder wir werden – während wir »dem Grab gegenüber« sitzen – auf das Kommen des Herrn warten. Wenn es zum Ärgsten kommt, würden wir eher dem tot geglaubten Christus als all den Philosophen dienen, die je gelebt haben – und seien sie auch noch so populär gewesen.

Ich muss jetzt zum dritten Punkt kommen. Während wir dem Grab Jesu gegenüber sitzen, *bemerken wir, dass seine Feinde keine Ruhe gaben*. Sie hatten ihren Willen durchgesetzt, aber sie waren noch immer nicht zufrieden. Sie hatten den Heiland gefangen genommen, mit ihren gemeinen Händen gekreuzigt und ihn getötet, aber sie waren nicht zufrieden. Sie waren die ruhelosesten Menschen die-

113 Hier ist nicht nur daran gedacht, dass Christus in Offenbarung 1 Johannes erschien. Weil vielmehr alle Erscheinungen des Auferstandenen gemeint sind, wurde wie im Original die Mehrzahl gebraucht.

ser Erde, obwohl ihr Wunsch erfüllt worden war. Der Sabbattag war gekommen, wobei es ein hoher Feiertag war – der Sabbat aller Sabbate, der Sabbat des Passahs. Sie hatten sich entsprechend vorbereitet und darauf geachtet, nicht den Platz mit der Bezeichnung Steinpflaster – den Gerichtsort – zu betreten, damit sie sich nicht verunreinigten – diese scheinheiligen Kreaturen! Und haben sie nicht alles bekommen, was sie wollten? Sie haben Jesus getötet, der inzwischen begraben worden ist: Sind sie nicht glücklich? Nein, und darüber hinaus hat ihre Demütigung begonnen – sie konnten das, was sie am liebsten machten, selbst nicht einhalten. Was machten sie denn am liebsten? Vor allem rühmten sie sich dessen, den Sabbat strengstens zu halten. Sie hatten unserem hochgelobten Herrn fortwährend vorgeworfen, den Sabbat zu brechen, weil er Kranke geheilt hatte. Sogar seine Jünger, die ein paar Getreideähren mit den Händen zerrieben und deren Körner gegessen hatten, als sie am Sabbat hungrig waren, hatten sie diesbezüglich beschuldigt. Schaut euch diese Männer an und lacht über ihre Heuchelei. Während des Sabbats kommen sie zu Pilatus und halten an einem Sabbat Rat mit einem Heiden! Sie sagen ihm, dass sie befürchten, man könnte den Leib Jesu verschwinden lassen. Daraufhin erwidert er: »Ihr sollt eine Wache haben. Geht hin, sichert es (d. h. das Grab), so gut ihr könnt!« (vgl. Matthäus 27,65). Sie gehen also am Sabbat hin und versiegeln den Stein vor dem Grab. O ihr heuchlerischen Pharisäer, ihr habt euren Sabbat selbst auf furchtbare Weise gebrochen! In ihren althergebrachten abergläubischen Vorstellungen hatten sie festgelegt, dass das Zerreiben von Getreidekörnern zwischen den Händen in gewisser Weise Drescharbeit war und somit einen Gesetzesbruch darstellte. Sicherlich wurde genauso argumentiert, wenn eine Kerze abbrannte und das Wachs schmolz. Dieser Vorgang wurde mit dem Anzünden eines Ofens verglichen, und das Schmelzen des Wachses war der Arbeit in einer Gießerei vergleichbar, wo ein Schmied Metall in eine Form gießt; auf diese lächerliche Weise deuteten ihre Rabbiner die kleinsten Handlungen. Aber sie mussten den Stein versiegeln und gegen ihre eigenen absurden Gesetze verstoßen, um ihre eigene Boshaftigkeit, die ihnen keine Ruhe ließ, zu befriedigen.

Als Nächstes mussten sie ihre eigene Anklage gegen unseren Herrn zurücknehmen. Sie klagten Jesus an, weil er gesagt hatte: »Brecht diesen Tempel ab, und in drei Tagen werde ich ihn aufrichten« (vgl. Johannes 2,19). Sie taten so, als meine er den Tempel auf dem Zion. Jetzt kommen sie zu Pilatus und sagen zu ihm: »Jener Verführer sagte …: Nach drei Tagen stehe ich wieder auf« (vgl. Matthäus 27,63). O ihr Schurken, das ist eure neue Version, nicht wahr? Ihr habt den Mann aufgrund einer ganz anderen Auslegung seiner Worte getötet! Und jetzt versteht ihr auf einmal die geheimnisvolle Prophezeiung? Ja, ihr Verführer, ihr habt sie vorher verstanden; und jetzt müsst ihr die bittere Wahrheit erkennen und zugeben, dass ihr im Irrtum wart.

Und jetzt seht, wie sich diese Christusmörder durch ihre eigenen Ängste verraten. Er ist tot, aber sie haben Angst vor ihm! Er ist tot, aber sie können nicht die Furcht abschütteln, dass er sie trotzdem bezwingen wird.

Auch war das nicht alles: Sie sollten zu Zeugen Gottes werden, indem sie den Tod seines Gesalbten und seine Auferstehung beglaubigten. Damit überhaupt keine Zweifel hinsichtlich seiner Auferstehung bestanden, musste es ein Siegel geben. Deshalb mussten sie hingehen und dieses Siegel anbringen: Es musste eine Wache angefordert werden, die sie selbst aufstellen mussten. Diese stolzen Juden sind gesandt, um die beschwerliche Arbeit der Knechte im Haus Christi zu verrichten; sie erweisen dem toten Christus ihre Ehre und schützen den Leib, den sie getötet hatten. Die Lüge, die sie danach erzählten, war die Krönung ihrer Schande: Sie bestachen die wachhabenden Soldaten, damit diese erzählten, dass seine Jünger ihn gestohlen hätten, während sie schliefen. Dies war eine offensichtliche Lüge; denn wie konnten die Soldaten im Schlaf sehen, was passiert war? Wir können uns kein Ereignis vorstellen, bei dem sich Menschen mehr widersprochen und ihre Schuld deutlicher erwiesen haben. Dieser Festsabbat war ein hoher Feiertag, aber für sie war es weder ein Sabbat, noch würde der Schlag gegen das Evangelium seinen Gegnern in irgendeiner Beziehung Seelenfrieden bringen. In den Tagen von Dr. Doddrige[114] hatte die Menschen in England das Evangelium fast gänzlich begraben. Von fast allen freikirchlichen Kanzeln wurde der Sozinianismus[115] gelehrt, was auch auf die anglikanische Kirche zutraf: Die liberalen

114 (1702-1751), englischer Prediger und Theologe freikirchlicher Prägung.

115 Theologische Richtung, die sowohl die Dreieinheits- als auch die Vorherbestimmungslehre ablehnt.

Denker bildeten sich ein, dass sie den Sieg errungen und die Lehre des Evangeliums vernichtet hätten; aber sie jubelten ein bisschen zu früh. Sie sagten: »Wir werden nichts mehr von dieser elenden Rechtfertigung durch Glauben und vom Werk des Heiligen Geistes in der Wiedergeburt hören.« Sie legten das Evangelium in das Grab, das aus dem kalten Felsen des Unitarismus[116] gehauen war, und sie setzten das Siegel ihrer Gelehrsamkeit auf den großen Stein des Zweifels, der das Evangelium einschloss. Dort sollte es für immer liegen; aber Gott hatte etwas anderes vor. In Gloucester lebte ein Gastwirtssohn namens George Whitefield, und es gab einen jungen Studenten mit Namen John Wesley, der erst kürzlich nach Oxford gegangen war. Diese beiden kamen am Grab des Evangeliums vorbei und sahen sich mit Unerklärlichem konfrontiert, sodass sie als von Gott Erweckte begannen, das Evangelium zu verkündigen. Und indem sie evangelisierten, begannen der Boden des Unglaubens und die Steine der gelehrten Kritik, sich zu bewegen. Die Wahrheit, die begraben worden war, fing wieder an, mit großer Macht des Geistes zu wirken. Hört, hört, ihr Widersacher, wie sehr habt ihr euch doch selbst betrogen! Innerhalb weniger Monate wich in ganz England die steinerne Last der Unwissenheit und Unglaubens, indem sie dem strahlenden Tag des Evangeliums Platz machte, auch wenn dieses Evangelium größtenteils von einfachen Menschen verkündigt wurde. Alles, was sich in der Vergangenheit abspielte, wird es wieder geben. Die Geschichte wiederholt sich.

Und jetzt besteht unser letzter Gedanke in Folgendem: Während diese Feinde Christi Angst hatten und zitterten, *stellen wir fest, dass seine Jünger ruhten*. Es war der siebte Tag, und daher ruhten sie von ihrer Arbeit. Die beiden Marias warteten, und Josef sowie Nikodemus gingen nicht zum Grab; sie hielten gehorsam die Sabbatruhe ein. Ich bin nicht sicher, ob sich ihr Glaube als so stark erwies, dass sie besonders glücklich waren, aber offensichtlich warteten sie auf etwas, während sie dem dritten Tag voll innerer Spannung entgegensahen. Auf jeden Fall waren sie mit so viel Trost und Hoffnung erfüllt, dass sie am siebten Tag ruhig blieben.

Meine Lieben, während ich so gegenüber dem Grab Christi sitze, besteht mein erster diesbezüglicher Gedanke darin, dass ich ruhen werde, weil er ruht. Welch eine wunderbare Stille gab es bei unse-

116 Vertreter dieser theologischen Richtung lehnen die Dreieinheit Gottes ab.

rem Herrn in diesem Felsengrab. Täglich hatten ihn Tausende Menschen bedrängt: Selbst als er essen wollte, störten sie ihn. In seinem Leben gab es kaum einen ruhigen Moment; aber wie ruhig ist jetzt seine Liegestatt! Der große Stein lässt keinerlei Laut durch, während der Leib in Frieden ruht. Wenn er also ruht, dann darf ich ebenfalls ruhen. Auch wenn der Herr seine Kraft eine Weile zurückzuhalten scheint, brauchen sich seine Diener, die zu ihm um Hilfe schreien, keine Sorgen zu machen. Er weiß am besten, wann man schlafen und wann wach sein soll.

Wenn ich Christus so in seinem Grab ruhen sehe, ist mein nächster Gedanke, dass er die Macht hat, daraus wieder hervorzubrechen. Wenn ich einen Kapitän an Bord eines Schiffes sehe, wie er an Deck besorgt auf und ab geht, dann erfüllt mich womöglich Furcht angesichts drohender Gefahr. Wenn aber der Kapitän in seine Kabine geht, kann ich sicher sein, dass alles in Ordnung ist. Dann gibt es keinen Grund dafür, warum nicht auch ich in die Kabine gehen sollte. Wenn es einmal so aussieht, als sei die Sache unseres hochgelobten Herrn im Niedergang begriffen, und wenn er seine Macht nicht auf wunderbare Weise erweist, dann brauchen wir seine Macht nicht anzuzweifeln. Lasst uns unseren Sabbat halten, zu ihm beten, und für ihn wirken, denn das sind die Pflichten des heiligen Ruhetages; aber lasst uns nicht beunruhigt und besorgt sein, denn seine Zeit wird kommen, in der er wirken wird.

Die Seelenruhe des Christen liegt darin, unter allen Umständen an Christus zu glauben. Haltet daran fest, meine Geliebten. Glaubt an ihn, wenn er in der Krippe liegt und von seiner Sache noch kaum etwas zu sehen ist. Glaubt an ihn, wenn ihm das Volk auf den Straßen zujubelt, denn er verdient den lautesten Beifall. Glaubt an ihn, wenn sie ihn an den Bergesrand bringen, um ihn von dort hinabzustoßen. Dort ist er genauso anbetungswürdig wie bei den »Hosanna«-Rufen während des Einzugs in Jerusalem. Glaubt an ihn, wenn er Todesqualen erleidet, und glaubt an ihn, wenn er am Kreuz hängt. Glaubt dennoch an ihn, auch wenn es euch scheint, als würde seine Sache zugrunde gehen. Das Evangelium Christi hat – egal, in welcher Situation – unser völliges Vertrauen verdient. Dieses Evangelium hat eure Seelen errettet. Dieses Evangelium ist euch zugeeignet und in euren Herzen durch den Heiligen Geist versiegelt worden. Haltet fest daran, was auch immer geschehen mag, und eure Seelen werden im Glauben Frieden und Ruhe finden.

Es sei nochmals gesagt: Es ist gut, wenn wir Frieden erlangen können, indem wir bis ins Grab mit unserem Herrn Gemeinschaft haben. Sterbt mit ihm und lasst euch mit ihm begraben; es gibt nichts dergleichen. Für meine Seele, die im Herrn lebt, wünsche ich, dass sie der ganzen Welt und all ihrer Weisheit gestorben ist. Wenn man mich beschuldigt, gedankenträge zu sein und fantasielos zu lehren, dann nehme ich diese Schuld gern auf mich, denn meine Seele wünscht sich, dass sie allen Dingen gestorben ist – außer denen, die vom Herrn Jesus geoffenbart und gelehrt werden. Ich will in dem Felsengrab der ewigen Wahrheit liegen, ohne einen Gedanken hervorzubringen, sondern mich stattdessen den Gedanken Gottes ausliefern. Wenn wir aber in diesem Grab liegen wollen, müssen wir in die reinen Leinen der Heiligkeit eingehüllt sein: Das entspricht den Gewändern eines Menschen, der ganz der Sünde gestorben ist. Alles in unserem Wesen muss wohlriechend sein – die Myrrhe und die Aloe der bewahrenden Gnade. Da wir nämlich mit Christus gestorben sind, können wir keine Verwesung mehr sehen. Vielmehr lassen wir dadurch erkennen, dass der Tod nur eine andere Form des neuen Lebens ist, das wir in ihm empfangen haben. Wenn dann die Welt vorübergeht, soll sie wissen, dass all unsere Herzenswünsche sowie all unser Streben mit Christus begraben sind und als Inschrift auf unserem geistlichen Grab steht: »Hier liegt er«, soweit es die Sünde, die Vergnügungen, die Selbstsucht und die Weisheit dieser Welt betrifft: »Hier liegt er mit seinem Herrn begraben.«

Und ihr, die noch nicht Bekehrten, sollt wissen, dass ihr errettet werden könnt, indem ihr Christus glaubt bzw. vertraut. Wenn ihr auf diese Weise vertraut, werdet ihr nie zuschanden werden. Derjenige, der Christus vertraut und wie ein kleines Kind an ihn glaubt, soll nämlich auch in sein Reich eingehen, und wer ihm sogar bis ins Grab folgt, wird in seiner Herrlichkeit bei ihm sein und seine Siege für immer und ewig sehen.

Maria Magdalena

Tränen am Auferstehungsmorgen

»Jesus spricht zu ihr: Frau, was weinst du?
Wen suchst du?« (Johannes 20,15).

Beachten wir, wie weise der Göttliche Tröster hier vorgeht! Um Maria Magdalena zu trösten, stellte unser Herr ihr eine Frage. Es ist oft am besten, das schmerzerfüllte Gemüt zu entlasten, damit es auf natürliche Weise sein Leid überwinden kann. Wir sollten dies tun, indem wir den Betreffenden fragen, warum er weint. Diese Haltung müssen wir zuweilen uns selbst gegenüber einnehmen. Dann fragen wir uns: »Was bist du so aufgelöst, meine Seele, und was stöhnst du in mir?« (vgl. Psalm 42,12 und 43,5). Die betreffende Seele beginnt nach dem Grund ihres Leids zu fragen und stellt oft fest, dass es nicht genügt, ihre bittere Betrübnis zu rechtfertigen. Vielleicht findet sie sogar heraus, dass sie die Umstände, die ihr Kummer bereiteten, falsch verstanden hat. Möglicherweise entdeckt sie gar, dass diese Umstände bei richtigem Verständnis stattdessen ein Grund zur Freude gewesen wären. Willst du als derjenige, der mit Leidgeprüften zu tun hat, weise sein, musst du sie ihre ganze Geschichte erzählen lassen. Dabei wird – kaum dass du ein Wort sagst – ihre Leidensgeschichte dahin gehend von Gott gesegnet werden, dass ihr Schmerz gelindert wird.

Bevor wir versuchen, jemanden zu trösten, ist es überdies stets weise, herauszufinden, worin das besondere Wesen und die Art des betreffenden Leids bestehen. Vielleicht gibt es einen Arzt, der ohne Weiteres dazu übergeht, seinem Patienten ein Mittel zu verschreiben, ohne ihn untersucht zu haben. Er könnte die falsche Medizin für die fragliche Krankheit verabreichen. Deshalb muss er zunächst eine Diagnose der Krankheit erstellen, um zu erkennen, woher sie gekommen ist, worin ihre Symptome bestehen und wie sie sich auswirkt. Dann verschreibt der Arzt entsprechend dem Fall die geeignete Medizin. Setze dich hin, mein lieber vom Leid gebeugter Freund, damit ich hören kann, was dir fehlt. Was macht dir Sorgen? Was bereitet deiner Seele Kummer? Möglicherweise werden die Leidtragenden euch selbst auf das richtige Mittel für ihre innere Not verweisen, sodass ihr ein Wort zur rechten Zeit weitergeben könnt, denn es heißt ja: »… ein Wort, (geredet) zu seiner Zeit, wie gut!« (vgl. Sprüche 15,23).

Wir werden zunächst auf demjenigen Gebiet Fragen stellen, der uns allen ohne Ausnahme gemein ist: *Geht es um Leid im natürlichen Bereich?* Ist es Kummer, der unserer menschlichen Natur entspringt sowie allen bekannt ist, die als Sterbliche in diese Welt hineingeboren wurden und denen Leid gleichsam als Erblast mitgegeben worden ist?

Liegt es daran, dass einer der Deinen von deiner Seite genommen wurde? Hast du jemanden verloren, der dir sehr nahestand? In diesem Fall entspricht dein Leid der Erfahrung zahlloser Menschen, wobei dein Weinen gerechtfertigt ist, denn auch Jesus weinte, als er am Grab seines Freundes Lazarus stand. Weine aber nicht so, dass du dabei jedes Maß verlierst. Dass du Tränen vergossen hast, ist so weit berechtigt, doch es ist unter Umständen falsch, wenn sie weiterhin herabrinnen. Man kann weinen, weil man etwas bereut oder innerlich verwundet ist – ein Weinen, das Gott mitleidsvoll betrachtet. Man kann aber auch weinen, weil man widerspenstig ist. Dann muss selbst unser Himmlischer Vater den Betreffenden zornig anblicken. »Was weinst du?« Wirst du in dein Herz schauen, mein Lieber, und sehen, ob die Ursache deines Leids als solche völlig gerechtfertigt ist? Oder musst du erkennen, dass du es bereits zu weit getrieben hast? Dir ist ein Kind genommen worden – ein entzückendes Kind, gewiss. Doch du hast, meine liebe Schwester, dein Kind nicht wirklich verloren. Bezeichnest du das als verloren, was in Christi Armen sicher ist? Nennst du jenes kleine Kind verloren, das sich droben der Gemeinschaft mit den Engeln erfreut? Wenn dir dein Kind genommen worden wäre, damit es als Prinz oder Prinzessin im königlichen Palast lebt, hättest du nicht von einem Verlust gesprochen. Weil es weggenommen wurde, damit es bei Jesus ist, solltest du nicht sagen, dass es verloren ist. Du bist die Mutter desjenigen, der jetzt das Angesicht Gottes schauen kann. Daher spricht der Herr dir zu: »Halte … deine Augen (zurück) von Tränen! Denn … sie (d. h. deine Kinder) werden aus dem Land des Feindes zurückkehren« (vgl. Jeremia 31,16).

Hast du deinen Mann verloren? Dies ist ein schwerer Schlag, angesichts dessen deine Tränen durchaus berechtigt sind. Dennoch steht die Frage: Wer hat ihn dir genommen? War es nicht derjenige, der ihn dir eine Zeit lang zur Seite gestellt hat? Preise den Herrn dafür, dass du all diese Jahre voller Trost sowie Freude erlebt hast und sage mit Hiob: »Der HERR hat gegeben, und der HERR hat genommen, der Name des HERRN sei gepriesen« (vgl. Hiob 1,21). Obwohl der Verlust deines Mannes eine große Leere in deinem Leben hinterlassen hat, wird der Herr diese Leere ausfüllen. Kennst du ihn? Dann wird er dir gleichsam ein Eheherr und ein Vater deiner Kinder sein, denen der irdische Vater genommen wurde. Er hat gesagt: »Verlass deine Waisen, *ich* nur werde sie am Leben erhalten –, und deine Witwen sollen auf mich vertrauen« (vgl. Jeremia 49,11). Weil du Witwe bist, solltest du auf den Herrn vertrauen. Wenn du verwitwet bist und nicht an Gott glaubst, dann ist dein Leid wirklich groß. Aber wenn der Witwenschmerz die Betreffende drängt, auf Christus als ihren Heiland zu vertrauen, wenn sie aufschaut und sich in ihrem tiefem Schmerz dem großen Helfer der Hilflosen anvertraut, wird sie feststellen, dass ihr vermeintlicher Verlust im Grunde Gewinn ist.

»Frau, was weinst du?« Welchen Verwandten oder Freund du auch verloren hast – dein Gott will dir mehr sein, als es der geliebte Abgeschiedene je sein konnte. Der viel Geliebte, der Herr Jesus Christus, gibt uns mehr als alle irdischen Freunde. Und wenn sie uns genommen werden, füllt er die von ihnen hinterlassene Lücke nicht nur aus – nein, er eignet uns noch mehr zu. Wenn wir daher die Liebe uns Nahestehender teilweise entbehren müssen, gilt uns umso mehr die göttliche Liebe, sodass wir nichts verloren, sondern Entscheidendes gewonnen haben. Sieh der Auferstehung entgegen und lass dich trösten! Wenn sie in Christus entschlafen sind, werden sie – so gewiss sie bestattet wurden – in Herrlichkeit im Bilde Jesu Christi wiederauferstehen. Lasst uns deshalb nicht betrübt sein wie diejenigen, die keine Hoffnung haben. Wisch deine Tränen ab. Kannst du sie aber nicht zurückhalten, solltest du durch den Tränenschleier hindurch in freudiger Ergebenheit in den göttlichen Willen lächeln und ruhig sein.

»Was weinst du?« Gibt es einen anderen Grund für dein Leid? Weinst du, weil du sehr arm bist? Es gibt einige, die nicht wissen, wie weh es tut, arm zu sein. Sie werden vielleicht dir die Schuld an deiner Situation geben. Ich weiß aber, dass sich unter euch einige befinden, denen es schwerfällt, ihren Lebensunterhalt zu bestreiten. Sie mühen sich dabei so sehr, dass man angesichts dessen selbst einen Sklaven bemitleiden könnte. Es gibt unter den wertvollsten Gotteskindern – Männern und Frauen gleichermaßen – einige, die, gemessen an den Besitztümern dieser Welt, offenbar zu den am schlechtesten Gestellten gehören. Ihr irdisches Los besteht darin, sich von morgens bis spätabends unaufhörlich abzuplagen. Gäbe es nicht diese erquickenden Sonntage, wäre das Leben auf Erden für sie ein einziges Dasein in beengenden Zwängen. Doch weine nicht, meine arme Schwester! Weine nicht, mein armer Bruder! Es gibt Einen, der noch ärmer war als du und der dir deine Lasten abnehmen wird. Jesus Christ war unvorstellbar arm, weil er einst über alle Maßen reich war. Dabei trifft es keinen härter als diejenigen, die – einst reich gewesen – verarmt sind. Ihr wisst, dass Christus – obwohl er reich war – um unsertwillen arm wurde, damit wir durch seine Armut reich würden. Denkt daran, wie der Herr Jesus zu seinen Jüngern gesagt hat: »Betrachtet die Lilien des Feldes, wie sie wachsen: Sie mühen sich nicht, auch spinnen sie nicht. Ich sage euch aber, dass selbst nicht Salomo in all seiner Herrlichkeit bekleidet war wie eine von diesen. Wenn aber Gott das Gras des Feldes, das heute steht und morgen in den Ofen geworfen wird, so kleidet, wird er das nicht viel mehr euch tun, ihr Kleingläubigen?« (vgl. Matthäus 6,28-30). »Seht hin auf die Vögel des Himmels, dass sie weder säen noch ernten, noch in Scheunen sammeln, und euer himmlischer Vater ernährt sie doch« (vgl. Matthäus 6,26). Wird er daher nicht auch für dich sorgen? Wisch deine Tränen ab, beuge den Rücken unter die Last, die Gott dir auferlegt hat, und begnüge dich »mit dem, was vorhanden ist! Denn *er* hat gesagt: ›Ich will dich *nicht* aufgeben und dich *nicht* verlassen‹« (vgl. Hebräer 13,5).

»Frau, was weinst du?« Hast du einen lieben Menschen, der zu Hause krank daniederliegt? Ja, du hast sicher allen Grund zum Weinen, wenn diese Krankheit lange angehalten hat und wenn infolgedessen die einst rosigen Wangen bleich geworden sind und der Glanz aus den Augen gewichen ist. Möglicherweise sind damit auch unermesslicher Kummer und zahllose Schmerzen verbunden, die der Leidende erdulden muss und diejenigen mit ansehen müssen, die Stunde um Stunde an seiner Seite sind. Obwohl ich dein Weinen, mein Lieber, nachempfinden kann, gilt: Dein Fall ist in Christi

Händen, sodass du ihm deine Lieben ohne Weiteres überlassen kannst. Er hat keinem einzigen seiner Kinder je eine Prüfung zugemutet, wenn sie nicht absolut notwendig war. Hätte er sie in diesem Fall zurückgehalten, wäre dies ein Zeichen seiner Lieblosigkeit gewesen. Nimm sie als Zeichen der Liebe des Herrn an. Denke außerdem daran, dass er unsere Lieben genesen lassen kann, wenn er es für weise hält. Wenn ihre Genesung in seinen Augen nicht angebracht ist, kann er sie auch in ihrer Krankheit tragen, ihnen ein freudiges Abscheiden aus dieser Welt ermöglichen und ihnen die Tore in sein ewiges Reich weit öffnen. Weine daher nicht allzu sehr, sondern sage: »Er ist der HERR; er tue, was in seinen Augen gut ist« (vgl. 1. Samuel 3,18).

Möglicherweise müssen wir jedoch weinen, weil die Krankheit den eigenen Körper befallen hat. Ich habe mich oft gefragt, wie es einige unter euch überhaupt schaffen, hierherzukommen. Aber nun seid ihr hier, wenn auch unter großen Schmerzen. Ihr könnt dann in wohltuender Weise euren Schmerz zumindest kurzzeitig vergessen, während das Wort verkündigt wird. Dennoch rufe ich selbst diesen Leidtragenden zu: »Trocknet eure Tränen!« Es kann sein, dass deine Krankheit – die gefürchtete Schwindsucht – deinen Körper allmählich zugrunde richtet. Frage dich jedoch, meine liebe Schwester: Was ist daran so schlimm, dass du lediglich in den Himmel hinüberdämmerst und von diesem Dasein in das ewige Leben sowie in eine lichtere Zukunft sanft hinübergleitest? Vielleicht leidest du an einer schmerzhaften Krankheit, deren Verlauf bekanntermaßen tödlich ist. Ja, der König hätte auch anders reden können, aber er hat dir einen Boten in Form dieser Krankheit geschickt, um dich rasch nach Hause zu bringen. Wenn du ohne Christus lebst, hast du allen Grund zum Weinen, nachdem du vom Tod gezeichnet bist, denn im Anschluss an den Tod kommt das Gericht. Diese Krankheit gleicht einem Boten, der dir gesandt wurde und dir gebietet: »Bereite dich auf die Begegnung mit deinem Gott vor!« Angenommen, du würdest heute tot zu Boden fallen. Dann hat dir Gott hiermit eine rechtzeitige Warnung gegeben. Beherzige sie doch! Statt über deine Krankheit zu weinen, beweinst du dann – befähigt vom Heiligen Geist – vielleicht deine Sünde. Daraufhin solltest du Christus als deinem Heiland vertrauen, denn dann wird alles gut werden.

Vielleicht rede ich zu einem Zuhörer, der meint: »Mein Leid besteht weder darin, dass ein Nahestehender gestorben ist, noch darin, dass ich persönlich angeschlagen bin oder mit der Krankheit lieber Freunde konfrontiert bzw. arm bin. Zuweilen denke ich, dass ich einer dieser Prüfungen oder auch allen zusammen standhalten könnte. Doch ich bin das Opfer eines verräterischen Freundes geworden: Ich habe ihm vertraut und bin betrogen worden. Ich habe ihm die innersten Regungen meines Herzens anvertraut und bin verraten worden.« Auch du, lieber Freund, bist in dieser Prüfung nicht allein. Es gab Einen, der dir moralisch weit überlegen ist. Seine Wange empfing den innige Liebe vortäuschenden Kuss des Verräters, sodass Jesus zu Judas sagen musste: »Überlieferst du den Sohn des Menschen mit einem Kuss?« (vgl. Lukas 22,48). Viele haben sogenannte Freunde gehabt, die in Prüfungszeiten grausamer gewesen sind als erklärte Feinde. Diese Verräter sind dem listigen Vogelfänger gleich gewesen, der sein Netz so behutsam ausbreitet, dass sich möglichst viele kleine Vögel darin verfangen. Ja, wenn deine Lage der Gefangenschaft jener Vögel gleicht, solltest du davonfliegen, dich zu Jesus flüchten und ihm vertrauen, denn er wird dich nie betrügen. Wenn Jesus diese Leere in deinem Herzen ausfüllt, hat sie sich in Bezug auf dich segensreich ausgewirkt. Ein zerbrochenes Herz wird dadurch, dass die durchbohrte Hand Jesu es anrührt, völlig heil.

Nun komme ich zu unserer wichtigsten Frage, die folgendermaßen lautet: *Geht es um Leid im geistlichen Bereich?* Wenn ja, frage ich weiter: Schmerzt euch fremdes oder eigenes Leid in diesem Bereich?

Ich beginne mit jenen Formen des Leids, bei denen ihr euch großmütiger zeigt als in anderen Fällen. »Frau, was weinst du?« Weint ihr um andere? Gibt es einige, die ihr liebt und für die ihr oft gebetet habt, während die Betreffenden in der Galle der Bitterkeit und in den Banden der Ungerechtigkeit (vgl. jeweils Apostelgeschichte 8,23) verharren? Wenn ihr diesbezüglich Leid tragt, ist dies berechtigt. Weint nicht um jene, die abgeschieden sind, um »allezeit beim Herrn (zu) sein« (vgl. 1. Thessalonicher 4,17), denn ihnen geht es in jeder Beziehung gut. Weint vielmehr um jene, die in Sünde leben. Weint um den jungen Mann, der in seiner zügellosen Begierde über den Namen seines Vaters Schimpf und Schande gebracht hat. Weint um die Tochter, die in ihrem Eigenwillen immer weiter vom rechten Weg abgeirrt und in Sünde verstrickt ist. Weint um das Herz, das sich nicht erweichen lässt. Weint um die Augen, die bisher keine Tränen kannten. Weint um die Sünder, die ihre Sünden nicht bekennen wollen, sondern entschlossen ihrer eigenen Verdammnis entgegenstreben. Meine lieben Freunde, wenn ihr auf diese Weise weint, vergießt ihr Tränen wie euer Heiland, als er über Jerusalem weinte. Gott wird dann eure Tränen in seinen Schlauch gießen (vgl. Psalm 56,9). Lasst euch trösten, denn diese eure Tränen künden vorausschauend von dem Guten, das denjenigen Seelen zuteilwerden soll, um die ihr Leid tragt. Wenn ihr nämlich stöhnt, seufzt und zu Gott schreit, tut ihr gewiss alles in eurer Macht Stehende, um ihnen den entsprechenden Segen zuzueignen. Meiner Ansicht nach ist dies ein Zeichen dafür, dass der Segen Gottes ihnen schon nahe ist. Ihr erinnert euch daran, was in Bezug auf eine bestimmte Gelegenheit geschrieben steht: »Des Herrn Kraft war da, damit er heilte« (vgl. Lukas 5,17). Warum erwiesen sich ihre Wirkungen damals umfassender als zu irgendeinem anderen Zeitpunkt? Lag dies nicht daran, dass sich vier Männer fanden, die das Dach aufbrachen, um den von ihnen getragenen Kranken in jenen Raum hinabzulassen, wo sich Christus aufhielt? Überall, wo man sich wahrhaft um Seelen kümmert – und mag sich dieses Anliegen auch nur bei vier Menschen finden –, erweist sich im Dienst eine ungewöhnliche Kraft. Lass daher weiterhin deine Tränen fließen, aber weine nicht, weil du hoffnungslos oder vor Verzweiflung verbittert bist. Der Herr wird deine Tränen sehen, deine Gebete erhören und deine Bitte gewähren, selbst wenn du deren Erhörung auf Erden nicht mehr erlebst. Wenn du im Himmel bist, werden dein Sohn, dein Mann oder deine Schwester, die du jetzt beweinst, vielleicht zu Christus geführt werden.

Doch jetzt frage ich dich: »Was weinst du?« Weinst du um dich selbst? Sind diese geistlichen Betrübnisse in deinem Leben begründet? Bist du ein leidtragendes Gotteskind? Weißt du, dass du ein Gotteskind bist, während du dennoch weinen musst? Worin besteht also die Ursache deines Leids? Vermisst du die Gegenwart deines Herrn? Wenn ja, hast du allen Grund zum Weinen. Dennoch gilt: Weshalb weinst du? Er ist gerade jetzt gegenwärtig. Obwohl du ihn nicht gesehen hast, hat er seinerseits dich gesehen. Er blickt dich in ebendiesem Augenblick an. O mein Lieber, der du Leid trägst, sage nicht: »Ich habe mich der Gemeinschaft mit Christus entzogen und fürchte, dass es Monate dauert, bis mir jene glückselige Erfahrung wieder zuteilwird.« Höre auf die folgende Bibelstelle: »Siehe, ich stehe an der Tür und klopfe an; wenn jemand meine Stimme hört und die Tür öffnet, zu dem werde ich hineingehen und mit ihm essen, und er mit mir« (vgl. Offenbarung 3,20). Nichts anderes musst du tun. Diese Worte waren an den Engel der Gemeinde in Laodizea – an die Gemeinde der lauwarmen Laodizeer – gerichtet. Und sie gelten auch dir, meine liebe Schwester, sowie dir, mein lieber Bruder, wenn du lauwarm geworden bist. Sei bereit dafür, dass Christus zu dir kommen kann. Bilde dir nicht ein, dass die Wiederherstellung der Gemeinschaft mit Christus länger dauert als die Bekehrung, wobei die Hinwendung zu ihm oft sofort erfolgt. Daher wirst du möglicherweise aus den Tiefen der Verzagtheit herausgehoben und auf die Höhen heiliger Gemeinschaft mit deinem Herrn geführt. Sei guten Mutes und lass dir noch in dieser Stunde neue Freude schenken!

Doch vielleicht sagst du: »Ich weine, weil ich meinen Herrn betrübt habe.« Glückselig bist du, wenn du weinst, obwohl du den Herrn mit der Ursache deiner Tränen in ernster Weise gekränkt hast. Es ist durchaus angemessen, dass wir betrübt werden, nachdem wir selbst Christus betrübt haben. Er ist zu Recht betrübt über dich, du Leidtragender. Denke dennoch an folgende gnadenvolle Aussage: »Er wird nicht immer rechten, nicht ewig zürnen« (vgl. Psalm 103,9). Entsinne dich folgender trostreicher Verheißung: »Einen kleinen Augenblick habe ich dich verlassen; aber mit großem Erbarmen werde ich dich sammeln. Im aufwallenden Zorn habe ich einen Augenblick mein Angesicht vor dir verborgen, aber mit ewiger Gnade werde ich mich über dich erbarmen, spricht der HERR, dein Erlöser« (vgl. Jesaja 54,7-8). Nur bekenne, dass du gegen den Herrn, deinen Erlöser, gesündigt hast. Dann kannst du sogleich zu ihm zurückkommen – ja, gerade jetzt kommt er, um dir zu begegnen. Dabei bringt er das Wasserbecken und das leinene Tuch mit, damit er deine beschmutzten Füße aufs Neue waschen kann. Er hat dich nämlich einst in seinem Blut abgewaschen und will dir jetzt die Füße waschen, sodass du ganz und gar rein sein wirst. Dann kannst du in erneuerter Gemeinschaft mit deinem Herrn leben – mit gereinigten Füßen und völlig rein.

Möglicherweise sagen einige von euch: »Uns schmerzt es, dass wir nicht so heilig sind, wie wir gern sein möchten.« Darum trage ich genauso Leid wie ihr, denn ich kann mit dem Apostel Paulus sagen: »Bei mir, der ich das Gute tun will, (ist) nur das Böse vorhanden« (vgl. Römer 7,21). Freilich höre ich von einigen anderen, in deren Leben es offenbar nichts Böses gibt. Ich vermute jedoch, dass dies in Folgendem begründet ist: Sie kennen nicht wirklich ihr wahres Wesen, denn sonst würden sie herausfinden, dass es sehr wohl – zumindest zeitweise – Böses in ihrem Leben gab. Wenn es mir möglich wäre, würde ich ohne sündigen Gedanken, ohne sündiges Wort, ohne sündige Tat bzw. ohne sündige Vorstellung oder ohne sündigen Wunsch auskommen, und du würdest es mir gleichtun. Weil dies aber gegenwärtig nicht möglich ist, weinst du. Es ist gut, dass solche Tränen herabrinnen. Lass dabei jedoch nicht zu, dass diese Tränen deinen Blick zu Christus hin trüben! Mögen dir diese Sehnsüchte nicht das Wissen rauben, dass du in Christus Jesus vollkommen und zur Fülle gebracht worden bist. Mögen deine Anstrengungen dich nicht von der Überzeugung abhalten, dass Christus für dich überwunden hat und noch immer die Sünde in dir überwindet. Möge dir nichts die volle Überzeugung nehmen, dass die Sünde in dir ganz und gar vernichtet ist und dass Christus dich seinem Vater darstellen wird, »nicht (mit) Flecken oder Runzeln oder etwas dergleichen« (vgl. Epheser 5,27), sondern »heilig und tadellos und unsträflich« vor ihm (vgl. Kolosser 1,22).

Vielleicht sagst du, dass dein Leid in etwas anderem begründet ist: Dich schmerzt es, dass du so wenig für Christus tun kannst! Auch hier verspüre ich Mitleid mit dir. Sei deswegen aber nicht bedrückt! Diejenigen von uns, denen sich die größten Möglichkeiten bieten, sind oft jene, die es am meisten bedauern, dass sie diese so wenig nutzen können. Doch ich kenne einige gottgemäß lebende Frauen, die nicht von zu Hause wegkommen, weil sie für eine vielköpfige Familie sorgen müssen. Einige sind gar ans Bett gefesselt und haben ständig Schmerzen. Angesichts dessen schmerzt es sie mit am meisten, dass sie so wenig für Christus tun können. Doch kennt ihr nicht die von David eingeführte und auch bei Davids Herrn geltende Ordnung (vgl. 1. Samuel 30,24-25)? Denjenigen, die beim Tross bleiben, soll der gleiche Anteil zufallen wie jenen, die in die Schlacht hinausziehen. Ihr gleicht denjenigen Kriegsleuten, die beim Tross bleiben und das Gepäck bewachen müssen. Wenn aber der König mit all den tatsächlich eingesetzten Truppen zurückkommt, die im Kampf gestritten haben, werdet ihr ebenso wie sie am Sieg Anteil haben. Ihr, die ihr daheim seid und das Lager hütet, haltet viele Dinge aufrecht, die in Vergessenheit geraten könnten, wenn wir alle im aktiven Dienst wären. Lasst euch demnach trösten, wenn ihr berufen seid, leidend auszuharren oder im Verborgenen zu sein. Ihr werdet denjenigen Christen und Christinnen gleichgestellt sein, die berufen sind, an herausragenderer Stelle zu wirken. Tut, wozu ihr imstande seid! Ich weiß nicht, ob Christus selbst jemals jemanden mehr gelobt hat als jene Frau, bezüglich derer er sagte: »Sie hat getan, was sie konnte« (vgl. Markus 14,8). Ich möchte sagen, dass sie viel mehr tun wollte. Sie tat jedoch das, wozu sie in der Lage war. Wenn ihr daher das getan habt, was ihr tun konntet, handelt ihr recht.

»Ach!«, sagt ein anderer, »ich bin mir aber meiner ungeheuer großen Schwachheit bewusst. Was ich tue, misslingt so oft. Selbst im Gebet trage ich nicht immer den Sieg davon. Meine Bitten scheinen oft zu mir zurückzukommen, ohne erhört worden zu sein.« Ja, mein lieber Freund, beklage deine Schwachheit nicht allzu sehr. Es gab nämlich einen, der sagte, dass er stark sei, wann immer er schwach ist. Wenn dich viele Gebrechen plagen, die dich schwächen, ist es dennoch möglich, sich der Schwachheiten zu rühmen, weil die Kraft Christi auf dir ruht. Angenommen, dass du nicht nur schwach, sondern geradezu die Verkörperung der Schwachheit sowie völlig unbedeutend wärst und nichts gelten würdest. Wenn du diesen Punkt erreicht hast, wird der Grund deines Weinens verschwunden sein, weil nämlich dort, wo du am Ende bist, Gott anfängt. Und wenn du mit dem Ich abgeschlossen hast, wird Christus dein Ein und Alles sein. Dann wirst du deine Stimme erheben, um denjenigen zu preisen, der solch große Dinge für dich vollbracht hat.

Viele eigenartige Dinge begegnen jungen Christen zwischen dem Zeitpunkt ihrer Bekehrung und ihrem Eingang in den Himmel. Der Lebensweg, den sie gehen, entspricht selten dem, was Gott für sie vorgesehen hat. Der Weg, worauf sie sich befinden, stimmt nicht mit dem wahren Plan Gottes für ihr Leben überein. Sie rechnen damit, dass sie – sobald sie sich glaubend Jesus zugewandt haben – wunderbaren Frieden und angenehme Ruhe genießen werden. Dagegen ist grundsätzlich nichts zu sagen. Doch sie nehmen auch an, dass dieser Friede und diese Ruhe bestehen bleiben und ihnen vermutlich in noch größerem Maße zuteilwerden. Wenn sie auf dem Weg in den Himmel sind, werden sie ihrer Ansicht nach die ganze Zeit über singen, während sie auf freundlichen Wegen und auf Friedenspfaden (vgl. Sprüche 3,17) dahinziehen. Sie meinen, dass das Licht auf ihrem Weg bis zur vollen Tageshöhe immer heller erstrahlen wird (vgl. Sprüche 4,18). Sie fühlen sich so glücklich und singen solch wohlklingende Lieder, weil sie sich einbilden, dass alles genauso wie in den ersten Stunden nach der Erfahrung ihrer Wiedergeburt bleiben wird. Sie gleichen Menschen, die erstmalig in ihrem Leben ans helle Tageslicht gekommen sind, nachdem sie sich in einem tiefen Bergwerk aufgehalten haben oder in einem dunklen Verlies gefangen gehalten worden sind. Sie fragen, in welcher Jahreszeit wir denn eigentlich leben. Daraufhin hören sie, dass es gerade Frühling ist: Während die Blumen zu blühen begonnen haben, hält der Jahreslauf noch weitere angenehme Dinge bereit. Obwohl sie den Vogelgesang hören, wird ihnen gesagt, dass noch lichtere Tage kommen sollen und der April vom Mai und der Mai vom Juni übertroffen wird, was die Anmut angeht. Dann werden die Erntemonate kommen, in denen man die Sicheln an die goldenen Garben legt.

Weil dies alles ungemein beglückend ist, beabsichtigt dieser Neubekehrte, den ganzen nächsten Tag im Freien auf der grünen Wiese oder im Garten damit zu verbringen, die aufplatzenden Knospen zu bewundern und sich allerorts Blumen zu pflücken, damit er sich so manchen entzückenden Blumenkranz winden kann. Doch wenn er am nächsten Morgen aufsteht, ist der Himmel möglicherweise schwarz vor Wolken, während es in Strömen gießt. »O!«, sagt er, »damit habe ich nie gerechnet.« Dann zieht vielleicht im Juni draußen ein solches Unwetter auf, wie er es sich nie hätte vorstellen können – mit zuckenden Blitzen und lautem Donner am Himmel. Währenddessen gehen fürchterliche Regenschauer nieder, vom herabprasselnden Hagel begleitet. »O!«, sagt er, »damit habe ich nie gerechnet. Ich dachte, dass die Monate immer lichter werden würden und zu guter Letzt die Ernte der goldenen Garben kommen würde.« Wir müssen ihm sagen, dass diese Regengüsse und Stürme alle zu ebenjenem Ergebnis beitragen, das wir ihm vorausgesagt haben. Sie widersprechen keineswegs dem Plan, der unserem Leben zugedacht ist. Auch muss er nicht befürchten, dass der Erntemonat zur gegebenen Zeit ausbleiben wird. Es stimmt, mein lieber junger Christ, dass dein Weg erleuchtet sein und dass dieses Licht immer heller strahlen wird, bis es lichter Tag geworden ist. Es trifft zu, dass die Wege der Weisheit »freundliche Wege und alle ihre Pfade … Frieden« sind (vgl. Sprüche 3,17). Das Bild, das du dir von der höchsten Freude machst, die man in Christus findet, ist nicht überzeichnet. Wie viel Freude du auch immer erwarten magst, all dies wird dir zugeeignet werden, wobei es noch mehr sein wird, sobald du es fassen kannst. Doch dazwischen werden immer wieder dir befremdliche Zeiten kommen, in denen deine Freude scheinbar geschwunden und dein Friede in beängstigender Weise beeinträchtigt sein wird. Deine Seele wird »sturmbewegt« und »ungetröstet« sein (vgl. jeweils Jesaja 54,11). Du wirst betrübt in Sack und Asche dasitzen. Statt an der Tafel eines Festmahls zu sitzen, wirst du das Haus der Trauer aufsuchen. Dort wird man dir Wasser aus dem Tränenkelch zu trinken und das Brot der Betrübnis zu essen geben. Lass dich – wenn dies eintritt – daher nicht überraschen, als sei dir etwas Befremdliches zugestoßen. Denke daran, dass wir dir dies zuvor gesagt haben. Wir sind diejenigen, die auf dem Weg zum Himmel bereits weiter vorangeschritten sind als du. Wir sagen dir, dass dunkle Zeiten und stürmische Zeiten kommen werden, wobei wir dich auffordern, dich darauf vorzubereiten.

»Frau, was weinst du?« Vielleicht sagst du: »O mein Herr, ich wage nicht, mich den Heiligen anzuschließen!« Willst du dich denn dann unter die Sünder mischen? »Ja, ich bin ein Sünder«, erwiderst du, »aber trotzdem denke – und hoffe – ich, dass ich noch ein wenig Glauben an Christus habe, mag er auch noch so unscheinbar sein. Zuweilen spüre ich in mir die Neigung, ihn zu lieben, doch oft bin ich anders gesinnt und allem Guten abgeneigt.« Ach, mein Freund, ich kenne dich und bin vielen deines Schlags begegnet. Ich habe einst zu einer derart eingestellten Frau gesagt: »Sie meinen, dass Sie keine Christin sind.« »Ja«, erwiderte sie, »ich fürchte, dies trifft zu.« »Wie kommt es dann«, fragte ich, »dass Sie allsonntäglich das Gemeindehaus aufsuchen? Warum bleiben Sie nicht zu Hause? Weshalb gehen Sie nicht dorthin, wo sich Sünder zusammenfinden?« »O nein, mein Herr«, antwortete sie, »das brächte ich nicht fertig. Wenn ich höre, wie Menschen den Namen Christi lästern, trifft es mich bis ins Mark. Außerdem bin ich nie glücklicher als in den Stunden, da ich mich unter den Gotteskindern aufhalte. Ich freue mich über die geistlichen Lieder, die sie singen. Während ich unter ihnen bin, spüre ich, wie mir ganz warm ums Herz wird, sodass ich den Herrn einfach preisen muss. Aus meiner Sicht ist es eine große Gnade, dass ich nicht anders kann, als Gott zu loben und zu preisen.« »Ja, wenn das so ist«, sagte ich, »muss meiner Auffassung nach der Glaube an Christus bei Ihnen schon irgendwie vorhanden sein.

Sonst würden Sie nicht so empfinden und handeln, wie Sie es geschildert haben.«

Ich erinnere mich daran, dass ich von einem Prediger gehört habe, der folgende Worte niederschrieb: »Ich glaube nicht an den Herrn Jesus Christus.« Dann bat er eine Frau, die voller Zweifel war, ihren Namen unter diese Aussage zu setzen. Sie lehnte dies aber ab. Also glaubte sie doch an Christus, obwohl ihrer Meinung nach der Glaube nicht vorhanden war. Ich habe einst einer Frau, die nach ihren Worten keinen Glauben hatte, 2000 Euro geboten, wenn sie ihren Glauben aufgeben würde. Sie sagte jedoch, dass sie dies nicht einmal tun würde, wenn man ihr den Reichtum von tausend Welten böte! Frau Furchterfüllt, Herr Verzagt, Herr Kleinmütig und Herr Hinkfuß[117] – es leben noch immer zahlreiche Menschen dieses Schlags. Ich weiß, warum du weinst, liebe Frau, denn du gehörst ebenfalls zu den Menschen mit einer derartigen Gesinnung. Wenn du daher nicht als Heilige zu Christus kommen kannst, solltest du ihm als Sünderin nahen. Wenn du einen Fehler gemacht und Christus nie vertraut hast, solltest du ihm jetzt vertrauen. Wenn du nicht wirklich Buße getan und nicht geglaubt hast sowie innerlich nicht erneuert worden bist, solltest du daran denken, was dennoch geschrieben steht: »Wer zu mir kommt, den werde ich nicht hinausstoßen« (vgl. hier und im Folgenden Johannes 6,37), und: »Wer da will, nehme das Wasser des Lebens umsonst« (vgl. Offenbarung 22,17). Wenn die Besitzurkunden deiner geistlichen Güter nicht echt, sondern Fälschungen sind, solltest du diese Frage nicht mit einem diskutieren, der weiser ist als du. Komm vielmehr sogleich mit leeren Händen zu Jesus Christus – und zwar so, wie er allen Sündern gebietet, zu ihm zu kommen. Dann werde ich nicht mehr fragen müssen: »Was weinst du?«

Doch zuallerletzt sei gefragt: Ist der Betreffende, der gerade weint, ein suchender Sünder? Als Christus mit Maria Magdalena sprach, hat er nicht nur gefragt: »Was weinst du?«, sondern auch: »Wen suchst du?« Er wusste nämlich, dass sie *ihn* suchte. Ich würde all meine Besitztümer hergeben, wenn unter den Zuhörern meiner Predigten stets weinende Sünder wären, die Christus suchen. Ich denke manchmal, dass ich am liebsten immerzu um der Sünde willen weinen würde, wenn ich damit gewährleisten könnte, dass

117 Gestalten aus der *Pilgerreise* von John Bunyan.

ich Jesus jederzeit suche. Es ist möglich, dass zu dieser Verkündigungsstätte jemand gekommen ist, der einen Heiland sucht. O du weinende Frau! Weinst du, weil Sünde dich beschwert? Vergießt du Tränen, weil die einst süße Sünde für dich einen bitteren Nachgeschmack gehabt hat? Weinst du, weil die Dinge, die einst deine Seele erfreut haben, dich jetzt quälen und betrüben? Dann bin ich angesichts deiner Tränen voller Freude, denn sie sind kostbar in Gottes Augen. Sie sind wertvoller als die prächtigsten Diamanten dieser Welt. Glückselig ist diejenige Seele, die Sünde bereuen kann!

Aber vielleicht weinst du, weil du befürchtest, von Christus verworfen zu werden. Wisch jede derartige Träne ab, denn kein einziger Sünder, der zu Christus kommt, muss fürchten, von ihm abgewiesen zu werden. Woran ich dich gerade erinnert habe, hat er gesagt: »Wer zu mir kommt, den werde ich nicht hinausstoßen.« Komm also, du belasteter Sünder! Komm, du schwer beladene Seele, und vertraue dich Jesus an! Er kann dich dann nicht abweisen – es sei denn, dass er imstande ist, sich völlig zu ändern, ein Sachverhalt, der nie eintreten wird. Komm und vertraue ihm gerade jetzt, und du wirst in ebendieser Stunde errettet werden.

Doch vielleicht weinst du aus einem anderen Grund. Du sagst nämlich: »Ich war schon zuvor angesprochen worden und dachte, dass ich den Herrn suchen würde. Zweifellos ist mir dabei irgendeine Hoffnung zugeeignet worden, wobei ich meinte, dass ich von Sünde befreit worden sei. Ich bin aber zurückgegangen, sodass mein letzter Zustand schlimmer ist als der erste.« Es ist durchaus angemessen, dass du weinst, wenn dies wirklich der Fall ist, wobei ich dich nicht daran hindern kann. Aber, mein lieber Freund, wisse: Wenn du einst aus unlauteren Motiven gekommen bist, ist dies nur ein weiterer Grund dafür, jetzt in Wahrhaftigkeit zu kommen. Wenn du einst auf Sand gebaut hast und das darauf errichtete Haus eingestürzt ist, spricht nun noch mehr dafür, fortan auf den Felsen zu bauen. Angenommen, du warst damals angesprochen und hattest eine vorübergehende Gefühlsregung fälschlicherweise als Werk des Geistes Gottes aufgefasst bzw. die Vermutung an die Stelle des Glaubens gesetzt. Dann solltest du dies nicht wieder tun, sondern vielmehr kommen – gerade so, wie du jetzt bist. Du solltest dich mit deiner müden Seele auf das Sühnopfer Christi stützen. Dann wirst du Frieden finden – unmittelbaren und fortwährenden Frieden.

Aber möglicherweise weinst du, weil du sagst: »Wenn ich zu Christus käme, befürchte ich, dass ich ihn nicht bis ans Ende festhalten kann.« Ich weiß, dass du von dir aus dazu außerstande bist. Allerdings weiß ich auch, dass er dich festhalten wird, wenn du nur kommst und ihm vertraust. Es geht in erster Linie nicht darum, dass du auf Christus achtgeben musst, sondern darum, dass er auf dich achtgibt. Ich halte es durchaus für möglich, dass dein früheres Versagen der Tatsache entsprang, dass du dich damit zu sehr beschäftigt hast. Habe daher nichts mehr damit zu tun. Wenn du sehr schwach bist, solltest du dich umso mehr auf unseren geliebten Herrn stützen. Ja, wenn du ein Nichts bist, sollte Christus aufgrund deiner Nichtigkeit umso mehr für dich sein. Wenn du über und über mit Sünden bedeckt bist, solltest du umso mehr das Blut preisen, das dich weißer als Schnee machen kann.

Möge Gott die von mir verkündigten Worte segnen und einigen zum Trost dienen lassen! Ich glaube, erwarte und weiß, dass er den Segen schenken wird. Ihm gebührt die Ehre.

Maria, die Mutter des Johannes Markus

Eine Gebetsversammlung

»Und als er das erkannte, kam er an das Haus der Maria, der Mutter des Johannes mit dem Beinamen Markus, wo viele versammelt waren und beteten« (Apostelgeschichte 12,12).

Es war ein großes Wunder, dass die Gemeinde Christi in der Anfangszeit nicht vernichtet wurde. Sie glich wahrhaftig einem neugeborenen, einsamen Lamm inmitten reißender Wölfe, wobei es ihr sowohl an irdischer Macht als auch an Ansehen und Günstlingen fehlte, die ihre Hand über sie hätten halten können. Dennoch entrann sie der Menge ihrer grausamen Feinde, als würde sie unter einem geheimnisvollen Schutz stehen. Wäre dieses neugeborene Lamm ohne jegliche Hilfsquellen des Himmels gewesen, hätte man es genauso erschlagen wie die unschuldigen Säuglinge in Bethlehem. Da es aber von oben her geboren worden war, entkam es der Wut des Verderbers.

Es lohnt sich jedoch, die Frage zu stellen: Mit welchen Waffen hat sich diese Gemeinde verteidigt? *Wir* können nämlich mit großem Bedacht die gleichen Waffen gebrauchen. Die Gemeinde wurde in der Stunde ihrer höchsten Gefahr vor der übermächtigen Vernichtung bewahrt. Worin bestand ihr Schutz? Wo fand sie Schwert und Schild? Die Antwort lautet: im Gebet. »… wo viele versammelt waren und beteten«. Was auch immer augenblicklich drohen mag – und jede Zeit hat ihre besonderen Gefahren –, wir können in der sicheren Gewissheit ruhen, dass unser Schutz göttlichen Ursprungs ist. Dabei können wir uns diesen Schutz auf die gleiche Weise wie die Urgemeinde zunutze machen – nämlich dadurch, dass unser Gebetsleben immer reicher wird. Wie giftig die Schlange auch sein mag – Gebet kann ihren Giftzahn herausreißen. Wie grimmig der Löwe auch ist – Gebet kann ihm die Zähne ausbrechen. Wie furchtbar das Feuer auch wütet – Gebet kann die heftig lodernde Flamme löschen.

Doch dies ist nicht alles: Das neugeborene Lamm in Gestalt der Gemeinde ist der Gefahr nicht nur entronnen. Vielmehr hat sich die Zahl der Gläubigen vervielfacht. Zunächst – als alle in dem Obersaal Platz fanden – glich ihre Gemeinschaft einem Senfkorn. Seitdem ist daraus ein großer Baum geworden. Seht, in seinem Schatten leben die Nationen, und die Vögel des Himmels nisten zuhauf in seinen Zweigen. Woher kam dieses wunderbare Wachstum? Was trug dazu bei? Äußere Umstände waren der fortschreitenden Ausbreitung der Gemeinde abträglich. Wovon hat sie sich genährt? Welche Maßnahmen wurden hinsichtlich dieses zarten Sprosses ergriffen, die dazu führten, dass er so rasch aufschoss? Welche Maßnahmen auch immer in alter Zeit angewandt wurden – wir können sie heute nämlich ebenso mit Bedacht nutzen, um das Übrige zu stärken, das im Begriff steht zu sterben. Außerdem können wir dasjenige fördern, was in unserer Mitte Anlass zur Hoffnung gibt. Worum also geht es? Die Antwort lautet: um unablässiges Gebet – »… wo viele versammelt waren und beteten«. Während sie beteten, wurden sie mit dem Geist Gottes erfüllt.[118] Während sie beteten, sonderte der Geist oft diesen und jenen Menschen zu einem speziellen Werk aus. Während sie beteten, wurde in ihrem Herzen ein inneres Feuer entfacht. Während sie beteten, wurden ihre Zungen gelöst, sodass sie hinausgingen, um den Menschen die Botschaft zu überbringen. Während sie beteten, öffnete der Herr ihnen die Schätze seiner Gnade. Als Beter standen sie unter seinem Schutz, und betend erlebten sie Wachstum. Wenn unsere Gemeinden leben und wachsen sollen, muss ihnen Wasser aus ebendieser Quelle zuströmen. »Lasst uns beten« gehört zu denjenigen Losungen, die am dringendsten gebraucht werden und die ich Christen sowie Christinnen nichts als nahelegen kann. Wenn wir das Beten nämlich über alles andere stellen, wird Gebet die Teiche im Bakatal füllen.[119] Ja, es wird uns all die Schleusen jenes göttlichen Stroms erschließen, der voll lebendigen Wassers ist – die Läufe des Stromes, welche die Stadt unseres Gottes erfreuen (vgl. Psalm 46,5).

---

118 Da hier anscheinend auf Apostelgeschichte 4,31 angespielt wird, ist der Text entsprechend angeglichen worden. Außerdem besteht das neutestamentliche Konzept offensichtlich darin, dass der Geist wie im Alten Testament nicht nur *auf* jemanden kommt, sondern dem Betreffenden *innewohnt*.

119 Vgl. Psalm 84,7. Im zweiten Teil dieses Verses heißt es in der von Spurgeon benutzten Authorized Version folgendermaßen: »… desgleichen füllt der Frühregen die Teiche.« Das Wort »Segnungen« wird dort also mit »Teiche« wiedergegeben. Darauf spielt Spurgeon hier an.

Wir haben gehört, wie in bestimmten christlichen Kreisen viel über die Rückkehr zu urgemeindlichen Verhältnissen geredet wird. Dabei führen deren Befürworter alle möglichen abergläubischen Vorstellungen unter dem Deckmantel der Bemühungen ein, die Gebräuche der Urgemeinde wiederherstellen zu wollen. Ein solches Eintreten umfasst eine geschickte Strategie, denn die urgemeindliche Praxis hat bei wahren Christen großes Gewicht. Der Schwachpunkt dieser Beweisführung besteht jedoch darin, dass diese »Urgemeinde« – so ihre Bezeichnung – leider gar nicht so urgemeindlich ist. Wenn wir schon die Gemeinde der Frühzeit als Vorbild hinstellen wollen, sollten wir zum wahrhaft neutestamentlichen Gemeindemodell zurückkehren. Wenn wir Väter der Christenheit haben wollen, sollten wir uns auf die apostolischen Väter besinnen. Wenn wir Bräuche, Vorschriften und gottesdienstliche Handlungen haben wollen, die sich nach einem in jeder Beziehung maßgeblichen Vorbild richten, sollten wir auf das ursprüngliche Muster zurückkommen, das in der Heiligen Schrift aufgezeichnet ist. Wir, die wir als Baptisten bezeichnet werden, haben nicht die geringsten Einwände gegen eine allumfassende Rückkehr zu apostolischen Gewohnheiten und Verhaltensweisen. Wir halten die wahrhaft urgemeindliche Vorgehensweise in Ehren und wollen uns von Herzen an diejenigen Bräuche halten, welche die wahre frühchristliche Gemeinde auszeichneten. Wenn es gelänge, jede gottesdienstliche Ordnung genauso wiederherzustellen, wie sie von den Heiligen unmittelbar nach der Himmelfahrt unseres Herrn und während der apostolischen Zeit praktiziert wurde, könnten wir nur freudig zustimmen. Dies wäre ein Ziel, dessen Verwirklichung wir sehnlichst herbeiwünschen. Könnten wir sehen, wie urgemeindliche Verhältnisse wiederentstehen, würden wir uns aufrichtig freuen. Insbesondere in diesem Punkt ahmen wir die frühchristliche Gemeinde nach. Man sollte von uns sagen können: »… wo viele versammelt waren und beteten«. Mögen wir viel beten, viel in Familien beten, viel im Glauben beten und immer wieder siegreich beten! Dann werden wir große Segnungen vom Herrn empfangen.

Mein aufrichtiges Verlangen besteht darin, die Glieder der Gemeinde Jesu Christi dazu zu bewegen, gebetsfreudiger zu werden. Dabei habe ich diese Stelle gewählt, weil sie mir einen oder zwei sehr interessante und viele praktische Anregungen enthaltende Punkte bietet. Der erste Punkt besteht in Folgendem: *Beachten wir die Bedeutung, welche die Urgemeinde dem Gebet* und den Gebetsversammlungen *beimisst*. Dies soll uns als *Lektion* dienen. Schon in den ersten Kapiteln der Apostelgeschichte und beim weiteren Lesen dieses Buches bemerken wir immer wieder, dass Gebetszusammenkünfte *ein fester Bestandteil des Gemeindelebens* geworden waren. Wir lesen nichts von Massenveranstaltungen, wohl aber viel von Gebetsversammlungen. Wir lesen nichts von Gemeindefesten, doch wir stoßen oft auf die Aussage, dass die Gläubigen zum Gebet zusammenkamen. Es heißt, dass sich Petrus nach seiner Befreiung besann (vgl. Apostelgeschichte 12,12; Schlachter 2000). Ich stelle mir vor, dass er hin und her überlegte und sich dachte: »Wohin soll ich gehen?« Dann hat er sich gewiss der Tatsache entsonnen, dass in der gleichen Straße eine nächtliche Gebetsversammlung in demjenigen Haus stattfand, das der Mutter des Johannes Markus gehörte. Dorthin wollte er gehen, weil er der Ansicht war, dass er dort wahren Glaubensgeschwistern begegnen würde.

In jener Zeit ging es in der Gemeinde gesittet und geordnet zu, was folgende Bibelstelle belegt: »Alles aber geschehe anständig und in Ordnung« (vgl. 1. Korinther 14,40). Dabei zweifle ich nicht daran, dass die Geschwister zur gegebenen Zeit[120] vereinbart hatten, die betreffende Zusammenkunft an diesem Abend im Haus der Mutter von Johannes Markus stattfinden zu lassen. Deshalb ging Petrus dorthin und stellte fest, dass in diesem Haus gerade gebetet wurde, wie er sich vermutlich denken konnte. Die Anwesenden hatten sich nicht eingefunden, um eine Predigt zu hören. Es ist überaus angemessen, dass wir uns sehr häufig zur Wortverkündigung versammeln, doch hier handelt es sich eindeutig um eine Zusammenkunft, bei der »... viele versammelt waren und beteten«. Gebet war für sie jetzt die Hauptsache. Ich weiß nicht, ob dort überhaupt jemand eine Rede hielt, obwohl einige heutzutage den Besuch einer Gebetsversammlung davon abhängig machen, ob der Prediger oder Pastor zugegen ist und das Wort ergreift. Ihr seht jedoch, dass Jakobus, der nach allgemeiner Auffassung der führende Bruder der Jerusalemer Gemeinde war, fehlte, denn Petrus sagte: »Berichtet dies Jakobus.« Außerdem war höchstwahrscheinlich keiner der anderen Apostel anwesend, weil Petrus hinzufügte: »... und den Brüdern« (vgl. jeweils V. 17). Dabei nehme ich an, dass er die Brüder des

120 Nach Spurgeons Ansicht also nach der Inhaftierung des Petrus.

Apostelkreises meinte. Die angesehenen Verkündiger sind offenbar alle nicht dabei gewesen, wobei vermutlich keiner der dennoch Anwesenden in dieser Nacht die Schrift auslegte oder Ermahnungen weitergab. Dies war auch nicht nötig, denn alle Versammelten widmeten sich ganz der gemeinsamen Fürbitte. Die Zusammenkunft wurde als Gebetsversammlung einberufen. Dabei ging es – wie ich sagen würde – um eine Praxis, die ein regelmäßiger Bestandteil des frühchristlichen Gemeindelebens war und stets aufrechterhalten werden sollte.

Es sollte ganz dem Gebet gewidmete Zusammenkünfte geben. Deshalb ist es ein ernster Mangel hinsichtlich der Versammlungszeiten einer Gemeinde, wenn solche Zusammenkünfte nicht eingeplant werden oder in den Hintergrund rücken. Bei diesen Zusammenkünften sollte es inhaltlich nur ums Beten gehen. Das Gebet selbst sollte seine gewinnende Macht auf die Gläubigen ausüben. Es kann meinetwegen eine kurze Rede – von mir aus ein paar zündende Worte – geben, um zum Gebet anzuregen. Wenn dies jedoch nicht möglich ist, solltet ihr Wortbeiträge nicht als unbedingt notwendig ansehen. Möge es eine feste Ordnung in der Gemeinde sein, dass zu bestimmten Zeiten und Gelegenheiten viele zum Beten zusammenkommen und sich dabei ausschließlich auf flehentliches Gebet konzentrieren. Der einzelne Christ wird für sich lesen, hören und nachsinnen, doch nichts von alledem kann das Gebet ersetzen. Die gleiche Wahrheit gilt im weiteren Sinne auch allgemein: Die Gemeinde sollte auf ihre Lehrer hören und sich von den Ordnungen des Evangeliums erbauen lassen. Sie muss jedoch auch beten; nichts kann fehlende Hingabe wettmachen.

Es hat jedoch den Anschein, dass *man mitunter auch spezielle Anlässe zum Beten nutzte*, obwohl das Gebet ein regelmäßiger Bestandteil des Gemeindelebens war. Wir lesen nämlich, dass ein anhaltendes Gebet der Gemeinde »für ihn« (vgl. V. 5), d. h. für Petrus, zu Gott emporstieg. Wenn es ein bestimmtes Hauptanliegen gibt, wofür man beten will, erhöht dies das Interesse an Gebetsversammlungen. Ferner trägt dies in erheblichem Maße dazu bei, dass Gebete inbrünstiger werden. Die Brüder hätten sicher auch für Petrus gebetet, wenn er nicht im Gefängnis gewesen wäre. In Anbetracht dessen, dass er eingekerkert war und vermutlich dem Märtyrertod entgegensah, wurde jedoch bekannt gegeben, dass die Zusammenkunft speziell dafür gedacht war, für Petrus einzustehen. Man wollte dafür beten, dass der Herr seinen Knecht befreien oder ihm die Gnade gewähren möge, als Überwinder zu sterben. Aufgrund dieses speziellen Anliegens war der Gebetseifer der Versammelten besonders groß. Ja, sie beteten inbrünstig, denn in V. 5 stoße ich in der Fußnote auf folgende Lesart: »Von der Gemeinde wurde unverzüglich und inbrünstig für ihn gebetet.« Sie brachten diesem Mann Wertschätzung entgegen, denn sie sahen, welche Wunder Gott durch seinen Dienst gewirkt hatte. Deshalb konnten sie nicht untätig auf seinen Tod waren, wenn sie als Beter imstande waren, ihn davor zu retten. Wenn sie an Petrus und daran dachten, wie sein blutendes Haupt am kommenden Morgen dem Volk möglicherweise zur Schau gestellt wurde, beteten sie mit ganzem Herzen. Währenddessen wechselten die Beter einander ab, wobei jeder das Gebet seines Vorgängers noch überschwänglicher fortführte. Einmütig stieg der Ruf zum Himmel hinauf: »Herr, verschone Petrus!« Fast meine ich, dass ich ihr Schluchzen und Schreien noch heute hören kann. Gott schenke es, dass aus den regelmäßigen Gebetsversammlungen unserer Gemeinden oft Zusammenkünfte mit einem speziellen Anliegen werden mögen, denn dann werden sie einen größeren Wirklichkeitsbezug gewinnen. Warum sollten wir nicht für einen bestimmten Missionar, irgendeine ausgewählte Region, einen speziellen Personenkreis oder ein besonderes obrigkeitliches Amt beten? Wir tun gut daran, die schwere Artillerie flehentlicher Gebete gegen eine bestimmte Stelle der feindlichen Mauern zu richten.

Es liegt auf der Hand, dass diese Glaubensgeschwister *völlig davon überzeugt waren: Im Gebet ist Kraft verborgen*, denn angesichts der Tatsache, dass sich Petrus im Gefängnis befand, kamen sie nicht zusammen, um einen Plan zu seiner Befreiung festzulegen. Irgendein kluger Bruder hätte vielleicht vorschlagen können, die Wachen zu bestechen, während ein anderer womöglich eine weitere Befreiungsmöglichkeit vorgebracht hätte. Sie hatten jedoch menschliche Planungen hinter sich gelassen und ihre Zuflucht zum Gebet genommen. Aus meiner Sicht ging es ihnen nicht darum, ein Gesuch an Herodes zu richten. Es wäre nutzlos gewesen, dieses Ungeheuer von einem Herrscher um Nachsicht zu bitten. Diesbezüglich hätten sie genauso gut einen Wolf bitten können, das Lamm freizugeben, das er gepackt hat. Nein, die Bitten waren an den über Herodes stehenden Herrn und Meister, den großen unsichtbaren Gott, gerichtet. Obwohl es so aussah, als ob sie nichts tun konnten, waren sie der Ansicht, dass ihnen aufgrund des Gebets alles möglich war. Sie dachten wenig über die Tatsache nach, dass sechzehn Soldaten Petrus bewachten. Was sind schon sechzehn Wächter? Und wären es sechzehntausend Soldaten gewesen – das Gebet dieser glaubenden Männer und Frauen für die Befreiung des Petrus wäre dennoch erhört worden.

Sie glaubten an Gott, der imstande ist, Wunder zu wirken. Sie glaubten an die Macht des Gebets und daran, dass es Gottes Handeln beeinflussen kann. Sie glaubten daran, dass der Herr die gläubigen Bitten seiner Knechte hörte. Sie kamen nicht in einer zweifelnden Haltung zum Gebet zusammen. Sie wussten, woran sie waren, und hinterfragten nicht die im flehentlichen Gebet verborgene Macht. O möge niemand in der christlichen Gemeinde sagen, dass das Gebet lediglich eine gute Sache und eine nützliche Übung für uns selbst sei! Dagegen sei die Annahme, dass es die Gedanken Gottes beeinflusse, Ausdruck des Aberglaubens. Diejenigen, die dies behaupten, sind in törichter Weise der Meinung gewesen, dass sie uns einen Gefallen tun könnten, wenn sie unsere Gebetszeiten großzügig tolerieren. Denken sie wirklich, wir sind Idioten, wenn wir weiter etwas erbitten, bezüglich dessen wir wüssten, dass wir es nicht empfangen würden? Meinen sie wirklich, dass wir mit Gebet fortfahren würden, wenn uns keiner hören würde? Wir müssen in ihren Augen bar jeder Vernunft sein, wenn sie annehmen, dass wir das Gebet als fromme Übung beibehalten und dabei längst eingeräumt haben, es könne bei Gott nichts bewirken. So sicher ein beliebiges Naturgesetz nachgeprüft und nachgewiesen werden kann, wissen wir sowohl anhand von Beobachtungen als auch von praktischen Beispielen, dass Gott Gebet ganz gewiss erhört. Statt Zweifel hinsichtlich seiner Wirksamkeit zu hegen, halten wir daran fest, dass das Gebet das wirksamste und zuverlässigste Mittel für Gläubige auf Erden ist. Wir gebrauchen ein Sprichwort: »Der Mensch denkt, Gott lenkt.« Diesbezüglich finden wir hier die Macht des Gebets, das sich nicht unnötig beim menschlich begrenzten Denker aufhält, sondern sogleich zum Lenker aller Dinge emporsteigt und sich an den Urheber aller Dinge wendet. Gebet bewegt jenen Arm, der auch sonst alle Dinge in Bewegung setzt. Mögen wir im Gebet Kraft schöpfen, indem wir an seine Wirksamkeit glauben! Lasst uns nicht sagen: »Was kann Gebet bewirken?«, sondern: »Was kann es nicht bewirken?« Es gilt nämlich, dass dem Glaubenden alles möglich ist (vgl. Markus 9,23). Es verwundert nicht, dass man die mangelnde Teilnahme an Gebetsversammlungen beklagt, wenn man kaum noch an die Macht des Gebets glaubt. Es überrascht nicht, dass dort, wo Fürbitte vernachlässigt wird, Bekehrungen und Erweckungen selten vorkommen.

Als Nächstes stellen wir fest, dass in der Urgemeinde *eifrig für dieses Anliegen gebetet wurde*. Kaum hatte Herodes Petrus ins Gefängnis geworfen, begann die Gemeinde zu beten. Herodes gab darauf acht, dass mehr Posten als gewöhnlich aufgestellt wurden, um sein Opfer gut bewachen zu können. Doch auch die Heiligen Gottes stellten ihre Wachen auf. In der Gemeinde wurde anhaltend gebetet: Sobald sich die Angehörigen einer kleinen Beterschar trennen mussten, um an ihre tägliche Arbeit gehen zu können, wurden sie von einer anderen Schar abgelöst. Wenn einige gezwungen waren, sich auszuruhen und zu schlafen, standen andere bereit, um das glückselige Werk des Flehens weiterzuführen. Somit waren beide Seiten auf alles gefasst, wobei die Wachen sowohl tagsüber als auch nachts einander abwechselten. Man konnte leicht im Voraus erkennen, welche Seite den Sieg davontragen würde, denn es stimmt: Wenn der HERR die Stadt nicht bewacht, wacht der Wächter vergebens (vgl. Psalm 127,1). Wenn Gott nicht hilft, die Burg zu schützen, sondern stattdessen Engel sendet, um Türen und Tore zu öffnen, dann können wir sicher sein, dass der Wächter umsonst wachen oder so schlafen wird, als wäre er tot. Daher verharrte das Volk Gottes fortwährend im inständigen Bitten vor seinem Gnadenthron – die Stafette der Bittenden erschien vor dem Thron Gottes. Einige Gnaden werden uns erst dann zugeeignet, wenn wir beharrlich beten und dieses Gebet erhört wird. Es gibt Segnungen, die einem wie eine reife Frucht in die Hand fallen, sobald man den entsprechenden Zweig berührt. Es gibt aber auch andere Segnungen, hinsichtlich derer man den Baum immer wieder schütteln muss. Erst wenn er heftig hin und her schwankt, wird nämlich die Frucht herabfallen. Wir müssen die Beharrlichkeit des Gebets fördern. Während die Sonne scheint und auch nachdem die Sonne untergegangen ist, sollten wir im Gebet verharren und ihm neue Nahrung geben, damit es als verzehrendes Feuer brennt und in der Höhe wie ein Leuchtfeuer aufflammt, das himmelwärts lodert.

Als Nächstes fällt uns *die Anzahl der Versammelten* auf. Dieser Punkt sollte *einigen der hier Anwesenden ernstlich zu denken geben*. Im Text heißt es: »… wo *viele* versammelt waren und beteten«. Es hat einmal jemand in Bezug auf Gebetsversammlungen gesagt, dass zwei- oder dreitausend Menschen als Beter nicht mehr Macht besäßen als zwei oder drei. Meiner Ansicht nach ist dies in vielerlei Hinsicht ein großer Irrtum. Zumindest jedoch hinsichtlich des Aspekts der Gemeinschaft ist diese Aussage eindeutig falsch. Habt ihr denn nie bemerkt, dass die Innigkeit des Verlangens und das Feuer der Ernsthaftigkeit außerordentlich vermehrt werden, wenn viele zum Gebet zusammenkommen? Möglicherweise könnten zwei oder drei völlig abgestumpft sein, doch in einer größeren Menge findet sich zumindest ein warmherziger Bruder, der die Herzen der Übrigen in Brand setzt. Habt ihr nicht festgestellt, wie die Anliegen des einen Anwesenden einen anderen veranlassen, um noch größere Dinge zu bitten? Habt ihr nicht bemerkt, wie ein Glaubensbruder einem anderen nahelegt, seiner Bitte neue Bereiche zu erschließen, sodass die Bitten größeres Gewicht gewannen, indem sich Herz zu Herz fand und die Gemeinschaft des Geistes Wirklichkeit wurde? Außerdem ist der Glaube eine Kraft, die zusätzlich noch hinzukommt. »Dir geschehe nach deinem Glauben« (vgl. eine ähnliche Aussage in Matthäus 9,29) gilt für einen, für zwei, für zwanzig und für zwanzigtausend. Und wenn zwanzigtausend Beter voller Glauben sind, wird sich diese Kraft um das Zwanzigtausendfache erhöhen. Verlasst euch darauf, dass zwar zwei oder drei nach Maßgabe ihres Glaubens bei Gott etwas bewirken können, aber zwei- oder dreihundert noch mehr ausrichten. Wenn große Ergebnisse hervorgebracht werden sollen, werden sie mit den Gebeten vieler einhergehen müssen – ja, das Licht wird nur dann am allerhellsten erstrahlen, wenn in der gesamten Gemeinde einmütig gebetet wird. Sobald nämlich Zions Wehen einsetzen – d. h., sobald nicht einer oder zwei inmitten der Versammelten, sondern die ganze Gemeinde Geburtswehen erleidet –, wird es seine Kinder gebären.[121]

Daher bitte ich Brüder mit ganzem Ernst darum, dafür zu sorgen, dass so viele wie möglich zum Gebet zusammenkommen. Wenn wir uns natürlich teilnahmslos versammeln und jedes Herz erkaltet ist bzw. sich in geistlicher Todesstarre befindet, wird die Situation

121 Hier werden die Gebetserhörungen von Jesaja 66,8 her im Bild der Geburt gesehen.

umso schlimmer, je mehr von uns in einem derartigen Zustand zusammen sind. Aber setzen wir voraus, dass jeder Einzelne mit einer Betergesinnung kommt und bei einer solchen Zusammenkunft möglichst viele anwesend sind. Dann ist es so, als ob man brennende Holzscheite nebeneinanderlegen und glühende Kohlen aufstapeln würde. Dann dauert es gar nicht lange, bis eine Hitze wie bei einem Ginsterkohlenfeuer (vgl. Psalm 120,4) entsteht, das mit verzehrender Flamme auflodert.

Nun *kommt* dies jedoch *nicht sehr häufig vor*. Deshalb frage ich: Warum ist es so, dass derart viele Gebetszusammenkünfte so spärlich besucht werden? Vornehmen Herren, die erst gegen 19 Uhr aus der Innenstadt nach Hause kommen, um anschließend zu Abend zu essen, kann man nicht zumuten, später nochmals das Haus zu verlassen, um eine Gebetsversammlung zu besuchen. Wer würde so unverschämt sein, etwas Derartiges vorzuschlagen! Sie arbeiten den ganzen Tag über äußerst hart. Ihr Tagewerk, das ihnen mehr abverlangt als irgendeinem Arbeiter, ist so schwer, dass sie sagen: »Ich bitte dich, halte mich für entschuldigt« (vgl. Lukas 14,18.19). Die Gebetsversammlungen in den Vorortgemeinden Londons bieten in der Regel ein jämmerliches Bild, was an den beklagenswerten Umständen liegt, in die sich die betreffenden Gemeindeglieder gebracht haben. Sie lassen sich von vielen Reichtümern derart beschweren, dass sie außerstande sind, wie arme Leute zum Gebet zusammenzukommen. Einige von euch, die herrliche Villen besitzen, geben sehr auf ihre Gesundheit acht. Sie wagen sich abends nicht mehr hinaus, um zu Gebetsversammlungen zu gehen, obwohl ich eher vermute, dass sie weiterhin bei Abendgesellschaften und geselligen Zusammenkünften zugegen sind. Ich sage dies, ohne speziell auf jemanden Bezug zu nehmen, es sei denn, dass es hier oder da tatsächlich zutrifft. In diesem Fall hat diese Bezugnahme eine ganz besondere Bedeutung.

Im Grunde genommen, liebe Freunde, ist dies eine persönliche Angelegenheit. Es nützt nichts, dass wir – ich hier vorn oder ihr dort in den Bankreihen – die mangelnde Beteiligung an Gebetsversammlungen beklagen. Wie sollen wir mehr Gläubige zur Teilnahme bewegen? Ich will dir eine Möglichkeit vorschlagen, wie es mehr werden können, nämlich: Komm selbst! Du kennst vielleicht die alte Redensart, dass eins und eins zwei ergibt, und dass es drei werden, wenn – auf Menschen angewandt – sich noch einer hinzugesellt. So werden wir allmählich nach Tausenden zählen, wenn einer nach dem anderen hinzukommt. Die größten Zahlen bestehen letztlich aus Einern. Die Nutzanwendung all dessen besteht also darin, dass ich erst einmal selbst bei Gebetsversammlungen anwesend sein muss, wenn Scharen der zum Gebet kommenden Gläubigen kostbare Segnungen erlangen wollen. Nur so kann ich dazu beitragen, dass es mehr werden. Und wenn ich einen Freund zum Mitkommen bewegen kann, ist dies umso besser.

Obwohl ich sehr viel von der Urgemeinde halte, bin ich mir nicht sicher, ob sich in dieser Nacht ebenso viele versammelt hätten, wenn sie nicht zum Gebet zusammengekommen wären, um für den inhaftierten Petrus einzustehen. Sie sagten zueinander: »Petrus befindet sich im Gefängnis und ist in Lebensgefahr. Gehen wir daher zur Gebetsversammlung und bitten wir inständig für ihn.« Hast du einen Prediger gekannt, der oft durch Krankheit beiseitegesetzt war und stets festgestellt hat, dass seine Gemeinde intensiver betete, als er krank daniederlag? Ist es dir nie aufgefallen, dass sich ein Grund seiner Bedrängnis in Gottes Verlangen fand, die Herzen seiner Kinder zu bewegen, fürbittend für den Betreffenden einzutreten? Ihre Gebete bewirken mehr als seine Verkündigung, sodass der Herr zu ihm sagt: »Ich kann ohne dich auskommen. Ich werde dich auf das Schmerzenslager legen und den Gemeindegliedern den Anstoß zum Beten geben.« Nun bin ich aber der Meinung, dass diese Leute ihrem Prediger einen Liebesdienst am besten dadurch erweisen können, dass sie beten. Sie sollten darum bitten, dass sie in der rechten geistlichen Verfassung bewahrt werden mögen, ohne seine Krankheit als Anreiz zum Gebet zu benötigen. Wenn Glieder einer Gemeinde im Gebet nachlässig werden, können jene, die sie am meisten wertschätzen, beiseitegesetzt werden oder sogar sterben. Dann werden die Nachlässigen in bitterem Seelenleid zu Gott schreien. Könnten wir nicht ohne derartige Schläge auskommen? Einige Pferde müssen gelegentlich sanft die Peitsche spüren, damit sie sich dem Willen ihres Herrn fügen. Wenn sie nicht zuweilen einen Peitschenhieb bräuchten, würde man darauf verzichten. So mag es im Bild gesprochen auch mit uns sein: Wir brauchen gemeindliche Anfechtungen, damit wir den Anforderungen als Beter gerecht werden. Wenn sie für uns notwendig sind, werden sie auch kommen. Doch wenn sich unsere Gebetspraxis durch Lebendigkeit und Ernsthaftigkeit auszeichnet, kann es sein, dass Petrus nicht ins Gefängnis kommt, wobei uns auch darüber hinaus einige andere Beschwernisse erspart bleiben.

Beim dritten Sachverhalt im vorliegenden Text geht es um *den Versammlungsort*. Darüber werden wir jetzt kurz nachsinnen und dies als *eine Anregung* für uns nutzen. »… das Haus der Maria, der Mutter des Johannes mit dem Beinamen Markus«. Dies war eine in einem Privathaus abgehaltene Gebetsversammlung. Angesichts dessen will ich meine hier anwesenden Brüder dringend bitten, ihre Häuser für heilige Zwecke dadurch zur Verfügung zu stellen, dass sie diese oft für Gebetszusammenkünfte nutzen. Damit wäre zugleich ein Vorteil verbunden: Dies würde allen Spielarten des Aberglaubens einen Riegel vorschieben. Es hält sich unter Menschen unserer Zeit noch immer die Vorstellung, dass Gebäude geweiht und zu »heiligen Stätten« erklärt werden müssten. Nun ist dies aber ein derart kindischer Gedanke, dass ihr als Angehörige unserer Generation diese Vorstellung hoffentlich aufgegeben habt, weil ihr eure Mannhaftigkeit bewahrt habt – von allen anderen Tugenden ganz zu schweigen. Wie kann es sein, dass innerhalb der vier Hauswände »eine heiligere Atmosphäre« herrscht als außerhalb davon? Inwiefern kann ein Gebet, das von einem besonderen Platz in der Gemeinde aus dargebracht wird, wohlgefälliger sein als ein Gebet, das von einem anderen Platz aus emporsteigt? Seht doch, an diesem Tag erhört Gott überall dort Gebete, wo sich ein aufrichtiges Herz findet.

> Wie süß ist´s doch, wenn im Gebet
> uns hehre Himmelsluft umweht!
> Da fliehn wir an des Vaters Herz
> und klagen ihm all unsern Schmerz.

Gebetsversammlungen – ob sie nun im Haus der Mutter des Markus, im Haus deiner Mutter, im Haus deines Bruders oder in deinem eigenen Haus stattfinden – tragen viel dazu bei, auf schlichte Weise gegen abergläubische Vorstellungen zu protestieren, deren Befürworter »heilige Stätten« verehren.

Die Tatsache, dass ihre Zusammenkunft in diesem speziellen Haus – dem Haus der Mutter des Markus – stattfand, war durchaus angemessen, denn die dort wohnende Familie stand in einer sehr innigen Beziehung zu Petrus. Ihr wisst doch, wer Markus aus der Sicht des Petrus war, oder? Wenn ihr den ersten Petrusbrief zur

Hand nehmt, lest ihr in Kapitel 5: »Markus, mein Sohn« (vgl. V. 13). Ach, ich bin davon überzeugt, dass Markus für Petrus gebetet hat, weil dieser sein geistlicher Vater war. Ich könnte mir durchaus vorstellen, dass sowohl Markus als auch seine Mutter am Pfingsttag zum Glauben kamen, als Petrus jene bekannte Predigt hielt. Wie dem auch sei, Markus bekehrte sich unter dem Einfluss des Petrus, sodass er wie auch seine Mutter ihn in der Folgezeit oft in ihr Haus einluden. Als er eingekerkert worden war, ließen sie besondere Gebetsversammlungen in ihrem Haus stattfinden, weil sie ihn außerordentlich liebten. Ganz gewiss wird für den Prediger in demjenigen Haus gebetet werden, deren Bewohner durch ihn gesegnet wurden. Es muss ihm nicht bange sein: Seine eigenen Söhne und Töchter im Glauben werden gewiss für ihn beten.

Diese Zusammenkünfte wirkten sich vorteilhaft auf diejenigen aus, die im Haus der Mutter des Markus lebten. Zweifellos war sie selbst dadurch gesegnet worden, doch ihrem Sohn Markus wurde die Gnade des Herrn in besonderer Weise zugeeignet. Natürlich wies er noch einige Merkmale auf, die verbesserungswürdig waren. Obwohl sein Onkel Barnabas[122] ihm nämlich sehr zugetan war, konnte sich Paulus – der ihn sehr gut beurteilte – nicht mit seiner anfänglichen Unbeständigkeit abfinden. Der Herr segnete ihn jedoch in außerordentlichem Maße dahin gehend, dass er nach der einstimmigen frühchristlichen Überlieferung der Schreiber des Markusevangeliums wurde. Vielleicht wäre er ein sehr schwacher und unbrauchbarer Christ gewesen, wenn es nicht die Gebetsversammlungen im Haus seiner Mutter gegeben hätte, die sein Herz anrührten. Vermutlich wäre er später nicht imstande gewesen, in anschaulicher Weise jenen inspirierten Bericht – eben das kostbare, nach ihm benannte Evangelium – zu verfassen. Dessen Tatsachen erfuhr er in Gesprächen mit jenen rechtschaffenen Menschen, die in sein Haus kamen.

Die in diesem Haus Lebenden wurden gesegnet – ein Sachverhalt, der auch für dich gelten wird, wenn du dein Haus hin und wieder für besondere Gebetsversammlungen öffnest. Ich schärfe euch als Jünger Jesu Christi ein, die eigenen Häuser häufiger als bisher für

122 Nach Kolosser 4,10 ist er zumindest in der Wiedergabe der Revidierten Elberfelder Bibel ein Vetter bzw. Cousin des Barnabas gewesen. Dementsprechend wäre Barnabas im Folgenden nicht der Bruder, sondern der Neffe der Mutter des Johannes Markus (siehe die weiteren Ausführungen Spurgeons).

heilige Zwecke zu nutzen. Wie sehr könnte die Sonntagsschularbeit in London ausgeweitet werden, wenn all diejenigen, die bereits intensiv unterwiesen worden sind, Sonntagsschulen in ihren eigenen Häusern abhalten und die Betreffenden allsonntäglich belehren würden! Welch eine Vielzahl von Gebeten würde zum Himmel emporsteigen, wenn Christen, die geeignete Räumlichkeiten besitzen, immer wieder ihre Glaubensgeschwister und Nachbarn zu Gebetsstunden versammelten! So manche Stunde wird mit unnützem Gerede vergeudet, so mancher Abend mit törichten Vergnügungen vertan, die Schande über Christen bringen. Dabei könnte man sich in dieser Zeit geistlichen Aktivitäten widmen, die darauf angelegt sind, die betreffende Familie und Gemeinde ungemein reich zu segnen.

Gebetsversammlungen in Privathäusern sind von großem Nutzen: Es gibt nämlich Freunde, die Angst davor hätten, in einer großen Versammlung zu beten. Andere würden zwar dort beten, aber kaum die richtigen Worte finden. Sie sind jedoch imstande, in einer kleineren Gemeinschaft in einem Privathaus unbefangen zu beten. Mitunter ist dem Aspekt des Miteinanders auch der Segen Gottes zugedacht, damit die Herzlichkeit und der Eifer untereinander größer werden. Dann wird das Feuer des Gebets im familiären Bereich oft weiterlodern, während es in öffentlichen Gebetsversammlungen vielleicht niedergebrannt ist. Nie habe ich vor meiner Übersiedlung nach London die Glieder der kleinen Gemeinde, deren Pastor ich war[123], in einer solchen Glückseligkeit gesehen wie zu jenen Zeiten, da sie auf den Gedanken kamen, Gebetsversammlungen in ihren eigenen Häusern durchzuführen. Ich habe manchmal an einem Abend sechs oder sieben solcher Versammlungen besucht, indem ich von einer zur anderen eilte, nur um einmal kurz hineinzuschauen. Dabei fand ich eine Schar von zwölf Betern in einer Küche, zehn oder ein Dutzend in einem Wohnzimmer und zwei oder drei in einer kleinen Kammer. Wir erlebten damals ein großes Werk der Gnade: Die größten Sünder in der Gemeinde spürten die Macht des Evangeliums, während die alt gewordenen Heiligen geistlich wiederauflebten und anfingen, daran zu glauben, dass auch junge Menschen zum Glauben kommen konnten. Es gab allerorts Aufbrüche, weil unser geistliches Leben durch Gebetsreichtum gekennzeichnet war.

---

123 Zweifellos ist damit die kleine Baptistengemeinde in Waterbeach gemeint, der Spurgeon zu Beginn seiner Predigtlaufbahn diente.

Wir müssen durch einen ähnlichen Gebetsreichtum geprägt sein. Beten wir deshalb vermehrt, damit wir ihn erlangen! Wir sind als Gemeinde[124] für unsere Gebetsfreudigkeit bekannt gewesen. Daher eifere ich mit gottgemäßem Eifer darum, dass wir diesbezüglich nicht irgendwie nachlassen, wobei ich aus großer Liebe heraus und mit großer innerer Ernsthaftigkeit euch eine Anregung weitergeben will: Wir sollten versuchen, dafür zu sorgen, dass an immer mehr Orten viele Gläubige zum Gebet zusammenkommen. Ich weiß nicht, wo sich die Mutter des Johannes Markus gerade befindet, doch die Gebetszeit im großen Hauptraum ihres Hauses steht unmittelbar bevor, und sie ist hoffentlich unter den Versammelten. Meiner Ansicht nach war sie wohlhabend, weil ihr Bruder Barnabas Land besessen und es verkauft hatte. Dabei nehme ich an, dass auch sie über ein gewisses Vermögen verfügte: Ihr Empfangszimmer war für Gebetszusammenkünfte bestens geeignet. Falls ein ärmerer Glaubensbruder ein kleineres und ärmlicher ausgestattetes Zimmer besitzt, freuen wir uns genauso, wenn es uns zum Gebet überlassen wird. Dann ist es nämlich mehr als Versammlungsort für Leute aus anderen Schichten geeignet. Vielleicht würden sie nicht das Empfangszimmer der Mutter von Johannes Markus aufsuchen, aber sie kommen in deine Küche. Alle möglichen Leute werden die Gelegenheit zum Gebet haben, wenn alle möglichen Zimmer für das Gebet zur Verfügung stehen.

Ich muss noch einige Anmerkungen zum *Zeitpunkt dieser Gebetsversammlung* machen. Sie fand mitten in der Nacht statt. Meiner Annahme nach haben die Versammelten die ganze Nacht über gebetet. Sie konnten sagen: »Ja, wir haben die ganze Nacht hindurch Gebetswacht gehalten!« Nach Mitternacht wurde Petrus von dem Engel befreit. Petrus ging daraufhin zu ebenjenem Haus. Die dort zahlreich Anwesenden waren nicht zu Bett gegangen, sondern hatten sich vielmehr zum Gebet eingefunden. Was also die Zeit von Gebetsversammlungen betrifft, möchte ich Folgendes sagen: Natürlich kann die Gebetsstunde mal zu einer ungelegenen Zeit angesetzt sein – und meiner Meinung nach ist irgendein Zeitpunkt mitten in der Nacht ziemlich ungelegen. Dennoch solltet ihr sie besuchen! Ihr solltet lieber Gebetszusammenkünfte um Mitternacht abhalten, als euch überhaupt nicht zu treffen. Wir sollten lieber wie die Christen in alter Zeit beschuldigt werden, heimliche Zusammenkünfte

124 Es handelte sich um die Gemeinde, die im *Metropolitan Tabernacle* zusammenkam.

im Schutze der Nacht abzuhalten, als darauf zu verzichten, uns zum Gebet zu versammeln.

Doch hier findet sich noch eine weitere Lektion. Die Gläubigen wählten diese mitternächtliche Stunde, weil sie die geeignetste Zeit war. Sie waren nämlich vor den Juden nicht sicher, wenn sie sich tagsüber versammelten. Diejenigen, welche die Zeiten für Gebetsversammlungen festlegen, sollten dies bestmöglich tun. Sie sollten eine Mußestunde wählen – eine Stunde der Stille, eine Stunde, die den Lebensgewohnheiten der Betreffenden entgegenkommt. Lasst uns dennoch daran denken, dass ungeachtet des festgelegten Zeitpunkts letztlich jede Stunde recht ist, wenn wir mit aufrichtigen Herzen zusammenkommen. Noch besser wäre es, wenn es zu allen Stunden Gebetszusammenkünfte geben würde. Dann wäre jede Stunde eine annehmbare Zeit. Und falls es sich doch einmal ergibt, dass eine davon ungünstig ist, würde den Betreffenden eine andere passen. Somit könnten Gläubige aller Schichten zu diesem oder jenem Zeitpunkt zusammenkommen, um ihre Herzen im Gebet vor Gott auszuschütten.

Beachten wir als Letztes die Tatsache, dass *die Erhörung, die diese Beter während ihrer Zusammenkunft erlebten, uns ermutigen soll*. Sie beteten und erlebten sogleich die Erhörung. Gott erhörte ihr Gebet so schnell, dass sie selbst überrascht waren. Man hat manchmal gesagt, dass sie nicht mit der Befreiung des Petrus rechneten und ihr Erstaunen eine Folge ihres Unglaubens war. Vielleicht war dem so, doch ich bezweifle, dass dies zutraf. Ihr müsst nämlich daran denken, dass aufgrund ihres Gebets Petrus tatsächlich freikam. Daher sieht es nicht so aus, als sei ihr Gebet Ausdruck der Glaubenslosigkeit gewesen. Ich führe ihr Erstaunen vielmehr auf eine andere Ursache zurück. Aus meiner Sicht erwarteten sie durchaus, dass Gott Petrus auf irgendeine Art retten würde, doch die Möglichkeit, dass er ihn mitten in der Nacht befreien würde, kam für sie nicht in Betracht. Sie hatten höchstwahrscheinlich fest daran geglaubt, dass etwas am nächsten Tag geschehen würde. Deshalb entsprang ihr Erstaunen nicht der Tatsache, dass Petrus an sich frei war, sondern dem Umstand, dass er gerade zu jenem besonderem Zeitpunkt und auf diese besondere Weise dem Gefängnis entkam. Meiner Beurteilung nach konnte nämlich jenes Gebet, das mit dem Gott des Himmels auf seiner Seite wirklich den Sieg davontrug, kein Gebet gewesen sein, bei dem der Glaube fehlte.

Liebe Freunde, der Herr Jesus wartet darauf, mit großen Gaben unsere Gebete erhören zu können. Er kann uns in Erstaunen versetzen – geradeso wie diejenigen Versammelten, die zu mitternächtlicher Stunde in höchste Verwunderung gerieten. Wir mögen für irgendeinen Sünder beten, und während wir noch im Gebet verharren, hören wir vielleicht, wie er ausruft: »Was muss ich tun, dass ich errettet werde?« (vgl. hier und im Folgenden Apostelgeschichte 16,30). Wir mögen im Gebet für die schlafende Gemeinde einstehen, und während wir beten, erleben wir vielleicht schon die Erhörung. Zwar schläft die Gemeinde noch immer, doch in jüngster Zeit wurde ihr ein kräftiger Rippenstoß versetzt. Allerdings hat sie sich noch nicht gegürtet[125], um aus dem Gefängnis ihrer Kälte und ihrer Herkömmlichkeit herauszukommen. Wenn wir aber im Gebet anhalten, können wir mit Erstaunen erleben, wie die Gemeinde aus ihrem Schlaf erwacht und in die Freiheit heraustritt. Wir können nicht wissen, was geschehen wird, denn Gebet wirkt auf vielerlei Weise. Fest steht jedoch, dass es wirkt, wobei wir gewiss unseren Lohn empfangen werden.

Lasst uns jetzt beten. Wir brauchen Gebet, damit die Neubekehrten unterwiesen werden und Kinder Gottes weiterhin für seine Sache brennen, nachdem sie dafür Feuer gefangen haben. Mögen sie darin zunehmen! Welche Wunder haben wir im Tabernakel[126] als Erhörung unserer Gebete erlebt! Wir waren kaum eine Handvoll Christen, als wir diese Arbeit begannen. Ich erinnere mich an den ersten Montagabend, nachdem ich nach London gekommen war. Obwohl sich am Samstagabend nur eine kleine Zahl von Betern eingefunden hatte, waren bei dieser Gebetsversammlung dank der Hilfe Gottes fast so viele zugegen wie beim sonntäglichen Gottesdienst. Da dachte ich mir: »Dies ist in Ordnung. Diese Leute sind Beter.« Sie haben tatsächlich gebetet, und während wir immer intensiver beteten, wuchs unsere Schar zahlenmäßig. Manchmal konnte ich mich bei Gebetsversammlungen innerlich vor Freude kaum mehr halten, weil so viele flehentliche Gebete emporstiegen. Wir wollten dieses große Haus (d. h. das *Metropolitan Tabernacle*) errichten. Wir wa-

125 Da sich dieser Ausdruck und die nachfolgenden Ausführungen auf die Situation des Petrus bei seiner Befreiung aus dem Gefängnis beziehen, wurde hier wörtlich übersetzt. »Sich gürten« bedeutet im weiteren neutestamentlichen Sinne letztlich »sich kampfbereit machen«.

126 Damit ist das *Metropolitan Tabernacle* in London gemeint. An dieser 1861 eingeweihten Predigtstätte wirkte Spurgeon ca. 30 Jahre.

ren ziemlich arm, doch wir haben dafür gebetet, und aufgrund des Gebets konnte es dann gebaut werden. Auf das Gebet ist letztendlich alles, was wir haben, zurückzuführen. Dank des Gebets werden uns Hilfsquellen aller Art erschlossen, seien sie geistlicher oder irdischer Natur. Was immer ich heute in der Gemeinde Gottes bin, verdanke ich euren Gebeten, weil Gott uns dadurch gesegnet hat. Solange ich eure Gebete hinter mir weiß, werde ich weder ermatten noch schwach werden, doch wenn ihr aufhört, für mich zu beten, ist meine Kraft geschwunden, weil sich dann auch der Geist Gottes zurückgezogen hat. Was kann ich dann noch tun?

Während ihrer gesamten Geschichte kommt die Gemeinde Gottes wahrhaft nur in dem Maße voran, wie ihre Angehörigen beten. Mir geht es nicht um die Begabung des jeweiligen Redners, obwohl ich froh bin, wenn er talentiert ist. Für mich spielt der Reichtum der betreffenden Glieder einer Gemeinde keine Rolle, obgleich ich mich freue, wenn sie begütert sind. Doch worum es mir mehr als alles andere geht, ist das von Herzen kommende, wahre, ernstliche Gebet – darum, dass wir die Seelen von Christen Gott anbefehlen und durch unser Gebet die göttlichen Segensquellen für Menschen erschließen. Wenn ich euch als Zuhörern in dieser versammelten Gemeinde ein letztes Wort zu sagen hätte, dann würde ich euch zurufen: Lasst euer Gebetsleben immer reicher werden, sendet vermehrt Bitten empor und bringt sie mit immer größerem Eifer vor Gott!

Als Dr. Rippon, mein ehrwürdiger Vorgänger[127], im vorgerückten Alter stand, gehörte zu den von jedermann wahrnehmbaren Merkmalen hinsichtlich seiner Persönlichkeit, dass er stets ernstlich für seine Nachfolger betete. Er wusste nicht, wer dies sein könnte. Sein Gebet bestand jedoch darin, dass Gott die Gemeinde und seine Nachfolger in künftigen Jahren segnen möge. Dabei habe ich von alt gewordenen Christen gehört, dass man unser gegenwärtiges geistliches Wohlergehen auf Dr. Rippons Gebete zurückführen kann.

O lasst uns beten. Ich glaube, dass wir eine Erweckung zu einem erheblichen Teil als Erhörung der zahlreichen inbrünstigen Gebete, die hier und anderswo emporstiegen, erlebt haben. Indem Gott jetzt anfängt, die Gemeinde zu segnen, erhört er ihre Gebete. Wenn sie

127 John Rippon (1751-1836) war ein einflussreicher Prediger, Liederdichter, Förderer der Missionsarbeit und Historiker in London. Von 1773 bis zu seinem Tod im Jahre 1836 war er Pastor jener Gemeinde, die später im *Metropolitan Tabernacle* zusammenkam. Darauf nimmt Spurgeon hier Bezug.

sich zurückhält, gleicht sie jenem König in alter Zeit[128], der die Pfeile und den Bogen in die Hand genommen und damit nur dreimal auf die Erde geschlagen hatte. Hätte er dies viel häufiger getan, hätte Gott Syrien vor ihm bis zur Vernichtung geschlagen und die Stellung Israels als Volk gefestigt. Lege daher zunächst deinen Köcher voller Begierden ab und ergreife den mächtigen Bogen des Glaubens! Schieße nun einen Rettungspfeil des Herrn nach dem anderen ab! Dann wird uns Gott Scharen von Bekehrten in ganz London und in aller Welt geben. »Prüft mich doch darin«, spricht der HERR der Heerscharen, »ob ich euch nicht die Fenster des Himmels öffnen und euch Segen ausgießen werde bis zum Übermaß« (vgl. Maleachi 3,10). Gott segne euch um Christi willen.

---

128 Hier ist König Joasch von Israel gemeint, der Elisa besuchte, als dieser kurz vor seinem Tod stand (vgl. 2. Könige 13,14-19).

Lydias Bekehrung

Was wir daraus lernen können

»Und am Tag des Sabbats gingen wir hinaus vor das Tor an einen Fluss, wo wir eine Gebetsstätte vermuteten; und wir setzten uns nieder und redeten zu den Frauen, die zusammengekommen waren. Und eine Frau mit Namen Lydia, eine Purpurkrämerin aus der Stadt Thyatira, die Gott anbetete, hörte zu; deren Herz öffnete der Herr, dass sie achtgab auf das, was von Paulus geredet wurde« (Apostelgeschichte 16,13-14).

Philippi ist in geschichtlichen Darstellungen des klassischen Altertums als derjenige Ort berühmt, wo sich die Zukunft der antiken Welt in der Schwebe hielt. Dort traf Octavian in einer furchtbaren militärischen Auseinandersetzung auf Brutus und Cassius. Die bewegte Laufbahn der beiden letztgenannten republikanischen Generäle fand hier ihr Ende, sodass sich das gesamte Reich der Herrschaft des späteren Kaisers unterwarf.[129] Solange Menschen noch im gegenwärtigen Zeitalter leben oder menschliche Gemetzel für berichtenswert gehalten werden, wird man an Philippi als einen der großen Schlachtorte in der antiken Kriegsgeschichte denken. Doch wenn die Zeit der Ewigkeit gewichen sein wird und die Berichte von menschlicher Schuld in Vergessenheit geraten sein werden, wird Philippi noch immer als derjenige Ort bekannt sein, wo der erste Herold des Kreuzes ausrief: »Europa für Jesus!« Er versetzte hier einem Dämon des Teufels einen Schlag und errang seinen ersten Sieg in unserem Teil der Welt. Die Tatsache, dass Gott hier das Herz einer Frau in Beschlag nahm, ist für die Menschheit viel segensreicher als alle Lorbeeren, die Octavian auf dem Schlachtfeld geerntet hat. Engel sahen zu, als Paulus all den Mächten der Finsternis herausfordernd den Fehdehandschuh hinwarf und im Namen Jesu von Nazareth auf unseren schönen Kontinent vordrang. Uns steht es gut an, mit Bewunderung auf den unerschrockenen Vorstoß

129 Hier musste eine Textangleichung vorgenommen werden. Der erwähnte Octavian, der spätere Augustus, wurde erst 15 Jahre danach Kaiser des Römischen Reiches.

jener kleinen, aus dem Apostel und seinen wenigen Gefährten bestehenden Schar zu blicken. Sie ebneten den erwählten Streitern des Herrn in der westlichen Welt den Weg. Der Name Philippi ist auf ewig in die Annalen der Schlachten des Friedefürsten eingegangen.

Als der christliche Glaube nach Europa kam, ging dies sehr bescheiden vor sich. Das Haus, worin Jesus in Europa erstmals verkündigt wurde, war kein beeindruckender Prachtbau – ja, wir haben nicht einmal Anhaltspunkte dafür, dass dies überhaupt in einem Haus geschah. Vermutlich war es ein Gottesdienst unter freiem Himmel, der am Flussufer stattfand. Auf welch glückselige Weise kündet dies vorausschauend von den Ergebnissen späterer Verkündigungen unter freiem Himmel! Weil es in der fast ausschließlich von Kriegsveteranen bewohnten Stadt Philippi nicht genügend Juden gab, wurde ihnen der Bau einer Synagoge nicht zugestanden. Daher trafen sich einige Frauen in der Stille eines am Flussufer gelegenen Platzes. Ein Fremder hätte Philippi vielleicht hundertmal durchwandern können, ohne davon zu wissen, dass es hier eine jüdische Versammlungsstätte gab. Dieses Plätzchen war so abgelegen, dass es nur von sehr wenigen aufgesucht wurde. In den Augen des gewöhnlichen Betrachters schien das Heidentum allerorts zu herrschen. Wer würde nämlich seine Aufmerksamkeit gern auf ein so kleines Häuflein richten wollen, das sich in der Abgeschiedenheit versammelte und zum Gott Israels, dem Höchsten, betete? Wir werden uns heute Morgen zu dieser Versammlungsstätte begeben und uns im Geist unter jene wenigen Frauen mischen, um jenem seltsamen Mann zuzuhören, der mit scharfem Akzent zu ihnen spricht. Dabei sollten wir darauf achten, was im Herzen dieser kleinasiatischen Purpurhändlerin gewirkt wird, die mit ihren Waren aus der Stadt Thyatira gekommen ist.

Zunächst finden sich in Bezug auf *Lydias Bekehrung* viele interessante Punkte.

Beachten wir, dass sie durch göttlich gefügte Umstände zustande gebracht wurde. Thyatira war wegen seines Färbereigewerbes berühmt, das dort seit der Zeit Homers[130] verbreitet war. Die Frauen aus Thyatira haben anscheinend gewusst, wie man ein besonders feines und wertvolles Purpur herstellen konnte. Es ist möglich, dass Lydia auf einer Geschäftsreise nach Philippi gekommen war. Viel-

130 D. h. etwa seit dem 8. Jahrhundert v.Chr.

leicht hat sie sich auch, während die Purpurherstellung in Thyatira weiterging, zu einer bestimmten Zeit des Jahres in Philippi aufgehalten, um ihre Waren zu verkaufen. Weil die Verkehrsverbindung zwischen den beiden Orten sehr günstig war, mag sie oft diese Reise unternommen haben. Wie dem auch sei, Gott fügte es so, dass sie sich am rechten Ort befindet, als die Stunde ihrer Bekehrung gekommen ist. Ihr werdet euch daran erinnern, dass Thyatira in jenem Teil des Reiches lag, den Paulus nicht aufsuchen und missionieren durfte, weil es ihm vom Geist verwehrt worden war. Wäre Lydia daher daheimgeblieben, hätte sie die Wahrheit nicht hören können. Weil geschrieben steht: »Der Glaube (ist) aus der Verkündigung, die Verkündigung aber (ist) durch das Wort Christi« (vgl. Römer 10,17), wäre ihr in diesem Fall die Möglichkeit zur Bekehrung entgangen. Doch Gott sorgte in seiner Vorsehung dafür, dass sie sich zur rechten Zeit in Philippi aufhielt. Hier beginnt die Verkettung der Umstände.

Doch wie soll Paulus dorthin gelangen? Er muss zunächst darin gehindert werden, nach Bithynien zu ziehen. Außerdem werden ihm keine Verkündigungsmöglichkeiten auf seiner Reise durch Mysien gewährt. Er muss dann nach Troas – ganz an die Küste des Meeres – hinabgeführt werden. Er muss über das Blau des Meeres schauen und über Europas geistliche Bedürfnisse nachsinnen. Er muss einschlafen und aufgrund eines Nachtgesichts den Anstoß erhalten, nach Mazedonien überzusetzen. Daraufhin erkundigt er sich nach einem Schiff – einem Schiff, das die Insel Samothrake und kein anderes Ziel ansteuern soll. Er muss in Neapolis landen und sich – vom gleichen Verlangen getrieben – auf den Weg nach Philippi machen. Er kann keine andere Richtung einschlagen, er muss dorthin geführt werden – und zwar genau zu demjenigen Zeitpunkt, da Lydia zugegen ist. Er muss die kleine Gebetsstätte am Ufer des Flusses ausfindig machen, weil Gott Lydia zum Heil bestimmt hat.

Wie viele verschiedene Fäden wurden nun aber hier miteinander verwoben, sodass das kunstvolle Werk ihrer göttlich gefügten Bekehrung entstand! In diesem Fall beherrscht und überwaltet Gott alle Dinge, damit diese Frau und dieser Apostel an den gleichen Ort geführt werden. O meine Lieben, alles in Gottes Vorsehung zielt auf die Rettung der Auserwählten ab. Angenommen, es gibt eine erwählte Seele, die nach Gottes Vorherbestimmung durch meine Verkündigung zum Glauben kommen soll. Dann kann Gott den Betreffenden heute durch irgendeinen widrigen Zwischenfall – wie er meint – aus Australien heimkehren lassen. Vielleicht hat sein Schiff auch Kurs auf Amerika genommen, bevor es aus irgendwelchen Gründen möglicherweise zurückgetrieben wurde. Wie dem auch sei – ich weiß, dass Gott eher Himmel und Erde erschüttern wird, als zuzulassen, dass die Seele eines Erwählten den vorherbestimmten Augenblick verpasst. Der ewige Ratschluss lautet nämlich: »An einem solchen Tag soll der Betreffende durch die souveräne Gnade in Beschlag genommen werden und sich am Tag der Macht Gottes willig machen lassen« (vgl. eine ähnliche Formulierung in Psalm 110,3). Angesichts dessen mag geschehen und eintreten, was da will – Gottes Vorsatz bleibt bestehen. Er wird alles ausführen, was ihm gefällt. Wir sollten nicht die Fügungen des vorausschauend handelnden Gottes vergessen, die vor unserer Bekehrung am Werk gewesen sind. Sie haben uns nämlich an jenen Ort geführt, wo sich Gott nach seinem Wohlgefallen uns hat offenbaren wollen.

Beachten wir als Nächstes, dass in Lydias Fall nicht nur eine dem göttlichen Vorwissen entspringende Fügung, sondern auch eine Gnade wirksam war, die in gewisser Weise ihre Seele vorbereitete. Diese Frau kannte den Heiland noch nicht. Sie verstand dasjenige, was zu ihrem Frieden diente, noch nicht. Dennoch war sie mit vielen Wahrheiten vertraut, die einen hervorragenden Ausgangspunkt dafür bildeten, Jesus zu erkennen. War sie keine Jüdin von Geburt, so war sie zumindest eine Proselytin des Tores[131] und daher mit den Aussprüchen Gottes wohlvertraut. Sie befand sich unter denen, die Gott anbeteten – ja, noch mehr: Sie gehörte zu den tiefgläubigsten Gottesverehrern unter den Juden. Freilich konnte sie geschäftlich bedingt in den seltensten Fällen Synagogen aufsuchen – einige vergessen die Gottesdienste, wenn sie in fremden Ländern unterwegs sind. Dennoch fand man sie – als der Tag gekommen war – bei jenem kleinen Häuflein unweit der Gebetsstätte am Flussufer. Dabei zweifle ich nicht daran, dass sie den Propheten Jesaja gelesen hatte und Worte wie die folgenden in ihrem Herzen trug bzw. sich ihrer erinnerte: »Er war verachtet und von den Menschen verlassen, ein Mann der Schmerzen und mit Leiden vertraut … Er wurde … wie

131 In der damaligen Zeit gab es zwei Arten von Proselyten: »Proselyten des Tores« befolgten nur die sogenannten sieben noachitischen Gebote, während »Proselyten der Gerechtigkeit« das gesamte mosaische Gesetz hielten.

das Lamm ... zur Schlachtung geführt ... und wie ein Schaf, das stumm ist vor seinen Scherern; und er tat seinen Mund nicht auf« (vgl. Jesaja 53,3-7). Wie im Falle des äthiopischen Kämmerers verstand sie zwar nicht die Schriften, die sie gelesen hatte, weil es niemanden gab, der sie anleitete. Dennoch hatten sie ihren Geist zubereitet: Der Herzensboden war gepflügt worden und damit bereit, den guten Samen aufzunehmen. Ihr Herz war nicht steinhart wie dasjenige des Kerkermeisters. Sie betete Gott an. Sie betete ihn aufrichtig an – und zwar als diejenige, die das Kommen des Messias, des Trostes Israels, erwartete. Infolgedessen war ihr Geist für die Annahme des Evangeliums bereit.

Beachten wir hinsichtlich ihrer Bekehrung drittens, dass sie erfolgte, indem Gott die rechten Mittel und Möglichkeiten gebrauchte. Am Sabbat ging sie zu einer jüdischen Gebetszusammenkunft. Obwohl Gott große Wunder wirkt und Menschen beruft, wenn sie das Wort nicht hören, müssen wir gewöhnlich damit rechnen, dass er ihnen dennoch begegnet, weil er auf allen Wegen gegenwärtig ist. Es ist in gewisser Weise bemerkenswert, dass die erste Bekehrte in Europa bei einer sehr kleinen Gebetsversammlung zum Glauben kam. Dort hatten sich nur wenige Frauen eingefunden. Wir haben keine Anhaltspunkte für die Annahme, dass außer Paulus und seinem Freund Lukas (sowie höchstwahrscheinlich seinen Mitarbeitern Silas und Timotheus) irgendwelche weiteren Männer zugegen waren. Wie ihr seht, wurden die Genannten – zufällig, wie wir sagen würden – hereingebeten. Dabei hatten sie den Anstoß erhalten, auf dieser Gebetsversammlung zu reden – eine Rede, die in Gottes Hand das Mittel war, das Herz Lydias zu öffnen.

Liebe Freunde, vernachlässigen wir nie die Mittel, die der Gnade zu Gebote stehen. Wo immer wir auch sind – wir sollten nie unser Zusammenkommen versäumen, wie es bei einigen Sitte ist (vgl. Hebräer 10,25). Nochmals sei gesagt: Gott kann uns segnen, wenn wir uns nicht in der Gemeinde aufhalten. Wir dürfen den größten Segen jedoch dann erhoffen, wenn wir uns in Gemeinschaft mit seinen Heiligen befinden. Wie gern erweist Gott Ehre den Betern bzw. den unmittelbar zu seiner Anbetung versammelten Angehörigen seines Volkes! Vielleicht begegnest du Gott auch in jenem kleinen, unscheinbaren Haus, wo nur wenige Frauen zugegen sind, während er dir in einer größeren Zusammenkunft nicht erschienen ist. Doch halte dich immer wieder im Haus Gottes auf, so oft dessen

Türen offen stehen und es deine Tätigkeit zulässt, denn Lydias Bekehrung kam zustande, weil Gott die rechten Mittel und Möglichkeiten wählte.

Die nächsten Sachverhalte werden wir nur kurz andeuten, statt bei ihnen zu verweilen. Beachten wir daher wiederum, dass es unzweifelhaft ein Werk der Gnade war, denn im betreffenden Vers heißt es ausdrücklich: »… deren Herz öffnete der Herr«. Nicht sie war es, die ihr Herz öffnete – nicht ihr Gebet, nicht Paulus. Der Herr selbst musste das Herz öffnen, damit sie dasjenige empfangen konnte, das zu unserem Frieden dient. Mit Rettungsabsichten an menschlichen Herzen zu wirken, ist allein Gottes Sache. Wir können menschliche Gehirne erreichen, doch nur Gott kann die innersten menschlichen Regungen erwecken. O vergesst dies doch nicht!

Weil uns die Schrift dazu berechtigt und entsprechende Beispiele anführt, halten wir es für angemessen, zu euch zu reden und euch zu ermahnen, aus dem Schlaf geistlich Toter zu erwachen, damit Christus euch Leben zueignen kann. Wir erinnern euch aber daran – und hoffentlich vergesst ihr es nie –, dass alles stets vom Heiligen Geist und nur von ihm gewirkt werden muss. Ich habe den Auftrag, in der Verkündigung des Evangeliums jedem von euch Folgendes zu gebieten: »Glaube an den Herrn Jesus, und du wirst errettet werden« (vgl. Apostelgeschichte 16,31). Aber mir – und vielleicht auch euch – ist wohl bewusst, dass der Glaube die Gabe Gottes ist. Natürlich gebietet uns die Schrift, bestimmte Dinge zu tun. Sie sagt z. B.: »Wascht euch, reinigt euch! Schafft mir eure bösen Taten aus den Augen, hört auf, Böses zu tun« (vgl. Jesaja 1,16). Sie ruft aus: »Der Gottlose verlasse seinen Weg und der Mann der Bosheit seine Gedanken! Und er kehre um zu dem HERRN, so wird er sich über ihn erbarmen« (vgl. Jesaja 55,7). Unser Heiland wiederum drückt es folgendermaßen aus: »Ringt danach, durch die enge Pforte hineinzugehen« (vgl. Lukas 13,24). »Wirket nicht für die Speise, die vergeht, sondern für die Speise, die da bleibt ins ewige Leben« (vgl. Johannes 6,27). Dennoch wissen wir, dass die Errettung weder durch eure Anstrengungen noch durch euer Abmühen, weder durch eure Besserungsversuche noch durch eure Wiedergutmachungsbemühungen erfolgt. All dies muss sich nämlich aus dem inneren und geheimnisvollen Werk ergeben, das nur der Heilige Geist vollbringen kann. Gebt einzig Gott die Ehre, wenn ihr zum Glauben gekommen seid. Preist ihn allein: »Nicht durch Macht und nicht durch Kraft, sondern durch meinen Geist, spricht der HERR« (vgl. Sacharja 4,6). Er allein kann die Fesseln durchhauen, die das Herz gefangen halten. Nur er kann den Schlüssel in das Schloss der Tür stecken, sie öffnen und sich Einlass verschaffen. Genauso wie er das Herz geschaffen hat, kann er auch diesbezüglich gebieten, wobei die Bekehrung in jedem Fall das alleinige Werk des Herrn ist.

Dennoch gilt: Eine Wahrheit muss immer Hand in Hand mit einer weiteren Wahrheit gehen, so wie keiner auf rechte Gedanken kommt, wenn er nur eine Wahrheit erfasst. Jeder hat zwei Arme und zwei Hände: Möge er zufrieden damit sein, dass er beide benutzen kann! Obwohl der Herr Lydias Herz öffnete, waren diesbezüglich Paulus′ Worte das bei ihrer Bekehrung eingesetzte Werkzeug. Das Herz mag sich öffnen lassen und aufnahmebereit sein, aber es erhebt sich die Frage: Was nützt demnach eine offene Tür, wenn die Wahrheit keinen Eingang findet? Doch Gott selbst sorgt stets dafür, dass das Herz zu einem Zeitpunkt geöffnet wird, da der Gnadenbote am Ort des Geschehens erscheint, sodass das Herz Gott Einlass gewähren kann. Man wird ein gepflügtes Feld vorfinden, aber nirgends wird der entsprechende Ruf (»Wo ist der Sämann?«) laut werden. Wenn nämlich der Pflug sein Werk getan hat, kommt sogleich der Sämann und beginnt damit, den Samen auszusäen. Paulus verkündet das Wort mit der gleichen Vollmacht, wie Gott das Herz Lydias öffnet.

Bringt den Predigtdienst nicht in Verruf. In unserer heutigen Zeit ist man versucht, stets davon zu reden, dass mit diesem Dienst Menschen groß gemacht würden. Verherrlicht derjenige, der auf den Verkündiger hört, wirklich das Geschöpf auf Kosten des Schöpfers? Ich bin nämlich der Überzeugung, dass nichts auf der Welt unsere demütige Gesinnung besser zeigt und mehr zur Verherrlichung Gottes beiträgt als eine freudige Bereitschaft, den von ihm zugeeigneten goldenen Schatz seiner Gnade zu empfangen, der in einem zerbrechlichen irdenen Gefäß verborgen ist. Auf dem Hintergrund der Schwachheit des Verkündigers kann sich die göttliche Herrlichkeit erst entfalten. Damit wird keineswegs die Ehre geschmälert, die dem Herrn selbst zusteht. Gott hat durch bestimmte Mittel gewirkt und wird dies weiterhin jederzeit tun. Er gebrauchte und gebraucht erwählte Menschen, die er mit seinem Geist gesalbt hat. Wenn die Betreffenden jedoch im Dienst für den Herrn nachlässig werden, büßt die Gemeinde fortwährend ihre geistliche Stärke ein. Während

Menschen in der Gesinnung des Paulus ihr das Wort verkündigen, darf die Gemeinde wissen, dass Gott da ist: Er öffnet Herzen, damit die Betreffenden dieses Wort aufnehmen können.

Jetzt möchte ich nur einen weiteren Gedanken zu Lydias Bekehrung äußern. Anhand der darauf folgenden Zeichen konnte man deutlich erkennen, dass sie stattgefunden hatte. Lydia wurde getauft. Sobald sie zum Glauben an Jesus gekommen war, begann sie zusammen mit all den in ihrem Haus Lebenden, ihren Glauben an Jesus Christus zu bekennen. Wie glücklich war Lydia, fortan in einer Hausgemeinschaft zu leben, deren Angehörige an Jesus glaubten! Glückliche Lydia, die erleben durfte, wie sie alle mit ihr getauft wurden!

Nun gibt es aber eine Gefahr in gewissen Kreisen der Christenheit: Dort wird die Taufe zu sehr herausgestellt, indem man sie im Sinne der Taufwiedergeburtslehre mit der Wiedergeburt verbindet. Unter uns, die wir als Baptisten bezeichnet werden, ist aber eine ebenso große Gefahr zu finden – nämlich dahin gehend, dass wir der Taufe zu geringe Bedeutung beimessen. Wir können sie nicht überbewerten: Unsere Überzeugung, dass nur diejenigen getauft werden sollten, die bereits wiedergeboren sind, wird uns nämlich stets in gesunder Weise davor bewahren, zu viel davon zu halten. Wir können sie jedoch zu gering achten. Wir sollten sehr nachdrücklich auf der Verpflichtung für alle Gläubigen bestehen, die den Heiland gefunden haben. Sie sollten das zweite Gebot des Evangeliums halten: »Wer gläubig geworden und getauft worden ist, wird errettet werden« (vgl. Markus 16,16). Wir stellen also nicht infrage, dass alle Glaubenden errettet werden. Dennoch sollten wir – was uns betrifft – dem Gebot unseres Meisters nicht ungehorsam sein, wenn wir eine so enge Beziehung zwischen Taufe und Gläubigwerden sehen. Aus unserer Sicht werden eine demütige Gesinnung und ein zerschlagenes Herz des Gotteskindes auf kostbare Weise dort sichtbar, wo es bereit ist, ein Gebot zu befolgen, das nicht heilsnotwendig ist und ihm nicht aufgrund einer selbstsüchtigen Angst vor der Verdammnis aufgezwungen wurde. Unserer Meinung nach ist es kein gering zu bewertendes Gnadenzeichen, wenn sich der Neubekehrte taufen lässt. Dies ist ein schlichter Gehorsamsakt und Ausdruck der Gemeinschaft mit seinem Herrn dahin gehend, dass er der Welt begraben und zu einem neuen Leben auferstanden ist.

Lydia wurde getauft, doch ihre guten Werke hörten nicht auf, sobald sie dem Wasser entstiegen war. Ihr anschließender Wunsch bestand darin, dass die Apostel in ihr Haus kamen. Sie wird damit die Schande tragen, als Jüngerin des gekreuzigten Juden angesehen zu werden. Sie wird als Freund des verachteten jüdischen Apostels, des Abtrünnigen und Überläufers, gelten. Sie will, dass er in ihr Haus kommt. Obwohl er die Einladung ablehnt, weil er aufgrund seiner Schamhaftigkeit von anderen nichts annehmen will, nötigt sie ihn, weil sie in ihrem Herzen von Liebe erfüllt und freigebig gesinnt ist. Und alles, was sie innerlich noch hält, wird überwunden, als derjenige Mann kommt, der sie zu Christus führt. Sie wird ihm nicht nur einen Becher kalten Wassers reichen, weil er ein Gottesbote ist. Vielmehr soll ihr Haus Herberge für ihn sein.

Ich halte nicht viel von einer Bekehrung, wenn sie nicht an den Geldbeutel eines Menschen geht. Es gibt diejenigen, die vorgeben, zu Christi Jüngern zu gehören, und dennoch nur für sich leben bzw. nichts für ihn oder für seine Gemeinde tun. Sie legen nur ein erbärmliches Zeugnis von ihrer Wiedergeburt ab. Die Liebe zu den Gotteskindern ist stets ein Erkennungszeichen des wahren Bekehrten gewesen.

Zweitens sehen wir uns dieses Beispiel jetzt *im Rahmen einer Gegenüberstellung* an.

Es gibt in diesem Kapitel noch eine andere Geschichte. Lest sie sorgfältig, denn zwischen beiden besteht ein bemerkenswerter Gegensatz. Im Falle des Kerkermeisters finden wir nichts, was auf eine vorausgehende Zubereitung hindeutet, damit er das Wort aufnehmen kann. Er scheint zuvor grob, rau und schonungslos gewesen zu sein. Es mag sein, dass er lediglich den ihm gegebenen Befehl ausführte, als er Paulus und Silas so grob behandelte, denn es steht geschrieben: »Dieser warf sie, als er solchen Befehl empfangen hatte, in das innere Gefängnis« (vgl. V. 24). Wahrscheinlich ist jedoch, dass er dies sehr gern getan hat. Er betrachtete die beiden Schwärmer, die sich in diese Schwierigkeiten gebracht hatten, äußerst verächtlich. Dabei kam für ihn wohl kaum infrage, die schmerzhafte Verengung des Blocks zu weiten oder sich darum zu kümmern, dass ihre Lage irgendwie erträglicher wurde. Er war ein rauer, altgedienter Legionär, dem das Amt des Kerkermeisters vermutlich durch eine Beförderung zugeeignet wurde. Er war zu Bett gegangen. Schlafend bereitet man sich gewiss nicht darauf vor, das Wort aufzunehmen! Plötzlich das Erdbeben: Der Mann springt schreckerfüllt aus dem Bett. Er greift nach seinem Schwert und will sich umbringen. Er ist drauf und dran, Selbstmord zu begehen, als er eine Stimme hört: »Tu dir kein Leid an! Denn wir sind alle hier« (vgl. V. 29).

Nun können wir aber nicht die leiseste Andeutung einer Vorbereitung auf seine Bekehrung entdecken. Er ist so weit von der Hoffnung entfernt, wie irgendein Mensch nur sein kann. Er befindet sich gerade am Rand des Verderbens – kurz davor, seinem Schöpfer als Richter gegenüberzutreten, und als Schuldiger dastehend, weil er Hand an sich gelegt hat. Geliebte, es gibt derartige Bekehrungen. Obwohl es nicht sehr viele sein mögen, gibt es sie – und zwar auch hier in diesem Haus, wo wir uns oft zum Gebet versammeln. Es sind Menschen unter den Schall des Wortes gekommen, die sich darüber abfällig äußern und sich darüber lustig machen wollten. Dennoch verspürten sie urplötzlich, wie das Wort – einem gewaltigen Hammer gleich – zuschlug, sodass der Panzer ihres Herzens in tausend Stücke zersprang. Der Betreffende, einst ein stolzer Sünder, wurde demutsvoll wie ein kleines Kind. Der Fall des Paulus ist demjenigen des Kerkermeisters in gewisser Weise ähnlich. Es sind heute Menschen hier, von denen jeder Einzelne beim Lesen der Geschichte des Kerkermeisters beispielhaft sagen kann: »Ein solcher bin ich einst gewesen – Gott genauso entfremdet wie er. Wie in seinem Fall war es außerdem äußerst unwahrscheinlich, dass ich aus Gnaden berufen wurde. Trotzdem hat mich die Gnade erreicht und zu einer neuen Schöpfung in Christus Jesus gemacht.« Den Kerkermeister traf dies alles unvorbereitet, während es in Lydias Fall vieles gab, das dazu beitrug, der Gnade Gottes den Weg zu ebnen.

Einen anderen Gegensatz erkennen wir in der Tatsache, dass sie sich auf dem Weg befand, wo ihr die Gnade Gottes am ehesten begegnen würde. Sie hielt sich an einer gottesdienstlichen Stätte auf – zumindest an einem Ort, der Gottes Anbetung geweiht war. Sie verbrachte die Zeit im Gebet, indem sie kein formelles Gebet, sondern Worte benutzte, die ihrer Erleuchtung entsprachen. Ihr Gebet war Gott wohlgefällig und erwies sich in jedem Fall als aufrichtig, da es von Herzen kam. Nicht so jedoch der Kerkermeister. Er befindet sich nicht an einem Ort, den das Evangelium aller Wahrscheinlichkeit nach erreichen würde. Aufgrund seines Amtes muss er sich unter allen möglichen Schwerverbrechern, Mördern und Kriminellen bewegen. Wenn die Gnade dem Kerkermeister zugeeignet werden sollte, wurde sie gewiss einem Menschen zuteil, der sich ihr bisher verschlossen hatte. In seinem Beruf ging es nicht darum, irgendwelchen religiösen Gedanken nachzuhängen. Zweifellos war er abergläubisch, wobei es keinen Sachverhalt gab, bezüglich dessen ein Römer abergläubischer war als im Blick auf ein Erdbeben. Es gehörte zu jenen Dingen, die tapfere römische Legionäre in einem Augenblick innerlich erzittern ließ. Es war ein Erdbeben, aufgrund dessen die Angehörigen der Wache am Grab unseres Heilands wie tot zu Boden fielen, indem ihnen vor Angst die Sinne schwanden. Das hier erwähnte Erdbeben hatte zum großen Teil die gleiche Wirkung auf den Kerkermeister. Er suchte Gott nicht und hatte nicht über Gott nachgedacht. Seine Gedanken waren vielmehr auf die Hölle hin ausgerichtet, während er selbst dem Abgrund entgegenging. Doch kaum hatte er Gottes Eingreifen erlebt, nahmen seine Gedanken im Handumdrehen eine neue Richtung, sodass er sich fortan mit Dingen beschäftigte, die ihn nie zuvor interessiert hatten. So habe ich Menschen kennengelernt, die mit aller Macht aus freien Stücken und mit ganzem Willensentschluss den Sphären der Finsternis entgegenstrebten – entschlossen, in die ewige Verdammnis zu gehen. Als jedoch die Stunde geschlagen hatte, brach die unumschränkte Gnade hervor, sodass sie – zur Verwunderung aller und zu ihrer eigenen größten Verwunderung – plötzlich Erben Gottes und Kinder des Höchsten geworden sind. Mögen solche Wunder noch heute vollbracht werden!

Dennoch finden wir des Weiteren in Lydias Fall nichts, was irgendwie auf ein Erdbeben hindeutete. Es wird nichts von großen Erschütterungen und Schrecken berichtet. Vielmehr war »der Ton eines leisen Wehens« (vgl. hier und im Folgenden 1. Könige 19,12) zu hören. Der Kerkermeister sprang hinein und trat zitternd herzu. Ohne Zweifel spürte Lydia, dass sie einen Heiland brauchte, sodass auch sie ausrief: »Was muss ich tun, dass ich errettet werde?« Dennoch finden wir bei ihr kaum Anzeichen dafür, dass sie zitterte oder von den Schrecken des Gewissens überwältigt wurde. Vielmehr wurde sie von der Hand des ewigen Vaters sanft geführt. Das Licht ging ihr als Morgendämmerung auf, als es im Dunkel ihrer Seele allmählich hell wurde. Als ihr die Gnadenstunde schlug, umhüllte sie zunächst ein dunstiger Schleier göttlicher Gnade, bevor dicke Tauperlen ihre Seele benetzten, in eine sanfte Erfrischung von oben her übergingen und sich schließlich als himmlisches Nass auf ihren Herzensboden ergossen. In den Augen des Kerkermeisters glich dieses

Geschehen dagegen einem mit großen Tropfen einsetzenden, heftigen Aprilregen, der sich innerhalb weniger Augenblicke in einen Wolkenbruch verwandelte. Ihm kam es vor, als würde die Sonne in Sekundenschnelle hervorbrechen, sodass die dunkelste Nacht dem strahlenden Hell des Mittags wich. Anders dagegen in Lydias Fall.

Nun solltet ihr, liebe Freunde, diese Unterschiede aber zur Kenntnis nehmen, weil sie dazu beitragen können, viele eurer Verständnisschwierigkeiten zu lösen. Rechnet nicht damit, dass ihr euch alle auf die gleiche Weise bekehrt. Denkt nicht, dass ihr alle die gleichen Schrecken durchleben sollt oder ausnahmslos auf behutsame Art zum Glauben geführt werdet, denn unser Gott ist ein Gott der Vielfalt. In seiner Schöpfung und seinen Fügungen sind zwei Dinge oder Sachverhalte einander nie völlig gleich. Wenn es um die Gnadenwerke geht, sollen wir Christen nicht in eine Form pressen oder erwarten, dass alle nach dem gleichen Schema auf der Stelle schreckerfüllt zu Boden fallen. Vielmehr muss sich jede Bekehrung durch etwas auszeichnen, das sich von entsprechenden Merkmalen anderer Bekehrungen unterscheidet und abhebt. Dabei muss jeder damit rechnen, dass gewisse Züge bezüglich seiner Bekehrung, die er durch die Brille seiner Erfahrung sieht, von denjenigen anderer Hinwendungen zu Christus abweichen.

Ach, könnt ihr nicht erkennen, dass das Mittel, wodurch Lydia zum Glauben kam, im Blick auf den Kerkermeister vergeblich gewesen wäre? Der Kerkermeister wäre nie zur Stätte am Flussufer gegangen. Er hätte über die Anregung, sich mit einer Handvoll Frauen zum Gebet hinzusetzen, nur gelacht. Ihr hättet ihn vergebens unter den Zuhörern des Paulus gesucht. Er hätte den bloßen Gedanken daran belächelt: »Ich sollte hingehen und einem abtrünnigen Juden zuhören, den sein eigenes Volk verworfen hat? Das kommt gar nicht infrage!« Andererseits wäre ein Erdbeben Lydias Wesensart nicht angemessen gewesen. Als rechtschaffene, sanftmütige Frau wäre sie zu Tode erschrocken gewesen. Statt auszurufen: »Was muss ich tun, dass ich errettet werde?«, wäre sie höchstwahrscheinlich in Ohnmacht gefallen oder sogar tot gewesen.

Die edle Lydia und der raue Kerkermeister sind zwei ganz verschiedene Menschen. Zunächst einmal besteht ein Unterschied hinsichtlich der Geschlechter. Dabei lässt sich diese Frau leichter als jener Mann von dem bewegen, das sanft die innersten Regungen anspricht. Wiederum ist sie bereits zuvor eine moralisch hochstehende und vortreffliche Frau gewesen, während der Kerkermeister wahrscheinlich das Sündenhandwerk erlernt hatte. Es muss angesichts verschiedener Temperamente unterschiedliche Methoden geben. Verwendet etwa der Landwirt die gleichen Maschinen, um verschiedene Getreidearten zu dreschen? Werden alle Samenarten auf die gleiche Weise ausgesät? Sind wir im Blick auf unsere Kinder nicht der Meinung, dass wir eines von ihnen scharf zurechtweisen können, kaum dass es sich davon beeindruckt zeigt? Die gleichen Worte würden ein anderes Kind jedoch todunglücklich machen! Ein Kind muss gezüchtigt werden, während es andere Kinder gibt, bei denen wir Unheil anrichten würden, sobald wir mit der körperlichen Züchtigung begännen. Demzufolge muss es gewiss auch hinsichtlich der seelischen Beschaffenheit so sein. Daher handelt Gott mit uns auf verschiedene Art und Weise. Demnach sollen wir nicht die Aufrichtigkeit unserer Bekehrung infrage stellen, weil sie nicht genau unserem bevorzugten Bekehrungsmuster entspricht. Vielmehr sollen wir darauf achtgeben, ob ihre Früchte die gleichen sind, ob sie göttlichen Ursprungs ist und ob sie zu Christus führt. Wenn all dies der Fall ist, spielt es keine Rolle, in welcher Form sie erfolgt.

So viel zu diesem Punkt. Wir haben hier allerdings noch einen dritten Punkt. Da ich – je nach Möglichkeit – im Allgemeinen gern zwei Wahrheiten nebeneinanderstelle, sei darauf eingegangen, nämlich auf *den Vergleich zwischen den beiden Bekehrungen*, weil sie vom Wesen her gleich, aber von den Umständen her unterschiedlich sind.

In beiden Fällen wirkten, liebe Freunde, Gottes vorausschauendes Handeln und seine Gnade zusammen. Aufgrund seiner Fügung kommt Lydia nach Philippi. Genauso vorausschauend handelt er, als er das Gefängnis in Philippi erschüttert. Gott macht in beiden Fällen den Bereich der Natur seinem Willen dienstbar: In Philippi ist eine Nachfrage nach Purpur entstanden. Ich weiß nicht, wie es dazu kam. Ich kann nicht sagen, ob man zu jener Zeit neue Moderichtungen unter den Damen in Philippi bevorzugte. Was immer es war – aus irgendeinem Grund gelangt Lydia nach Philippi, weil es dort große Absatzmärkte für ihr Purpur gibt. Es ist also die Fügung Gottes, die sie hierherführt. Gott fügt es im Rahmen seines gleichen vorausschauenden Handelns so, dass dieser Kerkermeister zu jenem Zeitpunkt über das Gefängnis gesetzt ist. Warum war er Aufseher über dieses spezielle Gefängnis? Weshalb wird Paulus überhaupt nach Philippi geführt? Und so kommt es, dass aufgrund eines »zufälligen Umstands« – der Heilung der besessenen Magd – Paulus mit Ruten geschlagen und ins Gefängnis geworden wird. Dann folgt das Erdbeben. Die Verkettung der Umstände und das große Räderwerk Gottes lassen seine Fügungen Wirklichkeit werden. So geschieht es in jedem Fall – ungeachtet dessen, ob eine Bekehrung gleichsam mit Blitz und Donner einhergeht, oder ob »der Ton eines leisen Wehens« ausreicht.

In beiden Fällen geht es eindeutig um ein Werk Gottes. Wir haben dies in Lydias Fall gesehen und darüber nachgesonnen. Noch deutlicher erkennen wir dies im Fall des Kerkermeisters, denn was außer der unwiderstehlichen Gnade hätte ihn zu dem Ausruf veranlassen können: »Was muss ich tun, dass ich errettet werde?«

In beiden Fällen ist auch das Wort Gottes von entscheidender Bedeutung. Nachdem wir nämlich von Lydia Entsprechendes gelesen haben, erfahren wir auch in Bezug auf den Kerkermeister: »Sie redeten das Wort des Herrn zu ihm samt allen, die in seinem Haus waren« (vgl. V. 32). Trotz des Erdbebens ist der Dienst des Predigers notwendig. Obwohl die große Kraft Gottes jedem Gefangenen die äußeren Bande abnehmen kann, beschließt er, die Befreiung von den geistlichen Banden, die alle Seelen knechten, mit der Verkündigung des Wortes zu verbinden. Es ist Gott nämlich wohlgefällig, »durch die Torheit der Predigt die Glaubenden zu erretten« (vgl. 1. Korinther 1,21).

Und erneut waren in beiden Fällen die darauf folgenden Zeichen sichtbar. Der Kerkermeister wird mit allen in seinem Haus Lebenden getauft, wobei uns gesagt wird, dass sie alle glaubten. Er wäscht die Striemen der Apostel ab. Und so wie Lydia sie zuvor bewirtet hatte, fängt er jetzt an, die Wunden ihrer geschundenen, grün und blau geschlagenen, vermutlich blutenden Rücken abzuwaschen. Diese rührten von den harten Schlägen her, die ihnen die Peiniger mit den Ulmenruten versetzt hatten. Er setzt ihnen etwas zu essen vor und bewirtet sie mit den vorzüglichsten Speisen seines Hauses. Und wie froh ist er an diesem Morgen, als er hört, dass sie nicht mehr den üblen Haftbedingungen ausgesetzt sein sollen, sondern ihrer Wege gehen können! Hier finden wir das gleiche Ergebnis, die gleiche Liebe zu den Glaubensgeschwistern, die gleiche allumfassende Hingabe, den gleichen Gehorsam gegenüber dem göttlichen Gebot: »Steh auf, lass dich taufen« (vgl. Apostelgeschichte

22,16). Es gibt unverkennbare Ähnlichkeiten unter allen Gotteskindern. Obwohl sie als Kinder ihres Vaters ausnahmslos dessen Merkmale besitzen, gibt es nicht ein einziges Beispiel dafür, dass zwei einander völlig gleich sind. Sie werden alle aus Gnaden herzugeführt und erleben in gleicher Weise, wie die Gnade an ihnen wirkt. Dennoch liegen Welten zwischen ihnen, was die genauen Einzelheiten ihrer jeweiligen Bekehrung betrifft.

Wir verstehen Lydias Bekehrung als *ein Vorbild unzähliger Bekehrungen, die sich gegenwärtig in unserer Mitte ereignen und auch in anderen Gemeinden zu finden sind, wo Gott darangeht, sein Werk auszuführen.*[132]

Diesbezüglich wird folgende Aussage gebraucht: »Deren Herz [d. h. das Herz Lydias] öffnete der Herr, dass sie achtgab auf das, was … geredet wurde.« Was ist aber damit gemeint? Meiner Ansicht finden wir hier eine Aussage, die das Werk des Heiligen Geistes zusammenfasst. Zweifellos räumte der Herr dabei Vorurteile aus. Diese Voreingenommenheit umfasst ein Übel, das wir im Leben sehr vieler Menschen bekämpfen müssen. In Lydias Fall waren es vielleicht von Juden gehegte Vorurteile. Möglicherweise hatte der Bericht über das Leben Jesu von Nazareth sie erreicht, wie dies bei den meisten damaligen Juden der Fall war. Sie wusste, dass Angehörige des jüdischen Volkes ihn zu Tode gehetzt und sogar gerufen hatten: »Sein Blut komme über uns und unsere Kinder« (vgl. Matthäus 27,25). Doch Gott entfernte all diese Vorurteile aus Lydias Sinn: Sie setzte sich hin, um die Worte des Paulus zu vernehmen. Dabei war sie entschlossen, ihm erst einmal richtig zuzuhören, die ganze Angelegenheit abzuwägen und dann zu sehen, ob diese Dinge zutrafen oder nicht. Diesbezüglich ähnelte sie in etwa den Beröern der damaligen Zeit, die ihr Herz ebenso in gewisser Hinsicht öffneten, denn sie untersuchten die Schriften, um zu sehen, ob dies (d. h. das von Paulus Gelehrte) auch wirklich zutraf. Der Teufel hüllt Menschen oft von Kopf bis Fuß in einen Panzer ein, sodass die Hoffnung – wenn sie in den Schussbereich göttlicher Gnadenpfeile kommen – nur sehr gering ist, dass diese den harten Panzer aufbrechen können. Es gibt nämlich kaum ein Verbindungs-

132 Das im Original befindliche, auf das Alte Testament zurückgehende Bild wurde hier sinngemäß wiedergegeben, damit der Leser sofort versteht, was gemeint ist. Im Original heißt es wörtlich: »… wo Gott seinen Arm entblößt«.

stück des Brustharnischs, an dem der Teufel nicht eine eiserne Niete des Vorurteils zur Abwehr angebracht hat. Doch in Lydias Fall fand sich nichts dergleichen. Sie war bereit, zuzuhören und in aller Aufrichtigkeit auf den Verkündiger achtzugeben. Es ist viel gewonnen, wenn dies geschieht.

Nachdem ihr Herz geöffnet worden war, wurden als Nächstes ihre innersten Sehnsüchte wachgerufen. Sie wünschte jetzt so sehr, diese ganze Angelegenheit verstehen zu können. Der Apostel sprach vom ewigen Heil – von der völligen Vergebung aufgrund des Blutes dessen, der »das geschlachtete Lamm (ist) von Grundlegung der Welt an« (vgl. Offenbarung 13,8). Worüber auch immer er redete – sie sagte sich: »Ich würde gern mehr darüber kennenlernen. Möge dies der Wahrheit entsprechen, wobei ich wünschte, dass mein Interesse an diesen Dingen geweckt wird.« Sie hört also zu und verlangt erwartungsvoll danach, das Wort auf sich wirken zu lassen. Sie hat einen geistlichen Hunger und Durst, wobei Menschen wie ihresgleichen folgende Segensverheißung gilt: »*Sie* werden gesättigt werden« (vgl. Matthäus 5,6). Wenn es uns durch Gottes Gnade gelingt, in unseren Zuhörern einen geistlichen Hunger und Durst zu wecken, können wir voller Dank sagen, dass dies der Öffnung des Herzens gleichkommt. So wie sich die Auster bei einsetzender Flut öffnet, tut Gott angesichts der hereinbrechenden Gnadenflut oft das Herz von Menschen auf, damit ihrem geistlichen Mangel abgeholfen werden kann.

Damit war also eine Sehnsucht geweckt worden, doch darin erschöpfte sich das Ganze nicht: Etwas anderes wurde nun geöffnet – ihr Verständnis, das fortan erleuchtet wurde. »Ja«, sagte sie, als der Apostel in seiner Verkündigung von einem Punkt zum anderen ging, »ja, ich erkenne, dass Gott tatsächlich einen Propheten wie Mose verheißen hatte. Dieser Jesus ist ein Mann wie Mose, denn er ist ein Prophet – mächtig im Wort und Werk, wie es mit Ausnahme von Mose keiner der Propheten Israels gewesen ist. Ja«, sagte sie, »ja, Jesaja spricht gewiss von ihm als demjenigen, der ›verachtet und von den Menschen verlassen‹ war (vgl. Jesaja 53,3). Das ist wahr, wobei David hinzufügt: ›Sie haben meine Hände und meine Füße durchgraben … Sie teilen meine Kleider unter sich, und über mein Gewand werfen sie das Los‹ (vgl. Psalm 22,17.19). Ja«, so ihre Worte, »ich sehe es. In der Person des Mannes Christus Jesus, den Paulus verkündigt, erkenne ich den Messias, von dem im Gesetz und in den

Propheten geredet wird.« Daraufhin sagte Paulus, dass der Glaube an diesen Christus Jesus, der ans Kreuz geschlagen wurde, alle Sünde wegnehmen würde. Ebendieser Christus Jesus habe nämlich auf seinen glückseligen Schultern die Übertretung aller getragen, die glauben würden. »Ja«, fuhrt sie fort, »ich erkenne, dass diese Lehre, die von Stellvertretung spricht, einleuchtend ist. Ich kann erkennen, inwieweit Gott gerecht ist, denn er ist jetzt imstande, aus der Fülle seines Herzens eine solche Gnade armen Sündern unverdient zuzueignen, sobald sie diese brauchen.« Damit wurde also ihr Verständnis geöffnet: Nun konnte sie das Evangelium klar erkennen. Sie war imstande, es in all seinen Dimensionen zu erkennen – genau das, was ihrer Seele fehlte.

Dann kam noch ein weiterer Aspekt hinzu. Nun, da ihre innersten Regungen wachgerufen worden waren, verspürte sie, wie in ihr die Liebe zu Jesus größer wurde: Obwohl er gottgleich gewesen war, nahm er dennoch Knechtsgestalt an. Als sie hörte, wie Paulus seine Leiden beschrieb, als sie sich das Kreuzesgeschehen ausmalte, war es ihr, als würde sie die Todesschreie hören und das herabfließende Blut bemerken. Dabei scheint sie gedacht zu haben: »Ja, ich liebe diesen Mann; ich liebe diesen Gott: Mein Herz strebt ihm entgegen. O dass er doch mein wäre! Ja«, schloss sie, »ich liebe diese Verkündigung. Wie kostbar sind meinen Ohren jene Lehren der Gnade!« Bei ihr brach bereits die Freude auf. Es steht ja geschrieben: »Glücklich ist das Volk, das den Jubelruf kennt« (vgl. Psalm 89,16), denn wenngleich die Angehörigen des Volkes Gottes noch nicht im Licht seines Angesichts wandeln, besteht darin gemäß der Verheißung ihre künftige Bestimmung. All dies ist aus meiner Sicht in dieser Wendung (»deren Herz öffnete der Herr«) eingeschlossen. Ihre innersten Regungen gegenüber göttlichen Dingen wurden jetzt geweckt. Und dazu gesellte sich der Glaube. Sie glaubte allem, was ihr in Vollmacht gesagt wurde. Für sie war es die absolute Wahrheit, dass gemäß den Worten des Paulus ein Messias auf Erden gelebt hatte und er nach der Schrift der Sohn Gottes war. Er war ebenso der Sohn des Menschen; er hatte gelitten – der Gerechte für die Ungerechten. Und nun hatte sie, da sie an ihn glaubte, Sündenvergebung empfangen. Nun erwies sich der Glaube als Folge der Verkündigung. Sie nahm Gott beim Wort; sie legte ihr ganzes Leben zu Füßen dieses Kreuzes in aller Einfachheit und Demut nieder.

Wenn der Glaube erst einmal vorhanden ist, folgen all die Gnaden. Nun hasste sie ihre Sünden, sie tat Buße. Jetzt liebte sie Gerechtigkeit, fortan strebte sie nach Heiligkeit. Nun erstrahlte ihre Hoffnung auf die vielen Wohnungen im Vaterhaus in einem hellen Licht. Jetzt fing sie an, mit einer heiligen und beglückenden Gesinnung ihren Weg im Gehorsam gegenüber Christi Geboten zu gehen. Dabei erfasste sie glaubend nicht nur die Grundlagen des Christseins, sondern strebte auch der Vollkommenheit zu, indem sie in ihrem Glauben Mut darreichte, in ihrem Mut Erfahrung, in ihrer Erfahrung die Bruderliebe und in der Bruderliebe die Liebe zu allen Menschen[133]. Sie schritt voran auf dem Weg, den ihr Gott vorgezeichnet hatte. All dies tat der Herr, indem er ihr Herz öffnete, damit sie auf das achtgab, was von Paulus geredet wurde.

Und nun, meine Lieben, finden wir hier auch eine praktische Lektion: Beten wir für diejenigen, die in unserem Umfeld leben, und die vielen, die unsere Hoffnungen wecken! Möge Gott ihnen die Gesinnung Lydias geben! Lasst uns im Gebet für unsere Söhne und Töchter bitten, damit Gott an ihnen handelt. Er hat ihnen bereits bestimmte Möglichkeiten gegeben und ihre Sinne in gewissem Maße schon so zubereitet, dass sie die Wahrheit annehmen können. Möge es ihm gefallen, in seiner Kraft sowie mit seinen Heilsabsichten zu wirken und sie dahin zu bringen, den Heiland anzunehmen!

Damit zu denjenigen, in denen Gott auf diese Weise wirkt: O dass das von mir verkündigte Wort sie veranlassen möge, Jesus zu ergreifen! Denkt daran, dass es nichts gibt, was ihr tun müsst. Ihr müsst lediglich Jesus vertrauen. Damit seid ihr gerettet. Wenn ihr dies tut, sind zu eurer Rechtfertigung keine guten Werke, keine überschwänglichen Gefühle und auch keine tiefgründigen Erfahrungen erforderlich. Ihr müsst lediglich – so wie ihr seid – glauben, dass Christus euch erretten kann, und euch ihm als Heiland anvertrauen. Dann wird er euch retten – und zwar dadurch, dass er euch ein großes, unmittelbar wirksames und vollständiges Heil zueignet. Der Herr helfe euch, auf ihn zu vertrauen! Ihm gebührt der Lobpreis!

133 Sinngemäße Ergänzung entsprechend dem, was das Urtextwort in 2. Petrus 1,7 meint; vgl. z. B. Luther ´84.

Die Glaubensschwestern in Rom

Von Paulus in Liebe gegrüßt

Lies Römer 16,1-16.

Dieses Kapitel enthält den liebevollen Gruß des Paulus an verschiedene Christen, die in Rom wohnten. Denken wir daran, dass es um einen inspirierten Bibelabschnitt geht: Obwohl darin ein Christ verschiedenen Personen seine Höflichkeit bezeigt, wurde er dennoch von einem Apostel geschrieben, und zwar nicht als gewöhnlicher Brief, sondern als Teil des biblischen Wortes. Daher müssen darin wertvolle Aussagen zu finden sein. Wenn wir ihn lesen, mag es uns vorkommen, als enthalte er keine belehrenden Sachverhalte. Wenn wir jedoch etwas tiefer schürfen, werden wir zwangsläufig auf erbauliche Gedanken stoßen, weil alle Schrift von Gott eingegeben ist und in der einen oder anderen Form für uns von Nutzen sein soll. Der Abschnitt zeigt uns jedenfalls eines: Paulus zeichnete sich durch große Herzlichkeit aus, wobei Gott keinen Mann von rauer und gefühlloser Gemütsart voller Selbstsucht als Heidenapostel erwählt hat. Von seinem Erinnerungsvermögen sowie seinem Herzen her muss Paulus jene geistige Frische besessen haben, die es ihm ermöglichte, sich eine so lange Namensliste ins Gedächtnis zu rufen. Und dabei umfasste sie nur einen Teil seiner vielen geliebten Brüder und geistlichen Kinder in aller Welt, die er in seinen anderen Briefen namentlich erwähnt. Aufgrund seiner Herzenswärme wurde zweifellos sein Erinnerungsvermögen angeregt, sodass er sich jeden Einzelnen seiner Freunde ins Gedächtnis rufen konnte – sowohl von der äußeren Erscheinung als auch von seinem Ergehen, seiner Lebensgeschichte, seinem Charakter und seinem Namen her. Er liebte sie so sehr, dass er sie nicht vergessen konnte. Christen sollten einander lieben, wobei sie die Namen ihrer Mitgeschwister auf ihrem Herzen tragen sollten, so wie der große Hohepriester die Namen all seiner Heiligen auf seinem edelsteinbesetzten Brustschild trägt. Ein Christ ist infolge der Liebe, die er zu anderen erkennen lässt, stets bestrebt, durch sein zuvorkommendes Wesen anderen zu gefallen, während er nie durch Grobheit ihnen wehtun will. Die Gnade lässt aus dem Knecht Gottes im umfassendsten Sinne einen wahren Gentleman werden. Wenn wir anhand dieses Abschnitts lediglich lernen, dass unser Verhalten zueinander von Liebe und zuvorkommendem Wesen geprägt sein muss, werden wir aufgrund dessen umso besser vorankommen.

Darüber hinaus weist unser Text eine einzigartige Fülle lehrreicher Aussagen auf, wie ich euch hoffentlich zeigen kann. Ohne Vorbemerkungen zu machen, sollten wir zunächst feststellen, dass *diese Stelle auf außergewöhnliche Weise die verschiedenen Beziehungen von Ehepaaren, Hausgemeinschaften und Familien zur Gemeinde veranschaulicht.*

Beachten wir in Vers 3, dass der Apostel sagt: »Grüßt Priska und Aquila, meine Mitarbeiter in Christus Jesus.« Hier finden wir eine Familie, worin sowohl der Vater als auch die Mutter – oder sagen wir: der Mann und die Frau – mit der Gemeinde Gottes verbunden waren. Welch ein glücklicher Umstand wird hier beschrieben! Der Einfluss der Betreffenden auf die übrigen Familienmitglieder muss überaus nachhaltig gewesen sein, denn wenn zwei liebende Herzen an einem Strang ziehen, vollbringen sie wahre Wunder. Welch unterschiedliche Gedanken verbinden sich mit dem Namen von »Priszilla und Aquila«, wenn wir sie mit jenen vergleichen, die durch die Erwähnung von »Hananias und Saphira« wachgerufen werden! Dort finden wir Mann und Frau, die heuchlerisch einen Betrug verabreden, während uns hier eine Frau und ein Mann begegnen, die in aufrichtiger Hingabe vereint sind. In dreifacher Hinsicht glückselig sind diejenigen, die nicht nur als Eheleute verbunden, sondern auch im Herrn Jesus Christus eins sind. Solche Ehen werden im Himmel geschlossen: Bei diesem Ehepaar handelte es sich offenbar um zwei fortgeschrittene Christen, denn sie haben andere unterwiesen. Dabei belehrten sie nicht nur die Unwissenden, sondern sogar auch jene, die sich im Evangelium bereits gut auskannten. Sie unterwiesen nämlich Apollos, einen beredten und in den Schriften mächtigen Mann, in den Anfangsjahren seines Dienstes.[134] Da sie ihm die Lehre des Wortes Gottes noch genauer auslegten, müssen sie ganz gewiss selbst in den Tiefen der Lehre gegründete Christen

134 Wörtlich heißt es: »… den jungen Apollos«. Hier ist nicht an sein Lebensalter, sondern an seine geistliche Entwicklung gedacht.

gewesen sein. Wir müssen unsere geistlichen Väter und nährenden Mütter gewöhnlich in jenen Familien suchen, wo Mann und Frau in der Gottesfurcht leben. Da sie einander helfen, lassen sie als in der Gnade Wachsende andere weit hinter sich.

Ich weiß nicht, warum Paulus in diesem Fall »Priska und Aquila« geschrieben – also die Frau zuerst genannt – hat. In der Apostelgeschichte finden wir nämlich teilweise die umgekehrte Reihenfolge – Aquila und Priszilla (»Priska« als Kurzform von »Priszilla«). Ich halte es durchaus für möglich, dass er die Reihenfolge ihrer Namen entsprechend ihrem geistlichen Stand und nicht gemäß der Hierarchie der Geschlechter angeordnet hat. Er nannte Priszilla zuerst, weil sie von der Tatkraft ihres Wesens und den Werken der Gnade her voranging. Der Frau ist in Christus das Recht gegeben, in bestimmten Bereichen voranzugehen, wenn sie sich in der Hingabe auszeichnet und einen festen Stand in den göttlichen Angelegenheiten an den Tag legt. Es ist gut und richtig, dass sowohl vom schöpfungsmäßigen als auch vom Gnadenaspekt her die Reihenfolge »Aquila und Priszilla« ihre Berechtigung hat. Wenn jedoch die Gnade über die schöpfungsmäßige Ordnung hinausgeht und wir von »Priska und Aquila« hören, ist dies ebenfalls nicht verkehrt. Ob die Frau zuerst oder zuletzt genannt wird, ist kaum von Belang, wenn beide wahrhaftig Gott dienen. Mein lieber Bruder, ist deine Frau noch ungläubig? Versäume nie, für sie zu beten! Liebe Schwester, durftest du noch nicht erleben, wie derjenige, mit dem du deine Freuden teilst, herzugebracht wird, damit er an der Gnade Anteil hat? Beuge nie deine Knie im persönlichen Gebet, ohne diesen geliebten Namen vor dem Thron der Gnade zu erwähnen. Ihr Lieben, betet unablässig dafür, dass auch eure Lebensgefährten noch zum Glauben an Gott kommen.

Priszilla und Aquila waren Zeltmacher und übten somit das gleiche Handwerk wie der Apostel aus. Infolgedessen herbergte er bei ihnen in Korinth. Sie hatten zu einem bestimmten Zeitpunkt in Rom gelebt, waren aber aufgrund eines Dekrets des Claudius gezwungen worden, anderswo unterzukommen. Dieser hatte die Juden aus der kaiserlichen Stadt vertrieben. Als das Dekret außer Kraft gesetzt worden war, sind sie scheinbar nach Rom zurückgekehrt. Dort muss sich den Zeltmacherhandwerkern aufgrund der riesigen Zeltplanen, die man in den großen öffentlichen Gebäuden verwandte, ein einträgliches Betätigungsfeld geboten haben. Höchstwahrscheinlich war es erforderlich, dass sie in ihrem Beruf als Zeltmacher einen großen Raum zur Fertigung der entsprechenden Planen hatten. Daher konnten sie es den Christen ermöglichen, darin zusammenzukommen. Paulus sprach von der Gemeinde, die sich in ihrem Haus befand. Es ist ein großes Vorrecht, wenn Angehörige einer christlichen Familie die Gemeinde Gottes beherbergen können. Es ist angemessen, wenn sie eine Ehre darin sehen, dass das Wohnzimmer für eine Gebetsversammlung genutzt wird. Wie schön ist es, wenn aus ihrer Sicht der beste Raum des Hauses für eine Zusammenkunft der Knechte Gottes nicht zu schade ist! Eine solche Wohnung gleicht letztendlich dem Haus Obed-Edoms, wo die Lade Gottes vorübergehend abgestellt wurde und einen nachhaltigen Segen hinterließ.

Gehen wir weiter. In V. 7 finden wir eine weitere Familie: »Grüßt Andronikus und Junias, meine Verwandten und meine Mitgefangenen, die unter den Aposteln ausgezeichnet sind, die schon vor mir in Christus waren.« Wenn ich diese Stelle also recht verstehe, liegt hier ein Fall vor, bei dem es eventuell um zwei Männer namens Andronikus und Junias bzw. Junius oder um einen Mann und eine Frau bzw. um einen Glaubensbruder und eine -schwester mit Namen Andronikus bzw. Junia geht.[135] Wie dem auch sei, sie gehörten einer bestimmten Familie – und zwar einer sehr bemerkenswerten Familie – an. Sie waren nämlich mit Paulus verwandt und schon vor dessen Bekehrung zum Glauben an Gott gekommen, wobei uns diese interessante Tatsache ganz beiläufig mitgeteilt wird. Ich habe mich innerlich gefragt, ob die Bekehrung seiner Verwandten dazu beigetragen hat, Saulus – den späteren Paulus – in seinem mörderischen Wüten gegen die Gemeinde Christi zu erzürnen. Vielleicht hat er gesehen, wie sich seine Verwandten Andronikus und Junias zu jenem Glauben bekehrten, den er für den Aberglauben von Nazareth hielt. War es dies, was in ihm eine bis zum Äußersten gehende Feindseligkeit erregte, die er gegenüber dem Herrn Jesus Christus erkennen ließ? Obwohl dies dahingestellt bleiben mag, bin ich mir sicher, dass die Gebete dieser beiden Verwandten den Verfolger in seinem Vorpreschen als junger Mann be-

135 Spurgeon nimmt hier darauf Bezug, dass der zweite Personenname in manchen Bibelübersetzungen in der – sprachlich möglichen – Form »Junia« erscheint und auch in der dem Original zugrunde liegenden Bibelübersetzung so wiedergegeben wird. Im Folgenden wird die zweite Namensform so wie in deutschen Bibelausgaben üblich verwendet.

gleiteten. Wenn wir außerdem die Frage ergründen würden, warum sich Saulus von Tarsus auf seinem Weg nach Damaskus bekehrt hat, würden wir die Antwort am Thron der Gnade finden – und zwar in den Gebeten, die seine Verwandten Andronikus und Junias als schon vor ihm Glaubende emporsteigen ließen.

Dies sollte für uns alle, welche die Errettung ihrer Familienangehörigen ersehnen, als große Ermutigung dienen. Vielleicht hast du einen Verwandten, der dem Evangelium Jesus Christi ausgesprochen feindlich gegenübersteht. Genau aus diesem Grund solltest du umso beharrlicher für ihn beten! Es gibt trotz seines heftigen Widerstands Hoffnung für ihn: Der Betreffende befindet sich nämlich offensichtlich in einer Phase des Nachdenkens, wobei die Gnade Gottes imstande ist, seinen Eifer – derzeit noch als Unwissender – zum Guten zu wenden, wenn sein Herz erleuchtet und erneuert worden ist. Ein großes Potenzial steckt in demjenigen, der eine gehörige Portion Feindseligkeit gegenüber dem Evangelium mitbringt. Aus einem guten Schwert lässt sich eine gute Pflugschar schmieden. Aus Verfolgern kann Gott Apostel machen. Heutzutage wimmelt es in der Welt von Weichlingen, die dem Evangelium weder glauben noch ihm voller Unglauben widerstehen. Sie sind weder dafür noch dagegen. Sie wollen es weder ganz mit Gott noch ganz mit dem Teufel halten. Solche Menschen ohne Rückgrat werden nie etwas taugen, selbst wenn sie zum Glauben kommen sollten. Derjenige, der das Evangelium ganz und gar gehasst hat, verkörpert einen Menschen, der – sobald ihn die göttliche Gnade angerührt hat – umgestaltet werden kann: Fortan liebt er gleichermaßen aufrichtig die Wahrheit, die er einst verschmähte. Betet weiter, betet flehentlich, betet im Glauben für eure Verwandten! Dann werdet ihr es vielleicht noch erleben, wie sie auf die Kanzel steigen und denjenigen Glauben verkündigen, dem sie heute noch den Todesstoß zu versetzen suchen. Wenn sich einige Familienangehörige der Gemeinde Gottes angeschlossen haben, ist dies für die Familie als Ganzes ein glückseliges und hoffnungsvolles Zeichen, das zum Guten dienen wird.

Indem wir wiederum weitergehen, begegnen wir einer dritten Familie, deren Beziehung zur Gemeinde erwähnt wird. In diesem Fall war der Hausherr jedoch – zumindest meiner Vermutung nach – kein Christ, denn in V. 10 heißt es: »Grüßt die vom Haus des Aristobul.« Statt dass es heißt: »Grüßt Aristobul«, sollen diejenigen aus seinem Haus gegrüßt werden. Warum wird er selbst nicht gegrüßt? Es ist natürlich möglich, dass er tot war. Weitaus wahrscheinlicher ist jedoch, dass er nicht zum Glauben gekommen war. Er blieb in der Grußliste des Apostels unerwähnt, weil er unerrettet war. Weil er ein kein Gläubiger war, konnte ihm der Apostel keinen brüderlichen Gruß übermitteln. Wie traurig stand es um ihn: Das Reich Gottes war ihm nahe – ja, dessen Verkündiger dienten in seinem Haus, und dennoch war ihm der Segen entgangen! Rede ich heute nicht zu einem Mann, der sich in diesem Zustand befindet? Wo bist du, Aristobul? Vielleicht heißt du nicht so, doch charakterlich gleichst du jenem nichtwiedergeborenen Römer, dessen Familienangehörige den Herrn kannten. Ich könnte in Gottes Namen hilfreiche und tröstliche Worte an deine Frau und deine Kinder richten, doch mit dir müsste ich anders reden, Aristobul! Der Herr sendet deinem geliebten Kind und deiner geliebten Frau eine Gnadenbotschaft, aber was ist mit dir? Du hast ihm nämlich nicht dein Herz gegeben. Ich werde für dich beten. Wie froh machend ist für mich das Wissen, dass diejenigen aus deinem Haus, die den Herrn lieben, Tag und Nacht fürbittend für dich eintreten! Die Tatsache, dass du über sie mit der Gemeinde in Verbindung stehst, lässt hoffen. Obwohl du dich vielleicht nicht viel darum gekümmert hast – sei dennoch dessen gewiss: Das Reich Gottes ist dir nahe gekommen. Dieser Tatbestand bringt eine ungeheuer große Verantwortung mit sich, wenn er nicht in deine Errettung einmündet: Falls du nämlich wie Kapernaum von deinen Vorrechten her bis zum Himmel erhöht worden bist, wird es umso furchtbarer sein, in den Hades hinabgestoßen zu werden. Es ist traurig, wenn in einer Familie einer genommen und ein anderer gelassen wird. O denke doch daran, in welch elendem Zustand du sein wirst, wenn du im Unglauben verharrst. Wenn nämlich dein Kind Himmelsbürger ist, das Gleiche auf deine Frau zutrifft und du deine bereits im Himmel befindliche Mutter siehst, während du selbst in die Hölle geworfen und weit entfernt bist, wirst du dich daran erinnern: Du warst gerufen, hast aber abgelehnt; du solltest kommen, wolltest jedoch nicht; du hast die Augen vor dem Licht verschlossen und wolltest nicht sehen. Du hast Christus verworfen und gehst bewusst ins Verderben, deine eigene Seele zugrunde richtend.

Ein anderes derartiges Beispiel – und aus meiner Sicht ein noch schlimmeres – können wir im weiteren Verlauf unseres Textes erkennen. Dort spricht der Apostel vom »Haus des Narzissus«. In V. 11 heißt es dazu: »Grüßt die vom Haus des Narzissus, die im Herrn sind.« Nun stelle ich mir vor, dass Narzissus der Hausherr war und die Bekehrten in seinem Haus die ihm unterstellten Diener oder Sklaven waren. Es gab einen Narzissus in den Tagen Neros, der von Neros Nachfolger hingerichtet wurde.[136] Wenn ich sage, dass er Neros Günstling war, könnt ihr anhand solcher Feststellungen schlussfolgern, dass er ein Mann von fragwürdigem Charakter war. Er soll äußerst reich gewesen sein, wobei die Schlechtigkeit sein Leben genauso kennzeichnete wie der Reichtum. Während die Säle seines Hauses vom Echo gotteslästerlicher Lieder widerhallten und während verschwenderische, mit zügelloser Ausschweifung gepaarte Maßlosigkeit sein herrschaftliches Haus zur Hölle auf Erden werden ließ, gab es dennoch in den Räumen der Dienerschaft und dem Schlafgemach der Sklaven diejenigen, die – dem Salz gleich – die Fäulnis aufhielten. Vielleicht betete ein Sklave unter der Treppe zu dem lebendigen Gott – in jener kleinen Nische, wohin er sich zum Schlafen zurückgezogen hatte. Und wenn der Dienstherr es kaum ahnte, sangen die in seinem Haus Angestellten geistliche Lieder. Damit lobten sie Jesus Christus, den ihm unbekannten Messias und Heiland, den sie als den Sohn Gottes verehrten. Wunderbar sind die Wege der erwählenden Liebe, die an den Reichen und Großen vorübergeht, während sie auf den niedrig Gestellten achtet.

Es kann sein, dass sich unter den Hörern meiner Predigt irgendein schlechter Dienstherr befindet, der keinerlei Beziehung zum Glauben hat. In seinem Haus gibt es jedoch jene, die betend auf den Herrn harren. Derjenige, der dir die Schuhe putzt, gehört vielleicht zu den Geliebten des Herrn, während du zwar blanke Schuhe trägst, aber ohne Gott und Hoffnung in der Welt bist. Die Angestellte in deinem Haus lebt in der Furcht des Herrn, wohingegen du sein Lob außer Acht lässt. Ohne es zu wissen, hast du einen Engel aufgenommen, der dich bei Tisch bedient. Es lebte vor etlichen Jahren ein rechtschaffener Mann, der spätabends immerzu auf die Rückkehr eines

---

136 Internet-Recherchen ergeben übereinstimmend, dass ein gewisser Narzissus (zumeist wird die Namensform »Narcissus« verwendet) zunächst ein einflussreicher und vermögender Freigelassener des Kaisers Claudius war und von Agrippina, der Frau des Claudius, unmittelbar nach Neros Amtsantritt im Jahre 54 n. Chr. vergiftet wurde. Die übrigen Einzelheiten, die Spurgeon im Blick auf Narzissus anführt (z. B. sein Reichtum), entsprechen aber den historischen Gegebenheiten.

gewissen britischen Königs unseligen Angedenkens warten musste.[137] Obwohl dieser König als Gentleman bezeichnet wurde, hätten andere Titel ihn besser beschreiben können.[138] Während sein Herr in Saus und Braus lebte, hielt dieser Mann Zwiesprache mit Gott und las Bostons »Crook in the Lot«[139] oder irgendein anderes derartiges, segensreiches Buch, um sich die Zeit zermürbender Stunden zu vertreiben. Es gibt in den Villen der Großen und Gottlosen und in den Anwesen der Verbrecher aller gesellschaftlichen Schichten heutzutage noch immer Gotteskinder im Verborgenen, die das Salz der Erde sind und die angesichts der Bosheit ihrer Herren Tag und Nacht zu Gott schreien. All dies wird einer Prüfung unterzogen werden: Die gottgemäß Lebenden werden nicht auf ewig vergessen sein. Die Kleinode Gottes werden nicht für immer im Staub verborgen bleiben. Bedenkt doch, o ihr Herren, wie es euch ergehen wird, wenn eure niedrigsten Knechte mit Herrlichkeit gekrönt werden, wohingegen ihr selbst auf ewig in Nacht und Finsternis hinausgeworfen werdet! Sucht auch ihr den Herrn, ihr Großen, und er wird sich von euch finden lassen!

Wenden wir uns V. 12 zu, wo man ein weiteres Beispiel für eine Familie findet, die mit den Jüngern Christi verbunden war: »Grüßt Tryphäna und Tryphosa, die im Herrn arbeiten.« Meiner Vermutung nach waren es zwei Schwestern, die Namen klingen sehr ähnlich. Wo waren ihre Brüder? Wo befand sich ihr Vater? Wo war ihre Mutter? »Tryphäna und Tryphosa« – wie oft habe ich sie in der Gemeinde gesehen: Es sind zwei demütige, eifrige, treue Frauen, die einzigen Gläubigen in der Familie, während die Übrigen weit von Gott entfernt sind! O Bruder, möge deine Schwester nicht allein

137 Damit ist höchstwahrscheinlich Georg IV. August Friedrich (engl. George Augustus Frederick, 1762-1830) gemeint, der von 1820 bis 1830 König von Großbritannien und Irland war. Er ist vor allem wegen seines ausschweifenden und extravaganten Lebensstils, seiner Verschwendungs- und Spielsucht, der daraus resultierenden Verschuldungen, seiner Affären und seines Müßiggangs bekannt geworden. Obwohl auch sein Bruder Wilhelm IV. Heinrich (engl. William Henry, 1765-1837, König von 1830-1837) als Thronfolger kein vorbildlicher Herrscher war, wurde der Tiefpunkt der britischen Monarchie wohl während der Regentschaft Georgs IV. erreicht.

138 Z. B. Trunkenbold, Spieler, Wüstling, Frauenheld und Thronschänder.

139 Hier handelt es sich um eine kurze Abhandlung von Thomas Boston, einem führenden puritanischen Geistlichen und Autor in Schottland (1676-1732). Nicht unbedingt der Titel (frei übersetzt: »Ein Schlitzohr unter vielen«), wohl aber der Untertitel dieses Werkes (»… oder der Erweis der Souveränität und Weisheit Gottes in den menschlichen Bedrängnissen«) deutet dessen Schwerpunkt an: Boston geht auf die uralte und zugleich hochaktuelle Frage der Menschheit (»Wie kann Gott all das Böse zulassen?«) ein.

in den Himmel kommen! O Vater, sieh doch deine Töchter, die Gotteskinder sind! Willst du angesichts dessen ein Feind Gottes bleiben? Möge das Beispiel eurer gottgemäß lebenden Kinder euch, o ihr Eltern, helfen, sich für den Erlöser zu entscheiden! Heil euch, ihr liebenswürdigen Frauen, die ihr auf dem Weg zum Himmel miteinander Gemeinschaft pflegt! Der Herr schenke es, dass ihr einander trösten könnt! Möget ihr sowohl hier als auch droben als Zwillingssterne leuchten, in deren Glanz der Heiligkeit alle ringsum erstrahlen! Es gibt Aufgaben für euch im Haus eures himmlischen Vaters. Obwohl ihr sicher nicht zur öffentlichen Verkündigung berufen seid, könnt ihr in den entsprechenden Bereichen »im Herrn arbeiten« – ein Dienst, der überaus wohlgefällig ist.

Im Folgenden, nämlich in V. 15, finden wir einen Glaubensbruder und seine Schwester: »Nereus und seine Schwester«. Wie wohltuend ist es, das starke und schwache Geschlecht auf diese Weise vereint zu sehen! Für sie galt:

Verbunden in Liebe,
verbunden im Herrn,
so wuchsen sie auf,
so dienten sie gern.[140]

Waren sie schon durch natürliche Bande vereint, trieben sie nun auch gemeinsam Blumen im Garten der Gnade Gottes. Es ist eine kostbare Beziehung, die zwischen einem gottgemäß lebenden Bruder und einer gleichgesinnten Schwester besteht. Sie gleichen einer Narzisse[141] und einer Lilie in ein und demselben Blumenstrauß. Doch hatten sie keine anderen Angehörigen? Waren nicht noch andere aus ihrer Verwandtschaft übrig? Waren sie im Geist nicht beunruhigt, was die anderen ihnen Nahestehenden anging? Davon könnt ihr ausgehen: Sie haben oft zusammen gebetet und geseufzt, weil ihre Verwandten nicht in Christus waren, denn bezüglich der übrigen Familienmitglieder wird nichts berichtet. Gott erhört eure Gebete, meine lieben Freunde, wenn ihr euch wie Nereus und seine

140 Im Original zitiert Spurgeon hier die erste Verszeile aus einem Gedicht der britischen Lyrikerin Felicia Hemans (1793-1835), die der Romantik zugerechnet wird. Dieser Vierzeiler versucht, ihre Aussage nachzuempfinden.

141 »Rose« steht im Original. Da Spurgeon hier auf die Aussage im Hohenlied 2,1 anspielt, wurde der Text angeglichen.

Schwester im brüderlichen Gebet und in geschwisterlicher Fürbitte vereint.

Ein anderes, überaus anmutiges Beispiel für Beziehungen einzelner Familienangehöriger zur Gemeinde findet sich in V. 13: »Grüßt Rufus, den Auserwählten im Herrn, und seine und meine Mutter.« Hier geht es also um eine Mutter und ihren Sohn. Ich möchte nichts Weithergeholtes sagen, doch meiner Auffassung nach erschöpft sich die Annahme, dass diese rechtschaffene Frau mit Simon von Kyrene verheiratet war, nicht in leeren Vermutungen. Dies war jener Simon, der das Kreuz Christi getragen hatte. Ihr werdet daran denken, dass Markus von ihm als dem Vater Alexanders und des Rufus spricht – zweier Männer, die in der Gemeinde Gottes zum damaligen Zeitpunkt offensichtlich allgemein bekannt waren. Und hier wird Rufus nun in einem anderen Zusammenhang erwähnt – in Verbindung mit seiner Mutter. Ob sie Simons Frau war oder nicht – eins scheint festzustehen: Sie ist eine freundliche, in Ehren gehaltene, liebenswürdige Seele gewesen – eine jener geliebten Frauen gesetzten Alters, die alsbald in der christlichen Gemeinde eine Zierde waren und trösten konnten. Bezüglich einer solch vortrefflichen Frau fügt Paulus, während er sie als Mutter des Rufus bezeichnet, hinzu: »... und meine Mutter« – sie war wie eine Mutter zu ihm gewesen. Ich bin mir im Klaren darüber, dass solch wertvolle Mütter wertvolle Söhne haben – »Auserwählte im Herrn«. Wenn diejenigen, die wir von ganzem Herzen lieben, stets das Beispiel gelebten Glaubens verkörpern und sie dabei von einer herzlichen Art geprägt sind, kann man dem anmutigen Wesen ihrer lieblichen Frömmigkeit kaum widerstehen. Wenn eine gottgemäß lebende Mutter eine liebevolle Mutter ist, verwundert es nicht, dass auch ihre Söhne, Rufus und Alexander, zum Glauben an Jesus Christus kommen. Die Liebe und das Vorbild ihrer Mutter ziehen sie nämlich zu Jesus hin.

Es gibt eine Legende in Verbindung mit Rufus und Alexander. Obwohl ich nie davon gelesen habe, fand ich entsprechende bildliche Darstellungen, von einem Künstler in einer belgischen Kathedrale in leuchtenden Farben gemalt. Dort sah ich eine Reihe von Gemälden, die Christus darstellen, wie er sein Kreuz durch die Straßen Jerusalems trägt, wobei der Künstler einen zuschauenden Landmann inmitten der Menge gemalt hat. Er trägt Hacke und Spaten bei sich, als wäre er gerade von der Arbeit auf dem Feld in die Stadt gekommen. Auf dem nächsten Bild ist dieser Landmann offensichtlich zu Tränen gerührt, weil er die Grausamkeiten sieht, die an dem Erlöser verübt werden. Dabei bekundet er sein Mitleid auf so deutliche Weise, dass die unbarmherzigen Peiniger unseres Herrn, welche die Zuschauer beobachten, es bemerken und sich erbost um ihn scharen. Auch die beiden Jungen des Landmanns – Alexander und Rufus – sind dort zu sehen. Rufus ist der Junge mit dem roten Schopf; er ist ein heißblütiger und heiterer Bursche – draufgängerisch und verwegen. Man kann erkennen, dass einer der rauen Gesellen ihm gerade einen Schlag gegen den Kopf versetzt hat, weil er sein Mitleid mit dem geschundenen kreuztragenden Heiland bekundete. Das nächste Bild stellt den Vater dar, wie er ergriffen und gezwungen worden ist, das Kreuz zu tragen. Währenddessen hält Alexander Vaters Hacke, wohingegen Rufus den Spaten seines Vaters trägt. Beide schreiten dicht neben dem Herrn Jesus einher, indem sie ihn außerordentlich bemitleiden. Wenn sie schon nicht das Kreuz tragen können, wollen sie wenigstens ihrem Vater helfen, indem sie dessen Werkzeuge tragen.

Natürlich ist dies nur eine Legende, doch wer wollte bezweifeln, dass Alexander und Rufus ihren Vater als so vorbildlichen Träger des Kreuzes Christi sahen? Infolgedessen sollten sie es später als Ehre betrachten, Nachfolger des Gekreuzigten zu sein, sodass Paulus bei der Niederschrift des Namens Rufus sagen konnte, dass er ein auserwähltes Werkzeug sei. Auf diese Weise können wir nämlich die Wendung »Auserwählter im Herrn« bzw. »Auswahl des Herrn« übersetzen! Er war ein angesehener Christ, der überaus tiefgründige Erfahrungen als Christ gesammelt hatte, und in jeder Hinsicht ein würdiger Sohn eines bemerkenswerten Christen sowie seiner außergewöhnlichen, gleichfalls gläubigen Frau.

Somit haben wir uns angesehen, wie Ehepaare, Familien und Hausgemeinschaften auf verschiedene Weisen mit Christus in Berührung kommen können. Ich bitte Gott, dass jeder, der als Zuhörer hier unter uns ist, zu jener ganzen, im Himmel und auf Erden befindlichen Familie gehören möge, die nach dem Namen Jesu benannt ist. Mögen all eure Söhne und Töchter, eure Brüder und Schwestern, eure Angestellten und Verwandten das Kreuz Jesu aufnehmen und sich im Herrn erretten lassen, indem sie ein ewiges Heil empfangen! Aber mögt vor allem ihr selbst dies tun!

Die uns beschäftigende aufschlussreiche Stelle zeigt, *welche interessanten Einzelheiten in den Reihen der Christen zu finden sind.*

Nun gibt es ja unter Weltmenschen überaus viele und typische Einzelheiten, die für die Betreffenden interessant sind. In jeder Gemeinschaft unserer irdischen Welt wird die Frage nach einer sehr bedeutsamen Einzelheit gestellt: Wie viel ist ein Mensch wert? Dies ist – richtig verstanden – auch für Christen eine wichtige Frage. Der weltlich gesinnte Mensch versteht darunter allerdings Folgendes: »Wie viel Geld hat der Betreffende in seine eigene Tasche gewirtschaftet?« Obwohl er sein Geld vielleicht auf die unlauterste Weise dieser Welt erworben hat, wird dies von niemandem berücksichtigt. Die eine, alles entscheidende Frage unter den Mammonsdienern lautet vielmehr: »Wie ist der Stand seines Bankkontos?« Nun erwähnt aber Paulus in seinem Grußteil niemanden in irgendeiner Weise, indem er von dessen Reichtum oder Armut spricht. Er sagt nicht: »Grüßt Philologus, unseren Bruder, der jährlich ca. 4 Millionen Euro (nach heutigen Verhältnissen) verdient, und unsere Schwester Julia, die sich einen luxuriösen Wagen leisten kann.« Davon kann keine Rede sein. Er berücksichtigt keinerlei gesellschaftliche Stellungen oder Besitztümer, es sei denn, dass diese in den Dienst einbezogen werden können, den jeder einzelne Christ für die Sache Gottes leistet. Auch spielt er nirgendwo auf die Tatsache an, dass sie bedeutende obrigkeitliche Ämter innehatten oder sogenannte hoch angesehene Personen waren bzw. aus gutem Haus stammten. Die Punkte, die Paulus als Christ interessierten, unterschieden sich erheblich von diesen Aspekten.

Die erste Angelegenheit, die er in ehrenvoller Weise erwähnte, betraf ihren Dienst für die Gemeinde. Von der in V. 1 genannten Phöbe heißt es: »(Sie ist) eine Dienerin der Gemeinde Kenchreä … auch *sie* ist vielen ein Beistand gewesen, auch mir selbst« (vgl. V. 1-2). Eine Auszeichnung und Ehre unter Christen besteht darin, dienen zu dürfen, wobei die niedrigste Tätigkeit für die Gemeinde Gottes zugleich die ehrenvollste ist. Jeder, der nach Gottes Art Ehre erlangen will, sucht sie in der Demütigung, indem er jenen Dienst übernimmt, der die größte Selbstverleugnung mit sich bringt und mit der größten Schmach verbunden ist. In den Reihen der göttlich Geadelten stehen die Märtyrer an vorderster Front, weil sie am meisten geschmäht wurden: Weil sie am meisten gelitten haben, wird ihnen die größte Ehre zugeeignet. Daher wird Phöbes Name in diesem goldenen Buch der Geadelten Christi geschrieben stehen, weil sie eine Dienerin der Gemeinde ist und weil sie als solche den

Armen und Bedürftigen beigestanden hat. Ohne Zweifel nahm sie sich der Nöte der ärmeren Christen an, sodass man sie – wie einige angeregt haben – auch als Diakonin bezeichnen kann. In der Antike war es nämlich so, dass die Gemeinde für den Unterhalt der bedürftigen älteren Frauen aufkam, während sich diese im Gegenzug der Pflege kranker Gläubiger widmeten. Dabei wäre es gut und richtig, wenn dies von Neuem praktiziert werden könnte und wir uns wieder auf diesen frühchristlichen Dienstbereich besinnen würden.

Eine weitere besondere Einzelheit, die unter Christen erwähnenswert ist, beinhaltet ihre Arbeit. Schlagt bitte in eurer Bibel nach und lest V. 6: »Grüßt Maria, die viel für uns gearbeitet hat.«[142] Hier finden wir die sechste biblische Frauengestalt namens Maria. Sie hat offenbar zu denjenigen gehört, die alles daran setzten, den Verkündiger zu unterstützen. Sie hat »viel für uns gearbeitet«, sagt der Apostel, wobei er sich mit einbezieht. Sie gehörte zu jenen verfügungsbereiten Frauen, die sich persönlich um den Verkündiger kümmerten, weil in ihren Augen das Leben dieses Knechtes Gottes kostbar war und sie die Fürsorge für ihn angesichts seiner zahlreichen Mühen und Gefahren für nötig hielt. Was sie für Paulus und seine Mitarbeiter tat, wird uns nicht gesagt. Es war jedoch ein Werk, aufgrund dessen sie sich bemühte, sodass sie schließlich »viel … gearbeitet hat«. Sie liebte viel und gab sich daher viel Mühe. Sie war »allezeit überreich in dem Werk des Herrn« (vgl. 1. Korinther 15,58). Liebe Glaubensschwester, die du »Maria« heißt, ahme deine Namensvetterin nach!

Dann folgen die beiden ehrbaren Frauen, Tryphäna und Tryphosa, von denen gesagt wird, dass sie »im Herrn arbeiten«. Ihnen schließt sich Persis an, von der es heißt, dass sie »viel gearbeitet hat im Herrn«. Meiner Ansicht nach waren Tryphäna und Tryphosa nicht ungehalten darüber, dass der Apostel diesen Unterschied machte, der aber gewiss sehr einfach und eindeutig war: Die ersten beiden Genannten haben »gearbeitet«, während Persis »viel gearbeitet hat«. Es gibt also Unterschiede und Ehrenränge unter den Gläubigen, wobei diese Ränge nach Maßgabe des geleisteten Dienstes zugeeignet werden. Es ist eine Ehre, für Christus zu arbeiten,

142 Hier und im Folgenden ist nach der Schlachter 2000 zitiert worden, da es dort wie in der Bibelübersetzung des Originals »für uns« und nicht »für euch« wie z. B. in der Revidierten Elberfelder heißt. Im Blick auf die Wendung »für uns« vgl. auch Luther ´12.

wobei eine noch größere Ehre darin besteht, viel für ihn zu arbeiten. Vielleicht will demnach jemand, der sich der christlichen Gemeinde anschließt, einen Stand oder eine Stellung erlangen, oder er möchte geehrt bzw. angesehen sein. Dies ist vorrangig dadurch möglich, dass er arbeitet, und zwar unermüdlich. Persis ist wahrscheinlich eine Sklavin gewesen, die einer fremden Volksgruppe aus Persien, einem weit abgelegenen Land, angehörte. Sie war jedoch so vortrefflich gesinnt, dass sie Paulus als »Persis, die Geliebte«, bezeichnet, wobei er sie aufgrund ihres unermüdlichen Fleißes gesondert erwähnt. Unter Gläubigen werden die Belohnungen liebevoller Achtung danach verteilt, wie die Betreffenden ihren selbstverleugnenden Dienst für Christus und seine Sache ausüben. Mögen wir uns allen durch die Kraft des Heiligen Geistes dazu helfen lassen, viel zu arbeiten!

Gleichzeitig umfasst die charakterliche Bewährung eine weitere interessante Einzelheit, denn ich habe bereits erwähnt, dass in V. 13 von Rufus als »dem Auserwählten im Herrn« die Rede ist. Dies kann keine Anspielung auf seine Auserwählung sein, da all die Übrigen ebenfalls erwählt waren. Vielmehr muss damit gemeint sein, dass er im Herrn wertvoll war – ein Mann von besonders freundlichem Wesen, ein tiefgläubiger Mann, der mit Gott lebte. Er war ein Mann, der in den göttlichen Dingen wohlunterwiesen war und dessen Lebenspraxis seiner Erkenntnis entsprach. »Grüßt« ihn, sagt der Apostel. Derjenige, der in der Gemeinde Gottes herausragen will, muss sich wahrhaft bewähren. Er muss dem Herrn heilig sein und Glauben unter Beweis stellen. Von dem Betreffenden muss man sagen können: Er ist »voll Glaubens und Heiligen Geistes« (vgl. Apostelgeschichte 6,5). Dafür – und nur dafür – wird er Anerkennung bekommen. Apelles wird als »Bewährter in Christus« – als erprobter, gestandener und erfahrener Gläubiger – bezeichnet. Christen schätzen diejenigen, die auf die Probe gestellt und treu erfunden worden sind. Erprobte Heilige werden unter uns in Ehren gehalten. Ihr seht also, dass die Bewährung ein beachtenswerter Punkt in den Reihen der Gemeindeglieder ist – und damit hat es sein Bewenden.

Ja, es gibt noch etwas anderes. Mir begegnet hier jemand, der in der Gemeinde allgemein bekannt war. Er ist aufgrund des Zeitpunkts seiner Bekehrung besonders interessant. In V. 5 heißt es: »Grüßt Epänetus, meinen Geliebten, welcher der Erstling Asiens ist für Christus.« Ihr wisst, was damit gemeint ist. Als Paulus begann, in der Provinz Asia[143] zu predigen, gehörte Epänetus zu den Ersten unter seinen Bekehrten. Während jeder Verkündiger eine besondere Beziehung zu all seinen Bekehrten hat, verbindet er die innigsten Erinnerungen mit denjenigen, die seine geistlichen Erstlinge waren. Welcher geistliche Vater oder welche geistliche Mutter schätzt nicht vor allen anderen das erste Kind im Glauben? Ich kann aus Erfahrung reden. Ich entsinne mich gut der ersten Frau, die ein Bekenntnis der Hinwendung zu Christus ablegte, als ich anfing, das Evangelium zu verkündigen. Ihr Haus steht in diesem Augenblick vor meinem geistigen Auge. Obwohl ich es kaum als ausgesprochen schön bezeichnen kann, werden meine Gedanken immer wieder dahin zurückgehen. Ich verspürte eine große Freude, als ich die Geschichte von der Buße und dem Glauben dieser Bäuerin hörte. Bereits kurze Zeit nach ihrer Bekehrung wurde sie durch Tuberkulose hinweggerafft. Sie schied ab, um im Himmel zu sein. Indem ich mich an sie erinnerte, war ich jedoch zumeist mehr getröstet als im Falle von zwanzig oder gar einhundert Bekehrten, die seitdem gläubig geworden sind. Diese Frau bestätigte wie ein kostbares Siegel meinen Dienst in der Anfangszeit und ermutigte mich in meinem Glauben als Neubekehrter. Einige von euch waren die Erstlinge meines Dienstes in der New-Park-Street-Gemeinde in London[144] – eine überaus köstliche Erstlingsfrucht. Wie gern würde ich es in dieser Gemeinde erleben wollen, dass einige unter euch die Erstlinge dieses Jahres werden.[145] Dadurch würden sich in Bezug auf euch einige sehr interessante Sachverhalte ergeben, denn eure Hinwendung zu Christus würde uns das ganze Jahr hindurch ermutigen. Wenn ihr gerade jetzt herzugekommen seid, um den Herrn zu suchen, betrachte ich euch immerzu voller Liebe. Dabei denke ich an euch, während ich dieses Kapitel lese, das so viele Namen enthält. Ich bin für die heute Abend aus Gott Geborenen genauso dankbar wie für diejenigen, die zu irgendeinem anderen

143 Im Original befindet sich der Begriff »Achaja«, womit das heutige Südgriechenland gemeint ist. Die meisten deutschen Bibelübersetzungen geben den Ausdruck jedoch mit »Asien« wieder. Hauptstadt der Provinz Asia, im Westteil der heutigen Türkei gelegen, war Ephesus.

144 Im Anschluss an seine Übersiedlung nach London im Jahre 1854 trat Spurgeon seine erste dortige Predigerstelle in der New Park Street Baptist Church im Stadtteil Southwark an.

145 Nach Angaben des Spurgeon-Archivs hat er diese Predigt im Verlauf des Jahres 1873 – vermutlich im Monat Mai – gehalten.

Zeitpunkt wiedergeboren wurden, denn mein Herz geht euch mit ganzem Ernst nach.

Ich muss mit einem dritten Punkt abschließen, und zwar wie folgt: Dieser lange Abschnitt *offenbart die allgemein anzutreffende Liebe, die es in der Gemeinde Gottes gibt* (muss ich sagen: geben sollte?).

Zunächst lässt dieser ganze Abschnitt nämlich die Liebe des Apostels zu den Heiligen und Brüdern in Rom erkennen. Er hätte sich nicht der Mühe unterzogen, ihnen all dies zu schreiben, wenn er sie nicht wirklich geliebt hätte. Und der Abschnitt zeigt, dass es Christen in jenen Tagen gab, die einander von Herzen liebten. Ihr gegenseitiges, mit dem heiligen Kuss verbundenes Grüßen kennzeichnete ihren Liebeseifer, denn sie gehörten keineswegs zu denjenigen, die nur darauf bedacht waren, äußerliche Zeichen zu verwenden, ohne dadurch etwas zum Ausdruck zu bringen. O dass doch die christliche Liebe unter allen Gläubigen in noch stärkerem Maße als bisher regieren möge! »Ach«, sagt jemand, »davon ist viel zu wenig anzutreffen!« In Wirklichkeit kenne ich dich, mein Freund, ganz genau. Du bist derjenige, der immer über andere murrt, indem er behauptet, dass ihnen die Liebe fehle. Dabei besteht die Wahrheit darin, dass sie dir selbst fehlt. Ich stelle stets fest, dass jene, die über den Mangel an Liebe unter Christen unserer Zeit klagen, anhand dessen urteilen, was sie zu Hause im eigenen Herz erkennen. Diejenigen, die Christen lieben, glauben nämlich, dass Gläubige auch einander lieben. Ihr werdet von demjenigen, der von Herzen liebt, nie die Aussage hören, dass unter Christen keine Liebe zu finden sei. Freilich wird er sagen: »Ich wünschte, dass sie vermehrt vorhanden wäre.« Es ist eine Lüge, dass es keine Liebe unter Christen gibt: Wir lieben einander nach wie vor, wobei wir diese Liebe durch die Gnade Gottes noch deutlicher bekunden. Der Geist Gottes helfe uns dazu!

Beachten wir, dass nach dieser Stelle die Christen der Frühzeit ihre Liebe zueinander gewohnheitsmäßig durch praktische Liebe unter Beweis stellten, denn in V. 2 sagt Paulus im Blick auf Phöbe: »… damit ihr sie im Herrn aufnehmt, der Heiligen würdig, und ihr beisteht, worin immer sie euch braucht; denn auch *sie* ist vielen ein Beistand gewesen, auch mir selbst.« Meiner Ansicht nach spielte der Apostel nicht auf irgendwelche gemeindlichen Angelegenheiten, sondern auf ihre eigenen Belange an, worin immer diese bestanden haben mögen. Vielleicht musste sie Gelder einsammeln oder irgendeine Klage in der Amtsstube eines Zöllners vorbringen, der ungebührlich hohe Steuern eintrieb. Ich weiß nicht, worum es ging, doch es mag ganz in Ordnung sein, dass Paulus uns dies vorenthalten hat. Es gehörte nicht zum Auftrag eines Apostels, uns mitzuteilen, worin die Belange anderer Menschen bestanden. Doch wie dem auch war, wenn irgendein Christ in Rom ihr beistehen konnte, sollte er dies tun. Und daher gilt: Wenn wir unseren Glaubensgeschwistern in irgendeiner Weise oder Form helfen können, sollen wir uns – soviel an uns liegt – bemühen, entsprechend zu handeln. Unsere Liebe darf nicht allein in Worten bestehen, weil sie sonst so ungreifbar ist wie die Luft. Aber ihr seid nicht berufen, für eure Geschwister Bürgschaft zu leisten oder auf einem für sie ausgestellten Scheck zu unterschreiben. Dies solltet ihr für niemanden tun, denn dem steht ein ausdrückliches Schriftwort entgegen: »Wer … Handschlag hasst, ist sicher«, sagt Salomo. Und im gleichen Vers heißt es: »Schlecht, ja schlecht geht es einem, wenn er [für jemanden] bürgt.«[146] Ich wünschte, dass manche Brüder so weise gewesen wären, sich der diesbezüglichen Lehre der Schrift zu entsinnen, denn dies hätte sie vor einer Unmenge von Schwierigkeiten bewahrt. Doch im Blick auf eure Mitgeschwister gilt: Tut alles, wozu ihr von der Schrift her verpflichtet seid. Tut es füreinander aus Liebe zu eurem gemeinsamen Herrn, indem ihr einer des anderen Lasten tragt und so das Gesetz Christi erfüllt.

Wir müssen unsere Liebe zueinander bekunden, selbst wenn dies mit großen Opfern verbunden ist. In V. 4 sagt der Apostel nämlich im Blick auf Priszilla und Aquila, dass sie für sein Leben »ihren eigenen Hals preisgegeben haben«. Sie setzten sich großer Gefahr aus, um den Apostel zu retten. Eine solche Liebe gibt es heute noch immer in unseren Gemeinden. Obwohl dies in Abrede gestellt wird, weiß ich, dass es so ist. Ich kenne Christen, die ehrlichen Herzens sagen könnten, dass sie bereit wären, anstelle ihres Predigers zu sterben, wenn damit dessen Leben geschont werden könnte. Ich weiß, was einige hier Anwesende im Gebet bereits zum Ausdruck gebracht haben: Sie würden gern abscheiden, bevor ich heimgehe. Wenn das Leben eures Pastors auf dem Spiel gestanden hat, haben viele un-

146 Vgl. jeweils Sprüche 11,15. In anderen Bibelübersetzungen wird noch deutlicher, worum es Spurgeon im ersten Zitat geht, vgl. z. B. Luther ´84: »Wer … sich hütet, Bürge zu sein, geht sicher.«

ter euch als von Liebe Erfüllte erklärt, dass sie zur Hingabe ihres Lebens gegenüber Gott bereit seien, wenn damit das seinige geschont werden könnte. Die Liebe unter Christen ist nach wie vor anzutreffen, wobei sie noch immer füreinander Opfer bringen. Ich sage dies zu Ehren vieler der hier Versammelten: Eure Liebe gegenüber eurem Pastor hat nicht nur in Worten bestanden, sondern sich auch in Tat und Wahrheit erwiesen. Dafür möge der Herr euch belohnen.

Hinsichtlich der Liebe unter Christen in jener Zeit wurden diejenigen besonders anerkannt, die um Christi willen gelitten hatten. Lesen wir V. 7. Hier sagt Paulus, dass Andronikus und Junias seine Mitgefangenen waren, wobei er von ihnen angesichts dessen mit besonderen Gemütsbewegungen spricht. Niemand wurde unter den Christen der Frühzeit mehr geachtet als der um Christi willen Gefangene – der Märtyrer bzw. derjenige, der im Begriff stand, Blutzeuge zu werden. Ach, mitunter wurden solche Leidenden zu sehr gerühmt. Wenn sich nämlich Christen im Gefängnis befanden und mit ihrem Märtyrertod rechneten, fanden sie Aufmerksamkeit, die sich in fast ungebührlicher Ehrerbietung ihnen als Personen gegenüber niederschlug. Wann immer also irgendein Mensch in dieser Zeit als kompromissloser Nachfolger Christi ausgelacht oder verspottet wird, weil er ein aufrichtiges Zeugnis für die Wahrheit ablegt, solltet ihr euch seiner nicht schämen und ihm nicht den Rücken zukehren. Ein solcher Bekenner erwartet von euch vielleicht nicht, dass ihr ihn besonders in Ehren haltet. Er kann jedoch verlangen, dass ihr Seite an Seite mit ihm im Kampf steht und euch nicht der Schmach schämt, die er seiner Berufung gemäß für Christus, seinen Herrn, trägt.

Dies war in der Gemeinde in alter Zeit der Fall: Diejenigen, die im Leiden vorangingen, zeichneten sich auch durch besondere Liebe und Wertschätzung hinsichtlich ihrer Glaubensgeschwister aus. Sie blieben nie das Bekenntnis schuldig, dass sie Brüder des betreffenden Todeskandidaten waren. Im Gegenteil: Die Christen der apostolischen Zeit verhielten sich gewöhnlich so wie die Vorkämpfer des Protestantismus in England. Wenn ein Blutzeuge hingerichtet werden sollte, zogen die jungen Christen aus der jeweiligen Gemeinde hinaus zum Richtplatz, um mit tränenerfüllten Augen dabeizustehen und sein Martyrium mitzuerleben. Weshalb wohl taten sie dies eurer Meinung nach? Um zu lernen, ein Märtyrer zu werden! Einer von ihnen antwortete auf die Frage seines Vaters, warum er sich hinausgeschlichen hatte, um seinen Pastor auf dem Scheiterhaufen zu sehen: »Vater, ich habe es getan, um mir die Märtyrerart anzueignen!« Und tatsächlich: Er hatte sie so verinnerlicht, dass er – als er an der Reihe war – auf dem Scheiterhaufen ein ebenso vortreffliches Zeugnis ablegte und wie sein Pastor vor ihm ein glorreicher Überwinder in Gott war. Lerne, um Christi willen zu leiden, junger Mann! Trage die Schmach! Schau diejenigen an, die verhöhnt und verspottet worden sind, und sage dir: »Dann werde ich also lernen, mich recht zu verhalten, wenn ich an der Reihe bin, doch gemäß dem Beistand Gottes, werde ich in aller Treue und Freimütigkeit für die Wahrheit eintreten.«

Wiederum hielt diese Liebe Mitarbeiter stets in Ehren. Paulus sagt nämlich: »… Maria, die viel für uns gearbeitet hat«. Dabei redet er von den Mitarbeitern immer wieder mit großer innerer Zuneigung. Wir sollten diejenigen lieben, die viel im Werk Christi tun – ganz gleich, ob es Glaubensbrüder oder -schwestern sind. Ich kenne einige, die sich folgendermaßen verhalten: Wenn jemand ein wenig mehr tut als andere, fangen sie an, sogleich herumzukritisieren: »Herr Soundso nimmt es sehr ernst, doch, ach, na ja …! Und Frau Soundso, na ja, Gott segne sie, doch, ach, na ja …« Weil sie nichts Eindeutiges sagen können, zucken sie mit den Schultern und verlegen sich auf Unterstellungen. Dies ist der Gesinnung des Paulus entgegengesetzt, denn er erkannte heiligen Fleiß an und lobte ihn. Lieber Freund, fange nicht an, anderen am Zeug zu flicken! Dies ist genauso schlimm, als wärest du ein Langfinger. Solange du es nicht besser machen kannst, solltest du deine Zunge im Zaum halten. Hast du je Männer oder Frauen unter dem Segen Gottes gekannt, die vollkommen waren? Wenn sich Gott vollkommener Werkzeuge bedienen würde, käme ihm nicht die ungeschmälerte Ehre zu. Seht es als gegeben an, dass wir alle unvollkommen sind. Wenn ihr dies jedoch für selbstverständlich haltet, solltet ihr diejenigen lieben, die Gott vortrefflich dienen, und es nie zulassen, dass Menschen vor euren Ohren gegen sie reden. Bringt spitzfindige Kritiker alsbald zum Schweigen, indem sich jeder von euch sagt: »Weil Gott sie ehrt, wage ich nicht, sie als göttlich Geehrte zu verachten!« Wir tun gut daran, diejenigen zu ehren, die nach Gottes Wohlgefallen geehrt sind.

Obwohl die Liebe unter Christen zur Zeit des Paulus allen Heiligen galt, gab es Besonderheiten, die hervorhebenswert waren.

Wenn ihr das Kapitel zu Ende lest, werdet ihr darauf stoßen, wie Paulus sagt: »… Epänetus, mein Geliebter«; »… Ampliatus, mein Geliebter im Herrn«; »… Stachys, mein Geliebter« und »… Urbanus, unser Mitarbeiter in Christus«[147]. All dies waren Personen, die er besonders wertschätzte. Es gab also einige, die ihm mehr zusagten als andere. Ihr müsst euch nichts vorwerfen, wenn in euren Augen manche Christen liebenswerter als andere sind und ihr ihnen daher mehr Liebe entgegenbringt als sonstigen Gläubigen, denn selbst der Herr hatte einen Jünger, den er mehr liebte als die Übrigen. Obwohl ich gern alle Gotteskinder lieben will, gibt es einige unter ihnen, die ich dann am besten lieben kann, wenn ich ihnen nicht zu nahe trete. Ich fühle mich am wohlsten, wenn ich sie ungefähr einen Monat lang nicht gesehen habe. Es gibt Christen, mit denen man im Himmel ganz angenehm zusammenleben kann, während einem alles abverlangt wird, wenn man sie auf Erden ertragen muss. Obwohl sie eurer Meinung nach ordentliche Leute sind, fällt dies nicht leicht. Da aber Gott sie erträgt, solltet ihr es ihm gleichtun. Weil sie Gotteskinder der besonderen Art sind, solltet ihr ihnen nicht in die Quere kommen, damit ihr sie nicht verärgert – lasst ab von ihnen und strebt dadurch nach Frieden, dass ihr ihnen aus dem Weg geht! Liebe Geschwister, lasst uns einander lieben. Lasst uns doch einander lieben, denn die Liebe ist aus Gott. Aber lasst uns alle zugleich versuchen, Liebenswürdigkeit auszustrahlen, damit die entsprechende Verpflichtung unseren Glaubensgeschwistern so leicht wie möglich fällt.

Wiederum war die Liebe unter Gläubigen in jener frühchristlichen Zeit darauf ausgerichtet, diejenigen zu achten, die im geistlichen Leben gereift waren. Paulus spricht nämlich von einigen, die vor ihm in Christus waren. Hoffentlich findet sich unter uns stets eine tiefe Wertschätzung für diejenigen, die schon sehr lange gläubig sind – für jene, die sich im Laufe der Jahre bewährt haben, für unsere betagten Gemeindeglieder, für die unter uns befindlichen Männer und Frauen im vorgerückten Alter. Wer alt Gewordene achtet, handelt lediglich nach irdischen Richtlinien. Wer aber Vätern und Müttern in Christus Ehrerbietung entgegen-

147 In keiner der verfügbaren deutschen Bibelübersetzungen wird Urbanus als »unser Geliebter in Christus« bezeichnet. Dazu kommt, dass in der Online-Version dieser Spurgeon-Predigt der Ausdruck »Urbane, our helper in Christ« gebraucht wird.

bringt, ist ebenso bevorrechtet. Möge dies stets unter uns anzutreffen sein!

Und noch ein letztes Wort: Die Liebe zu allen Christen sollte uns veranlassen, uns sogar die am wenigsten beachteten und niedrigsten Glieder der Gemeinde ins Gedächtnis zu rufen. Diesbezüglich schrieb der Apostel Paulus: »Grüßt Asynkritus, Phlegon, Hermes.« Da fragen viele von uns: »Wieso denn das? Wer waren denn diese rechtschaffenen Leute?« Und dann erwähnt er weitere Brüder: »Patrobas, Hermas«. Wieder fragen wir: »Wer verbirgt sich hinter diesen Namen? Was haben diese Menschen in Angriff genommen oder geleistet? Wird uns weiter nichts mitgeteilt? Philologus, wer war er? Und wer war Olympas? Wir wissen fast nichts über diese in Ehren gehaltenen Leute.« Sie waren wie die meisten von uns gewöhnliche Leute, aber sie liebten den Herrn. Als sich Paulus daher ihrer Namen entsann, übersandte er ihnen eine Liebesbotschaft, die durch Niederschrift im Wort Gottes der Vergessenheit entrissen wurde. Denken wir nicht nur an die angesehenen Christen, weil wir sonst das Fußvolk unter den Streitern des Herrn vergessen. Lasst uns nicht ausschließlich auf diejenigen blicken, die in vorderster Front stehen! Lasst uns vielmehr alle lieben, die von Christus geliebt sind! Mögen wir alle Knechte Christi wertschätzen! Es ist besser, der letzte Sklave Gottes als der Liebling des Teufels zu sein. Es wäre besser, der niedrigste Christ als der größte Sünder zu sein. Wenn Christus in ihnen ist sowie sie in ihm, und wenn du gläubig bist, dann solltest du dich ihnen von ganzem Herzen zuwenden.

Und dies zuallerletzt: Mögen Gnade, Barmherzigkeit und Friede mit all denen sein, die unseren Herrn Jesus Christus lieben! Und mögen wir darauf hinwirken, Einheit und Liebe unter seinem Volk zu fördern! Der Gott des Friedens wird in Kurzem den Satan unter unseren Füßen zertreten. Mögen wir daher unsere Seelen in Geduld bewahren. O dass diejenigen, die noch nicht zu den Gotteskindern gezählt werden, herzugebracht werden mögen, indem sie zur Ehre Jesu Christi an ihn glauben!

C. H. Spurgeon

Männer und Frauen des AT

Männer und Frauen des Alten Testaments

528 Seiten, Hardcover
ISBN 978-3-89397-674-4

In dieser Sammlung von sechsunddreißig klassischen Predigten von C. H. Spurgeon präsentiert der Autor in seinem typisch fesselnden Stil inspirierende und praktische Lektionen aus dem Leben alttestamentlicher Personen – sowohl heldenhafter als auch verrufener Männer und Frauen –, die der Herr bei der göttlichen Darstellung der Menschheitsgeschichte gebrauchte.

Unsere Hoffnung ist, dass diese einsichtsreichen Predigten von Spurgeon, dem »Fürsten der Prediger«, im Leser eine ständig wachsende Liebe und Wertschätzung gegenüber dem Wort Gottes hervorrufen.